Die Gründung von Gesellschaften in Deutschland, Frankreich und Großbritannien

EUROPÄISCHE INTEGRATION UND INTERNATIONALE WIRTSCHAFTSBEZIEHUNGEN

Rechtswissenschaftliche Studien

Herausgegeben von Peter Behrens

Band 6

PETER LANG
Frankfurt am Main · Berlin · Bern · Bruxelles · New York · Oxford · Wien

André Schwanna

Die Gründung von Gesellschaften in Deutschland, Frankreich und Großbritannien

Gemeineuropäische Prinzipien des Gesellschaftsrechts

PETER LANG
Europäischer Verlag der Wissenschaften

Die Deutsche Bibliothek - CIP-Einheitsaufnahme

Schwanna, André:

Die Gründung von Gesellschaften in Deutschland, Frankreich und Großbritannien : gemeineuropäische Prinzipien des Gesellschaftsrechts / André Schwanna. - Frankfurt am Main ; Berlin ; Bern ; Bruxelles ; New York ; Oxford ; Wien : Lang, 2002
(Europäische Integration und internationale Wirtschaftsbeziehungen ; Bd. 6)
Zugl.: Hamburg, Univ., Diss., 2002
ISBN 3-631-39527-2

D 18
ISSN 0948-8774
ISBN 3-631-39527-2

www.peterlang.de

Für Carolin

Inhaltsübersicht

Inhaltsverzeichnis

Einführung

Mit der vorliegenden Arbeit soll ein rechtsvergleichender Beitrag zur Erarbeitung gemeineuropäischer Strukturen und Prinzipien des Gesellschaftsrechts geleistet werden. Aufgrund der Komplexität des Gesellschaftsrechts bietet es sich an, rechtsvergleichende Untersuchungen auf einzelne funktionale Bereiche des Gesellschaftsrechts zu begrenzen, um nicht zuletzt auch dem Anspruch der rechtsvergleichenden Wissenschaft gerecht werden zu können. Deshalb beschränkt sich die vorliegende Arbeit in gegenständlicher Hinsicht auf die Entstehung bzw. originäre Gründung von Gesellschaften. Andere Bereiche, wie z.B. die Vor-Gesellschaft, die Vertretung und Geschäftsführung, die Kontrolle oder der Minderheiten- und Gläubigerschutz, werden hier gar nicht oder nur beiläufig angesprochen.

Die Auswahl der Gesellschaftsformen beschränkt sich mit Blick auf die Zielsetzung der Arbeit auf die wesentlichen privatrechtlichen Gesellschaftsformen. Öffentlich-rechtliche Organisationsformen, Mischformen oder spezielle Erscheinungsformen, die sich systematisch auf einfachere Grundformen von Gesellschaften zurückführen lassen, werden nicht erörtert.

Die Auswahl der Rechtsordnungen ist auf den angelsächsischen, romanischen und deutschen Rechtskreis begrenzt und innerhalb dieser auf die Länder „Vereinigtes Königreich von Großbritannien und Nordirland", Frankreich und Deutschland.

Bei der Vorgehensweise der vorliegenden Untersuchung wird auf eine bewährte Methode zurückgegriffen: Zuerst erfolgt in Länderberichten die Darstellung der jeweiligen Rechtslage zur Gründung einer Gesellschaft und daran anschließend die rechtsvergleichende Analyse. In Anlehnung an die *Restatements of the Law* des *American Law Institute* soll aber auch der Versuch unternommen werden, die Ergebnisse der rechtsvergleichenden Analyse in Form gemeineuropäischer Strukturen und Prinzipien für die Gesellschaftsgründung zusammenzufassen.

1. Abschnitt: Die Gründung von Gesellschaften in Deutschland

A. Allgemeines

Die Gründung von Gesellschaften in Deutschland unterliegt dem Prinzip der freien Rechtsformwahl. Danach können Unternehmer je nach Bedürfnissen und Wünschen grundsätzlich frei wählen, ob sie z.B. eine OHG, eine GmbH oder eine AG gründen[1]. Nur ausnahmsweise besteht zum Schutz der Gläubiger oder des Publikums ein sogenannter Rechtsformzwang[2]. Ist eine bestimmte Gesellschaftsform gewählt, besteht hinsichtlich des jeweiligen Gesellschaftsvertrages grundsätzlich das Prinzip der Vertragsfreiheit, die allerdings je nach Rechtsform unterschiedlich weit reicht[3]. Welche Gesellschaftsform im Ergebnis vorliegt, bestimmt sich nach objektiven Kriterien. Entscheidend ist also nicht, welche Form die Gründer für gegeben halten oder zu schaffen gedachten[4].

I. Systematischer Überblick

In der Systematik des deutschen Gesellschaftsrechts unterscheidet man zunächst zwischen Personengesellschaften und Kapitalgesellschaften. Bei Personengesellschaften spielt weniger das eingebrachte Kapital, sondern eher die Person des Gesellschafters eine entscheidende Rolle (intuitus personae). Zu dieser Gruppe zählen vor allem die Gesellschaft bürgerlichen Rechts (GbR), die offene Handelsgesellschaft (OHG) und die Kommanditgesellschaft (KG). Reine Kapitalgesellschaften sind demgegenüber die Gesellschaft mit beschränkter Haftung (GmbH) und die Aktiengesellschaft (AG). Des weiteren

---

[1] Vgl. Baumbach/*Hopt* Einl v § 105 Rdnr. 4.

[2] Z.B. dürfen bestimmte Versicherungen nur in Form der AG oder VVaG betrieben werden (§ 7 Abs. 2 VAG). Ähnliches gilt für einige Arten von Sparkassen und Banken, vgl. Baumbach/*Hopt* Einl v § 105 Rdnr. 5 m.w.N. Vgl. zum Rechtsformzwang näher *K. Schmidt*, GesR. § 44 I 1, S. 1296, § 5 II 3, S. 107 ff.

[3] Besonders weit z.B. bei der GbR, OHG oder KG, eingeschränkt z.B. bei der AG (vgl. § 23 Abs. 5 AktG).

[4] Vgl. Baumbach/*Hopt* Einl v § 105 Rdnr. 6.

differenziert man deutsche Gesellschaften aufgrund der Existenz eines Sonderrechts für Kaufleute (Handelsgesetzbuch, HGB) auch danach, ob sie bürgerlich-rechtlicher Natur sind oder zu der Gruppe der sog. Handelsgesellschaften zählen. Die typische bürgerlich-rechtliche Gesellschaft ist die GbR. Ihr Zweck kann nicht auf den Betrieb eines Handelsgewerbes gerichtet sein, ohne daß sich die Gesellschaft kraft Rechtsformzwangs in eine andere (häufig offene Handels-) Gesellschaft umwandelt[5]. Demgegenüber handelt es sich vor allem bei der OHG, KG, GmbH und AG um Handelsgesellschaften[6], mit der Konsequenz, daß für sie die Sonderregeln für Kaufleute zur Anwendung kommen. Schließlich ist im deutschen Recht die Bildung einer reinen Innengesellschaft möglich, bei der die Gesellschafter nicht gemeinsam nach außen auftreten und die Gesellschaft infolgedessen nicht als solche am Rechtsverkehr teilnimmt[7]. Zu den Innengesellschaften zählt typischerweise die stille Gesellschaft und die Gesellschaft bürgerlichen Rechts, letztere kann aber auch Außengesellschaft sein. Demgegenüber sind Handelsgesellschaften immer notwendig Außengesellschaften[8].

II. Rechtsgrundlagen

Wenngleich das deutsche Gesellschaftsrecht weitestgehend auf Gesetzesrecht beruht, existiert keine einheitliche Gesellschaftsrechtskodifikation, in der alle Gesellschaften zusammen geregelt sind. Statt dessen gibt es eine recht große Zahl einzelner Gesetze, die häufig nur für eine bestimmte Gesellschaftsform geschaffen wurden. So ist die Aktiengesellschaft im Aktiengesetz (AktG) vom 06.09.1965 geregelt und die Gesellschaft mit beschränkter Haftung im Gesetz betreffend die Gesellschaften mit beschränkter Haftung (GmbHG)

---

[5] Weitere bürgerlich-rechtliche Gesellschaften sind z.B. die stille Gesellschaft (§§ 230 ff. HGB) und die Partnerschaftsgesellschaft (geregelt im PartGG).

[6] Vgl. §§ 105 Abs. 1, 161 Abs. 1 HGB, § 13 Abs. 3 GmbHG und § 3 AktG. Des weiteren zählt zu dieser Gruppe z.B. auch die besondere Form der Kommanditgesellschaft auf Aktien (KGaA) oder die Europäische Wirtschaftliche Interessenvereinigung (EWIV), vgl. § 278 Abs. 3 AktG, § 1 EWIV.

[7] Vgl. Baumbach/*Hopt* Einl v § 105 Rdnr. 20.

[8] Vgl. Baumbach/*Hopt* Einl v § 105 Rdnr. 11.

vom 20.04.1892[9]. Handelsgesellschaften wie die OHG und KG sind dagegen gemeinsam im Handelsgesetzbuch (HGB) vom 10.05.1897, namentlich in den §§ 105 ff. und §§ 161 ff. HGB gesetzlich niedergelegt. Die Gesellschaft bürgerlichen Rechts ist schließlich im allgemeinen Bürgerlichen Gesetzbuch (BGB) vom 18.08.1896 enthalten, und zwar im Besonderen Teil des Schuldrechts in den §§ 705 ff. BGB. An der Seite des geschriebenen Rechts stellt die Rechtsfortbildung durch Praxis und Lehre eine weitere wesentliche Rechtsquelle des deutschen Gesellschaftsrechts dar. Die Rechtsfortbildung erfüllt zum einen die Funktion, dem immanenten Alterungsprozeß der Gesetze entgegenzuwirken; zum anderen kann sie auch als natürlicher Reifeprozeß der gesellschaftsrechtlichen Materie verstanden werden, durch den das Gesellschaftsrecht erst „zu sich selbst findet"[10]. Träger der Rechtsfortbildung sind neben der Wissenschaft vor allem die Gerichte. Schließlich unterliegt das Recht der Bundesrepublik Deutschland als Mitgliedstaat der Europäischen Union den Angleichungs- und Koordinierungsbemühungen auf der Grundlage der Römischen Verträge. Die für die Gründung von Gesellschaften relevanten Richtlinien, nämlich die 1. Richtlinie (Publizitätsrichtlinie) 68/151/EWG vom 09.03.1968, die 2. Richtlinie (Kapitalrichtlinie) 77/91/EWG vom 13.12.1976 und die 12. Richtlinie (Einpersonengesellschaftsrichtlinie) 89/667/EWG vom 21.12.1989, sind alle in Deutschland umgesetzt worden[11].

---

[9] Weiterhin sind z.B. Genossenschaften im „Gesetz betreffend die Erwerbs- und Wirtschaftsgenossenschaften" (GenG) oder Partnerschaftsgesellschaften im „Gesetz über Partnerschaftsgesellschaften Angehöriger Freier Berufe" (PartGG) geregelt. Mit dem PartGG hat der Gesetzgeber den Angehörigen der Freien Berufe im Jahre 1995 eine weitere Gesellschaftsform für die Zusammenarbeit zur Verfügung gestellt, die „die Lücke zwischen der Gesellschaft bürgerlichen Rechts und den Kapitalgesellschaften durch Schaffung einer nur Angehörigen Freier Berufe zugänglichen rechtsfähigen Personengesellschaft schließen" soll; BegrRegE BT-Drucks. 12/6152, S. 1.

[10] Vgl. *K. Schmidt*, GesR. § 2 I 2, S. 31.

[11] Die Umsetzungen erfolgten durch das Gesetz zur Koordinierung des Gesellschaftsrechts vom 15.08.1969 (BGBl. I S. 1969), vom 13.12.1978 (BGBl. I S. 1959) und vom 18.12.1991 (BGBl. I S. 2206). Große Gesetzesänderungen zogen die Umsetzungen allerdings nicht nach sich. Die Regelungen der Kapitalrichtlinie sind z.B. vom deutschen Recht inspiriert; auch führte der Gesetzgeber die Einpersonen-GmbH bereits mit der GmbH-Novelle von 1980 ein, also neun Jahre vor Inkrafttreten der Einpersonengesellschaftsrichtlinie.

B. Die Gründung einer Gesellschaft bürgerlichen Rechts (GbR)

Die Gesellschaft bürgerlichen Rechts (GbR), auch häufig BGB-Gesellschaft genannt, entsteht bereits durch Abschluß eines Gesellschaftsvertrages, der bestimmten gesetzlichen Anforderungen genügen muß. Eine Registereintragung sieht das deutsche Recht für diese Gesellschaftsform nicht vor. Neben dieser originären Gesellschaftsgründung kann eine GbR auch durch formenwechselnde Umwandlung ins Leben gerufen werden[12] oder kraft Rechtsformzwangs aus einer anderen Personengesellschaft hervorgehen[13]. Nachstehend wird allerdings mit Blick auf die Zielsetzung der Arbeit nur die originäre Gründung durch Gesellschaftsvertrag erörtert.

I. Vorstellung der Gesellschaftsform

Bei der Gesellschaft bürgerlichen Rechts (GbR) handelt es sich um eine bürgerlich-rechtliche Personengesellschaft, die im System des deutschen Gesellschaftsrechts als Grundform der Personengesellschaften angesehen werden kann[14] und insoweit in zweifacher Hinsicht eine Auffangfunktion erfüllt. Zum einen verweisen die Vorschriften anderer Personengesellschaften auf das Recht der GbR, soweit entsprechende Sondervorschriften nicht entgegenstehen[15]. Zum anderen wird eine Personengesellschaft des Handelsrechts ohne weiteres Zutun ihrer Gesellschafter und unter Beibehaltung ihrer Identität zu einer Gesellschaft bürgerlichen Rechts, sobald sie aufhört, ein Handelsgewerbe in einem kaufmännisch eingerichteten Geschäftsbetrieb auszuüben[16].

---

[12] Vgl. § 191 Abs. 2 Nr. 1 UmwG. Vgl. hierzu *Ulmer* § 705 Rdnrn. 7 ff.; *Bärwaldt/Schabacker*, NJW 1999, S. 623 ff.

[13] Vgl. BGH NJW 1987, S. 3124 ff.; MünchHdb.GesR I/*Happ/Brunkhorst* § 5 Rdnrn. 94 ff.; *K. Schmidt*, GesR. § 59 II 1 b), S. 1741. Zum Prinzip des Rechtsformzwangs im deutschen Gesellschaftsrecht vgl. auch oben unter A.

[14] Vgl. *Ulmer* Vor § 705 Rdnr. 18; *Hueck*, Gesellschaftsrecht, S. 39; *K. Schmidt*, GesR. § 58 I 1, S. 1694.

[15] Vgl. für die offene Handelsgesellschaft (OHG) und die Kommanditgesellschaft (KG) §§ 105 Abs. 3 und 161 Abs. 2 HGB; für die Partnerschaft § 1 Abs. 4 PartGG und für die Europäische Wirtschaftliche Interessenvereinigung (EWIV) § 1 EWIV-Ausführungsgesetz i.V.m. § 105 Abs. 3 HGB.

[16] Vgl. MünchHdb.GesR I/*Schücking* § 1 Rdnr. 15; *Happ/Brunkhorst* § 5 Rdnrn. 95, 96.

Die GbR ist einfach zu gründen, flexibel und universell einsetzbar[17] und nicht zuletzt deshalb in Deutschland sehr weit verbreitet.

1. Rechtsgrundlagen

Das geschriebene Recht der Gesellschaft bürgerlichen Rechts ist nicht in einer gesonderten, gesellschaftsrechtlichen Kodifikation enthalten, sondern wurde vielmehr in das allgemeine Bürgerliche Gesetzbuch (BGB) aufgenommen. Dort ist sie in den §§ 705-740 BGB recht ausführlich geregelt, allerdings sind die meisten Bestimmungen abdingbar[18]. Zentrale Vorschrift für die Gründung einer GbR stellt § 705 BGB dar, der die Mindestvoraussetzungen für die Gesellschaftsgründung festlegt.

2. Charakteristische Merkmale

Die GbR ist eine bürgerlich-rechtliche Personengesellschaft. Ihr Gesellschaftsgegenstand kann nicht auf den Betrieb eines Handelsgewerbes gerichtet sein, ohne daß sie sich allein dadurch in eine Handelsgesellschaft umwandelt[19]. Als Personengesellschaft spielt bei ihr die Person des Gesellschafters eine große Rolle (intuitus personae)[20]. So haften die Gesellschafter persönlich und in der Regel gesamtschuldnerisch mit ihrem Privatvermögen für Verbindlichkeiten der Gesellschaft[21], es besteht eine über § 242 BGB hinausgehende Treuepflicht unter den Gesellschaftern[22], und die Verfügung eines Gesellschafters über seinen Anteil am Gesellschaftsvermögen bzw. sein Mitgliedschaftsrecht ist nur mit Zustimmung aller übrigen Gesellschafter

---

[17] Vgl. MünchHdb.GesR I/*Schücking* § 1 Rdnr. 1.

[18] Von den §§ 705-740 BGB sind nicht abdingbar die §§ 716 Abs. 2, 719 Abs. 1, 723 Abs. 3, 724 S. 1, 725 Abs. 1, 738 Abs. 1 S.1 und nur mit Einschränkungen abdingbar die §§ 712 Abs. 2 und 728 BGB.

[19] Vgl. MünchHdb.GesR I/*Schücking* § 1 Rdnr. 15.

[20] Vgl. *Ulmer* Vor § 705 Rdnr. 6.

[21] Und zwar nach nunmehr wohl gefestigter Rechtsprechung akzessorisch, d.h. eine persönliche Haftung der Gesellschafter kommt nur insoweit in Betracht, wie auch eine Gesellschaftsschuld besteht; vgl. BGH NJW 2001, S. 1056; BGH NJW 1999, S. 3483. Vgl. zur „Akzessorietätstheorie" und zu der dieser gegenüberstehenden „Theorie der Doppelverpflichtung" *Ulmer* § 705 Rdnrn. 25 ff.

[22] Vgl. hierzu *Ulmer* § 705 Rdnrn. 181 ff., 186 ff.

möglich[23]. Im Innenverhältnis gilt nicht das körperschaftliche Mehrheits-, sondern das personengesellschaftsrechtliche Einstimmigkeitsprinzip (vgl. § 709 Abs. 1 2. Hs. BGB), d.h. die Entscheidungen der Gesellschafter werden grundsätzlich einstimmig getroffen[24]. Im Außenverhältnis gilt das Prinzip der Selbstorganschaft, d.h. es ist nicht zulässig, sämtliche Gesellschafter von der Geschäftsführungs- und Vertretungsbefugnis auszuschließen und diese auf Dritte zu übertragen[25]. Als Organe der Außengesellschaft bestimmt das Gesetz die Gesamtheit der Gesellschafter als Gesamtgeschäftsführer (vgl. § 709 BGB), allerdings ist die Übertragung der Geschäftsführungsbefugnis auf einen oder mehrere Gesellschafter zulässig[26]. Eine Gesellschafterversammlung mit originären Kompetenzen sieht das Gesetz nicht vor[27]. Die GbR kann sowohl als Innen- als auch als Außengesellschaft geführt werden und verfügt im letzten Fall über eine gewisse Rechtsfähigkeit. Daher wird ihr auch das Recht zur Führung eines Gesellschaftsnamens zugesprochen, welcher allerdings nicht mit einer Firma gleichgesetzt werden kann.

a) Außen- und Innengesellschaft

Die GbR kann als sog. Außengesellschaft oder Innengesellschaft in Erscheinung treten[28]. Eine Innengesellschaft liegt vor, wenn zwar die Voraussetzungen des § 705 BGB für die Entstehung der Gesellschaft erfüllt sind, die GbR aber über ihre organschaftlichen Vertreter nicht als solche - also als Rechtsträgerin - am Rechtsverkehr teilnimmt[29] und auf die Bildung eines Gesamthandsvermögens verzichtet[30]. Nicht erforderlich ist allerdings, daß die

---

[23] Vgl. § 719 Abs. 1 BGB und *Ulmer* § 705 Rdnr. 21 m.w.N.

[24] Der Gesellschaftsvertrag kann insoweit aber Mehrheitsentscheidungen vorsehen, vgl. § 709 Abs. 2 BGB.

[25] Vgl. Palandt/*Sprau* Vorbem v § 709 Rdnr. 3; BGH NJW 1982, S. 877, 878, 1817, 2495; BGH NJW-RR 1994, S 98.

[26] Vgl. nur *Ulmer* § 705 Rdnr. 212.

[27] Die Versammlung kann aber durch den Gesellschaftsvertrag als Organ der Gesellschaft bestimmt werden, vgl. *Ulmer* § 705 Rdnr. 213.

[28] Vgl. grundsätzlich *K. Schmidt*, GesR. § 43 II 3, S. 1284 m.w.N.

[29] Vgl. BGH NJW 1960, S. 1851, 1852; BGHZ 12, S. 308, 314 f. Es reicht nicht aus, daß sich die Gesellschaft nach außen irgendwie erkennbar macht, so klarstellend *K. Schmidt*, GesR. § 58 II 2, S. 1700; § 43 II 3, S. 1284 ff. m.w.N.; vgl. auch BGH NJW 1960, S. 1851, 1852.

[30] Vgl. BGHZ 126, S. 226, 234 ff.; MünchKomm/*Ulmer* § 705 Rdnr. 229 m.w.N.

Existenz der Gesellschaft durch die Gesellschafter geheimgehalten wird[31]. In allen übrigen Fällen liegt hingegen eine Außengesellschaft vor, die Gegenstand der nachstehenden Ausführungen sein soll[32].

b) Rechtsfähigkeit

Die GbR besitzt als Außengesellschaft Rechtsfähigkeit, soweit sie durch Teilnahme am Rechtsverkehr eigene Rechte und Pflichten begründet[33]. Die GbR kann Eigentum an beweglichen und unbeweglichen Sachen erwerben und als Eigentümerin im Grundbuch eingetragen werden[34], jedoch nicht unter ihrem Namen[35]. Sie kann schuldvertragliche Gesamthandsforderungen begründen und über Gegenstände des Gesamthandsvermögens verfügen[36]. Die GbR kann Mitglied einer Genossenschaft sein[37]; sie kann Gesellschafterin einer juristischen Person[38] sowie einer anderen GbR[39], allerdings nicht einer Personenhandelsgesellschaft sein[40]. Sie kann sich als Gründerin oder als spätere

---

[31] Vgl. BGH NJW 1960, S. 1851, 1852; MünchKomm/*Ulmer* § 705 Rdnr. 230 m.w.N.

[32] Zum einen geht auch das BGB in seinen §§ 705-740 BGB vom Regeltyp der Außengesellschaft aus, vgl. MünchKomm/*Ulmer* § 705 Rdnr. 208; *Ulmer* § 705 Rdnr. 208. Zum anderen könnte z.B. die „Rechtsfähigkeit" der GbR, ihre Fähigkeit, unter einem Gesellschaftsnamen aufzutreten, oder ihre Publizität naturgemäß nicht behandelt werden.

[33] Vgl. BGH NJW 2001, S. 1056.

[34] Vgl. MünchKomm/*Ulmer* § 705 Rdnr. 132; *Ulmer* § 705 Rdnr. 132.

[35] Vgl. § 47 GBO; BayObLG JZ 1986, S. 108, OLG Düsseldorf NJW 1997, S. 1991; Palandt/*Sprau* § 705 Rdnr. 24. Zum Namensrecht der GbR siehe sogleich.

[36] Vgl. MünchKomm/*Ulmer* § 705 Rdnr. 132; *Ulmer* § 705 Rdnr. 132.

[37] Vgl. Palandt/*Sprau* § 705 Rdnr. 24; MünchKomm/*Ulmer* § 705 Rdnr. 132. Vgl. auch BGHZ 116, S. 86, 88.

[38] Vgl. BGHZ 116, S. 86, 88. Zur AG und GmbH vgl. BGHZ 78, S. 311, 313 f.; OLG Hamm NJW-RR 1996, S. 482, 483.

[39] Vgl. BGH NJW 1998, S. 376 m.w.N.

[40] So jedenfalls die (noch) herrschende Meinung mit einem Verweis auf auftretende Probleme hinsichtlich der Handelsregisterpublizität; vgl. RGZ 123, S. 366, 369; zuletzt BGH ZIP 1990, S. 505, 507 m.w.N. Ebenso Baumbach/*Hopt* § 105 Rdnr. 29; Schlegelberger/*Martens* § 161 Rdnr. 33 a; *Kübler*, Gesellschaftsrecht, S. 66; MünchKomm/*Ulmer* § 705 Rdnr. 132; Palandt/*Sprau* § 705 Rdnr. 24; *Hueck*, Gesellschaftsrecht, S. 94; a.A. Schlegelberger/*K. Schmidt* § 105 Rdnr. 68 m.w.N. Als Argument wird angeführt, bei einer Personenhandelsgesellschaft müsse der Gesellschafterbestand für den Rechtsverkehr aus dem Handelsregister ersichtlich sein. Im Falle der Beteiligung von Personengesellschaften sei das zwar bei der OHG und KG wegen deren jeweiliger Registrierung gewährleistet, nicht aber bei der GbR, vgl. nur Schlegelberger/*Martens* § 161 Rdnr. 33 a m.w.N. Meines Erachtens ist diese Argumentation nicht haltbar, da zumindest bei der OHG keineswegs die Erkennbarkeit des Gesellschafterbestandes durch die Registrierung gesichert ist, wie § 105 Abs. 1, 2 HGB zeigt. Außerdem könnten als Gesellschafter nach

Aktionärin an einer AG beteiligen, einen Geschäftsanteil an einer GmbH erwerben und als Gründungsmitglied einer solchen Gesellschaft eine Stammeinlage übernehmen[41]. Die GbR ist wechselfähig[42], scheckfähig[43], insolvenzfähig[44], kann Ziel einer formenwechselnden Umwandlung sein[45] und als Bürge auftreten[46]. Sie ist im Zivilprozeß aktiv und passiv prozessfähig[47] und im Verwaltungsprozeß beteiligungsfähig im Sinne des § 61 Nr. 2 VwGO[48].

Inwieweit die GbR eine eigene Rechtspersönlichkeit besitzt, ist im deutschen Recht allerdings noch nicht endgültig entschieden. Weitreichende Einigkeit besteht insoweit zunächst nur darüber, daß die GbR keine selbständige juristische Person ist[49]. Nach wohl herrschender Auffassung in Rechtsprechung und Literatur nimmt die GbR gleichwohl eine Art Mittelstellung zwischen juristischen und völlig rechtsunfähigen Personen ein. Nach der von Flume[50] begründeten Lehre von der gesellschaftsrechtlichen Gesamthand wird die GbR heute als „handlungsfähige Gruppe" im Rechtsverkehr anerkannt[51]. Sie ist damit eine von den einzelnen Mitgliedern zu unterscheidende

---

§ 106 Abs. 2 Nr.1 HGB ohne weiteres die GbR-Gesellschafter »in Gesellschaft bürgerlichen Rechts« eingetragen werden, vgl. auch *K. Schmidt*, GesR. § 46 I 1, S. 1352. Inwieweit die neueste Rechtsprechung zur Rechtsfähigkeit der GbR (BGH NJW 2001, S. 1056) auch auf die vorgenannte Diskussion Einfluß haben wird, bleibt abzuwarten.

[41] Vgl. BGHZ 116, S. 86, 88; BGHZ 78, S. 311, 312 ff.; OLG Hamm NJW-RR 1996, S. 482, 483; Palandt/*Sprau* § 705 Rdnr. 24.

[42] Vgl. BGH NJW 2001, S. 1056, 1061.

[43] Nun BGHZ 136, S. 254, 257 f.; Palandt/*Sprau* § 705 Rdnr. 24. Frühere a.A. BGHZ 59, S. 179, 184; 61, S. 59, 68.

[44] Vgl. § 11 Abs. 2 Nr. 1 InsO.

[45] Vgl. § 191 Abs. 2 Nr. 1 UmwG.

[46] Vgl. Palandt/*Sprau* § 705 Rdnr. 24.

[47] Seit BGH NJW 2001, S. 1056, 1058, anders noch BGHZ 80, S. 222, 227. Vgl. zur früheren Rechtslage auch *Müther*, MDR 1998, S. 625.

[48] Vgl. HessVGH DB 1997 S. 1128; Palandt/*Sprau* § 705 Rdnr. 24.

[49] Vgl. BGHZ 80, S. 222, 227; BAG NJW 1989, S. 3034, 3035; Palandt/*Sprau* § 705 Rdnrn. 4, 24; *Ulmer* Vor § 705 Rdnr. 8; *Berndt/Boin*, NJW 1998, S. 2854 ff. A.A. *Timm*, NJW 1995, S. 3209, 3210 ff.; *K. Schmidt*, NJW 2001, S. 993 ff.

[50] *Flume*, ZHR 136 (1972), S. 177, 184 ff., 191 ff.

[51] BGHZ 136, S.254, 257 f.; BGH NJW 1998, S. 2904, 2905; BGHZ 116, S. 86, 88 ff; BGH NJW 1992, S. 1615, 1616 f. Zur Verpflichtungsfähigkeit der GbR schon BGH NJW 1981, S. 1213; BGH NJW 1979, S. 308, 309; BGH NJW 1979, S. 1821; BGH NJW 1987, S. 3124, 3125; BGH WM 1990, S. 1113, 1114. Vgl. auch BAG NJW 1989, S. 3034, 3035 f. Zur herrschenden Auffassung auch in der Literatur geworden: MünchKomm/*Ulmer* § 705 Rdnrn. 129, 130 mit zahlreichen weiteren Nachweisen in Fn. 370, 373; *Ulmer* § 705 Rdnr. 130; *Mülbert*, AcP 199 (1999), S. 38, 39 ff. Kritisch BAG NJW 1989, S. 3034, 3035; *Lüke*, ZGR 1994, S. 266, 278 ff.

(Personen-)„Gruppe“ mit Sondervermögen und damit „praktisch“[52] ein Rechtssubjekt. Zwar ist sie gegenüber ihren Mitgliedern nicht vollständig verselbständigt wie eine juristische Person, nimmt aber als Gruppe[53] am Rechtsverkehr teil[54].

c) *Gesellschaftsname*

Die GbR darf zwar weder eine Firma im Sinne von § 17 HGB führen noch unter einer solchen am Rechtsverkehr teilnehmen[55]. Dennoch ist es heute in Deutschland allgemein anerkannt, daß eine GbR zumindest grundsätzlich[56] unter einem „Gesellschaftsnamen“ oder „Gesamtnamen“[57] im Rechtsverkehr auftreten darf[58], obgleich das Gesetz zur Bezeichnung der GbR im Rechtsverkehr schweigt. Der Gesellschaftsname wird aus dem Namen eines oder mehrerer Gesellschafter gebildet und kann einen Zusatz enthalten, der auf den Geschäftsbetrieb oder die Rechtsform der GbR hinweist[59]. Zulässig ist es aber

---

[52] So Palandt/*Heinrichs* Einf v § 21 Rdnr. 2.

[53] In der Literatur wird anstelle des Begriffs „Gruppe“ eine Vielzahl von anderen Bezeichnungen verwendet, die sich freilich in ihrer Bedeutung nicht wesentlich unterscheiden. Zu finden sind z.B. “Personengemeinschaft“, „Personengruppe“ „besondere Wirkungseinheit“, „Zuordnungseinheit“, „Zuordnungssubjekt“ oder „Zuordnungsobjekt“; vgl. nur Palandt/*Heinrichs* Einf v § 21 Rdnr. 2; MünchKomm/*Ulmer* § 705 Rdnr. 128.

[54] Vgl. *Ulmer* Vor § 705 Rdnr. 8. Auch die neueste Entscheidung des BGH zur Rechtsfähigkeit nimmt hierzu nicht unmittelbar Stellung und setzt vor allem nicht die Rechtsfähigkeit der GbR mit einer eigenen Rechtspersönlichkeit gleich; vgl. BGH NJW 2001, S. 1056. Vgl. hierzu aber anschaulich *K. Schmidt*, NJW 2001, S. 993, 996.

[55] Das Recht zur Firmenführung in Deutschland steht ausschließlich Kaufleuten gemäß §§ 1 ff. HGB zu, und eine GbR kann kraft Rechtsformzwangs kein kaufmännisches Handelsgewerbe betreiben, vgl. oben B. I. 2.

[56] Ausnahmen gelten im Prozeßrecht und im Grundbuchrecht. Vgl. hierzu *Hueck*, Gesellschaftsrecht, S. 42; MünchKomm/*Ulmer* § 705 Rdnrn. 225, 131 m.w.N.

[57] So *Ulmer* § 705 Rdnr. 225.

[58] Vgl. Palandt/*Sprau* § 705 Rdnr. 25; BFH NJW 1987, S. 1720; OLG Nürnberg BB 1999, S. 652; OLG Karlsruhe NJW 1998, S. 1160, 1161; BayObLG NJW 1999, S. 297, 298; OLG München NJW-RR 1998, S. 1728.

[59] Vgl. Palandt/*Sprau* § 705 Rdnr. 25; MünchKomm/*Ulmer* § 705 Rdnr. 226; *Ulmer* § 705 Rdnr. 226. Früher sahen, insbesondere bei Anwaltssozietäten, die Gesellschaftsnamen einer GbR häufig den Zusatz „Partnerschaft“ oder „und Partner“ vor. Seit Inkrafttreten des PartGG dürfen jedoch nur noch Partnerschaften im Sinne dieses Gesetzes diese Zusätze führen, vgl. § 11 S. 1 PartGG. *Ulmer*, § 705 Rdnr. 228a, empfiehlt daher, neben der Bezeichnung „BGB-Gesellschaft“ oder „Gesellschaft bürgerlichen Rechts“ künftig die Abkürzung „GbR“ ausreichen zu lassen, damit sich diese Abkürzung im Rechtsverkehr durchsetzt.

auch, wenn der Name nur eine Geschäftsbezeichnung enthält[60]. Der Name kann im Gesellschaftsvertrag selbst oder aber in einer gesonderten, auch später erfolgenden Vereinbarung beschlossen werden[61]. Für die Verwendung eines Gesellschaftsnamens ist lediglich Voraussetzung, daß keine Verwechslungsgefahr mit einer kaufmännischen Firma oder einer Partnerschaft entsteht[62]. Der Name der GbR genießt den Namensschutz aus § 12 BGB[63] sowie den Schutz als Unternehmenskennzeichen im Sinne des § 5 Abs. 2 MarkenG, wenn der Name im geschäftlichen Verkehr benutzt wird.

3. Gesellschaftszweck und Relevanz

Nach § 705 BGB müssen die Gesellschafter lediglich einen „gemeinsamen Zweck" verfolgen. Weitere Anforderungen stellt das Gesetz insoweit nicht auf. In Betracht kommt daher jeder dauernde, vorübergehende oder auch einmalige[64] Zweck, sofern dieser erlaubt ist[65]. Er muß nicht notwendig wirtschaftlicher Natur, also weder auf den Betrieb eines Erwerbsgeschäfts noch allgemein auf Gewinnerzielung gerichtet sein. Möglich sind auch ideelle Zwecke[66] wie etwa wissenschaftlicher, kultureller, künstlerischer, karitativer, politischer oder religiöser Art[67]. Der Gesellschaftszweck kann auf die Erbringung einer Leistung, auf die Verwaltung von Vermögen[68] oder auf die Erzielung eines immateriellen Erfolgs gerichtet sein[69]. Ausgeschlossen ist hingegen der Betrieb eines Handelsgewerbes. Sobald die Gesellschaft kaufmännisch tätig wird, verliert sie ihren Status als Gesellschaft bürgerlichen Rechts und wandelt sich kraft Rechtsformzwangs in eine Personenhandelsgesell-

60 Vgl. OLG Nürnberg BB 1999, S. 652; Erman/*Westermann* § 705 Rdnr. 67 m.w.N.

61 Vgl. *Ulmer* § 705 Rdnr. 226.

62 Vgl. Palandt/*Sprau* § 705 Rdnr. 25; BayObLG NJW 1999, S. 297, 298.

63 So die h.M., vgl. OLG Hamburg NJW-RR 1986, S. 1305; KG WRP 1990, S. 37, 38; MünchKomm/*Ulmer* § 705 Rdnr. 227; Palandt/*Heinrichs* § 12 Rdnr. 9. Zur Anwaltssozietät OLG München NJW-RR 1993, S. 621.

64 Z.B. die Errichtung eines Bauwerks durch eine Arbeitsgemeinschaft (Arge).

65 Vgl. MünchHdb.GesR I/*Happ/Brunkhorst* § 5 Rdnr. 36.

66 Vgl. BGHZ 135, S. 387, 389.

67 Vgl. *Hueck*, Gesellschaftsrecht, S. 40; *Ulmer* § 705 Rdnr. 111; *Kübler*, Gesellschaftsrecht, S. 42 f.; MünchHdb.GesR I/*Happ/Brunkhorst* § 5 Rdnr. 36.

68 Vgl. § 105 Abs. 2 HGB; *Ulmer* § 705 Rdnr. 111.

69 Z.B. eine Theateraufführung oder eine Reise.

schaft, in der Regel in eine OHG, um (vgl. § 105 HGB), und zwar unabhängig davon, ob den Gesellschaftern diese Rechtsfolge bewußt ist[70]. Die Vielzahl der möglichen Gesellschaftszwecke führt dazu, daß die GbR in Deutschland in entsprechend verschiedenen Erscheinungsformen anzutreffen ist[71]. Sie dient der Rechtspraxis als Mittel, immer wieder neue Lebenssachverhalte - sei es ein Pool von Aktionären oder eine Gemeinschaft von Bergsteigern - sach- und interessengerecht zu gestalten[72]. Am stärksten dürfte sie bei Erwerbsgesellschaften wie z.B. Anwaltssozietäten oder Wirtschaftsprüfungsgesellschaften anzutreffen sein. Zwar hat der Gesetzgeber den Angehörigen Freier Berufe im Jahre 1995 mit der „Partnerschaftsgesellschaft" eine weitere Gesellschaftsform zum Zwecke der Berufsausübung zur Verfügung gestellt. Allerdings sind die Vorteile dieser neuen Kooperationsform in ihrer bisherigen Ausgestaltung gegenüber dem Zusammenschluß in einer Gesellschaft bürgerlichen Rechts eher gering[73]. Schließlich sind auch Konsortien[74], Arbeitsgemeinschaften (Arge) oder Bauherrengemeinschaften in der Regel als GbR organisiert[75]. Wie viele Gesellschaften bürgerlichen Rechts in Deutschland zur Zeit bestehen und wie häufig diese Gesellschaftsform überhaupt verwendet wird, kann jedoch nicht genau ermittelt werden, nicht zuletzt deshalb, weil die GbR nicht registerpflichtig ist und es im täglichen Leben auch häufig zu ihrer Gründung kommt, ohne daß dies den Beteiligten bewußt wird. Grundsätzlich hat die GbR im Wirtschaftsleben in Deutschland aber eine erhebliche Bedeutung erlangt[76], und es ist anzunehmen, daß ihr Gesamtbestand ständig höher liegen dürfte als die Zahl der in der Rechtsform der GmbH bestehenden Gesellschaften[77].

---

[70] Vgl. auch *Ulmer* § 705 Rdnrn. 3, 20.

[71] Vgl. *K. Schmidt*, GesR. § 5 II 4, S. 113; *Ulmer* Vor § 705 Rdnr. 23.

[72] Vgl. MünchHdb.GesR I/ *Schücking* § 1 Rdnr. 1; vgl. auch BGH NJW 1998, S. 2904, 2905; BGH NJW 1979, S. 1821.

[73] Vgl. *Henssler*, PartGG, Einführung Rdnr. 23. Es bleibt daher vor allem angesichts des Wandels in der Rechtsprechung zur Rechtsfähigkeit der GbR (vgl. BGH NJW 2001, S. 1056) abzuwarten, inwieweit sich die Partnerschaftsgesellschaft zu einer ernsthaften Konkurrenz zur GbR entwickeln wird.

[74] Konsortien sind Gelegenheitsgesellschaften zur Durchführung eines oder mehrerer Einzelgeschäfte wie z.B. Emissions- oder Finanzierungskonsortien.

[75] Vgl. *Ulmer* Vor § 705 Rdnrn. 23 ff.; Erman/*Westermann* Vor § 705 Rdnrn. 26 ff.

[76] Vgl. Palandt/*Sprau* § 705 Rdnr. 36.

[77] Vgl. MünchHdb.GesR I/ *Schücking* § 1 Rdnr. 1.

II. Voraussetzungen für die Gründung einer GbR

1. Allgemeines

Die Gründung einer GbR erfolgt bereits durch Abschluß eines Gesellschaftsvertrages, der den Anforderungen des § 705 BGB genügt. Für eine GbR als Außengesellschaft ist zudem Voraussetzung, daß die Gesellschaft nach außen auftritt und am Rechtsverkehr teilnimmt. Die Eintragung in das deutsche Handelsregister ist hingegen weder erforderlich noch zulässig. Auch gehört die Bildung eines Gesamthandsvermögens bzw. die Leistung von versprochenen Beiträgen der Gesellschafter nicht zu den Entstehungsvoraussetzungen einer GbR[78].

2. Abschluß eines Gesellschaftsvertrages

Bei dem Gesellschaftsvertrag im Sinne des § 705 BGB handelt es sich sowohl um einen allgemeinen Schuldvertrag als auch um einen gemeinschaftsbegründenden personenrechtlichen Vertrag[79]. Daher gelten für den Abschluß des Gesellschaftsvertrages neben den allgemeinen Regeln des Bürgerlichen Rechts[80] auch bestimmte, über das allgemeine Schuldrecht hinausgehende Besonderheiten[81]. Für den Vertragsschluß ist nicht erforderlich, daß sich die Beteiligten der Gründung einer GbR überhaupt bewußt sind[82].

---

[78] Dies ergibt sich schon aus der gesetzessystematischen Stellung der GbR als Schuldverhältnis, vgl. *Ulmer* § 705 Rdnr. 2.

[79] Vgl. MünchHdb.GesR I/*Happ/Brunkhorst* § 5 Rdnr. 30.

[80] Z.B. die allgemeinen Unwirksamkeitsgründe wie die §§ 104 ff., 119 ff. BGB, die Auslegungsregeln der §§ 133, 157 BGB oder auch (mit Einschränkungen) die §§ 145 ff. BGB.

[81] So unterliegt z.B. der Gesellschaftsvertrag in Abweichung von den §§ 125, 139, 154 BGB besonderen Auslegungsregeln, vgl. hierzu *Ulmer* § 705 Rdnrn. 26, 43 ff., 144 ff. Auch gilt eine über § 242 BGB hinausgehende besondere Treuepflicht der Gesellschafter untereinander, vgl. hierzu MünchHdb.GesR I/*Happ/Brunkhorst* § 5 Rdnr. 30.

[82] Vgl. Palandt/*Sprau* § 705 Rdnr. 11, wie z.B. häufig bei Reise- und Fahrgemeinschaften oder Jagd- und Sportgemeinschaften.

a) Anforderungen an den Inhalt des Gesellschaftsvertrages

Der Gesellschaftsvertrag muß mindestens die ausfüllungsbedürftigen Tatbestandsmerkmale aufweisen, die das Gesetz in § 705 BGB für das Vorliegen einer GbR aufstellt. Hierbei ist zu beachten, daß im Vertrag kein ausdrücklicher Hinweis enthalten sein muß, daß die Gesellschaft die Rechtsform der GbR haben soll[83]. Die gesetzlichen Anforderungen an den Mindestinhalt des Vertrages sind sehr gering, allerdings enthalten Gesellschaftsverträge in der Praxis häufig eine Vielzahl weiterer fakultativer Regelungen, auf die nachstehend, wenn auch nur kurz, eingegangen wird.

aa) Mindestinhalt

(1) Gemeinsamer Zweck

Nach § 705 BGB muß der Gesellschaftsvertrag mindestens die Vereinbarung eines gemeinsamen Zwecks enthalten, zu dessen Förderung sich die Gesellschafter zu verpflichten haben. Der gemeinsame Zweck stellt ein konstitutives Merkmal der GbR dar[84]. Durch ihn unterscheidet sich der Gesellschaftsvertrag z.B. von reinen Austauschverträgen oder partiarischen Rechtsverhältnissen, bei denen jeder Beteiligte nur ein eigenes, individuelles Interesse verfolgt[85]. Als Zweck kommt jeder erlaubte Zweck in Betracht, soweit er nicht auf den Betrieb eines kaufmännischen Handelsgewerbes gerichtet ist[86]. Für die Gemeinsamkeit des Zwecks ist nicht Voraussetzung, daß jeder Gesellschafter gleichmäßig oder überhaupt am Gesellschaftsgewinn beteiligt ist[87].

---

[83] Vielmehr entsteht eine GbR selbst dann, wenn die zu gründende Gesellschaft die Merkmale einer GbR aufweist und die Gesellschafter diese aber unzutreffend mit einer anderen Gesellschaftsform, wie z.B. OHG, bezeichnen, vgl. BGHZ 10, S. 91, 97; *Ulmer* § 705 Rdnrn. 20, 96.

[84] Vgl. MünchKomm/*Ulmer* § 705 Rdnr. 109; *Ulmer* § 705 Rdnr. 109. Er verwandelt die Summe der Einzelinteressen in ein Gemeinschaftsinteresse, vgl. *Wiedemann*, Sonderbeilage WM 8/90, S. 12 m.w.N.

[85] Vgl. *Grunewald*, Gesellschaftsrecht, S. 6; vgl. auch *Ulmer* § 705 Rdnrn. 80 ff.

[86] Vgl. MünchKomm/*Ulmer* § 705 Rdnr. 111 und zu den Zwecken im einzelnen oben unter B. I. 3. Ist die Zusammenarbeit von Angehörigen Freier Berufe bezweckt, kommt als spezielle Gesellschaftsform aber auch die Partnerschaftsgesellschaft in Betracht; vgl. oben B. I. 3.

[87] Heute wohl unstreitig, vgl. BGH NJW 1987, S. 3124, 3125; *Ulmer* § 705 Rdnr. 117 m.w.N. in Rdnr. 116 Fn. 335.

Selbst wenn also ein oder mehrere Gesellschafter gänzlich von der Teilnahme am Gewinn ausgeschlossen sind (sog. societas leonina), steht dies der Annahme eines gemeinschaftlichen Zwecks zumindest nicht grundsätzlich entgegen[88]. Gleiches gilt für eine gemeinsame Organisation. Sie ist ebenfalls kein Wesensmerkmal des gemeinsamen Zwecks[89]. Ausreichend ist es vielmehr, wenn jeder Gesellschafter die Förderung des Zwecks von dem anderen beanspruchen kann[90].

(2) Verpflichtung zur Förderung des gemeinsamen Zwecks

Für das Zustandekommen einer GbR ist weiterhin Voraussetzung, daß alle Gesellschafter eine Zweckförderungspflicht bzw. Beitragspflicht trifft, die durch Abschluß des Gesellschaftsvertrages begründet wird. Die Förderungspflicht der Gesellschafter stellt also ebenso wie der gemeinsame Zweck ein konstitutives Merkmal der GbR dar; ergibt sich die Leistungs- oder Beitragsverpflichtung der Gesellschafter nicht aus dem Gesellschaftsvertrag, sondern aus anderen, bereits geschlossenen Verträgen, liegt keine Gesellschaft im Sinne des § 705 BGB vor[91]. Als Gegenstände der Förderungspflicht kommen alle möglichen Arten von Beiträgen in Betracht, gleich, ob sie materieller, immaterieller, reeller oder ideeller Natur sind[92]. Übertragbare Vermögenswerte wie Geld, Sachen, Sachgesamtheiten (wie z.B. ein Unternehmen), Rechte (z.B. Forderungen oder Immaterialgüterrechte) sind ebenso zulässig wie das Zurverfügungstellen von Diensten (z.B. der Geschäftsführung), Werkleistungen, Kenntnissen und Erfahrungen (*know-how*); sogar ein Kun-

---

[88] Vgl. Erman/*Westermann* § 705 Rdnr. 30; *Ulmer* § 705 Rdnr. 118 m.w.N.; *Wiedemann*, Sonderbeilage WM 8/90, S. 13.

[89] Vgl. BGH NJW 1951, S. 308; OLG München NJW 1968, S. 1384, 1386. Dies ergibt sich bereits daraus, daß eine GbR in Form einer Innengesellschaft über gar keine Organisation im Sinne der Existenz eines Gesellschaftsorgans oder Gesellschaftsvermögens verfügt, vgl. auch *Ulmer* § 705 Rdnr. 119.

[90] Vgl. BGH WM 1965, S. 795; Palandt/*Sprau* § 705 Rdnr. 21. Der gemeinsame Zweck ist zu unterscheiden von dem Gegenstand des Unternehmens der GbR. Während der gemeinsame Zweck nur allgemein die Grundlagen der Gesellschaft festlegt, umschreibt der Unternehmensgegenstand den konkreten Tätigkeitsbereich der Gesellschaft, vgl. MünchHdb.GesR I/*Happ/Brunkhorst* § 5 Rdnr. 38. Dieser muß im Gegensatz zum gemeinsamen Zweck nicht im Gesellschaftsvertrag festgelegt sein.

[91] Vgl. auch *Ulmer* § 705 Rdnrn. 109, 120; § 706 Rdnr. 6.

[92] Vgl. § 706 Abs. 2 und 3 BGB; *Ulmer* § 705 Rdnrn. 2, 9.

denstamm, Absatz- und Bezugsquellen oder die Übernahme eines Wettbewerbsverbots sind beitragsfähig[93]. Da es sich beim Gesellschaftsvertrag um ein Dauerschuldverhältnis handelt[94], muß sich aus seinem Inhalt nur ergeben, daß die Förderungspflicht der Gesellschafter grundsätzlich auf Dauer angelegt ist und sich nicht nur in einer einmaligen Leistung erschöpft[95]. Als Arten der Einbringung kommen je nach Beitrag die Übertragung von Eigentum, die Gebrauchsüberlassung oder die tatsächliche Leistung eines Dienstes in Betracht[96]. Zu beachten ist, daß nur die Förderungspflicht selbst, nicht die Art und Höhe der Beiträge oder deren Bewertung zum Mindestinhalt des Gesellschaftsvertrages gehören[97]. Diese finden allerdings in der Regel als fakultative Bestandteile Eingang in den Vertrag[98].

bb) Fakultativer Inhalt

Neben dem gesetzlichen Mindestinhalt sieht der Gesellschaftsvertrag zur Gründung einer GbR wie bereits angesprochen in der Regel eine Vielzahl zusätzlicher, fakultativer Bestimmungen vor, auf die hier nur kurz und exemplarisch eingegangen werden kann. Fakultative Vertragsbestandteile können nicht nur bestehende gesetzliche Vorschriften ergänzen, sondern auch an deren Stelle treten, da es sich bei den meisten gesetzlichen Bestimmungen um disponible Vorschriften handelt[99]. Beispielsweise obliegt nach § 709 Abs. 1 BGB die Geschäftsführung grundsätzlich allen Gesellschaftern der GbR gemeinsam, weshalb für jedes Geschäft der Gesellschaft die Zustimmung aller Gesellschafter erforderlich ist. Gerade bei größeren Gesellschaften kann es aber sinnvoll sein, die Zuständigkeiten und Verantwortungsbereiche auf einzelne Gesellschafter zu verteilen oder die Geschäftsführung auf einen oder mehrere Gesellschafter zu übertragen (vgl. § 710 BGB), um ihre Handlungsfähigkeit zu erhöhen. Auch richtet sich die gesetzliche Regelung zur Gewinn-

---

[93] Vgl. insgesamt *K. Schmidt*, GesR. § 59 II 4, S. 1740 m.w.N., MünchKomm/*Ulmer* § 705 Rdnr. 121; *Ulmer* § 706 Rdnr. 9.

[94] Vgl. *Ulmer* Vor § 705 Rdnr. 4.

[95] Vgl. MünchKomm/*Ulmer* § 705 Rdnr. 120.

[96] Vgl. *Ulmer* § 706 Rdnrn. 10-13.

[97] Vgl. *Wiedemann*, Sonderbeilage WM 8/90, S. 13.

[98] Vgl. *Ulmer* § 706 Rdnr. 7.

[99] S.o. B. I. 1.

beteiligung allein nach der Anzahl der Gesellschafter, und zwar unabhängig von der Art und der Größe ihrer Beiträge (vgl. § 722 Abs. 1 BGB). Eine bestimmte Regelung der Gewinnentnahme und Rücklagenbildung sieht das Gesetz gar nicht vor. Diese Bereiche können und sollten in einem Gesellschaftsvertrag näher festgelegt werden. Schließlich führt gemäß § 727 Abs. 1 BGB der Tod eines Gesellschafters zur Auflösung der Gesellschaft, was ebenfalls nicht immer dem Interesse der übrigen Gesellschafter entsprechen dürfte. In aller Regel ändert die Praxis auch diese dispositive Bestimmung im Gesellschaftsvertrag entsprechend ab[100].

b) Anforderungen an die Form des Gesellschaftsvertrages

Der Abschluß eines Gesellschaftsvertrages zur Errichtung einer GbR ist mangels entsprechender gesetzlicher Regelungen grundsätzlich formfrei. Der Vertrag kann somit schriftlich, mündlich, stillschweigend oder aber auch konkludent geschlossen werden[101]. Möglich ist es auch, daß nur einzelne Teile des Gesellschaftsvertrages auf einer mündlichen oder konkludenten Abrede beruhen, während der Vertrag im übrigen schriftlich abgefaßt ist[102]. Besondere Formerfordernisse können sich jedoch ergeben, wenn der Gesellschaftsvertrag einzelne Verpflichtungen enthält, die nach allgemeinen Bestimmungen formbedürftig sind[103]. Hierzu zählen Kartellvereinbarungen i.S.d. §§ 2-8 GWB (vgl. § 34 GWB), Schenkungsversprechen (§ 518 BGB) oder die Verpflichtung, das gesamte Vermögen oder einen Teil desselben (§ 311 BGB), ein Grundstück (§ 313 BGB) oder den Geschäftsanteil an einer GmbH (§ 15 Abs. 4 S. 1 GmbHG) in das Gesellschaftsvermögen einzubringen[104]. In diesen Fällen erstreckt sich die Formbedürftigkeit einzelner Vertragsabreden auf den gesamten Gesellschaftsvertrag[105]. Schließlich ist es möglich, daß die Gesellschafter sich auf eine bestimmte Form wie z.B. Schriftform einigen, vgl. § 127 BGB.

---

[100] Vgl. MünchHdb.GesR I/*Happ/Brunkhorst* § 5 Rdnr. 50. Vgl. weitere Beispiele fakultativer Vertragsbestandteile auch bei *Ulmer* § 705 Rdnr. 97.

[101] Vgl. BGH WM 1962, S. 880.

[102] Vgl. *Ulmer* § 705 Rdnr. 98.

[103] Vgl. *K. Schmidt*, GesR. § 59 I 2, S. 1732.

[104] Vgl. auch MünchHdb.GesR I/*Happ/Brunkhorst* § 5 Rdnr. 52.

[105] Vgl. *Ulmer* § 705 Rdnr. 31 m.w.N.

c) Anforderungen an die Person des Gesellschaftsgründers

Die GbR setzt begrifflich mindestens zwei Gesellschafter voraus, eine Einpersonen-GbR ist dem deutschen Recht nicht bekannt[106]. Reduziert sich die Anzahl der Gesellschafter auf eine Person, führt dies zur Beendigung der Gesellschaft[107]. Eine Höchstgrenze sieht das Gesetz zwar nicht vor, allerdings bedingt die personengesellschaftliche Struktur der GbR in der Regel eine kleinere Anzahl von Gesellschaftern[108]. Als Gesellschafter und damit Gesellschaftsgründer kommen natürliche, einschließlich geschäftsunfähiger und beschränkt geschäftsfähiger, Personen[109] ebenso in Betracht wie juristische Personen[110]. Auch können andere Personengesellschaften[111], insbesondere eine GbR selbst[112], Gesellschafterin einer GbR sein. Dies gilt schließlich auch für den nichtrechtsfähigen Verein und mit gewissen Einschränkungen für ausländische Gesellschaften[113]. Die Beteiligung eines Ehegatten unterliegt ebenfalls keinen gesetzlichen Besonderheiten. Ausgeschlossen sind dagegen Erbengemeinschaften, eheliche Gütergemeinschaften sowie Bruchteilsgemeinschaften[114].

3. Publizität

Wird die GbR als Außengesellschaft geführt, bedarf es hierfür begriffsnotwendig auch des Auftretens der Gesellschaft nach außen. Insoweit steht ihr

---

106 Vgl. Palandt/*Sprau* § 705 Rdnr. 1; *K. Schmidt*, GesR. § 59 I 1, S. 1730. Die notwendige Anzahl von mindestens zwei Gesellschaftern ergibt sich bereits aus dem schuldvertraglichen Charakter des Gesellschaftsvertrages, vgl. *Ulmer* § 705 Rdnr. 53.

107 So die h.M., vgl. MünchKomm/*Ulmer* § 705 Rdnr. 53; *K. Schmidt*, GesR. § 59 I 1, S. 1730; *Ulmer* § 705 Rdnr. 53. A.A. *Baumann*, BB 1998, S. 225 ff.

108 Die GbR eignet sich wegen des Einstimmigkeitsprinzips und der persönlichen Haftung der Gesellschafter kaum für eine Gesellschaft mit einer großen Zahl von Gesellschaftern. Vgl. auch MünchHdb.GesR I/*Happ/Brunkhorst* § 5 Rdnr. 12.

109 Vgl. MünchKomm/*Ulmer* § 705 Rdnrn. 57 f.; *Ulmer* § 705 Rdnr. 57.

110 Vgl. RGZ 105, S. 101, 102 ff.

111 Vgl. zur OHG und KG: BGH WM 1959, S. 288; RGZ 142, S. 13, 21. Zu beachten ist hierbei, daß die Personengesellschaft selbst Mitglied der GbR wird und nicht etwa ihre Gesellschafter.

112 Vgl. BGH NJW 1998, S. 376. Siehe auch oben B. I. 2. b).

113 Vgl. MünchHdb.GesR I/*Schücking* § 5 Rdnrn. 26 ff. Ausländische Gesellschaften müssen nach ihrem Heimatrecht befähigt sein, sich an Gesellschaften nach Art einer OHG oder KG zu beteiligen, vgl. BayObLG WM 1986, S. 968, 970; *Ulmer* § 705 Rdnr. 64 m.w.N.

114 Vgl. *Ulmer* § 705 Rdnrn. 69-71.

als Publizitätsmittel nur die Teilnahme am Rechtsverkehr zur Verfügung, da die GbR mangels Eintragungsfähigkeit nicht in das Handelsregister eingetragen werden kann[115]. Gleiches gilt auch für die Eintragung in das sog. Partnerschaftsregister, wenn die GbR zur Ausübung einer freiberuflichen Tätigkeit gegründet wird. Da die Eintragung für die jeweilige Rechtsform konstitutive Wirkung besitzt (vgl. § 7 Abs. 1 PartGG), wird eine GbR allein durch die Eintragung in das Partnerschaftsregister zur Partnerschaft, so daß sie umgekehrt nur solange eine GbR bleiben kann, wie sie nicht im Partnerschaftsregister eingetragen ist[116]. Für die Teilnahme am Rechtsverkehr ist erforderlich, daß mindestens ein Gesellschafter als bevollmächtigter Vertreter der GbR im Namen der Gesamthand und nicht nur im eigenen Namen nach außen auftritt, indem er Rechtsgeschäfte für die Gesellschaft abschließt[117].

III. Gründungsmängel

Leidet die Gründung einer Gesellschaft bürgerlichen Rechts unter bestimmten Vertragsmängeln[118], ist der Gesellschaftsvertrag nach der in Einzelfragen umstrittenen Theorie der fehlerhaften Gesellschaft nach außen und nach innen zunächst grundsätzlich wirksam[119]. Die Theorie trägt damit dem Vertrauensschutz Dritter sowie dem Bestandsschutzinteresse der Gesellschafter

---

[115] MünchKomm/*Ulmer* § 705 Rdnr. 67. Zur rechtspolitischen Kritik vgl. *K. Schmidt*, GesR. § 59 II 1, S. 1730 Fn. 32 m.w.N.

[116] Vgl. auch MünchKomm/*Ulmer* § 705 Rdnr. 4 a; *Ulmer* § 705 Rdnr. 4 a.

[117] Vgl. BGHZ 12, S. 308, 314; BGH NJW 1960, S. 1851, 1852; Palandt/*Sprau* § 705 Rdnr. 33.

[118] In Betracht kommen insoweit insbesondere drei Gruppen: die anfängliche Nichtigkeit des Vertrages (z.B. wegen Formmangels, § 125 BGB), die Anfechtung mit rückwirkender Nichtigkeit des Vertrages (das ist die wichtigste Fallgruppe, z.B. Anfechtung wegen Irrtums oder Täuschung, §§ 119, 123 BGB) und schließlich die fehlerhafte Mitwirkung einzelner, besonders schutzwürdiger Personen (wie z.B. nicht wirksam vertretener Minderjähriger), vgl. hierzu insgesamt *Ulmer* § 705 Rdnr. 247. Zur Anwendbarkeit des Haustürwiderrufsgesetzes auf den Beitritt eines Gesellschafters in eine Gesellschaft vgl. OLG Stuttgart ZIP 2001, S. 322, 323; OLG Rostock BB 2001, S. 904, 905; vgl. auch BGH NJW 2001, S. 2718.

[119] Seit RGZ 165, S. 193, 204 f. Voraussetzung ist insoweit positiv das Vorhandensein eines fehlerhaften Vertrages und das Invollzugsetzen der Gesellschaft durch Aufnahme der Geschäfte sowie in negativer Hinsicht, daß keine schutzwürdigen Interessen entgegenstehen (z.B. bei nicht voll Geschäftsfähigen) und daß der Gesellschaftszweck weder verboten noch sittenwidrig ist. Vgl. zu den Voraussetzungen im einzelnen mit einer Vielzahl von Rechtsprechungsnachweisen bei *Ulmer* § 705 Rdnrn. 244 Fn. 701, 245-258; Erman/*Westermann* § 705 Rdnrn. 70 ff. Demgegenüber konnte sich die Theorie der faktischen Gesellschaft nicht durchsetzen, vgl. hierzu Erman/*Westermann* § 705 Rdnr. 69 m.w.N.

Rechnung[120]. Mängel können nur zu einer Auflösung des Rechtsverhältnisses mit Wirkung für die Zukunft führen, eine rückwirkende Abwicklung (ex tunc) von fehlerhaften Gesellschaften ist also nicht möglich[121]. Gesetzliche Regelungen zur Gründerhaftung, wie dies bei der GmbH oder AG der Fall ist, sieht das Recht der Gesellschaft bürgerlichen Rechts nicht vor.

C. Die Gründung einer offenen Handelsgesellschaft (OHG)

Die Gründung einer offenen Handelsgesellschaft (OHG) setzt neben dem Abschluß eines Gesellschaftsvertrages voraus, daß die Gesellschafter unter gemeinsamer Firma nach außen auftreten. Die Eintragung der Gesellschaft in das Handelsregister schreibt das Gesetz bei der OHG zwar zwingend vor, für die Gesellschaftsgründung ist dies aber nicht unbedingt erforderlich. Auch die OHG kann kraft Rechtsformzwangs aus einer anderen Gesellschaft hervorgehen[122] oder aufgrund einer formenwechselnden Umwandlung entstehen (vgl. § 191 Abs. 2 Nr. 2 UmwG)[123].

I. Vorstellung der Gesellschaftsform

Bei der OHG handelt es sich um eine Gesellschaft, deren Zweck zwingend auf den Betrieb eines Handelsgewerbes unter gemeinschaftlicher Firma gerichtet ist und bei der die Gesellschafter alle persönlich und unbeschränkt für Verbindlichkeiten der Gesellschaft haften (§ 105 Abs. 1 HGB)[124]. Die OHG

[120] Vgl. *Ulmer* § 705 Rdnr. 244.

[121] Vgl. Erman/*Westermann* § 705 Rdnr. 69.

[122] In Frage kommen insoweit die GbR und die Kommanditgesellschaft (KG). Vgl. mit Beispielen *K. Schmidt*, GesR. § 46 III 1, S. 1366.

[123] Die nachfolgenden Ausführungen befassen sich nur mit der (originären) Gründung einer OHG durch Gesellschaftsvertrag. Vgl. zur Umwandlung z.B. *Decher* in Lutter, UmwG, §§ 190 Rdnrn. 1 ff., 191 Rdnr. 2.

[124] Jeder Gesellschafter steht mit seinem gesamten Vermögen sozusagen »offen« für die Gesellschaft ein. Das HGB verwendet den Begriff „offen" - im Anschluß an das Allgemeine Deutsche Handelsgesetzbuch (ADHGB) - als Gegenbezeichnung zur „stillen" Beteiligung im Sinne des § 230 HGB. Bei der vergleichbaren Gesellschaftsform in Frankreich wird dagegen auf das Auftreten im Handelsverkehr unter gemeinsamer Firma abgestellt: „*société en nom collectif*". Im britischen Recht schließlich wird bei der „*partnership*" nicht zwischen einem besonderen Handelsrecht und dem bürgerlichen Recht unterschieden und bei der Rechtsformbezeichnung auf einen entsprechenden Hinweis verzichtet.

ist Personenhandelsgesellschaft[125] und stellt im System des deutschen Gesellschaftsrechts einen Spezialfall der Gesellschaft bürgerlichen Rechts dar[126], da ihr Zweck nur auf den Betrieb eines Handelsgewerbes (einschließlich Kleingewerbe) oder auf die Verwaltung des eigenen Vermögens gerichtet sein kann (§ 105 Abs. 1 und 2 HGB)[127]. Innerhalb der Handelsgesellschaften bildet die OHG zugleich die Grundform der Vereinigung von Kaufleuten[128]. Sobald ein kaufmännisches Handelsgewerbe mitunternehmerisch betrieben wird und die Beteiligten nicht eine andere Rechtsform gewählt haben, begründet dieser mitunternehmerische Betrieb automatisch eine OHG (sog. Gesellschaftsrechtlicher Rechtsformzwang)[129]. Die OHG war im Wirtschaftsleben gerade bei mittelständischen Unternehmen lange Zeit stark verbreitet. Seit Beginn der 80er Jahre befindet sich die OHG im Verhältnis zur GmbH allerdings im Rückzug[130].

1. Rechtsgrundlagen

Die OHG ist im deutschen Handelsgesetzbuch kodifiziert und zwar ebenfalls recht umfangreich in den §§ 105-160 HGB. Neben diesen Vorschriften finden zur Ausfüllung verbleibender Lücken die Bestimmungen für die Gesellschaft bürgerlichen Rechts subsidiär Anwendung (vgl. § 105 Abs. 3 HGB i.V.m. §§ 705-740 BGB). Zentrale Vorschriften für die Gesellschaftsgründung stellen §§ 105 und 123 HGB dar. Sie regeln den Mindestinhalt des Gesellschaftsvertrages sowie die Publizität der OHG.

---

125 Vgl. *K. Schmidt*, GesR. § 46 II 1, S. 1357; Schlegelberger/*K. Schmidt* § 105 Rdnr. 2; Staub/*Ulmer* § 105 Rdnrn. 39, 43.

126 Heute unstreitig, vgl. nur Schlegelberger/*K. Schmidt* § 105 Rdnr. 3 m.w.N.; Staub/*Ulmer* § 105 Rdnr. 1.

127 Aus diesem Grunde gilt vieles, was bereits zur GbR gesagt wurde, auch für die OHG. Die sich wiederholenden Punkte, wie z.B. die gemeinsame Förderungspflicht, die Anforderungen an die Person des Gesellschaftsgründers, Formerfordernisse oder Gründungsmängel werden daher entsprechend kurz dargestellt.

128 Vgl. Staub/*Ulmer* § 105 Rdnr. 13; Schlegelberger/*K. Schmidt* § 105 Rdnr. 9 m.w.N.; Ensthaler/*Ensthaler*, GK-HGB vor §§ 105 ff. Rdnr. 8; Baumbach/*Hopt* Einl v § 105 Rdnrn. 13, 15.

129 Vgl. BGHZ 32, S. 307, 310; 22, S. 240, 244 f.; Schlegelberger/*K. Schmidt* § 105 Rdnr. 9 m.w.N. Vgl. auch oben bei der GbR unter B.

130 Vgl. MünchHdb.GesR I/*Happ/Brunkhorst* § 40 Rdnrn. 12, 14 mit weiteren statistischen Angaben; Staub/*Ulmer* § 105 Rdnr. 12 m.w.N.

2. Charakteristische Merkmale

Die OHG ist eine Personenhandelsgesellschaft, bei der ausnahmslos sämtliche Gesellschafter unbeschränkt und persönlich für Gesellschaftsschulden haften. Dieser Umstand verleiht der OHG ein hohes Maß an Seriosität und zwingt ihre Gesellschafter grundsätzlich zu hoher Eigenverantwortung. Selbst in Zeiten der Krise und Unternehmenszusammenbrüche hat die Rechtsform der OHG nicht an Ansehen verloren, denn bei ihr ist es nicht möglich, daß sich die Gesellschafter auf ihr Privatvermögen zurückziehen, während die Gesellschaft konkursreif ihrem Schicksal überlassen bleibt[131]. Die OHG selbst ist als Handelsgesellschaft Kaufmann gemäß § 6 Abs. 1 HGB und nicht nur ein loser Verbund von einzelnen Kaufleuten. Sie muß gemäß § 106 Abs. 1 HGB in das Handelsregister eingetragen werden, allerdings setzt die Gesellschaftsgründung selbst eine solche Eintragung nicht zwingend voraus. Zur Führung der Geschäfte der OHG sind alle Gesellschafter berechtigt und verpflichtet (vgl. § 114 Abs. 1 HGB). Erlaubt ist es insoweit, die Geschäftsführungsbefugnis durch Gesellschaftsvertrag auf einen oder mehrere Gesellschafter zu übertragen (vgl. § 114 Abs. 2 HGB). Hierbei ist das Prinzip der Selbstorganschaft zu beachten[132], d.h. Geschäftsführer einer offenen Handelsgesellschaft können nur Gesellschafter derselben sein. Die OHG ist zwingend Außengesellschaft, verfügt über eine eigene Rechtspersönlichkeit und ist wie alle deutschen Handelsgesellschaften zur Firmenführung berechtigt.

a) Außengesellschaft

Im Gegensatz zur GbR, die auch Innengesellschaft sein kann, ist die OHG immer Außengesellschaft, bei der das Hervortreten der Gesellschafter nach außen ein wesentliches Merkmal bildet[133]. Das Gesetz sieht hierfür zwei Fälle vor: Die Eintragung der Gesellschaft in das Handelsregister (§ 123 Abs. 1

---

[131] Vgl. *K. Schmidt*, GesR. § 46 I 2, S. 1356.

[132] So BGHZ 26, S. 330, 332 f.; 51, S. 198, 200; Baumbach/*Hopt* § 114 Rdnr. 24; *Hueck*, Gesellschaftsrecht, S. 119.

[133] Vgl. BGHZ 10, S. 44, 48; Schlegelberger/*K. Schmidt* § 105 Rdnrn. 4, 32; Staub/*Ulmer* § 105 Rdnr. 45. Dies folgt auch aus § 105 Abs. 1 HGB. Hiernach ist das gemeinschaftliche Auftreten

HGB) und die Aufnahme der Geschäfte der Gesellschaft (§ 123 Abs. 2 HGB)[134].

b) Rechtsfähigkeit

Die offene Handelsgesellschaft kann Trägerin von Rechten und Pflichten sein und stellt in diesem Rahmen unter Verselbständigung ihres Vermögens ein eigenes Rechtssubjekt dar[135]. Sie ist als Gesamthandsgemeinschaft jedoch keine juristische Person, vielmehr werden die Rechte und Pflichten lediglich der Gesellschaft als gesamthänderische Zusammenfassung aller Gesellschafter zugerechnet[136]. Sie stellt also praktisch eine Übergangsform von der einfachen Gesamthand zur juristischen Person dar[137]. Im Unterschied zur GbR sieht das Gesetz für die OHG eine positive Regelung ihrer rechtlichen Selbständigkeit vor. § 124 Abs. 1 HGB bestimmt, daß die OHG unter ihrer Firma Rechte erwerben und Verbindlichkeiten eingehen, Eigentum und andere dingliche Rechte an Grundstücken erwerben, vor Gericht klagen und verklagt werden kann. Die OHG ist des weiteren insolvenzfähig (§ 11 Abs. 2 Nr. 1 InsO), kann unter ihrer Firma in das Grundbuch eingetragen werden[138] und ist Kaufmann gemäß § 6 Abs. 1 HGB. Im Zivilprozeß kann aus einem gegen die Gesellschaft gerichteten Titel nur in das Gesellschaftsvermögen, nicht aber in das Gesellschaftervermögen vollstreckt werden. Insoweit bedarf es eines weiteren Titels gegen die Gesellschafter der OHG selbst (§§ 124 Abs. 2, 129 Abs. 4 HGB).

c) Firma

Gemäß § 105 Abs. 1 HGB ist die OHG zur Führung einer Firma berechtigt und verpflichtet. Bei der Firma der OHG handelt es sich um den Namen der Gesellschaft. Das Firmenrecht ist in den §§ 17-37a HGB näher geregelt und

---

nach außen („unter gemeinsamer Firma") das kennzeichnende Merkmal der OHG, wodurch sie sich z.B. von der stillen Gesellschaft unterscheidet.

[134] Im einzelnen siehe unten C. II. 3.

[135] Vgl. BGHZ 10, S. 91, 100.

[136] Vgl. Schlegelberger/*K. Schmidt* § 105 Rdnr. 6; *K. Schmidt*, GesR. § 46 II 1, S. 1358 f.

[137] Vgl. Ensthaler/*Ensthaler*, GK-HGB § 124 Rdnr. 1.

erst kürzlich reformiert worden[139]. Die Gesellschaftsgründer verfügen nun über eine größtmögliche Gestaltungsfreiheit bei der Firmenbildung. Als Firmenkern kann eine Personenfirma[140], eine Sachfirma[141], eine Mischfirma[142] oder aber auch eine Phantasiefirma[143] gewählt werden. Unterhält die OHG mehrere Unternehmen, ist sie gleichwohl nur zur Führung einer einzigen Firma berechtigt[144]. Die Firma muß als Rechtsformzusatz entweder die Bezeichnung „offene Handelsgesellschaft" oder eine allgemein verständliche Abkürzung dieser Bezeichnung enthalten (§ 19 Abs. 1 Nr. 2 HGB), wie z.B. „OHG", „oHG", „oH" oder „OH"[145]. Wenn in einer OHG keine natürliche Person persönlich haftet[146], muß die Firma außerdem eine Bezeichnung enthalten, welche die Haftungsbeschränkung kennzeichnet (§ 19 Abs. 2 HGB)[147]. Grenzen der neuen Gestaltungsfreiheit werden durch § 18 HGB gesetzt. Hiernach muß die Firma zur Kennzeichnung der Gesellschaft geeignet sein[148] und Unterscheidungskraft besitzen (Abs. 1)[149]; zudem darf sie keine

---

138 Vgl. Ensthaler/*Ensthaler*, GK-HGB § 124 Rdnr. 4.

139 Mit dem Inkrafttreten des Gesetzes zur Neuregelung des Kaufmanns- und Firmenrechts und zur Änderung anderer handels- und gesellschaftsrechtlicher Vorschriften (Handelsrechtsreformgesetz [HRefG] vom 22.06.1998 [BGBl. I S. 1474]) ist das Firmenrecht wesentlich geändert worden. Art. 38 Abs. 1 EGHGB sieht daher als Übergangsregelung vor, daß die vor dem 01.07.1998, also nach alten Recht eingetragenen Firmen (Altfirmen) bis zum 31.03.2003 weitergeführt werden dürfen.

140 Bei einer Personenfirma bildet mindestens ein bürgerlicher Name den Firmenkern, z.B. „Fabian Stilke OHG".

141 Eine Sachfirma ist dem Gegenstand des Unternehmens entnommen, z.B. „Südfrüchte Import OHG".

142 Mischfirmen enthalten eine Kombination aus Personennamen und/oder Gegenstand des Unternehmens und/oder Phantasiebezeichnungen , z.B. „Stilke OHG Südfrüchte Import" oder Paradiso Früchte Import OHG".

143 Phantasiefirmen sind nicht dem Gegenstand des Unternehmens entnommene Bezeichnungen, die geeignet sind, Namensfunktion zu übernehmen, z.B. „Paradisofrucht OHG".

144 Vgl. BGHZ 67, S. 166 ff.

145 Vgl. Ensthaler/*Nickel*, GK-HGB § 19 Rdnr. 5.

146 Bsp.: Die A-AG und B-GmbH gründen die gemeinsame Tochter-OHG als Importunternehmen.

147 Im obigen Bsp.: „A-AG & Co. (Import) OHG" oder „A-AG & B-GmbH Import-OHG".

148 Die Eignung zur Kennzeichnung der Gesellschaft ist zu bejahen, wenn die Firma auf die beteiligten Verkehrskreise „wie ein Name" wirkt, vgl. BGHZ 79, S. 265, 270; BGH BB 1997, S. 2611. Sie muß aus einer wörtlich und aussprechbaren Bezeichnung gebildet werden (vgl. BGHZ 14, S. 159), wie dies z.B. bei Bildzeichen (♠, ♥, ♦, ♣ oder @) („@-OHG" oder „Schulz@Hausbau-OHG") nicht der Fall ist, auch wenn hierfür ein aussprechbares Wort existiert (z.B. „at"). (Lateinische) Buchstabenfolgen sind hingegen zur Kennzeichnung geeignet („BMW", „LTU", „IBM"), gleiches gilt für die Verwendung von Zahlen („3M"), auch ausgeschrieben

Angaben enthalten, die geeignet sind, über geschäftliche Verhältnisse irrezuführen, die für die angesprochenen Verkehrskreise wesentlich sind (Abs. 2)[150]. Auch muß das Gebot der Firmenunterscheidbarkeit nach § 30 Abs. 1 HGB beachtet werden[151]. Schließlich hat die OHG auf Geschäftsbriefen regelmäßig neben der Rechtsform zumindest den Ort der Handelsniederlassung bzw. den Sitz der Gesellschaft, das Registergericht und die Handelsregisternummer anzugeben (§§ 37a , 125a HGB)[152].

(Tankstelle „elf"), solange es sich nicht um endlose Zahlenketten handelt. Vgl. hierzu insgesamt *Lutter/Welp*, ZIP 1999, S. 1073, 1078 f. Vgl. zu den Firmenzusätzen ausführlich *Bokelmann*, Recht der Firmen, Rdnrn. 114 ff.

149 Die Unterscheidungskraft ist in der Regel unproblematisch, wenn eine Phantasiefirma gewählt wird, die von Natur aus originell und einprägsam ist, wie z.B. „Stax OHG", „Pratta OHG" oder „bizzy OHG", vgl. auch BegrRegE BR-Drucks. 340/97, S. 52; *Lutter/Welp*, ZIP 1999, S. 1073, 1074. Dies ist bei Sachfirmen eher nicht der Fall, wenn sie der Gattung oder Branche des Unternehmens entlehnt sind, wie z.B. „Computertechnik OHG" oder „Transportbeton OHG", oder rein geographische („Hamburg OHG") oder produktbeschreibende Bezeichnungen („Sportartikel OHG") enthalten, vgl. auch BegrRegE BR-Drucks. 340/97, S. 52. Sie dürften ohne einen individualisierenden Zusatz („Kunisch Computertechnik OHG") oder eine markante Abkürzung („Computec OHG") nach neuem Recht unzulässig sein, vgl. auch *Lutter/Welp*, ZIP 1999, S. 1073, 1074 f. m.w.N. Schließlich kommt es bei der Unterscheidungskraft von Personenfirmen darauf an, wie verbreitet der verwendete Name zumindest regional ist. Schwierigkeiten dürften bei Allerweltsnamen wie „Meier", „Müller", „Peters" oder „Schulz" auftreten, weniger bei „Wöflein", „Kobus" oder „Klöpping OHG". Auch kann die Verwendung eines (abgekürzten) Vornamens („A. Müller", „H. Schulz") zur Unterscheidungskraft der Firma beitragen, vgl. auch *Lutter/Welp*, ZIP 1999, S. 1073, 1075. Bei fremdsprachigen Begriffen gilt im Prinzip das Gleiche. Branchenbezeichnungen, insbesondere solche, die sich im allgemeinen Sprachgebrauch bereits durchgesetzt haben („Fast Food OHG") oder für die es kein gebräuchliches deutsches Äquivalent gibt (z.B. „Video", vgl. BGH NJW 1987, S. 438 f.), genügen nicht. „Printware Supplies" wurde hingegen als zulässig erachtet, vgl. LG Flensburg GmbHR 1999, S. 482, 483.

150 Das Täuschungsverbot bildet die wichtigste Schranke bei der Firmenbildung. Es bezieht sich nicht nur auf einzelne Zusätze, sondern auf die Firma als Ganzes, vgl. den Wortlaut des § 18 Abs. 2 HGB. Eine Firma ist hiernach als irreführend anzusehen, wenn die betreffenden Angaben von gewisser Bedeutung für die wirtschaftliche Entscheidung der angesprochenen Verkehrskreise sind, vgl. BegrRegE BR-Drucks. 340/97, S. 53. Zu prüfen ist insoweit, ob aus der Sicht eines durchschnittlichen Angehörigen des angesprochenen Personenkreises die in der Firma enthaltenen Angaben bei verständiger Würdigung (vgl. BegrRegE BR-Drucks. 340/97, S. 53) und „frei von Eigensinn, subjektiven Launen und törichten Anschauungen" (RGZ 62, S. 206) konkret verständlich sind, vgl. *Lutter/Welp*, ZIP 1999, S. 1073, 1079 m.w.N.

151 Im Unterschied zu § 18 Abs. 1 HGB stellt § 30 Abs. 1 HGB auf das tatsächliche Verhältnis zu bereits eingetragenen Firmen anderer Gesellschaften in demselben Registerbezirk ab.

152 Vgl. § 126 FGG über die Mitwirkung der Industrie- und Handelskammer bei der Überwachung unzulässigen Firmengebrauchs.

3. Gesellschaftszweck und Relevanz

Bei der OHG muß der gemeinsame Zweck zwingend auf den Betrieb eines Handelsgewerbes gerichtet sein (§ 105 Abs. 1 HGB). Vor Inkrafttreten des HRefG[153] definierte das Gesetz mit § 1 Abs. 2 HGB a.F. den Begriff des Handelsgewerbes über einen Katalog der Grundhandelsgewerbe. Nun besteht gemäß § 1 Abs. 2 HGB n.F. die (widerlegbare) Vermutung, daß Handelsgewerbe jeder Gewerbebetrieb ist, also die Ausübung jeder offen erkennbaren selbständigen Tätigkeit mit Gewinnerzielungsabsicht, die auf Dauer angelegt ist[154]. Hierzu zählen zwar nicht Unternehmen, die nach Art und Umfang keinen in kaufmännischer Weise eingerichteten Geschäftsbetrieb erfordern (§ 1 Abs. 2 HGB). Gleichwohl kann der Zweck der OHG auch auf den Betrieb eines Kleingewerbes sowie auf die eigene Vermögensverwaltung gerichtet sein. § 105 Abs. 2 HGB sieht diese Möglichkeit ausdrücklich vor. In den zuletzt genannten Fällen entsteht die Gesellschaft dann aber nicht kraft Rechtsformwahl schon mit Aufnahme der Geschäfte, sondern erst mit Eintragung in das Handelsregister (§ 123 Abs. 2 i.V.m. §§ 105 Abs. 2, 2 S. 1 HGB). Die OHG als Grundform der Personenhandelsgesellschaften ist eine der „Rechtswirklichkeit entsprechende Regelform“[155]. Der Schwerpunkt ihrer Verbreitung im Wirtschaftsleben lag und liegt mit Abstrichen auch heute noch im Bereich der mittelständischen Unternehmen, in denen das persönliche Engagement des Unternehmers und seine unbeschränkte persönliche Haftung im Vordergrund stehen. Während die OHG noch bis in die späten 70er Jahre die zahlenmäßig am stärksten vertretene Rechtsform unter den Handelsgesellschaften in Deutschland war, wurde sie Anfang der 80er Jahre von der GmbH abgelöst[156]. Neben steuerlichen Gründen ist der Rückgang der OHG im Vergleich zur GmbH im wesentlichen auf die abnehmende Bereitschaft der Unternehmer zurückzuführen, eine persönliche und unbeschränkte Haftung

---

[153] S.o. C. I. 2. c).

[154] Vgl. auch Ensthaler/*Nickel*, GK-HGB § 1 Rdnrn. 2a ff.; Schlegelberger/*Hildebrandt/Steckhan* § 1 Rdnr. 27.

[155] So BGHZ 38, S. 306, 312 (aus dem Jahre 1961).

[156] Vgl. MünchHdb.GesR I/*Happ/Brunkhorst* § 40 Rdnrn. 13 f. mit weiteren statistischen Angaben; Staub/*Ulmer* § 105 Rdnr. 12 m.w.N.

zu übernehmen[157]. Im Zuge der zunehmenden gesellschaftsrechtlichen Verflechtungen wird das unternehmerische Risiko immer schwerer abschätzbar und kann zu Größenordnungen führen, zu deren Abdeckung ein Privatvermögen normalerweise nicht ausreicht[158]. Gleichwohl könnte sich die Relevanz der OHG nach Inkrafttreten des HRefG wieder erhöhen, da nun sämtliche Gewerbetreibende, ungeachtet ihrer Branche, gleichermaßen der Vermutung in § 1 Abs. 2 HGB unterliegen[159].

II. Voraussetzungen für die Gründung einer OHG

1. Allgemeines

Notwendige Voraussetzung für die Gründung einer OHG ist wie bei jeder anderen Gesellschaft zunächst der Abschluß eines Gesellschaftsvertrages. Welchem Inhalt er genügen muß, um mit ihm eine OHG entstehen zu lassen, ergibt sich aus § 105 HGB i.V.m. § 705 BGB. Die OHG ist zwingend eine Außengesellschaft, bei der nach der Rechtsprechung das Hervortreten der Gesellschafter nach außen ein wesentliches Merkmal bildet[160]. Deshalb bedarf es zur Gründung der OHG noch einer Kundgebung nach außen[161].

2. Abschluß eines Gesellschaftsvertrages

Ebenso wie bei der GbR ist der Gesellschaftsvertrag zur Gründung einer OHG im Sinne des § 105 HGB i.V.m. § 705 BGB kein reiner schuldrechtlicher Vertrag. Zum einen beruht er nicht auf einem Austausch von Leistungen, sondern hat die Förderung eines gemeinsamen Zwecks zum Gegenstand, wie § 705 BGB zeigt; zum anderen wird mit ihm auch ein Gemeinschaftsver-

---

[157] Vgl. auch Staub/*Ulmer* § 105 Rdnr. 12.
[158] Vgl. MünchHdb.GesR I/*Happ/Brunkhorst* § 40 Rdnr. 17; *K. Schmidt*, GesR. § 46 I 2, S. 1356.
[159] Vgl. auch *Koller* in Koller/Roth/Morck, HGB § 105 Rdnr. 1.
[160] Vgl. BGHZ 10, S. 44, 48; Heymann/*Emmerich* § 105 Rdnr. 32 m.w.N.
[161] So auch Schlegelberger/*K. Schmidt* § 105 Rdnr. 32.

hältnis begründet, dem die Vermögenswerte der Gesellschaft zugeordnet sind[162].

a) Anforderungen an den Inhalt des Gesellschaftsvertrages

Der Gesellschaftsvertrag kann nach dem Grundsatz der Vertragsfreiheit (§ 305 BGB) frei gestaltet werden, er unterliegt aber der gerichtlichen Rechts- und Billigkeitskontrolle[163]. Eine Grenze der Vertragsfreiheit bilden freilich auch die gesetzlich vorgegebenen Abgrenzungsmerkmale der OHG, die sich aus § 105 HGB i.V.m. § 705 BGB ergeben. Eine ausdrückliche Einigung über die Rechtsform der Gesellschaft kommt zwar üblicherweise vor, ist aber aufgrund des Rechtsformzwangs nicht notwendig[164].

aa) Mindestinhalt

Der Mindestinhalt des Gesellschaftsvertrages richtet sich nach den ausfüllungsbedürftigen Tatbestandsmerkmalen, die das Gesetz in § 105 HGB und § 705 BGB für das Vorliegen einer OHG aufstellt. Die gesetzlichen Anforderungen an den Mindestinhalt sind zwar rechtsformspezifisch bedingt etwas höher als bei der GbR, insgesamt aber immer noch als gering anzusehen.

(1) Gemeinsamer, auf den Betrieb eines Handelsgewerbes gerichteter Zweck

Erste Voraussetzung für das Vorliegen einer OHG ist die Vereinbarung eines gemeinsamen Zwecks, der zwingend auf den Betrieb eines Handelsgewerbes gerichtet sein muß (§ 105 Abs. 1 HGB). Nach § 105 Abs. 2 HGB kann zum

---

162 Vgl. BGHZ 112, S. 40, 45; Baumbach/*Hopt* § 105 Rdnr. 47.

163 Vgl. Baumbach/*Hopt* § 109 Rdnr. 3; *Wiedemann*, WM Sonderbeilage 8/90, S.16 ff. Z.B. bei Abfindungsklauseln (BGH NJW 1979, S. 104; BGH NJW 1973, S. 651), Ausschlußklauseln (BGHZ 81, S. 263, 267) oder Kündigungsklauseln (BGH WM 1985, S. 772, 773).

164 Vgl. *K. Schmidt*, GesR. § 46 III 1, S. 1365; Schlegelberger/*K. Schmidt* § 105 Rdnr. 33; BGHZ 22, S. 240, 244; BGH NJW 1979, S. 2245. Ist der Zweck der OHG auf den Betrieb eines Kleingewerbes oder auf eigene Vermögensverwaltung gerichtet, verlangt das Gesetz aber interessanterweise die Eintragung der Firma (einschließlich des Rechtsformzusatzes) des Unternehmens in das Handelsregister, vgl. § 105 Abs. 2 HGB.

Gewerbebetrieb auch das Kleingewerbe oder die Verwaltung des eigenen Vermögens gehören[165].

(2) Verpflichtung zur Förderung des gemeinsamen Zwecks

Nach § 105 Abs. 3 HGB i.V.m. § 705 BGB sind die Gesellschafter der OHG zur Förderung des gemeinsamen Zwecks verpflichtet. Anders als bei Kapitalgesellschaften schreibt das Gesetz für die OHG keine bestimmte kapitalmäßige Ausstattung vor. Es genügt, daß sich ein Gesellschafter allgemein zur Förderung des gemeinsamen Zwecks verpflichtet[166]. Als Beitragsart kommt jede vermögenswerte Leistung in Betracht. Hierzu zählen neben Geld-, Sach- und Dienstleistungen z.B. auch gewerbliche Schutzrechte, Geschäftsverbindungen, Bezugsquellen oder die Einbringung von *know-how*[167]. Eine Beitragsleistung wird auch dann bejaht, wenn sich der Gesellschafter an der OHG überhaupt nur beteiligt und mithaftet sowie bei bloßer Ausübung der Geschäftsführungstätigkeit[168]. Aus dem Vertrag muß sich nur die Förderungspflicht selbst ergeben; Angaben über die Art und Höhe der jeweiligen Beiträge sind hingegen nicht erforderlich[169].

(3) Vereinbarung über das gemeinschaftliche Auftreten nach außen

Nach § 105 Abs. 1 HGB muß der Zweck auf den Betrieb eines Handelsgewerbes „unter gemeinschaftlicher Firma" gerichtet sein. Nach nunmehr herrschender Meinung in der deutschen Kommentarliteratur reicht über den Wortlaut des Gesetzes hinaus aber jede Einigung über das gemeinschaftliche Auftreten nach außen aus[170]. Nicht erforderlich ist, daß sich die Gesellschafter

---

165 Im einzelnen siehe oben unter C. I. 3.

166 Worin ein wichtiger Gesichtspunkt für die Wahl der Gesellschaftsform liegt, vgl. auch *Stuhlfelner* in HK-HGB, § 105 Rdnr. 4.

167 Vgl. Staub/*Ulmer* § 105 Rdnr. 18; *Stuhlfelner* in HK-HGB, § 105 Rdnr. 4; Heymann/*Emmerich* § 105 Rdnr. 24; Baumbach/*Hopt* § 109 Rdnr. 9. Vgl. auch die Ausführungen oben unter B. II. 2. a) aa) (2).

168 Vgl. Schlegelberger/*K. Schmidt* § 105 Rdnr. 31 m.w.N.; Staub/*Ulmer* § 105 Rdnrn. 17, 18.

169 Vgl. MünchHdb.GesR I/*Happ/Brunkhorst* § 41 Rdnr. 50; *Wiedemann*, WM Sonderbeilage 8/90, S. 13 m.w.N.; Staub/*Ulmer* § 105 Rdnr. 17.

170 Vgl. nur Schlegelberger/*K. Schmidt* § 105 Rdnr. 42; Staub/*Ulmer* § 105 Rdnr. 32 m.w.N.; Baumbach/*Hopt* § 105 Rdnr. 5 m.w.N.

über eine zulässige Firma oder überhaupt schon über eine gemeinschaftliche Firma geeinigt haben, da auch eine unzulässige Firma oder sonstige Geschäftsbezeichnungen geeignet sind, den Rechtsverkehr auf die OHG hinzuweisen und das gemeinschaftliche Handeln der Gesellschafter deutlich zu machen[171].

(4) Unbeschränkte Haftung der Gesellschafter

Der Gesellschaftsvertrag darf keine Haftungsbeschränkung der OHG-Gesellschafter vorsehen. Insoweit handelt es sich um ein negatives Tatbestandsmerkmal[172]. Es ist nicht erforderlich, daß der Vertrag eine ausdrückliche Regelung zur unbeschränkten Haftung enthält. Eine OHG liegt bereits dann vor, wenn die Beteiligten nicht eine andere, zur beschränkten Haftung führende Gesellschaftsform gewählt haben und/oder der Gesellschaftsvertrag überhaupt keine Regelung zur Haftungsbeschränkung enthält[173].

bb) Fakultativer Inhalt

Häufig werden bei der Gründung der OHG über den Mindestinhalt des Gesellschaftsvertrages hinaus weitere fakultative Regelungen getroffen[174]. Hierbei differenziert man zwischen Vereinbarungen, die das Innenverhältnis der Gesellschafter untereinander betreffen, und Regelungen über das Außenverhältnis. Während das Innenverhältnis, im Gesetz in den §§ 110-122 HGB geregelt, weitgehend der Privatautonomie unterliegt, enthalten die §§ 123-130b HGB zum Außenverhältnis überwiegend zwingende Bestimmungen, die einer anderweitigen vertraglichen Ausgestaltung entgegenstehen[175]. Soweit möglich können ebenso wie bei der GbR fakultative Regelungen grundsätz-

---

[171] Vgl. Staub/*Ulmer* § 105 Rdnr. 34; Baumbach/*Hopt* § 105 Rdnr. 5; Schlegelberger/*K. Schmidt* § 105 Rdnrn. 40 ff.; *K. Schmidt*, GesR. § 46 I 1, S. 1354.

[172] Vgl. Staub/*Ulmer* § 105 Rdnrn. 14, 37; MünchHdb.GesR I/*Happ/Brunkhorst* § 40 Rdnr. 9. Es grenzt die OHG von der KG ab.

[173] Vgl. Schlegelberger/*K. Schmidt* § 105 Rdnr. 44; MünchHdb.GesR I/*Happ/Brunkhorst* § 41 Rdnr. 54.

[174] Vgl. Schlegelberger/*K. Schmidt* § 105 Rdnr. 102.

[175] Zwingend sind z.B. die §§ 126 Abs. 2, 128 S. 2, 130 Abs. 2 HGB.

lich an die Stelle gesetzlicher Regelungen treten oder diese ergänzen[176]. Daher kann auf die Ausführungen zur GbR verwiesen werden, zumindest soweit sie die Regelungen über die Geschäftsführung (§ 114 Abs. 2 HGB) oder die Gewinnverteilung (§ 121 Abs. 1 und 2 HGB) betreffen. Zu beachten ist, daß bei der GbR der Tod eines Gesellschafters seit Inkrafttreten des HRefG nicht mehr zur Auflösung der Gesellschaft führt (so aber noch § 131 Nr. 4 HGB a.F.), sondern gemäß § 131 Abs. 3 Nr. 1 HGB n.F. nur noch zum Ausscheiden des Gesellschafters aus der OHG[177]. Damit hat der Gesetzgeber dem Umstand Rechnung getragen, daß die frühere gesetzliche Regelung den Bedürfnissen der übrigen Gesellschafter widersprach und in der Praxis durch entsprechende vertragliche Regelung regelmäßig abbedungen wurde[178].

b) Anforderungen an die Form des Gesellschaftsvertrages

Der Gesellschaftsvertrag zur Gründung einer OHG ist den gleichen Formerfordernissen unterworfen wie der Vertrag zur Gründung einer GbR. Er kann somit grundsätzlich formfrei, d.h. auch schlüssig oder konkludent, geschlossen werden[179].

c) Anforderungen an die Person des Gesellschaftsgründers

Ebenso wie bei der GbR sind begrifflich mindestens zwei Personen zur Gründung einer OHG erforderlich[180]. Eine Einmann-Personenhandelsgesellschaft gibt es im deutschen Recht nicht[181]. Obwohl auch bei der OHG die gesellschaftsrechtliche Struktur eine kleinere Zahl von Gesellschaftern bedingt, sieht das Gesetz keine bestimmte Höchstzahl vor[182]. In qualitativer Hinsicht handelt es sich bei der Person des Gesellschafters einer OHG um einen Kauf-

---

[176] Vgl. MünchHdb.GesR I/*Happ/Brunkhorst* § 41 Rdnr. 59.

[177] Vgl. zur Übergangsregelung auch Art. 41 EGBGB.

[178] Vgl. noch MünchHdb.GesR I/*Happ/Brunkhorst* § 41 Rdnr. 65.

[179] Vgl. oben B. II. 2. b). Siehe auch Staub/*Ulmer* § 105 Rdnrn. 169 ff.; Schlegelberger/*K. Schmidt* § 105 Rdnrn. 113 ff.

[180] Vgl. Ensthaler/*Ensthaler*, GK-HGB § 105 Rdnr. 8; Schlegelberger/*K. Schmidt* § 105 Rdnr. 24 m.w.N.

[181] Vgl. BGHZ 65, S. 79, 83; Schlegelberger/*K. Schmidt* § 105 Rdnr. 6; Baumbach/*Hopt* § 105 Rdnr. 18; Heymann/*Emmerich* § 105 Rdnr. 33.

[182] Vgl. auch Schlegelberger/*K. Schmidt* § 105 Rdnr. 24; Staub/*Ulmer* § 105 Rdnr. 70.

mann[183], an den das Gesetz allerdings keine bestimmten Anforderungen, wie z.B. ein bestimmtes Alter, knüpft[184]. Als Gesellschaftsgründer kommen daher in Betracht natürliche Personen, einschließlich wirksam vertretener geschäftsunfähiger oder beschränkt geschäftsfähiger Personen[185], juristische Personen[186], aber auch Personengesamtheiten ohne Rechtsfähigkeit, die im Verkehr als selbständige Einheit auftreten und eine selbständige Haftung übernehmen können, wie die OHG selbst oder die KG[187]. Umstritten ist allerdings, ob die GbR Gesellschafterin bzw. Gesellschaftsgründerin einer OHG sein kann[188]. Entgegen der herrschenden Meinung dürfte dies aber zu bejahen sein[189]. Ausländische Gesellschaften können auch, unter bestimmten Voraussetzungen, Gründer einer OHG werden[190]. Demgegenüber kommt insbesondere die Bruchteilsgemeinschaft nicht als Gründerin einer OHG in Betracht, da sie nur eine schlichte Rechtsgemeinschaft, nicht aber ein selbständiges Rechtssubjekt darstellt[191]. Gleiches gilt für die stille Gesellschaft; sie ist als reine Innengesellschaft kein Rechtsträger und kann deshalb nicht Gesellschafterin einer OHG werden[192].

---

[183] Vgl. nur Baumbach/*Hopt* § 105 Rdnr. 19 m.w.N. Allerdings nur insoweit, als dieser Geschäfte der OHG als deren Gesellschafter betreibt. Durch den bloßen Abschluß des Gesellschaftsvertrages wird der Gründer mangels Vorliegens eines Handelsgeschäfts noch nicht allein Kaufmann im Sinne des HGB.

[184] Da aber mit der OHG zwingend ein Handelsgewerbe betrieben werden muß, scheiden z.B. Freiberufler wie Anwälte oder Ärzte als Gesellschaftsgründer zum Zwecke der gemeinsamen Ausübung ihres Berufs aber aus, vgl. Baumbach/*Hopt* § 105 Rdnr. 3 m.w.N.

[185] Vgl. MünchHdb.GesR I/*Happ/Brunkhorst* § 41 Rdnr. 21; Ensthaler/*Ensthaler*, GK-HGB § 105 Rdnr. 11; Staub/*Ulmer* § 105 Rdnrn. 82-86.

[186] Seit RGZ 105, 101.

[187] Vgl. MünchHdb.GesR I/*Happ/Brunkhorst* § 41 Rdnr. 27; Ensthaler/*Ensthaler*, GK-HGB § 105 Rdnr. 9; Staub/*Ulmer* § 105 Rdnr. 94.

[188] Siehe hierzu die Ausführungen oben unter B. I. 2. b). Ablehnend Staub/*Ulmer* § 105 Rdnr. 96 m.w.N. in Fn. 194. A.A. Schlegelberger/*K. Schmidt* § 105 Rdnr. 71; *K. Schmidt*, GesR. § 46 I 1 , S. 1352 m.w.N.; *Klamroth*, BB 1983, S. 796, 799 ff.; *Brodersen*, Beteiligung, S. 15 ff.

[189] S.o. B. I. 2. b).

[190] Siehe im einzelnen hierzu MünchHdb.GesR I/*Happ/Brunkhorst* § 41 Rdnrn. 39 ff.

[191] Vgl. Schlegelberger/*K. Schmidt* § 105 Rdnr. 81.

[192] Vgl. Schlegelberger/*K. Schmidt* § 105 Rdnr. 79.

3. Publizität

Die OHG ist zwingend Außengesellschaft. Da der Abschluß eines Gesellschaftsvertrages ein interner Vorgang ist und somit für Dritte nicht ohne weiteres erkennbar wird, bedarf es einer Kundgebung nach außen, damit die OHG als Außengesellschaft rechtlich existent werden kann. Das Gesetz sieht in § 123 HGB zwei Publizitätsmittel für die OHG vor: die Eintragung in das Handelsregister (Abs. 1) und die Aufnahme der Geschäfte (Abs. 2).

a) Eintragung in das Handelsregister

Nach § 123 Abs. 1 HGB wird die OHG als Außengesellschaft spätestens mit der Eintragung der Gesellschaft in das Handelsregister rechtlich existent. Hierzu ist die OHG auch verpflichtet. Zum einen trifft sie als Kaufmann (vgl. § 6 Abs. 1 HGB) diese Pflicht aus § 29 HGB. Zum anderen folgt für die OHG direkt aus § 106 Abs. 1 HGB, daß die Gesellschaft bei dem Gericht, in dessen Bezirk sie ihren Sitz hat, zur Eintragung anzumelden ist[193]. Die Eintragungspflicht bezweckt bei Personengesellschaften die Förderung der Sicherheit und Leichtigkeit des Rechtsverkehrs[194], da das Handelsregister dem Rechts- und Geschäftsverkehr als maßgebliche Informationsquelle dient. Dennoch ist die OHG nicht daran gehindert, schon vor der Eintragung ihre Geschäfte aufzunehmen. Dies ist dann der vorgenannte Fall des § 123 Abs. 2 HGB.

aa) Eintragungsvorgang

Die Eintragung einer OHG setzt zunächst die Anmeldung der Gesellschaft zur Eintragung in das Handelsregister voraus; eine Zwangseintragung existiert nicht. Führt die anschließende Prüfung der Anmeldung durch den zuständigen Registerrichter zu dem Ergebnis, daß die Anmeldung unvollständig ist oder der Eintragung ein anderes Hindernis entgegensteht, kann der Regi-

---

[193] Anzumelden ist bei den Amtsgerichten, denen die Zuständigkeit für die Führung des Handelsregisters übertragen worden ist (§§ 1, 125 Abs. 1 FGG in der Fassung bis zum 31.12.2001).

[194] Vgl. MünchHdb.GesR I/*Bezzenberger* § 44 Rdnr. 1.

sterrichter in Form einer Zwischenverfügung eine Frist zur Behebung der Mängel setzen oder die Ablehnung der Eintragung unter Angabe der Gründe verfügen[195]. Liegen alle Voraussetzungen vor, verfügt der Registerrichter die Eintragung der Gesellschaft unter Angabe des genauen Wortlauts der Eintragung[196], welche dann vom Urkundsbeamten der Geschäftsstelle des Handelsgerichts in der sog. Abteilung A des Handelsregisters[197] herbeigeführt wird[198]. Hierbei erhält jede eingetragene Gesellschaft unter fortlaufender Nummer ein eigenes Registerblatt[199]. Im Anschluß an die Eintragung erfolgt sodann neben der deklaratorischen Bekanntmachung der Eintragung noch eine Mitteilung an die Industrie- und Handelskammer[200].

bb) Anforderungen an den Inhalt und die Form der Anmeldung

Für die OHG bestimmt sich der notwendige Inhalt der Anmeldung im wesentlichen nach § 106 Abs. 2 HGB. Hiernach ist neben der Errichtung der Gesellschaft anzugeben: der Name (Familienname), Vorname (Rufname), das Geburtsdatum und der Wohnort eines jeden Gesellschafters (Nr. 1), die Firma[201] der Gesellschaft und der Ort, wo sie ihren Sitz hat (Nr. 2)[202], sowie der Zeitpunkt, zu dem die Gesellschaft mit ihren Geschäften begonnen hat und damit im Verhältnis zu Dritten wirksam geworden ist (vgl. Nr. 3)[203]. Gehört zu den Gründungsmitgliedern eine Handelsgesellschaft, reicht die Angabe ihrer Firma ohne Hinweis auf Inhaber oder Vertreter grundsätzlich aus[204].

---

[195] Vgl. § 26 Satz 1 und 2 HRV (Handelsregisterverfügung vom 12.08.1937).

[196] Vgl. § 27 Satz 1 HRV.

[197] In die Abteilung A werden die OHG und die KG und in Abteilung B die GmbH und AG eingetragen; vgl. § 3 HRV.

[198] Vgl. §§ 28, 3 Abs. 2 HRV.

[199] Vgl. § 13 HRV.

[200] Vgl. § 37 Abs. 1 Nr .1 HRV.

[201] Ergibt sich aus der Firma nicht auch der Geschäftszweig der Gesellschaft, hat das Registergericht darauf hinzuwirken, daß sich dieser gleichwohl aus der Anmeldung ergibt, vgl. § 125 Abs. 3 FGG i.V.m. § 24 HRV. Der Gesellschaftszweck muß hingegen nicht angegeben werden, vgl. Staub/*Ulmer* § 106 Rdnr. 26.

[202] Außerdem ist die Lage der Geschäftsräume anzugeben, vgl. § 24 HRV.

[203] Vgl. auch Baumbach/*Hopt* § 106 Rdnr. 11; Schlegelberger/*Martens* § 106 Rdnr. 8; Staub/*Ulmer* § 105 Rdnr. 115.

[204] Vgl. Baumbach/*Hopt* § 106 Rdnr. 6; Staub/*Ulmer* § 106 Rdnr. 16; letzterer verlangt zudem noch die Angabe des Gesellschaftssitzes. Weitere Auskünfte über diese Personen ergeben sich aus

Als Sitz gilt ausschließlich der tatsächliche Verwaltungssitz[205], ein Doppelsitz ist nicht zulässig[206]. Ist ein Gesellschafter entgegen der gesetzlichen Regel in § 125 Abs. 1 HGB von der Vertretung der Gesellschaft ausgeschlossen, muß dieser Umstand bei der Anmeldung ebenfalls angegeben werden, vgl. § 125 Abs. 4 HGB. Die Anmeldung ist nach § 108 Abs. 1 HGB durch alle Gesellschafter vorzunehmen. Allerdings ist ein persönliches Erscheinen nicht erforderlich; die Gesellschafter können sich vertreten lassen[207]. Für die Form der Anmeldung bestimmt § 12 Abs. 1 HGB die Vorlage in öffentlich beglaubigter Form, die ihrerseits gemäß § 129 BGB eine schriftliche Abfassung voraussetzt. Nach § 108 Abs. 2 HGB haben die vertretungsberechtigten Gesellschafter ihre Namensunterschrift unter Angabe der Firma zur Aufbewahrung bei dem Gericht zu zeichnen. Die Zeichnung muß handschriftlich[208] und in Gegenwart eines Notars erfolgen, der dies in einem Beglaubigungsvermerk festzustellen hat (§ 41 Satz 1 BeurkG)[209]. Zu beachten ist, daß die Einreichung des Gesellschaftsvertrages nicht vom Gesetz verlangt wird[210].

cc) Prüfungsumfang des Registergerichts

Das Gericht prüft nur die Einhaltung der formellen Voraussetzungen der beantragten Eintragung (Zuständigkeit des Gerichts, Eintragungsfähigkeit der angemeldeten Tatsachen, formgerechte Unterzeichnung). In materieller Hinsicht geht das Gericht grundsätzlich von der Richtigkeit der nicht rechtsbegründenden Tatsachen aus. Erst bei Zweifeln ist das Gericht zur weiteren Aufklärung verpflichtet (vgl. § 12 FGG)[211]. Hinsichtlich der Firma hat der Registerrichter zu prüfen, ob der Unternehmensinhaber zur Führung einer

---

den Eintragungen in dem jeweiligen Handelsregister. Bei ausländischen Gesellschaften sind jedoch Ausnahmen zu beachten, vgl. hierzu MünchHdb.GesR I/*Bezzenberger* § 44 Rdnr.14.

[205] So die h.M., vgl. Baumbach/*Hopt* § 106 Rdnr. 8. A.A. Staub/*Ulmer* § 106 Rdnr. 20.

[206] So die h.M., vgl. Baumbach/*Hopt* § 106 Rdnr. 9 m.w.N.; a.A. Staub/*Ulmer* § 106 Rdnr. 22.

[207] Vgl. Staub/*Ulmer* § 108 Rdnr. 12; Baumbach/*Hopt* § 108 Rdnr. 3; vgl. auch § 12 Abs. 2 HGB.

[208] Vgl. Baumbach/*Hopt* § 108 Rdnr. 7; Staub/*Ulmer* § 108 Rdnr. 19.

[209] Die Zeichnung der Unterschrift der gesetzlichen Vertreter soll den Beteiligten am Rechtsverkehr die Gelegenheit bieten, sich von der Vertretungsberechtigung derjenigen zu überzeugen, die als gesetzliche Vertreter einer Gesellschaft auftreten.

[210] Vgl. auch *Wiedemann*, Sonderbeilage WM 8/90, S. 7; Staub/*Ulmer* § 106 Rdnr. 1.

[211] Vgl. Schlegelberger/*Martens* § 106 Rdnr. 22; Staub/*Ulmer* § 106 Rdnr. 28.

Firma berechtigt ist und die Unterscheidbarkeit der Firma im Sinne des § 30 Abs. 1 HGB gewährleistet ist (§ 23 HRV)[212].

dd) Inhalt der Eintragung in das Handelsregister und Bekanntmachung

Die Eintragung der OHG erfolgt in Abteilung A des Handelsregisters (vgl. § 3 Abs. 2 HRV). Der Inhalt der Eintragung entspricht den Angaben nach § 106 Abs. 2 HGB (vgl. § 40 HRV). Hierbei ist zu beachten, daß mit der wachsenden Bedeutung des Handelsregisters und der Bekanntmachung seiner Eintragungen für den Rechtsverkehr in der Europäischen Union die Eintragungen aber so formuliert sein sollten, daß sie auch ohne Kenntnis des nationalen Rechts verständlich sind[213]. Die Bekanntmachung erfolgt nach § 10 Abs. 1 S. 1 HGB im Bundesanzeiger sowie in einem weiteren, vom Registergericht zu bestimmenden Blatt (vgl. § 11 HRV, § 11 HGB). Mangels anderweitiger Bestimmungen wird nach § 10 Abs. 1 S. 2 HGB der gesamte Inhalt der Eintragung sowie ggfs. der Geschäftszweig und das Geschäftslokal (vgl. § 34 HRV) veröffentlicht.

b) Aufnahme der Geschäfte der Gesellschaft

Gemäß § 123 Abs. 2 HGB wird die OHG als Außengesellschaft auch dann rechtlich existent, wenn sie ihre Geschäfte beginnt. Dies gilt jedoch nur, wenn es sich dabei um ein Handelsgewerbe im Sinne des § 1 HGB handelt. Betreibt die Gesellschaft lediglich ein Kleingewerbe oder verwaltet sie nur ihr eigenes Vermögen, tritt die konstitutive Wirkung ihrer Gründung erst mit Eintragung in das Handelsregister ein (vgl. § 123 Abs. 2 i.V.m. § 105 Abs. 2 HGB). Für § 123 Abs. 2 HGB gilt nicht der eingetragene oder vereinbarte, sondern nur der tatsächliche Geschäftsbeginn[214], wobei dieser weit auszulegen ist. Hierunter fällt jede dem Gesellschaftszweck dienende Handlung ge-

---

[212] Nach § 23 HRV hat der Registerrichter ein Gutachten der Industrie- und Handelskammer einzuholen. Zur Vermeidung von Verzögerungen empfiehlt es sich, ein solches Gutachten bereits mit der Anmeldung zusammen einzureichen.

[213] Vgl. OLG Hamm WM 1987, S. 405, 406 m.w.N.

[214] Vgl. Baumbach/*Hopt* § 123 Rdnr. 9; Staub/*Habersack* § 123 Rdnr. 18.

genüber Dritten im Namen der Gesellschaft[215], also sowohl solche, die den eigentlichen Inhalt des von ihr betriebenen Gewerbes bilden, als auch reine Vorbereitungsgeschäfte[216], wie z.B. das Anmieten von Geschäftsräumen, die Eröffnung eines Bankkontos, der Abschluß eines Anstellungsvertrages oder Grundstückskaufvertrages, der Ankauf von Produktionsmaschinen oder Waren, die Zeichnung eines Schecks, selbst die Versendung von Preislisten oder sonstiger Rundschreiben genügt insoweit[217]. Nicht ausreichend ist es hingegen, wenn ein Gesellschafter nur im eigenen Namen tätig wird, auch wenn dies auf Rechnung der Gesellschaft erfolgt[218]. Schließlich müssen alle Gesellschafter dem Geschäftsbeginn zugestimmt haben[219], eine stillschweigende Zustimmung reicht aus[220].

III. Gründungsmängel

Ebenso wie bei der GbR gilt auch hier die Lehre von der fehlerhaften Gesellschaft, d.h. die Gesellschaft ist trotz Vorliegens bestimmter Vertragsmängel bis zu deren Geltendmachung nach außen und nach innen voll wirksam; auf Gutgläubigkeit der Gesellschafter oder Dritter kommt es insoweit nicht an[221]. Dennoch müssen die Gesellschafter den oder die Mängel nicht auch für die Zukunft hinnehmen, sondern können die Auflösung der Gesellschaft verlangen. Die Auflösung entfaltet aber nur Wirkung für die Zukunft und führt vor allem nicht dazu, daß die Gesellschaft rückwirkend (ex tunc) beseitigt wird[222]. Gesetzliche Regelungen zur Gründerhaftung, wie dies bei der GmbH oder AG der Fall ist, sieht das Gesetz für die OHG nicht vor.

---

215 Vgl. Ensthaler/*Ensthaler*, GK-HGB § 123 Rdnr. 4.

216 Vgl. BGH WM 1990, S. 586, 587.

217 Vgl. Staub/*Habersack* § 123 Rdnr. 16 m.w.N.; Ensthaler/*Ensthaler*, GK-HGB § 123 Rdnr. 5.

218 Vgl. RGZ 119, S. 66 ff. Baumbach/*Hopt* § 123 Rdnr. 9; Staub/*Habersack* § 123 Rdnr. 19 m.w.N.

219 So die h.M., vgl. *Stuhlfelner* in HK-HGB, § 123 Rdnr. 2; Baumbach/*Hopt* § 123 Rdnr. 12; Staub/*Habersack* § 123 Rdnr. 20.

220 Vgl. Schlegelberger/*K. Schmidt* § 123 Rdnr. 10.

221 Vgl. zur Lehre von der fehlerhaften Gesellschaft Staub/*Ulmer* § 105 Rdnrn. 327 ff.; Baumbach/*Hopt* § 105 Rdnrn. 75-97; Schlegelberger/*K. Schmidt* § 105 Rdnrn. 201 ff.. Vgl. auch die Ausführungen oben unter B. III.

222 Vgl. Schlegelberger/*K. Schmidt* § 133 Rdnr. 57.

D. Die Gründung einer Kommanditgesellschaft (KG)

Nach § 161 Abs. 1 HGB ist eine Gesellschaft, deren Zweck auf den Betrieb eines Handelsgewerbes unter gemeinschaftlicher Firma gerichtet ist, eine Kommanditgesellschaft, wenn bei mindestens einem Gesellschafter die Haftung auf eine bestimmte Vermögenseinlage beschränkt ist (sog. Kommanditist), während bei mindestens einem anderen Gesellschafter eine Beschränkung der Haftung nicht stattfindet (sog. Komplementär). Damit unterscheidet sich die Kommanditgesellschaft von der OHG lediglich dadurch, daß bei ihr zwischen zwei Arten von Gesellschaftern differenziert wird[223]. Im übrigen werden aber beide Gesellschaftsformen gleich behandelt. Die nachfolgende Darstellung der Gründung einer Kommanditgesellschaft beschränkt sich aus diesem Grunde lediglich auf die Besonderheiten bei der KG, während im übrigen auf die Ausführungen zur OHG verwiesen wird.

I. Vorstellung der Gesellschaftsform

Die KG stellt im System des deutschen Gesellschaftsrechts eine Sonderform der OHG dar[224]. Die Besonderheit der KG liegt in der gesetzlich vorgeschriebenen Differenzierung zwischen zwei Arten von Gesellschaftern. Während der Komplementär persönlich und unbeschränkt haftet, ist die Haftung des Kommanditisten auf die Höhe seiner Einlage beschränkt. Die praktische Bedeutung der KG im Rechtsverkehr ist außerordentlich groß[225].

1. Rechtsgrundlagen

Die Kommanditgesellschaft ist im Handelsgesetzbuch lediglich in den §§ 161-177a HGB geregelt, während § 161 Abs. 2 HGB grundsätzlich auf die Vorschriften über die OHG verweist (§§ 105-160 HGB). Über § 105 Abs. 3 HGB werden daher auch die Vorschriften über die GbR (§§ 705 ff. BGB) mit

[223] Vgl. *K. Schmidt*, GesR. § 53 I 1, S. 1527; *Koller* in Koller/Roth/Morck, HGB § 161 Rdnr. 4; Baumbach/*Hopt* § 161 Rdnr. 1.

[224] Vgl. *Grunewald*, Gesellschaftsrecht, S. 124; *K. Schmidt*, GesR. § 53 I 1, S. 1527; *Koller* in Koller/Roth/Morck, HGB § 161 Rdnr. 4.

[225] Vgl. *K. Schmidt*, GesR. § 53 I 2, S. 1530; *Grunewald*, Gesellschaftsrecht, S. 125.

erfaßt. Zentrale Vorschrift für die Gründung einer KG stellt § 161 HGB dar, welcher den Mindestinhalt des Gesellschaftsvertrages mitbestimmt.

2. Charakteristische Merkmale

Die KG weist mit wenigen Ausnahmen die gleichen charakteristischen Merkmale wie die OHG auf. Während alle OHG-Gesellschafter persönlich und unbeschränkt haften, muß jedoch an der KG lediglich ein unbeschränkt haftender Gesellschafter, der Komplementär, beteiligt sein. Die übrigen Gesellschafter hingegen können ihre Gläubigerhaftung summenmäßig beschränken. Sie werden vom Gesetz als Kommanditisten bezeichnet. Zwar haften auch sie mit ihrem gesamten Vermögen, jedoch nur im Umfang der festgelegten Haftsumme. In Anlehnung an die Haftung der Komplementäre sind grundsätzlich auch nur diese zur Geschäftsführung befugt, während die Kommanditisten hiervon nach dem Gesetz ausgeschlossen sind (vgl. § 164 S. 1 HGB) und nur über bestimmte Kontrollrechte verfügen (vgl. § 166 HGB)[226]. Trotz der unterschiedlichen Behandlung der zwei Gesellschaftergruppen bestehen aber keine getrennten Beteiligungsverhältnisse, d.h. es gibt nur einen einheitlichen Gesellschaftsvertrag und nur eine einheitliche, sämtliche Gesellschafter umfassende Gesellschaft[227]. Ebenso wie die OHG ist die KG zur Führung einer gemeinschaftlichen Firma berechtigt. Während sich für den Firmenkern keine Unterschiede zur OHG ergeben, muß gemäß § 19 Abs. 1 Nr. 3 HGB der Rechtsformzusatz bei der KG entweder „Kommanditgesellschaft" oder auf eine allgemein verständliche Abkürzung dieser Bezeichnung, wie z.B. „KG", lauten[228].

3. Gesellschaftszweck und Relevanz

Die Kommanditgesellschaft ist die älteste Rechtsform der deutschen Handelsgesellschaften[229]. Ihr Gesellschaftszweck ist ebenso wie bei der OHG auf

---

[226] Diese Regelung ist aber nicht zwingend und kann durch Vereinbarung geändert werden, vgl. BGHZ 51, S. 198, 201 m.w.N.

[227] Vgl. Schlegelberger/*Martens* § 161 Rdnr. 44.

[228] Vgl. zur Abkürzung nur *Ruß* in HK-HGB, § 19 Rdnr. 6.

[229] Vgl. MünchHdb.GesR II/*Weipert* Einführung Rdnr. 1.

den Betrieb eines Handelsgewerbes unter gemeinschaftlicher Firma gerichtet (§ 161 Abs. 1 HGB). Dem gesetzlichen Leitbild entsprechend eignet sich die KG sehr gut als kleine Familiengesellschaft, bei der nur wenige Kommanditisten vorhanden sind und nicht selten alle Gesellschafter derselben Familie angehören[230]. Bei ihr besteht z.B. die Möglichkeit, Kinder als Kommanditisten am Unternehmen der Eltern (Komplementäre) frühzeitig zu beteiligen oder (älteren) Gesellschaftern, die aus der Geschäftsführung ausgeschieden sind, eine angemessene Rechtsstellung zu verschaffen[231]. Andererseits kann die KG auch als körperschaftlich strukturierter Verband geführt werden. Mit der vielzitierten Entscheidung des Reichsgerichts im Jahre 1922[232] wurde als Komplementärin auch eine juristische Person zugelassen und damit der Grundstein für die sog. Publikums-Kommanditgesellschaft gelegt[233]. Komplementär ist dann keine natürliche, sondern eine juristische Person - sehr häufig, aber nicht zwingend, eine GmbH (sog. GmbH & Co. KG). Bei diesem Modell sind dann der oder die Inhaber der Geschäftsanteile an der GmbH häufig personenidentisch mit dem oder den Kommanditisten der KG[234]. Nach dem Vorgenannten handelt es sich also um eine hochelastische Gesellschaftsform, die nicht zuletzt deshalb im Rechtsverkehr von großer Bedeutung ist[235]. Im Unterschied zur OHG besteht ihr entscheidender Vorteil darin, daß mit Hilfe der Haftungsbeschränkung das unternehmerische Risiko reduziert werden kann. Tritt die KG in der Erscheinungsform der GmbH & Co. KG auf, muß sogar überhaupt keine natürliche Person das unbeschränkte Haftungsrisiko tragen. Mit ihr kann also eine Vielzahl von Problemen gelöst werden, und zwar unabhängig von der Struktur des Gesellschafterkreises und der Größe des Unternehmens[236].

---

[230] Vgl. *Grunewald*, Gesellschaftsrecht, S. 125.
[231] Vgl. MünchHdb.GesR II/*Weipert* Einführung Rdnr. 2.
[232] Vgl. RGZ 105, S. 101 ff.
[233] Vgl. *Grunewald*, Gesellschaftsrecht, S. 125.
[234] Vgl. Baumbach/*Hopt* Anh § 177a Rdnr. 6.
[235] Vgl. *K. Schmidt*, GesR. § 53 I 2, S. 1530; *Kübler*, Gesellschaftsrecht, S. 98.
[236] Vgl. MünchHdb.GesR II/*Weipert* Einführung Rdnr. 2.

II. Voraussetzungen für die Gründung einer KG

1. Mindestinhalt des Gesellschaftsvertrages

Der Mindestinhalt des Gesellschaftsvertrages wird nach §§ 161 Abs. 1, 2 i.V.m. 105 HGB i.V.m. 705 BGB bestimmt. Ebenso wie die OHG muß daher auch der Gesellschaftszweck der KG auf den Betrieb eines Handelsgewerbes unter gemeinschaftlicher Firma gerichtet sein. Für die Qualifikation der Gesellschaft als Kommanditgesellschaft muß sich aus dem Mindestinhalt des Vertrages darüber hinaus ergeben, daß gegenüber den Gesellschaftsgläubigern mindestens ein Gesellschafter unbeschränkt sowie mindestens ein Gesellschafter nur beschränkt auf den Betrag einer Vermögenseinlage haftet (vgl. § 161 Abs. 1 HGB). Diese Vermögenseinlage muß in ihrer Höhe bestimmt sein, die Gesellschafter haben sich also über diese Höhe bereits im Gesellschaftsvertrag zu einigen.

2. Fakultativer Inhalt des Gesellschaftsvertrages

Nach § 164 HGB ist der Kommanditist von der Geschäftsführung einer KG ausgeschlossen und hat nur ein Widerspruchsrecht bei Geschäften, die über den gewöhnlichen Geschäftsbetrieb hinausgehen. Nach der Rechtsprechung ist diese Regelung aber abdingbar. Der Kommanditist kann je nach vertraglicher Regelung sowohl die Geschäftsführungsbefugnis übernehmen[237] als auch sein Widerspruchsrecht auf weitere bestimmte Geschäfte erweitern, bis hin zur vollständigen Unterwerfung sämtlicher Geschäfte unter das Widerspruchsrecht. Halten die Gesellschafter an der gesetzlichen Regelung fest, ist es zur Streitvermeidung sinnvoll, in den Gesellschaftsvertrag eine detaillierte Aufzählung eben derjenigen Geschäfte aufzunehmen, die im Sinne des § 164 HGB „über den gewöhnlichen Betrieb eines Handelsgewerbes der Gesellschaft" hinausgehen.

Die Rechte des Kommanditisten können andererseits durch Gesellschaftsvertrag auch weiter eingeschränkt werden, z.B. wenn das Stimmrecht des Kommanditisten auf Gesellschafterversammlungen ausgeschlossen wird.

[237] So BGHZ 45, S. 204, 206; 51, S. 198, 201.

Dies ist jedoch nur insoweit zulässig, als es sich nicht um Beschlüsse handelt, die in seine Rechtsstellung unmittelbar eingreifen[238].

3. Anforderungen an die Form des Gesellschaftsvertrages

Grundsätzlich ist der Abschluß eines Gesellschaftsvertrages zur Gründung einer KG ebenso wie bei der OHG formfrei. Er kann also auch stillschweigend oder konkludent geschlossen werden[239]. Da aber die beteiligten Kommanditisten nur in Höhe ihrer Einlage, und zwar einer bestimmten Einlage, haften sollen, muß sich auch dieser Umstand zweifelsfrei aus der Einigung ergeben. Praktisch wird daher die Möglichkeit eines stillschweigenden Vertragsschlusses kaum in Betracht kommen und der Vertrag statt dessen regelmäßig in schriftlicher Form geschlossen werden[240].

4. Anforderungen an die Person des Gesellschaftsgründers

Ebenso wie bei der OHG müssen auch bei der KG mindestens zwei Gesellschafter vorhanden sein[241]. Bei der KG allerdings muß mindestens einer dieser Gesellschafter persönlich haftender Komplementär, mindestens ein anderer beschränkt haftender Kommanditist sein. Nur der Komplementär, nicht aber der Kommanditist besitzt die Kaufmannseigenschaft, da dieser die Geschäfte der Gesellschaft betreibt[242]. Ein Gesellschafter kann immer nur Komplementär oder Kommanditist sein, nicht aber beides zugleich (Einheit der Mitgliedschaft bei Personengesellschaften)[243]. Seit einer Entscheidung des

---

238 Vgl. BGHZ 20, S. 363, 368 ff.; vgl. auch MünchHdb.GesR II/*Happ* § 1 Rdnr. 74.

239 Vgl. nur MünchHdb.GesR II/*Happ* § 1 Rdnr. 85 m.w.N. A.A. Schlegelberger/*Martens* § 161 Rdnr. 49.

240 Ähnlich Schlegelberger/*Martens* § 161 Rdnr. 49.

241 Vgl. statt aller MünchHdb.GesR II/*Happ* § 1 Rdnr. 22. Denkbar ist aber auch das Modell, daß bei einer GmbH & Co. KG die GmbH als Einpersonen-GmbH geführt wird, deren alleiniger Gesellschafter (K) zugleich Kommanditist der KG ist. Hier liegt keine unzulässige Einpersonen-Personengesellschaft vor, sondern eine Zweipersonen-KG, die aus einer juristischen Person (GmbH) und einer natürlichen Person (K) besteht. Vgl. zum Modell *K. Schmidt*, GesR. § 53 I 1, S. 1529.

242 Vgl. nur Baumbach/*Hopt* § 105 Rdnr. 19 m.w.N.

243 Vgl. *K. Schmidt*, GesR. § 53 I 1, S. 1528; Baumbach/*Hopt* § 161 Rdnr. 4.

Reichsgerichts aus dem Jahre 1922 kann auch eine juristische Person Komplementärin einer KG sein[244].

Eine Höchstzahl ist auch bei der KG nicht vorgeschrieben. Während die gesellschaftliche Struktur der OHG eine kleinere Zahl von Gesellschaftern bedingt, weichen viele Kommanditgesellschaften von dem Leitbild einer aus wenigen, vielfach auch persönlich miteinander verbundenen Gesellschaftern bestehenden Gesellschaft ab. Hierbei kann es sich zum einen um Familiengesellschaften handeln, bei denen es durch Erbgänge über mehrere Generationen zu einer Aufsplitterung der Kommanditbeteiligungen gekommen ist[245]. Zum anderen sind die bereits angesprochenen Publikums-Kommanditgesellschaften auf eine rein kapitalmäßige Beteiligung vieler anonymer Anleger ausgerichtet und nehmen eine unbegrenzte Zahl von Kommanditisten auf, um die öffentlich auf dem freien Kapitalmarkt geworben wird[246].

5. Publizität

Wird eine KG zur Eintragung in das Handelsregister angemeldet, müssen neben den in § 106 Abs. 2 HGB vorgesehenen Angaben[247] auch noch die Kommanditisten mit ihrer jeweiligen Hafteinlage bezeichnet werden (§ 162 Abs. 1 HGB)[248]. Bei der Nennung der Hafteinlage, also desjenigen Betrages, auf den die persönliche Haftung des Kommanditisten gegenüber den Gläubigern beschränkt ist, muß jedoch nur die Haftsumme selbst angegeben werden. Nicht eingetragen wird hingegen, ob und in welcher Höhe die Hafteinlage geleistet worden ist[249].

Die Eintragung der Gesellschaft in das Handelsregister hat für den Kommanditisten eine besondere Bedeutung. Denn erst mit Eintragung kann er sich gegenüber Gläubigern auf seine Haftungsbeschränkung berufen; vor-

---

244 Vgl. RGZ 105, S. 101 ff.

245 Vgl. BGHZ 85, S. 350 (Von ursprünglich 18 Gesellschaftern innerhalb von 46 Jahren auf 145 Gesellschafter).

246 Vgl. BGHZ 64, S. 238, 241.

247 S.o. C. II. 3. a) aa).

248 Bei der Bekanntmachung der Eintragung der Gesellschaft sind keine Angaben zu den Kommanditisten zu machen, vgl. § 162 Abs. 2 HGB n.F. (geändert durch das „Gesetz zur Namensaktie und zur Erleichterung der Stimmrechtsausübung (Namensaktiengesetz - NaStraG)" vom 18. Januar 2001 (BGBl. I S. 123) mit Wirkung zum 25. Januar 2001).

her haftet er im Grundsatz ebenso wie der Komplementär persönlich und unbeschränkt (vgl. § 176 Abs. 1 HGB).

E. Die Gründung einer Gesellschaft mit beschränkter Haftung (GmbH)

Die Gründung einer Gesellschaft mit beschränkter Haftung (GmbH) setzt den Abschluß eines Gesellschaftsvertrages sowie zwingend die Eintragung der Gesellschaft in das Handelsregister voraus. Im Unterschied zu den bisher dargestellten Rechtsformen ist zudem die Bildung eines Mindestgesellschaftskapitals erforderlich. Je nach Art der Einlageleistung unterscheidet man hierbei zwischen einer sog. Bargründung und einer Sachgründung. Beide Wege werden nachstehend aus Gründen der Übersichtlichkeit jeweils gesondert dargestellt. Seit der Novelle zum GmbHG von 1980[250] ist auch die Gründung einer Einpersonen-GmbH möglich. Die insoweit zu beachtenden Besonderheiten werden ebenfalls in einem eigenen Abschnitt vorgestellt. Schließlich kann die Gesellschaft mit beschränkter Haftung durch Umwandlung einer bereits in einer anderen Rechtsform bestehenden Gesellschaft nach dem Umwandlungsgesetz entstehen[251].

I. Vorstellung der Gesellschaftsform

Bei der GmbH handelt es sich um eine Gesellschaft mit eigener Rechtspersönlichkeit, für deren Verbindlichkeiten den Gläubigern nur das Gesellschaftsvermögen zur Verfügung steht[252], während ihre Gesellschafter sämtlich von der Haftung ausgeschlossen sind. Sie wurde im Jahre 1892 ins Le-

---

[249] Vgl. BGHZ 81, S. 82, 87; BGH DB 1987, S. 2301, 2302.

[250] Die 12. Gesellschaftsrechtliche Richtlinie (Einpersonengesellschaftsrichtlinie) 89/667/EWG ist erst durch das Gesetz vom18.12.1991 (BGBl. I S. 2206) in nationales Recht transformiert worden. Damit geht die Novelle nicht auf die 12. Richtlinie zurück.

[251] § 1 Abs. 1 UmwG nennt die Verschmelzung, die Spaltung, die Vermögensübertragung und schließlich den Formwechsel als Arten der Umwandlung. Mit Blick auf die Zielsetzung der Arbeit kann hierauf jedoch nicht weiter eingegangen werden. Vgl. hierzu z.B. *Lutter* in Lutter, UmwG, § 1 Rdnrn. 1 ff.

[252] Und zwar unbeschränkt. Der zwingende Firmenzusatz „mit beschränkter Haftung" bezieht sich also nicht auf das Gesellschaftsvermögen bzw. auf den Haftungsumfang der Gesellschaft selbst, sondern auf den Haftungsausschluß ihrer Gesellschafter.

ben gerufen[253] und wird häufig als Kunstschöpfung des Gesetzgebers bezeichnet, da sie nicht wie die meisten deutschen Gesellschaftsformen zunächst durch die Erfordernisse der Praxis entstanden ist und erst nachträglich ein geeignetes „Rechtskleid erhielt“[254]. Systematisch nimmt sie als grundsätzlich personalistisch strukturierte Kapitalgesellschaft[255] eine Mittelstellung zwischen den bereits dargestellten Personengesellschaften und der rein körperschaftlich ausgestalteten Aktiengesellschaft ein[256]. Ihre Gründung vollzieht sich daher auch mit einem größeren Aufwand als die Gründung einer GbR, OHG und KG. Allerdings ist die GmbH weit weniger strengen Gesetzesregelungen unterworfen als die Aktiengesellschaft, wie insbesondere das Mindestgesellschaftskapital von nur 25.000 Euro zeigt. Da zudem auch das Innenverhältnis der GmbH sehr flexibel gestaltet werden kann[257], erfreut sich diese Gesellschaftsform großer Beliebtheit und wird gerade bei der originären Gesellschaftsgründung häufig gewählt[258]. Im Rechtsverkehr wird der GmbH allerdings vielfach erhebliches Mißtrauen entgegengebracht, da sie gerade durch die Möglichkeit der Haftungsbeschränkung auf das Gesellschaftsvermögen nicht von mißbräuchlichen Nutzungen verschont geblieben ist[259].

1. Rechtsgrundlagen

Die Gesellschaft mit beschränkter Haftung ist in einem eigenen Gesetz geregelt. Das „Gesetz betreffend die Gesellschaften mit beschränkter Haftung“ (GmbHG) umfaßt knapp 120 Vorschriften und regelt die Gründung der GmbH im ersten Abschnitt (Errichtung der Gesellschaft, §§ 1-11 GmbHG). Zentrale Vorschriften für die Gesellschaftsgründung sind die §§ 2, 3, 6-10

---

[253] Vgl. zur Geschichte der GmbH Hachenburg/*Ulmer* Einl Rdnrn. 3 ff.

[254] Vgl. *Steding*, Gesellschaftsrecht, Rdnr. 405; *K. Schmidt*, GesR. § 33 II 1, S. 984; Rowedder/*Rittner/Schmidt-Leithoff* Einleitung Rdnr. 1.

[255] Vgl. Hachenburg/*Ulmer* Einl Rdnrn. 4, 7 ff.

[256] Vgl. *K. Schmidt*, GesR. § 33 II 1, S. 984 f.; *Steding*, Gesellschaftsrecht, Rdnr. 405; *Hopt/Hehl/Vollrath*, Gesellschaftsrecht, Rdnr. 1028.

[257] Eine Vielzahl der Vorschriften im GmbH-Gesetz ist dispositiv und gewährt den Vertragsschließenden somit weitreichend Privatautonomie; vgl. *Steding*, Gesellschaftsrecht, Rdnrn. 407, 412. Siehe auch unten D. II. 2. a) bb).

[258] Vgl. *K. Schmidt*, GesR. § 33 III 1, S. 989.

[259] Vgl. zur rechtspolitischen Diskussion z.B. *K. Schmidt*, GesR. § 33 II 2, S. 986 ff.

GmbHG, in denen der Gesellschaftsvertrag, die Bestellung der Geschäftsführer und die Registereintragung ausführlich geregelt sind.

2. Charakteristische Merkmale

Die GmbH ist eine Kapitalgesellschaft[260] und ohne Rücksicht auf ihren grundsätzlich frei wählbaren Gesellschaftszweck Handelsgesellschaft[261]. Sie besitzt als juristische Person eine eigene, von ihren Gesellschaftern zu unterscheidende Rechtspersönlichkeit[262], ist kraft Gesetzes Kaufmann[263] und zur Führung einer Firma verpflichtet[264]. Für die Verbindlichkeiten der Gesellschaft haftet grundsätzlich nur das Gesellschaftsvermögen, nicht hingegen die Gesellschafter[265]. Als Organe sieht das Gesetz neben der Gesellschafterversammlung (§§ 45 ff. GmbHG) als oberstes Willensbildungsorgan mindestens einen Geschäftsführer vor, der als Willensausführungsorgan oder Handlungsorgan zur Führung der Geschäfte und zur Vertretung der Gesellschaft befugt ist (§§ 6, 35 ff. GmbHG). Die Einrichtung eines Aufsichtsrates (§ 52 GmbHG) ist grundsätzlich fakultativ[266], es sei denn, die GmbH unterliegt der Mitbestimmung[267] oder stellt eine Kapitalanlagegesellschaft dar[268]. Bei der GmbH gilt das Prinzip der Dritt- oder Fremdorganschaft[269], d.h. die Ge-

---

[260] Vgl. die Überschrift zum 2. Abschnitt des 3. Buches des HGB (§§ 264 ff.); vgl. auch *Lutter/Hommelhoff* Einleitung Rdnr. 3; *Steding*, Gesellschaftsrecht, Rdnr. 406; *Hopt/Hehl/Vollrath*, Gesellschaftsrecht, Rdnr. 1031.

[261] Vgl. §§ 1, 13 Abs. 3 GmbHG.

[262] Nach § 13 Abs. 1 GmbHG hat die GmbH „als solche" selbständig Rechte und Pflichten. Im Unterschied zu der Formulierung in § 124 Abs. 1 HGB ergibt sich daraus, daß die GmbH mit ihrer Eintragung in das Handelsregister (vgl. § 11 Abs. 1 GmbHG) selbst eine juristische Person, also eine rechtsfähige Körperschaft, darstellt.

[263] Sie ist Formkaufmann, vgl. § 6 HGB.

[264] Vgl. § 3 Abs. 1 Nr. 1 GmbHG.

[265] Vgl. § 13 Abs. 2 GmbHG.

[266] Vgl. *K. Schmidt*, GesR. § 33 V 2, S. 993; *Lutter/Hommelhoff* § 52 Rdnrn. 1, 3.

[267] Hier gilt im wesentlichen: Beschäftigt das Unternehmen mehr als 500 Arbeitnehmer, ergibt sich die Pflicht zur Bildung eines Aufsichtsrats aus § 77 BetrVG 1952 i.V.m. § 129 BetrVG. Bei mehr als 2.000 Arbeitnehmern gelten die §§ 1 Abs. 1, 6 MitbestG. Vgl. weitere Ausnahmen bei *Lutter/Hommelhoff* § 52 Rdnr. 1.

[268] Vgl. § 3 KAGG.

[269] Vgl. *K. Schmidt*, GesR. § 33 V 2, S. 993; *Hopt/Hehl/Vollrath*, Gesellschaftsrecht, Rdnr. 1029.

schäftsführer müssen nicht notwendig auch Gesellschafter der GmbH sein (vgl. § 6 Abs. 3 S. 1 GmbHG).

3. Gesellschaftszweck und Relevanz

Nach § 1 GmbHG kann die Gesellschaft durch eine oder mehrere Personen zu jedem gesetzlich zulässigen Zweck errichtet werden. In der Praxis ist die Verwendung einer GmbH als Unternehmensträger für die mittelständische Wirtschaft vorherrschend[270], weshalb in der Mehrzahl aller Fälle der Gesellschaftszweck erwerbswirtschaftlicher Natur sein dürfte. Hierunter fällt z.B. die Erzielung von Einkünften aus einem Gewerbebetrieb, aus Kapitalvermögen, aus Vermietung und Verpachtung, aus freiberuflicher Tätigkeit oder aber auch aus Land- und Forstwirtschaft. Daneben kommen aber auch nichterwerbswirtschaftliche Zwecke[271] sowie nichtwirtschaftliche Zwecke[272] in Betracht[273]. Die GmbH bietet gegenüber den bereits dargestellten Personengesellschaften den Vorteil, daß die Haftung für Verbindlichkeiten der Gesellschaft auf das Gesellschaftskapital beschränkt ist. Das Privatvermögen der Gesellschafter steht somit also grundsätzlich nicht zur Schuldentilgung zur Verfügung. Gegenüber der Aktiengesellschaft (AG) zeichnet sich die GmbH durch eine einfachere und finanziell weniger aufwendige Gründung aus und erlaubt im Hinblick auf den Gesellschaftsvertrag weit mehr Gestaltungsspielraum als die AG, da die Vorschriften des GmbHG weitgehend dispositiver Natur sind[274]. Die praktische Bedeutung der GmbH in Deutschland ist folglich sehr groß. 1999 gab es im Bundesgebiet schätzungsweise 820.000 Gesellschaften mit beschränkter Haftung[275], wobei es sich bei etwa 15-30% aller

---

[270] Vgl. Hachenburg/*Ulmer* Einl Rdnr. 82.

[271] Z.B. bei Wirtschafts- und Berufsverbänden, bei zulässigen Kartellen, bei Treuhandverwaltungen oder bei einer GmbH als persönlich haftender Gesellschafterin in einer Kommanditgesellschaft (GmbH & Co. KG).

[272] Z.B. sportliche, künstlerische, wissenschaftliche, karitative, religiöse, politische oder gesellige Zwecke.

[273] Vgl. zu sämtlichem Vorgenannten MünchHdb.GesR III/*Heinrich* § 4 Rdnrn. 3 ff. m.w.N.; *Lutter/Hommelhoff* § 1 Rdnrn. 2 ff.

[274] Vgl. grundsätzlich *Steding*, Gesellschaftsrecht, Rdnr. 411.

[275] Vgl. *Hansen*, GmbHR 1999, S. 24. Die Erhebungen des Statistischen Bundesamtes in Wiesbaden zur zahlenmäßigen Entwicklung von Kapitalgesellschaften wurden aus Kostengründen eingestellt. Das Zahlenmaterial beruht daher u.a. auf Hochrechnungen, vgl. *Hansen* aaO.

Gesellschaften um eine Komplementär-GmbH im Rahmen einer GmbH & Co. KG handelt[276]. Auf eine Aktiengesellschaft kommen mittlerweile 160 Gesellschaften mbH, und das als Stammkapital in den Gesellschaften mbH gebundene Vermögen übersteigt mittlerweile deutlich das Grundkapital der Aktiengesellschaften[277]. Trotz der wirtschaftlich und zahlenmäßig starken Verbreitung der GmbH wird dieser Rechtsform in der Praxis zu Recht häufig großes Mißtrauen entgegengebracht[278]. Denn es kann nach Belieben eine Einpersonen-GmbH gegründet werden und im Falle ihres Scheiterns zum Nachteil ihrer Gläubiger masselos liquidiert werden. Wird anschließend - was nicht selten der Fall ist - eine neue GmbH gegründet, kommen deren Erträge der erfolglosen Altgesellschaft und ihren Gläubigern nicht mehr zugute[279].

II. Voraussetzungen für die Gründung einer GmbH in Form der Bargründung

1. Allgemeines

Die Gründung einer GmbH nach dem GmbHG vollzieht sich im wesentlichen in vier Schritten. Nach Abschluß des Gesellschaftsvertrages in notarieller Form muß zunächst mindestens eine Person zum Geschäftsführer bestellt werden. Sodann erfolgen die zwingenden Mindestleistungen der Gesellschafter auf die Stammeinlagen und schließlich wird die Gesellschaft in das Handelsregister eingetragen. Mit der Eintragung entsteht die GmbH als juristische Person (vgl. § 11 Abs. 1 GmbHG).

2. Abschluß eines Gesellschaftsvertrages

Erste Voraussetzung für die Gründung einer GmbH ist der Abschluß eines Gesellschaftsvertrages, dessen Mindestinhalt von § 3 GmbHG vorgeschrieben wird. Seiner Rechtsnatur nach ist der Gesellschaftsvertrag ein Organ-

---

[276] Vgl. Hachenburg/*Ulmer* Einl Rdnr. 86; Rowedder/*Rittner/Schmidt-Leithoff* Einleitung Rdnr. 89.

[277] Vgl. *Grunewald*, Gesellschaftsrecht, S. 298.

[278] A.A. *Lutter/Hommelhoff* Einleitung Rdnr. 3.

[279] Vgl. *K. Schmidt*, GesR. § 33 II 2, S. 989 mit Beispielen.

isationsvertrag[280]. Obwohl das GmbHG durchgehend von „Gesellschaftsvertrag“ spricht, wird im allgemeinen Sprachgebrauch in Anlehnung an das Recht der sonstigen Körperschaften auch häufig der Begriff der „Satzung“ verwendet, seltener der Begriff der „Statuten“[281].

a) Anforderungen an den Inhalt des Gesellschaftsvertrages

§ 3 Abs. 1 GmbHG zählt abschließend[282] den Mindestinhalt des Gesellschaftsvertrages auf. Gerade die übrigen, weitgehend dispositiven Vorschriften des GmbHG erlauben es aber, daß über den Mindestinhalt hinaus weitere fakultative Regelungen in den Vertrag aufgenommen werden, bei denen wiederum zwischen formbedürftigen und nicht formbedürftigen Regelungen zu unterscheiden ist.

aa) Mindestinhalt

Nach § 3 Abs. 1 GmbHG müssen die Firma und der Sitz der Gesellschaft (Nr. 1), der Gegenstand des Unternehmens (Nr. 2), der Betrag des Stammkapitals (Nr. 3) und der Betrag der von jedem Gesellschafter auf das Stammkapital zu leistenden Einlage (Stammeinlage) (Nr. 4) in dem Gesellschaftsvertrag selbst enthalten sein; ein Verweis auf ein anderes Dokument, wie z.B. eine Gründungsurkunde, reicht insoweit nicht[283].

(1) Firma der Gesellschaft

Bei der Firma der GmbH im Sinne des § 3 Abs. 1 Nr. 1 GmbHG handelt es sich um den Namen der Gesellschaft. Sie dient insbesondere der Identifikation des Namensträgers und damit der Rechts- und Verkehrssicherheit[284].

---

[280] Vgl. Baumbach/*Hueck* § 2 Rdnr. 5.

[281] Vgl. MünchHdb.GesR III/*Heinrich* § 5 Rdnr. 2; *K. Schmidt*, GesR. § 34 II 2, S. 1000. *Lutter/Hommelhoff* differenzieren interessanterweise zwischen zwei Teilen des Gesellschaftsvertrages: ein Teil bestehe aus der Einigung der Gründer über die Errichtung der GmbH, der andere Teil aus der „Verfassung“ der Gesellschaft, vgl. *Lutter/Hommelhoff* § 2 Rdnr. 10.

[282] Vgl. Baumbach/*Hueck* § 3 Rdnr. 4.

[283] Vgl. OLG Frankfurt BB 1981, S. 694.

[284] MünchHdb.GesR III/*Heinrich* § 19 Rdnr. 2.

Während nach dem alten Firmenrecht auch in § 4 GmbHG noch zwischen Personen- und Sachfirma unterschieden wurde, besteht heute größtmögliche Gestaltungsfreiheit. Jeder Firmenkern, sei es auch ein bloßer Phantasiename, ist nun zulässig[285]. Als Rechtsformzusatz ist zwingend „Gesellschaft mit beschränkter Haftung" zu wählen oder eine allgemein verständliche Abkürzung dieser Bezeichnung (§ 4 GmbHG). In Betracht kommt insoweit z.B. „GmbH", „Gesellschaft mbH", „Ges. mbH" oder „Ges. m.b.H."[286]. Wortverbindungen sind aber auch weiterhin zulässig[287]. Bei einer fremdsprachigen Firma muß der Rechtsformzusatz in deutscher Sprache geführt sein[288]. Der Zusatz kann an beliebiger Stelle der Gesamtfirma stehen, nicht notwendig an deren Ende. Voraussetzung ist nur, daß durch seine Stellung ein Irrtum über die Rechtsform ausgeschlossen ist[289]. Die Grenzen der firmenrechtlichen Gestaltungsfreiheit sind in § 18 HGB aufgeführt[290]. Hiernach muß die Firma zur Kennzeichnung des Unternehmens geeignet sein und Unterscheidungskraft besitzen (Abs. 1) und darf nicht gegen das Täuschungsverbot verstoßen (Abs. 2)[291].

(2) Sitz der Gesellschaft

Der Sitz der Gesellschaft im Sinne des § 3 Abs. 1 Nr. 1 GmbHG bestimmt die Zuständigkeit des Registergerichts (§ 7 Abs. 1 GmbHG) sowie des Prozeßgerichts (§ 17 ZPO). Nach § 4 a Abs. 1 GmbHG gilt als Sitz der Gesellschaft der Ort, den der Gesellschaftsvertrag bestimmt. Die frühere freie Wahl des Sitzes wird heute in Anlehnung an § 5 Abs. 2 AktG durch § 4 a Abs. 2

---

[285] § 4 GmbHG wurde neugefaßt durch das „Gesetz zur Neuregelung des Kaufmanns- und Firmenrechts und zur Änderung anderer handels- und gesellschaftsrechtlicher Vorschriften" (Handelsrechtsreformgesetz – HRefG) vom 22.06.1998. Vgl. hierzu allgemein *K. Schmidt*, NJW 1998, S. 2161 ff. Vgl. zum Firmenrecht entsprechend die Ausführungen oben unter C. I. 2. c); *Lutter/Hommelhoff* § 4 Rdnrn. 1 ff.

[286] Vgl. BGHZ 62, S. 230; *Lutter/Hommelhoff* § 4 Rdnr. 20; *Lutter/Welp*, ZIP 1999, S. 1073. Letztere Bezeichnung ist gerade in Österreich häufig anzutreffen.

[287] Z.B. „Stilke Handelsgesellschaft mbH", vgl. *Lutter/Hommelhoff* § 4 Rdnr. 20.

[288] Vgl. MünchHdb.GesR III/*Heinrich* § 19 Rdnr. 34; Baumbach/*Hueck* § 4 Rdnr. 40; vgl. auch LG Nürnberg-Fürth GmbHR 1994, S. 706: „X-Company mbH". Letztere halten *Lutter/Hommelhoff*, § 4 Rdnr. 20, jedoch für unzulässig.

[289] Vgl. MünchHdb.GesR III/*Heinrich* § 19 Rdnr. 34 m.w.N.; Scholz/*Emmerich* § 4 Rdnr. 52.

[290] § 18 HGB ist auf die GmbH über § 6 HGB i.V.m. § 13 Abs. 3 GmbHG anwendbar.

[291] Vgl. hierzu die Ausführungen oben unter C. I. 2. c).

GmbHG eingeschränkt[292]. Hiernach hat der Gesellschaftsvertrag denjenigen Ort als Sitz der Gesellschaft zu bestimmen, an dem entweder die Gesellschaft ihren Betrieb hat[293] oder an dem sich die Geschäftsleitung oder die Verwaltung befindet[294]. Praktisch gesehen dürften die meisten Gesellschaften mbH im Zeitpunkt ihrer originären Gründung weder über einen „Betrieb", noch über eine „Geschäftsleitung", und erst recht kaum über eine „Verwaltung" verfügen. Dann kann entscheidend sein, wo z.B. nur das Telefon eines der Gründer steht[295]. Der Sitz kann nur ein bestimmter Ort im Sinne einer politischen Gemeinde innerhalb Deutschlands sein, wobei die zusätzliche Angabe eines Gemeindeteils möglich ist[296]. Ein Doppelsitz ist grundsätzlich nicht erlaubt[297].

(3) Gegenstand des Unternehmens

Nach § 3 Abs. 1 Nr. 2 GmbHG muß der Gesellschaftsvertrag auch den Gegenstand des Unternehmens enthalten[298]. Seine Aufnahme in den Vertrag erfüllt im Innenverhältnis der Gesellschaft die Funktion, den Umfang und die

---

[292] Durch die Einschränkung der früher freien Wahl des Gesellschaftssitzes soll im wesentlichen verhindert werden, daß unseriöse Gesellschaften durch Sitzverlegungen den Zugriff von Gläubigern erschweren oder sogar unmöglich machen; vgl. *Lutter/Hommelhoff* § 4 a Rdnr. 3; BegrRegE BT-Drucks. 13/8444 S. 75 re Sp.

[293] Der „Betrieb" ist dort anzunehmen, wo der Schwerpunkt der Unternehmenstätigkeit räumlich konkretisiert werden kann, z.B. bei Produktionsgesellschaften der Ort der Betriebsstätte; vgl. *Lutter/Hommelhoff* § 4 a Rdnr. 6.

[294] Bei der Geschäftsleitung stellt man wohl auf den Ort ab, wo sich die Geschäftsführer befinden, vgl. *Lutter/Hommelhoff* § 4 a Rdnr. 7. Ort der Verwaltung und der Geschäftsleitung dürfte sich in der Regel entsprechen.

[295] Dieses kann sich auch in dessen Privatwohnung befinden, vgl. *Lutter/Hommelhoff* § 4 a Rdnr. 9.

[296] Vgl. Baumbach/*Hueck* § 3 Rdnr. 5 m.w.N.; *Lutter/Hommelhoff* § 4 a Rdnr. 5.

[297] Vgl. BayObLG BB 1985, S. 949; MünchHdb.GesR III/*Heinrich* § 19 Rdnr. 40; Scholz/*Emmerich* § 4a Rdnr. 16 m.w.N.; Baumbach/*Hueck* § 3 Rdnr. 7; Hachenburg/*Ulmer* § 3 Rdnr. 14 m.w.N. (Doppelsitz in Ausnahmefällen zulässig).

[298] Begrifflich ist zwischen dem Unternehmensgegenstand und dem Gesellschaftszweck zu unterscheiden, wie dies im GmbHG selbst erfolgt (vgl. nur § 3 Abs. 1 Nr. 2 GmbHG zum einen und §§ 1, 61 Abs. 1 GmbHG zum anderen). Im Sinne einer Mittel-Zweck-Relation bezeichnet der Gesellschaftszweck das Ziel des Unternehmens (in der Regel Gewinnerzielung), während es sich bei dem Unternehmensgegenstand um das eingesetzte Mittel (z.B. Handel mit Computer-Hard- und Software) handelt. Diese Differenzierung ist allerdings umstritten. Wie hier Scholz/*Emmerich* § 1 Rdnr. 2a m.w.N. A.A. Baumbach/*Hueck* § 1 Rdnr. 5. Vgl. zum Streitstand ausführlich Hachenburg/*Ulmer* § 1 Rdnrn. 4 ff.

Grenzen der Geschäftsführungsbefugnis vorbehaltlich näherer Bestimmungen durch die Gesellschafterversammlung festzulegen[299]. Nach außen informiert die Aufnahme die beteiligten Wirtschaftskreise über den Schwerpunkt der Geschäftstätigkeit der GmbH[300]. Die Wahl des Unternehmensgegenstandes ist zwar grundsätzlich unbeschränkt[301]. Damit aber der vorgenannte Normzweck erreicht werden kann, muß die Bezeichnung des Unternehmensgegenstandes möglichst konkret und individualisiert gestaltet sein[302] und den Schwerpunkt der wirklich beabsichtigten Tätigkeit der Gesellschafter erkennen lassen, insbesondere in welchem Geschäftszweig und in welcher Weise sich die Gesellschaft betätigen will[303]. Unzureichend und folglich unzulässig sind Leerformeln wie „Betrieb eines Kaufmannsgeschäfts“[304], „Handelsgeschäfte jeder Art“[305] oder „Produktion und Vertrieb von Waren aller Art“[306]. Gleiches gilt für Zusätze, die den Unternehmensgegenstand unbeschränkt erweitern, wie z.B. „und alle sonstigen Geschäfte“[307]. Demgegenüber ist beispielsweise nach der Rechtsprechung der „Betrieb von Gaststätten“[308] oder die „ingenieurmäßige Planung der haustechnischen Gewerke des Bauvorhabens Klinikum A“[309] als ausreichend individualisiert anzusehen. Der Registerrichter ist nicht befugt, im Falle eines unbestimmten Unternehmensgegenstandes diesen nur teilweise einzutragen oder gar abzuändern[310].

---

[299] Vgl. Hachenburg/*Ulmer* § 3 Rdnr. 22; Baumbach/*Hueck* § 3 Rdnr. 9.

[300] Vgl. BGH DB 1981 S. 466; BayObLG NJW 1976, S. 1694; Baumbach/*Hueck* § 3 Rdnr. 9; Hachenburg/*Ulmer* § 3 Rdnr. 22. Außerdem wird dadurch die Prüfung des Registerrichters erleichtert, ob der Zweck der Gesellschaft erlaubt und der Gegenstand des Unternehmens genehmigungsbedürftig ist, vgl. BayObLG NJW 1976, S. 1694.

[301] Vgl. Hachenburg/*Ulmer* § 3 Rdnr. 19.

[302] Vgl. BayObLG NJW 1976, S. 1694; BayObLG DB 1993, S. 2225; BB 1994, S. 1811; *Lutter/Hommelhoff* § 3 Rdnr. 6.

[303] Vgl. BGH DB 1981, S. 466; Baumbach/*Hueck* § 3 Rdnr. 10.

[304] Vgl. KGJ 34, S. 149.

[305] Vgl. Hachenburg/*Ulmer* § 3 Rdnr. 23.

[306] Vgl. BayObLG BB 1994 S. 1811. Vgl. weitere Beispiele bei Rowedder/*Rittner/Schmidt-Leithoff* § 3 Rdnr. 13.

[307] Vgl. OLG Köln OLGZ 1981, S. 428. Der Zusatz „Die Gesellschaft ist zu allen Geschäften und Rechtshandlungen befugt, die ihren Zwecken dienlich sind.“ gilt hiernach als inhaltsleer und nicht individualisierbar.

[308] Vgl. OLG Frankfurt WM 1980, S. 22.

[309] Vgl. BGH WM 1981, S. 163.

[310] Vgl. LG München GmbHR 1991, S. 270; *Lutter/Hommelhoff* § 3 Rdnr. 9.

(4) Betrag des Stammkapitals

Weiterhin muß der Betrag des Stammkapitals im Gesellschaftsvertrag angegeben werden, vgl. § 3 Abs. 1 Nr. 3 GmbHG. Der Betrag des Stammkapitals ist von dem tatsächlichen Vermögen der Gesellschaft zu unterscheiden. Letzteres ist ständigen Schwankungen unterworfen und könnte schon allein deshalb nicht in den Gesellschaftsvertrag mit aufgenommen werden, ohne daß dieser dann täglich geändert werden müßte. Das Stammkapital ist statt dessen nur eine Rechnungsgröße[311], die Auskunft darüber gibt, welches Gesellschaftsvermögen durch die Einlagen der Gesellschafter bei der Gründung aufgebracht werden soll. Es gewährleistet somit primär, daß die Gesellschaft über ein gewisses Mindestanfangsvermögen verfügt[312], beschränkt aber auch mit Rücksicht auf das Gebot der Kapitalerhaltung (§§ 30, 31 GmbHG) die Möglichkeit der Gesellschaft, Vermögenswerte auszuschütten[313], und dient zusammen mit den Stammeinlagen der Bemessung der Geschäftsanteile (§ 14 GmbHG), der Verlust- und Gewinnanteile (§ 29 GmbHG), der Stimmrechte (§ 47 GmbHG) bzw. der Liquidationsanteile (vgl. § 72 GmbHG). Die wirtschaftliche Aussagekraft des Stammkapitals in der Satzung ist folglich sehr gering, da dieses kaum auf den Betrag des tatsächlich vorhandenen Eigenkapitals nach Entstehung der Gesellschaft schließen läßt[314]. Das Stammkapital der Gesellschaft muß im Gesellschaftsvertrag[315] mit einem festen Betrag in Euro[316] genannt sein[317]. Ein Circa- oder Höchstbetrag reicht nicht aus[318]. Es

---

[311] Vgl. Rowedder/*Rittner/Schmidt-Leithoff* § 5 Rdnr. 2.

[312] Damit wird dem Umstand Rechnung getragen, daß die Gesellschafter nicht persönlich für Gesellschaftsschulden haften, vgl. Rowedder/*Rittner/Schmidt-Leithoff* § 5 Rdnr. 2.

[313] Vgl. Hachenburg/*Ulmer* § 3 Rdnr. 43. Das Stammkapital erscheint in der Bilanz auch auf der Passivseite als „gezeichnetes Kapital", vgl. § 42 Abs. 1 i.V.m. § 266 Abs. 3 HGB.

[314] Vgl. MünchHdb.GesR III/*Heinrich* § 19 Rdnr. 46; Baumbach/*Hueck* § 3 Rdnr. 16. Wenn z.B. die Gesellschaft Verluste erlitten hat, die durch Kapitalreserven nicht aufgefangen werden, kann das Eigenkapital viel geringer sein als das Stammkapital, ohne dabei gegen den Grundsatz der Kapitalerhaltung zu verstoßen; vgl. auch Hachenburg/*Ulmer* § 3 Rdnr. 43.

[315] Und nicht in einer anderen Urkunde, wie z.B. in der Handelsregisteranmeldung; vgl. KGJ 51, S. 130, 133.

[316] Nach § 86 Abs. 2 S. 1 GmbHG (eingefügt durch das EuroEG vom 09.06.1998) dürfen das Stammkapital und die Stammeinlage auch in DM lauten, wenn die Gesellschaft zwischen dem 01.01.1999 und dem 31.12.2001 angemeldet und eingetragen wurde bzw. wird; zu Recht aber abratend *Lutter/Hommelhoff* Einleitung Rdnr. 9. Der unveränderliche Umrechnungskurs zur DM beträgt 1 Euro = 1,95583 DM.

muß als Untergrenze mindestens 25.000 Euro betragen (§ 5 Abs. 1 GmbHG) sowie durch fünfzig teilbar sein (§ 5 Abs. 3 S. 3, 2 GmbHG). Eine Obergrenze sieht das Gesetz nicht vor[319]. Auch verpflichtet das Gesetz die Gründer grundsätzlich nicht zu einer ausreichenden oder angemessenen Kapitalisierung[320]. In der Praxis verfügen etwa zwei Drittel aller Gesellschaften mbH auch nur über das gesetzliche Mindestkapital von 25.000 Euro bzw. 50.000 DM[321].

(5) Betrag der einzelnen Stammeinlagen

Der Gesellschaftsvertrag muß auch den Betrag der einzelnen Stammeinlagen enthalten (§ 3 Abs. 1 Nr. 4 GmbHG). Das Gesetz definiert die Stammeinlage als den von jedem Gesellschafter auf das Stammkapital einzulegenden Wert. Zwar ist terminologisch zwischen der Stammeinlage und dem Geschäftsanteil eines jeden Gesellschafters zu unterscheiden[322]. Es besteht jedoch zwischen beiden ein unmittelbarer Zusammenhang, da der Geschäftsanteil jedes Gesellschafters durch den Betrag der von ihm übernommenen Stammeinlage bestimmt wird (§ 14 GmbHG). Der Betrag der Stammeinlage kann gemäß § 5 Abs. 3 S. 1 GmbHG für jeden einzelnen Gesellschafter verschieden bestimmt

---

[317] Vgl. Hachenburg/*Ulmer* § 3 Rdnr. 44; MünchHdb.GesR III/*Heinrich* § 19 Rdnr. 48; Baumbach/*Hueck* § 3 Rdnr. 17 (noch zur alten Regelung „in DM"); *Lutter/Hommelhoff* § 3 Rdnr. 9.

[318] Vgl. Scholz/*Emmerich* § 3 Rdnr. 24; Baumbach/*Hueck* § 3 Rdnr. 17 m.w.N.; Hachenburg/*Ulmer* § 3 Rdnr. 44.

[319] Vgl. auch BGHZ 90, S. 381, 389.

[320] Während die Rechtsprechung früher der Ansicht war, daß das haftende Kapital nicht gänzlich ohne Rücksicht auf das benötigte Kapital festzusetzen sei (BGHZ 31, S. 258, 268), verzichtet der BGH heute auf derartige Hinweise und betont statt dessen das Verständnis für die Fremdfinanzierung (vgl. BGHZ 76, S. 326, 330; 90, S. 381, 389). Die Literatur ist im Hinblick auf die Anforderungen an eine angemessene Kapitalisierung uneinig, vgl. die Nachweise bei Rowedder/*Rittner/Schmidt-Leithoff* § 5 Rdnr. 9. Insbesondere *Lutter/Hommelhoff* § 5 Rdnr. 5, und Hachenburg/*Ulmer*, Anh § 30 Rdnrn. 55 ff., vertreten die Ansicht, daß die Höhe des Stammkapitals nicht in einem völlig unangemessenen Verhältnis zu den Verlustrisiken der GmbH stehen darf. Eine gesetzlich vorgesehene Pflicht zur angemessenen Kapitalisierung findet sich aber in Ausnahmefällen für Kreditinstitute, vgl. § 33 Abs. 1 KWG („angemessenes haftendes Eigenkapital") oder Kapitalanlagegesellschaften, vgl. § 2 Abs. 2 KAGG („ausreichendes Nennkapital").

[321] Vgl. Hachenburg/*Ulmer* Einl Rdnr. 71 m.w.N.

[322] Während die Stammeinlage nur die Einlageverpflichtung eines jeden Gesellschafters ausdrückt, stellt der Geschäftsanteil die Beteiligung des Gesellschafters an der Gesellschaft dar, also die Gesamtheit der aus der Gesellschafterstellung fließenden Rechte und Pflichten; vgl. Hachenburg/*Ulmer* § 3 Rdnr. 47 m.w.N.

werden, er kann aber auch jeweils gleich hoch sein[323]. Der Betrag muß bei der Gründung in Euro angegeben werden[324], durch fünfzig teilbar sein (§ 5 Abs. 3 S. 2 GmbHG) und mindestens einhundert Euro betragen (§ 5 Abs. 1 GmbHG). Auch für die Stammeinlage gibt es keine Obergrenze[325]. Der Gesamtbetrag der Stammeinlagen muß mit dem Stammkapital übereinstimmen (§ 5 Abs. 3 S. 3 GmbHG). Mit Aufnahme der Stammeinlagen in den Gesellschaftsvertrag müssen auch die Namen der Gesellschafter verwechslungsfrei mit angegeben werden[326], womit für diese eine entsprechende Einlageverpflichtung begründet[327] und die Aufbringung des Stammkapitals gesichert wird[328]. Jeder Gesellschafter kann gemäß § 5 Abs. 2 GmbHG bei der Gründung der Gesellschaft nur eine Stammeinlage übernehmen; die Zahl der Gründer entspricht daher grundsätzlich der der Stammeinlagen[329]. Die Fälligkeit der Leistung auf die Stammeinlage kann im Gesellschaftsvertrag geregelt sein, sie muß es aber nicht (vgl. §§ 46 Nr. 2, 45 Abs. 2 GmbHG).

bb) Fakultativer Inhalt

Die Gesellschaftsgründer können über den gesetzlichen Mindestinhalt hinaus noch weitere fakultative Regelungen treffen. Bei bestimmten Abreden schreibt das Gesetz für ihre Wirksamkeit allerdings zwingend die Aufnahme in den Gesellschaftsvertrag vor (sog. formbedürftiger Inhalt). Demgegenüber bleibt es bei dem formfreien fakultativen Inhalt den Beteiligten überlassen, ob eine Regelung (körperlich) in den Gesellschaftsvertrag mit aufgenommen werden soll oder nicht[330]. Nicht alle diese Regelungen, die (körperlich) in die Satzungsurkunde aufgenommen werden, gelten damit aber automatisch als

[323] Vgl. MünchHdb.GesR III/*Heinrich* § 19 Rdnr. 50.

[324] Vgl. aber auch § 86 Abs. 2 S. 1 GmbHG, der bis zum 31.12.2001 die Nennung in DM erlaubt.

[325] Vgl. Baumbach/*Hueck* § 5 Rdnr. 7; MünchHdb.GesR III/*Heinrich* § 19 Rdnr. 50.

[326] Vgl. OLG Hamm NJW 1987, S. 263; Hachenburg/*Ulmer* § 3 Rdnr. 49; Baumbach/*Hueck* § 3 Rdnr. 18; MünchHdb.GesR III/*Heinrich* § 19 Rdnr. 52.

[327] Vgl. Hachenburg/*Ulmer* § 3 Rdnr. 47.

[328] Vgl. Rowedder/*Rittner/Schmidt-Leithoff* § 3 Rdnr. 23.

[329] Das Gebot der einheitlichen Stammeinlage je Gründer gilt nur bis zur Eintragung der GmbH, vgl. § 55 Abs. 3, 4 GmbHG.

[330] Wenn nicht, dann handelt es sich bloß um eine schuldrechtlich wirkende Abrede; vgl. BGH ZIP 1993, S. 432, 433.

korporative Vertragsbestandteile[331]. Vielmehr muß im Einzelfall geprüft werden, ob nach dem Willen der Gründer die Bestimmung korporativen Charakter haben soll oder nicht[332].

Korporative Satzungsbestandteile gelten - als Teil der Gesellschaftsverfassung - nicht nur gegenüber den Gründern, sondern auch gegenüber allen künftigen Gesellschaftern, gegebenenfalls sogar gegenüber Dritten. Sie sind mit der Gesellschafterstellung verknüpft und gehen bei Veräußerung des Mitgliedschaftsrechts mit Ausnahme höchstpersönlicher Rechte und Pflichten auf den Erwerber über. Wenn sie geändert werden sollen, bedürfen sie einer förmlichen Satzungsänderung. Bei nichtkorporativen Bestimmungen gelten diese Folgen hingegen nicht[333].

(1) Formbedürftiger Inhalt

(a) Zeitliche Beschränkung des Unternehmens

Wenn die Gesellschafter vereinbaren wollen, daß das Unternehmen auf eine gewisse, d.h. bestimmte oder objektiv genau bestimmbare Zeit beschränkt sein soll, kann dies nur wirksam im Gesellschaftsvertrag erfolgen (§ 3 Abs. 2 1. Alt GmbHG). Hierbei kann ein fester Termin ebenso vereinbart werden wie ein künftiges Ereignis, dessen Eintritt zwar gewiß, der Zeitpunkt des Eintritts allerdings ungewiß ist[334], wie z.B. der Ablauf eines bestimmten Schutzrechts oder der Tod einer bestimmten Person[335]. Mit Zeitablauf ist die Gesellschaft von selbst aufgelöst, vgl. § 60 Abs. 1 Nr. 1 GmbHG. Fehlt im Gesellschaftsvertrag eine zeitliche Beschränkung, ist die GmbH auf unbestimmte Zeit gegründet. Es gelten dann die allgemeinen Auflösungsgründe in §§ 60,

---

[331] Korporative Satzungsbestandteile werden auch echte oder materielle Bestandteile genannt. Ihre jeweiligen Gegensätze werden hingegen als nichtkorporative, unechte oder formelle Bestandteile bezeichnet; vgl. zur Terminologie auch Hachenburg/*Ulmer* § 2 Rdnr. 8 Fn. 10.

[332] Vgl. BGHZ 38, S. 155, 161 (Schiedsabrede); BGHZ 18, S. 205, 208 (Geschäftsführergehalt); BGH NJW 1961, S. 507 (Geschäftsführerbestellung). Vgl. zur Abgrenzungsproblematik korporativer und nichtkorporativer Satzungsbestandteile eingehend *Priester*, DB 1979, S. 681 ff.

[333] Vgl. insgesamt Priester, DB 1979, S. 681, 682 ff.; Hachenburg/*Ulmer* §§ 2 Rdnrn. 8, 9; 53 Rdnrn. 8 ff.; *Grunewald*, Gesellschaftsrecht, S. 299; Scholz/*Emmerich* § 3 Rdnrn. 61 ff.

[334] Vgl. BayObLG BB 1975, S. 249, 250.

[335] Vgl. MünchHdb.GesR III/*Heinrich* § 5 Rdnr. 6.

61 GmbHG, insbesondere die Möglichkeit nach § 60 Abs. 1 Nr. 2 GmbHG, die Gesellschaft durch Mehrheitsbeschluß aufzulösen.

(b) Nebenleistungspflichten der Gesellschafter gegenüber der Gesellschaft

Neben der Pflicht zur Leistung von Kapitaleinlagen (Hauptleistungspflicht) können nach § 3 Abs. 2 2. Alt GmbHG im Gesellschaftsvertrag nahezu unbeschränkt weitere Pflichten der Gesellschafter gegenüber der Gesellschaft begründet werden. Diese Möglichkeit ist in der Praxis von großer Bedeutung: wirtschaftlich gesehen können diese Nebenleistungspflichten zu den eigentlichen Hauptpflichten der Gesellschafter werden[336]. Beispiele für diese Nebenleistungspflichten sind weitere Geld- oder Sacheinlagen, auch in Form von Dienstleistungen, oder Unterlassungspflichten, wie z.B. Wettbewerbsverbote.

(c) Sonderpflichten der Gesellschaft gegenüber den Gesellschaftern

Ebenso wie besondere Pflichten der Gesellschafter gegenüber der Gesellschaft können im Gesellschaftsvertrag auch bestimmte Sonderpflichten der Gesellschaft gegenüber den Gesellschaftern vereinbart werden. Dies ergibt sich zwar nicht aus dem Gesetz, ist jedoch allgemein anerkannt[337]. Als Beispiele für diese Sonderpflichten sind zu nennen die Übernahme des Gründungsaufwands durch die Gesellschaft analog § 26 Abs. 2 AktG, die Vereinbarung des Rechts auf Geschäftsführung als unentziehbares Sonderrecht sowie Warenbezugsrechte, Wiederkaufsrechte an eingebrachten Sachen, die Berechtigung zur Benutzung von Einrichtungen der Gesellschaft oder bestimmte Vorkaufsrechte[338].

---

[336] Vgl. Scholz/*Emmerich* § 3 Rdnr. 43.
[337] Vgl. MünchHdb.GesR III/*Heinrich* § 5 Rdnr. 12.
[338] Vgl. MünchHdb.GesR III/*Heinrich* § 5 Rdnrn. 13 f. mit weiteren Beispielen.

(d) Sonstige Regelungen

Weitere fakultative Regelungen, die formwirksam nur im Gesellschaftsvertrag vereinbart werden können und in der Praxis auch häufig vorkommen, sind: Einschränkungen der Übertragbarkeit und Teilung von Geschäftsanteilen (§ 15 Abs. 5, § 17 Abs. 6 GmbHG), die Begründung einer Nachschußpflicht (§ 26 GmbHG), die Möglichkeit zur Einziehung von Geschäftsanteilen (Amortisation, § 34 GmbHG), die Einrichtung eines fakultativen Aufsichtsrats (§ 52 GmbHG)[339] oder spezielle Auflösungsgründe (§ 60 Abs. 2 GmbHG). Eine vom gesetzlichen Leitbild abweichende Regelung der Gewinnverteilung (§ 29 Abs. 3 GmbHG), der Vertretungsbefugnis der Geschäftsführer (§ 37 Abs. 1 GmbHG) oder der Rechte der Gesellschafter (§ 45 Abs. 2 GmbHG) bedarf ebenso einer Aufnahme in den Gesellschaftsvertrag wie zusätzliche Formerfordernisse für Satzungsänderungen (§ 53 Abs. 2 S. 2 GmbHG), die Auflösung der Gesellschaft durch Gesellschafterbeschluß (§ 60 Abs. 1 Nr. 2 GmbHG) oder bestimmte Fragen der Liquidation (§§ 66 Abs. 1, 72 S. 2 GmbHG). Schließlich kann auch die Form, in welcher öffentliche Bekanntmachungen der Gesellschaft erlassen werden, im Gesellschaftsvertrag geregelt werden (§ 10 Abs. 3 GmbHG).

(2) Formfreier Inhalt

Schließlich können die Gründer alle weiteren Vereinbarungen dem Gesellschaftsvertrag formfrei hinzufügen, die einer Regelung überhaupt zugänglich sind. Eine solche Regelung kann z.B. die Bestellung der Geschäftsführer oder die Ausgestaltung ihrer Stellung sein[340].

---

[339] Siehe hierzu auch oben D. I. 2.

[340] Solche Regelungen sollten im Gesellschaftsvertrag außerhalb des korporativen Teils aufgenommen werden. Als „Verfassung“ der GmbH sollte der korporative Teil frei von Nebensächlichkeiten und auf Dauer angelegt sein, was Nebenabreden dieser Art häufig nicht sind; vgl. MünchHdb.GesR III/*Heinrich* § 5 Rdnr. 18.

b) Anforderungen an die Form des Gesellschaftsvertrages

§ 2 Abs. 1 GmbHG schreibt für den Gesellschaftsvertrag eine notarielle Beurkundung vor. Sie bezweckt zum einen eine materielle Richtigkeitsgewähr durch die gesetzlich vorgeschriebene[341] Prüfungs- und Belehrungspflicht des Notars[342]. Zum anderen erfüllt sie eine Beweissicherungsfunktion und dient damit der Rechtssicherheit[343]. Gegenüber den Vertragsparteien hat sie zudem eine Schutz- und Warnfunktion[344]. Alle Regelungen, die im Gesellschaftsvertrag notwendig enthalten sein müssen (§ 3 Abs. 1 GmbHG) oder gesetzlich der Regelung im Gesellschaftsvertrag vorbehalten sind oder von den Gesellschaftern als echte Satzungsbestandteile gewollt sind[345], werden von der Beurkundungspflicht erfaßt.

Der Gesellschaftsvertrag muß grundsätzlich in sich geschlossen in einem Schriftstück enthalten sein[346] und von sämtlichen Gesellschaftern unterzeichnet werden (§ 2 Abs. 1 S. 2 GmbHG). Hierbei kann sich aber jeder Gesellschaftsgründer von einem Bevollmächtigten vertreten lassen, sofern die Bevollmächtigung durch eine notariell errichtete oder beglaubigte Vollmacht nachgewiesen wird (§ 2 Abs. 2 GmbHG).

c) Anforderungen an die Person des Gesellschaftsgründers

Die GmbH wird durch einen oder mehrere Gründer errichtet (§ 1 GmbHG). Gründer einer GmbH kann zunächst jede natürliche Person sein, einschließlich beschränkt geschäftsfähiger oder geschäftsunfähiger Personen[347]. Bestimmte persönliche Eigenschaften verlangt das Gesetz nicht; die deutsche Staatsangehörigkeit ist ebensowenig erforderlich wie ein Wohnsitz in

---

[341] Vgl. § 17 BeurkG.

[342] Vgl. BGHZ 105, S. 324, 338; MünchHdb.GesR III/*Heinrich* § 5 Rdnr. 37; Scholz/*Emmerich* § 2 Rdnr. 13 m.w.N.

[343] Vgl. BGHZ 105, S. 324, 338.

[344] Vgl. Scholz/*Emmerich* § 2 Rdnr. 13; Rowedder/*Rittner/Schmidt-Leithoff* § 2 Rdnr. 1.

[345] Vgl. MünchHdb.GesR III/*Heinrich* § 5 Rdnr. 39.

[346] Vgl. OLG Frankfurt BB 1981, S. 694 f.

[347] Vgl. *Lutter/Hommelhoff* § 2 Rdnr. 4. Sie müssen sich jedoch nach allgemeinen Regeln vertreten lassen; vgl. ausführlich MünchHdb.GesR III/*Heinrich* § 5 Rdnrn. 24 ff.; Rowedder/*Rittner/Schmidt-Leithoff* § 2 Rdnrn. 11 ff. Ist die Gesellschaft auf den Betrieb eines Erwerbsgeschäfts

Deutschland oder eine Aufenthaltserlaubnis[348]. Des weiteren können juristische Personen[349] ebenso Gründer sein wie eine OHG, eine KG (vgl. § 124 HGB) oder eine GbR[350]. Die Gründerzahl unterliegt nach oben keiner gesetzlichen Beschränkung. Tatsächlich ist aber davon auszugehen, daß der weit überwiegende Teil der Gesellschaften mbH nur zwei bis fünf Gesellschafter hat[351]. Dies liegt möglicherweise auch daran, daß die Gründung der Gesellschaft mit einer größeren Anzahl von Gesellschaftern rein praktisch gesehen auf gewisse Schwierigkeiten stößt[352]. Dennoch sind in der Praxis auch große Gesellschaften mbH mit mehr als 20 Gesellschaftern anzutreffen[353].

3. Organbestellung

Als nächster Schritt muß mindestens eine Person zum Geschäftsführer bestellt werden (vgl. § 6 GmbHG). Die Organbestellung ist zur Entstehung der GmbH schon deshalb erforderlich, weil nur die Geschäftsführer die Gesellschaft zur Eintragung in das Handelsregister anmelden können (§§ 7, 78 GmbHG). Außerdem empfängt und verwaltet der oder die Geschäftsführer die von den Gesellschaftern vor der Eintragung zu bewirkenden Einlagen[354]. Die Anforderungen des Gesetzes an die Person des Geschäftsführers sind gering. Grundsätzlich genügt ein Geschäftsführer (§ 6 Abs. 1 GmbHG)[355]; es muß sich um eine natürliche, unbeschränkt geschäftsfähige Person handeln

---

gerichtet, bedarf der Gesellschaftsvertrag zudem einer Genehmigung des Vormundschaftsgerichts, § 1822 Nr. 3 BGB.

[348] Vgl. MünchHdb.GesR III/*Heinrich* § 5 Rdnr. 28; Rowedder/*Rittner/Schmidt-Leithoff* § 2 Rdnr. 8.

[349] Statt vieler *K. Schmidt*, GesR. § 34 II 1, S. 999; *Lutter/Hommelhoff* § 2 Rdnr. 6.

[350] Vgl. BGHZ 78, S. 311; OLG Hamm NJW-RR 1996, S. 482, 483.

[351] Vgl. Hachenburg/*Ulmer* Einl Rdnr. 72.

[352] Hachenburg/*Ulmer*, Einl Rdnr. 18, weist in diesem Zusammenhang z.B. auf die Mitwirkung an der notariellen Beurkundung des Gesellschaftsvertrages (§ 2 GmbHG), die Mindesteinlageleistung vor der Anmeldung (§ 7 Abs. 2 GmbHG) und die persönliche Erstellung des Sachgründungsberichts (§ 5 Abs. 4 S. 2 GmbHG) hin.

[353] Vgl. Hachenburg/*Ulmer* Einl Rdnrn. 13, 72.

[354] Vgl. §§ 7 Abs. 3, 8 Abs. 2 S. 1 GmbHG; vgl. auch Scholz/*Schneider* § 6 Rdnr. 2; *Lutter/Hommelhoff* § 6 Rdnr. 8.

[355] Ausnahmen gibt es nur im Arbeitsrecht und im Gewerberecht, vgl. z.B. § 33 MitbestG oder § 33 Abs. 1 Nr. 4 KWG.

(§ 6 Abs. 2 S. 1 GmbHG), die ebenfalls nicht die deutsche Staatsangehörigkeit besitzen muß. Der Geschäftsführer braucht nicht zugleich auch Gesellschafter der GmbH zu sein (Grundsatz der Drittorganschaft, § 6 Abs. 3 S. 1 GmbHG) und keine bestimmte fachliche Qualifikation vorzuweisen. Das Gesetz sieht in § 6 Abs. 2 GmbHG lediglich einige Ausschlußgründe für die Geschäftsführerbestellung vor[356]. Die Bestellung des Geschäftsführers erfolgt entweder im Gesellschaftsvertrag oder durch Beschluß (vgl. § 6 Abs. 3 S. 2 und § 46 Nr. 5 GmbHG). Eine gerichtliche Bestellung als Notbestellung wegen Fehlens oder rechtlicher Verhinderung von Geschäftsführern ist ausgeschlossen[357]. Bei der Bestellung im Gesellschaftsvertrag erfolgt die Aufnahme in der Regel als nicht korporativer Satzungsbestandteil, da sonst eine Abberufung nur im Wege einer (vergleichsweise umständlichen) Satzungsänderung gemäß §§ 53 ff. GmbHG möglich ist[358]. Bei der Bestellung durch gesonderten Beschluß reicht einfache Mehrheit aus, § 47 Abs. 1 GmbHG, wobei der Betroffene selbst stimmberechtigt ist[359].

4. Erbringung der Leistung auf die Stammeinlage

Gemäß § 7 Abs. 2 GmbHG müssen vor Anmeldung der Gesellschaft gewisse Mindestleistungen auf die Stammeinlagen erbracht sein. Diese Regelung bezweckt zum einen, daß die Gesellschaft nicht ohne ein reales eigenes Gesellschaftsvermögen ins Leben tritt; sie bietet zum anderen zugleich eine Gewähr für die Ernstlichkeit der Beteiligungen der Gesellschafter.

---

[356] Im wesentlichen Insolvenzstrafdelikte (§§ 283-283 d StGB) oder Berufs- oder Gewerbeverbote. Gleichwohl kann der Gesellschaftsvertrag Regelungen enthalten, die bestimmte Anforderungen an die Person des Geschäftsführers stellen. So kann die Möglichkeit der Drittorganschaft ausgeschlossen werden, die Geschäftsführerposition ausschließlich bestimmten Gesellschaftern vorbehalten sein oder die Bestellung von bestimmten persönlichen Merkmalen wie Alter, Geschlecht oder Vorbildung abhängig gemacht werden, vgl. MünchHdb.GesR III/*Heinrich* § 6 Rdnr. 10.

[357] Vgl. Scholz/*Schneider* § 6 Rdnr. 4.

[358] Vgl. zu den nichtkorporativen Satzungsbestandteilen auch *Priester*, DB 1979, S. 681 ff.

[359] Vgl. MünchHdb.GesR III/*Heinrich* § 6 Rdnr. 25.

a) *Mindesteinlageleistung*

Nach § 7 Abs. 2 S. 1 GmbHG darf eine Anmeldung erst erfolgen, wenn auf jede Stammeinlage in Form einer Bareinlage mindestens ein Viertel des statutarisch festgelegten Einlagebetrages (§ 3 Abs. 1 Nr. 4 GmbHG) eingezahlt ist. Insgesamt muß auf das Stammkapital aber mindestens soviel eingezahlt sein, daß der Gesamtbetrag der eingezahlten Bareinlagen zuzüglich des Gesamtbetrages der Stammeinlagen, für welche Sacheinlagen zu leisten sind, 12.500 Euro erreicht (§ 7 Abs. 2 S. 2 i.V.m. § 5 Abs. 1 GmbHG)[360]. Die Pflicht zur Erbringung eines Viertels pro Stammeinlage besteht für jeden Gesellschafter auch dann, wenn andere Gesellschafter mehr einzahlen und damit auch ohne das Viertel eines Gesellschafters die erforderlichen 12.500 Euro erreicht werden[361].

b) *Leistung der Bareinlagen*

Die Gründer leisten ihre Bareinlagen, sobald sie die geschuldeten Leistungen auf die Stammeinlagen an die Gesellschaft „bewirken" und der Gegenstand der Leistungen sich „endgültig" in der freien Verfügung der Geschäftsführer befindet (vgl. § 8 Abs. 2 GmbHG). Die Gründer können ihre Mindestgeldeinlagepflicht in keiner anderen Form als durch Einzahlung in Euro erfüllen[362]. Nicht in Betracht kommen dagegen die Aufrechnung eines Gesellschafters gegen eine Forderung der Gesellschaft (vgl. § 19 Abs. 2 S. 2 GmbHG) oder Leistungen, die tatsächlich eine Sacheinlageleistung darstellen. Bestimmte Zahlungsmodalitäten sieht das Gesetz nicht vor. Eingezahlt im Sinne des § 7 Abs. 2 GmbHG ist nicht nur Bargeld, sondern alles, was die Verkehrssitte dem Bargeld gleichstellt und die Geschäftsführer mit Sicherheit ohne Wert-

---

360 Beispiel: Zwei Gesellschafter gründen eine GmbH mit einem Stammkapital von 25.000 Euro. Dann beträgt die jeweilige Stammeinlage 12.500 Euro. Würden die beiden Gesellschafter lediglich *ein Viertel* ihrer Einlage einzahlen, kämen sie zusammen nur auf (3.125 + 3.125 =) 6.250 Euro. Damit sie aber auf die Mindestgesamteinlage von 12.500 Euro kommen, müssen sie jeweils *die Hälfte* ihrer Stammeinlage (6.250 + 6.250 = 12.500 Euro) einzahlen.

361 Vgl. MünchHdb.GesR III/*Heinrich* § 7 Rdnr. 3.

362 Vgl. MünchHdb.GesR III/*Heinrich* § 7 Rdnr. 5; Scholz/*Winter* § 7 Rdnrn. 30, 31; vgl. aber auch die Übergangsregelung in § 86 Abs. 1 S. 1 GmbHG, nach der bei Gesellschaften, die zwischen dem 01.01.1999 und dem 31.12.2001 angemeldet und eingetragen wurden bzw. werden, das Stammkapital sowie die Stammeinlagen auch auf DM lauten dürfen.

verlust in Geld umsetzen können[363]. Hierzu zählt neben der Überreichung eines Geldbetrages in bar die Einzahlung oder die Überweisung auf ein Konto bei einer Bank oder einer Sparkasse[364]. Das Konto muß entweder auf den Namen der Gesellschaft lauten[365] oder von einem Dritten geführt werden (z.B. vom Geschäftsführer oder von einem Notar), der das Konto treuhänderisch für die Gesellschaft verwaltet[366]. Ausreichend ist grundsätzlich aber auch die Einreichung eines Schecks oder eines Wechsels zu Händen des Geschäftsführers[367]. Zeitlich hat die Einzahlung nach Feststellung des Gesellschaftsvertrages zu erfolgen[368]. Zur freien Verfügung steht die Mindestgeldeinlage dann, wenn die Leistungen der GmbH endgültig so zugeflossen sind, daß die Geschäftsführer sie rechtlich und tatsächlich für die GmbH verwenden können, also ein endgültiger und uneingeschränkter Mittelzufluß erfolgt ist[369]. Die Übereignung des Bargelds muß danach unbedingt und die Gutschrift auf ein Konto vorbehaltlos erfolgen. Weder darf das Konto gesperrt oder gepfändet sein, noch darf die Gutschrift durch das Kreditinstitut, z.B. aufgrund nichtgenehmigten Schuldsaldos, sofort verrechnet werden können[370].

5. Publizität

Für die GmbH sieht das Gesetz nur eine Form der Publizität vor, nämlich die zwingende Eintragung der Gesellschaft in das Handelsregister.

a) Anmeldung zum Handelsregister und Bekanntmachung

Gemäß § 7 Abs. 1 GmbHG ist die Gesellschaft bei dem Gericht, in dessen Bezirk sie ihren Sitz hat, zur Eintragung in das Handelsregister anzumelden.

---

[363] Vgl. Scholz/*Winter* § 7 Rdnr. 28 m.w.N.

[364] Vgl. *Lutter/Hommelhoff* § 7 Rdnr. 10; Rowedder/*Rittner/Schmidt-Leithoff* § 7 Rdnr. 23.

[365] Vgl. BGH NJW 1991, S. 1294; Baumbach/*Hueck* § 7 Rdnr. 5; *Lutter/Hommelhoff* § 7 Rdnr. 10; Hachenburg/*Ulmer* § 7 Rdnr. 61; Scholz/*Winter* § 7 Rdnr. 29.

[366] Vgl. MünchHdb.GesR III/*Heinrich* § 7 Rdnrn. 7, 9.

[367] Wobei die Erfüllungswirkung bei dem Scheck erst bei vorbehaltloser Gutschrift auf dem Konto und bei dem Wechsel erst mit seiner Zahlung erfolgt; vgl. MünchHdb.GesR III/*Heinrich* § 7 Rdnr. 8.

[368] Vgl. MünchHdb.GesR III/*Heinrich* § 7 Rdnr. 11.

[369] Vgl. *Lutter/Hommelhoff* § 7 Rdnr. 14 m.w.N.

[370] Vgl. Scholz/*Winter* § 7 Rdnrn. 34, 37; *Lutter/Hommelhoff* § 7 Rdnr. 14.

Mit der Eintragung ist die Gründung der Gesellschaft abgeschlossen, die Gesellschaft als solche besteht (vgl. § 11 Abs. 1 GmbHG), und zwar als juristische Person (§ 13 Abs. 1 GmbHG). Die nachfolgende Bekanntmachung nach § 10 Abs. 3 GmbHG ist zwar unverzichtbar, sie wirkt aber lediglich rechtsverkündend, nicht rechtsbegründend[371]. Die Entscheidung über die Anmeldung obliegt allein den Gründern, sie kann nicht etwa durch das Registergericht erzwungen werden[372]. Voraussetzung für die Anmeldung ist gemäß § 7 Abs. 2 GmbHG, daß zuvor die gesetzlich vorgeschriebenen Mindesteinlageleistungen erbracht worden sind.

b) Anforderungen an den Inhalt und die Form der Anmeldung

Der erforderliche Inhalt der Anmeldung ergibt sich aus § 8 GmbHG. Hiernach muß der Anmeldung im wesentlichen beigefügt sein: der Gesellschaftsvertrag[373] und im Falle der bevollmächtigten Vertretung der Gesellschafter bei Unterzeichnung des Gesellschaftsvertrages die entsprechenden Vollmachten (§ 8 Abs. 1 Nr. 1 GmbHG), die Legitimation[374] des/der Geschäftsführer, sofern die Bestellung nicht durch Gesellschaftsvertrag erfolgt (§ 8 Abs. 1 Nr. 2 GmbHG), eine von den Anmeldenden[375] unterschriebene Liste der Gesellschafter unter Angabe auch des Betrages der von einem jeden derselben übernommenen Stammeinlage (§ 8 Abs. 1 Nr. 3 GmbHG)[376] und im Falle der Sachgründung die entsprechenden Festsetzungsverträge, der Sachgründungsbericht und Unterlagen über die Werthaltigkeit der Sacheinlagen (§ 8 Abs. 1 Nr. 4 und 5 GmbHG). Gemäß § 8 Abs. 2 und 3 GmbHG müssen die Geschäftsführer „in der Anmeldung" mehrere Versicherungen abgeben, die

---

[371] Vgl. MünchHdb.GesR III/*Heinrich* § 9 Rdnr. 47.

[372] Vgl. Hachenburg/*Ulmer* § 7 Rdnr. 5; MünchHdb.GesR III/*Heinrich* § 8 Rdnr. 2.

[373] Alle Bestimmungen des Gesellschaftsvertrages müssen zwingend in *einer* Urkunde enthalten sein, vgl. OLG Frankfurt BB 1981, S. 694; vgl. auch *Lutter/Hommelhoff* § 8 Rdnr. 2.

[374] Gemeint sind entweder der Gesellschafterbeschluß oder sonstige Bestellungsakte im Original oder in Form einer beglaubigten Abschrift. Ist die Bestellung des Geschäftsführers mündlich erfolgt, genügt die schriftliche Bestätigung einer zuständigen Person, vgl. *Lutter/Hommelhoff* § 8 Rdnr. 3.

[375] Gemeint sind die Anmeldepflichtigen, also sämtliche Geschäftsführer einschließlich der stellvertretenden Geschäftsführer (§§ 78, 44 GmbHG).

zwar entgegen dem Wortlaut des Gesetzes in einem besonderen Schriftstück enthalten sein können[377], aber in jedem Fall von den Geschäftsführern persönlich erklärt werden müssen[378]. Hiernach haben die Geschäftsführer zu versichern, daß die Mindesteinlageleistungen bewirkt sind und sich der Gegenstand der Leistungen endgültig in der freien Verfügung der Geschäftsführer befindet (§ 8 Abs. 2 S. 1 i.V.m. § 7 Abs. 2 und 3 GmbHG). Des weiteren muß von jedem Geschäftsführer versichert werden, daß keine Umstände vorliegen, die seiner Bestellung nach § 6 Abs. 2 S. 3 und 4 GmbHG[379] entgegenstehen[380] und daß jeder Geschäftsführer über seine unbeschränkte Auskunftspflicht gegenüber dem Gericht aus dem Bundeszentralregister[381] belehrt worden ist. Auch muß erklärt werden, inwieweit das Anfangskapital der GmbH mit Schulden belastet ist[382], Schließlich muß in der Anmeldung genau[383] angegeben werden, welche Vertretungsbefugnis der bzw. die Geschäftsführer haben (§ 8 Abs. 4 GmbHG)[384], und die Unterschriften sämtlicher Geschäftsführer müssen zur Aufbewahrung bei dem Gericht gezeichnet werden (§ 8 Abs. 5 GmbHG)[385]. Die Anmeldung zur Eintragung in das Handelsregister sowie die zur Aufbewahrung bei dem Gericht bestimmten Zeichnungen von Unterschriften bedürfen der öffentlich beglaubigten Form, § 12 Abs. 1 HGB.

---

376 Sowie Name, Vorname, Beruf und Wohnort der Gesellschafter; bei juristischen Personen, OHG und KG genügen Firma und Sitz, bei einer GbR ist jedes Mitglied aufzuführen, vgl. OLG Hamm GmbHR 1975, S. 85; *Lutter/Hommelhoff* § 8 Rdnr. 4.

377 So die h.M., vgl. Scholz/*Winter* § 8 Rdnr. 20 m.w.N.; Hachenburg/*Ulmer* § 8 Rdnr. 27; *Lutter/Hommelhoff* § 8 Rdnr. 9.

378 Vgl. OLG Düsseldorf GmbHR 1993, S. 98.

379 Keine Verurteilung wegen Insolvenzstrafdelikten (§§ 283-283 d StGB) in den letzten fünf Jahren und keine andauernden Berufs- oder Gewerbeverbote.

380 Werden alle in § 6 Abs. 2 GmbHG genannten Hindernisse verneint, genügt wohl die Wiederholung des Gesetzeswortlauts in § 6 Abs. 2 S. 3 und 4 GmbHG; vgl. zur Formulierung der Versicherung auch BayObLG BB 1982, S. 199 ff.; OLG Thüringen GmbHR 1995, S. 453.

381 Vgl. § 41 Abs. 1 Nr. 1 BZRG.

382 Vgl. BGHZ 80, S. 129, 130.

383 Vgl. *Lutter/Hommelhoff* § 8 Rdnr. 15.

384 Diese Regelung ist durch das Gesetz zur Durchführung der Ersten Richtlinie des Rates der Europäischen Gemeinschaften zur Koordinierung des Gesellschaftsrechts vom 15.08.1969 (KoordG) (BGBl. I S. 1146) eingefügt worden. Sie bezweckt, daß Ausländer, die das ihnen fremde Recht nicht kennen und sich nur mühsam von ihm Kenntnis verschaffen können, nun die Möglichkeit haben, sich im Handelsregister über die Vertretungsbefugnis schnell zu informieren.

385 Mit der Zeichnung soll die Person des Geschäftsführers mit seiner Unterschrift im Rechtsverkehr erkennbar gemacht werden, vgl. *Lutter/Hommelhoff* § 8 Rdnr. 16.

Die Anmeldung muß von allen Geschäftsführern persönlich vorgenommen werden, allerdings ist eine rechtsgeschäftliche Vertretung zulässig[386].

c) Zuständigkeit und Prüfungsumfang des Registergerichts

Für die Anmeldung ist örtlich ausschließlich das Gericht zuständig, in dessen Bezirk die Gesellschaft ihren Sitz im Sinne der §§ 3 Abs. 1 Nr. 1, 4 a GmbHG hat. Maßgebend ist daher der in dem Gesellschaftsvertrag bestimmte Ort. Sachlich ist das Amtsgericht zuständig (§ 8 HGB, § 125 Abs. 1 und 2 FGG). Das Registergericht prüft sämtliche formellen und materiellen Eintragungsvoraussetzungen, nicht nur die eintragungs- und veröffentlichungspflichtigen[387]. Hierbei erstreckt sich die Prüfung nur auf die Ordnungsmäßigkeit der Anmeldung (vgl. § 9 c Abs. 1 GmbHG), d.h. die Rechtmäßigkeit und Wahrheit, nicht hingegen auf die Zweckmäßigkeit im allgemeinen oder die wirtschaftliche Angemessenheit im besonderen[388]. Hält der Richter eine Regelung für unklar, unzweckmäßig, unvollständig oder wenig interessengerecht, darf er die Gesellschafter auf seine Bedenken nur dann hinweisen, wenn sich die Eintragung dadurch nicht verzögert[389].

d) Inhalt der Eintragung in das Handelsregister und Bekanntmachung

Ergibt die Prüfung des Registerrichters, daß alle formellen und materiellen Eintragungsvoraussetzungen erfüllt sind, verfügt er die Eintragung der GmbH (§ 25 HRV). Der Inhalt der Eintragung ergibt sich abschließend aus § 10 Abs. 1 und 2 GmbHG. Beschränkt auf die wichtigsten Informationen über die Gesellschaft muß eingetragen werden: die Firma und der Sitz der Gesellschaft im Sinne des § 3 Abs. 1 Nr. 1 GmbHG, der Gegenstand des Unternehmens sowie die Höhe des Stammkapitals (§ 3 Abs. 1 Nr. 2 und 3 GmbHG). Eintragungspflichtig sind außerdem der Tag des Abschlusses des Gesellschaftsvertrages und die Person des oder der Geschäftsführer ein-

---

[386] Vgl. OLG Köln BB 1986, S. 2088 m.w.N.; a.A. Scholz/*Winter* § 7 Rdnr. 10.

[387] Vgl. BayObLG BB 1983, S. 83.

[388] Vgl. Scholz/*Winter* § 9 c Rdnrn. 11, 31; Baumbach/*Hueck* § 9 c Rdnr. 4.

[389] Vgl. MünchHdb.GesR III/*Heinrich* § 8 Rdnr. 37; Scholz/*Winter* § 9 c Rdnr. 11. Weiter wohl *Roth*/Altmeppen § 9 c Rdnr. 5.

schließlich ihrer Vertretungsbefugnis. Enthält der Gesellschaftsvertrag eine Bestimmung über die Zeitdauer der Gesellschaft, so ist auch diese mit einzutragen (§ 10 Abs. 2 GmbHG). Die Bekanntmachung hat unverzüglich im Bundesanzeiger und in den Amtsblättern des Gerichts zu erfolgen (§§ 10 Abs. 1, 11 Abs. 1 HGB) und enthält im wesentlichen den gesamten Inhalt der Eintragung in das Handelsregister (vgl. § 10 Abs. 3 GmbHG).

III. Besonderheiten bei der Gründung einer GmbH in Form der Sachgründung bzw. gemischten Gründung

1. Allgemeines

Bei der Sachgründung leisten die Gründer ihre Einlagen nicht in bar, sondern in Form von Sacheinlagen. Unter diesen Begriff fallen zum einen Sacheinlagen im engeren Sinne, d.h. alle Einlagen auf das Stammkapital, die nicht in Geld zu leisten sind (vgl. § 19 Abs. 5 1. Alt GmbHG)[390]. Zum anderen zählen hierzu auch sog. Sachübernahmen, bei denen die Gesellschaft bestimmte Vermögensgegenstände übernimmt und die Vergütung hierfür auf die Einlageverpflichtung angerechnet wird (vgl. § 19 Abs. 5 2. Alt GmbHG)[391]. Gegenstand eines Sachübernahmevertrages kann alles sein, was auch als Sacheinlage geeignet ist, also grundsätzlich alle vermögenswerten Gegenstände, die rechtsverkehrsfähig sind[392]. Hierunter fallen bewegliche und unbewegliche Sachen, Forderungen oder sonstige Rechte (wie beschränkt dingliche Rechte oder übertragbare Mitgliedschaften, wie Aktien), GmbH-Anteile oder Anteile an Personengesellschaften. *Know-how*, Kundenstämme oder Fabrikationsgeheimnisse können als Sacheinlage dienen, sofern sie einen Vermögenswert darstellen. Schließlich können sowohl ganze Unternehmen als auch einzelne Betriebe eingebracht werden sowie alle sonstigen Rechts- und Sachgesamtheiten, wie z.B. ein Warenlager, eine Erbschaft oder eine Konkurs-

---

[390] Vgl. Rowedder/*Rittner/Schmidt-Leithoff* § 5 Rdnr. 17.

[391] Sachübernahme und Sacheinlage unterscheiden sich also dadurch, daß Sacheinlagen unmittelbar auf die Stammeinlage angerechnet werden, während bei der Sachübernahme lediglich das *Entgelt* aus einem Geschäft zwischen Gesellschaft und Gesellschafter auf die Stammeinlage angerechnet wird.

[392] Vgl. Hachenburg/*Ulmer* § 5 Rdnr. 30.

masse[393]. Nicht einlagefähig sind hingegen Dienstleistungen der Gesellschafter selbst[394].

2. Besonderheiten

Im Unterschied zur Gründung einer GmbH in Form der Bargründung müssen im Falle der Sachgründung im Gesellschaftsvertrag über den gesetzlichen Mindestinhalt hinaus auch der Gegenstand der Sacheinlage, die Person des Leistenden[395] und der Betrag der entsprechenden Stammeinlage zwingend festgesetzt werden (vgl. § 5 Abs. 4 GmbHG). Der Gegenstand der Sacheinlage muß so klar bestimmt sein, daß über die Identität der einzubringenden Sachen kein Zweifel besteht[396]. Sacheinlagen müssen, anders als Bareinlagen, vor der Anmeldung der Gesellschaft in das Handelsregister vollständig erbracht sein (vgl. § 7 Abs. 3 GmbHG). Erreicht der Wert der Sacheinlage im Zeitpunkt der Anmeldung nicht den Betrag der dafür übernommenen Stammeinlage, hat der Gesellschafter in Höhe des Fehlbetrages eine Einlage in Geld zu leisten (§ 9 Abs. 1 GmbHG). Eine weitere Besonderheit stellt der Sachgründungsbericht dar. Er bedarf der Schriftform und muß von allen Gesellschaftern höchstpersönlich unterzeichnet werden[397]. Der Bericht muß die für die Bewertung der Sacheinlage wesentlichen Umstände enthalten (vgl. § 5 Abs. 4 S. 2 GmbHG)[398], z.B. müssen darin beim Übergang eines Unternehmens auf die Gesellschaft die Jahresergebnisse der beiden letzten Geschäftsjahre angegeben werden (vgl. § 5 Abs. 2 S. 2 a.E. GmbHG). Der Sachgründungsbericht muß bei der Anmeldung der Gesellschaft bei dem Handelsregister zusätzlich zu den üblichen Gründungsunterlagen eingereicht werden. Dies gilt auch für alle Verträge, die den Festsetzungen im Sinne des § 5 Abs. 4 GmbHG zugrunde liegen (§ 8 Abs. 1 Nr. 4 GmbHG), und für alle Unterlagen, aus denen sich ergibt, daß der Wert der Sacheinlagen den Betrag

---

393 Vgl. zu sämtlichem Vorgenannten Rowedder/*Rittner/Schmidt-Leithoff* § 5 Rdnr. 25 ff.

394 Vgl. *Hopt/Hehl/Vollrath*, Gesellschaftsrecht, Rdnr. 1045 Fn. 4.

395 So die h.M., vgl. Scholz/*Winter* § 5 Rdnr. 87; *Grunewald*, Gesellschaftsrecht, S. 305; Rowedder/*Rittner/Schmidt-Leithoff* § 5 Rdnr. 47 m.w.N.

396 Vgl. Hachenburg/*Ulmer* § 5 Rdnr. 116; Rowedder/*Rittner/Schmidt-Leithoff* § 5 Rdnr. 51.

397 Vertretung ist nach der h.M. hier ausgeschlossen, vgl. nur *Lutter/Hommelhoff* § 5 Rdnr. 29.

398 Für die Richtigkeit der Angaben haften die Gründer nach § 9 a GmbHG auf Schadenersatz und machen sich gemäß § 82 Abs. 1 Nr. 1 GmbHG strafrechtlich verantwortlich.

der dafür übernommenen Stammeinlagen erreicht (§ 8 Abs. 1 Nr. 5 GmbHG). Der Registerrichter hat nach § 9c Abs. 1 S. 2 GmbHG die Eintragung abzulehnen, wenn Sacheinlagen überbewertet worden sind. Daraus ergibt sich im Falle der Sachgründung zwar eine erweiterte Prüfungskompetenz des Registerrichters, die Bestellung eines Gründungsprüfers durch das Gericht sieht das GmbH-Gesetz allerdings nicht vor[399].

IV. Besonderheiten bei der Gründung einer Einpersonen-GmbH

Eine Einpersonen-GmbH oder Einmann-GmbH liegt vor, wenn alle Geschäftsanteile an einer GmbH in einer Hand, d.h. in der Hand eines einzigen Gesellschafters liegen. Etwa ein Drittel aller Gesellschaften mbH in Deutschland dürften Einpersonen-Gesellschaften sein[400]. Für sie gelten zwar grundsätzlich auch die allgemeinen Vorschriften des GmbHG, jedoch sieht das Gesetz auch im Bereich der Gründung bestimmte Sonderregelungen vor. An die Stelle eines Gesellschaftsvertrages im Sinne des § 2 GmbHG, der schon allein terminologisch das Vorhandensein mindestens zweier Vertragspartner voraussetzt, tritt nach heute herrschender Meinung ein einseitiges Rechtsgeschäft, nämlich eine einseitige, empfangsbedürftige Gründungserklärung[401], für die die Regelung des § 3 GmbHG über den Mindestinhalt ebenso gilt wie das Formerfordernis aus § 2 GmbHG. Der Gesetzgeber hat sich nur der Einfachheit halber auch bei der Einpersonen-GmbH des Ausdrucks „Gesellschaftsvertrag" bedient[402]. Nach § 7 Abs. 2 S. 3 GmbHG hat der Einpersonen-Gründer zwar ebenfalls nur eine gesetzliche Mindestleistung auf die Stammeinlage zu erbringen. Für den übrigen Teil der im Gesellschaftsvertrag festgesetzten Geldeinlage muß er aber eine „Sicherung" bestellen. Mit dieser Regelung soll das Fehlen eines weiteren Gründers (und damit auch eines weiteren Haftenden) ausgeglichen werden[403]. Die Sicherung kann jede Sicherheitsleistung im Sinne der §§ 232 ff. BGB sein und muß an die Vor-GmbH

---

[399] Im Unterschied zur Aktiengesellschaft, vgl. § 33 Abs. 2 Nr. 4 AktG.

[400] Vgl. *Steding*, Gesellschaftsrecht, Rdnr. 425.

[401] Vgl. nur Rowedder/*Rittner/Schmidt-Leithoff* § 2 Rdnr. 4.

[402] Vgl. Rowedder/*Rittner/Schmidt-Leithoff* § 2 Rdnr. 4; vgl. auch BayObLG DB 1983, S. 604; OLG Frankfurt DNotZ 1983, S. 256, 257; OLG Hamm DB 1983, S. 2679.

[403] Vgl. Rowedder/*Rittner/Schmidt-Leithoff* § 7 Rdnr. 30 m.w.N.; Scholz/*Winter* § 7 Rdnr. 4.

geleistet werden, die auch bei der Einpersonen-Gründung zustande kommt[404]. Bei der Bestellung des Geschäftsführers ist es möglich, daß der Einpersonen-Gesellschafter sich selbst zum Geschäftsführer wählt[405]. Hierbei gilt die Pflicht aus § 48 Abs. 3 GmbHG, wonach unverzüglich nach Beschlußfassung eine Niederschrift aufzunehmen und zu unterschreiben ist. Bei der Anmeldung der Gesellschaft zur Eintragung in das Handelsregister muß der Geschäftsführer schließlich versichern, daß im Falle der nicht vollständigen Erbringung von Bareinlagen entsprechende Sicherungen bestellt worden sind, vgl. § 8 Abs. 2 S. 2 GmbHG. Auch hier haben die Angaben so genau und konkret zu sein, daß der Registerrichter die Einhaltung des § 7 Abs. 2 S. 3 GmbHG überprüfen kann[406].

V. Gründungsmängel

Ist die Gründung der GmbH bestimmten Mängeln erlegen und die Gesellschaft bereits vor Eintragung in das Handelsregister in Vollzug gesetzt worden, gilt auch hier die sog. Lehre über die fehlerhafte (Vor-) Gesellschaft, d.h. die Gesellschaft kann nur noch für die Zukunft aufgelöst werden, wenn der Mangel nicht beseitigt wird[407]. Für das Eintragungsverfahren stellt der Mangel zudem ein von Amts wegen zu beachtendes Hindernis dar, vgl. § 9 c GmbHG, der Registerrichter darf die Gesellschaft also nicht eintragen[408]. Trägt er sie dennoch ein, entsteht die Gesellschaft aufgrund des Bestandsschutzinteresses des Rechtsverkehrs sowie der Gesellschafter auch dann rechtswirksam[409]. Nur wenige gravierende Mängel führen, ein gerichtliches Verfahren vorausgesetzt, zur Auflösung der Gesellschaft für die Zukunft[410]. Zu den gravierenden Mängeln zählen nichtige Bestimmungen über den Un-

---

[404] Vgl. Rowedder/*Rittner/Schmidt-Leithoff* § 7 Rdnr. 30.

[405] § 181 BGB gilt insoweit nicht, vgl. Rowedder/*Koppensteiner* § 46 Rdnr. 18.

[406] Vgl. Rowedder/*Rittner/Schmidt-Leithoff* § 8 Rdnr. 22 m.w.N.

[407] Vgl. BGHZ 13, S. 320; Rowedder/*Rittner/Schmidt-Leithoff* § 2 Rdnr. 47; Baumbach/*Hueck* § 2 Rdnr. 35 m.w.N.; *Roth*/Altmeppen § 2 Rdnr. 41 m.w.N.

[408] Vgl. auch MünchHdb.GesR III/*Heinrich* § 12 Rdnr. 3.

[409] Dies gilt jedenfalls grundsätzlich, vgl. MünchHdb.GesR III/*Heinrich* § 12 Rdnr. 4; Rowedder/*Rittner/Schmidt-Leithoff* § 2 Rdnr. 57.

[410] Vgl. §§ 75, 60 Abs. 1 Nr. 5 GmbHG; §§ 142 ff. FGG; vgl. auch MünchHdb.GesR III/*Heinrich* § 12 Rdnr. 4.

ternehmensgegenstand, das gänzliche Fehlen des Unternehmensgegenstandes oder die fehlende Angabe des Stammkapitalbetrages im Gesellschaftsvertrag[411].

Werden zum Zwecke der Errichtung der Gesellschaft schuldhaft falsche Angaben gemacht, haben die Gesellschafter und Geschäftsführer der Gesellschaft nach § 9 a Abs. 1 GmbHG als Gesamtschuldner hierfür Schadenersatz zu leisten. Diese sogenannte Gründerhaftung umfaßt auch diejenigen Fälle, in denen die Gesellschaft durch Einlagen oder Gründungsaufwand vorsätzlich oder grob fahrlässig geschädigt wird (§ 9 a Abs. 2 GmbHG).

F. Die Gründung einer Aktiengesellschaft (AG)

Ebenso wie die vorgenannten Gesellschaftsformen kann auch die deutsche Aktiengesellschaft durch Umwandlung und durch originäre Gründung nach dem Aktiengesetz (AktG) entstehen. Das Gesetz nennt als Fälle der Umwandlung in eine AG die Verschmelzung (§§ 73 ff. UmwG), die Spaltung (§§ 141 ff. UmwG) und die Ausgliederung (§§ 152 ff., 158 ff., 161 ff. UmwG). Obgleich in der Praxis viel häufiger der Weg der Umwandlung gewählt wird, insbesondere wenn ein Unternehmen den Gang an die Börse beabsichtigt („*going public*"), wird nachstehend mit Blick auf die Zielsetzung der Arbeit nur die Gründung einer Aktiengesellschaft nach dem AktG eingehend dargestellt[412]. Die AG kann wie die GmbH in Form der Bargründung und in Form der Sachgründung zur Entstehung gelangen. Seit 1994 ist in Deutschland auch die Gründung einer Einpersonen-AG zulässig[413]. Aus Gründen der Übersichtlichkeit wird auf die Besonderheiten der Sach- sowie der Einpersonen-Gründung in einem gesonderten Abschnitt eingegangen.

---

[411] Vgl. § 75 Abs. 1 GmbHG. In der Praxis sind derart gravierende Fehler aber kaum vorstellbar.

[412] Vgl. zur Vertiefung der Umwandlung z.B. *Lutter*, UmwG.

[413] Das Gesetz für kleine Aktiengesellschaften und zur Deregulierung des Aktienrechts vom 2.8.1994 (BGBl. I S. 1961) gilt seit dem 10.08.1994.

I. Vorstellung der Gesellschaftsform

Gemäß § 1 AktG ist die AG eine Gesellschaft mit eigener Rechtspersönlichkeit und einem in Aktien[414] zerlegten Grundkapital, für deren Verbindlichkeiten den Gläubigern nur das Gesellschaftsvermögen für die Haftung zur Verfügung steht. Systematisch stellt die AG zwar eine Gesellschaft im weiteren Sinne dar (vgl. § 1 Abs. 1 S. 1 AktG), die grundsätzlich durch Abschluß eines Gesellschaftsvertrages entsteht und deren Mitglieder einen gemeinsamen Zweck im Sinne des § 705 BGB verfolgen[415]. Bei ihr handelt es sich aber nicht auch um eine Gesellschaft im engeren Sinne, sondern vielmehr um eine Korporation, also um einen Verein im Sinne der §§ 21 ff. BGB[416]. Dies ergibt sich aus den rechtlichen Merkmalen ihrer Organisationsstruktur[417]. Die AG ist die größte[418] und reinste[419] Form der Kapitalgesellschaften[420]. Im System der deutschen Gesellschaften unterscheidet sich die AG durch die vollständige Haftungsbeschränkung auf das Gesellschaftsvermögen von der OHG bzw. KG, und durch die Verkörperung der Anteile an der Gesellschaft in Wertpapieren (Aktien) von der ebenfalls als Kapitalgesellschaft angesehenen GmbH.

---

414 Der Begriff der „Aktie“ wird im deutschen Recht in drei verschiedenen Bedeutungen verwendet. Zum einen repräsentiert eine Aktie einen Bruchteil des Grundkapitals (z.B. in § 1 Abs. 2 AktG). Sie stellt zum anderen die Gesamtheit der Rechte und Pflichten dar, die dem einzelnen Aktionär zustehen, also seine Mitgliedschaft an der AG (z.B. in § 12 Abs. 1 AktG). Schließlich versteht man unter einer Aktie auch die Aktienurkunde selbst, in der die Mitgliedschaft an der AG verbrieft ist (z.B. in § 10 Abs. 1 AktG). Regelmäßig werden Aktien in Aktienurkunden verbrieft, zwingend ist dies jedoch nicht. Während Obligationen nur ein Forderungsrecht gegen die AG gewähren, verbrieft die Aktie ein Anteilsrecht. Während der Inhaber der Aktie Gesellschafter der AG ist, ist der Inhaber der Obligation nur Gläubiger der AG, vgl. *Balser/Bokelmann/Piorreck* Rdnr. 67.

415 Vgl. *Hüffer*, AktG § 1 Rdnr. 2; *Brändel* in Großkomm. AktG § 1 Rdnr. 3. Freilich trifft dies bei der Einpersonen-AG nicht zu. Weder „Vertrag“, noch „gemeinsamer“ Zweck liegen vor. Dennoch spricht man bei der Einpersonen-AG auch von einer Gesellschaft im weiteren Sinne. Vgl. zur Einpersonen-AG unten F. IV.

416 Heute unstreitig; vgl. *Hüffer*, AktG § 1 Rdnr. 2; *K. Schmidt*, GesR. § 26 I 2, S. 765; *Brändel* in Großkomm. AktG § 1 Rdnr. 4; *Kraft* in Kölner KommAktG § 1 Rdnr. 6; *Eckardt* in Geßler/Hefermehl § 1 Rdnr. 50; *Balser/Bokelmann/Piorreck* Rdnr. 10; *Geßler*, AktG § 1 Rdnr. 2.

417 Vgl. *Hüffer*, AktG § 1 Rdnr. 2; vgl. auch *K. Schmidt*, GesR. § 26 III 1, S. 777 f. Zur Organisation der AG vgl. unten F. I. 2.

418 Vgl. *Balser/Bokelmann/Piorreck* Rdnr. 9.

419 Vgl. *Geßler*, AktG Einführung Rdnr. 1.

420 Vgl. die Überschrift zum 2. Abschnitt des 3. Buches des HGB (§§ 264 ff.); vgl. auch *K. Schmidt*, GesR. § 26 II 2, S. 766; *Brändel* in Großkomm. AktG § 1 Rdnr. 5.

Anders als bei der GmbH folgte der Gesetzgeber den wirtschaftlichen Gegebenheiten nach und verlieh der Aktiengesellschaft zu einem Zeitpunkt einen gesetzlichen Rahmen, als die Praxis bereits längst die AG in ihren Grundzügen geschaffen hatte. Denn in ihrer Funktion als Kapitalsammelbecken[421] für wirtschaftliche Vorhaben größeren Zuschnitts wurde die AG bereits Anfang des 17. Jahrhunderts in England und in den Niederlanden, aber auch in norddeutschen Hafenstädten ins Leben gerufen, als Schiffahrtsreeder mit sog. Handelskompagnien überseeischen Handel mit den neuen Kolonien betrieben[422]. Später diente die AG insbesondere zur Realisierung bzw. Finanzierung des Eisenbahnbaus[423]. Die Geschichte des Aktienrechts ist eine Geschichte der gesetzlichen Reformen. Während das Gesetzesrecht der Personengesellschaften und der GmbH weitestgehend stabil blieb, wurde das Recht der Aktiengesellschaften zum Schutze der Gläubiger und Anleger immer wieder reformiert und den Anforderungen der Praxis angepaßt[424]. Ein Grund hierfür mag auch in der sozialpolitischen Bedeutung des Aktienrechts liegen[425].

Bei der Aktiengesellschaft gilt zum Schutze der Gläubiger und zukünftiger Aktionäre das Prinzip der Satzungsstrenge[426]. Nach § 23 Abs. 5 AktG darf die Satzung der Gesellschaft als deren Verfassung von den Vorschriften

---

[421] Vgl. MünchHdb.GesR IV/*Hoffmann-Becking* § 1 Rdnr. 3 und § 2 Rdnr. 4; *Brändel* in Großkomm. AktG § 1 Rdnr. 9. Die AG ermöglicht es, finanzielle Mittel vieler für einen gemeinsamen Zweck gebündelt einzusetzen, ohne die Anleger über ihre geleistete Einlage hinaus der Haftung auszusetzen.

[422] Vgl. *Henn*, Hdb des Aktienrechts Rdnr. 1 m.w.N.; MünchHdb.GesR IV/*Hoffmann-Becking* § 1 Rdnr. 1 m.w.N.; *K. Schmidt*, GesR. § 26 II 1, S. 766 ff. Die Kompagnien besaßen eigene Rechtspersönlichkeit; wer sich an ihren Unternehmungen beteiligen wollte, konnte ausgegebene Anteilsscheine erwerben, die *Actien* genannt wurden (Der Name „Aktie" ist die niederländische Form des lateinischen Wortes „actio", also „Anspruch"). Als Vorläufer dieser Kompagnien werden die St. Georgsbank in Genua und die Ambrosiusbank in Mailand jeweils aus dem 15. Jahrhundert genannt. Auch sie sahen bereits eine Haftungsbeschränkung und Übertragbarkeit der Anteile vor. Vgl. *K. Schmidt*, GesR. § 26 II 1, S. 767.

[423] Das Kapital für den Bau der Eisenbahnen wurde zum größten Teil in Form von Aktienkapital aufgebracht; vgl. MünchHdb.GesR IV/*Hoffmann-Becking* § 1 Rdnr. 3; *K. Schmidt*, GesR. § 26 II 1, S. 767 f. Hierbei wurden auch die ersten gesetzlichen Bestimmungen zur Regelung der Aktiengesellschaften erlassen („Preußisches Gesetz über Aktiengesellschaften" vom 09.11.1843).

[424] Vgl. *K. Schmidt*, GesR. § 26 II 2, S. 769.

[425] „Die Aktiengesellschaft ist die rechtliche Organisation für einen bedeutenden Teil der deutschen Wirtschaft. Es ist daher ein Anliegen von hervorragender volkswirtschaftlicher und gesellschaftspolitischer Wichtigkeit, das Aktiengesetz ... so zu gestalten, daß es mit den Grundsätzen unserer Wirtschaftsordnung in Einklang steht.", vgl. RegBegr *Kropff* S. 14.

des Gesetzes nur dann abweichen, wenn es ausdrücklich zugelassen ist. Die gesetzliche Regelung ergänzende Bestimmungen der Satzung sind zwar zulässig, jedoch nur dann, wenn insoweit keine abschließende Regelung vorliegt. Infolgedessen ist das Recht der Aktiengesellschaften verglichen mit den bereits dargestellten Gesellschaftsformen am detailliertesten geregelt. Für die wirksame Gründung einer Aktiengesellschaft müssen daher relativ viele Voraussetzungen erfüllt sein, weshalb die Praxis nach wie vor eher die GmbH als flexiblere und einfacher zu handhabende Rechtsform bevorzugt. Beabsichtigt das Unternehmen allerdings den Gang an die Börse, bleibt ihm nur die Wahl der AG[427] mit ihrem in Aktien zerlegten Grundkapital, dessen Anteile nur deshalb auf dem Kapitalmarkt frei handelbar sind.

Die Zahl der Aktiengesellschaften ging bis Anfang der 80er Jahre stetig zurück. Seit 1984 steigt sie wieder, zuletzt sprunghaft. Ende 1998 zählte man 5468 Gesellschaften in der Form der AG, darunter allein 250 Gesellschaften in den „neuen" Bundesländern[428]. Im Vergleich zu der weiterhin stark steigenden Zahl von Gesellschaften mit beschränkter Haftung (GmbH)[429] ist die zahlenmäßige Präsenz der AG in Deutschland jedoch nach wie vor gering.

1. Rechtsgrundlagen

Das geltende Recht der Aktiengesellschaften beruht auf dem Aktiengesetz (AktG) vom 06.09.1965, das am 01.01.1966 zusammen mit dem Einführungsgesetz zum Aktiengesetz (EGAktG) vom 06.09.1965 in Kraft getreten ist. Es hat seither eine Reihe von Änderungen erfahren, die zu einem großen Teil auf die Umsetzung von verschiedenen EG-Richtlinien zurückzuführen

---

[426] Vgl. *K. Schmidt*, GesR. § 26 III 1, S. 777 f.; *Hüffer*, AktG § 23 Rdnrn. 34 ff.

[427] Und die Kommanditgesellschaft auf Aktien (KGaA), die als Mischform vorliegend allerdings nicht näher dargestellt wird (s.o.). Insbesondere der GmbH, obgleich Kapitalgesellschaft, ist der Zugang zum Kapitalmarkt verwehrt. Vgl. bei MünchHdb.GesR IV/*Hoffmann-Becking* § 2 Rdnr. 4 Fn. 7 die Nachweise zu Reformvorschlägen, die eine börsenfähige „GmbHaA" zum Gegenstand hatten.

[428] Vgl. MünchHdb.GesR IV/*Hoffmann-Becking* § 2 Rdnr. 1 m.w.N.

[429] 1999 waren es etwa 820.000 Gesellschaften mbH, s.o. E. I. 3. m.w.N.

sind[430]. Für die Gründung gelten insbesondere die allgemeinen Vorschriften im Ersten Teil des Ersten Buches (§§ 1-22 AktG) und die Vorschriften zur Gründung der Gesellschaft im Zweiten Teil des Ersten Buches (§§ 23-53 AktG).

2. Charakteristische Merkmale

Die charakteristischen Merkmale der AG sind ihr korporativer Charakter, ihre eigene Rechtspersönlichkeit, der Ausschluß der Haftung ihrer Aktionäre und die Existenz eines in Aktien zerlegten Grundkapitals (vgl. § 1 AktG).

Die Aktiengesellschaft ist als juristische Person (vgl. § 1 Abs. 1 S. 1 AktG) selbst Trägerin von Rechten und Pflichten. Soweit es um Rechtsbeziehungen zu Dritten geht, ist nur sie Zuordnungssubjekt, nicht hingegen ihre Aktionäre (Trennungsprinzip)[431]. Daraus folgt auch der Ausschluß der unmittelbaren Haftung der Aktionäre für Verbindlichkeiten der Gesellschaft. Für diese Verbindlichkeiten haftet den Gläubigern nur das Gesellschaftsvermögen (§ 1 Abs. 1 S. 2 AktG). Die AG ist Formkaufmann im Sinne des § 6 HGB, selbst wenn der Gegenstand des Unternehmens nicht auf den Betrieb eines Handelsgewerbes gerichtet ist (§ 3 Abs. 1 AktG), und hat eine auf einer Satzung (§§ 2, 23 AktG) beruhende Ordnung. Sie ist nur durch ihre Organe handlungsfähig. Insoweit sieht das Gesetz zwingend drei Organe für die AG vor, nämlich einen Vorstand (§§ 76 ff. AktG), einen Aufsichtsrat (§§ 95 ff. AktG) und eine Hauptversammlung (§§ 118 ff. AktG). Im Verhältnis dieser Organe zueinander besteht eine weitgehend zwingende Zuständigkeitsordnung, so daß vereinzelt auch von einer Art „Gewaltenteilung" gesprochen wird[432]. Während dem Vorstand die Leitung der Gesellschaft obliegt (§ 76 Abs. 1 AktG), er also zur Geschäftsführung (§ 77 Abs. 1 AktG) sowie zur organschaftlichen Vertretung der Gesellschaft (§ 78 Abs. 1 AktG) befugt ist, hat der Aufsichtsrat als Überwachungsorgan u.a. den Vorstand zu bestellen und abzuberufen (§ 84 AktG) und die Geschäftsführung zu überwachen (§ 111 AktG). Die Hauptversammlung ist die Versammlung der Aktionäre

[430] Soweit gründungsrelevante Rechtsnormen durch die Umsetzung von EG-Richtlinien beeinflußt oder geschaffen worden sind, wird an entsprechender Stelle darauf hingewiesen.
[431] Vgl. *Hüffer*, AktG § 1 Rdnr. 4.

(Kapitaleigner) und dient diesen zur Wahrung ihrer Rechte in den Angelegenheiten der Gesellschaft (§ 118 Abs. 1 AktG). Sie fassen die sog. Versammlungsbeschlüsse, worunter z.B. die Bestellung der Mitglieder des Aufsichtsrats ebenso gehört wie die Entscheidung über die Verwendung des Bilanzgewinns (vgl. § 119 Abs. 1 Nr. 1 und 2 AktG). Die Mitglieder der Organe (insbesondere des Vorstands) müssen nicht zwingend auch Gesellschafter bzw. Kapitaleigner der AG sein, es gilt also im Unterschied zur GbR und OHG bzw. KG das Prinzip der Fremdorganschaft[433].

Die AG verfügt über ein Grundkapital, das im Unterschied zu dem Stammkapital einer GmbH in Aktien zerlegt sein muß (§ 1 Abs. 2 AktG). Diese Aktien stellen Teilmitgliedschaftsrechte dar, die in der Regel in Wertpapieren verkörpert und bei börsennotierten Aktiengesellschaften am Kapitalmarkt frei handelbar sind. Jedoch sind nicht alle Aktiengesellschaften allein aufgrund ihrer Rechtsform bereits börsenfähig oder gar börsennotiert. Entscheidet sich ein Unternehmen für den Gang an die Börse, muß es dafür ein gesetzlich vorgeschriebenes und detailliert geregeltes Verfahren durchlaufen[434]. Die AG unterscheidet sich wesentlich von der GmbH. Letztere ist nicht börsenfähig; ihre Geschäftsanteile können am Kapitalmarkt nicht gehandelt werden.

3. Gesellschaftszweck und Relevanz

Anders als das GmbHG unterscheidet das geschriebene Recht der Aktiengesellschaften nicht zwischen dem Gesellschaftszweck und dem Gesellschaftsgegenstand (oder auch Unternehmensgegenstand). Nur letzterer ist im AktG ausdrücklich geregelt (vgl. §§ 3, 23 Abs. 3 Nr. 2 AktG). Dennoch ist begrifflich ebenso wie bei der GmbH im Sinne einer Mittel-Zweck-Relation zu unterscheiden[435]: Während der Gesellschaftszweck das verfolgte Ziel des Unternehmens bezeichnet (z.B. Gewinnerzielung), beschreibt der Unternehmens-

---

[432] So *K. Schmidt*, GesR. § 26 IV 2, S. 788.

[433] Vgl. *K. Schmidt*, GesR. § 26 III 1, S. 777 und oben B. I. 2. und C. I. 2.

[434] Dieses Verfahren ist zu unterscheiden von dem Verfahren zur Gründung einer AG. Die Gründung einer AG läuft nach den gesetzlich vorgeschriebenen Voraussetzungen ab, und zwar unabhängig davon, ob die AG (anschließend) an der Börse plaziert werden soll oder nicht.

gegenstand die Tätigkeit (oder das Mittel), mit der das Unternehmen das verfolgte Ziel zu erreichen beabsichtigt (z.B. die Herstellung von Waren, § 23 Abs. 3 Nr. 2 AktG)[436].

Der Gesellschaftszweck einer Aktiengesellschaft kann auf jeden beliebigen erlaubten Zweck gerichtet sein. In Betracht kommen gemeinnützige, gemeinwirtschaftliche oder auch andere Zwecke[437]. In der Regel, aber auch nicht zwingend, handelt es sich bei dem Gesellschaftszweck jedoch um die Erzielung von Gewinnen[438]. Dies ergibt sich schon aus der kapitalorientierten Organisationsstruktur der Aktiengesellschaft. Der Gesellschaftszweck ist regelmäßig nicht ausdrücklich in den Statuten der AG geregelt, sondern ergibt sich vielmehr nur mittelbar aus dem satzungsmäßigen Unternehmensgegenstand[439]. Der Zweck der Gesellschaft ist daher im Zweifel auf das erwerbswirtschaftliche Betreiben des Unternehmensgegenstandes gerichtet[440].

Die AG ist die typische Rechtsform von Großunternehmen. Ihre wirtschaftliche Bedeutung besteht in erster Linie darin, Vorhaben größeren Ausmaßes finanziell überhaupt erst möglich zu machen[441]. Durch die Ausgabe von Aktien an den Wertpapierbörsen kann die AG sich langfristig große Kapitalbeträge beschaffen und somit als Kapitalsammelbecken für die Realisierung größerer Projekte dienen[442]. Darüber hinaus zeichnet sich die Rechtsform der AG durch die strikte Kompetenzverteilung zwischen ihren Organen, insbesondere dem Vorstand und der Hauptversammlung, aus. Da die Ge-

---

435 Vgl. LG Siegen BB 1965, S. 1419, 1422; MünchKomm.AktG/*Pentz* § 23 Rdnr. 71 m.w.N.; *Hüffer*, AktG § 23 Rdnr. 21.

436 Dies ist allerdings nicht unstreitig. Die Differenzierung zwischen Gesellschaftszweck und Unternehmensgegenstand ist in der Praxis vor allem relevant, wenn eine Änderung erfolgen soll. Während die Änderung des Unternehmensgegenstandes nach einhelliger Meinung lediglich einen Mehrheitsbeschluß nach § 179 Abs. 2 AktG erfordert, wird bei der Änderung des Gesellschaftszwecks diskutiert, ob es über § 179 Abs. 2 AktG hinaus noch der Zustimmung aller Aktionäre gemäß § 33 Abs. 1 S. 2 AktG bedarf. Für eine Differenzierung im Sinne der aufgeworfenen Zweck-Mittel-Relation jedenfalls LG Siegen BB 1965, S. 1419, 1422; OLG Hamburg BB 1968, S. 267; *Hüffer*, AktG § 23 Rdnr. 22; *Kraft* in Kölner KommAktG § 23 Rdnr. 43; *Eckardt* in Geßler/Hefermehl § 23 Rdnr. 64; wohl auch BGHZ 96, S. 245, 251 f. (zum Verein); BayObLG NJW 1976, S. 1694, 1695.

437 Vgl. MünchHdb.GesR IV/*Wiesner* § 9 Rdnr. 10.

438 Vgl. *Hüffer*, AktG § 23 Rdnr. 22.

439 Vgl. MünchHdb.GesR IV/*Wiesner* § 9 Rdnr. 10.

440 Vgl. *Brändel* in Großkomm. AktG § 3 Rdnr. 17; MünchHdb.GesR IV/*Wiesner* § 9 Rdnr. 11.

441 Zur geschichtlichen Entwicklung s.o. E. I.

442 Vgl. *Brändel* in Großkomm. AktG § 1 Rdnr. 9.

schäftsführung ausschließlich dem Management zugewiesen ist (§ 77 AktG) und die Aktionäre (Kapitaleigner) nur mittelbar durch die Wahl der Aufsichtsratsmitglieder auf die Besetzung des Vorstands Einfluß nehmen können (§ 119 Abs. 1 Nr. 1 i.V.m. § 84 AktG), ist die professionelle Führung des Unternehmens am ehesten gewährleistet[443]. Daher ist die Rechtsform der AG auch dann interessant, wenn der Gang an die Börse nicht beabsichtigt ist (z.B. bei Familien-Aktiengesellschaften[444]).

Ende 1998 zählte man in Deutschland 5468 Aktiengesellschaften. Ihre Zahl steigt seit 1984 wieder stetig an, nachdem sie bis zu Anfang der 80er Jahre laufend zurückgegangen ist. Eine ähnliche Entwicklung weisen die börsennotierten AGs auf: von 442 Gesellschaften im Jahre 1983 nahm ihre Zahl im Jahre 1992 (wieder) bis auf 655 zu. Zwar liegen die Aktiengesellschaften zahlenmäßig deutlich unterhalb der Rechtsform der GmbH (820.000 Gesellschaften im Jahre 1999). Jedoch zeigt ein Gesamtvergleich des Grundkapitals der AG mit dem Stammkapital der GmbH, daß die AG nach wie vor die bevorzugte Rechtsform für Großunternehmen darstellt. So stand z.B. 1992 ein vereinigtes Grundkapital von relativ wenigen Aktiengesellschaften in Höhe von 173,8 Mrd. DM einem Gesamtstammkapital aller Gesellschaften mbH in Höhe von 231,6 Mrd. DM gegenüber[445].

II. Voraussetzungen für die Gründung einer AG in Form der Bargründung

1. Allgemeines

Terminologisch unterscheidet das Gesetz zwischen der Errichtung und der Entstehung der Gesellschaft. Während mit der Übernahme aller Aktien durch die Gründer die Gesellschaft als errichtet gilt (§ 29 AktG), „entsteht" sie als eigene Rechtspersönlichkeit erst durch die Eintragung in das Handelsregister

---

[443] Vgl. MünchHdb.GesR IV/*Hoffmann-Becking* § 2 Rdnr. 6.

[444] Die stimmberechtigten Aktien befinden sich mehrheitlich in der Hand einer Familie. Die Gesellschaft ist in der Regel nicht zum Börsenhandel zugelassen; vielmehr wird durch Schutzvorkehrungen (z.B. vinkulierte Namensaktien; s.u.) eine Überfremdung durch unbekannte Aktieninhaber verhindert.

[445] Vgl. zu den genannten Zahlen MünchHdb.GesR IV/*Hoffmann-Becking* § 2 Rdnr. 1 m.w.N.

(vgl. § 41 Abs. 1 S. 1 AktG). Aufgrund des Prinzips der Satzungsstrenge ist das Recht der Aktiengesellschaften sehr detailliert geregelt. Aus diesem Grunde stellt das Gesetz an die Gründung der Gesellschaft vergleichsweise viele Anforderungen, die nachfolgend im einzelnen dargestellt werden.

Die Gründung einer Aktiengesellschaft vollzieht sich im wesentlichen in neun Schritten. Zunächst müssen die Gründer eine notariell zu beurkundende Satzung feststellen, sämtliche Aktien übernehmen und die ersten Organe bestellen. Nach Erbringung der erforderlichen Leistungen auf ihre Einlagen verfassen sie zudem einen schriftlichen Gründungsbericht. Die Gründung wird sodann durch den Vorstand und den Aufsichtsrat geprüft und die Gesellschaft zur Eintragung in das Handelsregister beim Registergericht angemeldet. Das Gericht prüft die Ordnungsmäßigkeit der Errichtung und Anmeldung und trägt die Gesellschaft in das Handelsregister ein. Der Gründungsvorgang ist hiermit abgeschlossen; die Gesellschaft besteht nun als juristische Person.

2. Feststellung der Satzung (Gesellschaftsvertrag)

Erste Voraussetzung für die Gründung einer Aktiengesellschaft ist die Feststellung der Satzung (§ 23 Abs. 1 S. 1 AktG[446]). Das Gesetz setzt die Satzung in § 2 AktG mit dem Gesellschaftsvertrag gleich. Die Feststellung der Satzung ist von der Satzung selbst zu unterscheiden. Während die Satzung als

[446] Die für den Gründungsvorgang zentrale Vorschrift des § 23 AktG ist zwar nur mit der Überschrift „Feststellung der Satzung" versehen. Tatsächlich enthält sie aber genaugenommen fünf wichtige Regelungen. Sie regelt zum einen den notwendigen Inhalt der Satzung (Die Satzung ist mit dem Gesellschaftsvertrag gleichzusetzen, vgl. § 2 AktG.), § 23 Abs. 3 und 4 AktG. Sie regelt zum zweiten die von der Satzung selbst zu unterscheidende Satzungsfeststellung. Hierbei handelt es sich vereinfacht gesagt um die Erklärung der Gründer, die Satzung als ihre Gesellschafts-„Verfassung" anzuerkennen (sie entspricht praktisch dem Abschluß des Gesellschaftsvertrages). § 23 AktG bestimmt zum dritten, daß die Gründer die Übernahme sämtlicher Aktien erklären müssen (vgl. § 23 Abs. 2 Nr. 2 AktG). Sowohl die Satzungl als auch die Erklärung der Satzungsfeststellung und die Erklärung der Aktienübernahme müssen des weiteren notariell beurkundet werden (vgl. § 23 Abs. 1 S. 1 und Abs. 2 AktG). Diese vierte Regelung begründet schließlich die Existenz eines sog. notariellen Gründungsprotokolls. Dieses Protokoll ist in der Regel die einzige körperliche Urkunde, die der Notar bei der Gründung trotz der verschiedenen Regelungen anfertigt. Sie enthält die Erklärung der Satzungsfeststellung und die Erklärung der Übernahme der Aktien (vgl. den Wortlaut in § 23 Abs. 2 AktG: „in *der* Urkunde"). Die Satzung selbst muß nach dem Beurkundungsgesetz nicht notwendig körperlich in dieser Urkunde enthalten sein. Es reicht aus, daß der Inhalt der Satzung der vorgenannten Gründungsurkunde als Anlage beigefügt ist (§§ 8, 9 Abs. 1 S. 2 BeurkG). Als fünfte Regelung enthält § 23 AktG in seinem Absatz 5 das Prinzip der Satzungsstrenge, auf das bereits eingegangen wurde.

vertragliche Grundlage und somit als „Verfassung“ der Gesellschaft angesehen werden kann[447], handelt es sich bei der Satzungsfeststellung um einen Rechtsakt, mit dem sich die Gründer über den Inhalt der Satzung einigen[448]. Die Feststellung hat zwar rechtsgeschäftlichen Charakter[449]; sie ist jedoch kein gegenseitiger, sondern ein gesellschaftsrechtlicher Vertrag[450].

a) *Anforderungen an den Inhalt der Satzung*

Grundsätzlich differenziert man bei dem Inhalt der Satzung zwischen korporativen und nichtkorporativen Satzungsbestandteilen[451]. Als korporative Bestandteile gelten alle Bestimmungen, die die Grundlagen der Gesellschaft betreffen und für einen unbestimmten Personenkreis gelten, zu dem sowohl gegenwärtige als auch künftige Gesellschafter und Gläubiger der Gesellschaft gehören. Hierzu zählt der notwendige Satzungsinhalt, der in § 23 Abs. 3 und 4 AktG geregelt ist (notwendige korporative Satzungsbestimmungen) und der fakultative Satzungsinhalt, der z.B. in §§ 39 Abs. 2, 262 Abs. 1 Nr. 1 AktG (Dauer der Gesellschaft) oder in § 107 Abs. 1 S. 1 AktG (Wahl des Aufsichtsratsvorsitzenden) vorgesehen ist (fakultative korporative Satzungsbestimmungen). Nichtkorporative Satzungsbestandteile sind hingegen Aktionärsvereinbarungen, die einzelne oder alle Aktionäre zur Regelung ihrer Rechtsverhältnisse untereinander oder im Verhältnis zur AG treffen. Als individualrechtliche Regelungen können sie genauso gut auch außerhalb der Satzung vereinbart werden. Ihre Aufnahme in die Satzungsurkunde hat keinen Einfluß auf ihre Rechtsnatur[452].

Für die Gründung einer AG muß die Satzung mindestens die notwendigen Bestandteile des § 23 Abs. 3 und 4 AktG enthalten. Weitere fakultative

---

[447] Vgl. *Hüffer*, AktG § 23 Rdnr. 1; MünchHdb.GesR IV/*Wiesner* § 6 Rdnr. 1.
[448] Vgl. *Balser/Bokelmann/Piorreck* Rdnr. 33; *Hüffer*, AktG § 2 Rdnr. 3.
[449] Vgl. *Geßler*, AktG vor § 23 Rdnr. 3.
[450] Vgl. *Eckardt* in Geßler/Hefermehl § 2 Rdnrn. 5 und 6; *Balser/Bokelmann/Piorreck* Rdnr. 33.
[451] Diese terminologische Unterscheidung ist jedoch nicht zwingend und soll nur dem Verständnis dienen. Tatsächlich wird in der Literatur zum Aktienrecht eine Vielzahl von Begrifflichkeiten mit zum Teil unterschiedlichen Inhalten verwendet. Korporative Bestandteile werden somit auch „materielle“, „echte“, „körperschaftliche“ oder „normative“, nichtkorporative Bestandteile auch „formelle“, „unechte“, „zufällige“ oder „individuelle“ Satzungsbestimmungen genannt; vgl. nur *Hüffer*, AktG § 23 Rdnr. 2.
[452] Vgl. BGHZ 123, S. 347, 350.

Bestimmungen sind möglich, im Unterschied zu den bisher dargestellten Rechtsformen haben die Gesellschaftsgründer insoweit aber keine freie Handhabe. Im Aktienrecht gilt vielmehr das Prinzip der Satzungsstrenge (§ 23 Abs. 5 AktG). Es schränkt die Regelungsmöglichkeiten der Gesellschaftsgründer zum Schutze des Rechtsverkehrs erheblich ein.

aa) Mindestinhalt

Nach § 23 Abs. 3 AktG muß die Satzung mindestens Bestimmungen enthalten über die Firma und den Sitz der Gesellschaft, den Gegenstand des Unternehmens, die Höhe und Zerlegung des Grundkapitals in Aktien sowie die Zahl der Mitglieder des Vorstands oder die Regeln, nach denen diese Zahl festgelegt wird. Außerdem muß die Satzung gemäß § 23 Abs. 4 AktG Bestimmungen über die Form der Bekanntmachungen der Gesellschaft enthalten.

(1) Firma der Gesellschaft

Die Firma ist der Geschäftsname der Aktiengesellschaft (vgl. §§ 17 Abs. 1, 6 HGB i.V.m. § 3 AktG)[453]. Sie kennzeichnet die AG durch eine unterscheidungsfähige Bezeichnung und dient somit ihrer notwendigen Individualisierung im Rechtsverkehr[454]. Die Firmenfähigkeit der Gesellschaft beginnt mit Eintragung in das Handelsregister[455]. Die Firma ist zwingender Bestandteil der Satzung (§ 23 Abs. 3 Nr. 1 AktG) und in § 4 AktG näher geregelt. § 4 AktG enthält allerdings seit seiner Neufassung[456] keine Bestimmungen mehr über die Firma selbst, sondern nur noch über den Rechtsformzusatz. Daher gelten gemäß § 6 HGB i.V.m. § 3 AktG die allgemeinen firmenrechtlichen Vorschriften der §§ 17 ff. HGB auch für die AG[457]. Bei der Wahl des Firmen-

[453] Nicht der Name des Unternehmens, sondern der Name der Gesellschaft als Unternehmensträger. Auch die in der Umgangssprache häufig verwendete Gleichsetzung der Firma mit dem Betrieb ist juristisch unrichtig.
[454] Vgl. *Hüffer*, AktG § 4 Rdnrn. 5, 12.
[455] Vgl. *Hüffer*, AktG § 4 Rdnr. 4.
[456] Geändert durch Art. 8 HRefG vom 22.06.1998 (BGBl. I S. 1474) und in der Neufassung seit 01.07.1998 in Kraft.
[457] Vgl. die entsprechenden Ausführungen oben unter C. I. 2. c).

kerns[458] besteht größtmögliche Freiheit[459]. Im Unterschied zur früheren Regelung sind neben Sachfirmen nun grundsätzlich auch Personenfirmen, Misch- oder Phantasiefirmen zulässig[460]. Erforderlich und genügend ist nach § 18 Abs. 1 HGB nur noch, daß die Firma Kennzeichnungsfähigkeit und Unterscheidungskraft besitzt, keine irreführenden Angaben enthält (§ 18 Abs. 2 HGB) und sich von allen an demselben Ort oder in derselben Gemeinde bereits bestehenden eingetragenen Firmen deutlich unterscheidet (§ 30 Abs. 1 HGB). Kennzeichnungsfähigkeit kommt einer wörtlichen, auch fremdsprachlichen, Bezeichnung zu, die sich auch aussprechen läßt[461]. Abkürzungen oder bloße Buchstabenkombinationen sind zulässig, sofern sie sich wie ein Wort aussprechen lassen[462]. Bei Bildzeichen trifft dies hingegen nicht zu, sie scheiden daher als zulässige Firma aus[463]. Unterscheidungskraft kommt einer Firma zu, wenn sie ohne Rücksicht auf die Umstände des Einzelfalls abstrakt geeignet ist, die AG von anderen Unternehmensinhabern zu unterscheiden[464]. Nach dem Irreführungsverbot gemäß § 18 Abs. 2 S. 1 HGB darf die Firma keine Angaben enthalten, die geeignet sind, über geschäftliche Verhältnisse, die für die angesprochenen Verkehrskreise wesentlich sind, irrezuführen[465].

Handelt es sich um eine Personenfirma[466], verwendet man dafür in der Regel den Namen eines Gründungsaktionärs. Zwingend ist dies hingegen nicht, da eine Irreführung über geschäftliche Verhältnisse der AG bei der Verwendung eines Namens eines Nichtaktionärs nicht zu befürchten ist. Der Rechtsverkehr pflegt bei der Aktiengesellschaft, anders als bei der OHG oder

---

[458] Von dem Firmenkern unterscheidet man begrifflich die Firmenzusätze wie z.B. den Rechtsformzusatz. Vgl. zu den Firmenzusätzen ausführlich *Bokelmann*, Recht der Firmen, Rdnr. 114 ff.

[459] Vgl. RegBegr BT-Drucks 13/8444, S. 52; vgl. auch *K. Schmidt*, NJW 1998, S. 2161, 2167.

[460] Vgl. statt aller *Hüffer*, AktG § 4 Rdnr. 5. Das frühere Entlehnungsgebot, nach dem die Firma grundsätzlich aus den Satzungsbestimmungen über den Gegenstand des Unternehmens abzuleiten war, wurde somit aufgehoben. Mit der Neuregelung wurde im wesentlichen beabsichtigt, die Gestaltungsfreiheit und Wettbewerbsfähigkeit der Aktiengesellschaft zu steigern (vgl. RegBegr BT-Drucks 13/8444 S. 73 f.).

[461] Vgl. *Hüffer*, AktG § 4 Rdnr. 12.

[462] Vgl. *Hüffer*, AktG § 4 Rdnr. 12.

[463] Vgl. BGHZ 14, S. 155, 160 = BGH NJW 1954, S. 1681.

[464] In Anlehnung an die Legaldefinition einer Marke in § 3 Abs. 1 MarkenG.

[465] Vgl. auch ergänzend die Ausführungen zum Firmenrecht oben unter C. I. 2. c).

[466] Eine Personenfirma liegt vor, wenn sie nach dem Namen einer natürlichen oder juristischen Person oder nach einer namensfähigen Personenvereinigung wie der GbR, OHG oder KG benannt ist; vgl. *Hüffer*, AktG § 4 Rdnr. 14.

KG, aus der Namensverwendung nicht auf eine maßgebliche Beteiligung des Namensträgers an der AG zu schließen[467]. Bei der Verwendung einer Sachfirma[468] gebietet der Grundsatz des Irreführungsverbots, daß ein vernünftig urteilender Durchschnittsadressat nach der Firmenaussage keinen Unternehmensgegenstand vermutet, der nicht oder nicht in der zu erwartenden Weise vorhanden ist[469]. Als Phantasiefirma ist jede Bezeichnung der AG zulässig[470], sofern sie freilich den Anforderungen des § 18 Abs. 2 HGB genügt. Als Rechtsformzusatz muß die Firma entweder die Bezeichnung „Aktiengesellschaft" oder eine allgemein verständliche Abkürzung dieser Bezeichnung enthalten (§ 4 AktG n.F.)[471]. Praktisch kommt insoweit nur die Abkürzung „AG" in Betracht[472]. Der Standort des Rechtsformzusatzes ist vom Gesetz freigestellt. Er wird üblicherweise an das Ende der Firma gestellt; er kann aber auch am Anfang der Firma oder in Klammern aufgeführt werden[473]. Die Firma genießt den allgemeinen Firmenschutz nach § 12 BGB (allgemeines Namensrecht) und § 37 Abs. 2 HGB (Schutz vor unzulässigem Firmengebrauch).

(2) Sitz der Gesellschaft

Nach § 23 Abs. 3 Nr. 1 AktG muß in der Satzung auch der Sitz der Gesellschaft bestimmt werden, da das Gesetz hieran eine Vielzahl von Rechtsfolgen knüpft und dieser für die Leichtigkeit des Rechtsverkehrs einfach zu bestimmen sein muß. Der satzungsmäßige Gesellschaftssitz entscheidet über die örtliche Zuständigkeit in der streitigen Gerichtsbarkeit (§ 17 Abs. 1 S. 1 ZPO[474])

---

[467] So *Hüffer*, AktG § 4 Rdnr. 14.

[468] Eine Sachfirma ist dem Gegenstand des Unternehmens entlehnt. In der Regel wird er sprachlich verknappt, damit er für die Verkehrsanschauung erkennbar ist, vgl. *Ammon*, DStR 1994, S. 325, 326 re Sp.

[469] Vgl. MünchKomm.AktG/*Heider* § 4 Rdnr. 28; *Hüffer*, AktG § 4 Rdnr. 15. Nach *Hüffer* ist mit Blick auf den Liberalisierungszweck der Gesetzesänderung bei der Annahme einer „wesentlichen Abweichung" jedoch Zurückhaltung geboten; vgl. *Hüffer* aaO.

[470] So RegBegr BT-Drucks 13/8444 S. 37.

[471] Vgl. die entsprechenden Regelungen in § 4 GmbHG und § 19 HGB.

[472] Vgl. *Hüffer*, AktG § 4 Rdnr. 17.

[473] Vgl. *Balser/Bokelmann/Piorreck* Rdnr. 35.

[474] Wobei § 5 Abs. 1 AktG eine anderweitige Bestimmung im Sinne des § 17 Abs. 1 S. 2 ZPO darstellt; vgl. nur *Hüffer*, AktG § 5 Rdnr. 2.

und im Verfahren der freiwilligen Gerichtsbarkeit[475]. Im Internationalen Privatrecht ist hingegen der tatsächliche Verwaltungssitz der Gesellschaft für die Bestimmung des anwendbaren Rechts maßgeblich[476]. Nach dem Satzungssitz richtet sich grundsätzlich auch der Ort der Hauptversammlung (§ 121 Abs. 5 AktG) und der Erfüllungsort für die Rechte und Pflichten der AG gegenüber ihren Organmitgliedern[477]. Des weiteren bezweckt der Sitz ebenso wie die Firma eine zweifelsfreie Identifikation und Individualisierung der Gesellschaft[478]. Fallen der satzungsmäßige Sitz und der tatsächliche Sitz auseinander, gilt allein der erstere; dies stellt § 5 Abs. 1 AktG ausdrücklich klar. Die Entscheidung der Gründer über den satzungsmäßigen Gesellschaftssitz ist nicht frei. Nach § 5 Abs. 2 AktG können sie grundsätzlich nur zwischen drei Anknüpfungspunkten wählen, nämlich zwischen dem Ort, wo die Gesellschaft einen Betrieb hat, wo sich die Geschäftsleitung befindet oder wo die Verwaltung geführt wird. Ausnahmen sind bei Vorliegen eines schutzwürdigen Interesses möglich[479]. Die Einschränkung der Satzungsautonomie durch den Gesetzgeber bezweckt die Verhinderung von Mißbräuchen. Namentlich soll verhindert werden, daß durch die Wahl des Sitzes die Zuständigkeit des Registergerichts begründet wird, bei dem die Eintragung der Gesellschaft in das Handelsregister mangels entsprechender Praxis des Gerichts in Handelssachen leicht zu erlangen ist[480]. Die materiellen Anforderungen an den Sitz sind gering. Er muß im Inland liegen[481] und nach dem Normzweck des § 5 AktG in der Satzung so genau bezeichnet sein, daß das jeweili-

---

[475] Vgl. eine Aufzählung der Verfahren bei *Eckardt* in Geßler/Hefermehl § 14 Rdnrn. 3-7; vgl. auch *Hüffer*, AktG § 5 Rdnr. 2.

[476] So die (noch) herrschende Meinung in Deutschland (Vertreter der sog. Sitztheorie), vgl. BGHZ 97, S. 269, 272; BGHZ 78, S. 318, 334; BGHZ 53, S. 181, 183; OLG Saarbrücken JZ 1989, S. 904, 905. Vgl. zum Streitstand ausführlich *Assmann* in Großkomm. AktG Einl Rdnrn. 532 ff.; MünchHdb.GesR IV/*Wiesner* § 8 Rdnr. 2. Der tatsächliche Verwaltungssitz ist der Ort, an dem „die grundlegenden Entscheidungen der Unternehmensleitung effektiv in laufende Geschäftsführungsakte umgesetzt werden", vgl. BGHZ 97, S. 269, 272.

[477] Vgl. BGH ZIP 1985, S. 157 (zur GmbH); MünchHdb.GesR IV/*Wiesner* § 8 Rdnr. 2.

[478] Vgl. *Hüffer*, AktG § 5 Rdnr. 2.

[479] Vgl. KG WM 1996, S. 1454; MünchKomm.AktG/*Heider* § 5 Rdnrn. 36 ff.; *Kraft* in Kölner KommAktG § 5 Rdnr. 17; *Geßler*, AktG § 5 Rdnr. 2. Eine praktische Relevanz der Ausnahmemöglichkeit ist allerdings nicht ersichtlich; vgl. auch *Hüffer*, AktG § 5 Rdnr. 8.

[480] Vgl. *Hüffer*, AktG § 5 Rdnr. 5.

[481] Da die AG zwingend in das Handelsregister einzutragen ist (§§ 36, 41 AktG), muß der Sitz notwendigerweise im Inland liegen, denn sonst würde es schon an der Zuständigkeit eines Registergerichts fehlen; vgl. auch BGHZ 19, S. 102, 105f.; 29, S. 320, 328.

ge zuständige Gericht zweifelsfrei zu bestimmen ist[482]. Anzugeben ist der Name einer bestimmten deutschen Gemeinde; bei gleichnamigen Gemeinden ist die Sitzangabe mit einem unterscheidungskräftigen Zusatz zu versehen[483]. Gleiches gilt bei Großgemeinden[484]. Nach herrschender Meinung ist ein Doppelsitz, also die Angabe von zwei Orten als Gesellschaftssitz in der Satzung, in Ausnahmefällen zulässig[485].

(3) Gegenstand des Unternehmens

§ 23 Abs. 3 Nr. 2 AktG schreibt die Aufnahme des Unternehmensgegenstandes in die Satzung vor[486]. Namentlich bei Industrie- und Handelsunternehmen ist die Art der Erzeugnisse und der Waren, die hergestellt und gehandelt werden sollen, näher anzugeben (§ 23 Abs. 3 Nr. 2 2. Hs. AktG). Die Aufnahme des Unternehmensgegenstandes in die Satzung bezweckt zum einen, die Grenze der Geschäftsführungsbefugnis des Vorstands zu bestimmen (§ 82 Abs. 2 AktG)[487]; zum anderen sollen außenstehende Dritte über den Tätigkeitsbereich der Aktiengesellschaft informiert werden[488]. Die Wahl des Unternehmensgegenstandes ist grundsätzlich frei, es sei denn, der Unternehmensgegenstand verstößt gegen ein Gesetz (§ 134 BGB)[489] oder gegen die

---

[482] Vgl. MünchKomm.AktG/*Heider* § 5 Rdnr. 25 m.w.N.; *Hüffer*, AktG § 5 Rdnr. 4.

[483] Vgl. *Hüffer*, AktG § 23 Rdnr. 20.

[484] Vgl. BayObLG AG 1987, S. 377, 379. Z.B. Hamburg-Altona , Hamburg-Harburg oder Hamburg-Wandsbek, vgl. MünchHdb.GesR IV/*Wiesner* § 8 Rdnr. 5.

[485] So die h.M., vgl. OLG Düsseldorf AG 1988, S. 50, 51; BayObLG DB 1985, S. 1280; *Hüffer*, AktG § 5 Rdnr. 10 m.w.N.; MünchHdb.GesR IV/*Wiesner* § 8 Rdnr. 6 m.w.N. auch zur a.A. Praktisch war diese Frage nur wegen der Verhältnisse in Deutschland nach 1945 relevant, und zwar dann, wenn eine Gesellschaft ihren Sitz sowohl in West-Berlin als auch im Gebiet der damaligen Bundesrepublik Deutschland hatte. Heute können aber grenzüberschreitende Unternehmen erneut die Problematik des Doppelsitzes aufwerfen; vgl. *Hüffer* aaO.; *Henn*, Hdb des Aktienrechts Rdnr. 74.

[486] Zum Begriff des Unternehmensgegenstands s.o. E. I. 3.

[487] Im Unterschied zur angelsächsischen „*ultra vires*-Lehre" hat eine Überschreitung der Geschäftsführungsbefugnis (also der Abschluß von Geschäften außerhalb des Gesellschaftszwecks) im Außenverhältnis allerdings keinen Einfluß auf die Wirksamkeit des jeweiligen Rechtsgeschäfts; vgl. nur *Balser/Bokelmann/Piorreck* Rdnr. 61.

[488] Vgl. *Hüffer*, AktG § 23 Rdnr. 21; BGH WM 1981, S. 163, 164; BayObLG NJW-RR 1996, S. 413 re Sp, 414 li Sp.

[489] Z.B. verbotene Glücksspiele, gewerbsmäßige Hehlerei (RGZ 96, S. 282 f.).

guten Sitten (§ 138 BGB)[490]. Beschränkungen bestehen zum Teil auch für freie Berufe[491]. Die Angabe des Unternehmensgegenstandes in der Satzung muß mit Blick auf den Normzweck stark individualisiert sein, so daß der Schwerpunkt der Geschäftstätigkeit für außenstehende Dritte erkennbar wird[492]. Der zusätzliche Hinweis in § 23 Abs. 3 Nr. 2 2. Hs. AktG ist nicht erschöpfend[493], sondern gilt allgemein[494]. Anzugeben ist, ob Produkte erzeugt, bearbeitet oder gehandelt werden, die Produkte sind nach der Art zu bezeichnen[495]. Bei Dienstleistungsunternehmen ist die Tätigkeit konkret anzugeben[496]; Leerformeln, wie z.B. „das Betreiben von Handelsgeschäften", reichen nicht[497]. Nach der Rechtsprechung sind weitreichende Formulierungen wie „Import von Waren aller Art", „Produktion von Waren aller Art" oder „Verwaltung von Vermögen und Beteiligung an anderen Unternehmen" nur zulässig, wenn eine weitere Präzisierung nicht möglich ist[498]. Zusätze wie „und verwandte Geschäfte" oder „einschließlich des Erwerbs von Beteiligungen und der Gründung von Zweigniederlassungen" sind nicht zu beanstanden[499]. Unzulässig hingegen sind Zusätze wie „alle Geschäfte und Rechtshandlungen, die den Zwecken der Gesellschaft dienlich sind", da eine ausreichende Individualisierbarkeit nicht möglich ist[500]. Hat eine AG mehrere Unternehmensgegenstände, sind diese sämtlich anzugeben.

(4) Höhe des Grundkapitals

Nach § 23 Abs. 3 Nr. 3 AktG muß die Satzung auch die Höhe des Grundkapitals angeben. Die Notwendigkeit der Existenz eines Grundkapitals ergibt

---

[490] Z.B. der Betrieb eines Bordells (BGHZ 41, S. 341, 342) oder der organisierte Austausch von Finanzwechseln (BGHZ 27, S. 172, 176).

[491] Vgl. hierzu im einzelnen *Hüffer*, AktG § 23 Rdnr. 23.

[492] Vgl. MünchHdb.GesR IV/*Wiesner* § 9 Rdnr. 13 m.w.N.

[493] Vgl. den Wortlaut der Vorschrift („namentlich").

[494] Vgl. MünchKomm.AktG/*Pentz* § 23 Rdnr. 68; *Kraft* in Kölner KommAktG § 23 Rdnr. 44; *Hüffer*, AktG § 23 Rdnr. 24.

[495] Z.B. „Herstellung und Vertrieb von Werkzeugmaschinen"; vgl. *Hüffer*, AktG § 23 Rdnr. 24.

[496] Z.B. „Vermögensverwaltung"; vgl. *Hüffer*, AktG § 23 Rdnr. 24.

[497] Vgl. BayObLG NJW-RR 1996, S. 413, 414 li Sp; *Eckardt* in Geßler/Hefermehl § 23 Rdnr. 61 m.w.Bsp.

[498] Vgl. BayObLGZ 1994, S. 224, 226 f.; OLG Düsseldorf NJW 1970, S. 815.

[499] Vgl. OLG Frankfurt OLGZ 1987, S. 40; vgl. auch *Hüffer*, AktG § 23 Rdnr. 24.

sich aus § 1 Abs. 2 AktG. Es muß gemäß § 6 AktG auf einen Nennbetrag in Euro lauten und darf einen Mindestnennbetrag von 50.000 Euro nicht unterschreiten (§ 7 AktG). Das Grundkapital ist seiner Rechtsnatur nach (nur) eine satzungsmäßig fixierte Bilanzziffer[501], die auf der Passivseite der Bilanz geführt wird[502].

Ob bei der Gründung einer AG das entsprechende Gesellschaftskapital auch tatsächlich durch Einlagen aufgebracht wird, ergibt sich allerdings nicht allein aus der Aufnahme des Grundkapitals in die Satzung, sondern ist vielmehr eine Frage der Kapitalaufbringung und Kapitalerhaltung[503]. Das Grundkapital bietet somit den Gesellschaftsgläubigern nur eine „gewisse Mindestaussicht" auf Befriedigung ihrer Forderungen als Ausgleich für die fehlende persönliche Haftung der Aktionäre[504]. Nach dem Vorgenannten ist das Grundkapital als Bilanzziffer auch von dem tatsächlichen Gesellschaftsvermögen der Gesellschaft strikt zu unterscheiden. Letzteres verändert sich täglich und kann schon deshalb nicht ziffernmäßig in die Satzung aufgenommen werden[505]. Auch ist das Grundkapital nicht identisch mit dem Eigenkapital der Gesellschaft. Dieses umfaßt begrifflich zusätzlich zu dem Grundkapital auch noch Kapital- und Gewinnrücklagen, den Gewinnvortrag bzw. Verlustvortrag und den Jahresüberschuß bzw. Jahresfehlbetrag (vgl. § 266 Abs. 3 A HGB).

---

500 Vgl. OLG Köln OLGZ 1981, S. 428.

501 Vgl. *Hüffer*, AktG § 1 Rdnr. 10.

502 Vgl. § 266 Abs. 3 Passivseite A I („Gezeichnetes Kapital" ist identisch mit dem „Grundkapital" im Sinne der §§ 23 Abs. 3 Nr. 3, 6, 7 AktG.) HGB; vgl. auch *Hüffer*, AktG § 1 Rdnr. 10. Zwar ist das Grundkapital keine Schuld der AG; als „Garantiefonds" der AG soll es aber nicht angegriffen werden. So kann z.B. als Reingewinn nur ein über das Grundkapital als Passivposten hinausgehender Betrag an die Aktionäre ausgeschüttet werden; vgl. dazu *Balser/Bokelmann/Piorreck* Rdnr. 64; *Geßler*, AktG § 1 Rdnr. 6.

503 Das Aktiengesetz enthält mehrere Vorschriften, die die Kapitalaufbringung und -erhaltung gewährleisten sollen. Zur Kapitalaufbringung vgl. z.B. das Verbot der Stufengründung (§§ 2, 29 AktG), das Verbot der Unterpariemission (§ 9 Abs. 1 AktG), das Prinzip der Satzungspublizität von Sondervorteilen, Gründungsaufwand, Sacheinlagen und -übernahmen (§§ 26, 27 AktG), die Gründungsprüfung (§§ 32 ff. AktG) oder die Vorschriften über die Einlageleistung (§§ 36 Abs. 2 i.V.m. 54 Abs. 3, 36a AktG). Zur Kapitalerhaltung vgl. z.B. das Verbot jeglicher Einlagenrückgewähr (§ 57 Abs. 1, 2 AktG), das prinzipielle Verbot der AG, eigene Aktien zu erwerben (§§ 71 ff. AktG), oder das Verbot, vor Auflösung der AG mehr Dividende auszuschütten, als dem Bilanzgewinn entspricht (§ 57 Abs. 3 AktG).

504 Vgl. MünchHdb.GesR IV/*Wiesner* § 11 Rdnr. 2.

505 Es bedürfte sonst einer täglichen Satzungsänderung.

Die zwingende Angabe des Grundkapitals in Höhe eines ziffernmäßig bestimmten Nennbetrags von mindestens 50.000 Euro schafft klare Verhältnisse über den wirtschaftlichen Status der Gesellschaft im Zeitpunkt der Gründung[506]. Das Mindestgrundkapital bezweckt in erster Linie den Schutz der Gesellschaftsgläubiger[507]. Ihnen steht für Verbindlichkeiten der Gesellschaft nur das Gesellschaftsvermögen zur Verfügung, die Aktionäre sind von der Haftung ausgeschlossen (§ 1 Abs. 1 S. 2 AktG). Neben dieser Gläubigerschutzfunktion dient das Grundkapital als Bezugsgröße für die Ermittlung der Beteiligung der Aktionäre an der Gesellschaft[508]. Durch die Aufnahme des Grundkapitals in die Satzung werden die Gläubiger sowie die künftigen Aktionäre auf einfache Weise über das Mindestvermögen der Gesellschaft informiert, und es dient ihnen als Rechnungsgrundlage für die Bestimmung des auf die Aktie entfallenden Anteils[509]. Das Grundkapital hat schließlich auch eine gewisse Sperrfunktion. Unternehmen, für deren Betrieb nicht einmal ein Kapital von 50.000 Euro erforderlich ist, soll die Rechtsform der AG nicht zur Verfügung stehen[510].

Die Anforderungen an die Nennung des Grundkapitals sind vom Gesetz (§§ 6, 7 AktG) klar vorgegeben. Es muß auf einen Nennbetrag in Euro lauten, und zwar auf mindestens 50.000 Euro[511]. Einen gesetzlichen Höchstbetrag gibt es nicht. Das Gesetz fordert insbesondere nicht, daß die AG mit einem Eigenkapital ausgestattet ist, das dem konkreten Geschäftsumfang an-

---

506 Vgl. MünchHdb.GesR IV/*Wiesner* § 11 Rdnr. 2.

507 Vgl. *Hüffer*, AktG § 1 Rdnr. 10; § 7 Rdnr. 1.

508 Siehe hierzu unten F. II. 2. a) aa) (5).

509 Vgl. *Hüffer*, AktG § 6 Rdnr. 1.

510 Vgl. *Hüffer*, AktG § 7 Rdnr. 1.

511 Die Vorschriften der §§ 6, 7 AktG sind durch das Gesetz zur Einführung des Euro (Euro-Einführungsgesetz –EuroEG) vom 09.06.1998 (BGBl. I 1242) mit Wirkung zum 01.01.1999 geändert worden. Als maßgebliche Währung gilt nun Euro statt DM. Eine Übergangsregelung zur Umstellung auf den Euro enthalten die §§ 1 Abs. 2, 4 EGAktG. Für die Neugründung einer AG gilt folgendes: Aktiengesellschaften, die vor dem 01.01.1999 in das Handelsregister eingetragen worden sind, konnten die Nennbeträge ihres Grundkapitals und ihrer Aktien in Deutscher Mark bezeichnen. Bis zum 31.12.2001 können die Gründer wählen. Das Grundkapital und die Aktien dürfen zwar bereits in Euro lauten, sie müssen es aber noch nicht (freilich bietet sich bei der Neugründung die Angabe in Euro schon deshalb an, um anschließend keine Satzungsänderung zur Umstellung auf den Euro durchführen zu müssen). Erst ab dem 01.01.2002 ist die Neueintragung einer Aktiengesellschaft nur möglich, wenn Nennbeträge von Grundkapital und Aktien in Euro bezeichnet sind (vgl. § 1 Abs. 2 EGAktG). Wenn die Satzung bei der Anmeldung das Grundkapital noch immer in DM ausdrückt, ist die Eintragung abzulehnen (§ 38 Abs. 1 S. 2 AktG).

gemessen ist[512]. Der Nennbetrag muß konkret beziffert werden[513]. Die bloße Berechenbarkeit des Grundkapitals oder Umschreibungen (z.B. „Summe der Einlagen") reichen nicht aus[514]. Ebenso ist die Bestimmung eines beweglichen Grundkapitals durch Angabe einer Mindest- und Höchstgrenze unzulässig[515].

(5) Zerlegung des Grundkapitals

§ 23 Abs. 3 Nr. 4 AktG fordert bestimmte Angaben zur Zerlegung des Grundkapitals. Die Satzung muß zunächst bestimmen, ob das Grundkapital entweder vollständig in Nennbetragsaktien oder vollständig in Stückaktien zerlegt ist. Beide Aktienformen können nicht nebeneinander bestehen[516]. Nennbetragsaktien lauten auf einen bestimmten Nennbetrag[517]. Dieser muß gemäß § 8 Abs. 1 S. 1 AktG mindestens auf ein Euro lauten. Höhere Aktiennennbeträge sind zulässig, sie müssen nur auf volle Euro lauten (§ 8 Abs. 2 S. 4 AktG). Demgegenüber ist auf Stückaktien kein nominaler Nennwert aufgedruckt (§ 8 Abs. 3 S. 1 AktG). Bei ihnen handelt es sich vielmehr um Anteile am Grundkapital, die durch seine Zerlegung entstehen (vgl. § 1 Abs. 2 AktG), notwendig den gleichen Umfang haben (§ 8 Abs. 3 S. 2 AktG) und deshalb auf quantitative Merkmale wie einen Nennbetrag verzichten[518]. Der auf die einzelne Stückaktie entfallende anteilige Betrag des Grundkapitals darf einen Euro nicht unterschreiten (§ 8 Abs. 3 S. 3 AktG).

§ 23 Abs. 3 Nr. 4 AktG schreibt des weiteren vor, daß die Satzung bei Nennbetragsaktien deren Nennbeträge und bei Stückaktien deren Zahl ange-

---

[512] Vgl. MünchHdb.GesR IV/*Wiesner* § 11 Rdnr. 3.

[513] Vgl. KGJ 37, S. 148; *Balser/Bokelmann/Piorreck* Rdnr. 62; *Hüffer*, AktG § 23 Rdnr. 28.

[514] Vgl. KG RJA 9, S. 185, 189; KGJ 37, S. 148; *Hüffer*, AktG § 23 Rdnr. 28; § 6 Rdnr. 1.

[515] Vgl. *Hüffer*, AktG § 23 Rdnr. 28.

[516] Vgl. die Formulierung in § 23 Abs. 3 Nr. 4 AktG oder in § 8 Abs. 1 AktG („entweder ... oder") im Vergleich zur Formulierung in § 23 Abs. 3 Nr. 5 AktG (nur „oder"). Siehe auch RegBegr BT-Drucks 13/9573 S. 16 li Sp.

[517] Der auf der Aktie aufgedruckte Nennbetrag ist nicht ihr Wert, sondern der rechnerische Anteil am Grundkapital. Der wahre Wert der Aktie hängt vom wahren Wert des Gesellschaftsvermögens ab; vgl. *Henn*, Hdb des Aktienrechts Rdnr. 79 m.w.N. Der Nennbetrag ist auch zu unterscheiden vom Ausgabebetrag. Das ist der Betrag, für den die Aktie ausgegeben wird. Er kann ebenso hoch oder höher sein als der Nennwert, er darf ihn aber nicht unterschreiten (vgl. § 9 AktG).

[518] Vgl. *Hüffer*, AktG § 8 Rdnr. 20; siehe auch RegBegr BT-Drucks 13/9573 S. 11 f.

ben muß. Damit ist es erst möglich, den Anteil der Aktie an dem Grundkapital zu bestimmen. Nach § 8 Abs. 4 AktG bestimmt sich dieser bei Nennbetragsaktien nach dem Verhältnis ihres Nennbetrags zum Grundkapital, bei Stückaktien nach der Zahl der Aktien. Schließlich erfordert § 23 Abs. 3 Nr. 4 AktG, daß bei der Ausgabe von Aktien verschiedener Gattungen (das sind Aktien mit gleichen Rechten und Pflichten[519]) die jeweilige Gattung der Aktien und die Zahl der Aktien jeder Gattung in die Satzung aufgenommen werden muß[520].

Sämtliche Anforderungen, die § 23 Abs. 3 Nr. 4 AktG an den Inhalt der Satzung stellt, dienen der Rechtsklarheit. Es soll deutlich sein, wie das Grundkapital genau zerlegt ist[521].

(6) Art der Ausstellung der Aktien

Nach § 23 Abs. 3 Nr. 5 AktG[522] muß in der Satzung bestimmt werden, ob die Aktien auf den Inhaber (sog. Inhaberaktien) oder auf den Namen (sog. Namensaktien) ausgestellt werden[523]. Gemeint ist hierbei die Aktie als Urkunde. Inhaber- und Namensaktien sind Wertpapiere im weiteren und enge-

---

[519] Vgl. die Legaldefinition in § 11 S. 2 AktG und RGZ 80, S. 95, 97 (zu Aktien mit gleichen Pflichten). Eine Gattung bilden danach z.B. Stammaktien (da sie das Stimmrecht gewähren) oder Vorzugsaktien (da sie zwar ein Vorzugsrecht bei der Verteilung des Gewinns oder des Gesellschaftsvermögens, aber gerade kein Stimmrecht gewähren). Keine Gattungsverschiedenheit besteht hingegen, wenn die Aktien unterschiedliche Nennbeträge enthalten, oder bei Namens- und Inhaberaktien; vgl. *Hüffer*, AktG § 11 Rdnr. 7; MünchHdb.GesR IV/*Wiesner* § 14 Rdnr. 9; *Balser/Bokelmann/Piorreck* Rdnr. 82.

[520] Diese Vorschrift geht auf das Gesetz zur Durchführung der Zweiten Richtlinie des Rates der Europäischen Gemeinschaften zur Koordinierung des Gesellschaftsrechts vom 13.12.1978 (BGBl. I S. 1959) zurück.

[521] Vgl. *Hüffer*, AktG § 23 Rdnr. 29.

[522] Diese Vorschrift geht auf das Gesetz zur Durchführung der Zweiten Richtlinie des Rates der Europäischen Gemeinschaften zur Koordinierung des Gesellschaftsrechts vom 13.12.1978 (BGBl. I S. 1959) zurück.

[523] Die vielen verschiedenen Begrifflichkeiten wie Inhaberaktie, Namensaktie, Stammaktie, Vorzugsaktie, Nennbetragsaktie oder Stückaktie klingen verwirrend. Systematisch lassen sie sich wie folgt gliedern: Auf der ersten Ebene sind Aktien einer AG immer entweder Nennbetragsaktien oder Stückaktien. Auf der zweiten Ebene stellt sich die Frage, ob die ausgegebenen Aktien auf den Inhaber oder auf den Namen lauten (Inhaber- oder Namensaktien). Diese nun gebildeten Aktien (z.B. eine Inhaber-Stückaktie oder eine Namens-Nennbetragsaktie) können nun auf der dritten Ebene mit einem Stimmrecht ausgestattet sein oder nicht (dann handelt es sich entweder um eine Stammaktie oder um eine Vorzugsaktie). Vgl. zur Systematik auch RegBegr BT-Drucks 13/9573 S. 12 li Sp.

ren Sinne. Ersteres, weil die mitgliedschaftlichen Befugnisse nur von dem Inhaber der Urkunde ausgeübt werden können (Vorlegungserfordernis); letzteres, weil die Übertragung der Mitgliedschaft durch Übertragung der Urkunde erfolgen kann[524]. Während Namensaktien den Namen des Inhabers aufführen, enthalten Inhaberaktien keine Angabe dieser Art. Namensaktien sind zum Zwecke der Rechtsklarheit[525] unter Bezeichnung des Namens, Geburtsdatums und der Adresse des Inhabers sowie der Stückzahl oder der Aktiennummer und bei Nennbetragsaktien des Betrags in das Aktienregister der Gesellschaft einzutragen (§ 67 Abs. 1 AktG)[526]. Gibt die AG Namensaktien aus, ist sie zur Führung eines Aktienregisters verpflichtet[527]. Die Gründer sind trotz der Vorschrift in § 23 Abs. 3 Nr. 5 AktG nicht gezwungen, die Aktie überhaupt in Form eines Wertpapiers zu verbriefen[528]. Die AG und mit ihr die Mitgliedschaft der Aktionäre entsteht also auch dann fehlerfrei, wenn eine Verbriefung weder vorgesehen noch tatsächlich erfolgt ist[529]. Dennoch gehört die Art der Verbriefung zum notwendigen Satzungsinhalt[530]. §§ 23 Abs. 3 Nr. 5, 10 Abs. 1 AktG erlauben den Beteiligten grundsätzlich, zwischen Inhaber- und Namensaktien frei zu wählen, und gibt ihnen damit die Möglichkeit, sich für die Wertpapierart zu entscheiden, die am besten den Gesellschaftsverhältnissen entspricht[531]. Auch beide Aktienformen können ausgegeben werden[532]. Die jeweilige Anzahl der Aktienformen ist nicht notwendig anzugeben[533].

---

[524] Vgl. *Hüffer*, AktG § 10 Rdnr. 4.

[525] Vgl. *Hüffer*, AktG § 67 Rdnr. 1.

[526] § 67 Abs. 1 AktG wurde durch das „Gesetz zur Namensaktie und zur Erleichterung der Stimmrechtsausübung (Namensaktiengesetz - NaStraG)" vom 18. Januar 2001 (BGBl. I S. 123) mit Wirkung zum 25. Januar 2001 geändert.

[527] Vgl. *Balser/Bokelmann/Piorreck* Rdnr. 72.

[528] Vgl. *Hüffer*, AktG § 10 Rdnr. 2; MünchHdb.GesR IV/*Wiesner* § 12 Rdnr. 3.

[529] So die h.M., vgl. MünchKomm.AktG/*Heider* § 10 Rdnr. 6; *Kraft* in Kölner KommAktG § 10 Rdnr. 7; Hüffer § 10 Rdnr. 2.

[530] Die frühere Regelung, daß bei einer entsprechenden fehlenden Satzungfestsetzung Inhaberaktien auszugeben waren (§ 24 Abs. 1 AktG a.F.), ist durch das 2. KoordG 1978 aufgehoben worden.

[531] Vgl. *Hüffer*, AktG § 10 Rdnr. 1. Inhaber- und Namensaktien unterscheiden sich im wesentlichen dadurch, daß der Gesellschaft bei Namensaktien die Aktionäre bekannt sind, da sie nach § 67 Abs. 1 AktG in das Aktienregister einzutragen sind. Auch können nur Namensaktien vinkuliert werden, d.h. sie können nur mit Zustimmung der AG übertragen werden (§ 68 Abs. 2 S. 1 AktG). Dies dient (insbesondere in der Versicherungswirtschaft) der Möglichkeit der vorherigen Prüfung und Sicherung der Zahlungsfähigkeit von Aktionären beim Erwerb nicht volleingezahlter Aktien. Die Vinkulierung dient zudem Familiengesellschaften als Schutz vor Überfremdung der AG.

Das Gesetz schreibt nur in Ausnahmefällen[534] die Art der Verbriefung vor. So bestimmt z.B. § 10 Abs. 2 S. 1 AktG, daß zwingend Namensaktien zu wählen sind, wenn Aktien bereits vor der vollen Leistung des Ausgabebetrags[535] ausgegeben werden. Damit soll die AG ihre Schuldner zweifelsfrei feststellen können[536].

In der deutschen Praxis werden (noch) vorherrschend Inhaberaktien ausgegeben, da diese dem typischen Aktionär, der anonym und nur an einer bloßen Kapitalanlage orientiert ist, am besten entsprechen[537]. Soweit die Namensaktie nicht vom Gesetz vorgeschrieben ist, findet man sie vor allem bei Gesellschaften mit einem kleinen Aktionärskreis, wie z.B. bei Familien-AGs. Aber auch bei Energie- und nahezu ausnahmslos bei Versicherungsunternehmen sind Namensaktien anzutreffen[538].

(7) Zahl der Vorstandsmitglieder

Nach § 23 Abs. 3 Nr. 6 AktG müssen die konkrete Zahl der Vorstandsmitglieder oder zumindest die Regeln, nach denen diese Zahl festgesetzt wird, in

---

[532] Vgl. MünchHdb.GesR IV/*Wiesner* § 13 Rdnr. 1; *Hüffer*, AktG § 10 Rdnr. 5.

[533] Vgl. *Kraft* in Kölner KommAktG § 23 Rdnr. 67; *Eckardt* in Geßler/Hefermehl § 23 Rdnr. 84; MünchHdb.GesR IV/*Wiesner* § 13 Rdnr. 1.

[534] Nach dem AktG sind z.B. Namensaktien neben dem dargestellten Fall des § 10 Abs. 2 AktG zwingend in Fällen des § 55 Abs. 1 S. 1 AktG und des § 101 Abs. 2 S. 1 AktG auszugeben. Vgl. weitere Nachweise bei MünchHdb.GesR IV/*Wiesner* § 13 Rdnr. 2.

[535] Der Ausgabebetrag ist bei der Bargründung der Betrag, den der Aktionär für die Aktie zu bezahlen hat, und bei der Sachgründung der Wert, den die vereinbarte Sacheinlage zu erreichen hat. Die genaue Höhe ergibt sich aus der Übernahmeerklärung (§ 23 Abs. 2 Nr. 2 AktG). Der Ausgabebetrag setzt sich zusammen aus dem Nennbetrag (oder bei Stückaktien dem auf sie entfallenden anteiligen Betrag des Grundkapitals) und einem Agio (auch Aufgeld genannt, also der Differenz zwischen Nennbetrag und Ausgabebetrag).

[536] Vgl. *Hüffer*, AktG § 10 Rdnr. 6.

[537] Vgl. *Hüffer*, AktG § 10 Rdnr. 5; MünchHdb.GesR IV/*Wiesner* § 13 Rdnr. 3. Vgl. auch *Balser/Bokelmann/Piorreck* Rdnr. 75; *Geßler*, AktG § 10 Rdnr. 4.

[538] Vgl. MünchHdb.GesR IV/*Wiesner* § 13 Rdnr. 3; *Hüffer*, AktG § 10 Rdnr. 5. Schließlich ist zu beobachten, daß insbesondere in den letzten Jahren viele börsennotierte Aktiengesellschaften von der üblichen Inhaberaktie zur Namensaktie gewechselt haben, da mit der Namensaktie ein unmittelbarer Kontakt zum Aktionär hergestellt werden kann (*Investor Relations*) und der Zugang zu ausländischen Kapitalmärkten, insbesondere US-amerikanischen Börsen, ermöglicht wird. Um die insoweit veralteten gesetzlichen Regelungen zur Namensaktie im Aktiengesetz den heutigen technischen Gegebenheiten anzupassen, ist mit Wirkung zum 25. Januar 2001 das bereits genannte „Gesetz zur Namensaktie und zur Erleichterung der Stimmrechtsausübung (Namensaktiengesetz - NaStraG)" vom 18. Januar 2001 (BGBl. I S. 123) in Kraft getreten.

die Satzung mit aufgenommen werden[539]. Im Unterschied zu der Zahl der Aufsichtsratsmitglieder[540] ergibt sich die Zahl der Vorstandsmitglieder nicht aus dem Gesetz. Deshalb ist eine ergänzende Satzungsbestimmung nötig[541]. Um schwerfällige Änderungen zu vermeiden, wird in der Regel keine konkrete Zahl der Vorstandsmitglieder in der Satzung festgelegt[542]. Üblich und ausreichend ist vielmehr die Vorgabe einer Mindest- und Höchstzahl[543]. Auch genügt eine Satzungsbestimmung, nach der die konkrete Mitgliederzahl vom Aufsichtsrat festgelegt wird[544].

(8) Form der Bekanntmachungen

§ 23 Abs. 4 AktG sieht vor, daß die Satzung ferner Bestimmungen über die Form der Bekanntmachungen der Gesellschaft enthalten muß[545]. Im Unterschied zu § 25 AktG, der sog. Pflichtbekanntmachungen erfaßt und hierfür den Bundesanzeiger als Pflicht-Gesellschaftsblatt vorschreibt, regelt § 23 Abs. 4 AktG nur die sog. freiwilligen Bekanntmachungen. Für diese ist in der Satzung eine bestimmte Bekanntmachungsform zu bestimmen. In Betracht kommt neben einer Tageszeitung oder einem eingeschriebenen Brief wiederum erneut der Bundesanzeiger, da für freiwillige Bekanntmachungen grund-

---

[539] Diese Vorschrift geht auf das Gesetz zur Durchführung der Zweiten Richtlinie des Rates der Europäischen Gemeinschaften zur Koordinierung des Gesellschaftsrechts vom 13.12.1978 (BGBl. I S. 1959) zurück.

[540] Vgl. § 95 Abs. 1 S. 1 AktG, § 7 Abs. 1 S.1 MitbestG 1976.

[541] Vgl. *Balser/Bokelmann/Piorreck* Rdnr. 84.

[542] Vgl. *Balser/Bokelmann/Piorreck* Rdnr. 84.

[543] So die h.M., vgl. LG Köln AG 1999, S. 137 f.; MünchKomm.AktG/*Pentz* § 23 Rdnr. 136; *Kraft* in Kölner KommAktG § 23 Rdnr. 74; *Hüffer*, AktG § 23 Rdnr. 31; *Balser/Bokelmann/Piorreck* Rdnr. 84.

[544] Z.B.: „Der Aufsichtsrat bestimmt die Zahl der Mitglieder des Vorstands.". Vgl. auch RegBegr BT-Drucks. 8/1678 S. 12; *Kraft* in Kölner KommAktG § 23 Rdnr. 76; MünchKomm.AktG/*Pentz* § 23 Rdnr. 138; *Balser/Bokelmann/Piorreck* Rdnr. 84; *Hüffer*, AktG § 23 Rdnr. 31 m.w.N.

[545] Diese Vorschrift geht zurück auf die erste Richtlinie (Publizitätsrichtlinie) des Rates der Europäischen Gemeinschaften zur Koordinierung des Gesellschaftsrechts in der Europäischen Wirtschaftsgemeinschaft vom 09.03.1968; in das deutsche Recht übergeleitet durch das Gesetz zur Durchführung der Ersten Richtlinie des Rates der Europäischen Gemeinschaften zur Koordinierung des Gesellschaftsrechts vom 15.08.1969 (BGBl. I S. 1146).

sätzlich Wahlfreiheit besteht. Nicht geregelt werden muß der Zeitpunkt der Bekanntmachung[546].

(9) Gründungsaufwand und Sondervorteile

Nach § 26 Abs. 2 AktG muß die Satzung zudem die Gesamtziffer des von der Gesellschaft zu tragenden Gründungsaufwands nennen, und falls einem Aktionär oder einem Dritten ein Sondervorteil für seine Mitwirkung eingeräumt wird, muß auch dieser nach § 26 Abs. 1 AktG angegeben werden. Die Regelung des § 26 AktG dient dem Schutz der Gläubiger und Aktionäre. Sie bezweckt zum einen die Offenlegung in der Satzung, inwieweit das Grundkapital durch den von der Gesellschaft übernommenen Gründungsaufwand[547] vorbelastet ist[548]. Zum anderen soll dem Risiko begegnet werden, daß die Initiatoren aus der Gründung ein Geschäft für sich oder Dritte machen[549]. Sondervorteile sind Gläubigerrechte[550], die einzelnen oder allen Aktionären oder Dritten aus Anlaß der Gründung gewährt werden[551]. Hierbei kann es sich beispielsweise um ein Recht zum Bezug von Waren, Ansprüche auf Umsatzprovisionen oder eine erhöhte Gründungsentschädigung im Sinne des § 26 Abs. 2 AktG handeln[552]. Die in § 26 Abs. 1 AktG verlangte Festsetzung von Sondervorteilen umfaßt die Bezeichnung des Berechtigten und die genaue Angabe des gewährten Sondervorteils. Bezugnahmen, summarische Beschreibungen oder Ermächtigungen genügen nicht[553]. Der Gründungsaufwand

---

546 Vgl. insgesamt *Hüffer*, AktG § 23 Rdnr. 32.

547 Anzusetzen sind alle nicht aktivierungsfähigen Aufwendungen wie Notar- und Gerichtskosten, die Kosten für die Gründungsprüfung und Rechtsberatungskosten. Vgl. auch *Geßler*, AktG § 26 Rdnr. 4.

548 Vgl. BGHZ 107, S. 1, 4 ff.; OLG Düsseldorf GmbHR 1987, S. 59; Münch-Hdb.GesR IV/*Hoffmann-Becking* § 3 Rdnr. 5.

549 Vgl. *Röhricht* in Großkomm. AktG § 26 Rdnr. 2; *Hüffer*, AktG § 26 Rdnr. 1.

550 D.h. der Anspruch ergibt sich nicht aus der Mitgliedschaft (wie dies z.B. bei Vorzugsaktien oder Entsendungsrechten in den Aufsichtsrat der Fall ist), sondern er steht neben dem Mitgliedschaftsrecht als unabhängiger und selbständig übertragbarer Anspruch; vgl. *Hüffer*, AktG § 26 Rdnr. 2.

551 Vgl. *Hüffer*, AktG § 26 Rdnr. 2.

552 Vgl. *Hüffer*, AktG § 26 Rdnr. 3; *Henn*, Hdb des Aktienrechts Rdnr. 92; vgl. auch Münch-Hdb.GesR IV/*Hoffmann-Becking* § 3 Rdnr. 6 m.w.N.

553 Allg.M.; vgl. nur *Hüffer*, AktG § 26 Rdnr. 4.

schließt nach § 26 Abs. 2 AktG die Gründungsentschädigung[554] und den Gründungslohn[555] ein, der an Aktionäre oder Dritte geleistet wird. Die Festsetzung des Gründungsaufwands in der Satzung lautet auf den Gesamtbetrag (Endsumme); Einzelangaben reichen nicht[556].

(10) Weitere notwendige Bestandteile des Satzungsinhalts

§ 23 Abs. 3 und 4 AktG bestimmt nicht abschließend die notwendigen Satzungsbestandteile. Andere Gesetze können, allerdings selten, vorschreiben, daß bestimmte weitere Regelungen in der Satzung getroffen werden müssen[557].

bb) Fakultativer Inhalt

Grundsätzlich sind weitere fakultative Bestimmungen in der Satzung der AG möglich. Allerdings ist die Satzungsautonomie zum Zwecke des Schutzes von Gläubigern und künftigen Aktionären[558] durch das Prinzip der Satzungsstrenge stark eingeschränkt. Nach § 23 Abs. 5 S. 1 AktG sind Regelungen, die von den Vorschriften des AktG abweichen, nur erlaubt, wenn das Gesetz sie ausdrücklich zuläßt. Ergänzende Bestimmungen der Satzung sind nur insoweit zulässig, als das Gesetz keine abschließenden Regelungen enthält (§ 23 Abs. 5 S. 2 AktG).

(1) Abweichungen vom Gesetz

Eine Abweichung vom Gesetz liegt vor, wenn eine Satzungsregelung eine bestehende Regelung im Aktiengesetz ersetzt. Nach § 23 Abs. 5 S. 1 AktG

---

[554] D.h. Ersatz von Aufwendungen für Kosten der Gründung und der Einlageleistung, wie z.B. Steuern, Notar- und Gerichtsgebühren, Honorare der Gründungsprüfer oder Kosten der Bekanntmachung oder des Drucks von Aktienurkunden.

[555] D.h. die Tätigkeitsvergütung für die Mitwirkung der Gründer oder Dritte bei der Gründung und ihrer Vorbereitung einschließlich der Honorare für Gutachten, Beratung oder Vermittlung.

[556] Vgl. BGH BB 1989, S. 795; BayObLGZ 1988, S 293, 296 ff.; OLG Düsseldorf GmbHR 1987, S. 59; *Hüffer*, AktG § 26 Rdnr. 6.

[557] Z.B. das Gesetz über die Wahrnehmung von Urheberrechten und verwandten Schutzrechten vom 09.09.1965 (BGBl. I S. 1294); vgl. dort § 6 Abs. 2 S. 2 oder § 7 S. 3.

muß eine solche abweichende Regelung ausdrücklich zugelassen sein. Zulässige Abweichungen sieht das Gesetz z.B. häufig für die Bestimmung anderer Mehrheiten oder weiterer Erfordernisse für Hauptversammlungsbeschlüsse vor, wie beispielsweise beim Grundsatz der einfachen Stimmenmehrheit für Hauptversammlungsbeschlüsse (§ 133 Abs. 1 AktG), für die Abberufung von Aufsichtsratsmitgliedern (§ 103 Abs. 1 S. 3 AktG) oder für Satzungsänderungen (§ 179 Abs. 2 S. 2 AktG)[559]. Auch erlaubt das Gesetz eine andere satzungsmäßige Beschlußfähigkeit für den Aufsichtsrat im Falle einer Sachgründung (§ 31 Abs. 2 AktG) oder in Grenzen eine satzungsmäßige Bestimmung über die Verwendung von Jahresüberschüssen (§ 58 Abs. 1 und 2 AktG)[560]. Zwingend ist hingegen beispielsweise die gesetzliche Zuständigkeitsverteilung zwischen den Organen der Aktiengesellschaft[561].

(2) Ergänzungen

Ergänzungen können nur getroffen werden, wenn das Gesetz keine abschließende Regelung enthält oder wenn sie vom Gesetz sogar ausdrücklich zugelassen sind. Letzteres ist z.B. der Fall bei der satzungsmäßigen Feststellung von höheren Aktiennennbeträgen als einem Euro (§ 8 Abs. 2 AktG), bei der Ausgabe von Aktien besonderer Gattungen oder bei einer Bestimmung über die Dauer der Gesellschaft (§§ 39 Abs. 2, 262 Abs. 1 Nr. 1 AktG). Auch darf die Satzung Nebenverpflichtungen der Aktionäre (§ 55 Abs. 1 AktG) oder die Vinkulierung von Namensaktien (§ 68 Abs. 2 S. 1 AktG) oder Bestimmungen über persönliche Voraussetzungen für bestimmte Aufsichtsratsmitglieder (§ 100 Abs. 4 AktG) enthalten. Mangels abschließender gesetzlicher Regelung sind des weiteren beispielsweise Satzungsbestimmungen zulässig, die persönliche Voraussetzungen für Vorstandsmitglieder vorsehen, die eine zwingende Zugehörigkeit zur Familie eines Aufsichtsratsmitglieds bestimmen oder die Schaffung eines Vorstandssprechers betreffen[562]. Eine

---

[558] Vgl. *Hüffer*, AktG § 23 Rdnr. 34.
[559] Vgl. auch die umfassende Aufzählung bei *Hüffer*, AktG § 23 Rdnr. 35.
[560] Vgl. auch hier *Hüffer*, AktG § 23 Rdnr. 35; *Luther* in FS Hengeler 1972, S. 167 ff.
[561] Vgl. MünchHdb.GesR IV/*Wiesner* § 6 Rdnr. 9 m.w.N.
[562] Vgl. weitere Beispiele bei *Hüffer*, AktG § 23 Rdnr. 38 und *Luther* in FS Hengeler 1972, S. 167, 175 ff.

abschließende Regelung enthält demgegenüber z.B. § 241 AktG. Nur bei Vorliegen der dort aufgezählten Nichtigkeitsgründe ist ein Beschluß der Hauptversammlung nichtig.

b) *Anforderungen an die Form der Satzungsfeststellung (Gründungsprotokoll)*

Die Feststellung der Satzung als Kern des Gründungsakts muß durch notarielle Beurkundung erfolgen (§ 23 Abs. 1 S. 1 AktG). Bei dieser notariellen Urkunde handelt es sich um das sog. Gründungsprotokoll (auch Gründungsurkunde genannt), dessen Inhalt in § 23 Abs. 2 AktG näher geregelt ist. Danach muß es neben der Feststellung der Satzung sowohl die Gründer namentlich[563] angeben (§ 23 Abs. 2 Nr. 1 AktG[564]) als auch deren Erklärung zur Übernahme der Aktien enthalten (§ 23 Abs. 2 Nr. 2 AktG)[565]. Eine Übernahme der Aktien außerhalb des Gründungsprotokolls ist bei der Gründung einer AG nicht möglich[566]. Schließlich sieht das Gesetz noch vor, daß in dem Gründungsprotokoll der „eingezahlte" Betrag des Grundkapitals angegeben werden muß (§ 23 Abs. 2 Nr. 3 AktG[567]). Im Zeitpunkt der Errichtung des Gründungsprotokolls wird in der Regel noch kein Betrag eingezahlt sein, insbesondere deshalb nicht, weil bei diesem ersten Schritt der Gesellschaftsgründung noch gar kein Vorstand bestellt worden ist, zu dessen freier Verfügung die geleisteten Beiträge stehen müssen[568]. Im Gründungsprotokoll sollte aber festgelegt werden, wann und in welchem Umfang die übernommenen Einlagen zu leisten sind. Der weitere Inhalt des Gründungsprotokolls, wenngleich gesetzlich nicht zwingend vorgeschrieben, ergibt sich aus § 30

---

563 Vgl. *Hüffer* § 23 Rdnr. 17; MünchHdb.GesR IV/*Hoffmann-Becking* § 3 Rdnr. 4.

564 Diese Vorschrift geht auf das Gesetz zur Durchführung der Zweiten Richtlinie des Rates der Europäischen Gemeinschaften zur Koordinierung des Gesellschaftsrechts vom 13.12.1978 (BGBl. I S. 1959) zurück.

565 Die Übernahme der Aktien wird nachstehend unter F. II. 3. näher erläutert.

566 Vgl. MünchHdb.GesR IV/*Hoffmann-Becking* § 3 Rdnr. 8. Anders aber bei der Übernahme neuer (junger) Aktien aus einer Kapitalerhöhung, vgl. § 185 AktG.

567 Diese Vorschrift geht auf das Gesetz zur Durchführung der Zweiten Richtlinie des Rates der Europäischen Gemeinschaften zur Koordinierung des Gesellschaftsrechts vom 13.12.1978 (BGBl. I S. 1959) zurück.

568 Erst bei der Anmeldung der Gesellschaft in das Handelsregister ist die Mindesteinlageleistung nachzuweisen, vgl. §§ 36 Abs. 2, 36 a, 37 Abs. 1 S. 2 AktG sowie die Ausführungen unten unter F. II. 8. a).

AktG. Die Gründer haben hiernach die notwendigen ersten Gesellschaftsorgane sowie den Abschlußprüfer zu bestellen. Diese Bestellungsakte bedürfen zwar nur der einfachen notariellen Beurkundung, § 30 Abs. 1 S. 2 AktG. Sie erfolgen aber zweckmäßig zusammen mit der Feststellung der Satzung und Übernahme der Aktien in dem notariellen Gründungsprotokoll. Der Satzungstext selbst kann dem Gründungsprotokoll als Anlage beigefügt sein, wenn im Protokoll auf die Anlage verwiesen wird (§ 9 Abs. 1 S. 2 BeurkG)[569]. Ansonsten muß der gesamte Satzungsinhalt auch in das Gründungsprotokoll direkt aufgenommen werden.

c) *Anforderungen an die Person des Gesellschaftsgründers*

Gründer sind die Aktionäre, die die Satzung festgestellt haben, § 28 AktG. Nach § 2 AktG reicht für die Gründung einer AG die Beteiligung von nur einer Person als Gründer aus. Gründer kann jede natürliche[570] oder juristische Person[571], aber auch eine OHG oder KG sein[572]. Gleiches gilt für die GbR[573]. Die Gründer können sich bei dem Gründungsakt vertreten lassen, allerdings ist für die Bevollmächtigung eine notariell beglaubigte Vollmacht notwendig, § 23 Abs. 1 S. 2 AktG[574]. Auch ein Mitgründer kann bevollmächtigt werden. Die insoweit erforderliche Befreiung von § 181 BGB liegt in der Regel bereits durch die Vollmachtserteilung der übrigen Mitgründer konkludent vor[575]. Im Falle der gesetzlichen Vertretung ist hingegen keine notarielle Beurkundung erforderlich; ausreichend ist die Vorlage eines Registerauszugs oder der Bestellungsurkunde[576].

---

569 Vgl. MünchHdb.GesR IV/*Hoffmann-Becking* § 3 Rdnr. 7.

570 Bei geschäftsunfähigen oder beschränkt geschäftsfähigen Personen handelt der gesetzliche Vertreter; vgl. *Hüffer*, AktG § 2 Rdnr. 6.

571 Namentlich eine andere AG, eine GmbH, aber auch Gebietskörperschaften.

572 Vgl. MünchHdb.GesR IV/*Hoffmann-Becking* § 3 Rdnr. 4; *Hüffer*, AktG § 2 Rdnr. 9.

573 Vgl. BGHZ 78, S. 311, 313 f.; BGHZ 118, S. 83, 99; BGHZ 126, S. 226, 234 f.; *Henze* Rdnrn. 2 f.; *Hüffer*, AktG § 2 Rdnr. 10; *Eckardt* in Geßler/Hefermehl § 2 Rdnr. 24.

574 Die notarielle Beglaubigung dient dem Zweck, Zweifel an der Legitimation des Bevollmächtigten auszuschließen und somit dem Registergericht die Prüfung zu erleichtern; *Nirk* in Nirk/Reuter/Bächle Rdnr. I 176; Hüffer § 23 Rdnr. 12.

575 Vgl. *Röhricht* in Großkomm. AktG § 23 Rdnr. 61; *Kraft* in Kölner KommAktG § 23 Rdnr. 24.

3. Übernahme der Aktien

Neben der Satzungsfeststellung müssen als weitere Voraussetzung sämtliche[577] Aktien durch die Gründer[578] übernommen werden (§§ 23 Abs. 2 Nr. 2, 29 AktG)[579]. Die früher gesetzlich vorgesehene Stufengründung ist wegen Bedeutungslosigkeit weggefallen[580]. Jeder Aktionär hat mindestens eine Aktie zu übernehmen (vgl. § 23 Abs. 2 Nr. 2 AktG). Die Übernahme vollzieht sich durch notarielle Beurkundung der Übernahmeerklärungen, § 23 Abs. 2 AktG, und kann nur zugleich mit der Feststellung der Satzung erfolgen, jedoch nicht später[581]. Die Übernahmeerklärung muß bei Nennbetragsaktien den Nennbetrag und bei Stückaktien die Zahl der Aktien enthalten (§ 23 Abs. 2 Nr. 2 AktG). Außerdem muß in der Erklärung der Ausgabebetrag und - wenn mehrere Gattungen bestehen - die Gattung der Aktien angegeben werden. Die Übernahme des einzelnen Gründers muß schließlich vorbehaltlos und ohne Beschränkungen erklärt werden[582]. Mit der Übernahme aller Aktien durch die Gründer ist die Gesellschaft errichtet (§ 29 AktG).

4. Organbestellung

Als nächster Schritt zur Gründung einer AG muß der erste Aufsichtsrat, der Abschlußprüfer sowie der Vorstand bestellt werden. Nach § 30 Abs. 1 S. 1 AktG haben die Gründer den ersten Aufsichtsrat der Gesellschaft und „den" Abschlußprüfer für das erste Voll- oder Rumpfgeschäftsjahr zu bestellen.

---

576 Vgl. MünchHdb.GesR IV/*Hoffmann-Becking* § 3 Rdnr. 4.

577 Sog. Grundsatz der Einheitsgründung.

578 Zur Aktienübernahme sind nur die Gründer (§ 28 AktG) zugelassen (Prinzip der Einheitsgründung). Eine Stufengründung ist nach dem geltenden Aktienrecht nicht (mehr) möglich.

579 Terminologisch ist hierbei auch oft von „Zeichnung" der Aktien die Rede. Unter Zeichnung versteht man das auf den Erwerb von Aktien gerichtete Angebot, also eine empfangsbedürftige Willenserklärung (wobei ein sog. „Zeichnungsschein" vorliegt, wenn die Offerte schriftlich abgegeben wird). Erst wenn die AG das Angebot annimmt, kommt ein Zeichnungsvertrag zustande. Hieraus verpflichtet sich die AG, dem Zeichner im Umfang seines Angebots Mitgliedschaftsrechte zuzuteilen, und der Zeichner, Aktien im festgelegten Umfang anzunehmen; vgl. *Hüffer*, AktG § 185 Rdnr. 3.

580 Vgl. *Geßler*, AktG vor § 23 Rdnr. 1.

581 So die h.M., vgl. *Balser/Bokelmann/Piorreck* Rdnr. 91; *Kraft* in Kölner KommAktG § 23 Rdnr. 8; *Hüffer*, AktG § 2 Rdnr. 12. A.A. *Röhricht* in Großkomm. AktG § 23 Rdnr. 70.

582 Vgl. *Balser/Bokelmann/Piorreck* Rdnr. 92.

Trotz des Wortlauts in § 30 Abs. 1 S. 1 AktG können auch mehrere Abschlußprüfer bestellt werden[583]. Die Abschlußprüfer übernehmen keine Errichtungsfunktion[584] und werden (rein vorsorglich) auch dann bestellt, wenn die Gesellschaft voraussichtlich nach § 267 Abs. 1 HGB als kleine Kapitalgesellschaft nicht prüfungspflichtig sein wird[585]. Der erste Aufsichtsrat hat demgegenüber bei der Gründungsprüfung mitzuwirken (§ 33 Abs. 1 AktG), die Gesellschaft zur Eintragung in das Handelsregister mit anzumelden (§ 36 Abs. 1 AktG), vor allem den Vorstand zu bestellen (§ 30 Abs. 4 AktG) und dessen Geschäftsführung bereits jetzt schon zu überwachen (§ 111 Abs. 1 AktG). Die Bestellung des ersten Aufsichtsrats und des Abschlußprüfers geschieht durch Mehrheitsbeschluß[586] und bedarf der notariellen Beurkundung (§ 30 Abs. 1 S. 2 AktG). Sie erfolgt nicht notwendig, aber zweckmäßig zusammen mit der Feststellung der Satzung[587]. Eine Bevollmächtigung ist zulässig, wenn die Vollmacht schriftlich erteilt worden ist (entsprechend § 134 Abs. 3 S. 2 AktG)[588]. Die Mitglieder des ersten Aufsichtsrats werden nicht für längere Zeit als bis zur Beendigung der Hauptversammlung bestellt, die über die Entlastung für das erste Voll- oder Rumpfgeschäftsjahr beschließt. Daraus folgt in der Regel eine Höchstdauer von 20 Monaten[589]. Dem ersten Aufsichtsrat gehören grundsätzlich noch keine Arbeitnehmer an (§ 30 Abs. 2 AktG)[590]. Die Zahl der Aufsichtsratsmitglieder bestimmt sich nach den gesetzlichen Vorschriften (§ 95 AktG) oder gegebenenfalls nach dem Inhalt der Satzung (vgl. § 95 Abs. 1 S. 2 AktG).

Für die Bestellung des Vorstands durch den Aufsichtsrat (§ 30 Abs. 4 AktG) ist vom Gesetz nur mittelbar Schriftform vorgeschrieben: Gemäß § 37

583 Vgl. BT-Drucks 10/4268 S. 123.

584 Vgl. *Hüffer*, AktG § 30 Rdnr. 1; *Geßler*, AktG § 31 Rdnr. 15.

585 Vgl. MünchHdb.GesR IV/*Hoffmann-Becking* § 3 Rdnr. 15. Außerdem macht die Bestellung des Abschlußprüfers nach § 30 Abs. 1 AktG eine nur zu diesem Zweck einberufene Hauptversammlung entbehrlich; vgl. RegBegr *Kropff* S. 51 f.

586 So die h.M., vgl. *Röhricht* in Großkomm. AktG § 30 Rdnr. 4; *Hüffer*, AktG § 30 Rdnr. 2; *Kraft* in Kölner KommAktG § 30 Rdnr. 7.

587 Vgl. MünchHdb.GesR IV/*Hoffmann-Becking* § 3 Rdnr. 10; *Geßler*, AktG § 31 Rdnr. 3. Vgl. auch *Hüffer*, AktG § 30 Rdnr. 3 m.w.N.

588 Zur entsprechenden Anwendung des § 134 Abs. 3 S. 2 AktG vgl. *Hüffer*, AktG § 30 Rdnr. 2.

589 Vgl. § 30 Abs. 3 S. 1 AktG i.V.m. § 120 Abs. 1 S. 1 AktG i.V.m. § 240 Abs. 2 S. 2 HGB. Vgl. auch RegBegr *Kropff* S. 49; *Hüffer*, AktG § 30 Rdnr. 7.

590 Es sei denn, Gegenstand einer Sacheinlage stellt die Einbringung eines Unternehmens dar, vgl. § 31 AktG. Siehe auch zur Sachgründung unten F. III.

Abs. 4 Nr. 3 AktG ist der Anmeldung der Gesellschaft auch die Urkunde über die Bestellung des Vorstands beizufügen. Die Bestellung des Vorstands erfolgt auch nur durch Mehrheitsbeschluß[591]. Aufgrund des Prinzips der Fremdorganschaft brauchen die Mitglieder des Vorstands und des Aufsichtsrats nicht zugleich auch Aktionäre der Gesellschaft zu sein[592]. Die Zusammensetzung des Vorstands ergibt sich aus § 76 Abs. 2 AktG in Verbindung mit der Satzung. Insbesondere dürfen nur natürliche, unbeschränkt geschäftsfähige Personen zu Mitgliedern des Vorstands gewählt werden (vgl. § 76 Abs. 3 AktG)[593].

5. Leistung der Einlagen

Nach Bestellung der notwendigen Gesellschaftsorgane müssen die Leistungen auf die Einlagen erbracht werden. Bei Bareinlagen muß der eingeforderte Betrag vor der Anmeldung der Gesellschaft mindestens ein Viertel des geringsten Ausgabebetrags (Nennbetrags) und bei Ausgabe von Aktien für einen höheren als diesen auch den gesamten Mehrbetrag (Agio) umfassen (vgl. § 36 a Abs. 1 AktG). Die Vorschrift dient im Sinne des Gläubigerschutzes[594] der Sicherung der Kapitalaufbringung[595]. Die Barleistungen müssen im Zeitpunkt der Anmeldung endgültig zur freien Verfügung des Vorstands stehen (§ 36 Abs. 2 S. 1 AktG)[596]. Der Betrag kann nur in gesetzlichen Zahlungsmitteln, in von der Bundesbank bestätigten Schecks oder durch Gutschrift auf ein Konto im Inland bei der Bundesbank oder (was regelmäßig der Fall ist) einem Kreditinstitut oder auf ein Postscheckkonto der Gesellschaft oder des Vorstands eingezahlt werden, vgl. § 54 Abs. 3 S. 1 AktG[597].

---

[591] Allg. Meinung; vgl. nur *Hüffer*, AktG § 30 Rdnr. 12; *Balser/Bokelmann/Piorreck* Rdnr. 101.

[592] Vgl. *Röhricht* in Großkomm. AktG § 30 Rdnr. 31.

[593] Schließlich ergeben sich aus § 76 Abs. 3 AktG noch einige persönliche Mindestanforderungen und Bestellungshindernisse.

[594] Vgl. hierzu BGH NJW 1990, S. 982.

[595] Vgl. *Hüffer*, AktG § 36 a Rdnr. 1.

[596] Daraus ergibt sich auch eine zwingende zeitliche Reihenfolge: Erst wenn der Vorstand bestellt worden ist, können Einlagen zu dessen freier Verfügung geleistet werden. Vgl. zum Begriff der „freien Verfügung" unten F. II. 8. a) aa).

[597] Vgl. *Balser/Bokelmann/Piorreck* Rdnr. 102.

6. Gründungsbericht

Nach der Leistung der Einlagen haben die Gründer einen Gründungsbericht über den Hergang der Gründung zu erstatten (Gründungsbericht), § 32 Abs. 1 AktG[598]. Der Bericht bedarf nur der Schriftform und wird nicht notwendig, aber zweckmäßig zusammen mit der Beurkundung des Gründungsprotokolls erstellt[599]. Der Gründungsbericht dient den Mitgliedern des Vorstands und des Aufsichtsrats (§ 33 Abs. 1 AktG), dem Registergericht (§ 38 Abs. 1 S. 1 AktG) und gegebenenfalls dem Gründungsprüfer (§ 33 Abs. 2 AktG) als Grundlage für ihre jeweilige Gründungsprüfung[600]. Alle Gründer sind zur Erstattung des Berichts verpflichtet und müssen sämtlich und eigenhändig den Gründungsbericht unterzeichnen. Eine rechtsgeschäftliche Vertretung ist nicht möglich[601]. Inhaltlich muß der gesamte Hergang der Gründung dargestellt werden, also alle für die Entstehung der Gesellschaft wesentlichen Umstände, unabhängig davon, ob sie sich bereits aus der Satzung ergeben oder nicht[602]. Hierzu gehört insbesondere, ob und in welchem Umfang bei der Gründung für Rechnung eines Mitglieds des Vorstands oder des Aufsichtsrats Aktien übernommen worden sind und ob und in welcher Weise ein Mitglied des Vorstands oder des Aufsichtsrats sich einen Sondervorteil im Rahmen der Gründung ausbedungen hat, § 32 Abs. 3 AktG. Damit sollen insbesondere mögliche Interessenkollisionen aufgedeckt werden[603]. Zu diesem Zweck ist der Name des Empfängers sowie der Umfang des jeweils eingeräumten Vorteils anzugeben[604].

---

598 Seit der Aktienrechtsreform von 1965 ist der Gründungsbericht nicht nur in Falle der Sachgründung, sondern für jede Gründung zu erstellen. § 32 AktG bezweckt den Schutz vor unzulänglichen Gründungen und soll die gerichtliche Prüfung gemäß § 38 AktG erleichtern, vgl. RegBegr *Kropff* S. 52.

599 Vgl. MünchHdb.GesR IV/*Hoffmann-Becking* § 3 Rdnr. 16.

600 Vgl. *Hüffer*, AktG § 32 Rdnr. 1; *Balser/Bokelmann/Piorreck* Rdnr. 105; *Geßler*, AktG § 32 Rdnr. 1.

601 Vgl. MünchHdb.GesR IV/*Hoffmann-Becking* § 3 Rdnr. 16 m.w.N.; *Hüffer*, AktG § 32 Rdnr. 2.

602 Vgl. MünchKomm.AktG/*Pentz* § 32 Rdnr. 12. Beispielsweise Tag der Satzungsfeststellung, Grundkapital, dessen Zerlegung, Zahl der von jedem Gründer übernommenen Aktien, Höhe der geleisteten Bareinlagen, Angaben zu den Organen wie Tag der Wahl und Anzahl der Mitglieder, Angaben zu Sondervorteilen oder Gründerlohn.

603 Vgl. *Hüffer*, AktG § 32 Rdnr. 6.

604 Str., so *Hüffer*, AktG § 32 Rdnr. 6 m.w.N.; a.A. *Balser/Bokelmann/Piorreck* Rdnr. 108.

7. Gründungsprüfung durch Vorstand, Aufsichtsrat und Gründungsprüfer

Nach § 33 Abs. 1 AktG haben die Mitglieder des Vorstands und des Aufsichtsrats den Hergang der Gründung zu prüfen. Die Vorschrift bezweckt im wesentlichen, die ordnungsgemäße Errichtung einer AG zu gewährleisten, die im Interesse der künftigen Gläubiger und Aktionäre die notwendigen Sicherungen erfüllt[605]. Die Erstellung eines gemeinsamen Gründungsprüfungsberichts durch Vorstand und Aufsichtsrat ist zulässig[606] und zweckmäßig[607]. Der Prüfungsbericht muß von ihnen allen höchstpersönlich unterzeichnet werden. Auch hier ist eine Bevollmächtigung nicht zulässig[608], allerdings dürfen Gehilfen bei der Prüfung selbst hinzugezogen werden[609]. § 33 Abs. 2 AktG sieht eine zusätzliche zweite Prüfung durch einen oder mehrere Gründungsprüfer vor, wenn die Zuverlässigkeit der Vorstands- oder Aufsichtsratsmitglieder in Frage gestellt ist oder aufgrund der Schwierigkeit der Prüfung die Hinzuziehung von besonders qualifizierten Personen unerläßlich erscheint[610]. Dies ist nach § 33 Abs. 2 Nrn. 1-4 AktG abschließend dann der Fall, wenn ein Mitglied des Vorstands oder des Aufsichtsrats zu den Gründern gehört, wenn bei der Gründung für Rechnung eines Mitglieds des Vorstands oder des Aufsichtsrats Aktien übernommen worden sind, wenn ein Mitglied des Vorstands oder des Aufsichtsrats sich einen besonderen Vorteil oder für die Gründung oder ihre Vorbereitung eine Entschädigung oder Belohnung ausbedungen hat oder wenn eine Gründung mit Sacheinlagen oder Sachübernahmen vorliegt. Die Gründungsprüfer werden auf Antrag nach Anhörung der Industrie- und Handelskammer durch das am Gesellschaftssitz belegene Amtsgericht bestellt (§ 33 Abs. 3 S. 1 i.V.m. § 14 AktG, § 145 Abs. 1 FGG). Antragsberechtigt sind die Gründer und der Vorstand,

---

605 Vgl. RegBegr *Kropff* S. 53.

606 So die h.M., vgl. *Hüffer*, AktG § 34 Rdnr. 4; *Kraft* in Kölner KommAktG § 34 Rdnr. 8; *Röhricht* in Großkomm. AktG § 34 Rdnr. 10; a.A. *Eckardt* in Geßler/Hefermehl § 34 Rdnr. 12.

607 Vgl. MünchHdb.GesR IV/*Hoffmann-Becking* § 3 Rdnr. 17.

608 Vgl. *Kraft* in Kölner KommAktG § 33 Rdnr. 5; *Hüffer*, AktG § 33 Rdnr. 2; *Röhricht* in Großkomm. AktG § 34 Rdnr. 10; *Balser/Bokelmann/Piorreck* Rdnr. 109.

609 Vgl. nur *Hüffer*, AktG § 33 Rdnr. 2.

610 Vgl. nur *Henn*, Hdb des Aktienrechts Rdnr. 96 m.w.N.

der die Vor-AG vertritt[611]. Als Gründungsprüfer sollen, wenn die Prüfung keine anderen Kenntnisse erfordert, gemäß § 33 Abs. 4 AktG nur Personen und Prüfungsgesellschaften bestellt werden, die entweder selbst oder deren gesetzliche Vertreter in der Buchführung ausreichend vorgebildet und erfahren sind[612]. Damit die Unabhängigkeit der Prüfung auch bei Einschaltung eines Gründungsprüfers gewährleistet ist, regelt das Gesetz detailliert in § 33 Abs. 5 AktG i.V.m. § 143 Abs. 2 AktG i.V.m. § 319 Abs. 2 HGB, welche Personen als Gründungsprüfer ausgeschlossen sind. Der Bericht des Gründungsprüfers ist getrennt vom Vorstands- und Aufsichtsratsbericht zu erstellen[613] und muß zeitlich nach diesem erfolgen, da die Gründungsprüfer auch diesen Bericht mitprüfen (vgl. § 38 Abs. 2 S. 1 AktG).

Inhaltlich hat sich jeder Gründungsprüfungsbericht grundsätzlich auf den gesamten Hergang der Gründung zu erstrecken[614]. Insbesondere muß geprüft werden, ob die Angaben der Gründer bezüglich der Übernahme der Aktien, der Einlagen auf das Grundkapital und derjenigen Festsetzungen richtig und vollständig sind, die das Gesetz für den Gründungsaufwand oder etwaige Sondervorteile vorschreibt (§ 34 Abs. 1 Nr. 1 i.V.m. § 26 AktG). Die Gründungsprüfer können hierbei von den Gründern alle Aufklärungen und Nachweise verlangen, die für eine sorgfältige Prüfung notwendig sind (§ 35 Abs. 1 AktG)[615].

Nach Erstellung des Gründungsberichts durch den Gründungsprüfer ist je ein Exemplar dem für die Eintragung zuständigen Registergericht und dem Vorstand zu übergeben (§ 34 Abs. 3 AktG). Der Bericht des Vorstands und des Aufsichtsrats wird gemäß § 37 Abs. 4 Nr. 4 AktG nur bei dem Registergericht mit der Anmeldung eingereicht[616].

---

611 So die h.M., vgl. *Kraft* in Kölner KommAktG § 33 Rdnr. 16; *Röhricht* in Großkomm. AktG § 33 Rdnr. 18; *Hüffer*, AktG § 33 Rdnr. 5 m.w.N. auch zur a.A.

612 Wirtschaftsprüfer oder Wirtschaftsprüfungsgesellschaften sind regelmäßig ausreichend qualifiziert, vgl. §§ 2, 129 WPO.

613 Vgl. *Geßler*, AktG § 34 Rdnr. 9; *Hüffer*, AktG § 34 Rdnr. 4.

614 Meinungsverschiedenheiten sind offenzulegen, Betriebs- oder Geschäftsgeheimnisse dürfen jedoch nicht offenbart werden.

615 Damit soll sichergestellt werden, daß sie ihre Aufgabe auch erfüllen können; vgl. RegBegr BT Drucks. 8/1347, S. 59.

616 Wie sich aus § 37 Abs. 4 Nr. 4 AktG ergibt, sollen die Anmeldenden auch den Prüfungsbericht der Gründungsprüfer (erneut, vgl. § 34 Abs. 3 S. 1 AktG) einreichen. In praxi ist es trotz § 34

8. Publizität

Für die AG sieht das Gesetz ebenfalls nur eine Form der Publizität vor, nämlich die zwingende Eintragung der Gesellschaft in das Handelsregister.

a) Anmeldung beim Registergericht und Bekanntmachung

Nach § 36 Abs. 1 AktG ist die Gesellschaft zur Eintragung in das Handelsregister anzumelden. Die Eintragung in das Handelsregister ist für die Entstehung der Gesellschaft als AG mit eigener Rechtspersönlichkeit zwingend erforderlich (§ 41 Abs. 1 S. 1 AktG). Im Anschluß an die Eintragung erfolgt eine deklaratorische Bekanntmachung (§ 40 AktG).

b) Anforderungen an die Form und den Inhalt der Anmeldung

Die Anmeldung ist von sämtlichen Gründern und Mitgliedern des Vorstands und des Aufsichtsrats in öffentlich-beglaubigter Form, die durch notarielle Beurkundung ersetzt werden kann, vorzunehmen (§ 36 Abs. 1 AktG, § 12 Abs. 1 HGB, § 129 Abs. 2 BGB). Rechtsgeschäftliche Vertretung ist hierbei zulässig[617]. Eine öffentlich-rechtliche Anmeldepflicht besteht hingegen nicht[618]. Die Anmeldung darf erst erfolgen, wenn auf jede Aktie, soweit nicht Sacheinlagen vereinbart sind, der eingeforderte Betrag ordnungsgemäß eingezahlt worden ist und endgültig zur freien Verfügung des Vorstands steht, es sei denn, er wurde bereits zur Zahlung der bei der Gründung anfallenden Steuern und Gebühren verwendet (§ 36 Abs. 2 S. 1 AktG)[619]. Freie Verfügbarkeit ist gegeben, wenn die Einlage aus dem Herrschaftsbereich des Einlegers ausgesondert und dem Vorstand so übergeben wurde, daß dieser nach eigenem Ermessen unter Berücksichtigung seiner Verantwortung für die

---

Abs. 3 S. 1 AktG aber zulässig, daß die Gründungsprüfer ihren Bericht nur dem Vorstand übergeben und dieser dann sämtliche Berichte bei der Anmeldung einreicht.

[617] Vgl. OLG Köln WM 1986, S. 1412, 1413. A.A. in der Literatur *Hüffer*, AktG § 36 Rdnr. 4 m.w.N.; *Balser/Bokelmann/Piorreck* Rdnr. 120. Vgl. im übrigen auch BayObLG BB 1986, S. 1532, 1533; BayObLG DB 1987, S. 215, 216.

[618] Vgl. *Hüffer*, AktG § 36 Rdnr. 5.

Gesellschaft über die Einlage verfügen kann[620]. Bei der Bareinlage ist dies der Fall, wenn der Vorstand über den Betrag ohne Einschränkung disponieren kann[621]. Zuständig für die Anmeldung ist das Amtsgericht, in dessen Bezirk die Gesellschaft ihren Sitz hat (§ 14 AktG, § 125 FGG).

Der notwendige Inhalt der Anmeldung ergibt sich aus § 37 AktG. Hiernach haben die Gründer und Mitglieder des Vorstands und des Aufsichtsrats zu erklären, daß die Voraussetzungen des § 36 Abs. 2 und § 36 a AktG erfüllt sind, wobei der Aktienausgabebetrag ebenso anzugeben ist wie der darauf eingezahlte Betrag, und zwar für jeden Gründer getrennt (§ 37 Abs. 1 S. 1 AktG)[622]. In der Anmeldung ist nachzuweisen, daß der eingezahlte Betrag endgültig zur freien Verfügung des Vorstands steht. Beachtenswert ist, daß die freie Verfügbarkeit nicht nur im Zeitpunkt der Anmeldung bestehen muß, also bei Eingang der Anmeldung bei Gericht, sondern vielmehr auch im Zeitpunkt der Eintragung[623]. Der Nachweis ist im Falle der Einzahlung durch Gutschrift auf ein Konto der Gesellschaft oder des Vorstands bei einem Kreditinstitut durch Vorlage einer schriftlichen Bestätigung des Instituts zu führen (§ 37 Abs. 1 S. 2 und 3 AktG)[624]. Sind von dem eingezahlten Betrag Steuern und Gebühren gezahlt worden, so ist dies nach Art und Höhe der Beträge nachzuweisen. Ist die Einzahlung in anderer Weise als durch Gutschrift auf ein Bankkonto erfolgt, so ist der Nachweis der freien Verfügbarkeit so zu erbringen, daß das Gericht überzeugt werden kann. In Betracht kommen z.B. Belege über Einreichung und Einlösung von Schecks[625], aber auch eine ent-

---

[619] Im Verbund mit §§ 36 a, 54 Abs. 3 AktG sollen damit unseriöse Gründungen vermieden werden. Die Nichtzahlung einzelner kann nicht durch die Mehrzahlung anderer Gründer ausgeglichen werden, so schon RGZ 144, S. 352.

[620] Vgl. OLG Frankfurt AG 1991, S. 402, 403 re Sp; OLG Koblenz AG 1987, S. 88 f.; *Hüffer*, AktG § 36 Rdnr. 7 m.w.N.

[621] Vgl. Hachenburg/*Ulmer* § 7 Rdnr. 47; *Hüffer*, AktG § 36 Rdnr. 7 m.w.N.

[622] Allg.M.; vgl. nur *Hüffer*, AktG § 37 Rdnr. 3. Zum notwendigen Erklärungsinhalt vgl. auch *Geßler*, AktG § 37 Rdnr. 13 m.w.N.

[623] So BayObLG GmbHR 1998, S. 1225, 1226 m.w.N.; BGHZ 80, S. 129, 143. A.A. in der Literatur *Hüffer*, AktG § 38 Rdnr. 10; *Röhricht* in Großkomm. AktG § 38 Rdnr. 13, *Balser/Bokelmann/Piorreck* Rdnr. 126.

[624] Die von § 37 Abs. 1 S. 3 AktG noch vorgesehene Gutschrift auf ein Konto bei der Deutschen Bundesbank ist seit 1997 nicht mehr möglich. Die Neufassung des § 54 Abs. 3 AktG durch das Begleitgesetz zum Gesetz zur Umsetzung von EG-Richtlinien zur Harmonisierung bank- und wertpapieraufsichtsrechtlicher Vorschriften vom 22.10.1997 (BGBl. I 2567) hat sie abgeschafft. Die Folgeänderung ist wegen eines Redaktionsversehens unterlassen worden.

[625] Vgl. *Hüffer*, AktG § 37 Rdnr. 3.

sprechende übereinstimmende Erklärung sämtlicher Anmeldender[626]. Nach § 37 Abs. 2 AktG müssen die Vorstandsmitglieder in der Anmeldung auch versichern, daß keine Umstände vorliegen, die ihrer Bestellung nach § 76 Abs. 3 S. 3 und 4 AktG[627] entgegenstehen, und daß sie über ihre unbeschränkte Auskunftspflicht gegenüber dem Gericht belehrt worden sind. Schließlich ist in der Anmeldung anzugeben, welche Vertretungsbefugnis die Vorstandsmitglieder haben (§ 37 Abs. 3 AktG)[628].

Gemäß § 37 Abs. 4 Nrn. 1-5 AktG sind der Anmeldung beizufügen (1.) die Satzung sowie die Urkunden, in denen die Satzung festgestellt worden ist und die Aktien von den Gründern übernommen worden sind, (2.) im Fall der §§ 26, 27 AktG die Verträge, die den Festsetzungen zugrunde liegen oder zu ihrer Ausführung geschlossen worden sind, und eine Berechnung des der Gesellschaft zur Last fallenden Gründungsaufwands, wobei in der Berechnung die Vergütungen nach Art und Höhe sowie Empfänger einzeln anzuführen sind, (3.) die Urkunden über die Bestellung des Vorstands und des Aufsichtsrats, (4.) der Gründungsbericht und die Prüfungsberichte der Mitglieder des Vorstands und des Aufsichtsrats sowie gegebenenfalls des Gründungsprüfers nebst ihren urkundlichen Unterlagen, und (5.) wenn der Gegenstand des Unternehmens oder eine andere Satzungsbestimmung der staatlichen Genehmigung bedarf, die Genehmigungsurkunde[629].

Schließlich haben die Vorstandsmitglieder ihre Namensunterschrift (die Zeichnung geschieht nach § 12 HGB) zur Aufbewahrung beim Gericht zu zeichnen (§ 37 Abs. 5 AktG)[630]. Alle eingereichten Schriftstücke werden beim Gericht in Urschrift, Ausfertigung oder öffentlich beglaubigter Abschrift aufbewahrt, § 37 Abs. 6 AktG[631].

---

626 Vgl. *Balser/Bokelmann/Piorreck* Rdnr. 126 m.w.N.

627 Vgl. oben die Darstellung des grundsätzlich gleichen § 6 Abs. 3 S. 3 und 4 GmbHG unter E. II. 5. a) aa).

628 Siehe zum Zweck der Regelung oben E. II. 5. a) aa).

629 Genehmigungspflichtige Unternehmensgegenstände sind z.B. Bankgeschäfte oder die Arzeimittelherstellung. Eine alphabetische Auflistung findet sich bei *Hüffer*, AktG § 37 Rdnr. 14.

630 Damit soll eine Schriftprobe zur Prüfung der Echtheit gesichert werden; *Hüffer*, AktG § 37 Rdnr. 17.

631 Anmeldepflichtige haben insoweit ein Wahlrecht zwischen diesen drei Formen.

c) *Prüfungsumfang des Registergerichts*

Liegen dem Registergericht sämtliche vorgenannten Unterlagen vor, prüft es zunächst die Anmeldung und Errichtung der Gesellschaft und verfügt dann entweder die Eintragung und Bekanntmachung oder die entsprechende Ablehnung, je nachdem, wie das Ergebnis der Prüfung ausfällt (§ 38 Abs. 1 AktG). Das Gericht hat insoweit ein formales und materielles Prüfungsrecht[632]; Zweckmäßigkeitserwägungen bleiben unberücksichtigt[633]. Die formelle Prüfung betrifft die Ordnungsmäßigkeit der Anmeldung, die materielle Prüfung bezieht sich auf den Errichtungsvorgang einschließlich der besonderen Prüfungsgegenstände des § 38 Abs. 2 AktG. So kann das Gericht die Eintragung ablehnen, wenn die Gründungsprüfer erklären oder es offensichtlich ist, daß der Gründungsbericht oder der Prüfungsbericht der Mitglieder des Vorstands und des Aufsichtsrats unrichtig oder unvollständig ist oder den gesetzlichen Vorschriften nicht entspricht (§ 38 Abs. 2 S. 1 AktG). Gleiches gilt, wenn die Gründungsprüfer erklären oder das Gericht der Auffassung ist, daß der Wert der Sacheinlagen oder Sachübernahmen nicht unwesentlich hinter dem geringsten Ausgabebetrag der dafür zu gewährenden Aktien oder dem Wert der dafür zu gewährenden Leistungen zurückbleibt (§ 38 Abs. 2 S. 2 AktG). Nach § 38 Abs. 3 Nrn. 1-3 AktG darf das Gericht im Falle einer mangelhaften, fehlenden oder nichtigen Bestimmung der Satzung die Eintragung nur ablehnen, wenn die Bestimmung entweder (1.) Tatsachen oder Rechtsverhältnisse betrifft, die zwingend in der Satzung bestimmt sein müssen, oder (2.) Vorschriften verletzt, die zumindest überwiegend zum Schutze der Gläubiger der Gesellschaft oder sonst im öffentlichen Interesse gegeben sind, oder (3.) die Nichtigkeit der Satzung zur Folge hat.

d) *Inhalt der Eintragung in das Handelsregister und Bekanntmachung*

Führt die Prüfung des Gerichts zu keinen Beanstandungen, erfolgt die Eintragung der Gesellschaft in das Handelsregister. Gemäß § 39 Abs. 1 AktG sind dabei die Firma und der Sitz der Gesellschaft, der Gegenstand des Unterneh-

---

[632] Unstreitig; vgl. nur *Geßler*, AktG § 38 Rdnr. 1 a.

[633] Vgl. *Hüffer*, AktG § 38 Rdnr. 3.

mens, die Höhe des Grundkapitals, der Tag der Feststellung der Satzung und die Vorstandsmitglieder anzugeben. Ferner ist einzutragen, welche Vertretungsbefugnis die Vorstandsmitglieder haben. Enthält die Satzung Bestimmungen über die Dauer der Gesellschaft oder über das genehmigte Kapital, so sind auch diese einzutragen (§ 39 Abs. 2 AktG). Weitere Eintragungen sind im Gesetz nicht nur nicht vorgesehen, sondern grundsätzlich auch unzulässig[634]. Mit der Eintragung der Gesellschaft entsteht die AG als juristische Person.

Die nachfolgende, nur deklaratorische Bekanntmachung der Eintragung erfolgt im Bundesanzeiger und mindestens in einem weiteren Blatt, das durch das Registergericht jährlich im voraus bestimmt wird (§§ 10 Abs. 1 S. 1, 11 Abs. 1 HGB). Das Gesetz sieht zunächst vor, daß der gesamte Inhalt der Eintragung in das Handelsregister auch bekanntgemacht werden muß. Darüber hinaus ist nach § 40 Abs. 1 Nrn. 1-4 AktG aufzunehmen (1.) die Festsetzungen nach § 23 Abs. 3 und 4, §§ 24, 25 S. 2, §§ 26 und 27 AktG sowie Bestimmungen der Satzung über die Zusammensetzung des Vorstands, (2.) der Ausgabebetrag der Aktien, (3.) Name und Wohnort der Gründer und (4.) Name, Beruf und Wohnort der Mitglieder des ersten Aufsichtsrats. Zugleich ist bekanntzumachen, daß die mit der Anmeldung eingereichten Schriftstücke bei dem Gericht eingesehen werden können (§ 40 Abs. 2 AktG).

III. Voraussetzungen für die Gründung einer AG in der Form der Sachgründung

Ebenso wie bei der Gründung einer GmbH kann auch die AG in Form der Sachgründung zur Entstehung gelangen. Sollen die Aktionäre im Sinne des § 27 Abs. 1 AktG Einlagen machen, die nicht durch Einzahlung des Ausgabebetrags der Aktien zu leisten sind (Sacheinlagen), oder soll die Gesellschaft vorhandene oder herzustellende Anlagen oder andere Vermögensgegenstände übernehmen (Sachübernahmen), müssen bei der Gründung einer

---

[634] Die Rechtsprechung hat aber vereinzelt Ausnahmen zugelassen, so z.B. für die Befugnis eines Prokuristen zur Veräußerung und Belastung von Grundstücken (BayObLG BB 1971, S. 844).

Aktiengesellschaft zum Schutze der Gläubiger und der Aktionäre vor unzureichender Kapitalaufbringung[635] besondere Vorschriften beachtet werden. Zunächst treffen die allgemeinen Ausführungen zur Sacheinlage und Sachübernahme, wie sie bei der Darstellung der Gründung einer GmbH gemacht wurden, auch bei der Gründung einer Aktiengesellschaft zu, so daß insoweit auf das oben Gesagte verwiesen werden kann[636]. Wird die AG in Form der Sachgründung ins Leben gerufen, ergeben sich neben der Leistung der Einlagen selbst im wesentlichen bei den Festsetzungen in der Satzung, der Bestellung des ersten Aufsichtsrats und der Gründungsprüfung Besonderheiten.

1. Leistung der Einlagen

Im Unterschied zu Bareinlagen, die im Zeitpunkt der Anmeldung der Gesellschaft lediglich zu 25% geleistet sein müssen, sind Sacheinlagen vor der Anmeldung ausnahmslos und zwingend vollständig zu leisten, § 36 a Abs. 2 S. 1 AktG[637]. Nach richtiger, allerdings umstrittener Meinung ist bei dem Begriff der „Leistung" jedoch zu differenzieren. Vor der Anmeldung reicht es aus, daß für den Gegenstand der Sacheinlage lediglich die schuldrechtliche Übertragungspflicht des Einlegers (durch die Aufnahme in das Gründungsprotokoll) begründet wird. Das dingliche Vollzugsgeschäft kann auch später erfolgen[638]. Dies ergibt sich aus dem Wortlaut des § 36 Abs. 2 S. 2 AktG. Besteht die Sacheinlage nämlich in der Verpflichtung, einen Vermögensgegenstand auf die Gesellschaft zu übertragen, so muß diese Leistung innerhalb von fünf Jahren nach der Eintragung der Gesellschaft in das Handelsregister zu „bewirken" sein[639]. Steht allerdings nicht die Übertragung ei-

---

[635] Vgl. *Hüffer*, AktG § 27 Rdnr. 1.

[636] Vgl. oben E. III. 1.

[637] Diese Vorschrift geht auf das Gesetz zur Durchführung der Zweiten Richtlinie des Rates der Europäischen Gemeinschaften zur Koordinierung des Gesellschaftsrechts vom 13.12.1978 (BGBl. I S. 1959) zurück.

[638] So die h.M., vgl. *Hüffer*, AktG § 36 a Rdnr. 4; *Röhricht* in Großkomm. AktG § 36 a Rdnr. 7; *Geßler*, AktG § 37 Rdnr. 9 m.w.N. zur a.A.; MünchHdb.GesR IV/*Hoffmann-Becking* § 4 Rdnr. 28 m.w.N. auch zur a.A.

[639] Damit soll sichergestellt werden, daß die dingliche Erfüllung einer eingebrachten schuldrechtlichen Verpflichtung des Einlegers nicht auf unabsehbare Zeit hinausgeschoben werden kann, während des Risiko der Kapitalaufbringung bestehen bleibt (vgl. BT-Drucks 8/1678 S. 13 zu Nummer 7).

nes Vermögensgegenstands im Raum, sondern z.B. die Nutzung einer Betriebsstätte oder die Ausbeutung von Grundstücken, muß die Gesellschaft schon vor Anmeldung hierzu in die Lage versetzt werden[640].

2. Festsetzungen in der Satzung

Im Falle der Sachgründung verlangt § 27 Abs. 1 AktG über die in § 23 Abs. 3 und 4 AktG aufgeführten notwendigen Satzungsbestandteile hinaus weitere zusätzliche Festsetzungen in der Satzung. § 27 Abs. 1 AktG ist notwendig, um eine Umgehung der Vorschriften über die Sacheinlage zu verhindern und eine etwaige Überbewertung feststellen zu können[641]. Gemäß § 27 Abs. 1 AktG ist zunächst der Gegenstand der Sacheinlage oder Sachübernahme in der Satzung festzusetzen. Damit wird das Publikum über die Art der Vermögensausstattung der Gesellschaft informiert[642]. Der Gegenstand muß in der Satzung so genau bezeichnet sein, daß seine einzelnen Merkmale zumindest bestimmbar sind und Zweifel über seine Identität ausgeschlossen sind[643]. Anders als das GmbHG stellt § 27 Abs. 2 1. Hs. AktG[644] ausdrücklich klar, daß Sacheinlagen und Sachübernahmen nur Vermögensgegenstände sein können, deren wirtschaftlicher Wert feststellbar ist[645], und daß Verpflichtungen zu Dienstleistungen nicht als Sacheinlagen bzw. Sachübernahmen anerkannt werden (§ 27 Abs. 2 2. Hs. AktG). Wird eine Sachgesamtheit wie z.B. ein Betrieb oder Teilbetrieb eingebracht, müssen die einzelnen Vermögensgegenstände nicht in der Satzung im Detail aufgeführt werden. Ausreichend ist eine verkehrsübliche, schlagwortartige Bezeichnung[646]. Wenn einzelne Gegenstän-

---

[640] Vgl. *Hüffer*, AktG § 36 a Rdnr. 4; *Röhricht* in Großkomm. AktG § 36 a Rdnr. 11.

[641] Vgl. *Geßler*, AktG § 27 Rdnr. 7.

[642] Vgl. MünchHdb.GesR IV/*Hoffmann-Becking* § 4 Rdnr. 3.

[643] Vgl. *Kraft* in Kölner KommAktG § 27 Rdnr. 54; *Hüffer*, AktG § 27 Rdnr. 17; *Röhricht* in Großkomm. AktG § 27 Rdnr. 130.

[644] Diese Vorschrift geht auf das Gesetz zur Durchführung der Zweiten Richtlinie des Rates der Europäischen Gemeinschaften zur Koordinierung des Gesellschaftsrechts vom 13.12.1978 (BGBl. I S. 1959) zurück

[645] Z.B. Einbringung eines Unternehmens, Kundenstamm, Patente, Geschäfts-, Betriebsgeheimnisse, Herstellungsverfahren, *know-how* oder *goodwill*, vgl. *Geßler*, AktG § 27 Rdnr. 3 und *Hüffer*, AktG § 27 Rdnr. 24.

[646] Vgl. MünchHdb.GesR IV/*Hoffmann-Becking* § 4 Rdnr. 3. Z.B. Einbringung des Betriebs der A-GmbH einschließlich aller Aktiva und Passiva.

de hingegen ausgenommen sein sollen, ist eine ausdrückliche Feststellung in der Satzung nötig[647]. § 27 Abs. 1 AktG erfordert des weiteren die Benennung der Person, von der die Gesellschaft den Gegenstand erwirbt, und des Nennbetrages (bei Stückaktien die Zahl) der bei der Sacheinlage zu gewährenden Aktien oder der bei der Sachübernahme zu gewährenden Vergütung. Die Person des Veräußerers wird durch Name und Anschrift bzw. Firma und Sitz bezeichnet[648]. Bei Nennbetragsaktien ist der Nennbetrag allein ausreichend, das Gesetz verlangt insbesondere nicht die Angabe eines Gesamtnennbetrags.

Von den Festsetzungen in der Satzung ist der Sacheinlagevertrag oder Sachübernahmevertrag (Einbringungsvertrag) zu unterscheiden, den das Gesetz in § 27 Abs. 3 AktG erwähnt. Hierbei handelt es sich um den Vertrag zwischen dem Gründer und der Gesellschaft, der (noch einmal) die Verpflichtung zur Einbringung der Sacheinlage bzw. Sachübernahme enthält und häufig detaillierter gestaltet ist als die entsprechenden Satzungsfestsetzungen. Er kann grundsätzlich außerhalb der Satzung abgeschlossen werden und bedarf insbesondere nicht der für die Feststellung der Satzung erforderlichen notariellen Form[649]. Er hat jedoch nur dann rechtlichen Bestand, wenn die Satzung die entsprechenden Festsetzungen enthält (§ 27 Abs. 3 S. 1 AktG).

3. Organbestellung

Besonderheiten können sich bei der Sachgründung auch hinsichtlich der Bestellung des ersten Aufsichtsrats ergeben, und zwar dann, wenn Gegenstand einer Sacheinlage oder Sachübernahme die Einbringung oder Übernahme eines Unternehmens oder eines Teils eines Unternehmens darstellt[650]. Maßgeblich für die Aufsichtsratsbestellung ist dann § 31 AktG. Hiernach hat die zahlenmäßige Zusammensetzung des Aufsichtsrats im Falle der Unternehmenseinbringung bereits im Zeitpunkt der Gründung den gesetzlichen Vorschriften des zukünftigen Gesamtunternehmens zu entsprechen (§ 31 Abs. 1 S. 1

[647] Vgl. *Hüffer*, AktG § 27 Rdnr. 17 m.w.N.
[648] Vgl. *Hüffer*, AktG § 27 Rdnr. 16.
[649] Freilich gelten für ihn aber die allgemeinen Formerfordernisse wie § 313 BGB bei Einbringung eines Grundstücks oder § 15 GmbHG bei GmbH-Geschäftsanteilen.
[650] So § 31 Abs. 1 S. 1 AktG. Im folgenden nur noch kurz Einbringung eines Unternehmens genannt.

AktG)[651]. Diese Vorschrift will einerseits sicherstellen, daß von Anfang an ein entscheidungsfähiger Aufsichtsrat besteht, und andererseits eine möglichst frühzeitige Mitwirkung der Arbeitnehmervertreter gewährleisten[652]. Eine Bestellung der Arbeitnehmervertreter kann zunächst bis zur tatsächlichen Einbringung des Unternehmens unterbleiben, selbst wenn der Arbeitnehmerstamm des einzubringenden Unternehmens eine repräsentative Wahl möglich machen würde[653]. Erfolgt die bei der Gründung festgesetzte Unternehmenseinbringung bereits vor Bekanntmachung des Vorstands nach § 30 Abs. 3 S. 2 AktG[654], so hat der Vorstand unverzüglich nach der Einbringung die nunmehr feststehende Zusammensetzung des Aufsichtsrats mit der Folge der Anwendung der §§ 97-99 AktG bekanntzumachen (§ 31 Abs. 3 S. 1, Abs. 4 AktG). Die Arbeitnehmer rücken dann nach[655]. Erfolgt die Einbringung hingegen erst nach der vorgenannten Bekanntmachung des Vorstands, bleibt es bei der üblichen Regelung der §§ 96 ff. AktG, die dann ja bereits direkt gelten.

4. Gründungsbericht, Gründungsprüfung und Anmeldung

Gemäß § 32 Abs. 2 S. 1 AktG müssen bei der Sachgründung im Gründungsbericht zusätzlich zum sonstigen Inhalt auch die wesentlichen Umstände dargelegt werden, von denen die Angemessenheit der Leistungen für Sacheinlagen oder Sachübernahmen abhängt. Diese Vorschrift trägt den Risiken der Sachgründung Rechnung. Die Angemessenheit bezieht sich bei der Sachein-

---

651 Wenn z.B. in der Satzung die Einbringung eines Unternehmens mit mehr als 2.000 Arbeitnehmern festgesetzt ist, müssen die Gründer so viele Aufsichtsratsmitglieder bestellen, wie § 7 Abs. 1 MitbestG es vorschreibt, also sechs, acht oder zehn. Wird die Gesellschaft hingegen nach der Einbringung weniger als 2.000 Arbeitnehmer beschäftigen, so muß der Aufsichtsrat nach § 76 BetrVG 1952 künftig zu zwei Dritteln aus Vertretern der Anteilseigner und zu einem Drittel aus Vertretern der Arbeitnehmer bestehen.

652 Vgl. MünchHdb.GesR IV/*Hoffmann-Becking* § 4 Rdnr. 10; *Hüffer*, AktG § 31 Rdnr. 1. Die besondere gesetzliche Behandlung der Sachgründung mit Unternehmenseinbringung beruht auf der Vorstellung des Gesetzgebers, daß nur in diesem Fall nicht auf die Anwendung der Mitbestimmungsvorschriften für die beschränkte Anlaufzeit der Gesellschaftsgründung verzichtet werden könne; vgl. RegBegr *Kropff* S. 49; *Henn*, Hdb des Aktienrechts Rdnr. 94.

653 Vgl. *Geßler*, AktG § 31 Rdnr. 10.

654 Hiernach gibt der Vorstand „rechtzeitig vor Ablauf der Amtszeit des ersten Aufsichtsrats" bekannt, nach welchen gesetzlichen Vorschriften der nächste Aufsichtsrat nach seiner Ansicht zusammenzusetzen ist.

lage auf die entsprechend vorgesehene Aktienausgabe und bei der Sachübernahme auf die von der Gesellschaft zu leistende Vergütung. Anzugeben sind z.B. der Ausgabebetrag der als Gegenleistung gewährten Aktien und die Beschaffenheit der eingebrachten oder übernommenen Gegenstände wie Größe und Lage eines Grundstücks und etwaige Mietverträge[656]. Nach § 32 Abs. 2 S. 2 Nrn. 1-3 AktG sind stets[657] anzugeben die vorausgegangenen Rechtsgeschäfte, die auf den Erwerb durch die Gesellschaft hingezielt haben, die Anschaffungs- und Herstellungskosten aus den letzten beiden Jahren und im Falle des Übergangs eines Unternehmens auf die Gesellschaft die Betriebserträge aus den letzten beiden Geschäftsjahren. In der Regel holen die Gründer ein Bewertungsgutachten eines Wirtschaftsprüfers ein und fügen es zur Erfüllung des § 32 Abs. 2 AktG dem Gründungsbericht bei[658].

Der Gründungsprüfungsbericht des Vorstands und des Aufsichtsrats muß über die normalen Prüfungspunkte hinaus nach § 34 Abs. 1 AktG auch eine Aussage darüber enthalten, ob die Festsetzungen der Satzung über Sacheinlagen und Sachübernahmen richtig und vollständig sind (§ 34 Abs. 1 Nr. 1 AktG) und ob der Wert der Sacheinlagen oder Sachübernahmen den geringsten Ausgabebetrag der dafür zu gewährenden Aktien bzw. den Wert der dafür zu gewährenden Leistungen erreicht (§ 34 Abs. 1 Nr. 2 AktG). Bei einer Sachgründung muß zudem der Gegenstand jeder Sacheinlage bzw. Sachübernahme beschrieben und die angewandten Bewertungsmethoden zur Ermittlung des Wertes ausdrücklich angegeben werden (§ 34 Abs. 2 S. 2 AktG[659]). Im Unterschied zur Bargründung ist bei der Sachgründung die zusätzliche Gründungsprüfung durch mindestens einen Gründungsprüfer stets obligatorisch (§ 33 Abs. 2 Nr. 4 AktG). Für ihn gelten die Ausführungen zum Prüfungsumfang entsprechend, vgl. § 34 Abs. 1 AktG.

Bei der Anmeldung der Gesellschaft zur Eintragung in das Handelsregister haben die Gründer und die Mitglieder des Vorstands und des Aufsichtsrats zu erklären, daß Sacheinlagen vollständig geleistet sind und der

---

[655] Vgl. *Geßler*, AktG § 31 Rdnr. 11.
[656] Vgl. *Hüffer*, AktG § 32 Rdnr. 4. Vgl. auch RGZ 18, S. 56, 68.
[657] Ggfs. ausdrücklich zu verneinen; vgl. *Hüffer*, AktG § 32 Rdnr. 5.
[658] Vgl. MünchHdb.GesR IV/*Hoffmann-Becking* § 4 Rdnr. 20.

Wert der Einlage dem geringsten Ausgabebetrag und im Falle der Ausgabe der Aktien für einen höheren Ausgabebetrag auch dem Mehrbetrag entsprechen[660] (§ 37 Abs. 1 i.V.m. § 36 a Abs. 2 S. 1 und 3 AktG). Bei der letzten Erklärung können sich die Anmeldenden für den Fall, daß die Sacheinlageverpflichtung erst innerhalb von fünf Jahren erfüllt werden soll (vgl. § 36 a Abs. 2 S. 2 AktG), auf den aktuellen Wert des Einlagegegenstands im Zeitpunkt der Anmeldung beziehen[661].

IV. Besonderheiten bei der Gründung einer Einpersonen-AG

Mit der Herabsetzung der Mindestgründerzahl auf eine Person (vgl. § 2 AktG) durch das sog. Deregulierungsgesetz vom 02.08.1994[662] ist die Gründung einer Einpersonen-Aktiengesellschaft möglich geworden[663]. Die Satzungsfeststellung erfolgt trotz des Wortlauts in § 2 AktG nicht durch Gesellschaftsvertrag, sondern durch einseitiges Rechtsgeschäft[664]. Auch für die Einpersonen-AG sind die gesetzlich vorgesehenen Organe der Aktiengesellschaft notwendig. So wird die Hauptversammlung von dem einzigen Aktionär gebildet, der sich selbst zum Vorstand bestellen bzw. in den Aufsichtsrat wählen kann[665]. Eine Besonderheit besteht bei der Leistung der Einlagen. Zwar gilt auch für den Einpersonen-Gründer die Möglichkeit des § 36 a Abs. 1 AktG, bei einer Bargründung nur ein Viertel des geringsten Ausgabebetrages und bei Ausgabe der Aktien für einen höheren als diesen auch den Mehrbetrag leisten zu müssen. Allerdings hat er nach § 36 Abs. 2 S. 2 AktG für den Teil der Geldeinlage, der den eingeforderten Betrag übersteigt, eine

---

659 Diese Vorschrift geht auf das Gesetz zur Durchführung der Zweiten Richtlinie des Rates der Europäischen Gemeinschaften zur Koordinierung des Gesellschaftsrechts vom 13.12.1978 (BGBl. I S. 1959) zurück.

660 Kurz: Daß Nennbetrag und Agio gedeckt sind.

661 Vgl. MünchHdb.GesR IV/*Hoffmann-Becking* § 4 Rdnr. 29.

662 „Gesetz für kleine Aktiengesellschaften und zur Deregulierung des Aktienrechts“ (BGBl. I S. 1961).

663 Früher sah das Gesetz eine Mindestgründerzahl von fünf vor. Die Gesetzesänderung war eine zwangsläufige Folge der zwischenzeitlich erfolgten Anerkennung der Einpersonen-AG durch Rechtsprechung und Literatur; vgl. nur BGHZ 26, S. 37; *Kraft* in Kölner KommAktG § 1 Rdnr. 68.

664 Vgl. *Hüffer*, AktG § 2 Rdnr. 4 a.

665 Vgl. *Geßler*, AktG vor § 23 Rdnr. 6.

Sicherung zu bestellen[666]. Diese Regelung bezweckt ebenso wie die Parallelvorschrift des § 7 Abs. 2 S. 3 GmbHG eine reale Kapitalaufbringung, die bei der Einpersonen-Gründung dadurch gefährdet ist, daß mithaftende Aktionäre nicht zur Leistung rückständiger Einlagen herangezogen werden können[667]. Streitig ist, an wen die Einlage zu leisten ist[668]. Richtig ist wohl die Überführung der Einlage in ein Sondervermögen des Alleingründers[669]. Für die zu bestellende Sicherung kommt als Sicherungsmittel zunächst jede Sicherheitsleistung im Sinne der §§ 232 bis 239 BGB in Frage. Aufgrund des bewußt unklaren Begriffs der Sicherung[670] kommt aber auch jede andere wirtschaftlich gleichwertige Absicherung, wie z.B. eine selbstschuldnerische Bürgschaft, eine Schuldübernahme oder eine Grundschuld, in Betracht[671].

V. Gründungsmängel

Ist die Gründung einer Aktiengesellschaft bestimmten Mängeln erlegen, stellen diese zwar ein Eintragungshindernis dar (vgl. § 38 Abs. 1 S. 2 AktG); sie können aber aufgrund des Bestandsschutzinteresses grundsätzlich nicht mehr geltend gemacht werden, wenn die Gesellschaft gleichwohl eingetragen worden ist[672]. Eine Ausnahme bilden auch hier schwerwiegende Mängel, nämlich z.B. ein fehlerhafter Grundkapitalsbetrag in der Satzung oder nichtige Bestimmungen über den Unternehmensgegenstand. Diese Mängel können mit einer Nichtigkeitsklage nach § 275 AktG angegriffen werden und zur nachträglichen Auflösung der Gesellschaft führen, vgl. § 277 Abs. 1, 2 AktG. Daneben kann mit der gleichen Rechtsfolge (vgl. § 262 Abs. 1 Nr. 5 AktG) auch das Registergericht nach § 144 a FGG einen Satzungsmangel feststellen.

---

[666] Diese Sicherungsregelung wurde durch das KlAGG vom 02.08.1994 (BGBl. I S. 1961) in das Gesetz eingefügt.

[667] Vgl. *Hüffer*, AktG § 36 Rdnr. 13; *Geßler*, AktG § 37 Rdnr. 24. Vgl. grds. auch die Ausführungen zur Gründung einer Einpersonen-GmbH oben E. IV.

[668] Und damit verbunden die Frage, ob bei einer Einpersonen-Gründung überhaupt eine „Vor-AG" als Leistungsempfänger besteht oder nicht. Vgl. nur *Hüffer*, AktG § 36 Rdnr. 14 m.w.N.; *Geßler*, AktG § 37 Rdnr. 24.

[669] Vgl. MünchHdb.GesR IV/*Hoffmann-Becking* § 4 Rdnr. 29.

[670] Vgl. RegBegr GmbH-Novelle 1980, BT-Drucks 8/1347 S. 32.

[671] Vgl. *Röhricht* in Großkomm. AktG § 36 Rdnr. 123; *Hüffer*, AktG § 36 Rdnr. 16; *Geßler*, AktG § 37 Rdnr. 25.

[672] Vgl. nur *K. Schmidt*, GesR. § 27 III 1, S. 803; § 6 II 1, S. 148.

Schließlich regelt das Gesetz für die Aktiengesellschaft auch die sogenannte Gründerhaftung. Hierunter versteht man die gesamtschuldnerische Verantwortlichkeit der Gründer für die Richtigkeit und Vollständigkeit ihrer Angaben im Gründungsbericht und für die tatsächliche Leistung der Mindesteinzahlung auf die übernommenen Einlagen. § 46 Abs. 1 AktG sieht insoweit vor, daß die Angaben der Gründer über die Übernahme der Aktien, die Einzahlung auf die Aktien, die Verwendung eingezahlter Beträge, die Sondervorteile, den Gründungsaufwand, die Sacheinlagen und Sachübernahmen nicht schuldhaft unrichtig oder unvollständig sein dürfen. Die Gründer haften ferner dafür, daß die zur Annahme von Einzahlungen auf das Grundkapital bestimmte Stelle hierzu geeignet ist und daß die eingezahlten Beträge zur freien Verfügung des Vorstands stehen (§ 46 Abs. 1 Satz 2 AktG). Schließlich sind fehlende Einzahlungen zu leisten und ist eine Vergütung, die nicht im Gründungsaufwand vorgesehen ist, zu ersetzen; vgl. .§ 46 Abs. 1 Satz 3 AktG. Ebenso wie bei der GmbH gilt bei der AG Gleiches auch dann, wenn die Gesellschaft von Gründern durch Einlagen, Sachübernahmen oder Gründungsaufwand vorsätzlich oder aus grober Fahrlässigkeit geschädigt wird; auch in diesem Falle sind alle Gründer als Gesamtschuldner zum Ersatz verpflichtet (§ 46 Abs. 2 AktG). Die Ersatzansprüche der Gesellschaft verjähren in fünf Jahren, § 51 AktG, und sind von seiten der Gesellschaft für die Dauer von drei Jahren unverzichtbar und keinem Vergleich zugänglich (§ 50 AktG).

2. Abschnitt: Die Gründung von Gesellschaften in Frankreich

A. Allgemeines

Das französische Gesellschaftsrecht weist eine ungewöhnlich große Anzahl verschiedener Personenvereinigungen auf. Diese stellen aber nur selten einen eigenen, originären Typus von Gesellschaften dar, sondern sind vielmehr spezielle Erscheinungsformen, die sich auf einige wenige Grundformen von Personenvereinigungen zurückführen lassen. Damit erlaubt auch das französische Recht einen systematischen Überblick über die vorhandenen Gesellschaftsformen, ohne daß im folgenden auf Besonderheiten eingegangen werden kann, die bei der Gründung der jeweiligen Spezialform zu beachten sind[673].

I. Systematischer Überblick

Bedingt durch die Existenz eines Handelsrechts (*droit de commerce*) unterscheidet man auch im französischen Gesellschaftsrecht grundsätzlich zwischen bürgerlich-rechtlichen Gesellschaften (*sociétés civiles*) und Handelsgesellschaften (*sociétés commerciales*)[674]. Zu den bürgerlich-rechtlichen Gesellschaften gehört die allgemeine *société civile de droit commun* (vgl. Art. 1845 ff. C. civ.) sowie zahlreiche Sonderformen der *société civile*, die einen sehr speziellen Einsatzbereich aufweisen[675]. Demgegenüber sind die

---

[673] Der folgende Überblick dient der besseren Orientierung. Er ist, wenn auch üblich, in dieser Form aber nicht zwingend; vgl. *Merle*, Droit commercial, Rdnr. 6 a.E.

[674] Vgl. *Sonnenberger*, FrHWR Rdnr. III 20; *Guimezanes*, S. 279; *Merle*, Droit commercial, Rdnrn. 7, 11. Vgl. auch *Legeais*, Droit commercial, Nr. 293.

[675] Diese Sondergesellschaften kommen im wesentlichen, also nicht abschließend, in den Bereichen Landwirtschaft, Immobilien- und Bauwesen, Banken sowie bei den freien Berufen vor. In der Landwirtschaft sind zunächst die *groupements fonciers agricoles* (GFA) zu nennen (Gesetz Nr. 70-1299 vom 31.12.1970). Sie dienen dazu, die landwirtschaftliche Nutzung von Ländereien (*fonciers*) neu zu strukturieren oder zu erhalten, z.B. im Falle des Auslaufens eines Pachtvertrages; vgl. *Ferid/Sonnenberger*, Band 2, Rdnr. 2 L 9; *Guyon*, Droit des affaires, Nr. 223. Daneben sind die *groupements agricoles d'exploitation en commun* (GAEC) weit verbreitet (Gesetz Nr. 62-917 vom 08.08.1962). Deren Gesellschafter bezwecken eine gemeinsame Bewirtschaftung (*exploitation*) ihrer eigenen oder gepachteten Ländereien; häufig handelt es sich um Betriebszusammen-

wichtigsten Handelsgesellschaften übersichtlich in Art. 1 Abs. 2 des Gesetzes Nr. 66-537 vom 24.07.1966 aufgezählt. Hierunter fallen die *sociétés en nom collectif* (SNC), die *sociétés en commandite simple* (SCS), die *sociétés à responsabilité limitée* (SARL) und die *sociétés par actions*, deren bedeutendste Form[676] die *société anonyme* (SA) darstellt. Die *société en participation* kann sowohl bürgerlich-rechtliche als auch Handelsgesellschaft sein, je nachdem, worauf ihr Gesellschaftsgegenstand gerichtet ist (vgl. Art. 1871-1 C. civ.)[677]. Für gewöhnlich wird des weiteren zwischen Personengesellschaften (*sociétés de personnes*) und Kapitalgesellschaften (*sociétés de capitaux*) differenziert[678]. Zu den Personengesellschaften gehören die *société civile*, die *société en nom collectif*, die *société en commandite simple*[679] und auch die *société en participation*[680]. Eine reine Kapitalgesellschaft stellt die *société anonyme* dar[681]. Uneinigkeit besteht hinsichtlich der Einordnung der *société à responsabilité limitée*, die teilweise als Kapitalgesellschaft, teilweise als Personengesellschaft angesehen wird[682]. Tatsächlich dürfte sie eine Zwischenform darstellen, die tendenziell eher den Kapitalgesellschaften angenähert ist[683]. Außerdem werden Personenvereinigungen in Frankreich auch danach

---

schlüsse von Nachbarn oder Familienmitgliedern (vgl. *Guyon*, Droit des affaires, Nr. 223; *Ferid/Sonnenberger*, Band 2, Rdnr. 2 L 9). Im Immobilien- und Bauwesen verdienen die *sociétés de construction en vue de la vente d'immeubles* und die *sociétés de construction en vue de l'attribution d'immeubles aux associés* einer Erwähnung. Sie sind im Code de la construction et de l'habitation (Artt. 211-1 bis 211-4 sowie Artt. 212-1 bis 212-17) speziell geregelt. Die *société civile faisant publiquement appel à l'épargne* ist eine Plazierungsgesellschaft und im Gesetz Nr. 70-1300 vom 31.12.1970 gesetzlich niedergelegt. Schließlich gibt es im Bereich der freien Berufe (z.B. Rechnungsprüfer, Ärzte, Anwälte oder Architekten) und reglementierten Berufe (z.B. Notare, Gerichtsvollzieher) die sogenannten Berufsgesellschaften (*sociétés civiles professionnelles*). Diese Gesellschaften sind im Basisgesetz Nr. 66-879 vom 29.11.1966 näher geregelt, das durch eine Vielzahl von Dekreten ergänzt wird, je nachdem, um welchen Berufsstand es sich handelt. Eine Übersicht findet sich in *Dalloz*, Code civil, 99.A., im Anschluß an Art. 1873 C. civ. Seit dem Gesetz Nr. 90-1258 vom 31.12.1990 kann die Ausübung dieser Berufe auch Gegenstand einer Kapitalgesellschaft sein, der sog. *société d'exercice libéral* (SEL). Vgl. auch *Merle*, Droit commercial, Rdnr. 10; *Ferid/Sonnenberger*, Band 2, Rdnr. 2 L 8 ff.

[676] Vgl. *Germain/Vogel* in: Ripert/Roblot, Droit commercial, Nr. 1384.

[677] Vgl. auch unten unter E. I. m.w.N.

[678] Vgl. *Guyon*, Droit des affaires, Nr. 217; *Tillmanns* in: Hohloch, EU-Handbuch, Rdnr. 16.

[679] Vgl. allgemein *Merle*, Droit commercial, Rdnr. 12.

[680] H.M., vgl. nur *Germain/Vogel* in: Ripert/Roblot, Droit commercial, Nr. 1170.

[681] Vgl. *Chaussade-Klein*, Gesellschaftsrecht, S. 11; *Merle*, Droit commercial, Rdnr. 12.

[682] Vgl. ausführlich zum Streitstand *Venandet* in: Juris-Classeur, Band 3, Fasc. 71-10, Nrn. 22-29 m.w.N.

[683] Vgl. die Nachweise unten unter G. I.

unterschieden, ob sie auf Gewinnerzielung (*à but lucratif*) oder auf einen anderen Zweck (*à but non lucratif*) gerichtet sind[684]. Zu den Personenvereinigungen mit einem *but lucratif* gehören grundsätzlich alle Gesellschaften (*sociétés*), und zwar unabhängig davon, ob es sich um Handelsgesellschaften oder bürgerlich-rechtliche Gesellschaften, Personen- oder Kapitalgesellschaften handelt[685]. Demgegenüber verfolgen Vereine (*associations*) ein *but non lucratif*. Sie dürfen also nur zu einem Zweck gegründet werden, der nicht auf die Teilung von Gewinn unter den Mitgliedern und auch nicht auf Kostenersparnis gerichtet ist[686]. In Betracht kommen insoweit z.B. politische, karitative, soziale, kulturelle, sportliche, künstlerische, wissenschaftliche, religiöse, aber auch sittliche oder naturschützende Zwecke[687]. Die französische Personenvereinigung der wirtschaftlichen Interessengemeinschaft (*groupement d'intérêt économique*, GIE) bildet allerdings bei sämtlichen vorgenannten Kategorien eine Ausnahme. Sie ist ihrer Rechtsnatur nach weder Gesellschaft noch Verein, sie kann sowohl einen zivilrechtlichen als auch handelsrechtlichen Charakter besitzen, und ihr Gemeinschaftszweck läßt sich weder zwingend einem *but lucratif* noch einem *but non lucratif* zuordnen[688].

---

684 Vgl. *Ferid/Sonnenberger*, Band 1/1, Rdnr. 1 D 318; *Guimezanes*, S. 278 f.; *Cozian/Viandier*, Droit des Sociétés, Nr. 10; *Schmitz*, Organisationsprinzipien, S. 104 ff., 128 ff. Personenvereinigungen mit einem *but lucratif* liegen vor, wenn ihre Mitglieder Vermögenswerte oder Arbeitsleistung einem gemeinsamen Unternehmen widmen, um dessen Gewinn zu teilen oder an den dadurch erzielten Einsparungen teilzuhaben, vgl. Art. 1832 Abs. 1 C. civ.: „*La société est instituée par deux ou plusieurs personnes qui conviennent par un contrat d'affecter à une entreprise commune des biens ou leur industrie en vue de partager le bénéfice ou de profiter de l'économie qui pourra en résulter.*". Vgl. zur Schwierigkeit, ein *but lucratif* begrifflich genauer zu bestimmen, *Cozian/Viandier*, Droit des Sociétés, Nrn. 10, 11 ff.

685 Vgl. nur *Ferid/Sonnenberger*, Band 1/1, Rdnr. 1 D 319. Hierzu zählt auch die Einpersonengesellschaft (*société instituée par l'acte de volonté d'une seule personne*, vgl. Art. 1832 Abs. 2 C. civ.). Obgleich es sich bei ihr dogmatisch gesehen nicht um eine Gesellschaft, also um eine Vereinigung von mehreren Personen handelt, wird die Einpersonengesellschaft in Form der *entreprise unipersonnelle à responsabilité limitée* (EURL) wegen ihrer wirtschaftlichen Relevanz auch in der vorliegenden Arbeit zu berücksichtigen sein; vgl. unten unter G. III.

686 Vgl. Gesetz vom 01.07.1901 Art. 1: „*..un but autre que de partager des bénéfices.*". Hierbei ist zu beachten, daß die Verfolgung der Gewinnerzielung durch den Verein zulässig ist, so lange die Gewinne dem Vereinszweck zugute kommen. Ausgeschlossen ist nur die Erwirtschaftung von Gewinnen zum Zwecke der Verteilung unter den Mitgliedern des Vereins (vgl. demgegenüber § 22 BGB zur Regelung des wirtschaftlichen Vereins in Deutschland).

687 Vgl. *Ferid/Sonnenberger*, Band 1/1, Rdnr. 1 D 323.

688 Die wirtschaftliche Interessengemeinschaft ist zwar nicht notwendig auf die Erzielung eines gemeinsamen Gewinns oder auf Kostenersparnis gerichtet, dennoch steht die wirtschaftliche Förderung ihrer Mitglieder im Vordergrund, weshalb sie eher zu den Vereinigungen mit einem *but lucratif* zählen dürfte; vgl. zur Einordnung auch *Cozian/Viandier*, Droit des Sociétés, Nr. 18. Die

II. Rechtsgrundlagen

Das französische Gesellschaftsrecht ist in einer verhältnismäßig großen Anzahl von Gesetzen (*lois*) und Rechtsverordnungen (*décrets*) geregelt. Rechtsgrundlage für die bürgerlich-rechtliche *société civile* ist der 1804 in Kraft getretene, inzwischen häufig geänderte und insbesondere im Jahre 1978 umfassend reformierte Code Civil (C. civ.). Dieser enthält im neunten Titel des dritten Buches[689] einen „allgemeinen Teil" des Gesellschaftsrechts (Artt. 1832-1844-17 C. civ.) sowie in seinen Artt. 1845-1870-1 C. civ. Bestimmte Sonderregelungen für die *société civile.* Ergänzt werden diese Vorschriften durch das Ausführungsdekret Nr. 78-704 vom 03.07.1978, in dem weitere wichtige Bestimmungen für die *société civile* vorgesehen sind. Bedeutendste Rechtsquelle für Handelsgesellschaften ist demgegenüber das zentrale Gesetz Nr. 66-537 vom 24.07.1966 über die Handelsgesellschaften[690]. Es enthält in Artt. 1-8 allgemeine Vorschriften für alle Handelsgesellschaften und in Artt. 10-33 besondere Regeln für die *société en nom collectif* und die *société en commandite simple.* Anschließend finden die *société à responsabilité limitée* in Artt. 34-69 und die verschiedenen Typen der *société par actions* in Artt. 70 bis 262-21 ihren gesetzlichen Niederschlag. Ergänzt wird auch dieses Gesetz durch ein Anwendungsdekret, hier das Dekret Nr. 67-236 vom 23.03.1967[691], welches eine ähnliche Gliederung aufweist wie das Gesetz vom 24.07.1966. Außerdem sind die vorgenannten Artt. 1832-1870-1 C. civ. auch für die Handelsgesellschaften ergänzend anwendbar (vgl. Artt. 1834 und 1845 Abs. 1 C. civ.). Die ebenfalls darzustellende *société en participation* ist in den Artt. 1871-1872-2 C. civ. geregelt, die entweder durch die Vorschriften für die *société civile* oder für die *société en nom collectif* ergänzt werden, je nachdem, worauf der Unternehmensgegenstand der Gesellschaft gerichtet ist (Art. 1871-1 C. civ.). Die wirtschaftliche Interessengemeinschaft (*groupement d'intérêt économique*, GIE) ver-

---

Gründung eines GIE wird nachstehend ebenfalls eingehend erörtert, obwohl es keine Gesellschaft im eigentlichen Sinne darstellt, s.u. unter F.

689 Der neunte Titel des dritten Buches des Code civil wurde mit dem Gesetz Nr. 78-9 vom 04.01.1978 tiefgreifend geändert; vgl. hierzu *Ferid/Sonnenberger*, Band 2, Rdnr. 2 L 1.

690 Nachfolgend beziehen sich alle zitierten Artikel ohne nähere Gesetzesangabe auf dieses Gesetz.

dankt ihre Existenz der Ordonnance Nr. 67-821 vom 23.09.1967. Schließlich unterliegt das französische Gesellschaftsrecht ebenfalls den Angleichungs- und Koordinierungsbemühungen der Europäischen Union auf der Grundlage der Römischen Verträge. Die für die Gründung von Gesellschaften relevanten Richtlinien, nämlich die 1. Richtlinie (Publizitätsrichtlinie) 68/151/EWG vom 09.03.1968 und die 2. Richtlinie (Kapitalrichtlinie) 77/91/EWG vom 13.12.1976 sind auch in Frankreich umgesetzt worden[692]. Die 12. Richtlinie 89/667/EWG vom 21.12.1989 betreffend die Einpersonengesellschaften hat in Frankreich keine Auswirkungen gehabt, da diese Gesellschaftsform dort bereits etwa fünf Jahre vorher in das nationale Recht eingeführt und den Anforderungen der 12. Richtlinie somit Rechnung getragen wurde[693].

III. Nationale Grundsätze und Besonderheiten

1. Allgemeines

In Frankreich ist sowohl die Gründung von Gesellschaften[694] als auch die Wahl bestimmter Rechtsformen[695] grundsätzlich frei. Einschränkungen können sich aber entweder immanent ergeben (z.B. durch gewisse Anforderungen an die Gesellschaftsgründer[696] oder an das aufzubringende Kapital[697]) oder auch ausdrücklich im Gesetz vorgesehen sein[698]. Zu beachten ist jedoch,

---

691 Nachfolgend einheitlich als Dekret Nr. 67-236 zitiert.

692 Die Umsetzung der 1. Richtlinie erfolgte durch *Ordonnance No. 69-1176 du 20.12.1969 modifiant la loi No. 66-537 du 24.07.1966* bzw. *Décret No. 69-1177 du 24.12.1969 modifiant le décret No. 67-236 et 67-237* (J.O. 28.12.1969). Die 2. Richlinie wurde durch *Loi No. 81-1162 du 30.12.1981* (J.O. 31.12.1981) in nationales Recht umgesetzt.

693 Durch *Loi n° 85-697 du 11 juillet 1985, relative à l'entreprise unipersonnelle à responsabilité limitée et à l'exploitation agricole à responsabilité limitée.*

694 Vgl. nur *Sonnenberger/Autexier*, Einführung, Nr. 130.

695 Vgl. *Sonnenberger*, FrHWR Rdnr. III 24; *Guyon*, Les sociétés, Nr. 17.

696 Z.B. allein durch die erforderliche Anzahl der Gesellschafter: mindestens zwei bei der *société civile*, der *société en nom collectif* und der *société en commandite simple*; bei der *société anonyme* mindestens sieben und bei der *société à responsabilité limitée* höchstens 50.

697 Mindestens 50.000 FF bei der *société à responsabilité limitée*, mindestens 250.000 FF bei der *société anonyme.*

698 Was allerdings seltener der Fall ist. Vgl. eine Aufzählung bei *Guyon*, Les sociétés, Nr. 21; *Sonnenberger*, FrHWR Rdnr. III 26. Beispielsweise dürfen gemäß Art. 490 Versicherungs-, Finanzierungs-, Sparkassen- und Bankgeschäfte nicht Gesellschaftsgegenstand einer SARL sein, weil das gesetzliche Mindestkapital von nur 50.000 FF ein zu großes Risiko darstellt. Dagegen ist

daß durchweg für alle Gesellschaften in Frankreich die Pflicht besteht, sich in das Handels- und Gesellschaftsregister eintragen zu lassen, insbesondere auch für die *société civile*[699]. Ab Eintragung in das Register erlangen die Gesellschaften dann den Status der juristischen Person (*personne morale*), vgl. Art. 1842 Abs. 1 C. civ., womit eine persönliche Haftung der Gesellschafter allerdings nicht automatisch ausgeschlossen ist[700].

2. Spezialitätsprinzip und leoninische Klauseln

Für juristische Personen gilt in Frankreich das sog. Spezialitätsprinzip. Hiernach kann eine juristische Person keine anderen Rechte erwerben und Verbindlichkeiten begründen, als sich aus dem gesetzlichen Zweck ergibt, den die jeweilige Rechtsform verfolgen darf (*spécialité légale*)[701]. Außerdem kann sie keine Rechte erwerben und Verbindlichkeiten begründen, die außerhalb des konkreten satzungsmäßigen Unternehmensgegenstands liegen (*spécialité statutaire*)[702]. Damit ist das Spezialitätsprinzip mit der britischen *ultra vires*-Lehre vergleichbar[703], die beide dem deutschen Recht unbekannt sind.

---

der Betrieb einer Apotheke neben einer SEL nur als SARL oder SNC möglich (vgl. Art. L. 575 C. santé pub.). Aus Art. L. 310-2 Abs. 1 und 2 C. ass. ergibt sich schließlich, daß Versicherungen und Rückversicherungen im wesentlichen nur als SA geführt werden können.

699 Die Eintragungspflicht ergibt sich für die *société civile* aus Dekret Nr. 78-704 Art. 2 Abs. 1. Für Handelsgesellschaften sieht Dekret Nr. 67-236 Art. 1 Abs. 1 zwingend eine Eintragung vor. Vgl. auch noch Dekret Nr. 84-406 Art. 1 Abs. 1 Nr. 2. Ausgenommen von der Eintragungspflicht ist lediglich die *société en participation* (vgl. Art. 1842 Abs. 1 C. civ.), auf die aber noch näher eingegangen wird; s.u. unter E.

700 Trotz der rechtlichen Verselbständigung der Gesellschaft müssen z.B. bei der *société civile* und der *société en nom collectif* alle Gesellschafter, bei der *société en commandite simple* die Komplementäre (*commandités*) persönlich und unbeschränkt auch mit ihrem Privatvermögen haften. Bei der *société en nom collectif* und der *société en commandite simple* ist diese Haftung unmittelbar, bei der *société civile* hingegen subsidiär, d.h. der Gläubiger muß sich vorher vergeblich an die Gesellschaft gewandt haben. Alle Gesellschafter der *société en nom collectif* und die Komplementäre der *société en commandite simple* haften gesamtschuldnerisch, die Gesellschafter der *société civile* nur in Höhe ihres Kapitalanteils.

701 Z.B. muß eine Handelsgesellschaft auf die Erzielung von Gewinn oder auf Kostenersparnis gerichtet sein (Artt. 1832 Abs. 1, 1834 C. civ.). Sie darf also keine wohltätigen Einrichtungen betreiben. Vgl. auch *Ferid/Sonnenberger*, Band 1/1, Rdnr. 1 D 331; *Guyon*, Droit des affaires, Nr. 188.

702 Eine SNC beispielsweise, die nach ihrem Gesellschaftsgegenstand nur den Import und Verkauf exotischer Früchte betreibt, kann also keine gebrauchten PKW exportieren oder mit Computersoftware handeln. Vgl. auch *Micha-Goudet* in: Juris-Classeur, Band 1, Fasc. 9-10, Nr. 23; *Ferid/Sonnenberger*, Band 1/1, Rdnr. 1 D 331.

703 Vgl. *Ferid/Sonnenberger*, Band 1/1, Rdnr. 1 D 331.

Die *spécialité statutaire* ist allerdings in praxi nur noch von geringer Relevanz. Zum einen sehen die Statuten regelmäßig möglichst weitläufige Bestimmungen zum Unternehmensgegenstand vor, um gerade das Geschäftsfeld der Gesellschaft nicht unnötig einzugrenzen; zum anderen erhält auch das Gesetz das statutarische Spezialitätsprinzip nicht mehr für alle Gesellschaftsformen aufrecht[704]. Außerdem verdienen die sog. leoninischen Klauseln (*clauses léonines*) einer Erwähnung. Nach dem französischen Gesellschaftsrecht dürfen unter den Gesellschaftern keine Vereinbarungen getroffen werden, nach denen ein Gesellschafter ganz von der Gewinnbeteiligung ausgeschlossen oder von der Verlustbeteiligung befreit ist. Sie gelten dann als nicht geschrieben, vgl. Art. 1844-1 Abs. 2 C. civ. und Art. 360.

3. Gesellschaften mit variablem Kapital

In Frankreich ist es möglich, Gesellschaften mit einem schwankenden Gesellschaftskapital zu gründen (*sociétés à capital variable*). Rechtsgrundlage hierfür bildet der 3. Titel des Gesetzes vom 24.07.1867, der noch heute Gültigkeit besitzt und in der Praxis von großer Bedeutung ist[705]. Bei den *sociétés à capital variable* handelt es sich nicht um eine eigenständige Gesellschaftsform, sondern vielmehr um gewöhnliche Gesellschaften, deren Statuten lediglich eine Klausel vorsehen, die die Bildung eines variablen Kapitals erlaubt[706]. Diese Klausel ist grundsätzlich bei jeder beliebigen Gesellschaftsform zulässig[707], unabhängig davon, ob sie genossenschaftlich organisiert sind (*société coopérative*) oder nicht; auch spielt die Rechtsnatur der Gesellschaft (Personen- oder Kapitalgesellschaft[708], bürgerlich-rechtliche oder Han-

[704] Es gilt noch bei der *société civile* (Art. 1849 Abs. 1 C. civ.), bei der *société en nom collectif* und der *société en commandite simple* (Art. 14 Abs. 1 bzw. Artt. 24 i.V.m. 14 Abs. 1). Vgl. demgegenüber Artt. 49 Abs. 4, 98 Abs. 2, 113 Abs. 3 für die *société à responsabilité limitée* und die *société anonyme*.

[705] Vgl. *Jeantin/Durand-Lépine* in: Juris-Classeur, Band 6, Fasc. 167-10, Nr. 3.

[706] Vgl. *Jeantin/Durand-Lépine* in: Juris-Classeur, Band 6, Fasc. 167-10, Nrn. 2, 4; *Germain/Vogel* in: Ripert/Roblot, Droit commercial, Nr. 2047; *Cozian/Viandier*, Droit des Sociétés, Nr. 329.

[707] Vgl. *Legeais*, Droit commercial, Nr. 297; *Trousset*, J.C.P. éd. E. 1999, S. 16, 17.

[708] In der Praxis kommen aber Gesellschaften mit einem variablen Kapital nur selten bei Personengesellschaften vor; vgl. *Jeantin/Durand-Lépine* in: Juris-Classeur, Band 6, Fasc. 167-20, Nr. 72.

delsgesellschaft) keine Rolle[709]. In Betracht kommen also gleichermaßen die *société civile*, die *société en nom collectif*, die *société en commandite simple* oder die *société à responsabilité limitée*. Ausgeschlossen sind insoweit nur die *sociétés anonymes*[710]. Diese können nur dann als Gesellschaft mit variablem Kapital geführt werden, wenn sie genossenschaftlich organisiert sind (*société coopérative*, vgl. Gesetz vom 24.07.1867) oder wenn sie in der Form der speziellen *société d'investissement à capital variable* (SICAV) gegründet werden (vgl. Gesetz Nr. 88-1201 vom 23.12.1988). In allen übrigen Fällen schließt das Gesetz vom 24.07.1867 im Art. 48 Abs. 1 die Bildung eines variablen Kapitals bei Aktiengesellschaften zum Schutze der Anleger aus[711]. Die Besonderheiten, die bei der Gründung einer Gesellschaft mit variablem Kapital zu beachten sind, gelten grundsätzlich für alle jeweiligen Gesellschaften gleich. Sie werden exemplarisch bei der SARL dargestellt; dieser Fall kommt, neben der SICAV, in der Praxis auch am häufigsten vor[712].

B. Die Gründung einer *société civile*

Die originäre Gründung einer *société civile* erfolgt durch Abschluß eines Gesellschaftsvertrages mit anschließender Eintragung in das Handels- und Gesellschaftsregister. Dieser Weg wird nachstehend eingehend erörtert. Daneben kann sie aber auch nach Art. 1844-3 C. civ. - wie alle Gesellschaften - durch formenwechselnde Umwandlung (*transformation*) entstehen[713], bei der die umgewandelte Gesellschaft ihre ursprüngliche Rechtspersönlichkeit beibehält (Art. 1844-3 S. 1 C. civ.). Schließlich kann eine *société civile* auch an einer Verschmelzung (*fusion*) oder Spaltung (*scission*) beteiligt sein, vgl.

---

709 Vgl. Gesetz vom 24.07.1867 Art. 48 Abs. 1; vgl. auch *Germain/Vogel* in: Ripert/Roblot, Droit commercial, Nr. 2047; *Cozian/Viandier*, Droit des Sociétés, Nr. 329; *Jeantin/Durand-Lépine* in: Juris-Classeur, Band 6, Fasc. 167-10, Nr. 6.

710 Allerdings auch erst seit der Änderung des Gesetzes vom 24.07.1867 Art. 48 Abs. 1 durch das Gesetz Nr.81-1162 vom 30.12.1981.

711 Vgl. *Jeantin/Durand-Lépine* in: Juris-Classeur, Band 6, Fasc. 167-20, Nr. 46.

712 Vgl. zur SICAV *Legeais*, Droit commercial, Nr. 297.

713 Vgl. hierzu *Guyon*, Droit des affaires, Nrn. 563 ff.; *Ferid/Sonnenberger*, Band 2, Rdnr. 2 L 158; *Merle*, Droit commercial, Rdnrn. 98 ff.

Art. 1844-4 Abs. 1 und 2 C. civ. In der Praxis dürfte dies aber eher selten vorkommen[714].

I. Vorstellung der Gesellschaftsform

Im französischen Recht ist die *société civile* nicht abschließend positiv definiert, sondern erschließt sich erst aus der allgemeinen Bestimmung einer Gesellschaft in Art. 1832 Abs. 1 C. civ. in Verbindung mit einer Negativabgrenzung gemäß Art. 1845 Abs. 2 C. civ. Nach Art. 1832 Abs. 1 C. civ. ist eine Gesellschaft ein Vertrag, durch den sich zwei oder mehr Personen verpflichten, Güter oder Arbeit zusammenzubringen, um den sich daraus ergebenden Gewinn zu teilen oder von den sich daraus ergebenden Einsparungen zu profitieren[715]. Liegen diese Voraussetzungen vor, so ist die Gesellschaft ihrer Rechtsnatur nach eine *société civile*, wenn das Gesetz ihr nicht aufgrund der Form, der Natur oder des Gegenstands der Gesellschaft eine andere Rechtsform zuweist, Art. 1845 Abs. 2 C. civ. Deshalb sind alle diejenigen Gesellschaften keine *sociétés civiles*, die den Betrieb eines Handelsgeschäfts zum Gegenstand haben (Art. 1 Abs. 1) oder bereits aufgrund ihrer Rechtsform Handelsgesellschaften sind, wie die *société en nom collectif* (SNC), die *société en commandite simple* (SCS), die *société à responsabilité limitée* (SARL) und die *société anonyme* (SA), vgl. Art. 1 Abs. 2[716].

Die *société civile* ist eine Personengesellschaft (intuitus personae)[717] und muß zwingend in das Handels- und Gesellschaftsregister eingetragen

[714] Vgl. *Ferid/Sonnenberger*, Band 2, Rdnr. 2 L 159. Fusion bedeutet entweder die Aufnahme einer Gesellschaft durch eine andere oder die gemeinsame Neugründung einer dritten Gesellschaft (vgl. Art. 1844-4 Abs. 1 C. civ.). Bei der Spaltung handelt es sich hingegen um die Einbringung des Vermögens einer untergehenden Gesellschaft in zwei oder mehrere Gesellschaften, die entweder bereits existieren oder ebenfalls neu gegründet werden (Art. 1844-4 Abs. 2 C. civ.).

[715] Freilich erlangt die *société* Rechtsfähigkeit erst mit Eintragung in das Handels- und Gesellschaftsregister, Art. 1842 Abs. 1 C. civ.

[716] Vgl. auch *Chaput*, Droit des sociétés, Nr. 568; *Bastian/Germain*, 30.00 S. 6. Wird als Rechtsform die *société civile* gewählt, tatsächlich aber ein Handelsgewerbe betrieben, liegt nur der äußere Schein einer *société civile* vor, da grundsätzlich der Zweck die Form beherrscht; vgl. dazu *Ferid/Sonnenberger*, Band 2, Rdnr. 2 L 5; *Bézard/Letulle* in: Juris-Classeur, Band 3, Fasc. 48-10, Nr. 55.

[717] Vgl. nur *Merle*, Droit commercial, Rdnr. 12. Mit dem Begriff intuitus personae wird der Umstand beschrieben, daß die Person des Gesellschafters in der Gesellschaft eine bedeutsame Rolle spielt, weil sie den übrigen Gesellschaftern aus verschiedenen Gründen als wichtig erscheint; vgl. hierzu auch *Bézard/Letulle* in: Juris-Classeur, Band 3, Fasc. 48-10, Nr. 65.

werden[718]. Sie kann als Grundform der französischen Gesellschaften bezeichnet werden[719] und nimmt im gesellschaftsrechtlichen System eine Lückenfüllungsfunktion ein (vgl. Art. 1845 Abs. 2 C. civ.)[720]. Die *société civile* spielt in der französischen Wirtschaft eine bedeutsame Rolle, nicht zuletzt aufgrund einer Reihe von Sonderformen der bürgerlichrechtlichen Gesellschaft, die auf spezielle Bedürfnisse zugeschnitten sind.

1. Rechtsgrundlagen

Als Rechtsgrundlagen für die *société civile* gelten die allgemeinen, für alle Gesellschaften gültigen Vorschriften der Artt. 1832-1844-17 C. civ. und die besonderen Regelungen in Artt. 1845-1870-1 C. civ. Des weiteren enthält das Ausführungsdekret (*décret d'application*) Nr. 78-704 vom 03.07.1978[721] wichtige Zusatzvorschriften für die *société civile*. Die Vorschriften zur Regelung der Eintragung in das Handels- und Gesellschaftsregister sind auch für die *société civile* anwendbar, da für diese ebenfalls eine Eintragungspflicht besteht[722]. Nicht anzuwenden sind hingegen die Bestimmungen des Handelsrechts, hier insbesondere das Gesetz Nr. 66-537 vom 24.07.1966 über die Handelsgesellschaften sowie das Dekret Nr. 67-236 vom 23.03.1967[723]. Das geschriebene Recht der *société civile* wurde 1978 umfassend reformiert und ist auch anschließend in seiner Gesamtkonzeption weitgehend liberal geblieben. Die meisten Vorschriften haben ergänzenden Charakter und stehen abweichenden Satzungsbestimmungen nicht entgegen[724]. Dennoch ist der Code civil durch die Reform deutlich dem Handelsrecht angenähert

---

[718] Während sich aus Art. 1842 C. civ. nur ergibt, daß die Eintragung für die *société civile* vorgesehen ist, fordert Dekret Nr. 78-704 Art. 2 Abs. 1 zwingend eine Eintragung. Vgl. auch Dekret Nr. 84-406 Art. 1 Abs. 1 Nr. 2.

[719] Vgl. *Sonnenberger*, Einführung, Nr. 69.

[720] Vgl. auch *Cozian/Viandier*, Droit des Sociétés, Nr. 1490 („*caractère résiduel*“).

[721] *Décret n° 78-704 du 3 juillet 1978, relatif à l'application de la loi n° 78-9 du 4 janvier 1978 modifiant le titre IX du livre III du Code civil.*

[722] Vgl. die gesetzlichen Regelungen im einzelnen unten unter II. 3. a).

[723] Weder handelt es sich bei der *société civile* um eine von Gesetzes wegen bestimmte Handelsgesellschaft, noch darf ihr Gegenstand auf den Betrieb eines Handelsgewerbes gerichtet sein (s.o.).

[724] Vgl. *Cozian/Viandier*, Droit des Sociétés, Nr. 1495; *Guyon*, Droit des affaires, Nr. 243. Vgl. aber auch *Ferid/Sonnenberger*, Band 2, Rdnr. 2 L 22.

worden[725], woraus sich erklärt, daß eine Vielzahl von Vorschriften ähnlich, wenn nicht sogar gleichlautend sind.

2. Charakteristische Merkmale

Die charakteristischen Wesensmerkmale der *société civile* ergeben sich aus Art. 1832 Abs. 1 C. civ. Es müssen Einlagen wie Güter (*biens*) oder Dienste (*industrie*) erbracht werden, die Gesellschaft ist auf partnerschaftliche Zusammenarbeit ausgerichtet (affectio societatis)[726] und sie muß einen wirtschaftlichen Zweck wie die Gewinnerzielung (*partager le bénéfice*) oder Einsparungen (*profiter de l'économie*) verfolgen. Fehlt eine Voraussetzung, besteht schon keine Gesellschaft[727]. Liegen sie vor, so ist die Gesellschaft eine *société civile*, wenn ihr das Gesetz oder der Gesellschaftsvertrag nicht einen anderen Charakter zuweist (Art. 1845 Abs. 2 C. civ.). Im Unterschied zu der deutschen Gesellschaft bürgerlichen Rechts (GbR) ist die *société civile* zwingend Außengesellschaft[728], da sie in das Handels- und Gesellschaftsregister eingetragen werden muß. Ihr bürgerlich-rechtlicher Charakter bleibt aber dennoch gewahrt, insbesondere wird sie durch die Eintragung in das Handels- und Gesellschaftsregister nicht zu einer Handelsgesellschaft (*société commerciale*)[729]. Ab dem Zeitpunkt der Eintragung genießt die Gesellschaft den Status einer juristischen Person (*personne morale*[730]), Art. 1842 Abs. 1

---

[725] Vgl. *Guyon*, Droit des affaires, Nr. 223; *Merle*, Droit commercial, Rdnr. 11; *Bézard/Letulle* in: Juris-Classeur, Band 3, Fasc. 48-20, Nr. 1.

[726] Der Begriff umschreibt genaugenommen nur die Absicht der Gesellschafter, im gemeinsamen Interesse aktiv und partnerschaftlich zusammenzuarbeiten. Damit wird der Gesellschaftsvertrag z.B. abgegrenzt von einem Arbeitsvertrag mit Gewinnbeteiligung; vgl. *Sonnenberger/Autexier*, Einführung, Nr. 130. Ausdrücklichen Niederschlag findet die affectio societatis im Gesellschaftsvertrag in der Regel jedoch nicht. Vgl. zum Begriff eingehend *Jeantin*, Droit des sociétés, Nr. 35 ff.

[727] Vgl. *Ferid/Sonnenberger*, Band 2, Rdnr. 2 L 5.

[728] Vgl. *Cozian/Viandier*, Droit des Sociétés, Nr. 1497.

[729] Vgl. Dekret Nr. 84-406 vom 30.05.1984 Art. 64 S. 1; vgl. auch *Cozian/Viandier*, Droit des Sociétés, Nr. 1497; *Guyon*, Droit des affaires, Nr. 225.

[730] Zur Terminologie: Die *société civile* ist eine juristische Person (*personne morale*), die also eine eigene Rechtspersönlichkeit (*personnalité juridique*) besitzt und daher rechtsfähig ist (*capacité de jouissance*). Die *personne morale* wird im französischen Recht nur selten deutlich definiert. Nach *Ferid/Sonnenberger*, Band 1/1, Rdnr. 1 D 312 m.w.N., ist hierunter zu verstehen: „*la technique juridique, qui fait un sujet de droit d'un groupement (d'une réalité communautaire), animé d'un intérêt propre ou d'une organisation d'intérêts collectifs*".

C. civ.[731], und ist damit Trägerin eigenen Vermögens[732], das als Haftungsmasse für Verbindlichkeiten der Gesellschaft zur Verfügung steht. Dennoch ist eine Haftung der Gesellschafter der *société civile* nicht ausgeschlossen. Nach Art. 1858 C. civ. bleibt sie subsidiär bestehen, d.h. der Gläubiger muß zuvor die Gesellschaft verklagt und erfolglos Vollstreckung versucht haben[733]. Die Gesellschafter haften dann unbeschränkt bzw. unbeschränkbar (die Haftung kann also nicht durch die Statuten ausgeschlossen werden), allerdings nicht gesamtschuldnerisch (*responsabilité solidaire*), sondern proportional im Verhältnis ihrer Anteile zum Gesellschaftskapital (*responsabilité conjointe*), Art. 1857 Abs. 1 C. civ.[734]. Der Code civil sieht für die *société civile* keine Verfassung vor. Als Organe der Gesellschaft setzt das Gesetz in seinen Artt. 1846-1851 vielmehr das Vorhandensein eines oder mehrerer Geschäftsführer (*gérants*) sowie in seinen Artt. 1852-1854 die Gesamtheit der Gesellschafter voraus. Den Geschäftsführern obliegt die Leitung der Gesellschaft sowie die Vertretung im Außenverhältnis, ihre Vertretungsbefugnis ist allerdings durch den Gesellschaftsgegenstand eingeschränkt (vgl. Art. 1849 Abs. 1 C. civ.)[735]. Bestimmte Maßnahmen sind der kollektiven Entscheidung aller Gesellschafter vorbehalten, wie z.B. eine Statutenänderung (Art. 1836 Abs. 1 C. civ.), die Abberufung eines Geschäftsführers (Art. 1851 Abs. 1 S. 1 C. civ.) oder die Zustimmung zur Veräußerung eines Gesellschaftsanteils

---

[731] Die Rechtsprechung gestand der *société civile* bereits 1891 eine eigene Rechtspersönlichkeit zu (vgl. Cass. Req. 23.02.1891: D. 1891, I, S. 337), während der Gesetzgeber dies erst mit der Reform im Jahre 1978 anerkannt hat, namentlich mit der Änderung des Art. 1842 Abs. 1 C. civ., der seitdem für die *société civile* die Eintragung in das Handelsregister vorsieht. Hieraus ergibt sich auch folgender Umstand: Wenngleich die *société civile* heute zwingend nur als Außengesellschaft gegründet werden kann, ist damit nicht ausgeschlossen, daß aus der Zeit vor 1978 noch *sociétés civiles* als bloße Innengesellschaften (*sociétés occultes*) existieren; vgl. *Cozian/Viandier*, Droit des Sociétés, Nr. 1497.

[732] Vgl. *Ferid/Sonnenberger*, Band 2, Rdnr. 2 L 129.

[733] In der französischen Literatur auch als „*bénéfice de discussion*" bezeichnet; vgl. *Guyon*, Droit des affaires, Nr. 228; *Cozian/Viandier*, Droit des Sociétés, Nr. 1503.

[734] In der französischen Literatur auch als „*bénéfice de division*" bezeichnet; vgl. nur *Cozian/Viandier*, Droit des Sociétés, Nr. 1504.

[735] Im Innenverhältnis gilt Art. 1848 Abs. 1 C. civ.: „*Dans les rapports entre associés, le gérant peut accomplir tous les actes de gestion que demande l'intérêt de la société.*" Der Geschäftsführer darf also alle Verwaltungsmaßnahmen oder Verfügungen vornehmen, die dem Interesse der Gesellschaft dienen. Die Statuten können aber besondere Regelungen enthalten, vgl. Art. 1848 Abs. 3 C. civ.

(Art. 1861 Abs. 1 C. civ.)[736]. Die kollektive Entscheidung der Gesellschafter kann entweder in einer Gesellschafterversammlung (*assemblée*) getroffen werden (Art. 1853 S. 1 C. civ.), durch eine von allen Gesellschaftern unterzeichnete Vereinbarung (*acte signé par tous les associés*)[737] oder, falls die Statuten diese Möglichkeit vorsehen, durch eine schriftliche Stimmabgabe (*consultation écrite*), vgl. Art. 1853 S. 2 C. civ. und Dekret Nr. 78-704 Artt. 42-47. Übt die *société civile* eine wirtschaftliche (aber nicht handelsrechtliche!) Tätigkeit aus, kann unter bestimmten Voraussetzungen die Begründung eines zusätzlichen Organs, nämlich die Bestellung eines Abschlußprüfers (*commissaire aux comptes*) sowie seines Stellvertreters (*suppléant*), erforderlich sein[738]. Nach Art. 1835 S. 2 C. civ. ist die *société civile* zur Führung einer Firma (*appellation*) berechtigt.

3. Gesellschaftszweck und Relevanz

Der Gesellschaftszweck der *société civile* muß wie bei allen Gesellschaften entweder auf die Erzielung von Gewinn (*bénéfices*) oder auf die Reduzierung von Kosten (*économie*) gerichtet sein. Ein anderer Gesellschaftszweck ist von Art. 1832 Abs. 1 C. civ. nicht vorgesehen und darf somit nicht verfolgt werden[739]. Zur Erreichung dieses Zwecks darf die Tätigkeit der Gesellschaft auf jeden erlaubten Gegenstand (*objet licite*) gerichtet sein (Art. 1833 C. civ.), mit Ausnahme des Betriebs eines Handelsgewerbes. In der Systematik des französischen Gesellschaftsrechts kann ein Handelsgewerbe nur von einer Handelsgesellschaft betrieben werden, worum es sich bei der *société civile* gerade nicht handelt. Demgegenüber kann aber eine Handelsgesell-

---

[736] Eine statutarische Abweichung von dieser Regel ist aber auch hier zulässig, vgl. Art. 1861 Abs. 2 C. civ.

[737] Art. 1854 C. civ. Sie bietet sich insbesondere dann an, wenn eine einstimmige Entscheidung erforderlich ist, vgl. *Guyon*, Droit des affaires, Nr. 235.

[738] Vgl. Gesetz Nr. 84-148 vom 01.03.1984 Art. 27 Abs. 2, 1 i.V.m. Dekret Nr. 85-295 vom 01.03.1985 Art. 22 Abs. 1 Nrn. 1-3. Dies gilt, wenn mindestens zwei der folgenden drei Kriterien erfüllt sind: mehr als 50 Arbeitnehmer, mehr als 20 Mio. FF Umsatz vor Steuern und eine Aktivbilanz von mehr als 10 Mio. FF. Vgl. zum Abschlußprüfer auch *Quick/Renault*, RIW 1993, S. 305 ff.

[739] Es kommt nicht auf den satzungsmäßig beschriebenen Zweck an, sondern der mit der Gesellschaft tatsächlich verfolgte Zweck ist entscheidend; vgl. Lyon, 13.06.1960: J.C.P. 1961, II, Nr. 12103.

schaft durchaus auf die Verfolgung eines zivilrechtlichen Gegenstands gerichtet sein[740]. Sollen mit dem Unternehmen lediglich Kosten verringert werden, bietet sich anstatt einer *société civile* auch noch die wirtschaftliche Interessengemeinschaft (*groupement d'intérêt économique*, GIE) als geeignete Rechtsform an. Trotz der beachtlichen Konkurrenz durch die Handelsgesellschaften und das GIE nimmt die *société civile* in Frankreich nach wie vor eine wichtige Rolle ein[741]. Sie kommt zum einen verstärkt in wichtigen Teilgebieten der französischen Wirtschaft vor, dann aber zumeist, jedoch nicht zwingend, in sog. Sonderformen der bürgerlich-rechtlichen Gesellschaft, für die spezielle Regelungen gelten[742]. Zum anderen wird auch die allgemeine *société civile* (*de droit commun*) in der Wirtschaft häufig als Eigentümerin von Immobilien eines Unternehmens eingesetzt, um z.B. die Finanzierung von neuen Objekten zu ermöglichen oder die Transaktion eines Unternehmens zu erleichtern[743]. Insgesamt zählte man Anfang 1997 140.998 Gesellschaften in der Rechtsform der *société civile*, einschließlich der vorgenannten Sonderformen. Damit stellten sie insgesamt gut 12% aller gezählten Gesellschaften dar[744].

II. Voraussetzungen für die Gründung einer *société civile*

1. Allgemeines

Die Gründung einer *société civile* setzt den wirksamen Abschluß eines Gesellschaftsvertrages voraus, mit dem die Gesellschaft bereits materiell gegründet wird (vgl. Art 1832 Abs. 1 C. civ.), und eine anschließende Eintra-

---

740 Z.B. die *société en nom collectif* oder die *société en commandite simple*. Sie gelten bereits kraft ihrer Rechtsform als Handelsgesellschaften, auch wenn tatsächlich gar kein Handelsgewerbe betrieben wird, vgl. Art. 1 Abs. 2.

741 Vgl. auch *Guyon*, Droit des affaires, Nr. 223 m.w.N.

742 Auf die Sonderformen der bürgerlich-rechtlichen Gesellschaften wird aufgrund der Zielsetzung der Arbeit nachstehend nicht mehr weiter eingegangen. Vgl. den Überblick über die wichtigsten Sondergesellschaften oben unter A. I. m.w.N.

743 Vgl. *Guyon*, Droit des affaires, Nr. 223; *Cozian/Viandier*, Droit des Sociétés, Nr. 1493; *Chaput*, Droit des sociétés, Nr. 568.

744 Quelle: *Cozian/Viandier*, Droit des Sociétés, Nr. 1 mit Verweis auf die statistische Erhebung des *Institut national de la statistique et des études économiques* (INSEE). Sie nehmen damit nach der SARL und SA Platz drei ein.

gung der Gesellschaft in das Handels- und Gesellschaftsregister, die die Entstehung der *société civile* als juristische Person zur Folge hat (Art. 1842 Abs. 1 C. civ.). Nicht erforderlich ist das Vorhandensein eines Mindestkapitals, eine entsprechende Verpflichtung der Gesellschafter zur Aufbringung des Gesellschaftskapitals reicht insoweit aus[745].

2. Abschluß eines Gesellschaftsvertrages (*contrat de société*)

Der Gesellschaftsvertrag (*contrat de société* oder *acte de société*) wird vom Gesetz auch mit Satzung bzw. Statuten (*statuts*) bezeichnet[746]. Auf ihn finden neben den Regelungen für die *société civile* in Artt. 1832 ff. und 1845 ff. C. civ. grundsätzlich auch die allgemeinen Vorschriften des Vertragsrechts Anwendung[747].

a) Anforderungen an den Inhalt des Gesellschaftsvertrages

Zur Gründung einer *société civile* muß der Gesellschaftsvertrag zunächst den nach Artt. 1832 und 1835 C. civ. vorgesehenen Mindestinhalt aufweisen. Darüber hinaus ist es möglich, aber nicht zwingend, daß der Vertrag weitere fakultative Bestandteile enthält.

aa) Mindestinhalt

Nach Art. 1832 Abs. 1 C. civ. muß sich aus dem Vertrag zunächst ergeben, daß die Gründer mit Blick auf eine partnerschaftliche Zusammenarbeit (affectio societatis) Einlagen wie Gegenstände (*biens*) oder Dienste (*industrie*) erbringen werden, die sie zur Verfolgung eines wirtschaftlichen Zwecks einsetzen. Als solchen schreibt das Gesetz in Art. 1832 Abs. 1 C. civ. enumerativ die Gewinnerzielung (*partager le bénéfice*) oder Einsparungen (*profiter de l'économie*) vor. Diese Vorgaben werden durch Art. 1835 S. 2

[745] Vgl. auch *Guyon*, Droit des affaires, Nr. 224; *Cozian/Viandier*, Droit des Sociétés, Nr. 1496.
[746] Vgl. Art. 1835 S. 1 C. civ. Zur Gleichsetzung der Begriffe siehe auch *Ferid/Sonnenberger*, Band 2, Rdnr. 2 L 101 m.w.N.
[747] Vgl. *Bellargent*, Rev. trim. dr. com. 1983, S. 189, 192; *Ferid/Sonnenberger*, Band 2, Rdnr. 2 L 108.

C. civ. konkretisiert, der als zwingenden Satzungsinhalt die Gesellschaftsform, den Gesellschaftsgegenstand, die Firma, den Gesellschaftssitz, das Gesellschaftskapital, die Dauer der Gesellschaft, die Nennung der einzelnen Gesellschaftereinlagen sowie Angaben zur Gesellschaftsorganisation vorsieht.

(1) Gesellschaftsform (forme)

Nach Art. 1835 C. civ. muß der Gesellschaftsvertrag die Form der Gesellschaft (*forme*) angeben, vorliegend also die Rechtsform der *société civile*. Die ausdrückliche Bezeichnung der Rechtsform im Gesellschaftsvertrag dient zum einen der Identifikation der Gesellschaft im Rechtsverkehr[748] und gibt zum anderen zu erkennen, wie die Gesellschaft organisiert ist und nach welchen Regeln sich die einzelnen Rechte und Pflichten der Gesellschafter richten[749].

(2) Gesellschaftsgegenstand (objet social)

Sodann muß der Gesellschaftsgegenstand (*objet social*) in den Statuten festgesetzt werden. Er dient bei der *société civile* insbesondere zur Bestimmung der Grenzen der Vertretungsbefugnis eines Geschäftsführers bei Handlungen gegenüber Dritten, da diese nach Art. 1849 Abs. 1 C. civ. nur dann zu einer wirksamen Verpflichtung der Gesellschaft führen, wenn sie vom Gesellschaftsgegenstand erfaßt sind[750]. An ihm läßt sich aber auch erkennen, ob die Tätigkeit der Gesellschaft auf den Betrieb eines Handelsgewerbes gerichtet ist oder nicht[751]. Das ist bei der *société civile* deshalb von Bedeutung, weil der Gegenstand der Gesellschaft nicht auf den Betrieb eines Handelsgewerbes gerichtet sein darf; dies ist allein Handelsgesellschaften vorbehalten[752]. Kann eine *société civile* somit nur eine bürgerlich-rechtliche Tätigkeit zum

---

[748] Vgl. *Guyon*, Droit des affaires, Nr. 175.

[749] Vgl. *Chaput*, Droit des sociétés, Nr. 56; *Guyon*, Droit des affaires, Nr. 175; *Maul*, RIW 1997, S. 911, 913.

[750] S.o. zum Spezialitätsprinzip (hier die *spécialité statutaire*) unter A. III. Vgl. auch Cass. com. 26.01.1993: Bull. civ. IV, Nr. 34.

[751] Vgl. *Germain/Vogel* in: Ripert/Roblot, Droit commercial, Nr. 1052.

[752] Vgl. Art. 1845 Abs. 2 C. civ.; vgl. auch *Bastian/Germain*, 30.00 S. 6; *Micha-Goudet* in: Juris-Classeur, Band 1, Fasc. 9-10, Nr. 26.

Gegenstand haben[753], scheidet die Feststellung einer solchen Tätigkeit selbst dann aus, wenn die Vertragsklausel lediglich im Zusatz einen Hinweis auf eine, auch nur teilweise, handelsrechtliche Tätigkeit enthält[754]. Übt die Gesellschaft dennoch überwiegend eine handelsrechtliche Tätigkeit aus, wird sie als faktische Handelsgesellschaft und ihre Gesellschafter werden wie Mitglieder dieser Handelsgesellschaft behandelt (vgl. Artt. 1873, 1872-1 Abs. 2 C. civ.)[755].

Obgleich der Gesellschaftsgegenstand somit von großer Bedeutung ist[756] und der Code civil diesen Begriff auch recht häufig verwendet (vgl. nur Artt. 1833-1835 C. civ.), findet sich im Gesetz keine Definition des *objet social*[757]. Nach allgemeiner Ansicht handelt es sich aber um die Gesamtheit derjenigen Aktivitäten, mit deren Ausübung eine Gesellschaft die Realisierung von Gewinn oder Einsparungen zu erreichen beabsichtigt[758]. Der Gesellschaftsgegenstand ist damit zu unterscheiden von der tatsächlich ausgeübten Tätigkeit der Gesellschaft[759] sowie vom Gesellschaftszweck, der nach Art. 1832 Abs. 1 C. civ. zwingend auf die Erzielung von Gewinn bzw. Ko-

---

[753] Vgl. *Chaput*, Droit des sociétés, Nr. 568; *Cozian/Viandier*, Droit des Sociétés, Nr. 1490. Beispiele nach *Ferid/Sonnenberger*, Band 2, Rdnr. 2 L 7: die Veröffentlichung von wissenschaftlichen Werken und Kunstwerken, ein Sportbetrieb oder die Erkundung nutzbarer Boden- oder Naturschätze. Demgegenüber ist z.B. der Vertrieb von Steinbruchprodukten zwingend Gegenstand einer Handelsgesellschaft.

[754] Vgl. *Cozian/Viandier*, Droit des Sociétés, Nr. 1496: *„même à titre accessoire"*.

[755] Vgl. eingehend *Guyon*, Les sociétés, Nr. 195; auch *Germain/Vogel* in: Ripert/Roblot, Droit commercial, Nr. 1051; *Merle*, Droit commercial, Rdnr. 89.Vgl. auch *Bézard/Letulle* in: Juris-Classeur, Band 3, Fasc. 48-10, Nr. 55 m.w.N.; *Micha-Goudet* in: Juris-Classeur, Band 1, Fasc. 9-10, Nr. 7 m.w.N.; Rouen 22.11.1995: J.C.P. éd. E. 1997, II, Nr. 992; Orléans 9.11.1972: J.C.P. 1973, II, Nr. 17508.

[756] Vgl. auch *Germain/Vogel* in: Ripert/Roblot, Droit commercial, Nr. 1052; *Bézard/Letulle* in: Juris-Classeur, Band 3, Fasc. 48-20, Nr. 76.

[757] Nicht zuletzt deshalb wird in der deutschsprachigen Literatur zum französischen Gesellschaftsrecht der Terminus *objet social* nicht einheitlich übersetzt. Zu finden sind Begriffe wie „Gesellschaftsgegenstand" und „Unternehmensgegenstand", aber auch „Gesellschaftszweck".

[758] Vgl. *Micha-Goudet* in: Juris-Classeur, Band 1, Fasc. 9-10, Nr. 5 m.w.N.; *Bézard/Letulle* in: Juris-Classeur, Band 3, Fasc. 48-20, Nr. 74 m.w.N.; *Merle*, Droit commercial, Rdnr. 52; *Cozian/Viandier*, Droit des Sociétés, Nr. 148; *Germain/Vogel* in: Ripert/Roblot, Droit commercial, Nr. 1051; *Maul*, RIW 1997, S. 911, 914. Vgl. auch Dekret Nr. 84-406 vom 30.05.1984 Art. 15 Nr. 5 (s.u.), der für den Antrag auf Registereintragung anstatt der früheren Angabe des *objet social* nunmehr die Bezeichnung der *„activités principales de l'entreprise"* verlangt.

[759] Vgl. *Micha-Goudet* in: Juris-Classeur, Band 1, Fasc. 9-10, Nr. 7: *„L'objet social est un souhait, alors que l'activité sociale est un fait."*. Vgl. auch *Germain/Vogel* in: Ripert/Roblot, Droit commercial, Nr. 1051.

stenersparnis gerichtet ist[760]. Wie der Gesellschaftsgegenstand in den Statuten im einzelnen beschrieben werden muß, gibt das Gesetz ebenfalls nicht vor. Die Gesellschaftsgründer sind somit grundsätzlich frei in der Wahl und Beschreibung des Gegenstandes, mit Ausnahme freilich der kaufmännischen sowie derjenigen Tätigkeiten, die einer speziellen gesetzlichen Regelung unterworfen sind[761]. Der *objet social* wird in der Regel weit gefaßt, um das Tätigkeitsfeld der Gesellschaft nicht unnötig einzuschränken, er muß aber ausreichend konkret bestimmt und beschrieben sein (*déterminé*)[762]. Ein universeller Gesellschaftsgegenstand wird einhellig abgelehnt[763], wenn auch mit unterschiedlicher Begründung[764]. Zulässig ist insoweit die Angabe des Hauptbetätigungsfeldes der Gesellschaft mit dem Zusatz „*...et généralement toutes opérations se rattachant directement ou indirectement à l'objet cidessus spécifié, ou facilitant sa réalisation*"[765]. Schließlich muß der Gesellschaftsgegenstand möglich (*possible*) und nach Art. 1833 C. civ. erlaubt (*licite*) sein[766]. Während die bloße Möglichkeit eines Gesellschaftsgegenstandes in der Praxis kaum ein Problem darstellt, da seine übliche weite Fassung genügend Raum für eine tatsächlich und juristisch mögliche Ausübung

760 Damit erlaubt das französische Recht auch die dem deutschen Recht bekannte, wenngleich dort nicht unumstrittene Differenzierung zwischen Gesellschaftszweck (Frage: Warum wird eine Gesellschaft gegründet?) und Gesellschaftsgegenstand (Frage: Mit welchen Mitteln soll der Gesellschaftszweck erreicht werden?).

761 Zum einen setzen bestimmte Gesellschaftsgegenstände das Vorhandensein einer behördlichen Genehmigung (*autorisation*) oder bestimmter Qualifikationen wie Diplome oder ähnliches voraus, so z.B. die *sociétés d'expertise comptables*; vgl. *Bézard/Letulle* in: Juris-Classeur, Band 3, Fasc. 48-20, Nr. 81. Andere Gesellschaftsgegenstände dürfen nur von bestimmten Gesellschaftsformen verfolgt werden. Hier sind als Beispiele der Betrieb einer Apotheke zu nennen, der nach Art. L. 575 C. santé pub. nur der SARL oder der SNC vorbehalten ist, oder die Ausübung der freien Berufe (Ärzte, Anwälte), für die nur die *sociétés civiles professionnelles* (vgl. Gesetz Nr. 66-879 vom 29.11.1966) oder die *sociétés d'exercise libéral* (vgl. Gesetz Nr. 90-1258 vom 31.12.1990) in Betracht kommen.

762 Er muß also die geplante Tätigkeit der Gesellschaft hinreichend deutlich machen; vgl. *Merle*, Droit commercial, Rdnr. 54; *Schmidt/Gramling* in: Lutter, Tochtergesellschaft, S. 209. Das französische Recht erlaubt somit nicht die Gründung von Gesellschaften ohne bestimmten Gesellschaftsgegenstand; vgl. *Guyon*, Les sociétés, Nr. 21. Weitere Beispiele zur Bestimmtheit des Gesellschaftsgegenstandes bei *Cozian/Viandier*, Droit des Sociétés, Nr. 153.

763 Vgl. *Micha-Goudet* in: Juris-Classeur, Band 1, Fasc. 9-10, Nr. 9 m.w.N.; *Guyon*, Les sociétés, Nr. 21; *Merle*, Droit commercial, Rdnr. 54; *Cozian/Viandier*, Droit des Sociétés, Nrn. 150, 153.

764 Vgl. hierzu nur *Micha-Goudet* in: Juris-Classeur, Band 1, Fasc. 9-10, Nr. 9 m.w.N.

765 Vgl. auch *Bézard/Letulle* in: Juris-Classeur, Band 3, Fasc. 48-20, Nr. 77.

766 Vgl. nur *Bellargent*, Rev. trim. dr. com. 1983, S. 189, 192.

läßt[767], war dessen Zulässigkeit (*licéité*) häufiger Gegenstand der französischen Rechtsprechung[768]. Ausgeschlossen ist insoweit jeder Unternehmensgegenstand, der gegen die öffentliche Ordnung (*ordre public*) und guten Sitten (*bonnes mœurs*) verstößt (vgl. Art. 6 C. civ.) oder ohne vorherige notwendige Genehmigung ausgeübt wird[769]. Ist der statutarische Gegenstand zulässig, die tatsächliche Tätigkeit der Gesellschaft (*objet réel*) hingegen nicht, gilt nach der französischen Rechtsprechung zur Beurteilung der *licéité* grundsätzlich die tatsächliche ausgeübte Tätigkeit[770].

(3) Firma (appellation)

Die Firma der *société civile* ist der Name der Gesellschaft und dient ihrer genauen Identifizierung[771]. Sie wird in Art. 1835 S. 2 C. civ. allgemein nur mit „*appellation*" umschrieben. Erst das Dekret Nr. 78-704 vom 03.07.1978 definiert in seinem Art. 32 S. 1 näher, daß es sich hierbei sowohl um eine Personenfirma (*raison sociale*) als auch um eine Sachfirma im weiteren Sinne (*dénomination sociale*) handeln kann[772]. Die Gesellschaftsgründer können somit bei der *société civile* frei wählen[773]. Die *raison sociale* wird aus den Namen aller uneingeschränkt haftenden Gesellschafter gebildet oder aus

---

767 Vgl. *Bézard/Letulle* in: Juris-Classeur, Band 3, Fasc. 48-20, Nr. 78.

768 Unzulässig ist ein Unternehmensgegenstand z.B. dann, wenn er auf den Betrieb eines Bordells (Cass. crim. 14.05.1968: Gaz. Pal. 1968, 2, S. 184), auf Steuerbetrügereien (Cass. Req. 08.11.1880: D. 1881, I, S. 115) oder auf unzulässige Kartellabsprachen (Lyon 13.06.1960: J.C.P. 1961, II, Nr. 12103) gerichtet ist. Vgl. auch Créteil 22.01.1986: Gaz. Pal. 1986, 2, S. 753; *Merle*, Droit commercial, Rdnr. 54 m.w.N.; *Germain/Vogel* in: Ripert/Roblot, Droit commercial, Nr. 1054.

769 Vgl. auch *Micha-Goudet* in: Juris-Classeur, Band 1, Fasc. 9-10, Nr. 29; Cass. com. 18.07.1989: Rev. Soc. 1990, S. 598.

770 Vgl. Lyon 13.06.1960: Rev. trim. dr. com. 1961, S. 617; D. 1961, S. 148; Cass. com. 12.12.1972: Rev. Soc. 1973, S. 306; Cass. com. 18.07.1989: Rev. trim. dr. com. 1990, S. 36 Nr. 3. A.A. wohl CJCE 13.11.1990 „Marleasing": Rev. Soc. 1991, S. 532; J.C.P. éd. E. 1991, I, Nr. 67 (3) (nur für Kapitalgesellschaften).

771 Vgl. *Guyon*, Droit des affaires, Nrn. 175, 176.

772 Anders aber *Guyon*, Droit des affaires, Nr. 176: „*Toutes les autres sociétés* (que les sociétés civiles professionnelles) ... *ont une dénomination sociale.*". Da aber nach Dekret Nr. 78-704 Art. 30 Abs. 1 die Vorschriften des 2. Kapitels dieses Dekrets (einschließlich des Art. 32) für alle Gesellschaften bürgerlichen Rechts im Sinne des Art. 1845 C. civ. anwendbar sind, ist nicht erkennbar, weshalb eine *société civil de droit commun* nicht auch zur Führung einer Personenfirma berechtigt sein soll. So auch *Pollaud-Dulian* in: Juris-Classeur, Band 1, Fasc. 28, Nr. 31; im Ergebnis auch *Micha-Goudet* in: Juris-Classeur, Band 1, Fasc. 27-10 Nr. 50 m.w.N.

dem Namen mindestens eines von ihnen[774]. Im Gegensatz zu der früher vorgesehenen Personenfirma von Personenhandelsgesellschaften ist es der *société civile* als bürgerlich-rechtlicher Gesellschaft verwehrt, den (Personen-) Firmenkern mit dem Zusatz „*et compagnie*" oder kurz „*et Cie*" zu führen, nicht zuletzt wegen der verbleibenden handelsrechtlichen Konnotation[775]. Bei der *dénomination sociale* handelt es sich hingegen um eine Sachfirma im weiteren Sinne, welche in der Praxis für die *société civile* auch bevorzugt gewählt wird. Sie kann sich entweder ausschließlich auf den Gegenstand des Unternehmens beziehen (Sachfirma im engeren Sinne)[776], eine reine Phantasiebezeichnung sein (Phantasiefirma)[777] oder den Namen eines oder mehrerer Gesellschafter enthalten[778], welche dann aber mit dem Gegenstand oder Phantasienamen kombiniert sein müssen (Mischfirma)[779]. Auch insoweit haben die Gesellschaftsgründer ein Wahlrecht[780]. Die Firma muß genügend Unterscheidungskraft besitzen, die Wahl einer gänzlich originären Sachfirma wird aber

---

773 Vgl. *Pollaud-Dulian* in: Juris-Classeur, Band 1, Fasc. 28, Nr. 48.

774 Vgl. dazu *Guyon*, Droit des affaires, Nr. 176; *Pollaud-Dulian* in: Juris-Classeur, Band 1, Fasc. 28, Nr. 26; *Chaput*, Droit des sociétés, Nr. 59.

775 Vgl. *Pollaud-Dulian* in: Juris-Classeur, Band 1, Fasc. 28, Nrn. 26, 32. A.A. *Micha-Goudet* in: Juris-Classeur, Band 1, Fasc. 27-10 Nr. 50; wohl auch *Sonnenberger*, RIW 1983, S. 233, 237.

776 Hier besteht allerdings häufig das naturgemäße Problem der Verwechslung mit einem Konkurrenten aus der gleichen Branche, wenn dieser ebenfalls nur eine reine Sachfirma wählt; z.B. „*Ciments français*", vgl. auch *Germain/Vogel* in: Ripert/Roblot, Droit commercial, Nr. 1143.

777 Bei der Phantasiefirma können Begriffe verwendet werden, die keinen Bezug zum Gesellschaftsgegenstand aufweisen, z.B. „*Au bon marché*". Sie müssen weder zwingend in französischer Sprache, noch gänzlich aus Buchstaben bestehen, selbst die Verwendung von Zahlen ist erlaubt. Häufig wird eine Abkürzung gewählt.

778 Auch die Namen der Gründer und sogar Dritter kommen hier in Betracht; vgl. *Pollaud-Dulian* in: Juris-Classeur, Band 1, Fasc. 28, Nr. 86.

779 Vgl. *Germain/Vogel* in: Ripert/Roblot, Droit commercial, Nr. 1143; *Chaussade-Klein*, Gesellschaftsrecht, S. 17 m.w.N.

780 Vgl. *Pollaud-Dulian* in: Juris-Classeur, Band 1, Fasc. 28, Nr. 71. Unzulässig ist lediglich die Verwendung bestimmter Wörter wie z.B. „*groupe*", wenn die Gesellschaft über keine Filialen verfügt, oder „*avocat, notaire, architecte, laboratoire d'analyses, expert-comptable, établissement de crédit*", wenn die Gesellschaft nach ihrem Gegenstand nicht den gesetzlichen Anforderungen genügt, die für die Ausübung dieser Tätigkeiten aufgestellt sind; vgl. *Pollaud-Dulian* in: Juris-Classeur, Band 1, Fasc. 28, Nr. 75. So schreibt z.B. Gesetz Nr. 84-46 vom 24.01.1984 Art. 14 Abs. 1 vor: „*Il est interdit à toute entreprise autre qu'un établissement de crédit d'utiliser une dénomination, une raison sociale, une publicité ou d'une façon générale des expressions faisant croire qu'elle est agréée en tant qu'établissement de crédit, ou créer une confusion en cette matière.*".

nicht grundsätzlich gefordert[781]. Der Rechtsformzusatz „*société civile*" muß in der Firma in lesbarer Form enthalten sein, er kann dem Firmenkern vorangehen oder nachfolgen. Außerdem muß am Ende der Firma das Gesellschaftskapital angegeben werden, und, falls die Gesellschaft einem besonderen Recht unterworfen ist, auch hierzu ein entsprechender Hinweis enthalten sein (Dekret Nr. 78-704 Art. 32 S. 2). Schließlich ist die Firma auf allen Schreiben der Gesellschaft anzugeben, die für Dritte bestimmt sind, zusammen mit dem lesbaren Zusatz „*société civile*" und der Angabe des Gesellschaftskapitals (Dekret Nr. 78-704 Art. 32 S. 2).

Die Firma gehört zum immateriellen Eigentum der Gesellschaft (*propriété incorporelle*)[782] und genießt Schutz vor unberechtigtem Gebrauch Dritter (*usurpations*)[783]. In der Praxis bietet es sich daher an, vor der Verwendung einer geplanten Firma eine Recherche bei dem *Institut national de la propriété industrielle* (INPI) durchzuführen, das ein Verzeichnis aller Geschäftsbezeichnungen führt[784].

---

[781] Vgl. *Pollaud-Dulian* in: Juris-Classeur, Band 1, Fasc. 28, Nr. 72. Vgl. unten noch im gleichen Abschnitt zur Problematik der *confusion*.

[782] Vgl. Cass. Com. 12.03.1985: Gaz. Pal. 1985, 1, S. 246. Nach dieser Entscheidung ist ein Gesellschafter nach Ausscheiden aus der Gesellschaft auch nicht berechtigt, eine Änderung der Firma zu verlangen, wenn die Gesellschaft in ihrer Firma dessen Namen verwendet. Vgl. auch *Germain/Vogel* in: Ripert/Roblot, Droit commercial, Nr. 1143; *Pollaud-Dulian* in: Juris-Classeur, Band 1, Fasc. 28, Nr. 1 m.w.N.

[783] Verwendet eine andere Gesellschaft die gleiche oder eine ähnlich lautende Firma (vgl. hierzu *Pollaud-Dulian* in: Juris-Classeur, Band 1, Fasc. 28, Nrn. 106, 107), die die Gefahr der Verwechslung in sich birgt, kann dem Usurpator nach der französischen Rechtsprechung eine Änderung seiner Firma auferlegt werden. Dies ist regelmäßig der Fall, wenn von beiden Gesellschaften identische oder ähnliche Tätigkeiten ausgeübt werden (*activité identique ou voisine*) und die Verwechslungsgefahr dazu führen kann, daß Kunden von der betroffenen Gesellschaft zum Usurpator wechseln (*détournement de clientèle*); Fall des unlauteren Wettbewerbs (*concurrence déloyale*); vgl. Cass. Com. 06.04.1993: Rev. Soc. 1993, S. 787; Cass. Com. 03.04.1979: Bull. civ. IV, Nr. 122; Cass. com. 06.01.1969: Bull. civ. IV, Nr. 2; *Guyon*, Droit des affaires, Nr. 177; *Chaput*, Droit des sociétés, Nr. 59 m.w.N. In neuerer Zeit mehren sich aber auch Entscheidungen, wonach die bloße Ähnlichkeit der Firma ausreicht, ohne mit einem *détournement de clientèle* verbunden zu sein (Fälle der einfachen Konfusion, *confusion*); vgl. Cass. com. 15.06.1993: J.C.P. éd. E. 1993, II, S. 522. Vgl. insgesamt auch *Germain/Vogel* in: Ripert/Roblot, Droit commercial, Nr. 1143; *Pollaud-Dulian* in: Juris-Classeur, Band 1, Fasc. 28, Nrn. 99 ff.; *Merle*, Droit commercial, Rdnr. 81 m.w.N. zur Rspr.

[784] Vgl. *Merle*, Droit commercial, Rdnr. 81; vgl. auch *Maier*, GmbHR 1990, S. 379, 380.

(4) Sitz der Gesellschaft (siège social)

Der Gesellschaftsvertrag muß des weiteren den Sitz der Gesellschaft (*siège social*) angeben. Er entspricht im Prinzip dem Wohnsitz natürlicher Personen[785] und dient sowohl der Bestimmung des anwendbaren Rechts[786] als auch der Festlegung der örtlichen Zuständigkeit des Gerichts für alle Streitigkeiten unter den Gesellschaftern[787] sowie in allen Fällen, in denen die *société civile* als Beklagte an einem Verfahren beteiligt ist (Artt. 42 Abs. 1, 43 2. Alt. NCPC)[788]. Gleiches gilt bei Klagen, die auf die Berichtigung von Gründungsfehlern oder Satzungsänderungen gerichtet sind (*action en régularisation de la constitution ou de la modification des statuts*, vgl. Art. 1839 Abs. 3 C. civ., Dekret Nr. 78-704 Art. 4 Abs. 2)[789].

Außerdem ist der Gesellschaftssitz bei Handelsgesellschaften auch maßgeblich für Klagen, die die Berichtigung von Gründungsfehlern oder Satzungsänderungen zum Gegenstand haben. Auch müssen am Gesellschaftssitz die Publizitätsformalitäten erfüllt werden. Obwohl auch der Gesellschaftssitz in der Praxis somit von beachtlicher Bedeutung ist, enthält das Gesetz - ebenso wie bei dem Gesellschaftsgegenstand (*objet social*) - auch hier keine formelle Definition[790]. Maßgeblich ist daher die von der Rechtsprechung entwickelte *théorie du siège social réel et sérieux*. Hiernach gilt grundsätzlich der in der Satzung bezeichnete Ort als Gesellschaftssitz, es sei denn, der Geschäftsverkehr der Gesellschaft findet im allgemeinen an einem anderen Ort

---

785 Vgl. hierzu *Bougnoux* in: Juris-Classeur, Band 1, Fasc. 28-30, Nrn. 5 und 6; *Ferid/Sonnenberger*, Band 1/1, Rdnr. 1 D 339.

786 Nach der einseitigen Kollisionsnorm des Art. 1837 Abs. 1 C. civ. sind alle Gesellschaften mit einem auf französischem Territorium belegenen Gesellschaftssitz dem französischen Recht unterworfen.

787 Vgl. *Bougnoux* in: Juris-Classeur, Band 4, Fasc. 113-20, Nr. 47.

788 Vgl. auch *Bougnoux* in: Juris-Classeur, Band 1, Fasc. 28-30, Nr. 3; *Bougnoux* in: Juris-Classeur, Band 4, Fasc. 113-20, Nr. 47.

789 Fehlt bei der Gründung einer Gesellschaft eine erforderliche Angabe in der Satzung oder sind hierbei zwingende Vorschriften nicht oder nicht vollständig beachtet worden, kann jeder Betroffene (*tout intéressé*) klageweise eine Berichtigung verlangen; gleiches gilt mutatis mutandis bei einer Satzungsänderung (vgl. Art. 1839 Abs. 1 und 2 C. civ.).

790 Vgl. auch *Bougnoux* in: Juris-Classeur, Band 1, Fasc. 28-30, Nrn. 2, 4.

statt, so daß der statutarisch angegebene Sitz rein fiktiv ist[791]. Der Gesellschaftssitz ist dann *réel et sérieux*, wenn sich die maßgeblichen Geschäftsführungs- und Verwaltungsorgane (*organes de direction et d'administration*) am Sitz befinden[792] bzw. wenn dort die maßgeblichen Geschäftsführungsentscheidungen getroffen werden[793]. Nicht zwingend ist hingegen, daß sich an dem Ort auch die (Haupt-) Betriebsstätte befinden muß[794]. Fallen der tatsächliche Gesellschaftssitz[795] und der statutarisch bezeichnete Gesellschaftssitz auseinander, können Dritte zwischen ihnen frei wählen, während sich die Gesellschaft selbst nicht auf die Existenz eines anderen statutarischen (vgl. Art. 1837 Abs. 2 C. civ.) oder reellen Gesellschaftssitzes berufen kann[796].

Die Gesellschaftsgründer können den *siège social* unter Beachtung der vorgenannten Ausführungen grundsätzlich frei wählen[797], allerdings ist die Angabe eines Doppelsitzes nicht zulässig[798]. In der Satzung genügt die Bezeichnung der genauen Adresse des Gesellschaftssitzes[799]. Bei der Eintragung in das Handels- und Gesellschaftsregister muß aber ein Nachweis erbracht werden, daß der Gesellschaft ein Nutzungsrecht (Miete, Eigentum) an dem angebenden Ort zusteht (Ordonnance Nr. 58-1352 vom 27.12.1958 Art. 1bis Abs. 1)[800]. Abweichend hiervon ist es Gesellschaften in Frankreich aber auch möglich, zur Vorbereitung der Geschäftstätigkeit für die ersten zwei Jahre die Privatwohnung eines zukünftigen Geschäftsführers als Sitz der Gesellschaft anzugeben (Ordonnance vom 27.12.1958 Art. 1ter Abs. 1).

---

[791] Vgl. Cass. Req. 25.02.1895: D. 1895, I, S. 341; Cass. com. 29.11.1950: Gaz. Pal. 1951, 1, S. 86; Cass. com. 05.05.1952: D. 1952, S. 507; Cass. 2e civ. 02.03.1961: Rev. trim. dr. com. 1961, S. 442 Nr. 10; Cass. 2e civ. 15.07.1970: D. 1971, somm. S.12; Rev. Soc. 1971, S. 536.

[792] Vgl. Cass. 2e civ. 15.06.1957: D. 1957, S. 596.

[793] Vgl. Paris 30.01.1970: Rev. trim. dr. com. 1972, S. 493 Nr. 25. Dieses Kriterium ist im Zeitpunkt der Gesellschaftsgründung freilich untauglich zur Bestimmung des Gesellschaftssitzes, vgl. auch *Bougnoux* in: Juris-Classeur, Band 1, Fasc. 28-30, Nr. 10.

[794] Vgl. Cass. 2e civ. 15.07.1970: Gaz. Pal. 1970, 2, S. 289; Cass. 2e civ. 24.04.1981: Gaz. Pal. 24.04.1981: Gaz. Pal. 1981, 2, S. 601.

[795] Der wirkliche Sitz wird dann von den Gerichten bestimmt; vgl. Cass. com. 12.12.1972: Bull. civ. IV, Nr. 331.

[796] Vgl. *Bougnoux* in: Juris-Classeur, Band 1, Fasc. 28-30, Nr. 14 m.w.N.

[797] Vgl. *Ferid/Sonnenberger*, Band 1/1, Rdnr. 1 D 339; *Bastian/Germain*, 30.00 S. 14; *Bougnoux* in: Juris-Classeur, Band 1, Fasc. 28-30, Nr. 31.

[798] Vgl. *Maul*, RIW 1997, S. 911, 914; *Bougnoux* in: Juris-Classeur, Band 1, Fasc. 28-30, Nrn. 8, 12.

[799] Vgl. *Bougnoux* in: Juris-Classeur, Band 1, Fasc. 28-30, Nr. 6.

[800] Vgl. auch Arrêté vom 09.02.1988 Art. 12 Abs. 2 i.V.m. Annex III Ziffer 2 Abs. 1.

Schließlich kann eine Gesellschaft unter Umständen den Sitz einer anderen Gesellschaft angeben, obwohl ihr an den Räumlichkeiten kein eigenes Nutzungsrecht zusteht (so in der Regel bei Mutter- und Tochtergesellschaften), vgl. Dekret Nr. 84-406 Art. 26-1[801].

(5) Gesellschaftskapital (capital social)

Das Gesellschaftskapital (*capital social*) muß ebenfalls in der Satzung aufgenommen werden. Es ist zu unterscheiden von dem Gesellschaftsvermögen (*patrimoine social*). Während das Gesellschaftsvermögen aus dem gesamten Vermögen der Gesellschaft gebildet wird, stellt das Gesellschaftskapital als abstrakter und unveränderlicher Wert die Gesamtheit der Einlagen dar[802] und dient den Gesellschaftsgläubigern als Haftungsstock für bestehende Verbindlichkeiten[803]. Für die *société civile* sieht das Gesetz hinsichtlich der Bestimmung des Gesellschaftskapitals weder ein bestimmtes Mindestkapital, noch Vorschriften über dessen Aufbringung vor. Daher sind die Gesellschaftsgründer frei bei der Ausgestaltung entsprechender Regelungen in den Statuten[804], vorausgesetzt, das Gesellschaftskapital ist in gleiche Teile (*parts égales*) zerlegt (Art. 1845-1 C. civ.). Umstritten ist, ob es ausschließlich durch Dienstleistungen (*apports en industrie*) aufgebracht werden kann[805].

---

[801] Vgl. auch *Chaput*, Droit des sociétés, Nr. 69; *Maier*, GmbHR 1990, S. 379, 380. Vgl. auch *Germain/Vogel*, in: Ripert/Roblot, Droit commercial, Nr. 1145, zu den Domizilierungsgesellschaften (*agences de domiciliation*), die sich darauf spezialisiert haben, ihre Räume anderen Gesellschaften zum Zwecke der Einrichtung eines Gesellschaftssitzes zur Verfügung zu stellen.

[802] Vgl. *Barbieri*, Droit des sociétés, S. 29; *Bastian/Germain*, 30.00 S. 15; *Chaput*, Droit des sociétés, Nr. 77. Mit Ausnahme der *apports en industrie*, die bei der Bestimmung des Gesellschaftskapitals nicht berücksichtigt werden (Art. 1843-2 Abs. 2 C. civ.).

[803] Vgl. *Guimezanes*, S. 278; *Barbieri*, Droit des sociétés, S. 29.

[804] Vgl. auch *Cozian/Viandier*, Droit des Sociétés, Nr. 1496; *Guyon*, Droit des affaires, Nr. 224. Für eine gesetzliche Regelung besteht auch kein Bedürfnis, da die Gesellschafter der *société civile* für Verbindlichkeiten der Gesellschaft nicht nur beschränkt in Höhe ihrer Einlagen haften, sondern trotz der rechtlichen Selbständigkeit ihrer Gesellschaft auch weiterhin persönlich der Haftung für Gesellschaftsschulden ausgesetzt sind, wenn auch nur proportional zur Höhe ihres jeweiligen Gesellschaftsanteils (Art. 1857 Abs. 1 C. civ.). Vgl. zur Haftung der Gesellschafter auch oben unter B. I. 2. Vgl. auch *Guimezanes*, S. 280. Zum Vorschlag, ein Kapital von 1 F ausreichen zu lassen, vgl. *Ferid/Sonnenberger* Band 2, Rdnr. 2 L 103 m.w.N.

[805] Vgl. hierzu *Ferid/Sonnenberger* Band 2, Rdnr. 2 L 103 m.w.N.

(6) Dauer der Gesellschaft (durée)

Der Gesellschaftsvertrag muß eine Angabe zur Gesellschaftsdauer der *société civile* enthalten. Die Dauer beginnt mit der Eintragung der Gesellschaft in das Handels- und Gesellschaftsregister (vgl. Dekret Nr. 78-704 Art. 3 Abs. 1) und ist vom Gesetz auf höchstens 99 Jahre beschränkt (Art. 1838 C. civ.). Eine Verlängerung ist aber beliebig oft möglich, wenn sie ihrerseits nicht 99 Jahre überschreitet (Dekret Nr. 78-704 Art. 3 Abs. 2)[806]. Hierfür bedarf es vorbehaltlich einer anderweitigen Regelung im Gesellschaftsvertrag eines einstimmigen Beschlusses der Gesellschafter (Art. 1844-6 Abs. 1 C. civ.). In der Regel wird die Gesellschaftsdauer im Vertrag ausdrücklich in Jahren bestimmt, was aber nicht zwingend ist[807]. Solange die Gesellschaftsdauer aufgrund einer Satzungsangabe zumindest objektiv[808] bestimmbar ist, wird den Anforderungen des Art. 1835 S. 2 C. civ. insoweit Genüge getan[809]. Eine stillschweigende Verlängerung ist ausgeschlossen, jedenfalls dann, wenn die Gesamtdauer 99 Jahre überschreitet, vgl. Art. 1844-6 Abs. 1 C. civ., dessen Wortlaut imperativen Charakter hat[810].

(7) Beiträge jedes einzelnen Gesellschafters (apports)

Nach Artt. 1832 Abs. 1, 1835 S. 2 C. civ. muß jeder[811] Gesellschafter Einlagen (*apports*) erbringen und der Gesellschaftsvertrag hierüber Bestimmungen enthalten. Die Einlageleistungen dienen zur Bildung des Grundkapitals der

---

[806] Vgl. auch *Müller-Gugenberger*, ZHR 142 (1978), S. 589, 602.

[807] Vgl. *Micha-Goudet* in: Juris-Classeur, Band 1, Fasc. 27-10, Nr. 50.

[808] Vgl. *Germain* in: Juris-Classeur, Band 1, Fasc. 25, Nr. 9 m.w.N.

[809] Z.B. „solange eine (bestimmte) Baustelle besteht" („*la durée d'un chantier*"); vgl. *Chaput*, Droit des sociétés, Nr. 65; oder „für die Dauer eines Krieges" („*la durée de la guerre*"); vgl. Seine 24.11.1916: J. Soc. 1917, S. 218). Die Bestimmbarkeit der Gesellschaftsdauer ist aber z.B. nicht gegeben, wenn sie an Holzeinschläge in einem bestimmten Wald gebunden ist (*fixé en coupes d'une forêt*), weil sich diese Holzeinschläge regelmäßig und für unbestimmte Zeit wiederholen können; *Germain* in: Juris-Classeur, Band 1, Fasc. 25, Nr. 12 m.w.N.

[810] So *Germain* in: Juris-Classeur, Band 1, Fasc. 25, Nr. 14 m.w.N.

[811] Vgl. *Bellargent*, Rev. trim. dr. com. 1983, S. 189, 192; *Ferid/Sonnenberger*, Band 2, Rdnr. 2 L 104; *Bézard/Letulle* in: Juris-Classeur, Band 3, Fasc. 48-20, Nr. 9. Während Art. 1833 C. civ. a.F. dies ausdrücklich bestimmte („*chaque associé doit apporter..*"), ist Art. 1832 C. civ. n.F. indes unklar gefaßt. Erst aus Art. 1835 S. 2 C. civ. läßt sich schließen, daß die Pflicht zur Einlageleistung jeden Gesellschafter trifft.

Gesellschaft (vgl. Art. 1843-2 Abs. 2 C. civ.)[812]. Zugleich leiten sich aus der jeweiligen Höhe der Einlage grundsätzlich die Rechte des einzelnen Gesellschafters in der Gesellschaft ab (Art. 1843-2 Abs. 1 C. civ.). Die Angabe in der Satzung umfaßt die namentliche Bezeichnung jedes einzelnen Gesellschafters sowie eine Beschreibung der von ihm zu erbringenden Einlageleistung[813]. Das Gesetz schreibt für die Gründung einer *société civile* beachtenswerterweise nicht vor, daß der Gesellschaftsvertrag Angaben über Zeitpunkt, Ort oder Höhe der Einlageleistung enthalten muß[814], weshalb die Gründer jedoch auch nicht daran gehindert sind, dies durch eine entsprechende fakultative Bestimmung näher zu regeln. Die Gründung der Gesellschaft setzt ebenfalls nicht voraus, daß die Einlagen vor der Anmeldung vollständig erbracht sein müssen[815]. Vielmehr versprechen die Gesellschafter gegenüber der Gesellschaft nur die Erbringung der Einlagen und nehmen insoweit die Stellung eines Schuldners ein, dessen Rechtsverhältnis durch Art. 1843-3 C. civ. näher geregelt ist[816]. In dem Artikel unterscheidet das Gesetz drei verschiedene Einlageleistungen: die Bareinlage (*apport en numéraire*), die Sacheinlage (*apport en nature*) und die Einlage in Form von Dienst- oder Arbeitsleistungen (*apport en industrie*). Fiktive Einlagen sind grundsätzlich ausgeschlossen[817].

---

[812] Aus Art. 1843-2 Abs. 2 C. civ. ergibt sich ferner, daß Dienstleistungen bei der Bildung des Gesellschaftskapitals allerdings nicht berücksichtigt werden .

[813] Vgl. *Bézard/Letulle* in: Juris-Classeur, Band 3, Fasc. 48-20, Nr. 109.

[814] Auch die Rechtsprechung verlangt von der Satzungsangabe insoweit nur, daß die Einlage erkennbar ernstgemeint ist und für die Gesellschaft einen bestimmten Vorteil darstellen soll, da andererseits nur eine fiktive Einlage vorliegt, vgl. Cass. 3ᵉ civ. 19.06.1994: J.C.P. éd. E. 1996, I, S. 589. Vgl. auch *Bézard/Letulle* in: Juris-Classeur, Band 3, Fasc. 48-20, Nr. 10.

[815] Vgl. auch *Germain/Vogel* in: Ripert/Roblot, Droit commercial, Nr. 1049. Damit unterscheidet sich diese Regelung deutlich von der zwingend vorgeschriebenen Bildung eines Gesellschaftskapitals bei der SARL und SA (vgl. hierzu unten unter G. und H.). Sie ist indessen gerechtfertigt, da bei den letztgenannten Gesellschaftsformen eben dieses Kapital die einzige Haftungsmasse darstellt, während bei der *société civile* auch die Gesellschafter persönlich und unbeschränkt für Verbindlichkeiten der Gesellschaft haften.

[816] Zu den *Comptes courants d'associés*, deren Gelder nicht zur Bildung des Stammkapitals beitragen, vgl. *Germain/Vogel* in: Ripert/Roblot, Droit commercial, Nr. 1050.

[817] Fiktive Einlagen sind z.B. solche, die überhaupt keinen Vermögenswert besitzen, wie z.B. ein verfallenes Patent, oder die höher belastet sind als ihr eigentlicher Wert (z.B. bei einem eingebrachten Unternehmen); vgl. *Merle*, Droit commercial, Rdnr. 28; eingehend auch *Bougnoux* in: Juris-Classeur, Band 1, Fasc. 10, Nr. 102-126.

Bei Bareinlagen verpflichtet sich der Gesellschafter zur Zahlung einer bestimmten Geldsumme an die Gesellschaft[818]. Nach der strengen Vorschrift in Art. 1843-3 Abs. 5 C. civ. ist ein Gesellschafter, der seine Geldeinlageverpflichtung nicht erfüllt, bereits ab Fälligkeit der Geldschuld zur Zahlung von Zinsen an die Gesellschaft verpflichtet, ohne daß es einer vorherigen verzugsbegründenden Zahlungsaufforderung bedarf. Auch hat er der Gesellschaft jeden weiteren Schaden zu ersetzen, der durch die verspätete Einzahlung entstanden ist (vgl. Art. 1843-3 Abs. 5 C. civ.), unabhängig davon, ob Verschulden oder Böswilligkeit vorliegt[819].

Bei Sacheinlagen, also allen Einlagen, die nicht in Geld oder Arbeitsleistungen bestehen[820], verpflichtet sich der Gesellschafter zur Übertragung von Eigentum (*propriété*), zur Bestellung eines Nießbrauchs (*usufruit*) bzw. eines sonstigen Rechts oder zur Verschaffung tatsächlicher Nutzungen (*jouissance*)[821]. Erforderlich ist nur, daß die Gegenstände der Sacheinlagen einen Vermögenswert besitzen, es ist also gleichgültig, ob sie beweglich oder unbeweglich, materiell oder immateriell sind[822]. In Betracht kommen gleichermaßen Häuser, Grundstücke, Handelsunternehmen[823], Forderungen, Erfindungen oder auch Marken[824]. Handelt es sich um Gattungssachen (*choses de genre*) oder verbrauchbare Gegenstände (*biens normalement appelés à être renouvelés*), kann die Einlage nur in Form der Eigentumsübertragung erbracht werden (vgl. Art. 1843-3 Abs. 4 S. 2 C. civ.). Bei der Verschaffung von Eigentum hat der jeweilige Gesellschafter den Gegenstand tatsächlich zu

---

818 Vgl. *Bézard/Letulle* in: Juris-Classeur, Band 3, Fasc. 48-20, Nr. 13.

819 Vgl. statt dessen die allgemeine Regelung in Art. 1153 Abs. 3 und 4 C. civ. Vgl. auch Cass. civ. 14.11.1899, D. 1900, I, S. 99.

820 Vgl. *Maul*, RIW 1997, S. 911, 915; *Bézard/Letulle* in: Juris-Classeur, Band 3, Fasc. 48-20, Nr. 14.

821 Vgl. *Ferid/Sonnenberger*, Band 2, Rdnr. 2 L 307; *Merle*, Droit commercial, Rdnrn. 31-33; *Germain/Vogel* in: Ripert/Roblot, Droit commercial, Nrn. 1044, 1047.

822 Vgl. *Merle*, Droit commercial, Rdnr. 30; *Germain/Vogel* in: Ripert/Roblot, Droit commercial, Nr. 1043.

823 Mit „Handelsunternehmen“ wird hier der häufig als Sacheinlage genannte „*fonds de commerce*“ bezeichnet. *Fonds de commerce* ist nur schwer zu definieren und am ehesten mit dem deutschen Begriff des „Unternehmens“ vergleichbar. Es handelt es sich verkürzt um die Gesamtheit der Rechte und Güter eines Geschäfts, die geeignet ist, Kundschaft anzuziehen und zu halten; vgl. hierzu *Juglart/Ippolito*, Traité de droit commercial, Rdnr. 150; *Sonnenberger/Autexier*, Einführung, Nr. 138; *Germain/Vogel* in: Ripert/Roblot, Droit commercial, Nrn. 540 ff.; *Sonnenberger*, FrHWR Rdnrn. IV 1 ff.. Vgl. auch *Potonnier*, unter „*fonds de commerce*“.

824 Vgl. *Bézard/Letulle* in: Juris-Classeur, Band 3, Fasc. 48-20, Nr. 14.

verschaffen (*mise à la disposition effective*)[825] und kann bei Schlecht- oder Nichtleistung wie ein Verkäufer (*vendeur*) oder Vermieter (*bailleur*) in Anspruch genommen werden (Art. 1843-3 Abs. 2, 3, 4 S. 1 C. civ)[826]. Ist für den Fall der Einlage einer Sache oder eines Rechts die Wirksamkeit der Übertragung von der Eintragung in ein Register (z.B. das Hypothekenregister) abhängig, sieht Art. 1843-1 C. civ. die Möglichkeit der frühzeitigen Eintragung unter der Bedingung späterer Entstehung der Rechtsfähigkeit der *société civile* vor[827].

Bei der Erbringung von Dienst- oder Arbeitsleistungen (*apports en industrie*) stellt der Gesellschafter sein *know-how*, seine Arbeit oder sonstige Dienste der Gesellschaft als Einlageleistung zur Verfügung[828]. Er verpflichtet sich gegenüber der Gesellschaft dann zur Erbringung sämtlicher versprochener Dienste und muß ihr alle Gewinne übertragen, die er durch seine als Einlage eingebrachte Tätigkeit erzielt hat (Art. 1843-3 Abs. 6 C. civ.)[829]. *Apports en industrie* tragen nicht zur Bildung des Gesellschaftskapitals bei (Art. 1843-2 Abs. 2 C. civ.). Umstritten ist die Frage, ob der zukünftige Gesellschafter als Einlage auch sein Ansehen (*crédit*) bzw. seine Reputation (*réputation*) oder seine Beziehungen (*influence*) einbringen kann[830].

---

825 Das französische Recht kennt nicht das in Deutschland geltende Abstraktionsprinzip. Das schuldrechtliche Geschäft und die anschließende Übereignung werden nicht getrennt behandelt, der Rechtserwerb tritt also kraft Gesellschaftsvertrages ein; vgl. Art. 711 C. civ.: „*La propriété des biens s'acquiert ... par l'effet des obligations.*" Vgl. auch Art. 1583 C. civ. für den Kaufvertrag sowie allgemein auch *Sonnenberger*, FrHWR Rdnr. III 42.

826 Vgl. zur Problematik der verdeckten Sacheinlage *Maul*, RIW 1997, S. 911, 915 m.w.N.

827 Relevant ist diese Vorschrift vor allem bei der Einbringung eines Handelsunternehmens, bei Patenten und Rechten an Immobilien (z.B. langfristige Mietverträge); vgl. *Ferid/Sonnenberger*, Band 2, Rdnr. 2 L 307 Fn. 13. Bei der Einbringung eines Handelsunternehmens (*fonds de commerce*) ist zudem das Gesetz vom 17.03.1909 zu beachten (*Loi du 17 mars 1909, relative à la vente et au nantissement des fonds de commerce*).

828 Vgl. *Merle*, Droit commercial, Rdnr. 34; *Hurstel/Süß*, EuZW 1992, S. 143, 144. Zur Möglichkeit der Erbringung der Einlagen ausschließlich in Gestalt von Dienstleistungen sämtlicher Gesellschafter vgl. *Ferid/Sonnenberger*, Band 2, Rdnr. 2 L 103.

829 *Apports en industrie* sind häufiger bei den Berufsgesellschaften (*sociétés civiles professionnelles*) anzutreffen; vgl. *Guyon*, Droit des affaires, Nr. 224.

830 Ablehnend *Germain/Vogel* in: Ripert/Roblot, Droit commercial, Nr. 1043. Bejahend *Dana-Demaret* in: Juris-Classeur, Band 1, Fasc. 10-20, Nr. 23; Cass. 1er civ. 16.07.1997: Dr. soc. 1997, comm. 170.

(8) Organisation der Gesellschaft (modalités de fonctionnement)

Schließlich muß der Vertrag auch Angaben zur Organisation der Gesellschaft enthalten (*modalités de fonctionnement*). Welches allerdings die Mindestvoraussetzungen sind, die an die Angaben zur Gesellschaftsorganisation gestellt werden, stellt das Gesetz nicht klar und wird auch von der französischen Fachliteratur kaum erörtert[831]. Daraus ist zumindest zu folgern, daß bei der *société civile* insoweit ein großer Spielraum für vertragsautonome Gestaltung bestehen muß[832]. Zu den *modalités de fonctionnement* dürften in Anlehnung an Dekret Nr. 67-236 Art. 55 Nr. 6 zunächst die Zusammensetzung, Leitung und Befugnisse der Gesellschaftsorgane gehören[833]. Daneben kommen aber z.B. auch Regelungen über die Informationsrechte der Gesellschafter, die Art und Weise der Aufteilung von Gewinnen und Verlusten, die Voraussetzungen für die wirksame Übertragung von Gesellschaftsanteilen oder Regelungen über die Liquidation der Gesellschaft in Betracht[834].

bb) Fakultativer Inhalt

Neben dem gesetzlich vorgeschriebenen Mindestinhalt können die Gesellschafter weitere, fakultative Regelungen in den Gesellschaftsvertrag aufnehmen, die hier nur exemplarisch angesprochen werden können. Das Gesetz räumt den Gründern hier, im Unterschied z.B. zur *société anonyme*, einen großen Gestaltungsspielraum ein. Insoweit bietet es sich zunächst an, daß der Vertrag Angaben zum Zeitpunkt, zum Ort und zur Höhe der Einlagen (*apports*) enthält, zu deren Leistung jeder Gesellschafter verpflichtet ist[835]. Art. 1835 S. 2 C. civ. schreibt nur allgemein die Bestimmung der einzelnen Einlagen eines jeden Gesellschafters im Gesellschaftsvertrag vor, während

---

831 Vgl. auch *Micha-Goudet* in: Juris-Classeur, Band 1, Fasc. 27-10, Nr. 49. Anscheinend versteht es sich von selbst, daß der Vertrag hierzu Angaben enthält; vgl. *Bézard/Letulle* in: Juris-Classeur, Band 3, Fasc. 48-20, Nr. 109.

832 Vgl. auch *Sonnenberger/Autexier*, Einführung, Nr. 131.

833 Vgl. auch *Bastian/Germain*, 30.00 S. 11.

834 Vgl. *Bézard/Letulle* in Juris-Classeur, Band 3, Fasc. 48-20, Nr. 109. Obgleich das Gesetz insoweit mehrere Regelungen für die *société civile* zur Verfügung stellt, handelt es sich hierbei im wesentlichen um dispositive Vorschriften, die einer anderweitigen Regelung im Gesellschaftsvertrag nicht entgegenstehen.

das Gesetz keine Regelung zum Leistungszeitpunkt und Leistungsort enthält. Aber gerade mit Blick auf die Rechtsfolgen, die der Code civil an die Leistung der Einlage knüpft[836], können mit der Aufnahme einer entsprechenden Regelung etwaige Streitigkeiten vermieden werden. Des weiteren zählen zu den fakultativen Bestandteilen des Gesellschaftsvertrages die Aufteilung des Gewinns und der Verluste unter den Gesellschaftern (vgl. Art. 1944-1 Abs. 1 a.E. C. civ.), die Festlegung der Geschäftsführung im einzelnen (vgl. Artt. 1848 Abs. 3, 1849 Abs. 3 C. civ.), die Übertragung von Gesellschaftsanteilen (vgl. Art. 1861 Abs. 2 C. civ.) oder bestimmte Beendigungsgründe für die Gesellschaft (vgl. Art. 1844-7 Nr. 8 C. civ.).

b) *Anforderungen an die Form des Gesellschaftsvertrages*

Nach Art. 1835 S. 1 C. civ. muß der Gesellschaftsvertrag schriftlich abgefaßt sein (*par écrit*)[837]. Die Gründer haben insoweit die Wahl zwischen der privatschriftlichen Form (*sous seing privé*) und der öffentlichen Beurkundung (*acte authentique*)[838]. Letztere ist nur in Ausnahmefällen zwingend erforderlich, z.B. dann, wenn ein Mietvertrag mit einer Laufzeit von mehr als 12 Jahren eingebracht werden soll[839] oder die Sacheinlage aus einem Grundstück oder einer Immobilie besteht[840]. Gleiches gilt in allen übrigen Fällen, bei denen eine Veröffentlichung in dem *bureau des hypothèques* (Vorrechts- und

---

[835] Vgl. Art. 1835 S. 2 C. civ.; vgl. auch *Bellargent*, Rev. trim. dr. com. 1983, S. 189, 192.

[836] Vgl. nur Art. 1843-2 C. civ. zu den Rechten der Gesellschafter und Art. 1843-3 Abs. 5 C. civ. zum Verzug.

[837] Schriftform ist schon allein deshalb notwendig, um den zwingenden Registereintrag herbeiführen zu können; vgl. *Sonnenberger/Autexier*, Einführung, Nr. 130; *Bézard/Letulle* in: Juris-Classeur, Band 3, Fasc. 48-20, Nr. 103. Genügt der Gesellschaftsvertrag nicht der Schriftform, führt dies de lege lata nicht zur Nichtigkeit der Gesellschaft, da Art. 1835 C. civ. in Art. 1844-10 Abs. 1 C. civ. nicht aufgeführt ist. *Germain/Vogel*, in: Ripert/Roblot, Droit commercial, Nr. 1062, weisen aber zu Recht darauf hin, daß diese Problematik nur theoretischer Natur ist. Denn ohne schriftlichen Gesellschaftsvertrag wird die Gesellschaft nicht in das Handels- und Gesellschaftsregister eingetragen und erlangt schon deshalb keine eigene Rechtspersönlichkeit.

[838] Vgl. *Micha-Goudet* in: Juris-Classeur, Band 1, Fasc. 27-10, Nr. 48.

[839] Vgl. Dekret Nr. 55-22 vom 04.01.1955 Art. 28.

[840] Vgl. Dekret Nr. 55-22 vom 04.01.1955 Art. 4. Entgegen früherer Ansicht ist aber die Einbringung eines Patents (*brevet d'invention*) heute nicht mehr der notariellen Beurkundung unterworfen; vgl. *Venandet* in: Juris-Classeur, Band 3, Fasc. 72-10, Nr. 49 m.w.N. Auch sieht Art. 613-8 Abs. 5 des C. propr. intell. bei der Übertragung eines Patents nur einfache Schriftform vor.

Hypothekenregisteramt) erforderlich ist[841]. Der Vertrag muß dann entweder durch eine notarielle Urkunde (*acte notarié*) oder öffentliche Urkunde (*acte authentique*) erstellt werden oder notariell beglaubigt sein (*acte sous seing privé déposé au rang des minutes du notaire avec reconnaissance d'écritures et de signatures par les parties*), vgl. Dekret Nr. 55-1350 vom 14.10.1955 Art. 68 Ziff. 1[842]. Bietet sich die öffentliche Beurkundung darüber hinaus nicht noch aus Gründen der Zweckmäßigkeit an[843], bevorzugt die Praxis in der Regel die kostengünstigere Privatschriftform[844]. Der Vertrag muß von allen Gesellschaftsgründern unterzeichnet sein, wobei trotz fehlender gesetzlicher Regelung eine Vertretung zulässig sein soll, wenn der Vertreter mit einer speziellen schriftlichen Bevollmächtigung ausgestattet ist (*pouvoir spécial*)[845].

c) Anforderungen an die Person des Gesellschaftsgründers

Zur Gründung einer *société civile* müssen sich mindestens zwei Personen über den Abschluß eines Gesellschaftsvertrages einigen. Zwar sieht der Code civil in gesetzlich vorgeschriebenen Fällen auch die Gründung einer Gesellschaft durch einen Gesellschafter vor (vgl. Art. 1832 Abs. 2 C. civ.[846]). Von dieser Möglichkeit hat der Gesetzgeber jedoch bisher für die Rechtsform der einfachen *société civile* noch keinen Gebrauch gemacht[847]. Eine Höchst-

---

841 Vgl. Dekret Nr. 55-22 vom 04.01.1955 Art. 28.

842 Vgl. auch *Venandet* in: Juris-Classeur, Band 3, Fasc. 72-10, Nr. 49.

843 Empfehlenswert, aber nicht zwingend, ist die öffentliche Beurkundung des Gesellschaftsvertrages z.B. dann, wenn dieser zwischen einem Gesellschafter und einem oder mehreren seiner potentiellen Erben geschlossen wird. In diesem Fall müssen letztere (i.d.R. die Kinder des Erblassers) beim Eintritt des Erbfalls keine Ausgleichsansprüche wegen der gezogenen Vorteile aus der Gesellschaft befürchten (Art. 854 C. civ.). Auch beseitigt die öffentliche Beurkundung bei einer Gesellschaft unter Ehegatten den Verdacht der verschleierten Schenkung (*donations déguisées*, vgl. Art. 1832-1 Abs. 2 C. civ.).

844 Vgl. *Maier*, GmbHR 1990, S. 379, 380.

845 Vgl. *Germain/Vogel* in: Ripert/Roblot, Droit commercial, Nr. 1064; *Bézard/Letulle* in: Juris-Classeur, Band 3, Fasc. 48-20, Nr. 110.

846 Art. 1832 Abs. 2 C. civ.: „*Elle* (la société) *peut être instituée, dans les cas prévus par la loi, par l'acte de volonté d'une seule personne.*"

847 Eine Ausnahme bildet die mit dem Gesetz Nr. 85-697 vom 11.07.1985 geschaffene landwirtschaftliche Betriebsgesellschaft mit beschränkter Haftung (*exploitation agricole à responsabilité limitée*, EARL), die eine Sonderform der bürgerlich-rechtlichen Gesellschaft darstellt, aber in vielen Bereichen der SARL nachgebildet ist (z.B. das gesetzliche Mindestkapital von 50.000 FF, vgl.

zahl an Gesellschaftern ist im Gesetz hingegen nicht vorgesehen, allerdings dürfte sich eine Beschränkung der Mitgliederzahl allein aus der Bedeutung des intuitus personae[848] ergeben[849]. Der Eintritt der Gesellschafter in die *société civile* führt trotz Eintragung in das Handels- und Gesellschaftsregister nicht dazu, daß diese die Kaufmannseigenschaft erlangen[850]. Nicht zuletzt deshalb stellt das Gesetz auch keine besonderen Anforderungen an die Person des Gesellschaftsgründers[851], wie z.B. eine bestimmte Berufsausbildung. Zu den Gesellschaftsgründern zählen alle Personen, die die Statuten unterschrieben haben oder von den Gesellschaftern mit der Gründung betraut und mit einer entsprechenden Vollmacht ausgestattet sind[852]. Hierbei kommen minderjährige Personen (*mineurs*) ebenso in Betracht[853] wie volljährige ge-

---

Art. 13 Abs. 1 des Gesetzes). Vgl. zur EARL *Ferid/Sonnenberger*, Band 4/1, Rdnrn. 2 L 5 a, 2 L 9 a, 2 L 30 ff.

848 Zum Begriff siehe oben B. I.

849 Vgl. *Bézard/Letulle* in: Juris-Classeur, Band 3, Fasc. 48-20, Nr. 5 m.w.N.

850 Vgl. statt aller *Cozian/Viandier*, Droit des Sociétés, Nr. 1490.

851 Anders hingegen bei der Gründung einer *société anonyme*, vgl. Art. 74 Abs. 4 (s.u.).

852 Vgl. *Guyon*, Droit des affaires, Nr. 132.

853 Das französische Gesellschaftsrecht (namentlich die Artt. 1832-1870 C. civ. und das Gesetz vom 24.07.1966 über die Handelsgesellschaften) enthält keine Bestimmungen darüber, inwieweit sich minderjährige oder volljährige geschäftsunfähige Personen an einer Gesellschaft beteiligen, geschweige denn Mitgründer einer Gesellschaft sein können. Insoweit ist deshalb auf die allgemeinen Regeln des Code civil zurückzugreifen. Hiernach wird grundsätzlich zwischen einfachen Minderjährigen (*mineurs ordinaires*) und sog. emanzipierten Minderjährigen (*mineurs émancipés*) unterschieden, vgl. Artt. 388 ff. und 476 ff. C. civ. Während einfache Minderjährige grundsätzlich von ihren Eltern gesetzlich vertreten werden (Art. 389, 389-3 C. civ.), können Minderjährige ab einem Alter von 16 Jahren auf Antrag von einem Vormundschaftsgericht (*juge des tutelles*) als *émancipé* erklärt werden (Art. 477 Abs. 1 und 2 C. civ.). Dies hat zur Folge, daß sie grundsätzlich einem Erwachsenen gleichgestellt sind (vgl. Art. 481 Abs. 1 C. civ.), allerdings können sie dennoch nicht als Kaufmann auftreten (Art. 487 C. civ.). Daraus folgt für die Gründung von Gesellschaften: Emanzipierte Minderjährige können ohne, einfache Minderjährige nur mit Zustimmung ihrer Eltern Gesellschafter bzw. Gesellschaftsgründer einer *société civile* (vgl. *Guyon*, Droit des affaires, Nr. 224; *Dereu* in: Juris-Classeur, Band 1, Fasc. 8-2, Nr. 71 m.w.N., *Bézard/Letulle* in: Juris-Classeur, Band 3, Fasc. 48-20, Nrn. 48, 49), einer SARL, einer EURL und einer SA werden (vgl. *Merle*, Droit commercial, Rdnr. 177; *Dereu* in: Juris-Classeur, Band 1, Fasc. 8-2, Nr. 17 m.w.N.). Hingegen können emanzipierte Minderjährige in keinem Fall als Gesellschaftsgründer bzw. Gesellschafter einer SNC oder als Komplementär einer SCS auftreten, da sie in diesem Fall die Kaufmannseigenschaft erlangen würden; gleiches gilt erst recht für einfache Minderjährige (vgl. *Dereu* in: Juris-Classeur, Band 1, Fasc. 8-2, Nr. 7 m.w.N.). Bei der *société en participation* ist zu unterscheiden. Falls ihr Gegenstand auf eine handelsrechtliche Tätigkeit gerichtet ist, wird Minderjährigen eine Beteiligung an der Gesellschaft bzw. Gründung verwehrt, es sei denn, die Gesellschaft bleibt bloße Innengesellschaft und der Minderjährige nimmt nicht an der Geschäftsführung teil (str.); vgl. *Merle*, Droit commercial, Rdnr. 602; *Germain/Vogel* in: Ripert/Roblot, Droit commercial, Nr. 1247. Handelt es sich hingegen um eine bürgerlich-rechtliche Aktivität, kommen

schäftsunfähige Personen (*incapables majeurs*)[854]. Auch können juristische Personen an der Gründung einer *société civile* beteiligt sein[855]. Problematisch war in Frankreich lange Zeit die Möglichkeit für Ehepartner, als Gründer einer Gesellschaft aufzutreten oder als Gesellschafter in eine solche einzutreten, insbesondere dann, wenn sie in dieser unbeschränkt und gesamtschuldnerisch haften mußten. Seit 1986 sind diese eher archaisch erscheinenden Hindernisse beseitigt. Gemäß Art. 1832-1 Abs. 1 C. civ. n.F. können nun Ehegatten entweder allein oder mit Dritten auch Gesellschaften gründen, in denen sie persönlich und unbeschränkt der Haftung unterworfen sind[856].

3. Organbestellung

Die Gründung einer *société civile* setzt des weiteren die Bestellung eines oder mehrerer Geschäftsführer voraus, da die Gesellschaft als juristische Person ohne Organe nicht handlungsfähig ist. Insbesondere obliegt den Geschäftsführern als gesetzliche Vertreter der Gesellschaft die Anmeldung derselben beim Handels- und Gesellschaftsregister[857]. Die Bestellung des Geschäftsfüh-

---

auch Minderjährige als Gesellschaftsgründer in Betracht (vgl. *Dereu* in: Juris-Classeur, Band 1, Fasc. 8-2, Nr. 69 m.w.N.).

[854] Bei volljährigen Geschäftsunfähigen (*incapables majeurs*) ist ebenfalls zu differenzieren. Wenn sie unter gerichtlicher Schutzaufsicht stehen, für sie also eine gerichtliche Beistandschaft angeordnet wurde (*majeur placé sous la sauvegarde de justice*, Artt. 491 ff. C. civ.), können sie an jeder Gesellschaft gleich welcher Form teilnehmen (vgl. Art. 491-2 C. civ.). Ist hingegen für einen Erwachsenen ein Betreuer bestellt (*majeur en curatelle*, Artt. 508 ff. C. civ.) oder eine Vormundschaft angeordnet (*majeur en tutelle*, Artt. 492 ff. C. civ.), gilt folgendes: Vorbehaltlich einer anderweitigen Entscheidung des Gerichts (vgl. Artt. 501, 511 C. civ.) können diese Personen nicht Gesellschafter bzw. Gesellschaftsgründer einer SNC, Komplementär einer SCS oder Gesellschafter einer *société en participation* als Außenhandelsgesellschaft werden, da sie insoweit die Kaufmannseigenschaft erlangen würden (vgl. *Dereu* in: Juris-Classeur, Band 1, Fasc. 8-4, Nrn. 13 und 18; *Sonnenberger*, FrHWR Rdnr. II 57, III 21.). Die Gründung einer SARL und SA ist hingegen in beiden Fällen erlaubt (*Dereu* in: Juris-Classeur, Band 1, Fasc. 8-4, Nrn. 14 und 19), während die Gründung einer *société civile* durch einen *majeur en tutelle* möglich (*Dereu* in: Juris-Classeur, Band 1, Fasc. 8-4, Nr. 19 m.w.N.), durch einen *majeur en curatelle* nicht möglich ist (vgl. *Dereu* in: Juris-Classeur, Band 1, Fasc. 8-4, Nr. 15; *Bézard/Letulle* in: Juris-Classeur, Band 3, Fasc. 48-20, Nr. 58).

[855] Vgl. *Cozian/Viandier*, Droit des Sociétés, Nr. 1490; *Bézard/Letulle* in: Juris-Classeur, Band 3, Fasc. 48-20, Nr. 71.

[856] Art. 1832-1 C. civ. wurde mit Gesetz Nr. 85-1372 vom 23.12.1985 geändert und trat in dieser Fassung in Kraft am 01.07.1986. Vgl. *Bézard/Letulle* in: Juris-Classeur, Band 3, Fasc. 48-20, Nrn. 59 ff., 68.

[857] Vgl. Dekret Nr. 78-704 Art. 20 Abs. 1. Nach Dekret Nr. 78-704 Art. 22 erfolgt auch die Anzeige (*avis*) der materiellen Gesellschaftsgründung durch die „gesetzlichen Vertreter“, wobei in

rers kann in den Statuten oder in einem gesonderten Mehrheitsbeschluß erfolgen (Art. 1846 Abs. 1 C. civ.), muß grundsätzlich publiziert werden (Art. 1846-2 Abs. 1 C. civ.) und hat zeitlich vor der Registeranmeldung zu erfolgen[858]. Die Abberufung benötigt lediglich eine einfache Mehrheit der Gesellschafter (Art. 1851 Abs. 1 S. 1 C. civ.). Der Geschäftsführer kann eine juristische oder natürliche Person sein (vgl. Art. 1847 C. civ.) und muß nicht zum Kreis der Gesellschafter der *société civile* gehören (Prinzip der Dritt- oder Fremdorganschaft, Art. 1846 Abs. 1 C. civ.). Wenn die Statuten keine andere Regelung vorsehen, wird er grundsätzlich für die Dauer der Gesellschaft bestellt, vgl. Art. 1846 Abs. 4 C. civ.

4. Publizität

Seit 1978 sieht der Code auch für die *société civile* die Eintragung (*immatriculation*[859]) in das Handels- und Gesellschaftsregister vor (vgl. Art. 1842 Abs. 1 C. civ.)[860]. Erst mit Eintragung erlangt die Gesellschaft eigene Rechtspersönlichkeit, vgl. Art. 1842 Abs. 1 C. civ.[861]. Es gilt insoweit also das Prinzip der konstitutiven Registereintragung. Die Eintragung der Gesellschaft obliegt den gesetzlichen Vertretern (*représentants légaux*) der Gesellschaft[862].

---

der Anzeige selbst die Personen bezeichnet werden müssen, die in der Gesellschaft die Verwaltungs- und Geschäftsführungsaufgaben übernehmen (Dekret Nr. 78-704 Art. 22 Abs. 3 Nr. 10) und die Gesellschaft aufgrund einer entsprechenden Vollmacht nach außen vertreten dürfen (Dekret Nr. 78-704 Art. 22 Abs. 3 Nr. 11). Außerdem müssen die gesetzlichen Vertreter der Gesellschaft die Hinterlegung der Gründungsdokumente bei der Geschäftsstelle des Handelsgerichts besorgen (Dekret Nr. 78-704 Art. 19), wozu auch die Urkunde über die Bestellung der Gesellschaftsorgane selbst gehört, falls sich diese nicht bereits aus den Statuten ergibt, vgl. Dekret Nr. 84-406 Art. 48 Abs. 1 S. 2 Nr. 1 b).

858 Vgl. insbesondere Dekret Nr. 78-704 Art. 20 Abs. 1 und Dekret Nr. 84-406 Art. 48 Abs. 1 S. 2 Nr. 1 b).

859 Zur Terminologie: Während das Gesetz für die Eintragung den Begriff der *immatriculation* verwendet, lautet die Ausführung derselben hingegen *inscription*, vgl. z.B. Dekret Nr. 84-406 Art. 7 Abs. 1 und Art. 31 Abs. 1.

860 Das Handels- und Gesellschaftsregister hieß vordem nur Handelsregister; vgl. Art. 5 a.F.

861 Aus Gründen der Übersichtlichkeit werden im nachstehenden Teil die meisten Normen in der Fußnote erwähnt.

862 Vgl. Dekret Nr. 78-704 Art. 20 Abs. 1; bei Handelsgesellschaften vgl. Dekret Nr. 67-236 Art. 283 Abs. 1. Also bei der *société civile*, der SNC, der SCS und der SARL dem Geschäftsführer, bei der SA dem *président du conseil d'administration* bzw. *du directoire* sowie den *directeurs généraux*; Juris-Classeur, Band 1, Fasc. 27-4, Nr. 12.

a) Allgemeines

Im französischen Recht werden alle eintragungspflichtigen Gesellschaften[863] bei zwei verschiedenen Stellen registriert, nämlich einerseits bei dem jeweiligen lokalen Handels- und Gesellschaftsregister (*Registre du commerce et des sociétés*, RCS), das bei den Handelsgerichten geführt wird[864], und andererseits bei dem zentralen nationalen Handels- und Gesellschaftsregister (*Registre national du commerce et des sociétés*), mit dessen Führung das *Institut national de la propriété industrielle* (INPI) in Paris betraut ist[865].

Eine weitere französische Besonderheit stellen die sog. *Centres de formalités des entreprises* (CFE) dar, die als obligatorische „Zwischenstelle" fungieren[866]. Sie leiten nach Erhalt und Kurzprüfung der gesamten Gründungsunterlagen die Dokumente an die jeweils zuständigen Stellen weiter[867] und dienen der Erleichterung des Eintragungsvorgangs für die Gesellschaftsgründer[868].

Die Rechtsgrundlagen der handels- und gesellschaftsrechtlichen Publizität sind nicht in einem einheitlichen Gesetz geregelt, sondern vielmehr in einer Reihe von verschiedenen Regelungen verteilt[869]. Gesetzlichen Ausgangspunkt für die Gründungspublizität bei einer *société civile* stellt das Gesetz Nr. 78-9 vom 04.01.1978[870] dar, mit dem die Artt. 1832-1873 C. civ. umfassend geändert wurden. Das Gesetz Nr. 78-9 verweist in Art. 3 auf das

---

863 Vgl. Dekret Nr. 78-704 Art. 2 Abs. 1 für die *société civile*, Dekret Nr. 67-236 Art. 1 Abs. 1 für die Handelsgesellschaften sowie für alle Gesellschaften Dekret Nr. 84-406 Art. 1 Abs. 1 Nr. 2.

864 Oder auch (selten) bei dem *tribunal de grande instance*; vgl. Dekret Nr. 84-406 Art. 4 Abs. 1.

865 Vgl. Dekret Nr. 84-406 Art. 5 Abs. 1 und http://www.inpi.fr/inpi/accueil.htm. Das INPI bezweckt, den Informationsfluß über den Amtsgerichtsbezirk des Handelsgerichts hinaus zu erleichtern; vgl. *Sonnenberger*, FrHWR Rdnr. II 75; *Germain/Vogel* in: Ripert/Roblot, Droit commercial, Nr. 222.

866 Das *Centre* wurde mit Dekret Nr. 81-257 vom 18.03.1981 (abgelöst vom Dekret Nr. 96-650 vom 19.07.1996, vgl. Art. 12) ins Leben gerufen.

867 Dekret Nr. 96-650 Art. 1 Abs. 3.

868 Vgl. *Germain/Vogel* in: Ripert/Roblot, Droit commercial, Nr. 222-1.

869 Die Gesetzeslage in Frankreich ist durch die Erste gesellschaftsrechtliche Richtlinie des Rates der EG (Publizitätsrichtlinie) Nr. 68/151/EWG vom 9.3.1968 (in französisches Recht transformiert durch Ordonnance Nr. 69-1176 vom 20.12.1969 und das Dekret Nr. 69-1177 vom 24.12.1969) und die Elfte EG-Richtlinie (Zweigniederlassungsrichtlinie) Nr. 89/666/EWG vom 21.12.1989 (in französisches Recht transformiert durch Dekret Nr. 92-521 vom 16.6.1992) beeinflußt worden.

870 *Loi n° 78-9 du 4 janvier 1978, modifiant le titre IX du livre III du Code civil*, in Kraft seit dem 01.07.1978.

Ausführungsdekret Nr. 78-704 vom 03.07.1978[871], das einige wichtige Zusatzregelungen für die *société civile* enthält. Insbesondere bestimmt dessen Art. 2 Abs. 1 i.V.m. Art. 1 ausdrücklich, daß alle Gesellschaften, die mit einer eigenen Rechtspersönlichkeit ausgestattet sind, in das Handels- und Gesellschaftsregister eingetragen werden müssen, und verweist insoweit auf das Dekret Nr. 84-406 vom 30.05.1984[872]. Dieses Dekret regelt im einzelnen die Registereintragung und gilt grundsätzlich für alle Gesellschaftsformen. Schließlich verweist auch dieses Dekret in seinen Artt. 26 und 88 auf das Dekret Nr. 96-650 vom 19.07.1996[873] sowie auf den Arrêté vom 09.02.1988[874]. Auf die Regelungen wird nachstehend näher eingegangen.

Der Publizitätsvorgang zur Gründung einer *société civile* läßt sich im Überblick unter Aufzählung der einzelnen Publizitätsmittel in drei Schritte unterteilen: Erstens die Anzeige der materiellen Gesellschaftsgründung in einem Anzeigenblatt, das für amtliche Veröffentlichungen zugelassen ist (JAL)[875], zweitens die Hinterlegung bestimmter Urkunden bei der Geschäftsstelle eines Handelsgerichts und drittens die Eintragung der Gesellschaft in das Handels- und Gesellschaftsregister mit anschließender deklaratorischer Bekanntmachung in dem französischen Amtsblatt für zivil- und handelsrechtliche Anzeigen (BODACC).

b) Anzeige der materiellen Gesellschaftsgründung

Zunächst muß die materielle Gründung der *société civile*, also der wirksame Abschluß eines Gesellschaftsvertrages, noch vor der Eintragung der Gesellschaft in das Handels- und Gesellschaftsregister durch die gesetzlichen Vertreter der Gesellschaft bekanntgemacht werden[876]. Die Anzeige (*avis*) erfolgt

---

[871] *Décret n° 78-704 du 3 juillet 1978, relatif à l'application de la loi n° 78-9 du 4 janvier 1978 modifiant le titre IX du livre II du Code civil.*

[872] *Décret n° 84-406 du 30 mai 1984, relatif au registre du commerce et des sociétés.*

[873] *Décret n° 96-650 du 19 juillet 1996, relatif aux centres de formalités des entreprises.*

[874] *Arrêté du 9 février 1988, relatif au registre du commerce et des sociétés.*

[875] Sowie einer Registrierung der Gesellschaft bei der zuständigen Steuerbehörde (Art. 635 Abs. 1 Nr. 5 Code général des impôts, CGI), die hier aber vernachlässigt wird. Vgl. dazu *Merle*, Droit commercial, Rdnr. 60; *Schmidt/Gramling* in: Lutter, Tochtergesellschaft, S. 213; *Maul*, RIW 1997, S. 911, 917.

[876] Dekret Nr. 78-704 Art. 22. Bei Handelsgesellschaften gilt Dekret Nr. 67-236 Art. 285. Dies sind bei der *société civile*, der SNC, SCS und SARL die Geschäftsführer (*gérants*) und bei der SA

sowohl am Gesellschaftssitz als auch an jedem Niederlassungsort, und zwar in der jeweiligen regionalen Zeitung, die für amtliche Veröffentlichungen zugelassen ist (*Journal d'annonces légales*, JAL)[877], allerdings ist der Nutzen einer solchen vorherigen Anzeige nicht klar erkennbar[878]. Der *avis* muß jedenfalls vom Notar, von einem der Gründer oder einem der ersten, mit einer entsprechenden Vollmacht ausgestatteten Gesellschafter unterzeichnet sein[879] und folgende Angaben enthalten[880]: Die Personen- oder Sachfirma, ggfs. Deren Kurzform (Nr. 1), die Gesellschaftsform (Nr. 2), die Höhe des Gesellschaftskapitals (Nr. 3), die Adresse des Gesellschaftssitzes (Nr. 4), den Unternehmensgegenstand in verkürzter Form (Nr. 5), die Gesellschaftsdauer (Nr. 6), die Höhe der Geldeinlagen (Nr. 7), die Kurzbeschreibung und den Wert etwaiger Sacheinlagen (Nr. 8), die Bezeichnung[881] der Personen, die Verwaltungs- und Geschäftsführungsaufgaben übernehmen einschließlich eventueller Abschlußprüfer (Nr. 10), die Bezeichnung aller Personen, die aufgrund einer entsprechenden Vollmacht die Gesellschaft nach außen vertreten dürfen (Nr. 11), die Angabe der Geschäftsstelle des Handelsgerichts, wo die Eintragung der Gesellschaft beabsichtigt ist (Nr. 12) sowie einen Hinweis auf die Existenz von Zustimmungsklauseln im Falle der Abtretung von Gesellschaftsanteilen und die Bestimmung desjenigen Gesellschaftsorgans, das über den Zustimmungsantrag entscheiden soll (Nr. 13). Eine Frist für die Anzeige der materiellen Gesellschaftsgründung sieht das Gesetz nicht vor[882].

---

der *président du conseil d'administration* bzw. der *président du directoire* sowie die *directeurs généraux*.

[877] Dekret Nr. 78-704 Art. 22 Abs. 1. Die *Journaux d'annonces légales* werden jährlich von dem Präfekten für sein Departement bestimmt (Gesetz Nr. 55-4 vom 04.01.1955 Art. 2 *concernant les annonces judiciaires et légales*).

[878] Nach *Cozian/Viandier*, Droit des Sociétés, Nr. 260, handelt es sich um einen veralteten Formalismus. Kritisch auch *Guyon*, Droit des affaires, Nr. 145. Bei der Gründung der modernen Personenvereinigungsform des *groupement d'intérêt économique* (GIE) wird die vorherige Anzeige auch nicht mehr gefordert, vgl. Ordonnance Nr. 67-821 vom 23.09.1967 Art. 3 Abs. 1 im Unterschied zu Dekret Nr. 78-704 Art. 19 und Dekret Nr. 67-236 Art. 282.

[879] Dekret Nr. 78-704 Art. 22 Abs. 2. Bei Handelsgesellschaften gilt Dekret Nr. 67-236 Art. 285 Abs. 2.

[880] Dekret Nr. 78-704 Art. 22 Abs. 3 Nr. 1-13, nicht alle einschlägig für die *société civile*. Bei Handelsgesellschaften gilt Dekret Nr. 67-236 Art. 285 Abs. 3.

[881] Die Personenbezeichnung umfaßt hier den Namen, Vornamen und Wohnsitz.

[882] Bei der SNC und SCS können die nachfolgenden Schritte des Publizitätsvorgangs bereits vorgenommen werden, wenn die Anzeige der materiellen Gesellschaftsgründung aufgegeben worden ist. Das tatsächliche Erscheinen der Annonce muß also nicht abgewartet werden; vgl. Arrêté

c) *Hinterlegung der Gründungsdokumente bei der Geschäftsstelle des Handelsgerichts*

Als nächstes müssen die gesetzlichen Vertreter der Gesellschaft[883] den Gesellschaftsvertrag bei der Geschäftsstelle des Handelsgerichts hinterlegen (*dépôt au greffe du tribunal de commerce*)[884]. Ergibt sich die Bestellung der Gesellschaftsorgane nicht bereits aus dem Gesellschaftsvertrag, müssen auch die gesonderten Urkunden über die Bestellung hinterlegt werden[885]. Alle Dokumente werden in zweifacher Ausführung eingereicht, der Gesellschaftsvertrag entweder im Original oder in Form einer notariell beglaubigten Urkunde, für die Bestellung der Organe reichen einfache Kopien[886]. Zuständig ist das am statutarischen Gesellschaftssitz belegene Handelsgericht[887]. Dies ist zugleich der ausschließliche Hinterlegungsort[888]. Auch für die Hinterlegung der Gründungsdokumente sieht das Gesetz keine Frist vor, sie muß lediglich spätestens mit dem Antrag auf Eintragung der Gesellschaft in das Handels- und Gesellschaftsregister erfolgen[889], was in der Praxis auch üblich ist[890]. Die zu hinterlegenden Dokumente werden im Anhang (*en annexe*) einer Registerakte (*dossier*) aufbewahrt[891], die mit der Eintragung der Gesellschaft eingerichtet wird und auf den Namen der Gesellschaft lautet[892]. Außerdem wird die Hinterlegung durch den Urkundsbeamten der Geschäftsstelle protokolliert, der eine entsprechende Empfangsbescheinigung ausstellt[893].

---

vom 09.02.1988 Art. 12 Abs. 2 i.V.m. Annex III Ziffer 1.1 Abs. 2. Vgl. auch *Guyon*, Droit des affaires, Nr. 145 a.E.

[883] Die sich aber ihrerseits auch vertreten lassen dürfen, sofern eine speziell für die Gesellschaftsgründung erteilte Vollmacht vorliegt; vgl. *Guyon*, Droit des affaires, Nr. 146.

[884] Dekret Nr. 78-704 Art. 19; bei Handelsgesellschaften Dekret Nr. 67-236 Art. 282. Vgl. auch Dekret Nr. 84-406 Art. 48 Abs. 1 S. 2 Nr. 1 a) i.V.m. Art. 47 Abs. 1.

[885] Dekret Nr. 84-406 Art. 48 Abs. 1 S. 2 Nr. 1 b). Daraus folgt, daß die Gesellschaftsorganbestellung zeitlich zwingend vor der Publizität der Gesellschaft erfolgen muß.

[886] Vgl. Dekret Nr. 84-406 Art. 48 Abs. 1 S. 2 Nr. 1.

[887] Dekret Nr. 84-406 Art. 47 Abs. 1.

[888] Vgl. *Bastian/Germain*, 30.00 S. 17.

[889] Vgl. Dekret Nr. 84-406 Art. 48 Abs. 1 S. 1.

[890] In diesem Fall werden die zu hinterlegenden Urkunden beim *Centre de formalités des entreprises* (CFE) eingereicht, das die Unterlagen samt Eintragungsantrag an die Geschäftsstelle des zuständigen Handelsgerichts weiterleitet. Vgl. auch *Merle*, Droit commercial, Rdnr. 62; *Schmidt/Gramling* in: Luther, Tochtergesellschaft, S. 214.

[891] Vgl. Dekret Nr. 78-704 Art. 19.

[892] Vgl. auch nachstehend unter B. II. 3. d) aa).

[893] Dekret Nr. 84-406 Art. 47 Abs. 2.

d) Eintragung in das Handels- und Gesellschaftsregister

Alsdann muß die *société civile* in das Handels- und Gesellschaftsregister eingetragen werden (*inscription au registre du commerce et des sociétés*)[894]. Anders als im deutschen Recht sind bei diesem Vorgang in Frankreich mehrere Stellen beteiligt. Hierbei handelt es sich neben der Geschäftsstelle des Handelsgerichts (*greffe*), bei dem das *Registre du commerce et des sociétés* (RCS) geführt wird, im wesentlichen um das *Centre de formalités des entreprises* (CFE), das *Institut national de la propriété industrielle* (INPI) sowie das *Institut national de la statistique et des études économiques* (INSEE)[895]. Aufgrund der Komplexität des Eintragungsverfahrens und der Vielzahl der hieran beteiligten Stellen wird nachstehend zunächst der Eintragungsvorgang detailliert dargestellt, um einen ersten Überblick über diesen zu geben. Sodann werden die Anforderungen an den Inhalt und die Form der Anmeldung ebenso erörtert wie der Prüfungsumfang des *greffier* sowie die anschließende Eintragung und Bekanntmachung.

aa) Eintragungsvorgang

Die Eintragung einer *société civile* setzt zunächst die Stellung eines Antrags voraus, eine Zwangseintragung existiert nicht[896]. Die Vertreter der Gesellschaft richten ihren Antrag[897] in einer einzigen Akte (*dossier unique*)[898], die sämtliche erforderlichen Erklärungen zur Gesellschaftsgründung enthält, an das *Centre de formalités des entreprises* (CFE)[899]. Das CFE wird für Handelsgesellschaften (*sociétés commerciales*) und für wirtschaftliche Interessengemeinschaften (*groupements d'intérêt économique*, GIE) bei den Industrie- und Handelskammern (*Chambres de commerce et d'industrie*)[900] und für die

---

[894] Dekret Nr. 78-704 Art. 2 Abs. 2 und 1.

[895] Vgl. zum INSEE http://www.insee.fr/fr/home/home_page.asp.

[896] Vgl. *Sonnenberger*, FrHWR Rdnr. III 104.

[897] Für den ebenfalls keine Fristen zu beachten sind.

[898] Vgl. Gesetz Nr. 94-126 vom 11.02.1994 Art. 2 Abs. 1.

[899] Vgl. Dekret Nr. 96-650 vom 19.07.1996 Art. 1 Abs. 1 i.V.m. Gesetz Nr. 94-126 Art. 2 Abs. 1. Die Inanspruchnahme des CFE ist insoweit kostenlos (Circulaire vom 30.05.1997); vgl. auch *Germain/Vogel* in Ripert/Roblot, Droit commercial, Nr. 222-1 m.w.N.

[900] Dekret Nr. 96-650 Art. 2 Abs. 1 Nr. 1 lit. b) und c).

société civile bei der Geschäftsstelle der Handelsgerichte oder (selten) des *tribunal de grande instance* geführt[901]. Örtlich ist dasjenige Gericht zuständig, in dessen Bezirk die Gesellschaft ihren Sitz hat[902]. Sämtliche Erklärungen gegenüber dem CFE müssen auf einem Musterformular abgegeben[903] und diesem sowohl per Post als auch direkt übergeben werden[904]. Dem Musterformular müssen weitere Nachweisbelege beigefügt sein[905]. Sind diese vollständig und rechtmäßig, gelten sie als gegenüber den eigentlich zuständigen Stellen erklärt und unterbrechen eventuell laufende Fristen[906]. Das CFE prüft die Erklärungen lediglich auf Vollständigkeit (*contrôle formel*)[907] und übersendet diese, einschließlich eventuell zu hinterlegender Urkunden[908], noch am gleichen Tag[909] u.a.[910] an die Geschäftsstelle des zuständigen Handelsgerichts, damit die Eintragung der Gesellschaft bewirkt werden kann[911]. Hält das CFE diese Frist nicht ein, kann sich der Antragsteller mit seinem Antrag unmittelbar an die zuständige Stelle wenden[912]. Der Urkundsbeamte der Geschäftsstelle des Handelsgerichts (*greffier*) führt sowohl ein alphabetisches Verzeichnis (*fichier alphabétique*) als auch ein chronologisches Eingangsregister (*registre d'arrivée*) und richtet für jede zu gründende Gesellschaft eine Einzelakte ein (*dossier individuel*), die in ihrem Anhang sämtliche zu hinterle-

---

901 Dekret Nr. 96-650 Art. 2 Abs. 1 Nr. 4 lit. a).

902 Dekret Nr. 84-406 Art. 14 Abs. 1.

903 Dekret Nr. 96-650 Art. 4 Abs. 2 Nr. 1. Die auszufüllenden Musterformulare sind bei dem CFE bzw. den Urkundsbeamten der Geschäftsstelle des Handelsgerichts erhältlich; vgl. *Merle*, Droit commercial, Rdnr. 66; *Guyon*, Droit des affaires, Nr. 148.

904 Vgl. Dekret Nr. 96-650 Art. 5 Abs. 1.

905 Die Nachweisbelege sind recht vielzählig und ergeben sich aus Dekret Nr. 96-650 Art. 4 Abs. 2 Nr. 2 i.V.m. Arrêté vom 09.02.1988 Art. 12 Abs. 2 i.V.m. Annex III für Gesellschaften und Annex VI für das GIE.

906 Vgl. Dekret Nr. 96-650 Art. 7 S. 1 und 2, welche es freilich bei der Eintragung einer *société civile* nicht gibt.

907 Sind die eingereichten Unterlagen unvollständig, hat der Antragsteller 15 Tage Zeit, um dem abzuhelfen, vgl. Dekret Nr. 96-650 Art. 6 Abs. 1 Nr. 2 a) i.V.m. Abs. 2 Nr. 1. Vgl. auch *Merle*, Droit commercial, Rdnr. 64.

908 Vgl. *Merle*, Droit commercial, Rdnr. 62.

909 Dekret Nr. 96-650 Art. 6 Abs. 2 Nr. 2.

910 Vgl. zu den weiteren Stellen, die das CFE kontaktiert, *Cozian/Viandier*, Droit des Sociétés, Nr. 262.

911 Was bei der Eintragung einer *société civile* allerdings im gleichen Haus erfolgt, da nicht nur das *Registre*, sondern auch das *Centre* bei der Geschäftsstelle des Handelsgerichts geführt wird (s.o.).

912 Dekret Nr. 96-650 Art. 6 Abs. 3.

gende Dokumente enthält (*dossier annexe*)[913]. Deshalb handelt es sich bei dem „Register" genaugenommen eher nur um eine Aktensammlung[914]. Der Beamte prüft die Richtigkeit der gemachten Angaben[915], trägt die Gesellschaft innerhalb eines Werktages in das Register ein[916] und teilt dem Antragsteller eine einheitliche Register- oder Immatrikulationsnummer der Gesellschaft mit (*numéro d'immatriculation*)[917], die die Gesellschaft auf ihren Geschäftspapieren angeben muß[918]. Diese Registernummer besteht im wesentlichen aus der vom *Institut national de la statistique et des études économiques* (INSEE) zugewiesenen *numéro unique d'identification des entreprises* (auch *numéro SIRENE* genannt)[919]. Innerhalb von 15 Tagen übersendet die Geschäftsstelle dem *Institut national de la propriété industrielle* (INPI) in Paris eine Ausführung der vorgenommenen Eintragungen einschließlich der hinterlegten Gründungsdokumente, damit die Gesellschaft in dem dort geführten nationalen Handels- und Gesellschaftsregister eingetragen werden kann[920]. Schließlich sieht das französische Registerrecht noch eine obligatorische Ergänzungs- oder Zweiteintragung vor (*inscription complémentaire ou imma-*

---

913 Vgl. Dekret Nr. 84-406 Artt. 3 und 29 sowie Arrêté vom 09.02.1988 Artt. 1-4.

914 Vgl. *Germain/Vogel* in Ripert/Roblot, Droit commercial, Nr. 223.

915 Dekret Nr. 84-406 Art. 30.

916 Dekret Nr. 84-406 Art. 31 Abs. 1. Bei besonders komplexen Anträgen kann die Frist verlängert werden, allerdings dürfen bis zur Eintragung auch hier nur höchstens fünf Werktage vergehen, vgl. Dekret Nr. 84-406 Art. 31 Abs. 4.

917 Dekret Nr. 84-406 Art. 33 i.V.m. Arrêté vom 09.02.1988 Art. 23 Abs. 1.

918 Dekret Nr. 84-406 Art. 72 i.V.m. Arrêté vom 09.02.1988 Art. 23 Abs. 2.

919 Das INSEE wurde mittlerweile von dem CFE über den Vorgang informiert (vgl. *Cozian/Viandier*, Droit des Sociétés, Nr. 262) und erteilt der Gesellschaft die *numéro SIRENE* (*système informatique pour le répertoire des entreprises et des établissements*), z.B.: „705 605 011 RCS Paris". Im Anschluß an die Ziffern 705 605 011 als *numéro SIRENE* steht RCS für *registre du commerce et des sociétés*, und Paris steht für den Ort der Registereintragung; vgl. Gesetz Nr. 94-126 vom 11.02.1994 Art. 3 Abs. 1 i.V.m. Dekret Nr. 97-497 vom 16.05.1997 Artt. 1 und 2 a) i.V.m. Dekret Nr. 84-406 Art. 72 Abs. 1 Nrn. 1 und 2. Siehe auch Dekret Nr. 84-406 Artt. 33, 88 i.V.m. Arrêté vom 09.02.1998. Früher sah Dekret Nr. 84-406 Art. 33 Abs. 2 a.F. noch den Zusatz von Buchstaben vor, wie A für natürliche Personen, B für Handelsgesellschaften, C für *groupements d'intérêt économique* und D für bürgerlich-rechtliche Gesellschaften. Seit 1998 ist dieser Zusatz abgeschafft, vgl. Dekret Nr. 84-406 Art. 33 n.F.; vgl. auch *Merle*, Droit commercial, Rdnr. 64. Nach *Guyon*, Droit des affaires, Nr. 148.1 und *Sonnenberger*, FrHWR Rdnr. II 73 soll das INSEE allerdings durch den Registerbeamten informiert werden.

920 Dekret Nr. 84-406 Art. 5 Abs. 2 i.V.m. Arrêté vom 09.02.1988 Art. 24 Abs. 1.

triculation secondaire), wenn die Gesellschaft eine Zweigniederlassung oder Filiale führt[921].

bb) Anforderungen an den Inhalt und die Form des Eintragungsantrags

Der Antrag auf Eintragung der Gesellschaft in das Handels- und Gesellschaftsregister (*demande d'immatriculation*) muß wie ausgeführt an das *Centre de formalités des entreprises* gerichtet sein. Ihm müssen neben einer Reihe von Nachweisbelegen[922] auch die zu hinterlegenden Gründungsdokumente beigefügt sein, falls die Hinterlegung noch nicht vor Antragstellung erfolgt ist[923]. Der Antrag selbst hat folgende Angaben zu enthalten[924]: die Personen- oder Sachfirma sowie ggfs. die Kurzbezeichnung (Nr. 1), die Gesellschaftsform (Nr. 2), die Höhe des Gesellschaftskapitals (Nr. 3), die Adresse des Gesellschaftssitzes (Nr. 4), das Hauptbetätigungsfeld des Unternehmens (Nr. 5), die Gesellschaftsdauer (Nr. 6), die Bezeichnung[925] sämtlicher Personen, die nachweislich allein oder gemeinsam zur Geschäftsführung oder Vertretung der Gesellschaft berechtigt sind (Nr. 10 a)), sowie des Abschlußprüfers, falls vorhanden (Nr. 10 b)), und schließlich einen Hinweis auf eine etwaige Zweiteintragung (Nr. 13). Die Erklärungen bedürfen abgesehen vom Schriftformerfordernis keiner besonderen Form[926] und werden auf Formblättern eingetragen, die beim CFE oder bei der Geschäftsstelle des Handelsgerichts erhältlich sind. Fristen sind hierbei ebenfalls nicht zu beach-

[921] Vgl. Dekret Nr. 84-406 Artt. 20, 9. Unterhält eine Gesellschaft eine oder mehrere Niederlassungen oder Filialen innerhalb desselben Bezirks eines Handelsgerichts, ist eine *inscription complémentaire* erforderlich. Liegt die Filiale hingegen in dem Bezirk eines anderen Gerichts, handelt es sich um eine *immatriculation secondaire*; vgl. Dekret Nr. 84-406 Art. 9 Abs. 2 Nrn. 1 und 2. Die Zusatzeintragung muß innerhalb eines Monats vor oder nach Eröffnung der Filiale vorgenommen werden, vgl. Dekret Nr. 84-406 Art. 9 Abs. 2.

[922] Vgl. Dekret Nr. 96-650 Art. 4 Abs. 2 Nr. 2 i.V.m. Arrêté vom 09.02.1988 Art. 12 Abs. 2 i.V.m. Annex III für Gesellschaften und Annex VI für das GIE.

[923] S.o. unter B. II. 4. c).

[924] Dekret Nr. 84-406 Art. 15 A Nrn. 1-13, nicht alle einschlägig für die *société civile*.

[925] Die Personenbezeichnung umfaßt den Namen, Vornamen, Geburtstag und -ort, Wohnsitz und die Nationalität. Bei juristischen Personen ist zudem Dekret Nr. 84-406 Art. 15 A Nr. 11 zu beachten.

[926] Vgl. hierzu auch *Maier-Bridou*, Die GmbH, S. 77, 83.

ten[927]. Allerdings kann der Antrag auf Eintragung erst dann gestellt werden, wenn die Gründungsformalitäten abgeschlossen sind[928].

cc) Prüfungsumfang des Urkundsbeamten der Geschäftsstelle (greffier)

Während das CFE bei Eingang des Antrags nur eine Vollständigkeitsprüfung vornimmt, vergewissert sich der Urkundsbeamte der Geschäftsstelle (*greffier*) „eigenverantwortlich von der Rechtmäßigkeit des Antrags"[929]. Der Prüfungsumfang des Registerbeamten war in der Vergangenheit immer wieder Gegenstand kontroverser Diskussionen. Er wurde kürzlich im Rahmen einer Änderung der einschlägigen Vorschriften zwar erhöht, der genaue Umfang der Gründungsprüfung ist jedoch noch immer unklar. Während bei den Beratungen zum Gesetz vom 24.07.1966 über die Handelsgesellschaften auch eine vorherige juristische Gründungskontrolle diskutiert wurde[930], entschied man sich statt dessen zunächst für eine sog. Konformitätserklärung der Gründer (*déclaration de conformité*). Mit dieser mußte bei der Anmeldung versichert werden, daß die Gesellschaft unter Einhaltung der Gründungserfordernisse des geltenden Rechts konstituiert wurde[931]. Da aber auch diese in der Praxis immer wieder umstrittene Erklärung[932] nicht die tatsächliche Beachtung der Gründungsvorschriften gewährleisten konnte, wurde sie schließlich 1994 abgeschafft[933] und die Prüfungskompetenz des Urkundsbeamten deutlich erhöht[934]. Nach Dekret Nr. 84-406 Art. 30 Abs. 2 überprüft er, ob die bei der Anmeldung gemachten Angaben den Gesetzes- und Ordnungsvorschriften entsprechen und mit den eingereichten Beleg- und Beweisstücken

[927] Vgl. auch *Merle*, Droit commercial, Rdnr. 64; *Guyon*, Droit des affaires, Nr. 148.

[928] Dekret Nr. 84-406 Art. 14 Abs. 3.

[929] Dekret Nr. 84-406 Art. 30 Abs. 1: „*Le greffier, sous sa responsabilité, s'assure de la régularité de la demande.*".

[930] Vgl. *Merle*, Droit commercial, Rdnr. 63.

[931] Vgl. Gesetz Nr. 66-537 vom 24.07.1966 über die Handelsgesellschaften Art. 6 Abs. 1 a.F.

[932] Vgl. *Merle*, Droit commercial, Rdnr. 63; *Guyon*, Droit des affaires, Nr. 147: „*formalité inutile*"; *Sonnenberger*, FrHWR Rdnr. III 103 m.w.N.

[933] Durch das Gesetz *Madelin* Nr. 94-126 vom 11.02.1994 *relative à l'initiative et à l'entreprise individuelle*.

[934] Vgl. Dekret Nr. 84-406 Art. 30 n.F. Eine vorherige richterliche Gründungskontrolle fehlt noch immer, was in der französischen Literatur auch nicht ohne Kritik geblieben ist; vgl. nur *Guyon*, Droit des affaires, Nr. 148.

übereinstimmen. Außerdem prüft er, ob die Gründung der Gesellschaft selbst mit den für diese Gesellschaftsform geltenden Vorschriften im Einklang steht[935]. Ob er darüber hinaus eine weitere (materielle) Prüfung des Gründungsvorgangs vornehmen darf, inwieweit er also untersuchen kann, ob die gemachten Angaben selbst richtig sind, ist noch immer nicht eindeutig geklärt[936] und im Zweifel zu verneinen[937]. Jedenfalls ist der *greffier* im Sinne einer *contrôle permanent* jederzeit berechtigt, zu prüfen, ob die bei der Gründung gemachten Angaben noch immer im Einklang mit den eingereichten Unterlagen stehen und dem geltenden Recht entsprechen[938].

dd) Inhalt der Eintragung in das Handels- und Gesellschaftsregister und Bekanntmachung

Der *greffier* vermerkt die Gründung der Gesellschaft in dem chronologischen Eingangsregister (*registre d'arrivée*)[939] sowie in dem alphabetischen Verzeichnis (*fichier alphabétique*)[940]. Das alphabetische Verzeichnis enthält Angaben über die Gesellschaftsform und -bezeichnung, die Art der ausgeübten Unternehmenstätigkeit und die Adresse des Gesellschaftssitzes[941]. Schließlich bewirkt der *greffier* noch die Bekanntmachung der (konstitutiven) Gründung der Gesellschaft in dem französischen Amtsblatt für zivil- und handelsrechtliche Anzeigen (*Bulletin officiel des annonces civiles et commerciales*, BODACC)[942]. Die Bekanntmachung muß innerhalb von acht Tagen nach Erhalt der *numéro d'identification* vom *Institut national de la statistique et des études économiques* (INSEE) erfolgen[943] und folgenden Inhalt haben[944]: die

---

935 Dekret Nr. 84-406 Art. 30 Abs. 3, neu gefaßt durch das Dekret Nr. 95-374 vom 10.04.1995.

936 Vgl. *Guyon*, Droit des affaires, Nrn. 147 und 148.

937 Vgl. *Merle*, Droit commercial, Rdnr. 63 m.w.N. in Fn. 3; *Guyon*, Droit des affaires, Nr. 148; *Behrens*, Die GmbH, Rdnr. F 7; *Sonnenberger/Autexier*, Einführung, Nr. 130.

938 Dekret Nr. 84-406 Art. 34 Abs. 1.

939 Vgl. Dekret Nr. 84-406 Artt. 29 und 32. In diesem Register werden lediglich die Hinterlegung des Eintragungsantrags, die Person des Antragstellers (*demandeur*) sowie die Eintragung der Gesellschaft unter näherer Bezeichnung des Eintragungspflichtigen (*assujetti*) vermerkt.

940 Vgl. Dekret Nr. 84-406 Art. 3 Nr. 1 i.V.m. Arrêté vom 09.02.1988 Artt. 1 und 2.

941 Arrêté vom 09.02.1988 Art. 2 lit. b).

942 Dekret Nr. 78-704 Art. 23 i.V.m. Dekret Nr. 84-406 Artt. 73, 76.

943 Vgl. Dekret Nr. 84-406 Art. 76.

944 Dekret Nr. 84-406 Art. 73 Abs. 2 B. Nrn. 1-7, nicht alle einschlägig für die *société civile*.

Angabe der Eintragungsstelle (Nr. 1), die Gesellschaftsbezeichnung sowie ggfs. deren Kurzbezeichnung (Nr. 2), die Höhe des Gesellschaftskapitals (Nr. 3), die Adresse des Gesellschaftssitzes (Nr. 4), die Unternehmenstätigkeit mit dem Datum der Aufnahme der Geschäfte (Nr. 5), die Gesellschaftsform sowie die Bezeichnung der Personen, die Geschäftsführungs- oder Verwaltungsaufgaben übernehmen (einschließlich eines etwaigen Rechnungsprüfers) oder die Gesellschaft nach außen vertreten (Nr. 6).

III. Gründungsmängel

Grundsätzlich zeigt sich der französische Gesetzgeber geneigt, bei Gründungsmängeln die Nichtigkeit einer *société civile* im Ergebnis zu vermeiden. Zunächst können Gründungsfehler nach Art. 1844-10 Abs. 1 C. civ. nur dann zur Nichtigkeit führen, wenn sie auf einer Verletzung der Vorschriften in Artt. 1832, 1832-1 Abs. 1 und 1833 C. civ. beruhen oder ein Nichtigkeitsgrund nach allgemeinem Vertragsrecht vorliegt. Somit ist eine Gesellschaft insbesondere dann nichtig, wenn ihr Gesellschaftsgegenstand unzulässig ist (vgl. Art. 1833 C. civ.) oder der Vertrag nicht die wesentlichen Merkmale einer Gesellschaft im Sinne des Art. 1832 C. civ. aufweist. Weiterhin räumt das Gesetz in seinen Artt. 1844-11 bis 13 C. civ. einer Nichtigkeitsklage (*action en nullité*) gewisse Hindernisse ein. Wenn der Nichtigkeitsgrund z.B. bis zum ersten Sitzungstag des erstinstanzlichen Gerichts, das über die Klage zu entscheiden hat, nicht mehr vorliegt, wird die Nichtigkeitsklage abgewiesen (Art. 1844-11 C. civ.)[945]. Darüber hinaus darf das Gericht eine Frist setzen, innerhalb welcher der Nichtigkeitsgrund beseitigt werden kann (Art. 1844-13 Abs. 1 C. civ.). Wird die Nichtigkeit der Gesellschaft ausgesprochen, hat dies nur die Auflösung der Gesellschaft für die Zukunft zur Folge. Die Auflösung entfaltet also keine rückwirkende Kraft[946].

Soweit es die Gründerhaftung angeht, ist diese in Art. 1840 C. civ. geregelt. Hiernach haften alle Gründer gesamtschuldnerisch gegenüber den Gesellschaftern und Dritten, die infolge des Fehlens einer notwendigen Sat-

---

[945] Es sei denn, die Nichtigkeit wird auf einen unzulässigen Gesellschaftsgegenstand gestützt; vgl. Art.1844-11 C. civ.

[946] Vgl. nur *Chaussade-Klein*, Gesellschaftsrecht, S. 22.

zungsbestimmung oder der Nichtbeachtung von Gründungsformalitäten einen Schaden erlitten haben. Für die *société civile* enthält das Gesetz allerdings keine Regelung über den Ersatz des Schadens, der Dritten oder Gesellschaftern infolge der Nichtigkeit der Gesellschaft entstanden ist[947].

C. Die Gründung einer *société en nom collectif* (SNC)

Die *société en nom collectif* kann ebenso wie eine *société civile* durch Umwandlung aus einer anderen, bereits existierenden Gesellschaft ins Leben gerufen werden, Art. 5 Abs. 1 S. 2[948]. Nachstehend wird demgegenüber die originäre Gründung der SNC durch Abschluß eines Gesellschaftsvertrages mit anschließender obligatorischer Eintragung in das Handels- und Gesellschaftsregister dargestellt.

I. Vorstellung der Gesellschaftsform

Bei der *société en nom collectif* (SNC)[949] handelt es sich um eine Gesellschaft, deren Gesellschafter sämtlich die Kaufmannseigenschaft besitzen (*qualité de commerçant*) und persönlich, unbeschränkt und gesamtschuldnerisch für die Verbindlichkeiten der Gesellschaft haften (vgl. Art. 10 Abs. 1)[950]. Sie ist die Grundform der französischen Personenhandelsgesellschaften[951] und besitzt wie alle Gesellschaften mit Ausnahme der *société en participation* eine eigene Rechtspersönlichkeit (vgl. Art. 5 Abs. 1 S. 1). An die Gründung der *société en nom collectif* werden relativ wenige Anforderungen gestellt, insbesondere ist weder die Aufbringung eines Min-

---

[947] Nach streitiger Auffassung sollen entsprechende Regelungen für die SARL und SA auch für Personengesellschaften gelten; vgl. *Sonnenberger*, FrHWR Rdnr. III 95 m.w.N.

[948] Wenn bei einer *société en nom collectif* ein Gesellschafter verstirbt und ein minderjähriger Erbe in dessen Gesellschafterstellung einrückt, muß die Gesellschaft in eine *société en commandite simple* umgewandelt werden (gesetzlicher Umwandlungszwang), vgl. Art. 21 Abs. 7. Vgl. zur Verschmelzung (*fusion*) und Spaltung (*scission*) unter Beteiligung einer Handelsgesellschaft Artt. 371 ff. und Dekret Nr. 67-236 Artt. 254 ff.

[949] Die Abkürzung „SNC" kann seit Änderung des Dekrets Nr. 67-236 Art. 8 durch Dekret Nr. 86-909 vom 30.07.1986 verwendet werden.

[950] Vgl. auch *Dereu* in: Juris-Classeur, Band 3, Fasc. 54, Nr. 2; *Germain/Vogel* in: Ripert/Roblot, Droit commercial, Nr. 1171; *Guyon*, Droit des affaires, Nr. 244.

[951] Vgl. *Guyon*, Droit des affaires, Nrn. 244, 472.

destkapitals der Gesellschaft gesetzlich vorgeschrieben, noch die vollständige oder teilweise Erbringung der vertraglich vereinbarten Einlagen der Gesellschafter[952]. Die SNC ist in Frankreich die am stärksten verbreitete Personenhandelsgesellschaft.

1. Rechtsgrundlagen

Rechtsgrundlage der *société en nom collectif* bilden neben den allgemeinen Regeln in Artt. 1-8 insbesondere die Artt. 10-22 sowie das Dekret Nr. 67-236 in Artt. 1-5 (allgemeine Vorschriften) und Artt. 6-16 (besondere Vorschriften für die *société en nom collectif*). Hieran läßt sich bereits erkennen, daß der Gesetzgeber dieser Gesellschaftsform auffallend wenig Regelungen gewidmet hat. Ergänzend gelten nach Art. 1834 C. civ. die allgemeinen Vorschriften in den Artt. 1832-1844-17 C. civ. und nach Art. 1845 Abs. 1 C. civ. die besonderen Regelungen zur *société civile* in Artt. 1845-1870-1 C. civ.

2. Charakteristische Merkmale

Die *société en nom collectif* ist eine Personengesellschaft[953] und bereits aufgrund ihrer Rechtsform Handelsgesellschaft, selbst wenn sie einen bürgerlich-rechtlichen Zweck verfolgt (vgl. Art. 1 Abs. 2). Sämtliche Gesellschafter sind zwingend Kaufleute (*commerçants*) und haften für die Verbindlichkeiten der Gesellschaft unbeschränkt und gesamtschuldnerisch (*responsabilité indéfinie et solidaire*, vgl. Art. 10 Abs. 1), sofern die Gläubiger zuvor vergeblich versucht haben, sich bei der Gesellschaft zu befriedigen (subsidiäre Haftung,

---

[952] Vgl. nur *Guimezanes*, S. 281.

[953] Vgl. *Germain/Vogel* in: Ripert/Roblot, Droit commercial, Nr. 1170; *Merle*, Droit commercial, Rdnr. 129. Bei dieser Gesellschaftsform spielt die Person des Gesellschafters eine besonders große Rolle, weil er für Verbindlichkeiten der Gesellschaft gesamtschuldnerisch haftet (Art. 10 Abs. 1). Deshalb sieht das Gesetz z.B. in Art. 19 Abs. 1 S. 2 zwingend vor, daß die Gesellschaftsanteile unter Lebenden nur nach einstimmigem Beschluß der übrigen Gesellschafter veräußert werden können. Auch führt nach Art. 21 Abs. 1 der Tod sowie nach Art. 22 Abs. 1 die Insolvenz eines Gesellschafters grundsätzlich zum Ende der Gesellschaft. Gleiches gilt, wenn unbehebbare Mißstimmigkeiten unter den Gesellschaftern herrschen; vgl. *Cozian/Viandier*, Droit des Sociétés, Nr. 1443 m.w.N. Hieraus folgt, daß die Gesellschafter einer SNC sich untereinander gut kennen und einander vertrauen sollten (intuitus personae).

vgl. Art. 10 Abs. 2, Dekret Nr. 67-236 Art. 15 Abs. 1)[954]. Die Gesellschaft ist zwingend in das Handels- und Gesellschaftsregister einzutragen und erlangt mit wirksamer Eintragung den Status der juristischen Person (Art. 5 Abs. 1 S. 1). Sie ist zur Firmenführung berechtigt (Artt. 2 und 11) und weist ebenso wie die *société civile* eine liberale Organstruktur auf. Die Geschäftsführung obliegt sämtlichen Gesellschaftern (Art. 12 Abs. 1), die jeder für sich allein uneingeschränkte Geschäftsführungsbefugnis besitzen (Artt. 13 Abs. 2, 14 Abs. 2). Die Bestellung eines oder mehrerer Geschäftsführer (Art. 12 Abs. 1) ist aber auch möglich. Diese können ihrerseits natürliche wie juristische Personen sein (vgl. Art. 12 Abs. 2) und müssen nicht zwingend zum Kreis der Gesellschafter gehören (vgl. Art. 12 Abs. 1, Prinzip der Fremdorganschaft)[955]. Die Bestellung kann in die Satzung mit aufgenommen werden, sie darf aber auch in einem anschließenden gesonderten Akt erfolgen (vgl. Art. 12 Abs. 1). Grundsatzentscheidungen bleiben aber der Gesamtheit der Gesellschafter (*assemblée des associés*) vorbehalten (vgl. Artt. 16 Abs. 1, 15 Abs. 1). In bestimmten Fällen schreibt das Gesetz zusätzlich die Bestellung eines Abschlußprüfers (*commissaire aux comptes*) vor[956]. Die Gesellschaftsanteile dürfen nicht frei gehandelt werden und können zwingend nur mit Zustimmung aller Gesellschafter veräußert und übertragen werden (Art. 19 Abs. 1 S. 1 und 2 i.V.m. Abs. 2).

3. Gesellschaftszweck und Relevanz

Die *société en nom collectif* kann zur Verfolgung jedes beliebigen Zwecks gegründet werden, solange dieser entweder auf Gewinnerzielung oder auf Kostenersparnis gerichtet ist (Artt. 1832 Abs. 1, 1834 C. civ.). Insbesondere ist es im Unterschied zur deutschen Rechtsform der OHG nicht zwingend,

---

[954] Damit unterscheidet sich diese Haftung von der eines Gesellschafters der *société civile*, denn dieser haftet nicht gesamtschuldnerisch, sondern nur proportional zu seinem Anteil an dem Gesellschaftskapital, vgl. Art. 1857 Abs. 1 C. civ. Vgl. zur Haftung auch *Sonnenberger*, FrHWR Rdnr. III 139.

[955] Wenngleich die Selbstorganschaft die Regel ist, vgl. *Merle*, Droit commercial, Rdnr. 136; *Sonnenberger*, FrHWR Rdnr. III 140.

[956] Nämlich für „große" *sociétés en nom collectif*, Art. 17-1 Abs. 2 i.V.m. Dekret Nr. 67-236 Art. 12 Abs. 1 und 2. Die Voraussetzungen sind insoweit identisch mit denen der *société civile*, vgl. Dekret Nr. 85-295 vom 01.03.1985 Art. 22. S.o. unter B. I. 2.

daß mit der *société en nom collectif* ein Handelsgewerbe betrieben wird. Ihr Charakter als Handelsgesellschaft ergibt sich nach dem Gesetz kraft Wahl dieser Rechtsform und bleibt auch dann bestehen, wenn die Gesellschaft tatsächlich überhaupt kein Handelsgewerbe betreibt (vgl. Art. 1 Abs. 2). Die *société en nom collectif* ist eine alte Gesellschaftsform[957], deren Fortbestand bis in die heutige Zeit sich durch ihre relativ einfache Gründung und Führung erklären läßt[958]. Sie ist flexibel einsetzbar und eignet sich sowohl für kleinere Betriebe mit familiärem Charakter[959] als auch für größere Unternehmen, z.B. zum Zwecke der Führung einer gemeinsamen Filiale[960]. In der Regel vereint sie aber nur eine kleine Anzahl von Gesellschaftern, die häufig miteinander verwandt sind[961]. Da ihre Gesellschafter sämtlich unbeschränkt, persönlich und gesamtschuldnerisch für die Verbindlichkeiten der Gesellschaften haften (Art. 10 Abs. 1), ist die SNC zwar keineswegs eine risikoarme Gesellschaftsform. Dieser Nachteil stellt sich in der Praxis aber als weniger gravierend dar, wenn man berücksichtigt, daß Banken oder andere Kreditgeber auch von nicht persönlich haftenden Gesellschaftern z.B. einer SARL regelmäßig Sicherheiten wie Bürgschaften oder Hypotheken zur Sicherung gewährter Darlehen verlangen[962]. Mit insgesamt 31 551 Gesellschaften in der Form der *société en nom collectif* ist diese Rechtsform die am stärksten verbreitete Personenhandelsgesellschaft in Frankreich (Stand Anfang 1997)[963]. Dennoch liegt sie statistisch mit knapp 3% aller gezählten Gesellschaften deutlich hinter den großen Gesellschaftsformen der SARL und SA, aber auch hinter der *société civile* zurück[964].

---

[957] Vgl. *Dereu* in: Juris-Classeur, Band 3, Fasc. 54, Nr. 4; *Germain/Vogel* in: Ripert/Roblot, Droit commercial, Nr. 1172; *Cozian/Viandier*, Droit des Sociétés, Nr. 1442.

[958] Vgl. *Merle*, Droit commercial, Rdnr. 129; vgl. auch *Cozian/Viandier*, Droit des Sociétés, Nr. 1442.

[959] Vgl. *Guimezanes*, S. 281; *Guyon*, Droit des affaires, Nr. 244.

[960] Vgl. *Dereu* in: Juris-Classeur, Band 3, Fasc. 54, Nr. 3; *Merle*, Droit commercial, Rdnr. 130.

[961] Z.B. wenn die Kinder den väterlichen Betrieb fortführen oder wenn die Eltern gemeinsam mit ihren Kindern ein Unternehmen betreiben; vgl. *Merle*, Droit commercial, Rdnr. 130; *Germain/Vogel* in: Ripert/Roblot, Droit commercial, Nr. 1173.

[962] Vgl. die Ausführungen unten zur SARL unter G. I. Vgl. auch *Merle*, Droit commercial, Rdnr. 130.

[963] Vgl. die statistischen Angaben des INSEE bei *Merle*, Droit commercial, Nr. 2.

[964] Vgl. zur *société civile* oben B. I. 3., zur Gesamtstatistik *Merle*, Droit commercial, Nr. 2 m.w.N.

II. Voraussetzungen für die Gründung einer SNC

1. Allgemeines

Ebenso wie die deutsche offene Handelsgesellschaft (OHG) erfordert die Gründung einer *société en nom collectif* den Abschluß eines Gesellschaftsvertrages. Dieser ist sowohl den besonderen Regelungen über die SNC als auch den allgemeinen Regeln des Vertragsrechts unterworfen[965]. Der wesentliche Unterschied zur Gründung einer OHG besteht jedoch darin, daß die Kundgebung zwingend in Form der Registereintragung erfolgen muß (Art. 5).

2. Abschluß eines Gesellschaftsvertrages (*statuts de société*)

a) Anforderungen an den Inhalt des Gesellschaftsvertrages

Der Gesellschaftsvertrag zur Gründung einer SNC unterliegt wie bei der *société civile* einem gesetzlich vorgeschriebenen Mindestinhalt. Dieser wird aber nicht durch Art. 1835 S. 2 C. civ. bestimmt, sondern richtet sich bei der *société en nom collectif* als Handelsgesellschaft nach Art. 2.

aa) Mindestinhalt

Nach Art. 2 muß der Gesellschaftsvertrag die Rechtsform der Gesellschaft, die Dauer und die Firma, den Sitz und den Gesellschaftsgegenstand sowie die Höhe des Gesellschaftskapitals enthalten. Bei einem Vergleich der Mindestangaben nach Art. 2 und nach Art. 1835 S. 2 C. civ. ergibt sich, daß die Vorschrift über Handelsgesellschaften weniger zwingende Satzungsbestimmungen verlangt als Art. 1835 S. 2 C. civ. Namentlich Angaben über die einzelnen Einlagen der Gesellschafter sowie über die Organisation der Gesellschaft werden nur für die *société civile* ausdrücklich gefordert, nicht hingegen von Art. 2. In Anlehnung an Art. 1834 C. civ. besteht daher Unklarheit, ob der Gesellschaftsvertrag zur Gründung einer Handelsgesellschaft diese Angaben

[965] Vgl. nur *Dereu* in: Juris-Classeur, Band 3, Fasc. 54, Nr. 33.

auch enthalten muß oder nicht[966]. Während einige Autoren nur die sich aus Art. 2 ergebenden Satzungsbestimmungen für notwendig erachten[967], halten andere darüber hinaus auch noch die weiteren Angaben nach Art. 1835 S. 2 C. civ. für erforderlich[968]. Tatsächlich dürfte diese Problematik aber eher nur theoretischer Natur sein. Denn in der Praxis wird es kaum vorkommen, daß ein Gesellschaftsvertrag diese elementaren Regelungen nicht enthält, und wenn auch nur als fakultative Bestandteile des Vertrages.

(1) Form der Gesellschaft (forme)

Die Rechtsform der Gesellschaft muß mit *société en nom collectif* angegeben werden[969].

(2) Firma der Gesellschaft (dénomination sociale)

Weiterhin muß der Gesellschaftsvertrag die Firma der SNC (*dénomination sociale*) angeben. Während Art. 2 insoweit allgemein die Angabe der „Personen- oder Sachfirma" fordert (*la raison ou la dénomination sociale*), stellt Art. 11 für die *société en nom collectif* klar, daß es sich hierbei zwingend um eine Sachfirma im weiteren Sinne (*dénomination sociale*) handeln muß, und schließt die Verwendung einer Personenfirma (*raison sociale*) aus[970]. Diese Regelung ist nicht selbstverständlich, da gerade bei der SNC eine *raison sociale* mit der Bezeichnung der persönlich und gesamtschuldnerisch haftenden Gesellschafter für den Rechtsverkehr von Interesse sein dürfte. Tatsächlich sah das Gesetz früher auch eine reine Personenfirma für die *société en nom collectif* und die *société en commandite simple* vor, allerdings wurde diese Regelung mit Gesetz von 1985 bzw. 1989 für beide Gesellschaftsformen abgeschafft[971]. Für den Firmenkern gilt somit das oben zur *dénomination*

---

[966] Vgl. *Micha-Goudet* in: Juris-Classeur, Band 1, Fasc. 27-10, Nr. 49.

[967] Vgl. *Germain/Vogel* in: Ripert/Roblot, Droit commercial, Nrn. 1062, 1064 (implizit); vgl. auch weitere Nachweise bei *Micha-Goudet* in: Juris-Classeur, Band 1, Fasc. 27-10, Nr. 49.

[968] So *Guyon*, Droit des affaires, Nrn. 141, 142.

[969] Vgl. zur Rechtsform oben unter B. II. 2. a) aa) (1) m.w.N.

[970] Vgl. auch *Guyon*, Droit des affaires, Nr. 176; *Merle*, Droit commercial, Rdnr. 81.

[971] Für die SNC durch das Gesetz Nr. 85-695 vom 11.07.1985 und für die SCS durch das Gesetz Nr. 89-1008 vom 31.12.1989. Nur noch für die allgemeine *société civile* (s.o. B. II. 2. a) aa) (3))

sociale der *société civile* Gesagte entsprechend[972]. Er ist grundsätzlich frei wählbar und kann sich entweder auf den (hier auch kaufmännischen) Gegenstand des Unternehmens beziehen (Sachfirma)[973], eine reine Phantasiebezeichnung sein (Phantasiefirma)[974] oder den Namen eines oder mehrerer Gesellschafter enthalten (vgl. Art. 11), welche dann aber mit dem Gegenstand oder Phantasienamen kombiniert sein müssen (Mischfirma)[975]. Dem Firmenkern muß sodann der Rechtsformzusatz *„société en nom collectif“* entweder vorangehen oder folgen (Art. 11). Die Angabe des Gesellschaftskapitals in der Firma ist bei der *société en nom collectif* hingegen nicht erforderlich. Schließlich muß auf allen Urkunden und Dokumenten der Gesellschaft, einschließlich Geschäftsbriefen, Rechnungen, Annoncen und Publikationen aller Art, die für Dritte bestimmt sind, der Firmenkern zwingend (vgl. Dekret Nr. 67-236 Artt. 8, 16) entweder durch den lesbaren Zusatz *„société en nom collectif“* oder dessen Abkürzung „SNC“ begleitet sein (Dekret Nr. 67-236 Art. 8)[976].

(3) Sitz der Gesellschaft (siège social)

Nach Art. 2 müssen die Statuten des weiteren den Gesellschaftssitz (*siège social*) angeben. Insoweit bestehen keine Unterschiede zu den Angaben des

sowie für die Berufsgesellschaften (*sociétés civiles professionnelles*; vgl. Gesetz Nr. 66-879 vom 29.11.1966 Art. 8) ist die *„raison sociale“* noch von Bedeutung. Vgl. statt dessen *Guyon*, Droit des affaires, Nr. 176. Tatsächlich bot die reine Personenfirma in der Praxis auch nicht die gewünschte Erkenntnis über die Gesellschafter bzw. über die Gesellschaftsform. Denn zum einen wurde bei Gesellschaften mit einer größeren Zahl an Gesellschaftern die Personenfirma aus praktischen Gründen mit *„et Cie“* abgekürzt; vgl. *Germain/Vogel* in: Ripert/Roblot, Droit commercial, Nr. 1179. Zum anderen sah die gesetzliche Regelung früher nicht vor, daß die Firma einen Rechtsformzusatz enthalten mußte.

[972] Vgl. oben B. II. 2. a) aa) (3).

[973] Z.B. *„Tréfileries et laminoirs du Havre“* („Drahtzieherei und Walzwerk Le Havre“) oder *„Ciments français“* („französischer Zement“); vgl. *Bastian/Germain*, 30.00 S. 13; *Germain/Vogel* in: Ripert/Roblot, Droit commercial, Nr. 1143.

[974] Z.B. *„La Samaritaine“* oder *„Au bon marché“*; vgl. *Bastian/Germain*, 30.00 S. 13; *Germain/Vogel* in: Ripert/Roblot, Droit commercial, Nr. 1143.

[975] Z.B. *„Transports Durand“*, *„Dupont-Sanitaire“* oder *„Etablissement Bertrand“*; vgl. auch *Bastian/Germain*, 30.00 S. 13.

[976] Vgl. auch zum Firmenschutz die Ausführungen oben unter B. II. 2. a) aa) (3).

Gesellschaftssitzes bei der *société civile*[977], insbesondere ist nur ein Sitz erlaubt[978]. Die grundsätzliche Maßgeblichkeit des französischen Rechts für die auf französischem Territorium belegene Gesellschaft ergibt sich für die *société en nom collectif* allerdings aus Art. 3 Abs. 1, der aber inhaltsgleich mit der Regelung des Art. 1837 Abs. 1 C. civ. ist[979]. Auch die Klage auf Berichtigung von Gründungsfehlern oder Satzungsänderungen richten sich hier nach dem Gesellschaftssitz (*action en régularisation de la constitution ou de la modification des statuts*, vgl. Dekret Nr. 67-236 Art. 3 Abs. 1, 2 i.V.m. Art. 6 des Gesetzes vom 24.07.1966).

(4) Gegenstand der Gesellschaft (objet social)

Der Gesellschaftsvertrag muß auch eine Angabe zum Gesellschaftsgegenstand (*objet social*) enthalten (Art. 2), der grundsätzlich frei gewählt werden kann[980]. Insbesondere darf er im Unterschied zur *société civile* auch auf den Betrieb eines Handelsgewerbes gerichtet sein (*activité commerciale*). Welche Tätigkeiten hierunter fallen, richtet sich nach den Artt. 632, 633 C. com.[981].

---

[977] S.o. B. II. 2. a) aa) (4). Insbesondere ist auch hier der Gesellschaftssitz für die örtliche Zuständigkeit des Gerichts maßgeblich. Steht aber das Rechtsgeschäft in Verbindung mit dem kaufmännischen Betrieb der Gesellschaft, ist die sog. Theorie der *gares principales* zu beachten. Hiernach kann eine Gesellschaft auch bei jedem anderen Gericht verklagt werden, in dessen Bezirk sich eine Betriebsstätte (*centre d'exploitation*) der Gesellschaft befindet, sofern diese eine gewisse Selbständigkeit aufweist, wie z.B. eine Niederlassung (*succursale*); vgl. dazu *Guyon*, Droit des affaires, Nr. 180; *Merle*, Droit commercial, Rdnr. 82; *Germain/Vogel* in: Ripert/Roblot, Droit commercial, Nr. 1144; *Bougnoux* in: Juris-Classeur, Band 1, Fasc. 28-30, Nr. 18, sämtlich mit weiteren Nachweisen zur Rechtsprechung.

[978] Vgl. *Bougnoux* in: Juris-Classeur, Band 1, Fasc. 28-30, Nrn. 8, 12; *Bougnoux* in: Juris-Classeur, Band 4, Fasc. 113-20, Nr. 48; *Maul*, RIW 1997, S. 911, 914.

[979] Gleiches gilt für die Möglichkeit von Dritten, sich bei einem Auseinanderfallen des tatsächlichen und des statutarischen Sitzes auf letzteren berufen zu können, während dies der Gesellschaft selbst verwehrt ist. Dies ergibt sich bei der *société civile* aus Art. 1837 Abs. 2, bei den Handelsgesellschaften aus dem praktisch wortgleichen Art. 3 Abs. 2.

[980] Vgl. nur *Cozian/Viandier*, Droit des Sociétés, Nr. 1452. Nur vereinzelt sind bestimmte Gesellschaftsgegenstände für die *société en nom collectif* ausgeschlossen. Hierzu zählen z.B. Versicherungen (*assurances*), vgl. Art. L. 310-2 C. ass., genossenschaftlich vereinte Kleinhändler (*sociétés coopératives de commerçants détaillants*, Gesetz Nr. 72-652 vom 11.07.1972 Art. 3) oder die Ausübung der freien Berufe, da z.B. Ärzte oder Anwälte nicht die Kaufmannseigenschaft erlangen können; vgl. unten unter C. II. 2. c) m.w.N. Vgl. allgemein auch *Germain/Vogel* in: Ripert/Roblot, Droit commercial, Nr. 1173.

[981] Die Artt. 632 ff. C. com. enthalten keine Definition des Handelsgewerbes, sondern zählen nur einzelne Arten von Handelsgeschäften auf (*actes de commerce*), wobei auch diese Auflistung nicht als abschließend anzusehen ist; vgl. *Kort*, AcP 193 (1993), S 453, 465 m.w.N.; vgl. aber auch *Son-*

Aber auch eine bürgerlich-rechtliche Tätigkeit kommt für die SNC in Betracht, die damit ihre Eigenschaft als Kaufmann nicht verliert (vgl. Art. 1 Abs. 2)[982].

Die Festlegung des Gesellschaftsgegenstandes in der Satzung dient wie bei der *société civile* insbesondere zur Bestimmung der Grenzen der Vertretungsbefugnis des Geschäftsführers, wenn dieser im Namen der *société en nom collectif* gegenüber Dritten tätig wird (vgl. Art. 14 Abs. 1). Da die Gesellschafter einer SNC persönlich, unbeschränkt und gesamtschuldnerisch für die Verbindlichkeiten der Gesellschaft haften müssen, kommt der Beschreibung des Gesellschaftsgegenstandes im Vertrag hier besondere Bedeutung zu[983]. Dessen sorgfältige Ausarbeitung stellt für die Gesellschafter die einzige Möglichkeit dar, sich vor überraschenden Geschäften des Geschäftsführers zu schützen, da eine interne Beschränkung seiner Vertretungsbefugnis, sei es auch im Gesellschaftsvertrag, gegenüber Dritten keine Wirkung entfaltet (vgl. Art. 14 Abs. 3)[984]. Andererseits kann eine zu enge Beschreibung des Gesellschaftsgegenstandes die Handlungsfähigkeit des Geschäftsführers und damit der Gesellschaft unnötig einschränken und etwaige Satzungsänderungen nach sich ziehen. Abgesehen von diesen eher wirtschaftlichen Überlegungen darf die Bezeichnung des Gesellschaftsgegenstandes ebenso wie bei

---

nenberger, FrHWR Rdnr. II 2. Zu den *actes de commerce* gehören hiernach der Handelskauf, also die Anschaffung und Weiterveräußerung von Gütern ohne oder nach Be- oder Verarbeitung, Bank- und Börsengeschäfte sowie Vermittlergeschäfte (*opérations d'intermédiare*). Weitere Geschäfte müssen gewerblich betrieben sein (*en entreprise*), um als Handelsgeschäft angesehen werden zu können. Hierzu zählen z.B. Tätigkeiten der Vermietung beweglicher Güter (*entreprise de location de meubles*), der Herstellung (*entreprise de manufactures*), der Kommissionsgeschäfte (*de commission*), des Transports (*de transport par terre ou par eau*) oder Liefer- und Leistungsverträge (*entreprise de fournitures*). In Abgrenzung zu dieser exemplarischen Aufzählung fällt z.B. die Tätigkeit eines Landwirts, eines Handwerkers oder eines Freiberuflers nicht unter den Begriff des Handelsgeschäfts. Gleiches gilt - mit Einschränkung - auch für die Urerzeugung (Steinbrüche, Schieferabbau). Vgl. hierzu nur die übersichtliche Darstellung bei *Kort*, AcP 193 (1993), S. 453, 473 ff. m.w.N.

[982] Dann aber kommen im Unterschied zur *société civile* die handelsrechtlichen Bestimmungen zur Anwendung; vgl. nur *Bastian/Germain*, 30.00 S. 7.

[983] Vgl. auch *Merle*, Droit commercial, Rdnr. 134.

[984] Überschreitet also der Geschäftsführer bei einem Rechtsgeschäft im Namen der Gesellschaft seine statutarisch begrenzte Vertretungsbefugnis, bleibt die Wirksamkeit des Geschäfts hiervon unberührt, wenn der Gegenstand des Vertrages vom Gesellschaftsgegenstand mit erfaßt ist. Somit müssen die (übrigen) Gesellschafter auch in diesem Fall für die Verbindlichkeiten haften, die aus diesem unerwünschten Rechtsgeschäft entstehen, und zwar persönlich, unbeschränkt und gesamtschuldnerisch. Vgl. auch *Cozian/Viandier*, Droit des Sociétés, Nr. 1452.

der *société civile* nicht zu vage formuliert sein, wie z.B.: „*toutes opérations commerciales, industrielles ou financières*“[985]. In der Regel werden alle denkbaren Geschäftstätigkeiten in den Statuten aufgezählt und mit einem Zusatz wie „*...et généralement toutes opérations financières, industrielles ou commerciales se rattachant directement ou indirectement à l'objet ci-dessus spécifié, ou facilitant sa réalisation*“ versehen (sog. Regenschirmklausel, *clause parapluie*)[986]. Im übrigen gilt zum Gesellschaftsgegenstand das oben Gesagte zur *société civile* entsprechend[987].

(5) Dauer der Gesellschaft (durée)

Nach Art. 2 muß der Gesellschaftsvertrag auch eine Angabe zur Gesellschaftsdauer (*durée*) enthalten. Ebenso wie bei der *société civile* ist die Höchstdauer vom Gesetz auf 99 Jahre festgeschrieben (vgl. Art. 2). Sie beginnt mit Eintragung in das Handels- und Gesellschaftsregister zu laufen und kann beliebig oft verlängert werden, solange die jeweilige Verlängerung ihrerseits nicht 99 Jahre überschreitet (vgl. Dekret Nr. 67-236 Art. 2 Abs. 1 und 2)[988]. Die Verlängerung tritt nicht stillschweigend ein, vielmehr müssen die Gesellschafter mindestens ein Jahr vor Ablauf der Lebensdauer der Gesellschaft informiert werden, um über eine Verlängerung der Gesellschaft zu entscheiden (vgl. Artt. 1844-6 Abs. 2, 1834 C. civ.)[989].

(6) Höhe des Gesellschaftskapitals (montant du capital social)

Weiterhin muß der Gesellschaftsvertrag die Höhe des Gesellschaftskapitals enthalten (*montant du capital social*). Eine Mindestkapitalhöhe sieht das

---

[985] „Alle kaufmännischen, industriellen und finanziellen Aktivitäten“, vgl. *Merle*, Droit commercial, Rdnr. 54.

[986] „...und grundsätzlich sämtliche Finanz-, Industrie-, oder Handelsgeschäfte, die direkt oder indirekt mit dem oben stehenden Gegenstand verbunden sind oder der Verwirklichung dieses Gegenstands dienen sollen“. Vgl. zur Klausel *Merle*, Droit commercial, Rdnr. 54; *Germain/Vogel* in: Ripert/Roblot, Droit commercial, Nr. 1051; *Schmidt/Gramling* in: Lutter, Tochtergesellschaft, S. 209.

[987] Vgl. oben B. II. 2. a) aa) (2).

[988] Damit ist es möglich, durch eine jeweilige Verlängerung Lebensdauer der Gesellschaft um weitere 99 Jahre die Gesellschaft „unsterblich“ zu machen.

[989] Vgl. im übrigen die Ausführungen oben unter B. II. 2. a) aa) (6).

Gesetz für die *société en nom collectif* ebensowenig vor wie für die *société civile*[990]. Diese Regelung erklärt sich daraus, daß die Gesellschafter einer SNC ohnehin unbeschränkt, persönlich und sogar gesamtschuldnerisch für die Verbindlichkeiten der Gesellschaft haften und die Bedeutung des Gesellschaftskapitals insoweit in den Hintergrund rückt[991]. Zur Frage, durch welche Einlageleistungen im einzelnen das Kapital aufgebracht werden soll und ob es in gleiche Teile zerlegt sein muß (vgl. Art. 1845-1 C. civ.), schweigt das Gesetz. Naheliegend ist es aber, auf die allgemeinen Regeln des Code civil zurückzugreifen, mit der Folge, daß die oben gemachten Ausführungen mutatis mutandis auch für die SNC gelten[992]. Unstreitig ist dies jedoch nicht[993].

bb) Fakultativer Inhalt

Neben den zwingenden Satzungsbestandteilen, die Art. 2 bei der Abfassung des Gesellschaftsvertrages verlangt, dürfen auch weitere fakultative Regelungen in die Satzung mit aufgenommen werden. Falls die vorgenannte Bezeichnung der Einlagen jedes Gesellschafters nicht bereits als zwingender Bestandteil des Gesellschaftsvertrages angesehen wird, bedarf es hier insoweit einer namentlichen Nennung des einzelnen Gesellschafters und einer Beschreibung sowie Schätzung seiner Einlage[994]. Gleiches gilt für die Angaben über die Organisation der Gesellschaft[995]. Hierbei können neben der Bestellung eines oder mehrerer Geschäftsführer (vgl. Art. 12 Abs. 1) auch deren Befugnisse (vgl. Artt. 14 Abs. 3, 15 Abs. 1 S. 1) sowie Abbestellung (vgl. Art. 18 Abs. 2 und 3) geregelt werden. Des weiteren kann die Satzung Art und Mehrheitsverhältnisse von Beschlüssen der Gesellschafterversammlung bestimmen (vgl. Art. 15 Abs. 1 S. 2, Abs. 2) oder einzelne Auflösungsgründe für die Gesellschaft bezeichnen (Artt. 18 Abs. 1 S. 2, 21, 22). Dies Aufzäh-

---

[990] Vgl. *Chaput*, Droit des sociétés, Nr. 77; *Cozian/Viandier*, Droit des Sociétés, Nr. 1453; *Guimezanes*, S.281.

[991] Vgl. *Merle*, Droit commercial, Rdnr. 132: „*Le capital peut donc être symbolique.*"; *Dereu* in: Juris-Classeur, Band 3, Fasc. 54, Nr. 3: „...*son capital est d'importance secondaire.*".

[992] S.o. unter B. II. 2. a) aa) (5). Implizit auch *Merle*, Droit commercial, Rdnr. 132.

[993] Vgl. zum Streitstand oben C. II. 2. a) aa).

[994] Vgl. oben unter B. II. 2. a) aa) (7). Zur Schätzung der Einlage vgl. *Germain/Vogel* in: Ripert/Roblot, Droit commercial, Nr. 1180.

[995] Vgl. hierzu oben unter B. II. 2. a) aa) (8).

lung ist im übrigen nur exemplarisch. Das Gesetz bietet eine Vielzahl von Möglichkeiten zur flexiblen Gestaltung des Satzungsinhalts und weist nur relativ wenige zwingende Vorschriften auf[996].

b) Anforderungen an die Form des Gesellschaftsvertrages

Der Gesellschaftsvertrag muß schriftlich abgefaßt sein (Artt. 1835 S. 1, 1834 C. civ.) und kann in Form einer Privaturkunde (*sous seing privé*) oder einer öffentlichen Urkunde (*acte authentique*) erstellt werden. Die Gesellschafter haben insoweit grundsätzlich ein Wahlrecht. Auch hier ist die Unterzeichnung aller Gesellschafter erforderlich[997].

c) Anforderungen an die Person des Gesellschaftsgründers

Zur Gründung einer *société en nom collectif* müssen mindestens zwei Personen vorhanden sein (vgl. Artt. 1832 Abs. 1, 1834 C. civ.). Eine Obergrenze sieht das Gesetz nicht vor. Gesellschafter können sowohl natürliche als auch juristische Personen sein (vgl. Art. 12 Abs. 2)[998], auch Eheleuten ist der Zugang zur SNC nicht verwehrt (vgl. Art. 1832-1 Abs. 1 C. civ.). Im übrigen sind die Anforderungen an die Person des Gesellschaftsgründers sehr streng. Denn zum einen haften sie persönlich, unbeschränkt und gesamtschuldnerisch für die Verbindlichkeiten der Gesellschaft. Zum anderen erwerben alle Gesellschafter der *société en nom collectif* spätestens[999] mit Eintritt in die Handelsgesellschaft die Kaufmannseigenschaft (vgl. Art. 10 Abs. 1), selbst wenn sie keine Geschäftsführungsaufgaben übernehmen[1000]. Minderjährige,

---

996 Vgl. z.B. Art. 16 Abs. 3 oder Art. 19 Abs. 2.

997 Vgl. nur *Merle*, Droit commercial, Rdnr. 135. Vgl. im übrigen die Ausführungen oben unter B. II. 2. b).

998 Vgl. auch *Sonnenberger/Autexier*, Einführung, Nr. 132. Grundsätzlich können zwar alle juristischen Personen auch Gesellschafter einer Handelsgesellschaft sein (vgl. *Sonnenberger*, FrHWR Rdnr. III 23), jedoch mit beachtlichen Haftungsfolgen für die Organe dieser juristischen Personen, vgl. Art. 12 Abs. 2. Zu beachten ist auch, daß die Gesellschafter einer SNC zwingend Kaufleute sein müssen, weshalb es einer *société civile* verwehrt ist, Mitgründer in oder Gesellschafter in einer SNC zu sein; vgl. *Merle*, Droit commercial, Rdnr. 131.

999 Vgl. *Chaput*, Droit des sociétés, Nr. 495.

1000 Vgl. *Germain/Vogel* in: Ripert/Roblot, Droit commercial, Nr. 1177. Diese Regelung erklärt sich vor dem Hintergrund, daß die SNC seit jeher als Vereinigung von Kaufleuten angesehen wurgleich ob sie für mündig erklärt worden sind (*mineurs émancipés*) oder nicht (*mineurs ordinaires*), können daher ebensowenig an der Gründung einer SNC teilnehmen (vgl. Art. 487 C. civ., Art. 2 C. com.)[1001] wie geschäftsunfähige Volljährige[1002]. Ausländer bedürfen zur Erlangung der Kaufmannseigenschaft grundsätzlich einer *carte de commerçant étranger* und können ohne diese nicht Gründer einer SNC sein[1003]. Des weiteren scheiden als Gesellschafter und damit als Gesellschaftsgründer alle Personen aus, denen das Recht zur Betreibung eines Handelsgeschäfts durch Strafurteil aberkannt worden ist[1004], sowie Personen, die zu einer Freiheitsstrafe von mindestens drei Monaten ohne Bewährung wegen einer Straftat verurteilt worden sind, die im Zusammenhang mit dem Betrieb eines Geschäfts steht[1005]. Gleiches gilt für Personen, die sich in einer *faillite personnelle* befinden, weil gegen sie ein Verfahren nach dem Insolvenzgesetz Nr. 85-98 vom 25.01.1985 (Artt. 185 ff.) eröffnet wurde. Auch sie können nicht Gesellschafter einer *société en nom collectif* werden, es sei denn, sie werden rehabilitiert[1006]. Schließlich scheiden alle Personen aus, die einen mit einem Handelsgewerbe unvereinbaren Beruf ausüben[1007].

---

de, die sich in Form einer *société en nom collectif* lediglich zusammenschließen; vgl. *Dereu* in: Juris-Classeur, Band 3, Fasc. 54, Nr. 19.

1001 Vgl. auch oben die Ausführungen unter B. II. 2. c).

1002 In Frankreich ist man ab 18 Jahren volljährig, vgl. Art. 488 Abs. 1 C. civ. Volljährige unter Vormundschaft (*majeurs en tutelle*) oder Pflegschaft (*majeurs en curatelle*) können nicht Gesellschaftsgründer einer SNC sein. Wenn allerdings nur eine gerichtliche Schutzaufsicht angeordnet wurde (*majeur placé sous la sauvegarde de justice*), können diese auch Gründer einer SNC sein (vgl. Art. 491-2 C. civ.). Vgl. auch *Guyon*, Droit des affaires, Nr. 42; *Germain/Vogel* in: Ripert/Roblot, Droit commercial, Nr. 245 und die Ausführungen oben unter B. II. 2. c).

1003 Vgl. Dekret-Gesetz vom 12.11.1938 Art. 1 Abs. 1 i.V.m. insb. Dekret Nr. 98-58 vom 28.01.1998. Vgl. auch *Merle*, Droit commercial, Rdnr. 131. Ausgenommen hiervon sind aber insbesondere Angehörige von EU-Staaten, vgl. Dekret-Gesetz vom 12.11.1938 Art. 2 Abs. 1. Vgl. im übrigen eingehend *Dereu* in: Juris-Classeur, Band 1, Fasc. 8-1, Nrn. 40 ff.; auch *Guyon*, Droit des affaires, Nr. 49; *Germain/Vogel* in: Ripert/Roblot, Droit commercial, Nr. 257.

1004 Vgl. Art. 131-6 Nr. 11°N.C. pén.

1005 Vgl. Gesetz Nr. 47-1635 vom 30.08.1947 Art. 1 Nr. 2 (J.O. 31.08.1947), z.B. Diebstahl (*vol*), Untreue (*abus de confiance*) oder Betrug (*escroquerie*).

1006 Vgl. Gesetz Nr. 85-98 vom 25.01.1985 Art. 186 Abs. 1; vgl. auch *Sonnenberger*, FrHWR Rdnr. III 21.

1007 Z.B. Urkundsbeamte (*officiers ministériels*), wie Notare (*notaires*) oder Gerichtsvollzieher (*huissiers*). Auch können Freiberufler, wie Anwälte, Ärzte, Architekten oder Rechnungsprüfer, nicht auch Kaufleute sein; vgl. *Guyon*, Droit des affaires, Nr. 48; sehr ausführlich *Germain/Vogel* in: Ripert/Roblot, Droit commercial, Nr. 251 m.w.N.; *Cozian/Viandier*, Droit des Sociétés, Nr. 1452; *Bastian/Germain*, 30.30 S. 3 f.

3. Organbestellung

Die Geschäftsführung einer SNC obliegt sämtlichen Gesellschaftern (Art. 12 Abs. 1), die jeder für sich allein uneingeschränkte Geschäftsführungsbefugnis besitzen (Artt. 13 Abs. 2, 14 Abs. 2), welche im Außenverhältnis lediglich durch den Gesellschaftsgegenstand begrenzt ist (Art. 14 Abs. 1, 3). Möglich und in der Praxis wohl üblich ist aber auch die Übertragung der Geschäftsführung auf eine oder mehrere Personen durch die Bestellung von Geschäftsführern (Art. 12 Abs. 1). Diese können natürliche wie juristische Personen sein (vgl. Art. 12 Abs. 2) und müssen nicht zwingend zum Kreis der Gesellschafter gehören (vgl. Art. 12 Abs. 1, Prinzip der Fremdorganschaft)[1008]. Die Bestellung kann in die Satzung mit aufgenommen werden, sie darf aber auch in einem anschließenden gesonderten Akt erfolgen (vgl. Art. 12 Abs. 1). In diesem Fall ist bei der Anmeldung der Gesellschaft in das Handels- und Gesellschaftsregister die gesonderte Urkunde über die Organbestellung mit zur Hinterlegung einzureichen[1009].

4. Publizität

Die *société en nom collectif* muß ebenso wie die *société civile* zur Erlangung der Rechtspersönlichkeit in das Handels- und Gesellschaftsregister eingetragen werden. Die Pflicht zur Eintragung ergibt sich für die *société en nom collectif* aus Dekret Nr. 67-236 Art. 1 Abs. 1. Hinsichtlich der Formalitäten der Eintragung gelten die Art. 281 ff. des vorgenannten Dekrets sowie die Vorschriften des Dekrets Nr. 84-406 vom 30.05.1984 über das Handels- und Gesellschaftsregister (vgl. Art. 4 und Dekret Nr. 67-236 Art. 1 Abs. 1). Somit unterliegt auch die *société en nom collectif* grundsätzlich den gleichen Eintragungsvoraussetzungen wie die *société civile*, so daß zur Darstellung des Eintragungsverfahrens auf die obigen Ausführungen verwiesen werden kann[1010], allerdings unter Beachtung der nachstehenden Besonderheiten.

[1008] Allerdings ist Selbstorganschaft die Regel, vgl. oben unter C. I. 2.
[1009] Vgl. Dekret Nr. 84-406 Art. 48 Abs. 1 S. 2 Nr. 1 b).
[1010] S.o. B. II. 4.

Soweit es die vorherige Anzeige der materiellen Gesellschaftsgründung angeht, ergibt sich diese Pflicht aus Dekret Nr. 67-236 Art. 285, dessen Wortlaut jedoch im wesentlichen Dekret Nr. 78-704 Art. 22 entspricht. Im Unterschied zur *société civile* ist hingegen eine Angabe zu den Einlageleistungen nicht erforderlich, vgl. Dekret Nr. 67-236 Art. 285 Abs. 3, dessen Nrn. 7 und 8 aufgehoben wurden. Statt dessen müssen nach Nr. 9 der vorgenannten Norm auch die unbeschränkt haftenden Gesellschafter in dem *avis* bezeichnet sein[1011]. Der Antrag auf Eintragung der Gesellschaft in das Handels- und Gesellschaftsregister setzt über die bereits genannten Angaben noch die Bezeichnung der unbeschränkt und gesamtschuldnerisch haftenden Gesellschafter voraus (Dekret Nr. 84-406 Art. 15 A Nr. 9)[1012]. Während das Gesetz vom 24.07.1966 für die Eintragung aller Handelsgesellschaften bis 1994 noch die angesprochene „Konformitätserklärung" (*déclaration de conformité*) vorsah[1013], wurde sie mit dem Gesetz *Madelin* Nr. 94-126 vom 11.02.1994 aus Vereinfachungsgründen abgeschafft (vgl. Art. 6 Abs. 1 n.F.)[1014]. Die Anzeige zur Bekanntmachung der konstitutiven Gesellschaftsgründung einer SNC im BODACC muß schließlich nach Dekret Nr. 84-406 Art. 73 Abs. 2 B Nr. 6 ebenfalls zusätzlich die Gesellschafter namentlich bezeichnen, die unbeschränkt und gesamtschuldnerisch haften.

[1011] Wobei unklar ist, ob die Gesellschafter einer SNC hierunter fallen, da sie nicht nur unbeschränkt, sondern unbeschränkt und gesamtschuldnerisch haften, vgl. den Wortlaut in Dekret Nr. 67-236 Art. 285 Abs. 3 Nr. 9 mit Dekret Nr. 78-704 Art. 22 Abs. 3 Nr. 9. Vgl. hierzu auch Juris-Classeur, Band 1, Fasc. 27-4, Nr. 26.

[1012] Die Personenbezeichnung umfaßt den Namen, den Vornamen, Wohnsitz, Geburtsdatum und -ort sowie den Familienstand. Handelt es sich um juristische Personen, ist auch hier Dekret Nr. 84-406 Art. 15 A Nr. 11 zu beachten.

[1013] Vgl. Art. 6 Abs. 1 a.F. In dieser Erklärung mußten die Gesellschaftsgründer die Recht- bzw. Ordnungsmäßigkeit sämtlicher Gründungshandlungen bestätigen. Sie wurde dem Antrag auf Eintragung beigefügt, damit sich alle Betroffenen davon überzeugen konnten, daß bei der Gründung die gesetzlichen Bestimmungen beachtet wurden.

[1014] Insbesondere konnte in der Erklärung zwar die Rechtmäßigkeit versichert werden, die Erklärung aber die Rechtmäßigkeit selbst nicht herstellen, weshalb ihre Zweckmäßigkeit häufig in Frage gestellt wurde; vgl. *Merle*, Droit commercial, Rdnr. 63 m.w.N. Vgl. auch oben unter B. II. 4. d) cc) m.w.N.

III. Gründungsmängel

Ebenso wie nach Art. 1844-10 C. civ. für die *société civile* führen Gründungsfehler bei einer Handelsgesellschaft grundsätzlich nur dann zur Nichtigkeit, wenn das Gesetz[1015] diese Rechtsfolge ausdrücklich anordnet (Art. 360 Abs. 1 S. 1). Dies ist aber im Gesetz über die Handelsgesellschaften mit einer Ausnahme nicht der Fall. Lediglich Art. 361 S. 1 sieht für die SNC und SCS vor, daß die Nichterfüllung auch einzelner Kundgebungsformalitäten grundsätzlich zur Nichtigkeit der Gesellschaft führt, es sei denn, eine Täuschungshandlung der Gründer (*fraude*) ist nicht feststellbar[1016]. Das Gericht kann nach freiem Ermessen die Nichtigkeitsfolge aussprechen (Art. 361 S. 2)[1017]. In der Praxis dürfte Art. 361 S. 1 aber nur selten einschlägig sein. Daneben gelten auch für die SNC die allgemeinen Nichtigkeitsgründe, welche bereits bei der *société civile* dargestellt wurden[1018]. Soweit es die Nichtigkeitsfolge angeht, steht ebenso wie bei der *société civile* die Heilung des Mangels im Vordergrund (vgl. Art. 6). Wird die Nichtigkeit der Gesellschaft von einem Gericht ausgesprochen, hat dies nur die Auflösung der Gesellschaft für die Zukunft zur Folge; die Nichtigkeit der Gesellschaft ist also grundsätzlich nicht rückwirkender Natur (Artt. 368, 390).

Die Gründerhaftung ist für die SNC in Art. 7 geregelt. Diese Vorschrift entspricht fast wörtlich der Regelung in Art. 1840 C. civ., auf die bereits oben näher eingegangen wurde[1019]. Hiernach haften alle Gründer gesamtschuldnerisch gegenüber den Gesellschaftern und Dritten, die infolge des Fehlens einer notwendigen Satzungsbestimmung oder der Nichtbeachtung von Gründungsformalitäten einen Schaden erlitten haben. Auch für die SNC enthält das Gesetz keine Regelung über den Ersatz des Schadens, der Dritten oder Gesellschaftern infolge der Nichtigkeit der Gesellschaft entstanden ist.

[1015] Und zwar nur das Gesetz (*loi*). Nicht ausreichend sind z.B. Dekrete (vgl. *Merle*, Droit commercial, Rdnr. 68 m.w.N.).

[1016] Für die *société anonyme* sieht das Gesetz noch eine weitere, recht seltene Ausnahme in Art. 80 Abs. 4 vor.

[1017] Vgl. auch *Merle*, Droit commercial, Rdnr. 135 m.w.N. zur Rspr.

[1018] S. o. B. III. Hinzuweisen ist insoweit nur auf Art. 360 S. 3, der für den Fall des Art. 1844-1 C. civ. die Nichtigkeitsfolge ausdrücklich ausschließt.

[1019] Vgl. oben unter B. III.

D. Die Gründung einer *société en commandite simple* (SCS)

Wenngleich die *société en commandite simple* ebenso wie die zuvor dargestellten Gesellschaften in Form einer Umwandlung zur Entstehung gelangen kann[1020], beziehen sich auch hier die nachstehenden Ausführungen nur auf die Gründung der Gesellschaft durch Abschluß eines Vertrages mit anschließender Eintragung. Die Darstellung beschränkt sich aber wegen der großen Ähnlichkeit der SCS mit der *société en nom collectif* nur auf die Besonderheiten, die bei der *société en commandite simple* dabei zu beachten sind.

I. Vorstellung der Gesellschaftsform

Die französische *société en commandite simple* (SCS)[1021] wird vom Gesetz nicht ausdrücklich definiert. Nur indirekt läßt sich aus den Artt. 23 und 24 schließen, daß es sich hierbei um eine Sonderform der *société en nom collectif* handelt[1022], die im Unterschied zu dieser zwingend[1023] zwei verschiedene Arten von Gesellschaftern aufweisen muß, nämlich mindestens einen Komplementär (*associé commandité* oder nur *commandité*) und mindestens einen Kommanditisten (*associé commanditaire* oder nur *commanditaire*). Die Gründungsvoraussetzungen gleichen weitgehend denen der SNC, allerdings ist die *société en commandite simple* im Vergleich zu jener in Frankreich zahlenmäßig kaum verbreitet.

[1020] Wobei die gesetzliche Umwandlung bei der *société en commandite simple* häufiger vorkommt als die voluntative Umwandlung. So wandelt sich eine *société en nom collectif* häufig in eine *société en commandite simple* um, wenn in Folge des Todes eines Gesellschafters der Erbe des anfallenden Gesellschaftsanteils minderjährig ist (Art. 21 Abs. 7 S. 1 und 2). Denn dieser kann mangels Kaufmannseigenschaft nicht Gesellschafter einer *société en nom collectif* sein, wohl aber Kommanditist einer *société en commandite simple*; vgl. auch *Merle*, Droit commercial, Rdnrn. 98, 163; *Bougnoux* in: Juris-Classeur, Band 3, Fasc. 62-10, Nr. 23.

[1021] Die Abkürzung „SCS“ ergibt sich im Unterschied zur „SNC“ nicht aus dem Gesetz, ist aber allgemein gebräuchlich.

[1022] Vgl. auch *Bougnoux* in: Juris-Classeur, Band 3, Fasc. 62-10, Nr. 1.

[1023] Vgl. *Bastian/Germain*, 30.30 S. 3; *Bougnoux* in: Juris-Classeur, Band 3, Fasc. 62-10, Nr. 15.

1. Rechtsgrundlagen

Die *société en commandite simple* ist in den Artt. 23-33 sowie in Dekret Nr. 67-236 Artt. 17-19 geregelt. Ergänzend gelten die Vorschriften über die *société en nom collectif*, namentlich Artt. 10-22 und Dekret Nr. 67-236 Artt. 6-16[1024], sowie die allgemeinen Vorschriften in Artt. 1-8 und Dekret Nr. 67-236 Artt. 1-5. Schließlich können zur Ausfüllung von Lücken auch die Artt. 1832-1870-1 C. civ. herangezogen werden (vgl. Artt. 1834, 1845 Abs. 1 C. civ.).

2. Charakteristische Merkmale

Grundsätzlich weist die *société en commandite simple* zunächst die gleichen Merkmale auf wie die *société en nom collectif*. Sie ist Personenhandelsgesellschaft[1025], zur Firmenführung berechtigt (Art. 25) und muß zwingend in das Handels- und Gesellschaftsregister eingetragen werden (vgl. Dekret Nr. 67-236 Art. 1 Abs. 1). Wesentliches Charakteristikum der SCS stellt die Existenz zweier verschiedener Arten von Gesellschaftern dar. Während der sog. Komplementär (*commandité*) den gleichen Status wie ein Gesellschafter in einer *société en nom collectif* besitzt und damit persönlich, unbeschränkt und mit weiteren Komplementären gesamtschuldnerisch für die Verbindlichkeiten der Gesellschaft haftet sowie zwingend Kaufmannseigenschaft besitzt (vgl. Artt. 23 Abs. 1, 24 i.V.m. Art. 10 Abs. 1), verfügt die SCS noch über einen zweiten Gesellschaftertyp, den sog. Kommanditisten (*commanditaire*). Dieser haftet, mit dem Gesellschafter einer SARL vergleichbar, nur in Höhe seiner Einlage (Art. 23 Abs. 2 S. 1) und braucht die Kaufmannseigenschaft nicht zu besitzen[1026]. Des weiteren ist die Leitung der Gesellschaft zunächst den gleichen Regeln unterworfen wie bei der SNC. Sie obliegt einem oder mehreren Geschäftsführern, die natürliche wie juristische Personen sein kön-

---

[1024] Vgl. Art. 24 und Dekret Nr. 67-236 Art. 17.

[1025] Zur Handelsgesellschaft vgl. Art. 1 Abs. 2. Zur Personengesellschaft vgl. *Germain/Vogel* in: Ripert/Roblot, Droit commercial, Nr. 1212; *Merle*, Droit commercial, Rdnr. 162; *Bougnoux* in: Juris-Classeur, Band 3, Fasc. 62-10, Nr. 1.

nen und nicht zwingend zum Kreis der Gesellschafter gehören müssen (vgl. Art. 24 i.V.m. Art. 12), wenngleich auch bei der SCS Fremdorganschaft selten vorkommt. Eine Besonderheit stellt jedoch Art. 28 Abs. 1 auf. Hiernach darf ein Kommanditist nicht an der Geschäftsführung teilnehmen, d.h. die Gesellschaft nicht nach außen vertreten[1027], selbst wenn er hierzu von den übrigen Gesellschaftern ermächtigt worden ist[1028]. Tut er es doch, haftet er gemeinsam mit den Komplementären persönlich, unbeschränkt und gesamtschuldnerisch für die Verbindlichkeiten der Gesellschaft, die sich aus seinem unzulässigen Engagement ergeben (Art. 28 Abs. 2). Mit dieser strengen Regelung soll verhindert werden, daß Dritte den Kommanditisten durch seine Einmischung für einen Komplementär halten und deshalb irrig davon ausgehen, daß auch dieser unbeschränkt und gesamtschuldnerisch haftet[1029]. Ist es somit nur einem Komplementär möglich, die Gesellschaft nach außen zu vertreten, handelt es sich in der Praxis häufig auch nur um eine einzige natürliche Person, der die Geschäftsführung anvertraut ist[1030]. Führen hingegen mehrere Komplementäre die Geschäfte der Gesellschaft, formulieren sie für sich zuweilen im Gesellschaftsvertrag die Bildung einer gesonderten „*société en nom collectif*“[1031]. Neben den Personen der Geschäftsführung sieht das Gesetz auch noch eine Gesellschafterversammlung vor (*assemblée des associés*), die auf Antrag eines Komplementärs oder eines Viertels der Kommanditisten einberufen wird (vgl. Art. 27 S. 2) und der ebenso wie bei der SNC Grundsatzentscheidungen vorbehalten sind (vgl. Art. 24 i.V.m. Artt. 16 Abs. 1, 15 Abs. 1). Schließlich sind auch die Gesellschaftsanteile an einer SCS nicht frei handelbar (Art. 24 i.V.m. Art. 19 Abs. 1 S. 1, Abs. 2)

1026 Vgl. *Merle*, Droit commercial, Rdnr. 162; *Germain/Vogel* in: Ripert/Roblot, Droit commercial, Nrn. 1033, 1212; *Chaput*, Droit des sociétés, Nr. 549; *Cozian/Viandier*, Droit des Sociétés, Nr. 1485; *Bougnoux* in: Juris-Classeur, Band 3, Fasc. 62-10, Nr. 1.

1027 Art. 28 Abs. 1: „*...aucun acte de gestion externe...*“Im Innenverhältnis hingegen darf er sehr wohl Kontroll- und Überwachungsaufgaben übernehmen (vgl. Art. 29; Dekret Nr. 67-236 Art. 18).

1028 Art. 28 Abs. 1: „*...même en vertu d'une procuration.*“.

1029 Vgl. *Merle*, Droit commercial, Rdnr. 168; *Germain/Vogel* in: Ripert/Roblot, Droit commercial, Nr. 1231; *Cozian/Viandier*, Droit des Sociétés, Nr. 1489.

1030 Vgl. *Germain/Vogel* in: Ripert/Roblot, Droit commercial, Nr. 1219.

1031 Diese Formulierung bedeutet aber nur, daß die Beziehungen unter den Komplementären lediglich denen der Gesellschafter einer SNC gleichgestellt sein sollen; es handelt sich insbesondere nicht um eine zweite Gesellschaft; vgl. *Germain/Vogel* in: Ripert/Roblot, Droit commercial, Nr. 1219; *Bougnoux* in: Juris-Classeur, Band 3, Fasc. 62-10, Nr. 51.

und können grundsätzlich nur mit Zustimmung sämtlicher Gesellschafter veräußert und übertragen werden (Art. 30 Abs. 1)[1032].

3. Gesellschaftszweck und Relevanz

Die *société en commandite simple* kann ebenso wie die SNC zur Ausübung einer bürgerlich-rechtlichen sowie handelsrechtlichen Tätigkeit verwendet werden (vgl. Art. 1 Abs. 2). In Frankreich stellte sie früher die einzige Gesellschaftsform dar, bei der die Haftung eines Gesellschafters begrenzt werden konnte[1033]. Diesem Umstand verdankte sie zwar seinerzeit eine sehr starke Verbreitung, allerdings ging ihre zahlenmäßige Präsenz seit dem Aufkommen der SARL im Jahre 1925 stetig zurück[1034]. Denn zum einen haften bei der SARL sämtliche Gesellschafter nur in Höhe ihrer Einlage, zum anderen birgt gerade das charakteristische Merkmal der SCS, nämlich zwei verschiedene Gesellschaftertypen, die Gefahr von Streitigkeiten über den Umfang der Rechte und Pflichten der einzelnen Gesellschafter in sich[1035]. Die Rechtsform der *société en commandite simple* ist somit heute kaum mehr vorzufinden. Anfang 1997 zählte man nur 1 505 *sociétés en commandite* unter 1 090 753 gezählten Gesellschaften in Frankreich insgesamt. Damit stellt sie mit 0,14% deutlich die am schwächsten vertretene Rechtsform dar[1036].

[1032] Nach Art. 30 Abs. 2 kann die Übertragung durch Aufnahme einer entsprechenden Klausel in dem Gesellschaftsvertrag erleichtert werden, was in der Praxis auch üblich ist (vgl. *Germain/Vogel* in: Ripert/Roblot, Droit commercial, Nr. 1223). Bei Anteilen von Kommanditisten kann der Vertrag die freie Übertragung unter den Gesellschaftern vorsehen (Art. 30 Abs. 2 Nr. 1) und bei der Übertragung an Dritte lediglich die Zustimmung sämtlicher Komplementäre sowie der Mehrheit der Kommanditisten verlangen (Art. 30 Abs. 2 Nr. 2). Hingegen dürfen Anteile der Komplementäre nur mit Zustimmung sämtlicher Gesellschafter übertragen werden, es sei denn, es handelt sich nur um einen Teil der Anteile. In diesem Fall bleibt der Komplementär noch (persönlich und unbeschränkt haftender) Gesellschafter, weshalb insoweit die Regelung zur Übertragung von Kommanditistenanteilen an Dritte entsprechend anwendbar ist (Art. 30 Abs. 2 Nr. 3).

[1033] Vgl. *Germain/Vogel* in: Ripert/Roblot, Droit commercial, Nr. 1214.

[1034] Vgl. *Cozian/Viandier*, Droit des Sociétés, Nr. 1486; *Merle*, Droit commercial, Rdnr. 162.

[1035] Vgl. *Merle*, Droit commercial, Rdnr. 163.

[1036] Vgl. die statistischen Angaben bei *Cozian/Viandier*, Droit des Sociétés, Nr. 1.

II. Voraussetzungen für die Gründung einer SCS

Die Voraussetzungen zur Gründung einer *société en commandite simple* gleichen grundsätzlich denen der *société en nom collectif*. Erforderlich ist insoweit auch der Abschluß eines Gesellschaftsvertrages, dessen Mindestinhalt aber neben Art. 2 auch von Art. 26 bestimmt wird und der hinsichtlich der Person des Gesellschaftsgründers naturgemäß Abweichungen zur SNC aufweist. Bei der Organbestellung sowie der anschließenden, zwingenden Eintragung in das Handels- und Gesellschaftsregister sind kaum Besonderheiten zu beobachten.

1. Abschluß eines Gesellschaftsvertrages

a) Anforderungen an den Inhalt des Gesellschaftsvertrages

Neben den allgemeinen Angaben, die Art. 2 für alle Handelsgesellschaften vorsieht, hat der Gesellschaftsvertrag zur Gründung einer *société en commandite simple* zudem genaue Angaben über die Erbringung der einzelnen Einlagen der Gesellschafter zu enthalten (Art. 26). Namentlich muß in dem Vertrag der Gesamtbetrag oder der Gesamtwert aller Einlagen der Gesellschafter angegeben werden (Art. 26 Nr. 1), des weiteren der jeweilige Anteil des einzelnen Gesellschafters an der Gesamthöhe bzw. an dem Gesamtwert (Art. 26 Nr. 2) und schließlich der Gesamtanteil der Komplementäre sowie der jeweilige Anteil jedes einzelnen Kommanditisten an der Gewinnausschüttung und den Liquidationsboni (Art. 26 Nr. 3). Mit dieser Regelung wollte der französische Gesetzgeber jede Unsicherheit vermeiden, die sich aufgrund der verschiedenen Gesellschafterarten mit Blick auf die Beteiligung an der Bildung des Gesellschaftskapitals bzw. des Gesellschaftsgewinns ergeben könnten[1037]. Hinsichtlich der Einlageleistung selbst ist bei der SCS die Besonderheit zu beachten, daß Kommanditisten die Erbringung ihrer Einlagelei-

[1037] Vgl. *Germain/Vogel* in: Ripert/Roblot, Droit commercial, Nr. 1217; *Merle*, Droit commercial, Rdnr. 164; *Bougnoux* in: Juris-Classeur, Band 3, Fasc. 62-10, Nr. 46. Beachtenswerterweise ist aber weder erforderlich, daß der jeweilige Anteil eines einzelnen (!) Komplementärs am Gewinn in die Satzung aufgenommen werden muß, noch die Aufteilung der Gesellschaftsverluste (!) unter den Gesellschaftern.

stung in Form von Arbeits- oder Dienstleistungen (*apports en industrie*) verwehrt ist (vgl. Art. 23 Abs. 2 S. 2), da sie nur mit ihrer Einlage für Verbindlichkeiten der Gesellschaft haften (Art. 23 Abs. 2 S. 1) und Gläubiger sich an *apports en industrie* nicht befriedigen können[1038]. Zur Bezeichnung der Firma im Gesellschaftsvertrag gilt das oben zur SNC Gesagte entsprechend[1039], freilich mit dem Unterschied, daß der Gesellschaftsname den Zusatz „*société en commandite simple*" enthalten muß (Art. 25)[1040]. Seit 1989 darf die Firma schließlich auch den Namen eines oder mehrerer Kommanditisten führen, ohne daß damit deren Stellung als *commanditaire* verlorengeht, vgl. Art. 25 Abs. 2 a.F. und Gesetz Nr. 89-1008 vom 31.12.1989 Art. 23 Abs. 1[1041].

b) Anforderungen an die Person des Gesellschaftsgründers

Auch die Gründung einer *société en commandite simple* setzt das Vorhandensein von mindestens zwei Gesellschaftern voraus (vgl. Art. 23 Abs. 1 und 2); eine Höchstzahl ist gesetzlich nicht vorgesehen. Mindestens einer der Gesellschafter muß Komplementär sein, der grundsätzlich ebenso zu behandeln ist wie der Gesellschafter einer *société en nom collectif* (vgl. Art. 23 Abs. 1). Mindestens ein weiterer Gesellschafter muß demgegenüber Kommanditist sein, der dem Gesellschafter einer SARL gleichgesetzt werden kann[1042]. Somit können Minderjährige (*mineurs émancipés* und *mineurs ordinaires*) und volljährige Geschäftsunfähige (*majeurs en curatelle* und *majeurs en tutelle*) an der Gründung einer *société en commandite simple* zwar als Kommanditisten, nicht aber als Komplementäre teilnehmen[1043].

[1038] Vgl. *Merle*, Droit commercial, Rdnr. 167.

[1039] Insbesondere ist die früher auch für die SCS vorgesehene *raison sociale* mit dem Gesetz Nr. 89-1008 vom 31.12.1989 abgeschafft worden. Vgl. hierzu auch oben C. II. 2. a) aa) (2).

[1040] Ob allerdings auf Urkunden und Dokumenten der Gesellschaft der Rechtsformzusatz abgekürzt werden kann und wie diese Abkürzung auszusehen hat, ergibt sich bei der *société en commandite simple* nicht eindeutig aus dem Gesetz bzw. Dekret. Statt dessen begnügt sich Dekret Nr. 67-236 Art. 17 nur mit einem allgemeinen Verweis auf die Vorschriften der *société en nom collectif*, und damit auch auf Dekret Nr. 67-236 Art. 8, ohne klarzustellen, wie eine etwaige Abkürzung auszusehen hat. Nach *Bougnoux*, in: Juris-Classeur, Band 3, Fasc. 62-10, Nr. 40, soll aber die Abkürzung „SCS" zulässig sein.

[1041] Vgl. hierzu auch *Bougnoux* in: Juris-Classeur, Band 3, Fasc. 62-10, Nr. 39.

[1042] Vgl. nur *Bougnoux* in: Juris-Classeur, Band 3, Fasc. 62-10, Nr. 1.

[1043] Vgl. *Merle*, Droit commercial, Rdnr. 166. Vgl. auch oben die Darstellung unter B. II. 2. c).

Letztere müssen zwingend Kaufmannseigenschaft besitzen (vgl. Artt. 23 Abs. 1, 24 i.V.m. Art. 10 Abs. 1), so daß auch die Beteiligung an einer SCS als Komplementär bestimmten Personen, wie z.B. Anwälten oder Ärzten, gänzlich unmöglich, Ausländern hingegen nur mit einer *carte de commerçant étranger* möglich ist[1044]. Juristische Personen (vgl. Art. 24 i.V.m. Art. 12)[1045] und Eheleute (vgl. Art. 1832-1 Abs. 1 C. civ.) sind demgegenüber bei beiden Gesellschaftertypen zulässig.

2. Organbestellung

Soweit es die Bestellung eines oder mehrerer Geschäftsführer angeht, gilt zunächst das oben zur SNC Gesagte entsprechend auch für die *société en commandite simple*. Zusätzlich ist bei der SCS lediglich die bereits angesprochene Besonderheit zu beachten, daß Geschäftsführer nur ein *associé commandité*, nicht aber auch ein *associé commanditaire* sein kann[1046].

3. Publizität

Zur Publizität der *société en commandite simple* wird auf die oben gemachten Ausführungen zur SNC und *société civile* verwiesen[1047].

E. Die Gründung einer *société en participation*

Die *société en participation* ist die einfachste Gesellschaftsform in Frankreich, die bereits durch Abschluß eines wirksamen Gesellschaftsvertrages gegründet werden kann. Dies ist aber zugleich auch den einzigen Weg zur Entstehung dieser Gesellschaftsform, da sie mangels eigener Rechtspersön-

---

[1044] Vgl. oben unter B. II. 2. c).

[1045] Vgl. *Merle*, Droit commercial, Rdnr. 166. Mit einer Besonderheit allerdings für die *société civile*, deren Gesellschaftsgegenstand keinesfalls auf den Betrieb eines Handelsgewerbes gerichtet sein darf. Deshalb ist ihr Eintritt in eine SCS als Komplementär zwar ausgeschlossen, da es sich bei diesem zwingend um einen Handelskaufmann handeln muß, als Kommanditist hingegen uneingeschränkt möglich; vgl. auch *Bougnoux* in: Juris-Classeur, Band 3, Fasc. 62-10, Nr. 30.

[1046] Vgl. hierzu die Ausführungen oben unter D. I. 2.

[1047] Vgl. oben unter B. II. 4. und C. II. 4.

lichkeit nicht von den Umwandlungsvorschriften der Artt. 1844-3 f. C. civ. erfaßt wird[1048].

I. Vorstellung der Gesellschaftsform

Bei der *société en participation*[1049] handelt es sich gemäß Art. 1871 Abs. 1 S. 1 C. civ. um eine Gesellschaft[1050], die nach dem Willen der Gesellschafter nicht in das Handels- und Gesellschaftsregister eingetragen werden soll. Sie ist keinen weiteren Publizitätsvorschriften unterworfen und besitzt keine eigene Rechtspersönlichkeit (Art. 1871 Abs. 1 S. 3 C. civ.). Damit stellt sie neben der *société créée de fait*[1051] die einzige Personenvereinigung in Frankreich dar, die zwar alle notwendigen Merkmale einer Gesellschaft (*société*) besitzt (vgl. Art. 1871 Abs. 2 i.V.m. Art. 1832 Abs. 1 C. civ.), aber gleichwohl nicht in das Handels- und Gesellschaftsregister eingetragen wird (vgl. Art. 1842 Abs. 1 C. civ.). In systematischer Hinsicht läßt sich die *société en*

1048 Art 1844-3 S. 1 C. civ.: „*La transformation régulière d'une société en une société d'une autre forme n'entraîne pas la création d'une personne morale nouvelle.*" Vgl. auch *Guyon*, Droit des affaires, Nr. 572.

1049 Eine Abkürzung der Gesellschaftsbezeichnung sieht das Gesetz nicht vor und wird auch in der Fachliteratur überwiegend nicht verwendet.

1050 Früher wurde die *société en participation* im Gesetz mit „*association en participation*" bezeichnet (vgl. Art. 47 C. com. a.F.), woran man die sehr zögerliche Haltung des Gesetzgebers erkennen konnte, diese Rechtsform als Gesellschaft anzuerkennen (vgl. auch *Germain/Vogel* in: Ripert/Roblot, Droit commercial, Nr. 1239). Hieran gibt es aber seit dem Gesetz vom 24.07.1966 keinen Zweifel mehr, mit dem die heute noch gültige Bezeichnung *société en participation* für diese Rechtsform eingeführt wurde.

1051 Die *société créée de fait* ist den gleichen Regeln unterworfen wie die *société en participation* (vgl. Art. 1873 C. civ.) und läßt sich nur durch ein subjektives Element von dieser unterscheiden; vgl. auch *Ferid/Sonnenberger*, Band 2, Rdnr. 2 L 405; *Merle*, Droit commercial, Rdnr. 599; *Derruppé* in: Juris-Classeur, Band 3, Fasc. 44-10, Nr. 16. Während die *société en participation* von den Gesellschaftsgründern willentlich zur Entstehung gelangt und nur nicht in das Handels- und Gesellschaftsregister eingetragen werden soll, knüpft das Gesetz bei der *société créée de fait* lediglich an das konkludente Verhalten der betroffenen Personen an, welches zur Entstehung dieser Gesellschaftsform führt, ohne daß sich die Betroffenen dessen bewußt sein müssen; vgl. *Guyon*, Droit des affaires, Nr. 514. Oder kürzer nach *Derruppé* in: Juris-Classeur, Band 3, Fasc. 44-10, Nr. 35: „*...la société en participation est le fruit d'une convention, tandis que la société créée de fait est la conséquence d'une pratique.*" Typische Fälle der *société créée de fait* sind z.B. gesellschaftlich gestaltete Beziehungen zwischen Eheleuten, Verwandten oder außereheliche Lebensgemeinschaften, vgl. *Ferid/Sonnenberger*, Band 2, Rdnr. 2 L 402 m.w.N.; *Derruppé* in: Juris-Classeur, Band 3, Fasc. 44-10, Nrn. 56-58.

participation den Personengesellschaften zuordnen[1052], weist aber daneben die Besonderheit auf, daß sie sowohl Handelsgesellschaft als auch bürgerlichrechtliche Gesellschaft sein kann, je nachdem, worauf ihr Gesellschaftsgegenstand gerichtet ist (vgl. Art. 1871-1 C. civ.)[1053].

1. Rechtsgrundlagen

Die *société en participation* ist gesetzlich in den Artt. 1871-1872-2 C. civ. geregelt. Nach Art. 1871-1 C. civ. gelten für die Rechtsbeziehungen der Gesellschafter untereinander, soweit angemessen, entweder die Vorschriften für die *société civile* oder die Regeln der *société en nom collectif*, je nachdem, ob der Gesellschaftsgegenstand auf eine zivilrechtliche oder handelsrechtliche Tätigkeit ausgerichtet ist[1054]. Teilweise anwendbar ist auch das Dekret Nr. 78-704 vom 03.07.1978, welches die Vorschriften im neunten Titel des dritten Buches des Code civil ergänzt. Nach dessen Art. 1 gilt das erste Kapitel dieser Verordnung zwar nur für Gesellschaften mit eigener Rechtspersönlichkeit, die die *société en participation* gerade nicht besitzt. Nach Art. 30 Abs. 2 dieses Dekrets ist aber das zweite Kapitel (Artt. 30-57) auch für die *société en participation* mit zivilrechtlichem Gesellschaftscharakter anwendbar.

2. Charakteristische Merkmale

Wesentliches charakteristisches Merkmal der *société en participation* stellt der fehlende Eintrag der Gesellschaft in das Handels- und Gesellschaftsregister dar. Hieraus resultieren einige Besonderheiten für diese Gesellschaftsform, die sie von den übrigen Gesellschaften in Frankreich deutlich unterscheidet. So kann sie auch als bloße Innengesellschaft geführt werden, darf aber weder über eine Firma noch über einen Gesellschaftssitz verfügen.

[1052] Vgl. nur *Germain/Vogel* in: Ripert/Roblot, Droit commercial, Nr. 1248. Kritisch *Derruppé* in: Juris-Classeur, Band 3, Fasc. 44-20, Nrn. 4 und 5.

[1053] Vgl. auch *Merle*, Droit commercial, Rdnrn. 597, 598; *Germain/Vogel* in: Ripert/Roblot, Droit commercial, Nrn. 1170, 1239, 1243.

[1054] Vgl. zu den jeweiligen Rechtsgrundlagen oben B. I. 1. und C. I. 1.

a) Innen- und Außengesellschaft

Die *société en participation* war lange Zeit bloße stille Gesellschaft bzw. Innengesellschaft (*société occulte*)[1055]. Sie existierte nur im Verhältnis ihrer Gesellschafter zueinander und konnte als solche nicht im Rechtsverkehr nach außen auftreten, ohne dabei in eine *société civile*, *société en nom collectif* oder *société de fait* umgewandelt zu werden[1056]. Zu dieser Zeit stellte der okkulte Charakter zugleich auch das wesentliche Merkmal der Gesellschaft dar[1057]. Seit der Reform von 1978 ist es nunmehr nach herrschender Meinung[1058] auch möglich, die *société en participation* anstatt als bloße Innengesellschaft als Außengesellschaft (*société ostensible*) zu führen[1059]. So sieht Art. 1872-1 Abs. 1 C. civ. zunächst grundsätzlich vor, daß jeder Gesellschafter Rechtsgeschäfte im eigenen Namen abschließt und insoweit auch nur allein verpflichtet wird (Fall der bloßen Innengesellschaft)[1060]. Treten aber ein oder mehrere Mitglieder der *société en participation* für Dritte erkennbar in ihrer Eigenschaft als Gesellschafter nach außen auf und gehen so Verbindlichkeiten ein, dann werden auch die übrigen Gesellschafter durch diese

---

[1055] Vgl. *Merle*, Droit commercial, Rdnr. 597; *Ferid/Sonnenberger*, Band 2, Rdnr. 2 L 401. So hieß es in Art. 49 bzw. Art. 44 Abs. 1 C. com. a.F.: „*Les associations en participation sont des sociétés dont l'existence ne se révèle pas aux tiers.*" Ebenso bestimmte dann Art. 419 des Gesetzes von 1966: „ *La société en participation n'éxiste que dans les rapports entre associés et ne se révèle pas aux tiers.*" Mit der Einführung der Regelungen über die *société en participation* in den Code civil durch das Gesetz Nr. 78-9 vom 04.01.1978 wurde auch die letztgenannte Vorschrift aufgehoben und durch Artt. 1871-1873 C. civ. ersetzt.

[1056] Vgl. *Derruppé* in: Juris-Classeur, Band 3, Fasc. 44-10, Nr. 8.

[1057] Vgl. *Ferid/Sonnenberger*, Band 2, Rdnr. 2 L 21. Dennoch war damals bereits unklar, ob die *société en participation* überhaupt nicht nach außen auftreten durfte (*révélation en fait*), oder nur nicht als vorgebliche eigenständige Rechtspersönlichkeit (*révélation en droit*); vgl. *Derruppé* in: Juris-Classeur, Band 3, Fasc. 44-10, Nr. 9.

[1058] So *Merle*, Droit commercial, Rdnrn. 7, 597, 598; *Germain/Vogel* in: Ripert/Roblot, Droit commercial, Nr. 1244; *Derruppé* in: Juris-Classeur, Band 3, Fasc. 44-10, Nr. 14; *Odet*, La pratique, Fasc. 85, Nrn. 12-15; *Ferid/Sonnenberger*, Band 2, Rdnr. 2 L 21, 2 L 401; *Sonnenberger*, FrHWR Rdnr. III 11.

[1059] Infolgedessen definiert sich diese Gesellschaftsform nicht mehr durch ihren okkulten Charakter, vielmehr stellt das Gesetz nun allein auf den Willen der Gesellschafter ab, die zu gründende Gesellschaft nicht in das Handels- und Gesellschaftsregister einzutragen; vgl. Art. 1871 Abs. 1 S. 1 C. civ. Vgl. auch *Ferid/Sonnenberger*, Band 2, Rdnr. 2 L 21, 2 L 401; *Derruppé* in: Juris-Classeur, Band 3, Fasc. 44-10, Nr. 16.

[1060] Dennoch haften auch in diesem Fall weitere Gesellschafter mit, wenn diese durch Einmischung den Eindruck erweckt haben, daß auch sie sich verpflichten wollten oder wenn das Rechtsgeschäft für sie nachweislich von Vorteil war, Art. 1872-1 Abs. 3 C. civ.

Rechtsgeschäfte mit verpflichtet, Art. 1872-1 Abs. 2 C. civ.[1061] (Fall der Außengesellschaft)[1062], woraus auch folgt, daß jeder einzelne Gesellschafter einer *société en participation* zur Geschäftsführung befugt ist[1063]. Eine Verpflichtung der Gesellschaft selbst ist mangels eigener Rechtspersönlichkeit hingegen nicht möglich[1064]. Die Gesellschafter haften im Falle der Außengesellschaft gesamtschuldnerisch, wenn der Gesellschaftsgegenstand auf eine handelsrechtliche Tätigkeit gerichtet ist, und in allen übrigen Fällen lediglich anteilig (Art. 1872-1 Abs. 2 C. civ.)[1065].

[1061] Art. 1872-1 Abs. 2 C. civ.: „*Toutefois, si les participants agissent en qualité d'associés au vu et au su des tiers, chacun d'eux est tenu à l'égard de ceux-ci des obligations nées des actes accomplis en cette qualité par l'un des autres, avec solidarité, si la société est commerciale, sans solidarité dans les autres cas.*".

[1062] Trotz des deutlichen Gesetzeswortlauts lehnen es noch immer einige Autoren ab, daß die *société en participation* auch als Außengesellschaft geführt werden kann; vgl. *Guyon*, Droit des affaires, Nr. 518; *Bézard*, Sociétés civiles, Nrn. 1384-1387. Hierbei wird darauf abgestellt, daß sich ihre Organisation nicht für eine Außengesellschaft eigne und es ihr daher nur ausnahmsweise erlaubt sei, nach außen aufzutreten; vgl. *Guyon*, Droit des affaires, Nr. 518; *Bézard*, Sociétés civiles, Nr. 1385. Allerdings findet diese Ansicht seit der Reform von 1978 im Gesetz keine Stütze und dürfte im übrigen zu Rechtsunsicherheiten führen, da nicht klar ist, um welche Ausnahmefälle es sich handelt bzw. handeln soll.

[1063] Ob die Geschäftsführung einzelnen Personen überlassen werden kann, und ob in diesem Fall die Personen auch Gesellschafter der *société en participation* sein müssen (Prinzip der Selbstorganschaft), ist zwar im Gesetz nicht ausdrücklich geregelt, hiervon ist aber auszugehen. Einerseits ergibt sich dies aus dem Wortlauts des Art. 1872-1 Abs. 2 C. civ. (*participants*). Andererseits sieht Art. 1872 Abs. 4 C. civ. die Möglichkeit vor, daß die Beiträge der einzelnen Gesellschafter einem einzigen Gesellschafter übertragen werden, welcher dann zur Realisierung des Gesellschaftsgegenstandes Rechtsinhaber der Bar- und Sacheinlagen wird. Bei diesem einzelnen Gesellschafter handelt es sich in aller Regel um den einzigen Geschäftsführer der Gesellschaft.

[1064] Vgl. nur *Derruppé* in: Juris-Classeur, Band 3, Fasc. 44-10, Nr. 29.

[1065] Die Reform von 1978, welche zu der heutigen Gesetzesfassung führte, war seinerzeit von einer eingehenden und kontroversen Debatte begleitet. In dieser wurde interessanterweise auch vorgeschlagen, eine *société civile* ohne Registereintrag einzuführen, die zwar nicht über eine eigene Rechtspersönlichkeit, aber gleichwohl über eine gewisse rechtliche Selbständigkeit verfügen solle. Damit wäre sie der deutschen Gesellschaft bürgerlichen Rechts sehr ähnlich gewesen; vgl. auch *Derruppé* in: Juris-Classeur, Band 3, Fasc. 44-10, Nr. 12 m.w.N. Nach Ablehnung dieses Vorschlags wurde er sodann dahingehend modifiziert, daß man bei den *sociétés en participation* zwischen zwei Formen unterscheiden sollte, nämlich zwischen einer bloßen Innengesellschaft (*participation occulte*) und einer Außengesellschaft (*participation ostensible*). Wenngleich auch dieser Vorschlag nicht angenommen wurde und das Gesetz in der heutigen Fassung diese Terminologie nicht ausdrücklich verwendet, lassen sich gewisse Grundgedanken dieses Vorschlags sehr wohl wiederfinden, wie z.B. die Anwendbarkeit der Regeln über die Rechtsgemeinschaft (*indivision*), vgl. Art. 1872 Abs. 2 und 3 C. civ., oder die persönliche Haftung auch der übrigen Gesellschafter, wenn Mitglieder für Dritte erkennbar in ihrer Eigenschaft als Gesellschafter nach außen auftreten, vgl. Art. 1872-1 Abs. 2 C. civ.: „*...agissent en qualité d'associé au vu et au su des tiers...*".

Die Gesellschaftsgründer sind bei ihrer Entscheidung, ob die Gesellschaft eine Innen- oder Außengesellschaft sein soll, völlig frei. So kann die Gesellschaft bereits im Zeitpunkt der Gründung oder auch erst später als Außengesellschaft geführt werden. Auch ist es möglich, die Gesellschaft grundsätzlich als Innengesellschaft zu führen und nur bei einzelnen Unternehmensaktivitäten oder nur gegenüber einzelnen Dritten nach außen auftreten zu lassen[1066].

b) Gesellschaftsname und Gesellschaftsdomizil

Da die Gesellschaft nicht in das Handels- und Gesellschaftsregister eingetragen werden kann und somit keine eigene Rechtspersönlichkeit besitzt, kann sie weder über eine Firma (*dénomination sociale*) noch über einen Gesellschaftssitz (*siège social*) im eigentlichen Sinne verfügen[1067]. Wenn aber die Gesellschafter von der Möglichkeit Gebrauch machen, im Namen der Gesellschaft nach außen aufzutreten und am Rechtsverkehr teilzunehmen, ist es ihnen nicht verwehrt, ihre Personenvereinigung durch einen Gesellschaftsnamen (*dénomination*) und durch ein „Gesellschaftszentrum" (*centre d'activité*)[1068] bzw. „Gesellschaftsdomizil" (*domicile social*)[1069] zu individualisieren, damit Dritte die Aktivitäten der Gesellschaft von den Aktivitäten der einzelnen Gesellschafter unterscheiden können[1070]. Für den Gesellschaftsnamen gelten dann die allgemeinen Regeln, er kann also dem Gegenstand der Gesellschaft entlehnt sein, eine reine Phantasiebezeichnung sein oder aber auch nur aus den Namen einzelner oder sämtlicher Gesellschafter bestehen[1071]. Beim Gesellschaftsdomizil ist hingegen zu beachten, daß dieses hier naturgemäß nur reinen internen Charakter besitzen kann, denn die Gesellschaft bleibt nach wie vor eine *société en participation* ohne eigene Rechtspersönlichkeit. Es kann also weder Dritten noch der Gesellschaft gegenüber vorge-

---

1066 Vgl. *Merle*, Droit commercial, Rdnr. 598.

1067 Vgl. *Germain/Vogel* in: Ripert/Roblot, Droit commercial, Nr. 1245 m.w.N.; *Derruppé* in: Juris-Classeur, Band 3, Fasc. 44-10, Nrn. 19, 21; *Guyon*, Droit des affaires, Nr. 517.

1068 So *Germain/Vogel* in: Ripert/Roblot, Droit commercial, Nr. 1245.

1069 So *Derruppé* in: Juris-Classeur, Band 3, Fasc. 44-10, Nr. 22.

1070 Str. So *Derruppé* in: Juris-Classeur, Band 3, Fasc. 44-10, Nr. 20; *Germain/Vogel* in: Ripert/Roblot, Droit commercial, Nr. 1245. A.A. wohl *Guyon*, Droit des affaires, Nr. 517.

1071 Vgl. *Derruppé* in: Juris-Classeur, Band 3, Fasc. 44-10, Nr. 20 m.w.N.

halten werden und besitzt somit nicht die Qualität des Gesellschaftssitzes einer juristischen Person[1072]. Insbesondere hat es für die Bestimmung des örtlich zuständigen Gerichts keine Bedeutung; im Falle einer Klage gegen die Gesellschaft muß vielmehr jeder einzelne Gesellschafter an dem für ihn jeweils zuständigen Gericht verklagt werden[1073].

c) Weitere charakteristische Merkmale

Aus der fehlenden Rechtspersönlichkeit folgt des weiteren, daß die *société en participation* selbst keine eigenen Rechte erwerben und damit insbesondere nicht Eigentümerin der von den Gesellschaftern zu leistenden Einlagen werden kann[1074]. Deshalb sieht Art. 1872 C. civ. für die Rechtszuständigkeit bei Sach- und Bareinlagen drei Möglichkeiten vor: Entweder bleibt der jeweilige Gesellschafter selbst Eigentümer seiner Einlagegegenstände und stellt diese der Gesellschaft lediglich zur Verfügung (Abs. 1)[1075], oder die Beiträge werden einem Gesellschafter (in der Regel dem Geschäftsführer) übertragen, der zur Realisierung des Gesellschaftsgegenstandes dann Rechtsinhaber der Bar- und Sacheinlagen wird (Abs. 4)[1076], oder die Beiträge werden der Gesamtheit der Gesellschafter in Rechtsgemeinschaft (*indivision*), also zu gemeinschaftlichem Eigentum übertragen (Abs. 3)[1077]. Das Verhältnis der Gesellschafter zueinander bestimmt sich im übrigen nach der jeweils getroffenen Vereinbarung, die nach dem Prinzip der Vertragsfreiheit grundsätzlich frei gestaltet werden kann.

[1072] Vgl. zum Vorgenannten *Derruppé* in: Juris-Classeur, Band 3, Fasc. 44-10, Nr. 22.

[1073] Vgl. *Derruppé* in: Juris-Classeur, Band 3, Fasc. 44-10, Nr. 23.

[1074] Vgl. auch *Merle*, Droit commercial, Rdnr. 598.

[1075] Diese Variante wird üblicherweise verwendet, wenn die *société* eine einfache Innengesellschaft bleibt und die Einlageleistung in Form von Sacheinlagen erbracht wird; vgl. *Germain/Vogel* in: Ripert/Roblot, Droit commercial, Nr. 1249.

[1076] Wird die Gesellschaft als Innengesellschaft geführt und die Einlageleistung der Gesellschafter in bar erbracht, bietet diese Variante den Vorteil, daß der Geschäftsführer bei Rechtsgeschäften als alleiniger Eigentümer über das gesammelte Geld verfügen kann; *Germain/Vogel* in: Ripert/Roblot, Droit commercial, Nr. 1249. Gleiches gilt für das untengenannte Beispiel der Vereinigungen von Weinbauern, die ihre Ernte einer einzelnen Person zum Zwecke des Verkaufs übertragen; vgl. *Derruppé* in: Juris-Classeur, Band 3, Fasc. 44-20, Nr. 39.

[1077] Diese Möglichkeit wird bei Außengesellschaften im allgemeinen am häufigsten genutzt; vgl. *Germain/Vogel* in: Ripert/Roblot, Droit commercial, Nr. 1249.

3. Gesellschaftszweck und Relevanz

Die *société en participation* muß wie alle Gesellschaften auf Gewinnerzielung oder Kostenersparnis gerichtet sein (Art. 1871 Abs. 2 i.V.m. Art. 1832 Abs. 1 C. civ.). Zur Erreichung dieses Zwecks darf der Gesellschaftsgegenstand auf jede beliebige Tätigkeit gerichtet werden (vgl. Art. 1871 Abs. 2 C. civ.), solange er die allgemeinen Anforderungen wie Erlaubtheit, hinreichende Bestimmtheit und tatsächliche Durchführbarkeit erfüllt[1078]. Er kann insbesondere eine handelsrechtliche[1079] oder auch bürgerlich-rechtliche Tätigkeit vorsehen (vgl. Art. 1871-1 C. civ.), wobei in der Praxis die *société en participation* als Handelsgesellschaft überwiegt[1080]. Da die Gesellschaft zudem auf eine bloße Innengesellschaft beschränkt bleiben kann, aber auch als Außengesellschaft geführt werden darf, ohne daß Publizitätsvorschriften zu beachten sind, zeichnet sich diese Gesellschaftsform durch eine außerordentliche Einfachheit und damit Flexibilität aus. Man darf deshalb von einer starken Verbreitung der *société en participation* ausgehen, wenngleich eine genaue zahlenmäßige Erfassung aufgrund der fehlenden Registereintragung nicht möglich ist. Sie findet sich in der französischen Wirtschaft z.B. bei der Vereinigung von mehreren kleinen Weinhändlern (*marchands de vin*) wieder, die an einem gemeinsamen Absatz ihrer Ernte interessiert sind. Auch bedienen sich Edelsteinhändler (*marchands de pierres précieuses*) häufig dieser Rechtsform, um sich wegen der naturgemäß hohen Preise ihrer Handelsware zu einem gemeinsamen Ein- und Verkauf zusammenzuschließen. Eine moderne Verwendungsform der *société en participation* stellen zudem die sog. *pools* dar, die z.B. Versicherungs- und Rückversicherungsgesellschaften als gesellschaftsrechtliches Mittel zur Risikoverteilung dienen[1081]. Die mit der *société en participation* beabsichtigte Tätigkeit muß jedoch nicht wie in den aufgeführten Beispielen immer von Dauer sein. Auch für eine kurzfristige oder sogar einmalige Unternehmung eignet sich diese Rechtsform. Finden

---

[1078] Vgl. hierzu oben B. II. 2. a) aa) (2).

[1079] Im Sinne des Art. 632 C. com.; vgl. *Derruppé* in: Juris-Classeur, Band 3, Fasc. 44-10, fiche jaune, Nr. 7.

[1080] Vgl. *Germain/Vogel* in: Ripert/Roblot, Droit commercial, Nr. 1243; *Merle*, Droit commercial, Rdnr. 598; *Guyon*, Droit des affaires, Nr. 516.

[1081] Vgl. *Derruppé* in: Juris-Classeur, Band 3, Fasc. 44-10, Nr. 53.

sich z.B. mehrere Personen zum Kauf eines Lotterieloses zusammen, können sie zu diesem Zweck ebenfalls eine *société en participation* bilden[1082].

II. Voraussetzungen für die Gründung einer *société en participation*

1. Allgemeines

Die *société en participation* kommt bereits durch Abschluß eines wirksamen Gesellschaftsvertrages zustande, dessen Inhalt mit Ausnahme einiger weniger Vorschriften grundsätzlich frei bestimmt werden kann. Insbesondere muß er den Willen der Gründer erkennen lassen, daß die Gesellschaft nicht in das Handels- und Gesellschaftsregister eingetragen werden soll (vgl. Art. 1871 Abs. 1 S. 1 C. civ.). Die Aufstellung förmlicher Statuten ist nicht erforderlich.

2. Abschluß eines Gesellschaftsvertrages

a) Anforderungen an den Inhalt des Gesellschaftsvertrages

Nach Art. 1871 Abs. 2 i.V.m. Art. 1832 Abs. 1 C. civ. ist zunächst erforderlich, daß der Gesellschaftsvertrag alle allgemeinen Wesensmerkmale einer *société* enthält. Hiernach muß sich aus dem Inhalt des Vertrages ergeben, daß jeder[1083] Gesellschafter Einlagen wie Güter (*biens*) oder Dienste (*industrie*) zu erbringen hat[1084], die Gesellschaft selbst auf eine partnerschaftliche Zusammenarbeit ihrer Mitglieder ausgerichtet ist (affectio societatis)[1085] und mit ihr

---

[1082] Vgl. zu den genannten Beispielen *Germain/Vogel* in: Ripert/Roblot, Droit commercial, Nr. 1242 m.w.N.; *Guyon*, Droit des affaires, Nr. 515; *Merle*, Droit commercial, Rdnr. 601 mit einer Vielzahl weiterer Beispiele; *Derruppé* in: Juris-Classeur, Band 3, Fasc. 44-10, Nrn. 52-55.

[1083] Vgl. *Merle*, Droit commercial, Rdnr. 603; *Derruppé* in: Juris-Classeur, Band 3, Fasc. 44-20, Nr. 11.

[1084] Die Einlageleistung kann neben einer Bar- und Sacheinlage auch auf die Erbringung einer Arbeits- oder Dienstleistung gerichtet sein; vgl. nur *Germain/Vogel* in: Ripert/Roblot, Droit commercial, Nr. 1249 m.w.N. Sie muß für die Gründung der Gesellschaft nicht sofort bei Abschluß des Vertrages erbracht werden. Ausreichend ist es, wenn die Verpflichtung zur Einlageleistung für jeden Gesellschafter in dem Gesellschaftsvertrag begründet wird; vgl. *Derruppé* in: Juris-Classeur, Band 3, Fasc. 44-20, Nr. 11.

[1085] Der Begriff umschreibt, wie bereits erwähnt, lediglich die Absicht der Gesellschafter, im gemeinsamen Interesse aktiv und partnerschaftlich zusammenzuarbeiten, welche in der Regel keinen

ein wirtschaftlicher Zweck wie Gewinnerzielung (*partager le bénéfice*) oder Einsparungen (*profiter de l'économie*) verfolgt wird. Darüber hinaus müssen gemäß Art. 1871 Abs. 2 C. civ. zwingend beachtet werden: die Vorschrift über Ehegattengesellschafter (Art. 1832-1 C. civ.)[1086], das Zustimmungserfordernis eines Gesellschafters für nachträgliche neue Belastungen im Sinne des Art. 1836 Abs. 2 C. civ., das Verbot des öffentlichen Zeichnungsaufrufs sowie der Ausgabe frei handelbarer Gesellschaftstitel (Art. 1841 C. civ.), das Recht eines jeden Gesellschafters auf Teilnahme an Kollektiventscheidungen (Art. 1844 Abs. 1 C. civ.) sowie das Verbot leoninischer Klauseln (Art. 1844-1 Abs. 2 C. civ.)[1087]. Im übrigen räumt das Gesetz den Gesellschaftsgründern bei der Ausgestaltung des Vertrages im einzelnen eine beachtliche Vertragsfreiheit ein. Namentlich der Gesellschaftsgegenstand unterliegt, sofern er erlaubt ist (vgl. Art. 1871 Abs. 2 i.V.m. Art. 1833 C. civ.), ebensowenig einer gesetzlichen Beschränkung wie die Ausgestaltung des Betriebs und der inneren Organisation der Gesellschaft (*fonctionnement et des conditions*) (vgl. Art. 1871 Abs. 2 C. civ.). Für letzteres gelten, soweit angemessen, ergänzend die Vorschriften über die *société en nom collectif*, wenn der Gesellschaftsgegenstand auf eine handelsrechtliche Tätigkeit gerichtet ist, und im übrigen die Vorschriften über die *société civile* (Art. 1871-1 C. civ.)[1088]. Schließlich ist die Gesellschaftsdauer der *société en participation* nicht gesetzlich begrenzt. Sie kann somit sowohl für unbestimmte Zeit, als auch zur Realisierung einer einzigen, zeitlich begrenzten Unternehmung gegründet werden[1089].

---

ausdrücklichen Niederschlag im Vertrag findet. Mit der affectio societatis wird der Gesellschaftsvertrag z.B. von einem Arbeitsvertrag mit Gewinnbeteiligung abgegrenzt; vgl. auch *Merle*, Droit commercial, Rdnr. 599.

[1086] Wobei diese Verweisung mit der Änderung des Art. 1832-1 C. civ. durch das Gesetz Nr. 85-1372 vom 23.12.1985 kaum mehr von praktischer Relevanz sein dürfte, da seitdem Ehegatten auch Gesellschafter einer *société en nom collectif* sein können; vgl. *Merle*, Droit commercial, Rdnr. 602.

[1087] Daraus folgt, daß jeder Gesellschafter am Gewinn und Verlust beteiligt sein muß. Allerdings steht es den Gründern frei, die Aufteilung im übrigen frei zu bestimmen; vgl. *Germain/Vogel* in: Ripert/Roblot, Droit commercial, Nr. 1251; *Merle*, Droit commercial, Rdnr. 604; *Derruppé* in: Juris-Classeur, Band 3, Fasc. 44-20, Nrn. 20, 21.

[1088] S.o. E. I. 1.

[1089] Vgl. nur *Merle*, Droit commercial, Rdnr. 596.

b) *Anforderungen an die Form des Gesellschaftsvertrages*

Für den Gesellschaftsvertrag schreibt das Gesetz keine bestimmte Form vor. Er braucht also nicht einmal schriftlich abgefaßt zu sein, sondern kann nach Art. 1871 Abs. 1 S. 4 C. civ. vielmehr auf jede andere Weise bewiesen werden[1090], wie z.B. durch Zeugenaussagen oder auch Vermutungen[1091].

c) *Anforderungen an die Person des Gesellschaftsgründers*

Zur Gründung einer *société en participation* bedarf es mindestens zweier Gesellschafter (Art. 1871 Abs. 2 i.V.m. Art. 1832 Abs. 1 C. civ.). Die Anforderungen an die Personengründer selbst können bei dieser Gesellschaftsform nicht einheitlich bestimmt werden. Vielmehr kommt es zunächst darauf an, ob der Gegenstand der Gesellschaft auf die Ausübung einer handelsrechtlichen Tätigkeit gerichtet ist oder nicht. Handelt es sich um eine rein bürgerlich-rechtliche Tätigkeit, werden an die Gesellschafter keine besonderen Anforderungen gestellt[1092]. Insoweit kann auf die Ausführungen zur *société civile* entsprechend verwiesen werden[1093]. Bei einer *société en participation* mit einem handelsrechtlichen Gegenstand müssen grundsätzlich alle Gesellschafter die Fähigkeit zur Erlangung der Kaufmannseigenschaft besitzen[1094], es sei denn, sie tritt nicht nach außen auf und bleibt eine bloße Innengesellschaft. In diesem Fall reicht es aus, wenn nur der Geschäftsführer der Gesellschaft Kaufmann ist[1095], während für die übrigen Gesellschafter das oben zur *société civile* Gesagte entsprechend gilt.

[1090] Art. 1871 Abs. 1 S. 4 C. civ. stellt somit eine wichtige Ausnahme von der zentralen, aber auch umstrittenen Regel des Art. 1341 Abs. 1 C. civ. dar. Denn nach dieser Vorschrift können Verträge, die einen Wert von 5.000 FF überschreiten, grundsätzlich nur durch eine privatschriftliche oder notarielle Urkunde bewiesen werden (Art. 1341 Abs. 1 C. civ. i.V.m. Dekret Nr. 80-533 vom 15.07.1980).

[1091] Vgl. Cass. com. 02.07.1969: Rev. Soc. 1970, S. 274; *Derruppé* in: Juris-Classeur, Band 3, Fasc. 44-20, Nr. 47 m.w.N.; *Ferid/Sonnenberger*, Band 2, Rdnr. 2 L 404; *Merle*, Droit commercial, Rdnr. 605.

[1092] Vgl. *Derruppé* in: Juris-Classeur, Band 3, Fasc. 44-20, Nr. 7. A.A. Cass. Req. 09.06.1947: J.C.P. 1947, II, Nr. 3851.

[1093] S.o. B. II. 2. c).

[1094] Vgl. *Merle*, Droit commercial, Rdnr. 602.

[1095] Vgl. *Germain/Vogel* in: Ripert/Roblot, Droit commercial, Nr. 1247.

III. Gründungsmängel

Gründungsmängel führen auch bei der *société en participation* nur selten zur Nichtigkeit der Gesellschaft. In Anlehnung an Art. 1844-10 C. civ. und Art. 360 gelten für sie die gleichen Nichtigkeitsgründe wie für die *société civile* bzw. *société en nom collectif*, also insbesondere Verstöße gegen die Vorschriften der Artt. 1832, 1832-1 Abs. 1 und 1833 C. civ.[1096]. Gleiches gilt für die Rechtsfolgen der Nichtigkeit: Sie entfalten nur Wirkung für die Zukunft und wirken nicht auf den Gründungszeitpunkt der Gesellschaft zurück. Regelungen über die Gründerhaftung enthält das Gesetz für die *société en participation* nicht.

F. Die Gründung einer wirtschaftlichen Interessengemeinschaft (*groupement d'intérêt économique*, GIE)

Die Gründung einer wirtschaftlichen Interessengemeinschaft (*groupement d'intérêt économique*, GIE) kann sich durch Umwandlung (*transformation*) vollziehen. Nach Ordonnance Nr. 67-821 vom 23.09.1967 Art. 12 Abs. 1[1097] behält eine Gesellschaft, die sich in ein GIE umwandelt, hierbei ihre ursprüngliche Rechtspersönlichkeit bei. Nachstehend wird indessen die Gründung eines GIE durch Abschluß eines Gemeinschaftsvertrages mit anschließender Eintragung in das Handels- und Gesellschaftsregister näher dargestellt.

I. Vorstellung der Rechtsform

Bei dem GIE handelt es sich um eine wirtschaftliche Interessengemeinschaft, die die Förderung der wirtschaftlichen Tätigkeit ihrer Mitglieder zum Gegenstand hat (vgl. Art. 1 Abs. 2). Sie ist in das Handels- und Gesellschaftsregister einzutragen und genießt ab diesem Zeitpunkt den Status einer juristischen Person. Systematisch läßt sich die Rechtsform des GIE aber weder den

[1096] Vgl. auch *Derruppé* in: Juris-Classeur, Band 3, Fasc. 44-20, Nr. 51.

[1097] Alle nachstehenden Artikel ohne Gesetzesangabe beziehen sich in dem vorliegenden Abschnitt (F.) auf diese Ordonnance.

Gesellschaften (*sociétés*)[1098] noch den Vereinen (*associations*)[1099] zuordnen; sie stellt vielmehr eine dritte Art juristischer Person des französischen Privatrechts dar[1100]. Daraus folgt zunächst in terminologischer Hinsicht, daß die Begriffe, die im Recht der Gesellschaften (*sociétés*) verwendet werden, nicht auch bei der wirtschaftlichen Interessengemeinschaft anzuwenden sind[1101]. Darüber hinaus kann bei Auslegungsschwierigkeiten nicht auf die Regeln der Artt. 1832 ff. C. civ. zurückgegriffen werden, sondern nur auf allgemeingültige, für alle juristischen Personen geltende Grundsätze oder auf das allgemeine Schuldrecht[1102]. An die Gründung eines GIE werden auffallend wenige Voraussetzungen geknüpft, insbesondere wird nicht die Bildung eines bestimmten Gemeinschaftskapitals verlangt. Mit einem Minimum an zwingenden Vorschriften räumt die Ordonnance den Gemeinschaftsgründern bei der Festlegung des Vertragsinhalts einen großen Gestaltungsspielraum ein, so daß die Interessengemeinschaft entsprechend flexibel gehandhabt und den Bedürfnissen des Einzelfalles angepaßt werden kann[1103].

[1098] Von der Gesellschaft unterscheidet sich das GIE zum einen dadurch, daß seine Tätigkeit nicht notwendig auf eigene Gewinnerzielung oder Kostenersparnis gerichtet sein muß, sondern vielmehr an die wirtschaftliche Aktivität seiner Mitglieder anknüpfen muß, vgl. Art. 1 Abs. 3; vgl. auch *Ferid/Sonnenberger*, Band 1/1, Rdnr. 1 D 320; *Sonnenberger/Autexier*, Einführung, Nr. 137. Zum anderen besteht bei dem GIE nicht die für Gesellschaften wesentliche Verpflichtung eines jeden Mitglieds, einen Gemeinschaftsbeitrag (*apport*) zu erbringen. Vgl. statt dessen Art. 1832 Abs. 1 C. civ.; vgl. auch eingehend *Burst* in: Juris-Classeur, Band 5, Fasc. 166-2, Nrn. 9 ff.

[1099] Im Unterschied zu den Vereinen muß ein GIE eine wirtschaftliche Tätigkeit (*activité économique*) ausüben; vgl. nur *Guyon*, Droit des affaires, Nr. 532.

[1100] Vgl. *Burst* in: Juris-Classeur, Band 5, Fasc. 166-2, Nr. 33; *Sonnenberger/Autexier*, Einführung, Nr. 137; vgl. auch *Haas*, RIW 1981, S. 766.

[1101] In der Ordonnance vom 23.09.1967 lautet somit der Gesellschaftsvertrag *contrat de groupement* oder *contrat constitutif* (Gemeinschaftsvertrag oder Gründungsvertrag, vgl. Artt. 6 Abs. 1 S. 1; 7 Abs. 1) und nicht *statuts*, die „Gesellschafter" sind *membres* (Mitglieder, Art. 1 Abs. 2) und nicht *associés*, der Geschäftsführer wird mit *administrateur* (Verwalter, Art. 9 Abs. 1 S. 2) und nicht mit *gérant* bezeichnet, die „Gesellschaftsanteile" heißen *droits* (Art. 2 Abs. 2 S. 1) und nicht *parts sociales* usw.

[1102] Vgl. *Guyon*, Droit des affaires, Nr. 540.

[1103] Vgl. auch *Guyon*, Droit des affaires, Nr. 528.

1. Rechtsgrundlagen

Die Rechtsform des *groupement d'intérêt économique* (GIE) wurde mit der Ordonnance Nr. 67-821 vom 23.09.1967 ins Leben gerufen[1104], die seinerzeit mit nur 22 Artikeln auskam und zwischenzeitlich auch nur unwesentlich erweitert wurde.

2. Charakteristische Merkmale

Das GIE ähnelt im Grunde zunächst einer gewöhnlichen französischen Personengesellschaft. Die Gemeinschaft ist in das Handels- und Gesellschaftsregister einzutragen und verfügt ab Eintragung über eine eigene Rechtspersönlichkeit (vgl. Art. 3 Abs. 1 S. 1), die Mitglieder haften persönlich, unbeschränkt und gesamtschuldnerisch für ihre Verbindlichkeiten (vgl. Art. 4 Abs. 1)[1105], und auch die Bildung eines Gemeinschaftskapitals ist nicht zwingend vorgeschrieben (Art. 2 Abs. 1). Wesentliches Merkmal des GIE ist allerdings sein Zweck (*but du groupement*). Während dieser bei den *sociétés* auf die Erzielung von Gewinn oder auf Kostenersparnis gerichtet ist, sieht Art. 1 Abs. 2 als Zweck der Gemeinschaft „die Erleichterung oder Entwicklung der wirtschaftlichen Aktivitäten ihrer Mitglieder, eine Verbesserung oder Erhöhung der Resultate dieser Aktivitäten, nicht aber die Erzielung von Gewinn der Gemeinschaft“ vor[1106]. Sein Zweck ist damit zwar auf eine wirtschaftliche, aber nicht notwendig kaufmännische Tätigkeit gerichtet[1107].

[1104] *Ordonnance n° 67-821 du 23 septembre 1967, sur les groupements d'intérêt économique.* Diese „Erfindung“ des französischen Gesetzgebers war sodann Vorbild für die auf europäischer Ebene eingeführte Europäische Wirtschaftliche Interessenvereinigung (EWIV); eingeführt durch die VO 2137/85/EWG.

[1105] Nach Art. 4 Abs. 1 S. 3 kann die gesamtschuldnerische Haftung der Mitglieder aber gegenüber einem Dritten vertraglich ausgeschlossen werden („...*sauf convention contraire avec le tiers cocontractant.*“).

[1106] Art. 1 Abs. 2: „*Le but du groupement est de faciliter ou de développer l'activité économique de ses membres, d'améliorer ou d'accroître les résultats de cette activité; il n'est pas de réaliser des bénéfices pour lui-même.*“. Zwar ist eine Verbesserung der wirtschaftlichen Entwicklung ihrer Mitglieder in der Regel auch mit einer Steigerung ihrer Gewinne verbunden. Dann aber ist die Gewinnrealisierung nicht der Gemeinschaftszweck, sondern nur eine Folge desselben. Unmittelbarer Zweck bleibt auch dann die Förderung der Gemeinschaftsmitglieder hinsichtlich ihrer jeweiligen eigenen wirtschaftlichen Entwicklung.

[1107] Vgl. *Hübner/Constantinesco*, Einführung, S. 224.

Das GIE kann deshalb je nach Gemeinschaftsgegenstand[1108] bürgerlich-rechtlichen oder handelsrechtlichen Charakter besitzen[1109]. Es ist also weder Kaufmann kraft Rechtsform[1110], noch begründet die Eintragung dieser Personenvereinigung in das Handels- und Gesellschaftsregister eine entsprechende Vermutung hierfür (vgl. Art. 3 Abs. 1 S. 1). Mitglieder eines GIE können sowohl natürliche als auch juristische Personen sein[1111], die durch den Eintritt in die Gemeinschaft nicht zu Kaufleuten werden, selbst wenn der Gemeinschaftsgegenstand auf eine kaufmännische Tätigkeit gerichtet ist[1112]. Sie haften persönlich, unbeschränkt und gesamtschuldnerisch für die Verbindlichkeiten der Gemeinschaft (Art. 4 Abs. 1), wenn der Gläubiger zuvor die Gemeinschaft vergeblich zur Zahlung aufgefordert hat (Art. 4 Abs. 2)[1113], weshalb die Ordonnance auch nicht die Bildung eines Gemeinschaftskapitals vorschreibt (Art. 2 Abs. 1)[1114]. Als Organe eines GIE sieht die Regelung zunächst einen oder mehrere Geschäftsführer vor (*administrateurs*, vgl. Art. 9 Abs. 1 S. 1), die die Gemeinschaft nach außen vertreten und deren Vertretungsmacht nur durch den Gemeinschaftsgegenstand begrenzt ist (vgl. Art. 9 Abs. 2)[1115]. Geschäftsführer können natürliche wie juristische Personen sein (vgl. Art. 9 Abs. 1 S. 2)[1116], die zum Kreis der Gemeinschaftsmitglieder

---

[1108] Die Anknüpfung an den Gemeinschaftsgegenstand zur Bestimmung des Gemeinschaftscharakters ist indessen streitig. Während einige den zivilen oder kaufmännischen Charakter der Gemeinschaft wie hier an den Gemeinschaftsgegenstand anknüpfen (Orléans 09.10.1972: Rev. Soc. 1973, S. 714), richten sich andere nach der Tätigkeit der Gemeinschaftsmitglieder, da die Gemeinschaft keine eigene Tätigkeit haben dürfe, sondern nur die ihrer Mitglieder fördern müsse; vgl. den Streitstand bei *Burst* in: Juris-Classeur, Band 5, Fasc. 166-2, Nr. 79.

[1109] Vgl. *Burst* in: Juris-Classeur, Band 5, Fasc. 166-2, Nr. 78. Entscheidend ist in Anlehnung an Art. 1 C. com., ob es regelmäßig oder für gewöhnlich Handelsgeschäfte abschließt. Grundsätzlich ist davon auszugehen, daß das *groupement* zivilrechtlichen Charakter besitzt (Paris 21.02.1990: Rev. trim. dr. com. 1991, S. 260). Vgl. auch *Guyon*, Droit des affaires, Nr. 531 m.w.N.

[1110] Vgl. *Sonnenberger*, FrHWR Rdnr. III 197; *Guyon*, Droit des affaires, Nr. 531.

[1111] Vgl. den Wortlaut des Art. 1 Abs. 1. Vgl. auch *Sonnenberger/Autexier*, Einführung, Nr. 137; *Hübner/Constantinesco*, Einführung, S. 224; *Sonnenberger*, FrHWR Rdnr. III 198.

[1112] Vgl. nur *Guyon*, Droit des affaires, Nr. 542.

[1113] Die Mahnung (*mise en demeure*) ist notwendig, aber auch ausreichend. Sie ist nicht zu verwechseln mit dem *droit de discussion* der Gesellschafter einer *société civile*; vgl. dazu oben B. I. 2.

[1114] Mehr als drei Viertel aller GIE haben somit auch kein Gemeinschaftskapital, weniger als 3% verfügen über ein Kapital von mehr als 100.000 FF; vgl. *Guyon*, Droit des affaires, Nr. 533.

[1115] Das Innenverhältnis zwischen dem Geschäftsführer und den Mitgliedern der Gemeinschaft kann mangels Regelung in der Ordonnance völlig frei gestaltet werden.

[1116] Vor dem Gesetz Nr. 89-377 vom 13.06.1989 kam insoweit nur eine natürliche Person in Betracht.

gehören können, aber nicht müssen (Prinzip der Fremdorganschaft)[1117]. Daneben ist eine Mitgliederversammlung (*assemblée des membres*) vorgesehen, die als oberstes Willensbildungsorgan[1118] die wesentlichen Entscheidungen in der Gemeinschaft trifft (vgl. Art. 8 Abs. 1 S. 1). Hierzu gehört z.B. die Änderung des Gemeinschaftsvertrages, die Bestellung und Abberufung der Organe des GIE oder die Genehmigung des Jahresabschlusses. Ähnlich wie bei der *société anonyme* sieht die Ordonnance schließlich zwei Kontrollorgane vor. Nach Art. 10 Abs. 1 muß die Kontrolle der Geschäftsführung (*contrôle de gestion*) natürlichen Personen übertragen sein, wobei es gänzlich dem Inhalt des Gemeinschaftsvertrages überlassen bleibt, die Modalitäten dieser Kontrolle im einzelnen festzulegen[1119]. Außerdem bedarf es eines oder mehrerer Abschlußprüfer (*commissaires aux comptes*, vgl. Art. 10 Abs. 3), wobei auch hier dem Gemeinschaftsvertrag jede weitere Regelung vorbehalten bleibt[1120].

3. Gemeinschaftszweck und Relevanz

Im Unterschied zu den Gesellschaften (vgl. Artt. 1832 Abs. 1, 1834 C. civ.) ist der Zweck eines GIE nicht zwingend auf Gewinnerzielung oder auf Kostenersparnis gerichtet. Nach Art. 1 Abs. 2 muß dieser vielmehr auf die Förderung der wirtschaftlichen Tätigkeit, namentlich auf die Ergebnisverbesserung oder -steigerung seiner Mitglieder gerichtet sein, und gerade nicht auf die Erzielung von Gewinn der Gemeinschaft[1121]. Des weiteren schreibt Art. 1

[1117] Die Wahl eines (objektiven) Geschäftsführers außerhalb der Gemeinschaftsmitglieder ist generell bevorzugt; vgl. *Guyon*, Droit des affaires, Nr. 552.

[1118] Vgl. *Guyon*, Droit des affaires, Nr. 550.

[1119] Z.B. wieviele Personen als Prüfer bestellt werden (nach *Guyon*, Droit des affaires, Nr. 554 soll trotz des Wortlauts in Art. 10 eine Person als Prüfer ausreichen), ob sie selbst Mitglieder des GIE sein müssen, wie sie bestellt werden, ihre Amtsdauer oder die Reichweite ihrer Kontrollbefugnisse).

[1120] Nach Art. 10 Abs. 3 S. 1 i.V.m. Abs. 2 ist die Bestellung eines Abschlußprüfers (*commissaire aux comptes*) erforderlich, wenn die Gemeinschaft Obligationen ausgibt oder wenn die Zahl ihrer Arbeitnehmer 100 übersteigt (beides kommt selten vor).

[1121] Trotz des deutlichen Wortlauts in Art. 1 Abs. 2 („... *il n'est pas de réaliser des bénéfices pour lui-même.*") ist indessen unklar, inwieweit die Gewinnerzielung mit dem Gemeinschaftszweck des GIE unvereinbar ist. Keine Schwierigkeiten bereiten sicherlich die Fälle, in denen die Gemeinschaft selbst überhaupt keinen Gewinn erzielen soll, wie z.B. bei einer reinen Forschungsgemeinschaft. Auch dürfte klar sein, daß das GIE nicht einzig zum Zwecke der Gewinnerzielung der Gemeinschaft gegründet werden kann (vgl. nur *Guyon*, Droit des affaires, Nr. 532). Ob aber die Gemeinschaft als Nebenziel auch auf Gewinnerzielung gerichtet sein darf, wird uneinheitlich

Abs. 3 vor, daß die Tätigkeit der Gemeinschaft an die wirtschaftliche Aktivität ihrer Mitglieder anknüpfen muß und daher nicht auf ein gänzlich neues Betätigungsfeld gerichtet sein darf[1122]. Aufgrund der fehlenden eigenen unternehmerischen Tätigkeit erfüllt das GIE daher eine gewisse Hilfsfunktion für die wirtschaftliche Aktivität ihrer Mitglieder. An der Formulierung dieses besonderen Vereinigungszwecks ist auch erkennbar, daß der Gesetzgeber mit der Schaffung eines GIE ein bestimmtes gesellschaftsrechtliches Mittel vor Augen gehabt hat. Mit Hilfe des GIE sollen sich klein- und mittelständische Unternehmen in der französischen Wirtschaft durch die Zusammenlegung von Ressourcen auf die Öffnung des gemeinsamen Marktes in Europa vorbereiten können, ohne dabei einen Verlust an juristischer und ökonomischer Eigenständigkeit in Kauf nehmen zu müssen[1123]. Schlagwortartig dient das GIE somit als gesellschaftsrechtliches Instrument zur Bildung von Unternehmensgruppen[1124]. Der Gemeinschaftszweck kann somit z.B. auf eine gemeinsame Marktforschung oder auf die Koordinierung eines gemeinsamen Im- und Exports seiner Mitglieder gerichtet sein[1125]. Auch eignet sich die Rechtsform des GIE für die Einrichtung eines gemeinsamen Werbezentrums, Entwicklungslabors oder Verkaufszentrums[1126]. Dementsprechend ist die Rechtsform des GIE in allen Bereichen des wirtschaftlichen Lebens anzutreffen, angefangen beim Bauhandwerk (*artisanat du bâtiment*) bis hin zu komplexen und prestigeträchtigen Unternehmungen wie der „*Carte bleue*“[1127], dem

---

beantwortet. Wenn z.B. der Zweck eines GIE auf die gemeinsame Nutzung einer bestimmten Datenverarbeitungsanlage gerichtet ist, die sich die einzelnen Unternehmen allein nicht hätten leisten können, ist der Hauptzweck des GIE nicht auf die Erzielung von Gewinn gerichtet. Wenn aber die Anlage für bestimmte Stunden auch von Dritten entgeltlich genutzt werden soll, bezweckt das GIE damit auch Gewinnerzielung, allerdings nur als Nebenziel. In solchen Fällen soll der Zweck auch noch zulässig sein; vgl. *Guyon*, Droit des affaires, Nr. 532. Vgl. auch *Burst* in: Juris-Classeur, Band 5, Fasc. 166-2, Nrn. 57-60.

[1122] Art. 1 Abs. 3: „*Son activité doit se rattacher à l'activité économique de ses membres et ne peut avoir qu'un caractère auxiliaire par rapport à celle-ci.*“.

[1123] Vgl. *Guyon*, Droit des affaires, Nr. 528. Daneben wurde mit der Einführung des GIE im Jahre 1967 auch dem Umstand Rechnung getragen, daß bis dato Gesellschaften nur zum Zwecke der Gewinnerzielung errichtet werden konnten.

[1124] Vgl. auch *Burst* in: Juris-Classeur, Band 5, Fasc. 166-2, Nr. 5.

[1125] Vgl. *Chaussade-Klein*, Gesellschaftsrecht, S. 4; *Burst* in: Juris-Classeur, Band 5, Fasc. 166-2, Nr. 41.

[1126] Vgl. *Burst* in: Juris-Classeur, Band 5, Fasc. 166-2, Nr. 41; *Sonnenberger*, FrHWR Rdnr. III 16.

[1127] Vgl. zu der *carte bleue* z.B. *Sonnenberger*, FrHWR Rdnr. III 16, VI 59.

Airbus oder der Rückversicherung für atomare Risiken (*réassurance du risque atomique*)[1128]. Wenngleich mit der Reform im Jahre 1978 nun auch die Erzielung von Einsparungen Zweck einer Gesellschaft sein kann, hat das GIE trotz dieser neuen Konkurrenz nicht an Bedeutung verloren, sondern es eignet sich, wie die Zahlen bestätigen, nach wie vor für die Zusammenarbeit von Unternehmen, die ihre wirtschaftliche Selbständigkeit behalten wollen. Die Verbreitung des GIE ist in Frankreich relativ konstant geblieben und in den letzten Jahren nur geringfügig angestiegen. Anfang 1997 zählte man 9594 *groupements d'intérêt économique*, gegenüber beispielsweise 9475 Interessengemeinschaften im Jahre 1981. Insgesamt stellt das GIE heute mit unter 1% an der Gesamtzahl aller gezählten Personenvereinigungen eine der schwächer verbreiteten Vereinigungsformen dar[1129].

II. Voraussetzungen für die Gründung eines GIE

1. Allgemeines

Die Anforderungen an die Gründung eines GIE sind gering und nur durch wenige Rechtsvorschriften geregelt. Sie setzt zunächst den Abschluß eines Gemeinschaftsvertrages voraus (*contrat de groupement*), für den Privatschriftform genügt (Art. 6 Abs. 1 S. 2). Eigene Rechtspersönlichkeit erlangt die Gemeinschaft allerdings erst mit Eintragung in das Handels- und Gesellschaftsregister (Art. 3 Abs. 1 S. 1).

2. Abschluß eines Gemeinschaftsvertrages (*contrat de groupement*)

a) Anforderungen an den Inhalt des Gemeinschaftsvertrages

Die zwingenden Bestandteile des Gemeinschaftsvertrages ergeben sich aus Art. 6 Abs. 2. Im übrigen sind die Gemeinschaftsgründer bei der Ausgestaltung des Gründungsvertrages weitestgehend frei.

[1128] Vgl. auch *Guyon*, Droit des affaires, Nr. 528 m.w.N.

aa) Mindestinhalt

Als Mindestinhalt schreibt Art. 6 Abs. 2 Nrn. 1-5 folgende Angaben vor: die Firma der Gemeinschaft, die Identität ihrer Mitglieder, die Dauer der Gemeinschaft, der Gemeinschaftsgegenstand sowie die Adresse des Gemeinschaftssitzes.

(1) Firma der Gemeinschaft (dénomination du groupement)

Die Firma der Gemeinschaft kann grundsätzlich frei gewählt werden. Mit der Verwendung des Begriffs „*dénomination*" in Art. 6 Abs. 2 Nr. 1 scheint die Ordonnance allerdings die Wahl einer reinen Personenfirma (*raison sociale*) für das GIE auszuschließen[1130]. Nach Art. 11 Abs. 1 müssen alle Dokumente der Gemeinschaft, die für Dritte bestimmt sind, die Firma des GIE enthalten, gefolgt von den Worten „*groupement d'intérêt économique*" oder der Abkürzung „GIE". Im übrigen gelten für die Firma der Gemeinschaft die bei der *société civile* gemachten Ausführungen zur *dénomination sociale* entsprechend[1131].

(2) Identität der Mitglieder (identité des membres)

Art. 6 Abs. 2 Nr. 2 schreibt des weiteren bestimmte Angaben zur Identität der Gemeinschaftsmitglieder vor. So muß jedes einzelne Mitglied des GIE namentlich bezeichnet werden (Personenname (*nom*) oder Firma (*raison ou dénomination sociale*)) und die jeweilige Rechtsform des Mitglieds (*forme juridique*) sowie die Adresse des Wohn- oder Gesellschaftssitzes (*adresse du domicile ou du siège social*) angegeben werden. Außerdem ist die Registernummer (*numéro d'immatriculation au registre du commerce*) oder die Eintragungsnummer in der Handwerksrolle (*numéro d'immatriculation au répertoire des métiers*) zu nennen, falls ein Mitglied hierüber verfügt.

[1129] Quelle: *Merle*, Droit commercial, Rdnr. 2 m.w.N. zum *Institut national de la statistique et des études économiques* (INSEE).

[1130] Vgl. auch *Burst* in: Juris-Classeur, Band 5, Fasc. 166-2, Nr. 107. Zur Unterscheidung der Begriffe „*dénomination sociale*" und „*raison sociale*" siehe oben unter B. II. 2. a) aa) (3).

[1131] Vgl. oben unter B. II. 2. a) aa) (3).

(3) Dauer der Gemeinschaft (durée du groupement)

Nach Art. 1 Abs. 1 darf das *groupement* nur von bestimmter Dauer sein (*durée déterminée*), die ebenfalls im Gemeinschaftsvertrag bestimmt sein muß (Art. 6 Abs. 2 Nr. 3). Allerdings sieht das Gesetz weder eine Mindestdauer noch eine Höchstdauer für das GIE vor. Die Gründer können die Zeit somit frei bestimmen, die auch kürzer als die voraussichtlich effektive Gesellschaftsdauer sein kann[1132].

(4) Gemeinschaftsgegenstand (objet du groupement)

In dem Gründungsvertrag muß ebenfalls der Gemeinschaftsgegenstand (*objet du groupement*) bezeichnet sein, Art. 6 Abs. 2 Nr. 4. Er nimmt wie auch bei den Gesellschaftsverträgen eine zentrale Rolle ein, da nach Art. 9 Abs. 2 S. 1 die Geschäftsführer des GIE (*administrateurs*) gegenüber Dritten nur insoweit wirksame Verbindlichkeiten eingehen können, als der Gegenstand des jeweiligen Vertrages vom Gemeinschaftsgegenstand erfaßt wird. Deshalb sollte der Gemeinschaftsgegenstand möglichst genau formuliert sein, allerdings die Handlungsfähigkeit der Gemeinschaft nicht durch eine zu enge Beschreibung unnötig eingrenzen[1133]. Der Unternehmensgegenstand des GIE kann grundsätzlich frei gewählt werden, solange mit ihm die Vereinfachung oder Entwicklung der wirtschaftlichen Tätigkeit seiner Mitglieder bezweckt ist, er also eine Verbesserung oder Steigerung der Ergebnisse aus dieser Tätigkeit zum Ziel hat. Eingeschränkt wird die Wahl lediglich durch die öffentliche Ordnung (*ordre public*), worunter insbesondere auch die Aufrechterhaltung des freien Wettbewerbs gehört[1134]. Der Gemeinschaftsgegenstand muß einen wirtschaftlichen Charakter aufweisen; vgl. Art. 1 Abs. 3[1135]. Was hier-

---

[1132] Wenn z.B. der Gesellschaftsgegenstand früher realisiert oder die Gemeinschaft aufgrund des Todes eines ihrer Mitglieder vorzeitig beendet wird. Vgl. auch *Burst* in: Juris-Classeur, Band 5, Fasc. 166-2, Nr. 114.

[1133] Vgl. auch oben B. II. 2. a) aa) (2).

[1134] Nicht selten kommen GIE zum Zwecke der Absprachen zwischen Unternehmen (*ententes*) zustande; vgl. *Guyon*, Droit des affaires, Nr. 534. Vgl. auch eingehend *Burst* in: Juris-Classeur, Band 5, Fasc. 166-2, Nrn. 62 ff., 70 ff.

[1135] Aus Art. 1 Abs. 3 ergibt sich, daß die Tätigkeit der GIE-Mitglieder wirtschaftlicher Natur sein muß und der Gemeinschaftsgegenstand hiervon grundsätzlich nicht abweichen darf.

unter zu verstehen ist, definiert die Ordonnance hingegen nicht. In Anlehnung an Art. 1-1 sowie Ordonnance Nr. 86-1243 vom 01.12.1986 Art. 53 zählen dazu aber wohl alle Tätigkeiten im Bereich des Handels und der Industrie, sei es Produktion, Vertrieb oder Dienstleistung, aber auch landwirtschaftliche oder freiberufliche Aktivitäten[1136]. Demgegenüber fallen z.B. Tätigkeiten in den Bereichen des Sports, der Kultur, der Religion oder der Politik nicht hierunter[1137]. Der Gemeinschaftsgegenstand muß schließlich auch einen gewissen Bezug zu den Aktivitäten der Mitglieder aufweisen (vgl. Art. 1 Abs. 3). Mit dem GIE können also keine vollständig neuen Tätigkeiten ausgeübt werden, die nicht zuvor von seinen Mitgliedern verfolgt wurden[1138], weshalb der Gemeinschaftsgegenstand somit einen gewissen akzessorischen Charakter besitzt. Die Akzessorietät darf allerdings nicht soweit gehen, daß der Gemeinschaftsgegenstand die wirtschaftliche Tätigkeit seiner Mitglieder vollständig übernimmt, sein Gegenstand somit voll in dem seiner Mitglieder aufgeht[1139].

(5) Adresse des Gemeinschaftssitzes (adresse du siège du groupement)

Schließlich muß im Gemeinschaftsvertrag die Adresse des Gemeinschaftssitzes angegeben werden, vgl. Art. 6 Abs. 2 Nr. 5. Ihre Bestimmung dient ebenso wie der Sitz einer Gesellschaft zur Bestimmung der örtlichen Zuständigkeit des Gerichts sowie der Nationalität der Gemeinschaft. Außerdem werden an diesem Ort die Publizitätsformalitäten erfüllt und üblicherweise die Versammlung der Gemeinschaftsmitglieder abgehalten[1140]. An dem Sitz der Gemeinschaft müssen zwar die wesentlichen Gemeinschaftsorgane anzutreffen sein, die Unternehmenstätigkeit selbst (*centre d'exploitation*) kann aber durchaus an einem anderen Ort stattfinden[1141]. Der Sitz kann ebenso wie der Gesellschaftssitz frei bestimmt werden, allerdings dürfte die Verpflich-

[1136] Vgl. auch *Guyon*, Droit des affaires, Nr. 534.

[1137] Vgl. *Burst* in: Juris-Classeur, Band 5, Fasc. 166-2, Nr. 43. Zu diesen Zwecken bietet sich die Gründung eines Vereins (*association*) an, vgl. oben A. I.

[1138] Vgl. *Guyon*, Droit des affaires, Nr. 534.

[1139] Vgl. Rép. Min.: Rev. Soc. 1977, S. 773; vgl. auch *Burst* in: Juris-Classeur, Band 5, Fasc. 166-2, Nr. 54.

[1140] Vgl. nur *Burst* in: Juris-Classeur, Band 5, Fasc. 166-2, Nr. 123.

[1141] Vgl. *Burst* in: Juris-Classeur, Band 5, Fasc. 166-2, Nr. 121.

tung zur Rechtfertigung des tatsächlichen Gemeinschaftssitzes an dem angegebenen Ort nach Ordonnance Nr. 58-1352 vom 27.12.1958 (Art. 1bis Abs. 1) auch für das GIE gelten[1142].

bb) Fakultativer Inhalt

Auch der Vertrag zur Gründung einer wirtschaftlichen Interessengemeinschaft kann über den notwendigen Mindestinhalt hinaus weitere, fakultative Bestandteile enthalten. Üblicherweise enthält er Regelungen über die Geschäftsführung im einzelnen oder sieht bestimmte Kontrollmechanismen vor. Mitbestimmungsrechte der Gemeinschaftsmitglieder, die Existenz und Funktionsweise einer Mitgliederversammlung, die Bildung eines Gemeinschaftskapitals, die Regelung der Einlageleistung der Gemeinschaftsmitglieder[1143] sowie der Gemeinschaftsanteile können aber ebenso Gegenstand einer fakultativen Bestimmung sein wie einzelne Finanzierungsregelungen oder die Ausgabe von Obligationen. Die Gemeinschaftsgründer können den Inhalt des Vertrages also weitgehend selbst bestimmen und sich die vom Gesetz eingeräumte Vertragsfreiheit zunutze machen, um eine Regelung zu finden, die den besonderen Bedürfnissen des Einzelfalles gerecht wird.

b) Anforderungen an die Form des Gemeinschaftsvertrages

Der Vertrag bedarf nach Art. 6 Abs. 1 S. 2 lediglich der einfachen Schriftform. Eine öffentliche Beurkundung kann aus den bereits genannten Gründen im Einzelfall notwendig sein, wenn z.B. eine Immobilie als Einlage erbracht wird[1144].

[1142] Siehe hierzu oben unter B. II. 3. d) aa). Vgl. auch *Burst* in: Juris-Classeur, Band 5, Fasc. 166-2, Nr. 121.

[1143] Wenngleich das Gesetz weder zur Bildung eines Gemeinschaftskapitals noch zur Erbringung der Einlageleistungen eine Regelung enthält, ist es allgemein anerkannt, daß die Mitglieder Bareinlagen, Sacheinlagen sowie Arbeits- oder Dienstleistungen (*apports en industrie*) erbringen können. Wegen der persönlichen, unbeschränkten und gesamtschuldnerischen Haftung der Gemeinschaftsmitglieder ist eine Bewertung der Sacheinlagen nicht zwingend geboten, aber gleichwohl zulässig; vgl. insgesamt *Burst* in: Juris-Classeur, Band 5, Fasc. 166-2, Nrn. 93-99.

[1144] Vgl. hierzu oben unter B. II. 2. b).

c) *Anforderungen an die Person des Gemeinschaftsgründers*

Nach Art. 1 Abs. 1 erfordert die Gemeinschaftsgründung mindestens zwei Personen, eine Höchstzahl an Mitgliedern sieht das Gesetz nicht vor. Das GIE kann ausschließlich aus juristischen Personen, ausschließlich aus natürlichen Personen oder aber auch aus beiden bestehen (vgl. Art. 1 Abs. 1). Bei juristischen Personen kommen alle Gesellschaften gleich welcher Rechtsform in Betracht, mit Ausnahme allerdings der *société en participation*, die keine eigene Rechtspersönlichkeit besitzt[1145]. Natürliche Personen müssen weder die Kaufmannseigenschaft besitzen, noch erwerben sie diese mit Eintritt in das GIE, und zwar selbst dann nicht, wenn der Gemeinschaftsgegenstand des GIE kaufmännischer Natur ist[1146]. Somit können auch Minderjährige Mitglieder einer Interessengemeinschaft werden. Auch Freiberufler dürfen nach Art. 1-1 an der Gründung eines GIE teilnehmen. Einzige Voraussetzung für alle Personen ist allerdings, daß sie einer wirtschaftlichen Tätigkeit nachgehen müssen (*activité économique*), deren Förderung das GIE gerade bezweckt, vgl. Art. 1 Abs. 2.

3. Organbestellung

Auch das GIE benötigt als juristische Person Organe, durch die das *groupement* handlungsfähig wird und insbesondere die Registereintragung betrieben werden kann. Die Bestellung der oder des Geschäftsführers eines GIE muß zeitlich vor der Registereintragung erfolgen[1147] und weist keine Unterschiede zur Organbestellung bei einer SNC auf. Insbesondere können heute natürliche wie juristische Personen Geschäftsführer eines GIE sein (vgl. Art. 9 Abs. 1 S. 2), welche zum Kreis der Gemeinschaftsmitglieder gehören können, aber nicht müssen (Prinzip der Fremdorganschaft)[1148].

[1145] Vgl. *Burst* in: Juris-Classeur, Band 5, Fasc. 166-2, Nr. 86.

[1146] Vgl. *Burst* in: Juris-Classeur, Band 5, Fasc. 166-2, Nr. 88 m.w.N.

[1147] Dies ergibt sich aus Dekret Nr. 84-406 Art. 15 A Nr. 8, wonach im Antrag auf Eintragung des GIE in das Handels- und Gesellschaftsregister die Angabe der Geschäftsführer der Gemeinschaft enthalten sein muß. Auch bei der anschließenden Bekanntmachung der Eintragung im BODACC hat nach Dekret Nr. 84-406 Art. 73 Abs. 2 B Nr. 7 eine namentliche Bezeichnung des Geschäftsführer des GIE zu erfolgen.

[1148] Vgl. auch die Ausführungen oben unter F. I. 2.

4. Publizität

Nach Art. 3 Abs. 1 S. 1 muß die wirtschaftliche Interessengemeinschaft in das Handels- und Gesellschaftsregister eingetragen werden und ist somit auch einer gesetzlichen Publizitätspflicht unterworfen. Hinsichtlich des Kundgebungsverfahrens im einzelnen kann zunächst grundsätzlich auf die gemachten Ausführungen verwiesen werden[1149]. Allerdings ist zu beachten, daß das Publizitätsverfahren des GIE nur zwei Schritte vorsieht: Hinterlegung des Gemeinschaftsvertrages bei der Geschäftsstelle des zuständigen Handelsgerichts und Eintragung der Gemeinschaft in das Handels- und Gesellschaftsregister mit anschließender Anzeige im BODACC. Der für französische Gesellschaften übliche erste Publizitätsschritt, die vorherige Anzeige der materiellen Gründung im JAL, ist bei dem GIE hingegen nicht erforderlich.

Die Hinterlegung des Gemeinschaftsvertrages weist keine Besonderheiten zum bereits dargestellten Verfahren auf. Der Antrag auf Eintragung des GIE in das Handels- und Gesellschaftsregister richtet sich aber nicht nach Dekret Nr. 84-406 Art. 15 A, sondern nach Art. 16 A. Hiernach müssen im wesentlichen lediglich folgende Angaben gemacht werden: der Gemeinschaftsname (Nr. 1), die Adresse des Gemeinschaftssitzes (Nr. 2), das Hauptbetätigungsfeld des Unternehmens, insbesondere ob es auf eine bürgerlichrechtliche oder kaufmännische Tätigkeit gerichtet ist (Nr. 3), die Gemeinschaftsdauer (Nr. 4), Angaben zu den natürlichen (Nr. 6) und juristischen Personen (Nr. 7) sowie zu den Geschäftsführern der Gemeinschaft (Nr. 8) und ggfs. ein Hinweis auf eine etwaige Zweiteintragung (Nr. 9)[1150]. Bei der anschließenden Bekanntmachung der Eintragung im BODACC muß zusätzlich zu den bereits genannten Angaben nach Dekret Nr. 84-406 Art. 73 Abs. 2 B Nr. 7 noch der Geschäftsführer des GIE namentlich bezeichnet werden. Im übrigen gilt das oben Gesagte entsprechend[1151].

[1149] Vgl. oben unter B. II. 4.

[1150] Zu den genauen Angaben über die natürlichen und juristischen Personen verweist Dekret Nr. 84-406 Art. 16 A Nr. 6 und 7 auf Art. 8 A Nrn. 1-4 sowie Art. 15 A Nrn. 1, 2 und 4.

[1151] Vgl. B. II. 4. Bei dem Eintrag der Gemeinschaft in das alphabetische Register gilt schließlich nicht Arrêté vom 09.02.1988 Art. 2 b), sondern Art. 2 c). Hiernach werden lediglich die Gemeinschaftsbezeichnung, der Gegenstand sowie die Adresse des Gemeinschaftssitzes angegeben.

III. Gründungsmängel

Nach Art. 3-1 gelten für die Gründungsmängel - und deren Rechtsfolgen - die gleichen Regeln wie bei den Gesellschaften (*sociétés*). Mängel führen also nur dann zur Nichtigkeit der Interessengemeinschaft, wenn sie auf einem Verstoß gegen zwingende Vorschriften der Ordonnance (*dispositions impératives de la présente ordonnance*) oder auf einem Nichtigkeitsgrund nach allgemeinem Vertragsrecht beruhen (Art. 3-1). Welche Regelungen der Ordonnance jedoch imperativen Charakter haben, ergibt sich aus der Ordonnance allerdings nicht. Regelungen über die Gründerhaftung enthält die Ordonnance ebenfalls nicht. Aus dem Verweis in Art. 3-1 auf die Artt. 1844-12 bis 1844-17, nicht aber auch auf die Regelung in Art. 1840, kann man jedoch schließen, daß die Vorschrift über die Gründerhaftung für die *société civile* nicht auch für das GIE gelten soll.

G. Die Gründung einer *société à responsabilité limitée* (SARL)

Die *société à responsabilité limitée* (SARL) kann durch Umwandlung aus einer anderen Gesellschaft ins Leben gerufen werden (Art. 5 Abs. 1 S. 2 i.V.m. Artt. 1844-3, 1834 C. civ.)[1152] oder, wie nachstehend näher erläutert, durch Abschluß eines Gesellschaftsvertrages mit anschließender Eintragung in das Handels- und Gesellschaftsregister. Diese Art der Gesellschaftsgründung kann sich sowohl in Form der Bargründung als auch in Form der Sachgründung vollziehen. Im Unterschied zu den bisher dargestellten Rechtsformen ist es bei der SARL auch möglich, daß sie von nur einer einzigen Person gegründet wird. In diesem Fall liegt ein *entreprise unipersonnelle à responsabilité limitée* (EURL) vor. Aus Gründen der Übersicht wird zunächst die Gründung einer SARL in Form der Bar- und Sachgründung dargestellt. Auf die Besonderheiten der EURL wird anschließend in einem gesonderten Abschnitt eingegangen.

[1152] Vgl. insoweit Art. 36 S. 2: Übersteigt die Anzahl der Gesellschafter einer *société à responsabilité limitée* die vom Gesetz vorgeschriebene Höchstzahl von 50, muß die Gesellschaft innerhalb von zwei Jahren in eine *société anonyme* umgewandelt werden.

I. Vorstellung der Gesellschaftsform

Die *société à responsabilité limitée* (SARL)[1153] ist eine Gesellschaft, die durch eine oder mehrere Personen gegründet werden kann, deren Haftung grundsätzlich nur auf die Höhe ihrer jeweiligen Einlagen beschränkt ist (Art. 34 Abs. 1)[1154]. Sie ist Handelsgesellschaft kraft Rechtsform (Art. 1 Abs. 2) und muß wie alle Gesellschaften einen wirtschaftlichen Zweck verfolgen (Artt. 1832 Abs. 1, 1834 C. civ.)[1155]. Sie läßt sich systematisch weder den Personengesellschaften, noch den Kapitalgesellschaften eindeutig zuordnen sondern stellt vielmehr eine Zwischenform dar[1156], die tendenziell den Kapitalgesellschaften angenähert ist[1157]. Die SARL verfügt über ein gesetzlich vorgeschriebenes Mindestgesellschaftskapital von 50.000 FF (Art. 35 Abs. 1 S. 1) und ist die am meisten verbreitete Rechtsform in Frankreich. An ihre Gründung werden mehr Anforderungen gestellt als bei den zuvor beschriebenen Personengesellschaften, allerdings ist sie leichter und kostengünstiger zu gründen als eine *société anonyme*.

[1153] Die früher gesetzlich vorgesehene Abkürzung „S.A.R.L." wurde nun durch „SARL" ersetzt; vgl. Art. 34 Abs. 3 n.F.

[1154] Hingewiesen sei bereits jetzt auf eine typische Praxis der französischen Banken, bei der Gewährung von Darlehen zugunsten der SARL eine Sicherheit von den Geschäftsführern und Hauptgesellschaftern zu verlangen, z.B. in Form einer persönlichen Bürgschaft (vgl. *Guyon*, Droit des affaires, Nr. 476.1; *Merle*, Droit commercial, Rdnr. 173 mit vielen Nachweisen; *Venandet* in: Juris-Classeur, Band 3, Fasc. 71-10, Nr. 21 m.w.N.). Ein wesentliches Charakteristikum der SARL, nämlich die Beschränkung der Gesellschafterhaftung auf die Höhe ihrer Einlagen, geht damit natürlich verloren.

[1155] Zur Differenzierung zwischen dem wirtschaftlichen Zweck einer Gesellschaft (*société*) und eines GIE oben unter F. I. 2., 3.; II. 2. a) aa) (4).

[1156] Vgl. *Venandet* in: Juris-Classeur, Band 3, Fasc. 71-10, Nr. 28; *Guyon*, Droit des affaires, Nr. 472; *Merle*, Droit commercial, Rdnr. 174 m.w.N.; *Chaput*, Droit des sociétés, Nr. 416; *Germain/Vogel* in: Ripert/Roblot, Droit commercial, Nrn. 1024, 1254, 1261; *Cozian/Viandier*, Droit des Sociétés, Nr. 1253; *Bastian/Germain*, 30.20 S. 1.

[1157] Vgl. *Merle*, Droit commercial, Rdnrn. 12, 174 m.w.N.; *Cozian/Viandier*, Droit des Sociétés, Nr. 1253; *Behrens*, Die GmbH, Rdnr. F 10; *Germain/Vogel* in: Ripert/Roblot, Droit commercial, Nrn. 1024, 1254, 1261; *Venandet* in: Juris-Classeur, Band 3, Fasc. 71-10, Nr. 28 mit einer ausführlichen Darstellung des Streitstandes (Nrn. 22-29). Vgl. zur systematischen Einordnung der SARL auch *Koberg*, Entstehung der GmbH, S. 418.

1. Rechtsgrundlagen

Wichtigste Rechtsgrundlage für die SARL als Handelsgesellschaft stellt das Gesetz Nr. 66-537 vom 24.07.1966 zur Regelung der Handelsgesellschaften dar. In diesem Gesetz sind die allgemeinen Regelungen der Artt. 1-8 und Artt. 340-418 auf die SARL ebenso anwendbar wie die speziell für diese Rechtsform geltenden Artt. 34-69. Das Gesetz wird umfangreich ergänzt durch Dekret Nr. 67-236 Artt. 1-5 und Artt. 20-53. Daneben sind, der kohärenten Gesetzessystematik des französischen Gesellschaftsrechts entsprechend, auch die allgemeinen gesellschaftsrechtlichen Vorschriften des Code civil ergänzend anwendbar, und zwar dessen Artt. 1832-1870-1, vgl. Artt. 1834 und 1845 Abs. 1 C. civ.

2. Charakteristische Merkmale

Die SARL ist mit Eintragung in das Handels- und Gesellschaftsregister eine juristische Person (Art. 5 Abs. 1 S. 1) und bereits aufgrund ihrer Rechtsform eine Handelsgesellschaft (vgl. Art. 1 Abs. 2). Dies gilt auch dann, wenn ihr Unternehmensgegenstand nicht auf den Betrieb eines Handelsgewerbes gerichtet ist. Die SARL verfügt über ein Mindestgesellschaftskapital von 50.000 FF, das in gleiche Anteile zerlegt (Art. 35 Abs. 1) und bereits im Zeitpunkt der Gründung vollständig gezeichnet und aufgebracht sein muß, gleich ob es durch Sacheinlagen oder Bareinlagen gebildet wird (Art. 38 Abs. 1). Jeder Gesellschafter ist mit einer festen Stammeinlage an dem Gesellschaftskapital beteiligt[1158] und haftet nur mit dieser für Verbindlichkeiten der Gesellschaft (vgl. Art. 34 Abs. 1). Wie alle einzutragenden Gesellschaften ist die SARL zur Firmenführung berechtigt (vgl. Art. 34 Abs. 3) und muß nicht zwingend mit einem festen Kapital ausgestattet sein. Vielmehr ist es nach Gesetz vom 24.07.1867 Art. 48 möglich, daß die Gesellschaft über ein variables Kapital verfügt, das gleichwohl einen Betrag von 50.000 FF nicht unterschreiten darf. Die Gesellschafter können natürliche wie juristi-

[1158] Vgl. *Behrens*, Die GmbH, Rdnr. F 10.

sche Personen sein[1159], die aufgrund ihrer Gesellschafterstellung allein nicht bereits die Eigenschaft eines Kaufmanns besitzen[1160], selbst wenn sie Geschäftsführer der SARL sind[1161]. Ihre Zahl ist auf maximal 50 Gesellschafter beschränkt (Art. 36 S. 1); die Gründung der Gesellschaft mit nur einem Gesellschafter ist seit 1985 auch möglich[1162]. Hierbei handelt es sich um das *entreprise unipersonnelle à responsabilité limitée* (EURL), also um ein Einpersonenunternehmen mit beschränkter Haftung, welches allerdings keine eigenständige Rechtsform, sondern nur eine Abwandlung der allgemeinen SARL darstellt[1163].

Als Organe[1164] benötigt die SARL einen oder mehrere Geschäftsführer (*gérants*), die nicht zwingend auch Gesellschafter der SARL sein müssen (Prinzip der Drittorganschaft, vgl. Art. 49 Abs. 1, 2 S. 1) und über umfassende, nicht auf den Gesellschaftsgegenstand beschränkte Vertretungsbefugnisse verfügen (Art. 49 Abs. 4)[1165], sowie eine Gesellschafterversammlung (*assemblée des associés*), die als Kontrollorgan und oberstes Willensbildungsorgan fungiert. Ausreichend ist grundsätzlich ein Geschäftsführer, bei dem es sich aber um eine natürliche Person handeln muß (vgl. Art. 49 Abs. 1)[1166]. Er kann entweder bereits in den Statuten bestimmt werden oder durch einen nachträglichen, gesonderten Bestellungsakt (Art. 49 Abs. 2 S. 2). Sowohl die Wahl (Art. 49 Abs. 2 S. 2 i.V.m. Art. 59 Abs. 1) als auch die Abberufung erfordern lediglich eine einfache Mehrheit des stimmberechtigten Kapitals (Art. 55 Abs. 1 S. 1)[1167]. Bei mehreren Geschäftsführern gilt nicht das Prinzip

---

1159 Vgl. *Venandet* in: Juris-Classeur, Band 3, Fasc. 72-10, Nr. 6; *Guyon*, Droit des affaires, Nr. 474; *Behrens*, Die GmbH, Rdnr. F 10.

1160 Vgl. *Merle*, Droit commercial, Rdnr. 173; *Cozian/Viandier*, Droit des Sociétés, Nr. 1253; *Chaput*, Droit des sociétés, Nrn. 418, 442; *Guimezanes*, S. 286.

1161 Vgl. nur *Germain/Vogel* in: Ripert/Roblot, Droit commercial, Nr. 1264.

1162 Vgl. das Gesetz Nr. 85-697 vom 11.07.1985.

1163 Vgl. den Wortlaut des Art. 34 Abs. 1: „*La société à responsabilité limitée est instituée par une ou plusieurs personnes ...*". Vgl. auch unten unter G. III.

1164 Vgl. in Abgrenzung zu der heute in Frankreich geltenden Organtheorie die früher herrschende Vertretertheorie bei *Ferid/Sonnenberger*, Band 1/1, Rdnr. 1 D 337 m.w.N.

1165 Art. 49 Abs. 4 S. 1: „*Dans les rapports avec les tiers, le gérant est investi des pouvoirs les plus étendus pour agir en toute circonstance au nom de la société, sous réserve des pouvoirs que la loi attribue expressément aux associés.*"

1166 Bezweckt ist, an der Spitze der Gesellschaft eine Person zu haben, die auch strafrechtlich verantwortlich gemacht werden kann; vgl. *Guyon*, Droit des affaires, Nr. 484.

1167 Art. 55 Abs. 1 S. 1 ist zwingend, jede abweichende Satzungsbestimmung gilt als nicht geschrieben (Art. 55 Abs. 1 S. 2).

der Gesamtgeschäftsführung, sondern jeder Geschäftsführer ist grundsätzlich berechtigt, die Gesellschaft allein zu vertreten (Einzelvertretungsmacht, vgl. Art. 49 Abs. 6). In der Gesellschafterversammlung, die in der Regel vom Geschäftsführer einberufen wird (vgl. Art. 57 Abs. 2 S. 2), werden die Beschlüsse der Gesellschafter gefaßt (Art. 57 Abs. 1 S. 1). Zwingend vorgeschrieben ist die Versammlung bei der Billigung des Jahresabschlusses (Art. 56 Abs. 1, 5) sowie auf Verlangen eines oder mehrerer Gesellschafter, wenn er oder sie mindestens über die Hälfte der Gesellschaftsanteile verfügen (vgl. Art. 57 Abs. 3)[1168]. Gemäß Art. 57 Abs. 1 S. 2 ist auch ein schriftliches Beschlußverfahren möglich, allerdings muß es in der Satzung vorgesehen sein. Während das Gesetz früher noch einen Aufsichtsrat (*conseil de surveillance*) vorsah, dem u.a. auch die Rechnungsprüfung oblag, wurde dieses Organ mit der Reform im Jahre 1966 abgeschafft und durch den Abschlußprüfer (*commissaire aux comptes*) ersetzt[1169], der aber nur in bestimmten Fällen zwingend erforderlich ist[1170]. Die Übertragung von Geschäftsanteilen an Mitgesellschafter oder Familienangehörige ist jederzeit möglich (Artt. 47 Abs. 1, 44 Abs. 1), eine Veräußerung an Dritte allerdings nur mit Zustimmung einer ¾-Mehrheit des stimmberechtigten Kapitals (vgl. Art. 45 Abs. 1). Am öffentlichen Kapitalmarkt können die Anteile an der Gesellschaft im Gegensatz zur *société anonyme* nicht gehandelt werden; auch die Ausgabe von Obligationen oder anderen *valeurs mobilières* ist nicht zulässig (vgl. Art. 43 und Art. 42 Abs. 1).

[1168] Stellen diese Gesellschafter selbst ein Viertel aller Gesellschafter dar, dann reicht auch ein Viertel der Anteile aus, vgl. Art. 57 Abs. 3.

[1169] Vgl. *Merle*, Droit commercial, Rdnr. 203. Dennoch kann heute - fakultativ - die Satzung einen Aufsichtsrat vorsehen, der dann aber nicht in die Entscheidungsbefugnisse der übrigen Organe eingreifen darf; vgl. Rép. Min.: Rev. Soc. 1976, S. 203.

[1170] Vgl. Art. 64 Abs. 2 i.V.m. Dekret Nr. 67-236 Artt. 43, 12: Wenn die Gesellschaft zum Schluß eines Geschäftsjahres eine Bilanzsumme von mehr als 10 Mio. FF ausweist, mehr als 20 Mio. FF Umsatz vor Steuern hatte und mehr als 50 Arbeitnehmer im Jahresdurchschnitt beschäftigt hat. Ausreichend ist aber, wenn nur zwei der drei genannten Kriterien vorliegen. Damit gelten für die SARL die gleichen Voraussetzungen wie für die SNC (vgl. Art. 17-1 Abs. 2 i.V.m. Dekret Nr. 67-236 Art. 12) und die *société civile* (vgl. Dekret Nr. 85-295 vom 01.03.1985 Art. 22).

3. Gesellschaftszweck und Relevanz

Die SARL wurde nach dem Vorbild der deutschen GmbH durch das Gesetz vom 07.03.1925 in Frankreich eingeführt[1171], und zwar als Gesellschaftsrechtsform, in der die Gesellschafter sämtlich nur in Höhe ihrer Einlage für Verbindlichkeiten der Gesellschaft haften müssen (vgl. Art. 34 Abs. 1). Sie ist wie alle Gesellschaften auf die Erzielung von Gewinn oder auf Kostenersparnis gerichtet (Artt. 1832 Abs. 1, 1834 C. civ.) und muß einen rechtlich zulässigen Gegenstand haben (Artt. 1833, 1834 C. civ.). Im übrigen sind die Gesellschafter aber bei der Wahl ihres Unternehmensgegenstands weitestgehend frei[1172]. Gesetzliche Ausnahmen bestehen aber insoweit, als einige Gegenstände zwingend nur bestimmten Gesellschaftsformen vorbehalten oder gewissen Einschränkungen unterworfen sind. So sind z.B. Versicherungs-, Kapitalisierungs-, Sparkassen- und Bankgeschäfte nicht durch eine SARL möglich (Art. 490). Während allerdings früher auch der Betrieb einer Apotheke (*pharmacie*) oder die Führung eines Theaterunternehmens (*entreprise de spectacles*) mit einer SARL ausgeschlossen war, ist dies seit 1948 bzw. 1988 erlaubt[1173]. Schließlich ist heute die Gesellschaftsform der SARL auch für die Ausübung freier Berufe zulässig (Gesetz Nr. 90-1258 vom 31.12.1990)[1174].

Die *société à responsabilité limitée* ist eher für kleinere und mittlere Unternehmen gedacht[1175], welche sich nicht über den öffentlichen Kapitalmarkt finanzieren müssen und auf eine möglichst geringe Anonymität der Gesellschafter untereinander Wert legen[1176], wie gerade die Begrenzung auf maximal 50 Gesellschafter zeigt (vgl. Art. 36). Sie eignet sich gut für

---

1171 Vgl. *Chaput*, Droit des sociétés, Nr. 416; *Guimezanes*, S. 286.

1172 Vgl. nur *Germain/Vogel* in: Ripert/Roblot, Droit commercial, Nr. 1269; *Cozian/Viandier*, Droit des Sociétés, Nr. 1271.

1173 Für die Apotheke gilt Art. L. 575 Abs. 3 C. santé pub. Vgl. insoweit auch *Germain/Vogel* in: Ripert/Roblot, Droit commercial, Nr. 1269 zu den einzelnen Voraussetzungen. Für das Theaterunternehmen ist das Gesetz Nr. 88-15 vom 05.01.1988 maßgeblich, mit dem Ordonnance vom 13.10.1945 Art. 6 aufgehoben wurde.

1174 Vgl. *Cozian/Viandier*, Droit des Sociétés, Nrn. 1271, 1605 ff.; *Germain/Vogel* in: Ripert/Roblot, Droit commercial, Nrn. 2074 ff.

1175 Vgl. *Guyon*, Droit des affaires, Nr. 472; *Merle*, Droit commercial, Rdnr. 174; *Cozian/Viandier*, Droit des Sociétés, Nr. 1254; *Bastian/Germain*, 30.20 S. 1.

Handwerker und Landwirte, die nicht selbst als Kaufleute auftreten können oder wollen, aber auch für Eheleute, die ein Kleinunternehmen mit begrenztem Haftungsrisiko betreiben wollen[1177]. Außerdem empfiehlt sich die SARL aufgrund ihrer, im Vergleich zu der nachstehend näher erörterten Kapitalgesellschaftsform der *société anonyme*, wesentlich einfacheren Struktur, die gerade für Unternehmen von kleinerer bis mittlerer Größe von Bedeutung ist.

Anfang 1997 zählte man in Frankreich 716.272 Gesellschaften in der Rechtsform der *société à responsabilité limitée*. Damit nahm die SARL an allen 1.090.753 Gesellschaften einen Anteil von über 65% ein und stellt heute die mit Abstand am stärksten verbreitete Rechtsform in Frankreich[1178] dar.

II. Voraussetzungen für die Gründung einer SARL

1. Allgemeines

Die Gründung einer SARL vollzieht sich in vier Schritten. Neben dem Abschluß eines Gesellschaftsvertrages und der Erbringung der Einlageleistungen durch die Gründer muß mindestens ein Geschäftsführer bestellt werden und die Gesellschaft zur Erlangung der eigenen Rechtspersönlichkeit in das Handels- und Gesellschaftsregister eingetragen werden.

2. Abschluß eines Gesellschaftsvertrages (*statuts*)

Auch die Gründung einer SARL verlangt wie üblich zunächst den Abschluß eines Gesellschaftsvertrages (*contrat de société* oder *acte de société*) im Sinne des Art. 1832 Abs. 1 C. civ., den das Gesetz aber auch als Satzung bzw. Statuten (*statuts*) bezeichnet, vgl. Art. 1835 C. civ. oder Art. 2[1179]. Mit ihm

---

[1176] Vgl. *Behrens*, Die GmbH, Rdnr. F 10; vgl. auch *Germain/Vogel* in: Ripert/Roblot, Droit commercial, Nr. 1268.

[1177] Vgl. *Sonnenberger*, FrHWR Rdnr. III 174.

[1178] Vgl. *Merle*, Droit commercial, Rdnr. 2; *Cozian/Viandier*, Droit des Sociétés, Nr. 1 m.w.N. zum INSEE.

[1179] Je mehr sich eine Gesellschaft ihrem Wesen nach einer Kapitalgesellschaft annähert und je institutionalisierter sich ihre vertragliche Grundlage darstellt, desto eher bietet es sich aus Gründen der Klarheit an, den Terminus Satzung oder Statuten zu verwenden. Dennoch handelt es sich noch immer um einen gewöhnlichen Gesellschaftsvertrag, der wie jedes andere Rechtsgeschäft den

wird die Gesellschaft im materiellen Sinne gegründet; eigene Rechtspersönlichkeit erlangt sie erst mit Eintragung in das Handels- und Gesellschaftsregister (Art. 5 Abs. 1 S. 1).

a) Anforderungen an den Inhalt des Gesellschaftsvertrages

Der Mindestinhalt des Gesellschaftsvertrages ergibt sich zunächst aus dem für alle Handelsgesellschaften geltenden Art. 2 sowie aus den Artt. 34 ff. Ebenso wie im deutschen Recht erlaubt das Gesetz aber auch die Aufnahme weiterer fakultativer Regelungen, die nachstehend ebenfalls beispielhaft dargestellt werden.

aa) Mindestinhalt

Nach Art. 2 muß der Gesellschaftsvertrag die Rechtsform und die Dauer der Gesellschaft enthalten, zudem ihre Firma, den Gesellschaftssitz und -gegenstand sowie die Höhe des Gesellschaftskapitals. In den Artt. 34 ff. sieht das Gesetz zudem bestimmte Regelungen vor, die im wesentlichen die Firma und das Gesellschaftskapital sowie dessen Zerlegung betreffen und bei der Abfassung des Gesellschaftsvertrages ebenfalls beachtet werden müssen.

(1) Rechtsform der Gesellschaft (forme)

Zunächst muß der Gesellschaftsvertrag die Rechtsform der Gesellschaft (*forme*) mit „*société à responsabilité limitée*" angeben (Art. 2)[1180].

(2) Firma der Gesellschaft (dénomination sociale)

Des weiteren ist die Firma der Gesellschaft anzugeben. Zulässig ist insoweit nur die Verwendung einer Sachfirma im weiteren Sinne (*dénomination sociale*), d.h. der Firmenkern kann entweder ausschließlich dem Gesellschafts-

---

allgemeinen Regeln des Code civil, hier insbesondere dem Art. 1108 C. civ., unterworfen ist; vgl. nur *Venandet* in: Juris-Classeur, Band 3, Fasc. 71-10, Nrn. 41, 42 ff. Nachstehend werden die Begriffe „Gesellschaftsvertrag", „Satzung" und „Statuten" gleichbedeutend verwendet.

1180 Vgl. zur Rechtsform oben unter B. II. 2. a) aa) (1) m.w.N.

gegenstand entsprungen sein (Sachfirma im engeren Sinne), eine reine Phantasiefirma sein oder die Namen eines oder mehrerer Gesellschafter enthalten (vgl. Art. 34 Abs. 3), welche dann aber mit einer Phantasiebezeichnung oder Gegenstandsangabe kombiniert sein müssen. Eine reine Personenfirma (*raison sociale*) ist hingegen nicht zulässig[1181]. Gemäß Art. 34 Abs. 3 muß die Firma der SARL entweder den Rechtsformzusatz „*société à responsabilité limitée*" oder dessen Abkürzung „SARL" enthalten. Auch der Rechtsformzusatz der *société à responsabilité limitée* muß nicht notwendig am Ende der Firma stehen, sondern darf dem Firmenkern auch vorangehen (Art. 34 Abs. 3). Außerdem hat die Firma eine Angabe des Gesellschaftskapitals zu enthalten (Art. 34 Abs. 3 a.E.). Schließlich muß der Firmenkern zwingend (vgl. Art. 429) auf allen Geschäftsbriefen, Publikationen, Annoncen und ähnlichen Erklärungen der Gesellschaft, die für Dritte bestimmt sind, entweder durch den lesbaren Zusatz „*société à responsabilité limitée*" oder dessen Abkürzung „SARL" begleitet sein und zusätzlich eine Angabe des Stammkapitals enthalten (Dekret Nr. 67-236 Art. 28)[1182].

(3) Sitz der Gesellschaft (siège social)

Als nächstes muß der Gesellschaftsvertrag eine Angabe über den Sitz der Gesellschaft (*siège social*) enthalten. Insoweit kann auf die Ausführungen zur *société en nom collectif* bzw. *société civile* verwiesen werden[1183].

(4) Gesellschaftsgegenstand (objet social)

Der Unternehmensgegenstand der SARL ist ebenso wie bei den bereits dargestellten Gesellschaftsformen grundsätzlich frei wählbar[1184]. Eine Ausnahme sieht allerdings Art. 490 vor. Hiernach sind Versicherungs-, Finanzierungs-, Sparkassen- und Bankgeschäfte als Unternehmensgegenstand der SARL

[1181] Vgl. hierzu *Venandet* in: Juris-Classeur, Band 3, Fasc. 71-10, Nr. 24.

[1182] Vgl. ergänzend auch die Ausführungen zur Firma der *société civile* und der *société en nom collectif* oben unter B. II. 2. a) aa) (3) und C. II. 2. a) aa) (2).

[1183] S.o. C. II. 2. a) aa) (3) und B. II. 2. a) aa) (4).

[1184] Vgl. *Germain/Vogel* in: Ripert/Roblot, Droit commercial, Nr. 1269; *Cozian/Viandier*, Droit des Sociétés, Nr. 1271 (s.o.).

ausgeschlossen, da die Finanzierungsstruktur der SARL für die vorgenannten Aktivitäten nicht ausreichend gefestigt ist[1185]. Auch dürfen beispielsweise Unternehmen der Atomenergie nicht in Form einer SARL geführt werden (vgl. Gesetz Nr. 72-1152 vom 23.12.1972 Art. 1). Daneben sind bestimmte andere Unternehmensgegenstände, wie zum Beispiel der Betrieb einer Apotheke (vgl. Art. L. 575 C. santé pub.) oder eines medizinischen Analyselabors (Art. L. 761 C. santé pub.), für die SARL zwar nicht vom Gesetz verboten, aber besonderen Bedingungen unterworfen[1186]. Der Unternehmensgegenstand muß wie gewohnt hinreichend bestimmt sein und die geplante Tätigkeit des Unternehmens deutlich machen[1187]. Im übrigen wird auf die Ausführungen zum Unternehmensgegenstand der *société civile* verwiesen, mit Ausnahme einer wichtigen Besonderheit. Obgleich die Geschäftsführungsbefugnis bei einer SARL grundsätzlich auch durch den Unternehmensgegenstand eingegrenzt ist, ist ein Rechtsgeschäft, das außerhalb des Unternehmensgegenstands liegt, im Außenverhältnis nicht unwirksam (vgl. Art. 49 Abs. 4 S. 2)[1188].

(5) Betrag des Gesellschaftskapitals (montant du capital social)

Des weiteren muß wie bei allen Gesellschaften auch der Betrag des Gesellschaftskapitals (*montant du capital social*) in der Satzung angegeben werden (Art. 2). Dieses Gesellschaftskapital wird gebildet aus dem Wert sämtlicher Bar- und Sacheinlagen der Gesellschafter, während etwaige Beiträge in Form von Arbeits- oder Dienstleistungen hierbei nicht berücksichtigt werden (vgl. Art. 38 Abs. 2 S. 1). Das *capital social* der SARL dient als abstrakte und grundsätzlich unveränderbare Größe den Gläubigern als wichtigste Sicherheit für die Erfüllung ihrer Ansprüche gegenüber der Gesellschaft[1189]. Es muß

[1185] Vgl. *Guyon*, Droit des affaires, Nr. 478; *Merle*, Droit commercial, Rdnr. 178.

[1186] Vgl. *Venandet* in: Juris-Classeur, Band 3, Fasc. 71-10, Nr. 72 m.w.Bsp.; *Guyon*, Droit des affaires, Nr. 478.

[1187] Vgl. *Schmidt/Gramling* in: Lutter, Tochtergesellschaft, S. 209; vgl. auch *Merle*, Droit commercial, Rdnr. 54.

[1188] Vgl. *Merle*, Droit commercial, Rdnr. 53; Paris 05.07.1988: J.C.P. éd.E. 1988, II, Nr. 15292 (1).

[1189] Vgl. *Venandet* in: Juris-Classeur, Band 3, Fasc. 72-10, Nr. 10; *Guyon*, Droit des affaires, Nr. 476. Erfolgt eine Reduzierung des Stammkapitals unter 50.000 FF, z.B. infolge verlustbedingter

gemäß Art. 35 Abs. 1 S. 1 grundsätzlich[1190] mindestens auf 50.000 FF lauten[1191]; eine Gesetzesänderung zur Einführung der europäischen Währung „Euro“[1192] ist in Frankreich noch nicht erfolgt[1193]. Da aber auch eine Konvertierung des Gesellschaftskapitals seit dem 01.01.1999 möglich, ab dem 01.01.2002 zwingend ist (vgl. Gesetz Nr. 98-546 vom 02.07.1998)[1194], kann bei der Gründung einer Gesellschaft seit dem 01.01.1999 das Gesellschaftskapital sofort in Euro angegeben werden[1195]. Ebenso wie im deutschen Recht fordert auch das Gesetz in Frankreich nicht, daß über die Angabe des gesetzlichen Mindestkapitals hinaus die Kapitalisierung der SARL dem Gesellschaftsgegenstand angepaßt sein muß[1196]. Dennoch ist zu beachten, daß nach der französischen Rechtsprechung eine offensichtliche Unterkapitalisierung zur zivilrechtlichen Verantwortlichkeit der Gesellschafter führen kann[1197].

Kapitalabschöpfung, ohne daß anschließend eine entsprechende Kapitalerhöhung vorgenommen wird, muß die SARL in eine andere Rechtsform (SNC) umgewandelt werden. Anderenfalls kann jeder (*tout intéressé*), einschließlich der Gesellschafter und Gläubiger, die Auflösung der Gesellschaft verlangen (Art. 35 Abs. 2 S. 2, 1).

1190 Abweichungen können sich ausnahmsweise ergeben, wenn das Gesetz für bestimmte Gesellschaftsgegenstände ein höheres oder niedrigeres Gesellschaftskapital verlangt, z.B. bei einem *entreprise de presse* nur 2.000 FF (vgl. Art. 491 Abs. 2); vgl. weitere Beispiele bei *Venandet* in: Juris-Classeur, Band 3, Fasc. 72-10, Nr. 17.

1191 Bei Inkrafttreten sah das Gesetz vom 24.07.1966 nur ein Mindestgesellschaftskapital von 20.000 FF vor. Es wurde dann mit Gesetz Nr. 84-148 vom 01.03.1984 auf 50.000 FF erhöht, was aber in der französischen Literatur nicht durchweg für ausreichend erachtet wird. Legt man allein den Anstieg der Inflationsrate von 1966 bis 1989 zugrunde, müßte das Mindestkapital von 20.000 FF auf über 100.000 FF angepaßt werden; vgl. *Merle*, Droit commercial, Rdnr. 178. Tatsächlich sah auch der Marini-Bericht eine Mindestkapitalhöhe von 100.000 FF vor; vgl. *Venandet* in: Juris-Classeur, Band 3, Fasc. 72-10, Nr. 10.

1192 Der unveränderliche Umrechnungskurs zum FF beträgt 1 Euro = 6,55957 FF.

1193 Vgl. statt dessen Art. 16 Abs. 1 C. com., der für Buchungsbelege noch immer französische Sprache und Währung vorschreibt. Allerdings sieht Gesetz Nr. 98-546 vom 02.07.1998 Art. 16 Abs. 1 vor, daß abweichend hiervon auch die Währung „Euro“ verwendet werden kann.

1194 Vgl. hierzu auch *Merle*, Droit commercial, Rdnr. 178; *Venandet* in: Juris-Classeur, Band 3, Fasc. 72-10, Nr. 11.

1195 Vgl. *Germain/Vogel* in: Ripert/Roblot, Droit commercial, Nr. 1277 a.E.

1196 Zur Bankpraxis in Frankreich, bei der Vergabe eines Kredits eine persönliche Bürgschaft von den Geschäftsführern und Hauptgesellschaftern zu verlangen, siehe oben G. I.

1197 Vgl. Rouen 20.10.1983: D. 1985, S. 161; Rev. Soc. 1984, S. 764. Hiernach können die Gründer einer Gesellschaft zivilrechtlich verantwortlich gemacht werden, wenn das Gesellschaftskapital zwar dem gesetzlich geforderten Mindestbetrag entspricht, im Verhältnis zu dem Bedarf des geplanten Betriebs aber so gering erscheint, daß es von einer gewissen Leichtfertigkeit zeugt. („*La constitution d'une société avec un capital social conforme au minimum exigé par la loi, mais dérisoire par rapport aux besoins de l'exploitation, témoigne d'une légèreté certaine*“... *qui*

Daneben können die Gesellschafter von der gesetzlichen Möglichkeit Gebrauch machen, die SARL mit einem variablen Gesellschaftskapital auszustatten. In diesem Fall lautet das Kapital nicht - wie oben genannt - auf einen festen Betrag, sondern wird innerhalb eines durch die Satzung der Gesellschaft vorgegebenen Rahmens variabel gehalten und kann somit im Laufe der Gesellschaftsdauer entsprechend schwanken. Die Verwendung eines variablen Kapitals (*capital variable*) ist nach Gesetz vom 24.07.1867 Art. 48 Abs. 1 möglich, der noch heute Gültigkeit besitzt. In diesem Fall muß der Gesellschaftsvertrag denjenigen Betrag angeben, der bei der Bildung des variablen Kapitals nicht unterschritten werden darf (Gesetz vom 24.07.1867 Art. 51 Abs. 1). Dies sind bei der SARL 50.000 FF (vgl. Art. 35 Abs. 1 S. 1)[1198]. Außerdem muß die Satzung eine Klausel vorsehen, in der die Variabilität des Kapitals näher geregelt ist. Hierzu gehört z.B. die Zulassung neuer Gesellschafter oder die Bezeichnung weiterer sukzessiver Leistungen zum Zwecke der Erhöhung des Gesellschaftskapitals, aber auch die Voraussetzungen zur Verringerung des Kapitals, z.B. durch Rücknahme bereits geleisteter Einlagen[1199].

(6) Aufteilung der Gesellschaftsanteile (répartition des parts sociales)

Nach Art. 38 Abs. 3 muß sodann die Aufteilung der Gesellschaftsanteile (*répartition des parts sociales*) unter den Gesellschaftern ebenfalls Eingang in die Satzung finden. Die Gesellschaftsanteile müssen gemäß Art. 35 Abs. 1 S. 2 alle auf einen gleichen Nennbetrag lauten, ohne daß allerdings ein gesetzlicher Mindestnennbetrag zu beachten ist[1200]. Somit ist es theoretisch möglich, daß das Stammkapital in Anteile von jeweils 1 FF zerlegt wird. Die Anteile dürfen von der Gesellschaft nicht als frei handelbare Titel ausgege-

---

engendre la responsabilité civile des fondateurs.) Vgl. auch *Merle*, Droit commercial, Rdnr. 57 Fn. 3; *Venandet* in: Juris-Classeur, Band 3, Fasc. 72-10, Nr. 10 m.w.N.

1198 Vgl. auch *Venandet* in: Juris-Classeur, Band 3, Fasc. 72-10, Nr. 52

1199 Vgl. *Jeantin/Durand-Lépine* in: Juris-Classeur, Band 6, Fasc. 167-20, Nr. 7.

1200 Art. 35 Abs. 1 S. 2 i.V.m. Dekret Nr. 67-236 Art. 21 a.F. sah noch einen Mindestnennbetrag von 100 FF pro Gesellschaftsanteil vor. Diese Regelung wurde aber mit dem Gesetz Nr. 94-126 vom 11.02.1994 sowie dem Dekret Nr. 95-374 vom 10.04.1995 aufgehoben.

ben werden (Art. 43)[1201] und müssen bereits im Zeitpunkt der Gesellschaftsgründung vollständig gezeichnet sein (*souscrites en totalité*), gleich ob hierfür Sacheinlagen oder Bareinlagen erbracht werden (Art. 38 Abs. 1)[1202]. Durch die „Zeichnung" verpflichtet sich der Gesellschafter zur Übernahme eines oder mehrerer Gesellschaftsanteile und somit zur Erbringung einer bestimmten, dem Wert seiner Anteile entsprechenden Bar- oder Sacheinlage[1203]. Daher muß die Satzung insoweit den Namen jedes einzelnen Gesellschafters angeben und den Gesamtbetrag nennen, in dessen Höhe dieser sich zur Übernahme von Gesellschaftsanteilen bereiterklärt[1204]. Mit Art. 38 Abs. 3 soll somit eine Überprüfung gewährleistet werden, ob bei der Gründung der Gesellschaft auch tatsächlich das gesamte Kapital gezeichnet und erbracht worden ist oder nicht[1205].

(7) Dauer der Gesellschaft (durée)

Im Gegensatz zum deutschen GmbH-Recht muß der Gesellschaftsvertrag auch eine Angabe über die Dauer der SARL enthalten, welche vom Gesetz grundsätzlich auf höchstens 99 Jahre begrenzt ist (Art. 2) und mit Eintragung der Gesellschaft in das Handels- und Gesellschaftsregister beginnt (Dekret Nr. 67-236 Art. 2 Abs. 1). Sie kann beliebig oft verlängert werden, solange die jeweilige Verlängerung ihrerseits nicht 99 Jahre überschreitet (Dekret

---

[1201] Als Grund für diese Regelung ist zunächst die gesetzgeberische Vorstellung zu nennen, nach der die SARL eine geschlossene Gesellschaft sein soll (*société fermée*), in der die Person des Gesellschafters eine gewisse Rolle spielt (intuitus personae). Zum anderen würde ihre relativ schwache finanzielle Konstitution auch keinen ausreichenden Schutz der Anleger erlauben; vgl. *Venandet*, in: Juris-Classeur, Band 3, Fasc. 72-10, Nr. 24.

[1202] Mit dieser Regelung ist erkennbar der Schutz der Gesellschaftsgläubiger bezweckt; vgl. *Venandet* in: Juris-Classeur, Band 3, Fasc. 72-10, Nr. 21.

[1203] Vgl. *Guyon*, Droit des affaires, Nrn. 103, 477. Die Zeichnungserklärung muß wahrheitsgemäß und bedingungsfrei sein; *Venandet* in: Juris-Classeur, Band 3, Fasc. 72-10, Nr. 21. Vgl. zu den strafrechtlichen Folgen Art. 432 Abs. 1.

[1204] Vgl. *Venandet*, in: Juris-Classeur, Band 3, Fasc. 72-10, Nr. 52; vgl. auch *Michalsky*, DStR 1991, S. 1563.

[1205] Vgl. *Guyon*, Droit des affaires, Nr. 480. Gelegentlich wird darüber hinaus noch gefordert, daß die vollständige Zeichnung des Kapitals von den Gründern in der Satzung ausdrücklich erklärt werden müsse; vgl. *Bastian/Germain*, 30.20 S. 2. M.E. ergibt sich diese Notwendigkeit weder aus dem Wortlaut des Gesetzes bzw. Dekrets (vgl. insbesondere Dekret Nr. 67-236 Art. 22 Abs. 2), noch erfüllt sie einen erkennbaren Zweck. Denn die vollständige Zeichnung kann ja gerade durch die Bezeichnung der *répartition* in der Satzung nachvollzogen werden.

Nr. 67-236 Art. 2 Abs. 2). Ausreichend ist eine Angabe nach dem Kalender oder eine präzise Zahlenangabe wie z.B. „20 Jahre". Auch genügt es, wenn die Gesellschaftsdauer zumindest objektiv bestimmbar ist[1206].

(8) Weitere notwendige Satzungsbestimmungen

Die Statuten müssen weiterhin Angaben zur vollständigen Erbringung und Hinterlegung der Einlagen enthalten (Dekret Nr. 67-236 Art. 22 Abs. 2) sowie im Falle der Sachgründung eine Bewertung der entsprechenden Sacheinlagen vorsehen (Art. 40). Werden ausnahmsweise Arbeits- oder Dienstleistungen als Einlage eingebracht, ist auch insoweit die Aufnahme bestimmter Angaben in den Gesellschaftsvertrag notwendig (vgl. Art. 38 Abs. 2 S. 3 und 4).

(a) Vollständige Erbringung und Hinterlegung der Einlagen

Die Satzung muß nach Dekret Nr. 67-236 Art. 22 Abs. 2 eine ausdrückliche Erklärung darüber enthalten, daß sämtliche (vgl. Art. 38 Abs. 1) Bar- und Sachleistungen auf die gezeichneten Gesellschaftsanteile erfolgt sind (*intégralement libérées*). Außerdem muß angegeben werden, wo die aus der Zeichnung stammenden Bareinlagen hinterlegt worden sind.

(b) Bewertung etwaiger Sacheinlagen

Sollen zur Bildung des Gesellschaftskapitals der SARL auch Sacheinlagen (*apports en nature*) geleistet werden, müssen die Gesellschafter in der Satzung nach Art. 40 Abs. 1 S. 1 auch eine Bewertung dieser Einlageleistungen vornehmen. Hierbei ist der Wert jeder einzelnen Sacheinlage gesondert zu schätzen[1207]. Die Bewertung erfolgt in der Regel auf der Grundlage des Berichts eines Sacheinlagenprüfers (*commissaire aux apports*), der als unabhän-

---

[1206] Vgl. hierzu oben B. II. 2. a) aa) (6), C. II. 2. a) aa) (5).

[1207] Vgl. Art. 40 Abs. 1 S. 1 „...*l'évaluation de* chaque *apport en nature*"; vgl. auch *Bastian/Germain*, 30.20 S. 2.

giger Experte[1208] von den zukünftigen Gesellschaftern aus Listen ausgewählt[1209] und unter Beachtung der Schriftform (*sous seing privé*)[1210] einstimmig (*à l'unanimité*) ernannt wird (vgl. Art. 40 Abs. 1 S. 2)[1211]. Der Bericht des Sacheinlagenprüfers muß dem Gesellschaftsvertrag als Anhang beigefügt sein (Art. 40 Abs. 1 S. 2)[1212]. Die Bestellung eines unabhängigen Sacheinlagenprüfers und der von diesem erstellte Bericht sollen zum Schutze der übrigen Gesellschafter sowie Gesellschaftsgläubiger sicherstellen, daß die Einlagen nicht überbewertet werden[1213]. Die Gesellschaftsgründer müssen aber nicht zwingend einen Sacheinlagenprüfer bestellen. Nach Art. 40 Abs. 2 können sie mit einstimmigem Beschluß hiervon absehen, wenn keine Sacheinlage wertmäßig einen Betrag von 50.000 FF überschreitet[1214] und (also kumulativ) der Gesamtwert aller ungeprüften Sacheinlagen nicht mehr als die Hälfte des Gesellschaftskapitals ausmacht. Auch können die Gründer mit ihrer eigenen Bewertung, die ja durch die Einschaltung des Einlagenprüfers nicht ersetzt wird[1215], grundsätzlich auch von dem ermitteltem Wert der Sacheinlage(n) abweichen (vgl. Art. 40 Abs. 4). In diesen beiden Fällen haften die Gesellschafter aber fünf Jahre lang persönlich und gesamtschuldnerisch gegenüber Dritten für die richtige Bewertung ihrer Sacheinlagen, so daß in praxi von diesen Möglichkeiten wohl nur in Ausnahmefällen Gebrauch gemacht wird.

1208 Vgl. *Guyon*, Droit des affaires, Nr. 481. Jedoch sieht das Gesetz bei der SARL, im Unterschied zur SA, keine Kompatibilitätsprüfung vor, vgl. Art. 220.

1209 Vgl. Dekret Nr. 67-236 Art. 25 Abs. 1 und Art. 219.

1210 Vgl. *Guyon*, Droit des affaires, Nr. 481.

1211 Erfolgt die Wahl des Sacheinlagenprüfers nicht durch einstimmigen Beschluß sämtlicher Gesellschafter, benennt der Präsident des zuständigen Handelsgerichts auf Antrag eines Gesellschafters den Sacheinlagenprüfer per Verfügung (*ordonnance*), vgl. Art. 40 Abs. 1 S. 2 i.V.m. Dekret Nr. 67-236 Art. 25 Abs. 2).

1212 Im Unterschied zum Recht der SA (vgl. Dekret Nr. 67-236 Art. 64-1) stellt das Gesetz hier keine bestimmten Anforderungen an den Inhalt des Berichts.

1213 Vgl. *Merle*, Droit commercial, Rdnr. 180, der von einer „*tendance « naturelle »* (des apporteurs) *à surévaluer leurs apports*" spricht (Rdnr. 30). Vgl. auch *Guyon*, Droit des affaires, Nr. 481, der zudem darauf hinweist, daß der Einlagenerbringer selbst jedoch nicht vor einer Unterbewertung seiner Einlageleistung geschützt ist.

1214 Überschreitet hingegen auch nur eine Sacheinlage diesen Wert, wird dadurch auch für die übrigen Sacheinlagen eine Prüfungspflicht begründet; vgl. *Venandet* in: Juris-Classeur, Band 3, Fasc. 72-10, Nr. 39.

1215 Vgl. den Wortlaut in Art. 40 Abs. 1 S. 2: „*Il y est procédé* au vu *d'un rapport annexé aux statuts...*".

(c) Notwendige Angaben bei Einlagen in Form von Arbeits- oder Dienstleistungen (apports en industrie)

Bei einer Einlageleistung in Form eines *apport en industrie* verpflichtet sich der Erbringer zu einer bestimmten Arbeits- oder Dienstleistung oder stellt der Gesellschaft seine technischen Kenntnisse oder auch beruflichen Beziehungen zur Verfügung[1216]. Sie sind bei der Gründung einer SARL prinzipiell ausgeschlossen, da nach Art. 38 Abs. 2 S. 1 hierfür keine Gesellschaftsanteile ausgegeben werden dürfen und sie den Gesellschaftsgläubigern nicht als Haftungsmasse zur Verfügung stehen[1217]. Außerdem können *apports en industrie* naturgemäß nicht sofort, also bereits im Zeitpunkt der Unterzeichnung des Gesellschaftsvertrages, vollständig erbracht werden (*caractère successif*)[1218], was ebenfalls dem Grundsatz der sofortigen Einlageerbringung nach Art. 38 Abs. 1 widerspricht. Dennoch sieht Art. 38 Abs. 2 S. 2 und 3 seit seiner Neufassung durch das Gesetz Nr. 82-596 vom 10.07.1982 hiervon in einem bestimmten Fall eine Ausnahme vor, mit deren Hilfe die Gründung einer SARL durch Ehegatten erleichtert werden soll[1219]. Ist der Gesellschaftsgegenstand auf den Betrieb eines Handelsunternehmens (*fonds de commerce*)[1220] oder auf die Ausübung eines Handwerks (*entreprise artisanale*) gerichtet[1221], kann der Gesellschafter oder sein Ehegatte, der dieses Handelsunternehmen bzw. den

[1216] Vgl. *Venandet* in: Juris-Classeur, Band 3, Fasc. 72-10, Nr. 42; *Merle*, Droit commercial, Rdnr. 34; *Cozian/Viandier*, Droit des Sociétés, Nr. 173; *Germain/Vogel* in: Ripert/Roblot, Droit commercial, Nr. 1043.

[1217] Nach Art. 38 Abs. 1, 2 i.V.m. Artt. 1843-2 Abs. 2, 1834 C. civ. kann das Gesellschaftskapital einer SARL nur durch die Einbringung von Bar- oder Sacheinlagen gebildet werden, während Einlageleistungen in Form von Arbeits- oder Dienstleistungen (*apports en industrie*) insoweit ausgeschlossen sind. Vgl. auch Paris 15.02.1994: Rev. Soc. 1994, S. 335; vgl. auch *Germain/Vogel* in: Ripert/Roblot, Droit commercial, Nr. 1275; *Merle*, Droit commercial, Rdnr. 181; *Bastian/Germain*, 30.00 S. 10; *Hurstel/Süß*, EuZW 1992, S. 143, 144 Fn. 7.

[1218] Vgl. auch *Germain/Vogel* in: Ripert/Roblot, Droit commercial, Nr. 1043; *Venandet* in: Juris-Classeur, Band 3, Fasc. 72-10, Nrn. 25, 42 m.w.N. zur Rspr.

[1219] Vgl. *Venandet* in: Juris-Classeur, Band 3, Fasc. 72-10, Nr. 44. Als Ausnahmevorschrift muß Art. 38 Abs. 2 S. 2 entsprechend restriktiv ausgelegt werden; so auch *Germain/Vogel* in: Ripert/Roblot, Droit commercial, Nr. 1275; *Venandet* in: Juris-Classeur, Band 3, Fasc. 72-10, Nr. 44. Vgl. auch Cass. com. 23.10.1984: RIW 1985, S. 819.

[1220] Vgl. zum Begriff des *fonds de commerce* bzw. Handelsunternehmens oben unter B. II. 2. a) aa) (7).

[1221] Ausgeschlossen sind damit z.B. landwirtschaftliche oder freiberufliche Tätigkeiten.

Handwerksbetrieb als Sacheinlage eingebracht hat[1222], auch Dienstleistungen als Einlagen erbringen[1223], wenn diese auf die Realisierung des Gesellschaftsgegenstandes gerichtet sind (Art. 38 Abs. 2 S. 2)[1224]. In diesem Fall ist es erforderlich, daß in der Satzung die Voraussetzungen bestimmt werden, unter denen für die Arbeits- oder Dienstleistungen entsprechende Gesellschaftsanteile ausgegeben werden (Art. 38 Abs. 2 S. 4). Hierzu zählen insbesondere Angaben über die Art und Weise der Arbeits- bzw. Dienstleistungen sowie über den Zeitraum, in dem sie erbracht werden sollen. Außerdem muß der Vertrag die Anzahl der Gesellschaftsanteile angeben, die zum Ausgleich für die Leistungen gewährt werden sollen, sowie die aus diesen Rechten fließenden Beteiligungen am Gewinn und Verlust der Gesellschaft[1225].

bb) Fakultativer Inhalt

Ebenso wie im deutschen GmbH-Recht ist es auch bei der Gründung einer SARL möglich und in der Praxis üblich, daß die Satzung weitere, fakultative Bestandteile enthält. Sie sind grundsätzlich zulässig, soweit nicht zwingende gesetzliche Regelungen entgegenstehen[1226], und können nachstehend nur exemplarisch aufgezählt werden. Gegenstand fakultativer Bestimmungen können z.B. sein: die Aufgabenverteilung und Zuständigkeit der Geschäftsführung im Innenverhältnis der Gesellschaft (vgl. Art. 49 Abs. 3 S. 2), die Dauer der Amtszeit der Geschäftsführer (Art. 49 Abs. 3 S. 1) oder die Art und Weise ihrer Vergütung[1227], die beschränkte Übertragbarkeit von Gesellschaftsanteilen (Artt. 44 Abs. 2, 47 Abs. 2), der Ablauf und die Organisation von even-

---

1222 Somit kommt z.B. eine originäre Aufnahme dieser Tätigkeiten nicht in Betracht.

1223 Und zwar nur dieser Erbringer der Sacheinlage und sein Ehegatte, nicht hingegen ein weiterer Gesellschafter, der z.B. eine Bareinlage erbracht hat.

1224 Art. 38 Abs. 2 S. 2: „...*l'apporteur en nature, ou son conjoint, peut apporter son industrie lorsque son activité principale est liée à la réalisation de l'objet social.*" Vgl. hierzu auch *Fritz*, Die GmbH, S. 104.

1225 Vgl. *Venandet* in: Juris-Classeur, Band 3, Fasc. 72-10, Nr. 45.

1226 Z.B. kann ein Gesellschaftsvertrag nicht vorsehen, daß ein Geschäftsführer nicht abberufen werden kann; vgl. Art. 55 Abs. 1 S. 2.

1227 Vgl. *Schmidt/Gramling* in: Lutter, Tochtergesellschaft, S. 211; *Venandet* in: Juris-Classeur, Band 3, Fasc. 72-10, Nr. 53.

tuellen schriftlichen Beratungen (Art. 57 Abs. 1 S. 2)[1228], Ort und Durchführung der Gesellschafterversammlung[1229], Mehrheitsverhältnisse bei Beschlüssen der Gesellschafter, die Beteiligungsverhältnisse an den Gewinnen und Verlusten der Gesellschaft oder aber auch die Liquidation der Gesellschaft[1230]. Nicht selten werden darüber hinaus zwingende gesetzliche Bestimmungen in die Satzung mit aufgenommen[1231].

b) *Anforderungen an die Form des Gesellschaftsvertrages*

Der Gesellschaftsvertrag bedarf grundsätzlich nur der Schriftform (Artt. 1835 S. 1, 1834 C. civ.). Eine öffentliche Beurkundung (*acte authentique*) ist nur in Ausnahmefällen zwingend erforderlich, sie kann sich aber aus praktischen Gründen anbieten[1232]. Der Gesellschaftsvertrag muß von allen Gesellschaftern unterschrieben werden (vgl. Art. 37)[1233]. Allerdings können sie sich durch einen Bevollmächtigten vertreten lassen, der zwar nicht zwingend zum Kreis der Gesellschafter gehören muß[1234], aber eine privatschriftliche[1235] und speziell für die Gründung der Gesellschaft erteilte Vollmacht vorzuweisen hat (*mandataire justifiant d'un pouvoir spécial*, Art. 37).

[1228] Nach Art. 57 Abs. 1 S. 2 i.V.m. Art. 56 Abs. 1 können sämtliche oder auch nur bestimmte Entscheidungen, die nur die Gesellschafter der SARL treffen dürfen, einer vorherigen schriftlichen Beratung und Beschlußfassung der Gesellschafter (*par consultation écrite des associés*) vorbehalten sein. Ausgenommen ist insoweit nur die Entscheidung über den Rechenschaftsbericht, das Inventar sowie über den Jahresabschluß (*rapport de gestion, l'inventaire et les comptes annuels*).

[1229] Vgl. *Schmidt/Gramling* in: Lutter, Tochtergesellschaft, S. 211; *Maul*, RIW 1997, S. 911, 917.

[1230] Vgl. *Venandet* in: Juris-Classeur, Band 3, Fasc. 72-10, Nr. 53; *Maier*, GmbHR 1990, S. 379, 381; *Maul*, RIW 1997, S. 911, 917.

[1231] Zwar bietet diese Praxis den Vorteil, daß die Satzung dann den vollständigen rechtlichen Status der Gesellschaft widerspiegelt. Jedoch führt in diesen Fällen jede Gesetzesänderung auch zu einer (kosten- und zeitraubenden) Satzungsänderung.

[1232] Vgl. zu den Fällen oben B. II. 2. b).

[1233] Vgl. nur *Germain/Vogel* in: Ripert/Roblot, Droit commercial, Nr. 1268. „*Intervenir*" im Sinne des Art. 37 bedeutet Unterzeichnung des Gesellschaftsvertrages.

[1234] Vgl. *Venandet* in: Juris-Classeur, Band 3, Fasc. 72-10, Nr. 54.

[1235] Vgl. *Maier*, GmbHR 1990, S. 379, 380.

c) *Anforderungen an die Person des Gesellschaftsgründers*

Nach Art. 34 Abs. 1 kann eine SARL durch einen oder mehrere Gesellschafter gegründet werden[1236]. Wenn die Gesellschaft nur durch eine Person gegründet wird, handelt es sich allerdings um ein *entreprise unipersonnelle à responsabilité limitée* (EURL). Das Recht der Handelsgesellschaften sieht für die SARL zwingend[1237] eine Höchstzahl von 50 Gesellschaftern vor (Art. 36 S. 1)[1238]. Wird diese Höchstzahl überschritten und auch nicht innerhalb von zwei Jahren wieder erreicht oder unterschritten, muß die Gesellschaft in eine *société anonyme* umgewandelt werden (Art. 36 S. 2). Diese Regelung bezweckt, daß der familiengesellschaftliche Charakter der SARL gewahrt wird[1239], und trägt der gesetzgeberischen Vorstellung Rechnung, daß die Gesellschafter sich untereinander kennen sollten[1240].

Der Gesellschafter erlangt durch den bloßen Eintritt in die SARL, trotz ihres Charakters als Formkaufmann (Art. 1 Abs. 2), nicht selbst die Kaufmannseigenschaft[1241]. Außerdem haftet er im Unterschied zu den Gesellschaftern der reinen Personengesellschaften nur in Höhe seiner Einlage (Art. 34 Abs. 1). Daraus erklärt sich, daß das Gesetz für die Person des Gesellschafters keine besonderen Anforderungen aufstellt[1242]. Deshalb können Minderjährige oder wirksam vertretene Geschäftsunfähige ebenso Gesellschafter bzw. Gesellschaftsgründer einer SARL werden[1243] wie auch juristische Perso-

---

[1236] Mit Ausnahme allerdings der *société coopérative artisanale*. Wird sie in der Form einer SARL gegründet, sind mindestens vier Gesellschaftsgründer erforderlich; vgl. Gesetz Nr. 83-657 vom 20.07.1983 Art. 7.

[1237] Vgl. *Venandet*, in: Juris-Classeur, Band 3, Fasc. 72-10, Nr. 8.

[1238] Hierzu kritisch *Guyon*, Droit des affaires, Nr. 474.

[1239] Vgl. *Germain/Vogel* in: Ripert/Roblot, Droit commercial, Nr. 1271; *Maier-Bridou*, Die GmbH, S. 80; *Maier*, GmbHR 1990, S. 379, 380.

[1240] Vgl. *Guyon*, Droit des affaires, Nr. 474; *Venandet* in: Juris-Classeur, Band 3, Fasc. 72-10, Nr. 8; *Maul*, RIW 1997, S. 911, 912.

[1241] Vgl. *Guyon*, Droit des affaires, Nr. 475; *Bastian/Germain*, 30.20 S. 3 f.; *Germain/Vogel* in: Ripert/Roblot, Droit commercial, Nrn. 1033, 1272. Vgl. auch oben G. I. 2.

[1242] Gleichwohl kann der Gesellschaftsvertrag - fakultativ - bestimmte persönliche Eigenschaften wie z.B. Beruf, Kaufmannseigenschaft oder eine bestimmte Familienzugehörigkeit vorschreiben; vgl. eingehend *Guyon*, Les sociétés, Nr. 93.

[1243] Vgl. *Merle*, Droit commercial, Rdnr. 177; *Germain/Vogel* in: Ripert/Roblot, Droit commercial, Nr. 1272; *Cozian/Viandier*, Droit des Sociétés, Nr. 1252.

nen[1244], gleich welcher Rechtsform[1245]. Auch sind Personen mit bestimmten Berufen nicht ausgeschlossen, insbesondere kann eine SARL auch von Freiberuflern gegründet und betrieben werden[1246]. Ergänzend wird auf die Ausführungen zur *société civile* verwiesen[1247].

d) Beizufügende Unterlagen (documents annexes aux statuts)

Der Satzung muß im Falle der Bestellung eines Sacheinlagenprüfers (*commissaire aux apports*) dessen Bericht als Anhang beigefügt sein (Art. 40 Abs. 1 S. 2). Falls die Gesellschaftsgründer auf einen Sacheinlagenprüfer verzichten, muß sich auch dieser Beschluß, wenn er nicht schon in die Satzung mit aufgenommen wurde, ebenfalls im Anhang der Satzung befinden[1248]. Gleiches gilt für die Bestellung des Geschäftsführers außerhalb der Satzung (vgl. Art. 49 Abs. 2 S. 2) sowie für die Bestellung eines Bevollmächtigten, der im Gründungsstadium Rechtsgeschäfte im Namen der zu gründenden Gesellschaft vornehmen soll (vgl. Dekret Nr. 67-236 Art. 26 Abs. 3 S. 1). Des weiteren ist den Gesellschaftsgründern vor der Unterzeichnung der Statuten eine Liste vorzulegen, aus der sich alle Verbindlichkeiten ergeben, die im Vorgründungsstadium wirksam eingegangen worden sind (Dekret Nr. 67-236 Art. 26 Abs. 1 i.V.m. Abs. 3). Auch diese Liste ist der Satzung sodann als Anhang beizufügen (Dekret Nr. 67-236 Art. 26 Abs. 2)[1249]. Schließlich

---

[1244] Vgl. *Guyon*, Droit des affaires, Nr. 474; *Guimezanes*, S. 286; *Bastian/Germain*, 30.20 S. 3. Eine Ausnahme sieht allerdings Art. L. 756 C. santé pub. vor, der eine Beteiligung juristischer Personen an einem medizinischen Analyselabor verbietet.

[1245] Die Beteiligung eines *groupement d'intérêt économique* (GIE) an einer SARL setzt jedoch voraus, daß mit ihr die wirtschaftliche Aktivität ihrer Mitglieder gefördert wird; vgl. Ordonnance Nr. 67-821 vom 23.09.1967 Art. 1 Abs. 2. Siehe auch oben unter F. II. 2. a) aa) (4). Vgl. auch *Maul*, RIW 1997, S. 911, 912 m.w.N. Die *société en participation* oder die *société créée de fait* besitzen hingegen keine eigene Rechtspersönlichkeit und scheiden insoweit per definitionem als Gesellschafter einer SARL aus.

[1246] Vgl. das Gesetz Nr. 90-1258 vom 31.12.1990. Vgl. auch oben G. I. 3.

[1247] Vgl. oben unter B. II. 2. c).

[1248] Vgl. *Venandet* in: Juris-Classeur, Band 3, Fasc. 72-10, Nr. 56.

[1249] Das Problem der Haftung für Gesellschaftsschulden im Gründungsstadium wird im französischen Recht damit auf sehr einfache und pragmatische Weise gelöst. Denn sobald der Gesellschaftsvertrag von den Gesellschaftern unterzeichnet und die Gesellschaft in das Handels- und Gesellschaftsregister eingetragen worden ist, gelten sämtliche getätigten Geschäfte und Verbindlichkeiten, die auf der Liste genannt sind, als solche der nun gegründeten SARL (Dekret Nr. 67-236 Art. 26 Abs. 2). Vgl. hierzu auch *Merle*, Droit commercial, Rdnr. 182 m.w.N.; *Hurstel/Süß*, EuZW 1992, S. 143, 146.

muß nach Art. 1832-2 Abs. 1 C. civ. der Ehegatte eines Gesellschafters darüber informiert werden, wenn dieser einen im gemeinsamen Eigentum beider Ehegatten stehenden Gegenstand (*bien commun*) in die Gesellschaft einbringen will. Die Benachrichtigung hat durch ein Einschreiben mit Empfangsbestätigung (*par lettre recommandée avec accusé de réception*) zu erfolgen und muß ebenfalls durch ein entsprechendes Schriftstück im Anhang der Satzung nachgewiesen sein[1250].

3. Organbestellung

Als nächste Voraussetzung für die Gründung einer SARL muß das Geschäftsführungsorgan bestellt werden (Art. 49 Abs. 2 S. 2). Ausreichend ist grundsätzlich ein Geschäftsführer, bei dem es sich aber zwingend um eine natürliche Person handeln muß (Art. 49 Abs. 1). Die Übertragung der Geschäftsführung der SARL auf beispielsweise eine andere SARL ist somit nicht zulässig. Die Bestellung des Geschäftsführers kann bereits durch Aufnahme der Bestellungserklärung in die Satzung erfolgen. Dies ist aber nicht zwingend. Das Gesetz erlaubt auch einen gesonderten nachträglichen Bestellungsbeschluß (*acte postérieur*, Art. 49 Abs. 2 S. 2), der baldmöglichst nach Abschluß des Gesellschaftsvertrages erfolgen sollte, da dem Geschäftsführer insbesondere die Bewirkung der Eintragung der Gesellschaft in das Handels- und Gesellschaftsregister obliegt (vgl. Dekret Nr. 67-236 Art. 283)[1251]. Der Bestellungsbeschluß benötigt die einfache Mehrheit der Stammeinlagen, nicht die einfache Mehrheit der Gesellschafter (Art. 49 Abs. 2 S. 2 i.V.m. Art. 59 Abs. 1). Ebenso wie für das deutsche GmbH-Recht gilt auch für das Recht der SARL das Prinzip der Drittorganschaft. Demnach muß der Geschäftsführer also nicht zwingend auch Gesellschafter der SARL sein (Art. 49 Abs. 2 S. 1).

[1250] Vgl. *Venandet* in: Juris-Classeur, Band 3, Fasc. 72-10, Nrn. 56, 55 a.E.

[1251] Vgl. auch *Behrens*, Die GmbH, Rdnr. F 12. Vgl. auch oben B. II. 3. a).

4. Erbringung der Leistung auf die Stammeinlagen

Spätestens bis zur Unterzeichnung der Satzung durch die Gesellschaftsgründer[1252] müssen sämtliche Leistungen auf die Stammeinlagen vollständig erbracht sein, unabhängig davon, ob es sich um Sacheinlagen oder Bareinlagen handelt (vgl. Art. 38 Abs. 1)[1253]. Diese Regelung bezweckt den Schutz der Gesellschaftsgläubiger und kompensiert gewissermaßen die geringe Höhe des gesetzlich vorgeschriebenen Mindestgesellschaftskapitals[1254]. Die Verpflichtung zur sofortigen vollständigen Leistungserbringung gilt jedoch nur für Sacheinlagen und Bareinlagen (vgl. Art. 38 Abs. 1). Demgegenüber werden Einlagen in Form von Arbeits- oder Dienstleistungen (*apports en industrie*) von dieser Vorschrift nicht erfaßt. Sie können auch naturbedingt nicht im Zeitpunkt der Satzungsunterzeichnung vollständig erbracht sein (*caractère successif*)[1255].

Eine Ausnahme von dem Grundsatz der vollständigen Erbringung der Einlageleistung besteht jedoch dann, wenn die Gesellschaft mit einem variablen Stammkapital ausgestattet ist. In diesem Fall sieht Gesetz vom 24.07.1867 Art. 51 Abs. 3 vor, daß bei Bareinlagen[1256] lediglich 10% des gezeichneten Kapitals aufgebracht werden müssen. Unklar ist indessen, ob die Erbringung von 10% auch dann ausreicht, wenn dieser Betrag selbst 50.000 FF nicht erreicht. Die Rechtsprechung ist insoweit nicht einheitlich[1257].

[1252] Diese Frist ergibt sich aus Dekret Nr. 67-236 Art. 22 Abs. 2, nach dem die (vollständige, Art. 38 Abs. 1) Erbringung der Einlagen in den Statuten vermerkt sein muß. Vgl. auch *Venandet* in: Juris-Classeur, Band 3, Fasc. 72-10, Nrn. 25, 29. Diese Regelung wird den deutschen Juristen sicherlich überraschen. Dem französischen Recht ist das deutsche Abstraktionsprinzip nicht bekannt, und es sieht statt dessen in ein- und demselben Vertrag gleichzeitig zwei Geschäfte vor: sowohl die Verpflichtung der Gesellschafter zur Erbringung der Leistungen auf ihre statutarisch festgelegten Stammeinlagen, als auch deren Erfüllung. Nach deutschem Recht ist der zukünftige Gesellschafter hingegen erst mit wirksamem Gesellschaftsvertrag überhaupt zur Erfüllung seiner so begründeten Einlagepflicht verpflichtet, weshalb hier die Dokumentation der Erfüllungsleistung kaum in demselben Vertrag erfolgen kann.

[1253] Vgl. statt dessen § 7 Abs. 2 GmbHG.

[1254] Vgl. auch *Merle*, Droit commercial, Rdnr. 179; *Venandet* in: Juris-Classeur, Band 3, Fasc. 72-10, Nr. 25; *Guyon*, Droit des affaires, Nr. 477.

[1255] Vgl. zu den *apports en industrie* oben unter G. II. 2. a) aa) (8) (c).

[1256] Vgl. nur *Jeantin/Durand-Lépine* in: Juris-Classeur, Band 6, Fasc. 167-10, Nr. 13.

[1257] Während dies nach der bisherigen Rechtsprechung möglich war (vgl. Paris 01.06.1995: J.C.P. éd. E. 1995, pan., Nr. 911; D. 1995, S. 567), vertritt der Cour d'appel d'Aix-en-Provence

a) Leistung der Bareinlagen

Bareinlagen werden durch Übertragung von Geldbeträgen geleistet. Dies kann entweder in bar, in Form eines Bank- oder Postbankschecks oder aber auch durch Überweisung geschehen[1258]. Ausgeschlossen ist hingegen beispielsweise die Begebung eines Wechsels (*lettre de change*) oder die Aufrechnung mit einer Gegenforderung (*versement de compensation*)[1259]. Die Leistungen auf die Bareinlagen müssen bis zur Eintragung in das Handels- und Gesellschaftsregister durch die Gesellschaft hinterlegt werden (Art. 38 Abs. 4 i.V.m. Dekret Nr. 67-236 Art. 22 Abs. 2). Innerhalb von acht Tagen nach Erhalt des Geldes[1260] hat die Hinterlegung durch Einzahlung auf ein Konto zu erfolgen, welches auf die Gesellschaft in Gründung lauten muß und bei der Depositenkasse (*Caisse des dépôts et consignations*), bei einem Notar oder bei einer beliebigen Bank[1261] eingerichtet werden kann (Art. 38 Abs. 4 i.V.m. Dekret Nr. 67-236 Art. 22 Abs. 1). In der Praxis wird üblicherweise ein Bankkonto gewählt[1262]. Nach Einzahlung des Geldes auf das Konto stehen die Beträge nur dem Verwahrer, nicht aber der Gesellschaft zur Verfügung

---

insoweit eine andere Auffassung, vgl. Aix-en-Provence 14.06.1996: Rev. Soc. 1996, S. 849. Nach Ansicht dieses Berufungsgerichts ist die Ablehnung eines Eintragungsantrags in das Handels- und Gesellschaftsregister rechtmäßig, wenn die SARL mit einem variablen Kapital von 90.000 FF ausgestattet ist und in Anlehnung an Gesetz vom 24.7.1867 Art. 51 Abs. 3 nur Bareinlagen in Höhe von 9.000 FF geleistet werden. Zur Begründung trägt es vor, daß das ältere Gesetz von 1867 zwar generell die Prinzipien definiere, die für Gesellschaften mit einem variablen Gesellschaftskapital gelten. Jedoch habe der Gesetzgeber mit der Fassung des Gesetzes von 1966 unzweideutig aufgezeigt, daß die Gründung einer SARL mit einer sofortigen Einlageleistung im Werte von unter 50.000 FF nicht möglich sei (vgl. Art. 35 Abs. 1 i.V.m. Art. 38 Abs. 1). Vgl. zu diesen unterschiedlichen Auffassungen in der Rechtsprechung auch *Vidal*, Dr. soc. févr. 1997, S. 3; *Jeantin/Durand-Lépine* in: Juris-Classeur, Band 6, Fasc. 167-20, Nrn. 9 und 10.

1258 Vgl. *Merle*, Droit commercial, Rdnr. 29; *Venandet*, in: Juris-Classeur, Band 3, Fasc. 72-10, Nr. 26.

1259 Vgl. grundsätzlich *Venandet*, in: Juris-Classeur, Band 3, Fasc. 72-10, Nr. 26; *Bougnoux* in: Juris-Classeur, Band 4, Fasc. 117-10, Nr. 28 m.w.N., Nr. 30 m.w.N. Die Aufrechnung scheidet schon deshalb aus, weil die zu gründende Gesellschaft zu diesem Zeitpunkt noch gar keine eigene Rechtspersönlichkeit besitzt und von daher noch gar kein Schuldner des Einlagepflichtigen sein kann.

1260 Vgl. Dekret Nr. 67-236 Art. 22 Abs. 1: „*Dans les huit jours de leur réception, ...*“. Mit *Venandet*, in: Juris-Classeur, Band 3, Fasc. 72-10, Nr. 29 m.w.N., ist die Vorschrift wohl so zu verstehen, daß die Frist für jede einzelne Einlageleistung gesondert gilt und nicht erst ab der letzten Bareinlageleistung zu laufen beginnt.

1261 Als „Banken“ gelten alle *établissements de crédit* im Sinne von Gesetz Nr. 84-46 vom 24.01.1984 Art. 1 Abs. 1.

1262 Vgl. *Schmidt/Gramling* in: Lutter, Tochtergesellschaft, S. 208.

(vgl. Art. 39 Abs. 1). Eine Depotbescheinigung sieht das Gesetz bei der SARL nicht vor. Erst nach Eintragung der Gesellschaft in das Handels- und Gesellschaftsregister können die Einlagen durch einen Bevollmächtigten der Gesellschaft wieder abgehoben werden (*retrait des fonds*), Art. 39 Abs. 1[1263]. Erforderlich ist hierfür die Vorlage einer Bescheinigung, in welcher der Geschäftsstellenbeamte des zuständigen Gerichts die Eintragung der Gesellschaft bestätigt (Dekret Nr. 67-236 Art. 23).

b) Leistung der Sacheinlagen

Ebenso wie die Bareinlagen müssen auch die Sacheinlagen bis zur Unterzeichnung der Satzung vollständig erbracht sein. Zu den Sacheinlagen zählen alle Gegenstände außer Geld[1264], die einen Vermögenswert (*valeur patrimoniale*) besitzen, gleich, ob es sich um bewegliche oder unbewegliche, materielle oder immaterielle Gegenstände handelt[1265]. Die Leistung einer Sacheinlage kann auf die Übertragung von Eigentum (*apport en propriété*), auf die Bestellung eines Nießbrauchs (*apport en usufruit*) bzw. eines sonstigen Rechts oder auf die Verschaffung tatsächlicher Nutzungen (*apport en jouissance*) gerichtet sein[1266]. Bei der Verschaffung von Eigentum (*apport en propriété*) muß der Gegenstand auf die Gesellschaft übertragen und effektiv bereitgestellt werden (Art. 1843-3 Abs. 2 C. civ.). Hierbei wird der Einlagenleistende vom Gesetz wie ein Verkäufer behandelt (Art. 1843-3 Abs. 3 C. civ.). So haftet er z.B. als Garant bei Besitzentziehung (*éviction*) oder bei

---

[1263] Wird die Gesellschaft nicht innerhalb von sechs Monaten ab Hinterlegung der ersten Einlage in das Handels- und Gesellschaftsregister eingetragen, können die Einlageleistenden vom Präsidenten des jeweils zuständigen Handelsgerichts die Rückgabe der Einlagen verlangen, Art. 39 Abs. 2 i.V.m. Dekret Nr. 67-236 Art. 24.

[1264] Vgl. nur *Venandet*, in: Juris-Classeur, Band 3, Fasc. 72-10, Nr. 34.

[1265] Vgl. *Guyon*, Droit des affaires, Nrn. 481, 104; *Merle*, Droit commercial, Rdnr. 180; *Germain/Vogel* in: Ripert/Roblot, Droit commercial, Nr. 1043. In Betracht kommen z.B. Maschinen, Grundstücke, Aktien, Patente, Marken, Forderungen, behördliche Nutzungs- oder Ausübungsgenehmigungen oder auch ganze Handelsunternehmen. Vgl. hierzu und insbesondere zum Begriff des Handelsunternehmens oben unter B. II. 2. a) aa) (7).

[1266] Vgl. *Ferid/Sonnenberger*, Band 2, Rdnr. 2 L 307; *Merle*, Droit commercial, Rdnrn. 30-33; *Guyon*, Droit des affaires, Nr. 104. Vgl. grds. auch die Ausführungen oben unter B. II. 2. a) aa) (7).

versteckten Mängeln (*vices cachés*)[1267]. Die Übertragung von Eigentum wird aber erst im Zeitpunkt der Eintragung der Gesellschaft in das Handels- und Gesellschaftsregister wirksam; erst dann erwirbt sie ihre eigene Rechtspersönlichkeit und kann Eigentümerin ihres Gesellschaftsvermögens werden[1268]. Bedarf es zur Wirksamkeit der Übertragung noch eines Kundgebungsakts, wie z.B. bei der Einbringung eines Handelsunternehmens (*fonds de commerce*)[1269], kann die Kundgebung noch vor Unterzeichnung der Statuten erfolgen, allerdings unter der Bedingung, daß die in Gründung stehende Gesellschaft auch tatsächlich eingetragen wird (vgl. Artt. 1843-1 S. 1, 1834 C. civ.)[1270]. Die Übertragung eines Nießbrauchsrechts als Einlageleistung (*apport en usufruit*) wird vom Gesetz genauso wie die Übertragung des Eigentums an einem Gegenstand behandelt. Die Gesellschaft erwirbt also ein dingliches Recht (*droit réel*)[1271], wobei dann Art. 619 C. civ. zu beachten ist[1272]. Besteht die Einlage, was allerdings selten vorkommt[1273], in der Verschaffung tatsächlicher Nutzungen an einem Gegenstand (*apport en jouissance*), stellt der Einlagenleistende der Gesellschaft nur einen Gegenstand zur Verfügung, damit diese den Gegenstand zwar frei nutzen, aber nicht zu Eigentum erwerben kann. Eigentümer bleibt der Einlagenleistende[1274], er überträgt nur das Nutzungsrecht an der Sache, was der Einräumung eines Mietrechts ähnelt[1275]. Deshalb haftet der Einlagenleistende im Hinblick auf die Nutzungen des Gegenstands gegenüber der Gesellschaft wie ein Vermieter gegenüber sei-

---

1267 Vgl. *Merle*, Droit commercial, Rdnr. 31. Bei der Haftung für versteckte Mängel finden die Artt. 1641 ff. C. civ. Anwendung, wenn sich herausstellt, daß der eingebrachte Gegenstand für die vorgesehene Verwendung ungeeignet ist; vgl. auch *Germain/Vogel* in: Ripert/Roblot, Droit commercial, Nr. 1046.

1268 Vgl. *Merle*, Droit commercial, Rdnr. 31 m.w.N.

1269 Vgl. Gesetz vom 17.03.1909 Artt. 7, 3.

1270 Vgl. auch *Germain/Vogel* in: Ripert/Roblot, Droit commercial, Nr. 1045 m.w.Bsp.

1271 Vgl. *Merle*, Droit commercial, Rdnr. 33.

1272 Ein Nießbrauchsrecht, das auf eine juristische Person übertragen wird, ist zeitlich auf 30 Jahre beschränkt.

1273 Vgl. *Merle*, Droit commercial, Rdnr. 32.

1274 Dies gilt jedenfalls dann, wenn es sich bei dem Gegenstand um eine konkrete Sache (*corps certain*) handelt. Wird die Einlageleistung hingegen mit Gattungssachen (*choses de genre*) oder vertretbaren Sachen (*choses fongibles*) wie z.B. Waren (*marchandises*) oder Geld (*argent*) erbracht, tritt immer ein Eigentumserwerb durch die Gesellschaft ein (vgl. Artt. 1843-3 Abs. 4, 1834 C. civ.). Ihr obliegt es dann, für die erhaltenen Gegenstände wieder Sachen von gleicher Menge und Güte an den Einlageleistenden zurückzugeben (Artt. 1843-3 Abs. 4 S. 2, 1834 C. civ.).

1275 Vgl. *Germain/Vogel* in: Ripert/Roblot, Droit commercial, Nr. 1047.

nem Mieter (Art. 1843-3 Abs. 4 S. 1 C. civ.). Ebenso wie die Einlageleistung durch *apports en industrie* kann die Einräumung der Nutzung einer Sache naturgemäß nur fortlaufend gewährt werden, so daß die Verpflichtung zur Leistungserbringung im Zeitpunkt der Anmeldung nicht vollständig erfüllt sein kann[1276].

5. Publizität

Ebenso wie die deutsche GmbH muß auch die SARL zwingend in das Handels- und Gesellschaftsregister eingetragen werden (vgl. Dekret Nr. 67-236 Art. 1 Abs. 1). Nach Dekret Nr. 67-236 Art. 283 obliegt es der Geschäftsführung, für die Eintragung der Gesellschaft zu sorgen. Da in Frankreich alle Gesellschaften[1277] unabhängig von ihrer Rechtsform grundsätzlich den gleichen Voraussetzungen zur Eintragung in das Handels- und Gesellschaftsregister unterworfen sind, kann auf die Darstellung des Eintragungsverfahrens der *société en nom collectif* bzw. *société civile* verwiesen werden[1278]. Allerdings sind bei der Eintragung der SARL gewisse nachstehende Besonderheiten zu beachten. Neben der Erlangung eigener Rechtspersönlichkeit (Art. 5 Abs. 1 S. 1) hat die Eintragung für die SARL ebenfalls zur Folge, daß die hinterlegten Einlagen abgehoben werden dürfen (Art. 39 Abs. 1). Bei der Hinterlegung der Gründungsdokumente bei der Geschäftsstelle des zuständigen Handelsgerichts müssen zu den aufgezählten Unterlagen bei der SARL auch noch der Bericht des Einlagenprüfers (*rapport du commissaire aux apports*) in zweifacher Ausführung eingereicht werden, sofern die SARL von der Einschaltung des Einlagenprüfers Gebrauch gemacht hat[1279]. Außerdem muß in dem Antrag auf Eintragung der SARL in das Handels- und Gesellschaftsregister zusätzlich zu den üblichen Angaben noch das Datum

---

[1276] Vgl. nur *Germain/Vogel* in: Ripert/Roblot, Droit commercial, Nr. 1047.

[1277] Mit Ausnahme freilich der *société en participation*, vgl. Art. 1842 Abs. 1 C. civ.

[1278] S.o. B. II. 4. und C. II. 4. Zu beachten ist insoweit nur, daß das Dekret Nr. 67-236 vom 23.03.1967 über die Handelsgesellschaften nicht für die *société civile* anwendbar ist. Aus diesem Grunde sind die Regelungen in Dekret Nr. 78-704 Artt. 22 und 23 nahezu wortgleich mit den einschlägigen Vorschriften in Dekret Nr. 67-236. Anstatt Dekret Nr. 78-704 Art. 22 gilt hier Art. 285, und statt Dekret Nr. 78-704 Art. 23 ist Art. 286 anzuwenden. Eine Vereinheitlichung der Rechtsvorschriften für alle Gesellschaften ist leider noch nicht erfolgt.

[1279] Vgl. Dekret Nr. 84-406 Art. 48 Nr. 2 lit. b).

des Jahresabschlusses angegeben werden (Dekret Nr. 84-406 Art. 15 A Nr. 7). Haben sich die Gründer für eine Ausstattung der Gesellschaft mit einem variablen Kapital entschlossen, müssen sie nach Dekret Nr. 67-236 Art. 285 Abs. 5[1280] in der Anzeige im JAL zusätzlich angeben, daß es sich bei der Gesellschaft um eine *société à capital variable* handelt, sowie den Betrag nennen, den das variable Gesellschaftskapital nicht unterschreiten darf. Die gleichen Angaben sind schließlich beim Eintrag in das Handels- und Gesellschaftsregister (vgl. Dekret Nr. 84-406 Art. 15 A Nr. 3) und in der Anzeige im BODACC (vgl. Dekret Nr. 84-406 Art. 73 II B Nr. 3) erforderlich.

III. Gründungsmängel

Nach Art. 360 Abs. 1 S. 1 führt ein Gründungsmangel nur in den gesetzlich vorgesehenen Fällen zur Nichtigkeit der Gesellschaft (*nullité*). Tatsächlich sieht aber keine Vorschrift des Gesetzes von 1966 die Rechtsfolge der Nichtigkeit ausdrücklich vor. Zur Nichtigkeit der Gesellschaft können somit nur Mängel führen, die nach dem allgemeinen Vertragsrecht auch die Nichtigkeit eines Vertrags zur Folge hätten[1281]. Ausgenommen hiervon sind aber nach der ausdrücklichen Regelung in Art. 360 Abs. 1 S. 2 folgende Fälle: Willensmängel (*vices de consentement*), Geschäftsunfähigkeit (*incapacité*), sofern nicht alle Gesellschaftsgründer hiervon betroffen sind, sowie die Existenz von sog. leoninischen Klauseln (vgl. Art. 1844-1 Abs. 2 C. civ.). Somit verbleiben Mängel wie ein nicht zulässiger Gesellschaftsgegenstand, das Fehlen der affectio societatis oder fiktive Einlagen, die bei der SARL zur Nichtigkeit der Gesellschaft führen können[1282]. Für die Nichtigkeitsfolgen gilt das zuvor zur *société civile* und SNC Gesagte entsprechend: Grundsätzlich steht die Heilung der oder des Mangels im Vordergrund (Art. 6). Nur wenn sie nicht erfolgt oder unmöglich ist, kann die Gesellschaft durch gerichtliche Entscheidung für nichtig erklärt werden. Der Nichtigkeitsausspruch führt nur zur Auflösung der Gesellschaft und entfaltet nur Wirkung für die Zukunft, wirkt also nicht ex tunc (vgl. Artt. 368, 390).

1280 Bei der Gründung einer *société civile* mit variablem Kapital (s.o. A. III. 3.) gilt statt dessen Dekret Nr. 78-704 Art. 22 III Nr. 3.

1281 Vgl. *Germain/Vogel* in: Ripert/Roblot, Droit commercial, Nr. 1492.

Soweit es die Gründerhaftung angeht, gilt zunächst die allgemeine Regelung in Art. 7. Hiernach haften alle Gründer gesamtschuldnerisch gegenüber den Gesellschaftern und Dritten, die infolge des Fehlens einer notwendigen Satzungsbestimmung oder der Nichtbeachtung von Gründungsformalitäten einen Schaden erlitten haben. Darüber hinaus begründet das Gesetz in Art. 42 aber auch eine Haftung der Gründer und ersten Leitungsorgane einer SARL gegenüber Gesellschaftern und Dritten, die infolge der Nichtigkeit der Gesellschaft einen Schaden erlitten haben[1283].

IV. Besonderheiten bei der Gründung eines *entreprise unipersonnelle à responsabilité limitée* (EURL)

Ein Einpersonen-Unternehmen mit beschränkter Haftung kann grundsätzlich auf zwei Wegen entstehen. Zum einen durch die Vereinigung aller Gesellschaftsanteile in einer Hand (vgl. Art. 36-1), zum anderen durch originäre einseitige Gründung durch nur einen Gesellschafter (*création ab initio*, vgl. Art. 1832 Abs. 2 C. civ. i.V.m. Art. 34 Abs. 1). Gesetzlich ist in Frankreich die originäre Gründung einer Gesellschaft mit beschränkter Haftung durch einen einzigen Gesellschafter seit dem Gesetz Nr. 85-697 vom 11.07.1985[1284] vorgesehen[1285]. Hierbei handelt es sich um das *entreprise unipersonnelle à responsabilité limitée* (EURL), das primär für Kleinunternehmer in den Bereichen Industrie, Handel, Handwerk und Dienstleistung geschaffen worden ist[1286]. Im Unterschied zur deutschen Einpersonen-GmbH scheint der französische Gesetzgeber die Verwendung des Begriffs *entreprise* statt *société* vorzuziehen, um dem notwendigen Vorhandensein von mindestens zwei Personen bei einer „Gesellschaft" Rechnung zu tragen. Das EURL stellt keine eigenständige Rechtsform dar, sondern nur eine Abwandlung der

---

1282 Vgl. auch *Germain/Vogel* in: Ripert/Roblot, Droit commercial, Nrn. 1492, 1072.

1283 Wenngleich dieser Fall in der Praxis aufgrund des Vorrangs der Heilung (Art. 6) nur selten vorkommen dürfte.

1284 *Loi n° 85-697 du 11 juillet 1985, relative à l'entreprise unipersonnelle à responsabilité limitée et à l'exploitation agricole à responsabilité limitée.*

1285 Frankreich hat somit bereits etwa vier Jahre vor Erlaß der 12. Richtlinie Nr. 89/667/EWG vom 21.12.1989 (Einpersonengesellschaftsrichtlinie) die Rechtsform der EURL geschaffen und die vorgenannte Richtlinie in Frankreich deshalb auch nicht umgesetzt.

1286 Vgl. *Merle*, Droit commercial, Rdnr. 231; *Weyand*, RIW 1986, S. 418, 419.

SARL[1287]. Deshalb sind für das EURL auch grundsätzlich alle Regelungen zur Gründung einer SARL entsprechend anwendbar (vgl. Art. 34 Abs. 1). Eine Ausnahme bilden freilich besondere Vorschriften, die nur für das EURL gelten und nachstehend zusammengefaßt sind. Die Gründung des EURL vollzieht sich nicht durch Abschluß eines Gesellschaftsvertrages, sondern durch einen einseitigen Willensakt („*acte de volonté d'une seule personne*", vgl. Art. 1832 Abs. 2 C. civ.). Der Alleingesellschafter des EURL kann eine natürliche oder juristische Person sein[1288], ausgeschlossen ist nach Art. 36-2 Abs. 1 nur eine weitere EURL als Alleingesellschafter. Damit soll eine Kette von mehreren EURL-Gesellschaften verhindert[1289] und dem Mißbrauch der Rechtsform bzw. der Gefahr unterkapitalisierter Gründungen begegnet werden[1290]. Demgegenüber ist es seit 1994 zulässig, daß eine natürliche Person, wie zuvor auch eine juristische Person, zugleich Alleingesellschafter von mehreren Einpersonengesellschaften ist[1291]. Der Alleingesellschafter ist im Unterschied zum EURL selbst nicht Kaufmann[1292]. Der Rechtsformzusatz in der Firma des EURL lautet nicht auf „*entreprise unipersonnelle à responsabilité limitée*" oder abgekürzt „EURL". Zwar verwendet das Gesetz zur Einführung dieser Gesellschaftsform in das französische Recht diese Terminologie[1293]. Allerdings wurde damit weder Art. 34 Abs. 3 noch Dekret Nr. 67-236 Art. 28 geändert oder ergänzt. Lediglich für den Alleingesellschafter sieht das Gesetz in Art. 34 Abs. 2 S. 1 vor, daß dieser mit „*associé*

[1287] Vgl. *Guyon*, Droit des affaires, Nr. 474; *Weyand*, RIW 1986, S. 418, 419; *Ferid/Sonnenberger*, Band 4/1, Rdnr. 2 L 5 a. So stellt die Änderung einer SARL in eine EURL auch keine Umwandlung dar; vgl. *Merle*, Droit commercial, Rdnr. 98.

[1288] Vgl. *Germain/Vogel* in: Ripert/Roblot, Droit commercial, Nr. 1348; *Daigre* in: Juris-Classeur, Band 3, Fasc. 82, Nrn. 29-32; *Sonnenberger*, FrHWR Rdnr. III 191.

[1289] Vgl. *Hurstel/Süß*, EuZW 1992, S. 143, 144.

[1290] Vgl. *Hübner/Constantinesco*, Einführung, S. 220.

[1291] Vgl. *Germain/Vogel* in: Ripert/Roblot, Droit commercial, Nr. 1348. Die frühere Regelung in Art. 36-2 Abs. 1, die ein entsprechendes Verbot vorsah, ist mit dem Gesetz Nr. 94-126 vom 11.02.1994 aufgehoben worden. Die Aufhebung ist zurückzuführen auf die 12. Gesellschaftsrechtliche Richtlinie der EG vom 21.12.1989. Siehe hierzu auch im Vergleich zum deutschen Recht mangels gesetzlicher Verbotsvorschriften die Entscheidung des BGH in NJW 1986, S. 188 ff. zur Durchgriffshaftung einer natürlichen Person als Alleingesellschafter von sieben Einpersonen-Gesellschaften mit beschränkter Haftung.

[1292] Vgl. *Sonnenberger*, FrHWR Rdnr. III 192. Daher kann auch ein Minderjähriger oder Geschäftsunfähiger Gesellschafter eines EURL sein, wenn er nicht zugleich auch Geschäftsführer der Gesellschaft ist; vgl. *Daigre* in: Juris-Classeur, Band 3, Fasc. 82, Nrn. 30, 67; *Germain/Vogel* in: Ripert/Roblot, Droit commercial, Nr. 1348.

unique“ (Alleingesellschafter) bezeichnet sein muß[1294]. Als Konsequenz kann daher auch die Firma eines EURL nur mit „*société à responsabilité limitée*“ oder abgekürzt „SARL“ ergänzt werden und lediglich als weiteren Zusatz die Bezeichnung „*entreprise unipersonnelle à responsabilité limitée*“ bzw. „EURL“ enthalten[1295]. Bei der EURL ist Fremdgeschäftsführung möglich (vgl. Art. 49 Abs. 2 S. 1); in der Praxis dürften aber die Fälle überwiegen, in denen der Alleingesellschafter selbst die Geschäftsführung übernimmt[1296]. Er hält des weiteren allein die Gesellschafterversammlungen ab (Art. 34 Abs. 2 S. 2 i.V.m. Art. 60-1 Abs. 3), darf mit Ausnahme der Befugnisse, die er als Geschäftsführer wahrnimmt, seine Kompetenzen delegieren (vgl. Art. 60-1 Abs. 3 S. 1) und bestellt nach Art. 40 Abs. 3 auch allein den Sacheinlagenprüfer. Die Publizität des EURL unterliegt den gleichen Voraussetzungen wie die der SARL. Lediglich der Antrag auf Eintragung des EURL in das Handels- und Gesellschaftsregister muß über den üblichen Inhalt hinaus einen ausdrücklichen Hinweis darauf enthalten, daß die Gesellschaft nur durch eine Person gegründet wird (vgl. Dekret Nr. 84-406 Art. 15 A Nr. 2).

H. Die Gründung einer *société anonyme* (SA)

Die *société anonyme* (SA)[1297] stellt im System des französischen Gesellschaftsrechts das Grundmodell der *sociétés par actions* dar[1298]. Sie kann ebenso wie fast alle französischen Gesellschaften (*sociétés*) durch Umwandl-

---

[1293] Vgl. den Namen des Gesetzes zur Einführung des EURL.

[1294] Wobei dem Puristen sicherlich auffallen wird, daß der Begriff „*associé unique*“ (Alleingesellschafter) einen Widerspruch in sich darstellt.

[1295] Vgl. *Daigre* in: Juris-Classeur, Band 3, Fasc. 82, Nr. 25.

[1296] Vgl. *Ferid/Sonnenberger*, Band 4/1, Rdnr. 2 L 41. Was aber ausgeschlossen ist, wenn der Alleingesellschafter eine juristische Person ist, da die Position des Geschäftsführers zwingend von einer natürlichen Person eingenommen werden muß (vgl. Art. 49 Abs. 1).

[1297] Zur Abkürzung vgl. Dekret Nr. 67-236 Art. 56. Früher sah die Regelung die Abkürzung „S.A.“ vor.

[1298] Vgl. *Sonnenberger/Autexier*, Einführung, Nr. 134. Auf diesem aufbauend sieht das Gesetz noch die ursprünglich bedeutsamste und heute kaum mehr gebräuchliche Form der *sociétés par actions* vor, nämlich die Kommanditgesellschaft auf Aktien (*société en commandite par actions*, SCA), sowie die vereinfachte Aktiengesellschaft (*société par actions simplifiée*, SAS), die seit 1999 auch in Form einer Einpersonen-Gesellschaft gegründet werden kann. Auf diese *société par actions simplifiée unipersonnelle* (SASU) wird nachstehend noch näher eingegangen. Vgl. zur Terminologie auch *Guyon*, Droit des affaires, Nr. 280.

ung ins Leben gerufen werden[1299]. Nachstehend wird hingegen die originäre Gründung einer SA nach den Artt. 70 ff. näher dargestellt, die insoweit aber bemerkenswerterweise zwei verschiedene Gründungsverfahren vorsehen, je nachdem, ob bei der Gesellschaftsgründung öffentlich zur Zeichnung von Aktien aufgefordert werden soll oder nicht[1300]. Im ersten Falle entsteht eine sog. *société anonyme avec appel public à l'épargne* (Publikumsaktiengesellschaft), im zweiten Fall eine einfache *société anonyme*. Nachstehend wird zunächst der Weg zur Gründung einer einfachen SA aufgezeigt und sodann in einem gesonderten Abschnitt auf die Besonderheiten eingegangen, die bei der Gründung der SA mit öffentlicher Zeichnungsaufforderung zu beachten sind. Seit dem Jahre 1999 ist auch in Frankreich die Gründung einer Aktiengesellschaft durch nur eine Person möglich. Hierbei handelt es sich um die *société par actions simplifiée unipersonnelle* (SASU), die eine Sonderform der *société par actions simplifiée* (SAS) darstellt, welche beide wiederum zur großen Gruppe der *sociétés par actions* gehören. Auch auf die Besonderheiten zur Gründung einer SASU wird nachstehend in einem gesonderten Kapitel näher eingegangen.

I. Vorstellung der Gesellschaftsform

Nach Art. 73 S. 1 handelt es sich bei der *société anonyme* (SA) um eine Gesellschaft, deren Gesellschaftskapital in Aktien (*actions*) zerlegt ist und deren Gesellschaftsgründer nur in Höhe ihrer Einlagen haften. Sie ist Handelsgesellschaft kraft Rechtsform (Art. 1 Abs. 2) und stellt die reinste Form der Kapitalgesellschaften dar[1301]. Im Unterschied zu den bisher erläuterten

---

[1299] Vgl. insoweit Art. 72-1 und Dekret Nr. 67-236 Art. 56-1.

[1300] Terminologisch wird insoweit auch zwischen einer simultanen und einer sukzessiven Gesellschaftsgründung unterschieden. Bei der *fondation simultanée* zeichnen die Gesellschaftsgründer selbst das gesamte Gesellschaftskapital im geschlossenen Kreis (*en circuit fermé*), während die Gründer bei der *fondation successsive* öffentlich zur Zeichnung auffordern und die Gründungsprozedur naturgemäß in mehreren Schritten vollzogen wird; vgl. *Merle*, Droit commercial, Rdnr. 255.

[1301] Vgl. *Germain/Vogel* in: Ripert/Roblot, Droit commercial, Nr. 1355; *Guyon*, Droit des affaires, Nr. 277. Im Unterschied zu den Personengesellschaften (vgl. zum Begriff des *intuitus personae* oben unter B. I.) spielt bei der SA die Person des Gesellschafters (*actionnaire*) keine wesentliche Rolle. Hier zählen nur die zu erbringenden Einlagen („*l'argent n'a pas d'odeur*"; vgl. *Guyon*, Droit des affaires, Nr. 277), während die persönlichen Qualifikationen der Gesellschafter auf die Geschäfte der SA keinen Einfluß haben; ganz anders z.B. bei der *société en nom collectif*, vgl. oben unter C. I. 2.

Rechtsformen zeichnet sich die *société anonyme* dadurch aus, daß ihre Gesellschaftsanteile (*actions*) frei handelbar (*négociable*) sind (Art. 271 Abs. 1 S. 1)[1302]. Nicht zuletzt deshalb gewann die SA in ihrer wesentlichen Funktion als Kapitalsammelbecken für das private Sparaufkommen[1303] bereits im 19. Jahrhundert an Bedeutung, als sie aus den *compagnies royales* des *ancien régime* hervorging[1304]. Mit ihr konnten Großunternehmen bzw. -unternehmungen in den Bereichen Eisenbahnbau, Bergbau, Eisenindustrie, Banken, Versicherungen und Seetransport erst möglich gemacht werden[1305]. Damit erwies sich die französische Aktiengesellschaft, nach der viel zitierten Beschreibung vom *doyen* Georges Ripert, als „*merveilleux instrument juridique du capitalisme moderne*"[1306]. Mit über 172.000 Gesellschaften in der Form der SA ist die *société anonyme* heute eine der am meisten verbreiteten Gesellschaftsformen in Frankreich[1307] und übertrifft z.B. die deutsche Aktiengesellschaft (AG) zahlenmäßig um ein Vielfaches[1308].

1. Rechtsgrundlagen

Die *société anonyme* ist in einer großen Anzahl von Vorschriften geregelt. Zu den zentralen Normen gehören hierbei die Artt. 70-250, welche durch Dekret Nr. 67-236 Artt. 54-201 umfangreich ergänzt werden. Hinzu kommen die wertpapierrechtlichen Vorschriften in Artt. 263 bis 339-7 und Dekret Nr. 67-236 Artt. 204 bis 242-7 sowie die bereits dargestellten Regelungen, welche bei der Eintragung der Gesellschaft in das Handels- und Gesellschaftsregister

---

1302 Der Handel von Aktien (*négociation*) ist von der Abtretung von Gesellschaftsanteilen an einer SARL oder SNC (*cession*) zu unterscheiden, im wesentlichen im Hinblick auf die Form und Wirkung der Übertragung. Die *cession* ist einer strengen Form unterworfen (Schriftformerfordernis, vgl. Art. 20 Abs. 1 S. 1, Hinterlegung der Abtretungsurkunde am Gesellschaftssitz, Art. 20 Abs. 1 S. 3), die *négociation* nicht (einfache Kontobuchung, *inscription en compte*), vgl. unten unter H. II. 2. a) aa) (7). Während der Erwerber einer Aktie ein originäres und damit unbelastetes Recht gegenüber der SA erwirbt, bleiben bei dem Erwerb eines Gesellschaftsanteils in Form der *cession* eventuelle Einwendungen (*exceptions*) bestehen; vgl. *Guyon*, Droit des affaires, Nr. 277.

1303 Vgl. *Guyon*, Droit des affaires, Nr. 276.

1304 Vgl. *Sonnenberger/Autexier*, Einführung, Nr. 134; *Guyon*, Droit des affaires, Nr. 276.

1305 Vgl. *Guyon*, Droit des affaires, Nr. 278; *Germain/Vogel* in: Ripert/Roblot, Droit commercial, Nr. 1384.

1306 Vgl. *Ripert*, Aspects juridiques, Nr. 46.

1307 Vgl. *Merle*, Droit commercial, Rdnr. 2 m.w.N.

zu beachten sind[1309]. Schließlich verdient die Ordonnance Nr. 67-833 vom 28.09.1967 noch einer Erwähnung, mit der die *Commission des opérations de bourse* (COB) in Frankreich eingeführt wurde[1310]. Insgesamt zeichnet sich das Recht der *société anonyme* durch eine sehr detaillierte und in weiten Teilen zwingende Regelung der Gesellschaftsgründung und -organisation aus. Sie läßt den Gesellschaftsgründern kaum Raum für Vertragsfreiheit, so daß die *société anonyme* eher institutionellen als vertraglichen Charakter besitzt[1311].

2. Charakteristische Merkmale

Wesentliches charakteristisches Merkmal der *société anonyme* stellt die Verkörperung ihrer Gesellschaftsanteile in Aktien dar (vgl. Art. 73 S. 1), die auf dem Kapitalmarkt frei gehandelt werden können (vgl. Art. 271). Darüber hinaus ist auch die SA in das Handels- und Gesellschaftsregister einzutragen; sie genießt ab diesem Zeitpunkt den Status der juristischen Person (Art. 5 Abs. 1 S. 1) und ist folglich zur Führung einer Firma (*dénomination sociale*) berechtigt (Art. 70). Systematisch handelt es sich bei der SA um eine Handelsgesellschaft kraft Rechtsform, d.h. sie bleibt es auch dann, wenn ihr Gesellschaftsgegenstand nicht auf den Betrieb eines Handelsgewerbes gerichtet ist (vgl. Art. 1 Abs. 2). Demgegenüber müssen ihre Aktionäre nicht zwingend die Kaufmannseigenschaft besitzen[1312]. Zur Gründung einer *société anonyme* sind mindestens sieben Gesellschafter erforderlich (Art. 73 S. 2),

---

1308 Ende 1998 zählte man in Deutschland knapp 5.500 Gesellschaften in der Form der AG; vgl. oben 1. Abschnitt E. I. 3.

1309 S.o. B. II. 3., C. II. 3. und G. II. 5.

1310 Hierbei handelt es sich um eine unabhängige Behörde (*autorité administrative indépendante*, vgl. Art. 1 Abs. 1 der Ordonnance), die zum Zwecke des Anlegerschutzes und der Kontrolle von Aktiengesellschaften eingeführt wurde. Vgl. zur COB auch *Merle*, Droit commercial, Rdnrn. 525 ff.

1311 Vgl. *Cozian/Viandier*, Droit des Sociétés, Nr. 602; *Guyon*, Droit des affaires, Nr. 279; *Bastian/Germain*, 30.10 S. 1 f.; *Germain/Vogel* in: Ripert/Roblot, Droit commercial, Nr. 1387. Tatsächlich verwendet z.B. weder das Gesetz noch die Praxis den Begriff des Gesellschaftsvertrages (*acte de société* oder *contrat de société*) für die Satzung (*statuts*). Dies dürfte zumindest bei der Gründung einer *société anonyme avec appel à l'épargne* folgerichtig sein, da in diesem Fall die Satzung nicht unterzeichnet, sondern in einer Gründungsversammlung mehrheitlich beschlossen wird und sodann auch diejenigen rechtlich bindet, die gegen die Annahme der Satzung votiert haben.

1312 Vgl. *Guyon*, Droit des affaires, Nr. 277; *Germain/Vogel* in: Ripert/Roblot, Droit commercial, Nr. 1355; *Merle*, Droit commercial, Rdnr. 252.

das Mindestgesellschaftskapital beträgt bei der Publikumsaktiengesellschaft (*société anonyme avec appel public à l'épargne*) 1,5 Mio. FF und im übrigen 250.000 FF (Art. 71 Abs. 1). Die innere Organisation der SA ist durch eine hierarchische Struktur gekennzeichnet[1313], in der den einzelnen Organen gesetzlich zwingend festgelegte Aufgaben und Befugnisse zukommen[1314]. Das französische Recht weist insoweit aber eine Besonderheit auf. Es stellt nämlich zwei verschiedene Organisationsstrukturen zur Verfügung, zwischen denen die Gesellschaftsgründer frei wählen können. Das weit verbreitete traditionelle System, geregelt in Artt. 89-117, sieht neben einer Hauptversammlung (*assemblée des actionnaires*) lediglich einen Verwaltungsrat (*conseil d'administration*) vor, der im Prinzip sowohl als Leitungsorgan als auch als Kontrollorgan tätig wird. Der Rat kann aus drei bis 24 Mitgliedern bestehen (Art. 89 Abs. 1), die von der Hauptversammlung berufen und abgewählt werden (Art. 90 Abs. 1 S. 1 und Abs. 2 S. 2) und sämtlich Aktionäre der Gesellschaft sein müssen (Ausschluß des Prinzips der Fremdorganschaft, vgl. Art. 95 Abs. 1). An der Spitze des Verwaltungsrats steht der *président du conseil d'administration*, auch *président directeur général* (PDG) genannt[1315], der von den Mitgliedern des Verwaltungsrats gewählt und abgewählt wird (vgl. Art. 110 Abs. 1 S. 1, Abs. 3 S. 1). Er ist mit der allgemeinen Leitung der Gesellschaft (*direction générale*, Generaldirektion) betraut und vertritt die SA nach außen (vgl. Art. 113 Abs. 1)[1316]. Seine Vertretungsmacht ist dabei weder auf den statutarischen Gesellschaftsgegenstand begrenzt noch Dritten gegenüber einschränkbar (Art. 113 Abs. 3, 4).

Das zweite Organisationsmodell ist in Artt. 118-150 geregelt und in der Praxis von geringer Relevanz[1317]. Es ist vom deutschen Recht inspiriert

---

1313 Vgl. *Bézard*, Société Anonyme, Nr. 14; *Cozian/Viandier*, Droit des Sociétés, Nr. 602.

1314 Vgl. Cass. civ. 04.06.1946: J.C.P. 1947, II, Nr. 3518 ; vgl. auch *Sonnenberger/Autexier*, Einführung, Nr. 134.

1315 Die Bezeichnung *président directeur général* war früher gesetzlich vorgesehen, wurde aber mit dem Gesetz von 1966 nicht übernommen, vgl. Art. 113 Abs. 1. Dennoch wird der Begriff noch heute häufig verwendet.

1316 Daraus ergibt sich auch, daß der Präsident als Spitze des Verwaltungsrats nach dem Gesetz zum einen eine Kontrollfunktion ausübt, als Generaldirektor andererseits aber auch mit der Geschäftsführung der Gesellschaft betraut ist. Daher auch der Name *président directeur général*.

1317 So waren 1997 nur 2,3% aller *sociétés anonymes* nach dem zweiten Organisationsmodell organisiert, vgl. *Cozian/Viandier*, Droit des Sociétés, Nr. 625. Darunter allerdings bedeutende börsennotierte Gesellschaften wie Carrefour oder Peugeot; vgl. *Sonnenberger/Autexier*, Einführung,

und sieht neben der Hauptversammlung einen Vorstand (*directoire*) vor, dem die Geschäftsführung der Gesellschaft obliegt (Art. 119 Abs. 1 S. 1), und einen Aufsichtsrat (*conseil de surveillance*), der als Kontrollorgan fungiert (Artt. 128 Abs. 1, 119 Abs. 3). Der Aufsichtsrat wird von der Hauptversammlung gewählt und abgewählt (Art. 134 Abs. 1 S. 1, Abs. 2 S. 2) und kann aus drei bis 12 Mitgliedern bestehen (Art. 129). Diese können zwar juristische Personen (vgl. Art. 135 Abs. 1 S. 1)[1318], müssen aber zwingend Aktionäre der Gesellschaft sein (Ausschluß des Prinzips der Fremdorganschaft, vgl. Art. 130 Abs. 1). Der Aufsichtsrat ist das eigentliche Kontrollorgan der Gesellschaft und überwacht den Vorstand (Artt. 119 Abs. 3, 128 Abs. 1), dessen Mitglieder von ihm auch bestellt und auf seinen Vorschlag entlassen werden (Artt. 120 Abs. 1, 121 Abs. 1). Demgegenüber setzt sich der Vorstand aus fünf, bei börsennotierten Gesellschaften aus bis zu sieben Vorstandsmitgliedern zusammen (Art. 119 Abs. 1)[1319], die zwar sämtlich natürliche Personen, aber nicht notwendig auch Aktionäre der Gesellschaft sein müssen (Prinzip der Fremdorganschaft, vgl. Art. 120 Abs. 3 S. 2). Der Vorstand führt als Leitungsorgan die Geschäfte der SA (vgl. Art. 124). Nach außen kann aber, vorbehaltlich einer anderweitigen Regelung in der Satzung, nur der Vorstandsvorsitzende (*président du directoire*) die Gesellschaft vertreten (vgl. Art. 126), welcher ebenfalls vom Aufsichtsrat gewählt wird (Art. 120 Abs. 1). Auch die Vertretungsmacht des Vorstandsvorsitzenden ist nicht auf den Gesellschaftsgegenstand begrenzt (vgl. Art. 124 Abs. 2) und kann gegenüber Dritten nicht beschränkt werden (vgl. Art. 126 Abs. 3). Die in beiden Modellen vorgesehene Hauptversammlung ist das oberste Willensbildungsorgan und setzt sich aus der Gesamtheit aller Aktionäre zusammen. Ihr stehen die grundlegenden Entscheidungen zu, die entweder in Form einer ordentlichen (*assemblée générale ordinaire*) oder in Form einer außerordentlichen Hauptversammlung (*assemblée générale extraordinaire*) getroffen

---

Nr. 134. Auch kann das Modell ohne formellen Aufwand in die traditionelle Organisationsform umgewandelt werden; vgl. auch *Hübner/Constantinesco*, Einführung, S. 222.

[1318] Vgl. statt dessen § 100 Abs. 1 AktG.

[1319] Kleinere *sociétés anonymes* mit einem Grundkapital unter 1 Mio. FF, wie z.B. Familiengesellschaften, können einen Einzelvorstand (*directeur général unique*) haben, vgl. Art. 119 Abs. 2 und Art. 120 Abs. 2. Vgl. demgegenüber § 76 Abs. 2 S. 2 AktG (zweigliedriger Vorstand erst ab 3 Mio. Euro Gesellschaftskapital).

werden[1320]. Schließlich sieht das Gesetz für beide Modelle einen oder mehrere Abschlußprüfer (*commissaire aux comptes*) vor (Artt. 218 ff. und Dekret Nr. 69-810 vom 12.08.1969) sowie ein Mitbestimmungsorgan der Arbeitnehmer (vgl. Artt. 97-1 ff., 137-1 ff.), letzteres allerdings nur fakultativ.

3. Gesellschaftszweck und Relevanz

Im Unterschied zur deutschen Aktiengesellschaft ist der Gesellschaftszweck der *société anonyme* zwingend auf Gewinnerzielung oder auf Kostenersparnis gerichtet (vgl. Artt. 1832 Abs. 1, 1834 C. civ.). Zur Erreichung dieses Zwecks kann die Gesellschaft jede beliebige Tätigkeit ausüben, insbesondere ist der Betrieb eines Handelsgeschäfts, wenn auch üblich, nicht zwingend (vgl. Art. 1 Abs. 2). Da die *société anonyme* sowohl mit öffentlichem Aufruf zur Aktienzeichnung als auch als einfache SA in einem kleinen, geschlossenen Kreis gegründet werden kann, ist die *société anonyme* relativ flexibel einsetzbar. Sie eignet sich daher für mittelgroße Unternehmen wie z.B. Familiengesellschaften, deren (erste) Mitglieder sich untereinander kennen und wenig zahlreich sind, sie ist aber zugleich auch der Gesellschaftstyp für Unternehmen in der Großindustrie, die auf eine Finanzierung über den Kapitalmarkt angewiesen sind[1321]. Die vielfältigen Verwendungsmöglichkeiten werden auch anhand statistischer Zahlen deutlich: Anfang 1997 zählte man in Frankreich 172 120 Gesellschaften in der Form der *société anonyme*[1322]. Damit handelt es sich um die zweithäufigste Gesellschaftsform mit einem Anteil von über 15% an allen gezählten Gesellschaften in Frankreich. In Deutschland zählte man im Vergleich Ende 1998 nur knapp 5.500 Aktiengesellschaften[1323]. Trotzdem waren 1997 nur 721 (französische) *sociétés*

[1320] Die außerordentliche Hauptversammlung ist bei einer Satzungsänderung vorgesehen (Art. 153), z.B. im Falle einer Kapitalveränderung (vgl. Artt. 178 ff. und 217). In einer ordentlichen Hauptversammlung wird hingegen über den Jahresabschluß (Art. 157 Abs. 1, 3) oder über die Ernennung und Abberufung der Verwaltungsrats- bzw. Aufsichtsratsmitglieder entschieden (vgl. Art. 90 Abs. 1 S. 1, Art. 134 Abs. 1 S. 1).

[1321] Vgl. *Merle*, Droit commercial, Rdnr. 247; *Bastian/Germain*, 30.10 S.9; *Sonnenberger*, FrHWR Rdnr. III 145; *Guyon*, Droit des affaires, Nr. 278. Als Beispiel für ein Großunternehmen eignet sich Peugeot S.A. mit über 245.000 Arbeitnehmern.

[1322] Vgl. *Merle*, Droit commercial, Rdnr. 2; *Cozian/Viandier*, Droit des Sociétés, Nr. 1 m.w.N. zum INSEE.

[1323] Siehe oben 1. Abschnitt E. I. 3.

anonymes börsennotiert (*cotées en bourse*)[1324], und man schätzt, daß es sich bei drei Viertel aller *sociétés anonymes* um faktische Einpersonen-Gesellschaften handelt[1325].

II. Voraussetzungen für die Gründung einer SA ohne öffentliche Aufforderung zur Zeichnung

1. Allgemeines

Die Gründung einer *société anonyme* ohne öffentliche Aufforderung zur Zeichnung ist der deutlich häufiger gewählte Weg zur Gründung einer Aktiengesellschaft in Frankreich[1326]. Er bietet sich nicht nur dann an, wenn das Unternehmen auf eine Finanzierung über den öffentlichen Kapitalmarkt nicht angewiesen ist. Selbst wenn ein *going public* beabsichtigt ist, entscheiden sich die Gesellschaftsgründer häufig zunächst für die vereinfachte Form der Gründung, um anschließend öffentlich zur Zeichnung aufzufordern[1327]. Das Gründungsverfahren selbst vollzieht sich im wesentlichen in vier Schritten: Entwurf und Unterzeichnung der Satzung, Zeichnung und Leistungen der Einlagen zur Bildung des Gesellschaftskapitals, Bestellung der ersten Organe und schließlich die Eintragung der Gesellschaft in das Handels- und Gesellschaftsregister. Die Gründung weist damit gewisse Ähnlichkeiten mit dem Verfahren zur Gründung einer SARL auf[1328]. Im Zeitpunkt der Unterzeichnung der Statuten durch die Gründer gilt die Gesellschaft als errich-

---

[1324] Gezählt allerdings zum Ende des Jahres; vgl. *Merle*, Droit commercial, Rdnr. 247 m.w.N.

[1325] So *Cozian/Viandier*, Droit des Sociétés, Nr. 603. Die Rechtsform der SA wird in Frankreich also nicht immer nur von Unternehmen gewählt, deren Größe eine solche Wahl rechtfertigen. Dieser Umstand stößt in der Literatur auch teilweise auf Kritik, häufig verbunden mit einem Hinweis auf die Verbreitung der GmbH und AG in Deutschland; vgl. *Germain/Vogel* in: Ripert/Roblot, Droit commercial, Nr. 1384; *Cozian/Viandier*, Droit des Sociétés, Nr. 605.

[1326] Vgl. *Germain/Vogel* in: Ripert/Roblot, Droit commercial, Nr. 1484; *Merle*, Droit commercial, Rdnr. 256.

[1327] Vgl. *Guyon*, Droit des affaires, Nr. 285 a.E.; *Germain/Vogel* in: Ripert/Roblot, Droit commercial, Nr.1484; *Bastian/Germain*, 30.10 S. 2. Vgl. auch *Merle*, Droit commercial, Rdnr. 266.

[1328] S.o. unter G. Vgl. auch *Merle*, Droit commercial, Rdnr. 255; *Germain/Vogel* in: Ripert/Roblot, Droit commercial, Nr. 1484.

tet[1329], während sie erst ab Eintragung in das Handels- und Gesellschaftsregister eine eigene Rechtspersönlichkeit erlangt (Art. 5 Abs. 1 S. 1).

2. Entwurf einer Satzung (*projet de statuts*)

Zunächst einigen sich die Gesellschaftsgründer (*fondateurs*) über den Entwurf einer Satzung (*projet de statuts*). Zwar sieht das Gesetz dies nicht ausdrücklich vor, insbesondere erklärt Art. 84 die Vorschrift des Art. 74 für nicht anwendbar, welcher bei der *société anonyme avec appel public à l'épargne* einen solchen Entwurf vorschreibt. Dennoch ist in der Praxis ein vorheriger Statutenentwurf üblich, damit die zukünftigen Aktionäre der Gesellschaft spätestens im Zeitpunkt der Einlagenerbringung über den rechtlichen Status der Gesellschaft informiert sind[1330].

a) Anforderungen an den Inhalt der Satzung (statuts)

Das Gesetz verlangt als Mindestinhalt der Satzung recht zahlreiche Angaben, die in der Praxis zudem noch häufig durch weitere fakultative Satzungsbestimmungen ergänzt werden. Nachstehend werden zunächst die zwingenden Satzungsbestandteile ausführlich dargestellt, während auf den fakultativen Inhalt anschließend nur kurz eingegangen werden kann.

aa) Mindestinhalt

Zunächst muß die Satzung zur Gründung einer SA auch diejenigen Angaben enthalten, die Art. 2 bei allen Gesellschaften des Handelsrechts verlangt. Hierzu zählen Bestimmungen über die Gesellschaftsform, die Gesellschaftsdauer, die Firma und den Gegenstand der Gesellschaft sowie die Höhe des Gesellschaftskapitals. Diese Angaben sind bei den zuvor dargestellten Gesellschaftsformen des Handelsrechts bereits näher erläutert worden, weshalb

---

[1329] Vgl. *Cozian/Viandier*, Droit des Sociétés, Nr. 610; *Merle*, Droit commercial, Rdnr. 59; *Goudet* in: Juris-Classeur, Band 4, Fasc. 113-10, Nr. 28.

[1330] Vgl. *Bougnoux* in: Juris-Classeur, Band 4, Fasc. 113-20, Nr. 6 m.w.N.; *Germain/Vogel* in: Ripert/Roblot, Droit commercial, Nr. 1488; *Merle*, Droit commercial, Rdnr. 257; *Lemeunier*,

nachstehend insoweit nur noch auf die Besonderheiten bei der *société anonyme* eingegangen zu werden braucht. Zusätzlich schreibt aber Dekret Nr. 67-236 Art. 55 weiteren notwendigen Satzungsinhalt vor.

(1) Gesellschaftsform (forme)

Im Gesellschaftsvertrag muß die Gesellschaftsform mit *„société anonyme"* angegeben werden. Ist die Gesellschaft mit einem Vorstand (*directoire*) und einem Aufsichtsrat (*conseil de surveillance*) ausgestattet, muß auf sämtlichen, nach außen erkennbaren, schriftlichen Geschäftsvorgängen wie Briefen, Rechnungen, Anzeigen oder Veröffentlichungen, auf denen die Firma der Gesellschaft aufgeführt ist, der Rechtsformzusatz mit *„société anonyme à directoire et conseil de surveillance"* angegeben werden (Dekret Nr. 67-236 Art. 56 Abs. 2 und 1)[1331].

(2) Firma der Gesellschaft (dénomination sociale)

Weiterhin muß der Gesellschaftsvertrag auch die Firma der Gesellschaft enthalten. Obgleich man auf den ersten Blick aus der Bezeichnung *société anonyme* schließen könnte, daß es sich um eine namenlose Gesellschaft handelt, erkennt auch das französische Recht eine anonyme juristische Person nicht an[1332]. Bei den *sociétés anonymes* können somit nicht die Gesellschaften selbst, sondern lediglich deren Mitglieder unbekannt bleiben[1333]. Art. 70 Abs. 1 schreibt für die SA zwingend eine Sachfirma im weiteren Sinne (*dénomination sociale*) vor. Die Hinzufügung eines oder mehrerer Namen der Gesellschafter ist zulässig (Art. 70 Abs. 2). Die Firma muß einen Hinweis auf die Rechtsform enthalten, dessen Wortlaut im Gegensatz zu den zuvor dargestellten Handelsgesellschaften vom Gesetz nicht bestimmt wird. In Anlehnung an Dekret Nr. 67-236 Art. 56 Abs. 1 wird es sich aber um den Rechtsformzusatz *„société anonyme"* handeln, der dem Firmenkern nachfolgen oder

---

Société anonyme, S. P 2. In der Praxis wird daher ein Anwalt oder Notar mit der Ausfertigung eines Satzungsentwurfs beauftragt, der den endgültigen Statuten bereits weitestgehend entspricht.

[1331] Vgl. zur Form auch oben unter B. II. 2. a) aa) (1).

[1332] Vgl. *Ferid/Sonnenberger*, Band 1/1, Rdnr. 1 D 338.

[1333] Vgl. *Guyon*, Droit des affaires, Nr. 276.

ihm vorangestellt sein kann (Art. 70 Abs. 1). Gleiches gilt für die Abkürzung des Rechtsformzusatzes, der im Unterschied zur Regelung der SARL oder SNC bzw. SCS bei der *société anonyme* auch nicht ausdrücklich vorgesehen ist. Zulässig ist insoweit aber die Abkürzung „SA“[1334]. Schließlich muß der Firma auch die Angabe der Höhe des Gesellschaftskapitals vorangehen oder nachfolgen (Art. 70 Abs. 1)[1335].

(3) Sitz der Gesellschaft (siège) und Gesellschaftsdauer (durée)

Hinsichtlich der Angabe des Gesellschaftssitzes und der Dauer der Gesellschaft gilt das oben Gesagte entsprechend auch für die *société anonyme*[1336].

(4) Gesellschaftsgegenstand (objet social)

Der Gesellschaftsgegenstand der *société anonyme* muß wie bei allen anderen Gesellschaftsformen möglich (*possible*) und erlaubt (*licite*) sein[1337]. Er braucht nicht zwingend auf den Betrieb eines Handelsgewerbes gerichtet zu sein; die SA ist bereits kraft ihrer Rechtsform Kaufmann (Art. 1 Abs. 2). Bestimmte Aktivitäten können aber nicht mit einer SA ausgeübt werden. Hierzu gehört z.B. der Betrieb einer Apotheke, für den nur die Gesellschaftsform der SNC oder SARL zur Verfügung steht (Art. L. 575 C. santé. pub.). Andererseits schreibt das Gesetz z.B. für Immobilienfondsgesellschaften (*sociétés immobilières d'investissement*) ausschließlich die Verwendung einer *société anonyme* vor (Gesetz Nr. 63-254 vom 15.03.1963 Art. 33 I. a))[1338].

1334 Vgl. *Merle*, Droit commercial, Rdnr. 263 Fn. 4.

1335 Vgl. im übrigen die Ausführungen zur Firma oben unter C. II. 2. a) aa) (2) und B. II. 2. a) aa) (3).

1336 S.o. zum Sitz B. II. 2. a) aa) (4) und C. II. 2. a) aa) (3) sowie zur Dauer C. II. 2. a) aa) (5).

1337 Vgl. *Bougnoux* in: Juris-Classeur, Band 4, Fasc. 113-20, Nr. 51; *Merle*, Droit commercial, Rdnr. 254.

1338 J.O. 17.03.1963. Vgl. zum Gesellschaftsgegenstand im übrigen oben unter B. II. 2. a) aa) (1) und C. II. 2. a) aa) (4), zur Bedeutung des Gesellschaftsgegenstandes für die Geschäftsführung oben unter G. II. 2. a) aa) (4) a.E. m.w.N.

(5) Höhe des Gesellschaftskapitals (montant du capital social)

Die Höhe des Gesellschaftskapitals, die nach Art. 2 ebenfalls in die Statuten mit aufgenommen werden muß, wird in Art. 71 Abs. 1 näher bestimmt. Hiernach reicht ein Mindestkapital von 250.000 FF für die einfache *société anonyme* aus, während für die noch nachstehend näher beschriebene Gründung einer Publikumsaktiengesellschaft (*société anonyme avec appel public à l'épargne*) ein Mindestkapital von 1,5 Mio. FF vorgeschrieben ist. Eine angemessene Kapitalisierung verlangt das Gesetz nicht. Allerdings kann das gesetzlich vorgesehene Mindestkapital je nach Unternehmensgegenstand höher, aber auch niedriger liegen. So schreibt das Gesetz z.B. für Versicherungsgesellschaften (*sociétés d'assurances*) mindestens 10 Mio. FF vor[1339], 15 Mio. FF für Banken (*établissements de crédit*)[1340] oder 50 Mio. FF für Immobilienfondsgesellschaften (*sociétés immobilières d'investissement*)[1341]. Demgegenüber reichen für *sociétés de rédacteurs de presse* lediglich 2.000 FF[1342]. Eine Unterschreitung des Mindestgesellschaftskapitals kann nicht ohne gleichzeitige Erhöhung erfolgen, anderenfalls wird die Gesellschaft in eine andere Gesellschaftsform umgewandelt (Art. 71 Abs. 2 S. 1). Als Währung für das Gesellschaftskapital schreibt das französische Recht noch immer französische *Francs* vor; die Bezeichnung des Kapitals in Euro ist aber seit dem 01.01.1999 möglich, ab dem 01.01.2002 zwingend (Gesetz Nr. 98-546 vom 02.07.1998)[1343]. Die Verwendung eines variablen Kapitals ist der *société anonyme* nur gestattet, wenn sie entweder als *société coopérative* oder als *société d'investissement à capital variable* (SICAV) geführt wird[1344].

1339 Art. R. 322-6 C. assur.

1340 Gesetz Nr. 84-46 vom 24.01.1984 Art. 16 i.V.m. Arrêté vom 24.12.1988 i.V.m. Règlement Nr. 98-06 vom 07.12.1988 (J.O. 06.01.1999).

1341 Gesetz Nr. 63-254 vom 15.03.1963 Art. 33 I. a) (J.O. 17.03.1963) i.V.m. Arrêté vom 13.07.1963 Art. 1 Abs. 1 (J.O. 14.07.1963). Vgl. weitere Beispiele bei Juris-Classeur, Band 7, Fasc. 191.

1342 Art. 491 Abs. 3.

1343 Vgl. hierzu auch oben G. II. 2. a) aa) (5) m.w.N. Vgl. auch *Germain/Senacqn*, J.C.P. éd. E. 1999, S. 721; *Germain/Vogel* in: Ripert/Roblot, Droit commercial, Nr. 1436; *Merle*, Droit commercial, Rdnr. 253.

1344 Vgl. hierzu *Bougnoux* in: Juris-Classeur, Band 4, Fasc. 113-20, Nrn. 60, 107. Insbesondere ist zur Gründung eines SICAV eine Genehmigung der COB erforderlich; vgl. Gesetz Nr. 88-1201 vom 23.12.1988 Art. 24 Abs. 1. Vgl. auch zum variablen Kapital die exemplarische Darstellung bei der SARL oben unter G. II. 2. a) aa) (5).

(6) *Gattung und Anzahl der ausgegebenen Aktien (catégorie et nombre d'actions émises)*

Das Gesellschaftskapital muß in Aktien zerlegt sein (Art. 84 i.V.m. Art. 73 S. 1)[1345]. Insoweit schreibt Dekret Nr. 67-236 Art. 55 Nr. 1 vor, daß für jede ausgegebene Aktiengattung (*catégorie d'actions*) die jeweilige Aktienanzahl in der Satzung zu nennen ist. Außerdem muß, je nach Fall, der jeweilige Anteil der Gattung am Gesellschaftskapital bzw. der jeweilige Aktiennennwert angegeben werden. Unklar ist indessen, was unter einer *catégorie d'actions* zu verstehen ist. Zunächst enthält das Gesetz, trotz relativ häufiger Verwendung dieses Begriffs (vgl. nur Artt. 156, 177, 180 Abs. 3), keine Legaldefinition. Nach der bisherigen französischen Literatur bilden Aktien aber dann eine Gattung, wenn sie unabhängig von der Person des Aktieninhabers mit besonderen Rechten oder Pflichten ausgestattet sind[1346], wie beispielsweise Vorzugsaktien ohne Stimmrecht (*actions à dividende prioritaire sans droit de vote*, ADP)[1347]. Zu beachten ist jedoch, daß mit Gesetz Nr. 98-546 vom 02.07.1998 i.V.m. Dekret Nr. 99-257 01.04.1999 auch in Frankreich die *action sans valeur nominale* (Aktie ohne Nennwert oder Stückaktie)[1348] eingeführt und damit auch Dekret Nr. 67-236 Art. 55 Nr. 1 geändert wurde[1349].

[1345] Der Begriff der Aktie wird auch im französischen Recht in drei verschiedenen Bedeutungen verwendet (vgl. zum deutschen Recht 1. Abschnitt E. I.). Zum einen stellt die Aktie einen Bruchteil des Gesellschaftskapitals dar (vgl. Art. 73 S. 1). Zum anderen kennzeichnet sie das Recht des jeweiligen Inhabers (*droit de l'associé*) in der *société anonyme* und stellt schließlich einen frei handelbaren Titel (*titre négociable*) dar, der das vorgenannte Recht umfaßt. Dieser Titel wird aber seit dem Dematerialisierungs-Gesetz Nr. 81-1160 vom 30.12.1981, gleich ob es sich um Namens- oder Inhaberaktien handelt, nicht mehr in Urkunden verbrieft, sondern nur noch auf einem Konto verbucht (*inscription en compte*); vgl. auch *Merle*, Droit commercial, Rdnrn. 276, 282; *Herms*, Die Aktie, S. 3.

[1346] Vgl. *Bougnoux* in: Juris-Classeur, Band 4, Fasc. 113-20, Nr. 71 m.w.N. Unklar indessen *Merle*, Droit commercial, Rdnr. 282.

[1347] Vgl. *Bougnoux* in: Juris-Classeur, Band 4, Fasc. 113-20, Nr. 72 m.w.Bsp.

[1348] Während die herkömmliche Nennwertaktie auf einen bestimmten Nennbetrag lauten muß, den die Gesellschaftsgründer in der Satzung frei bestimmen können (Art. 268 S. 1), ergibt sich der Wert der nennwertlosen Aktie aus der Anzahl an Aktien, in die das Gesellschaftskapital zerlegt ist, vgl. *Germain/Vogel* in: Ripert/Roblot, Droit commercial, Nr. 1438. Der Nennwert (*valeur nominale*) ist hierbei nicht zu verwechseln mit dem Ausgabewert der Aktie (*valeur d'émission*). Während der Nennwert nur den rechnerischen Anteil am Gesellschaftskapital darstellt, kennzeichnet der Ausgabewert den Betrag, für den die Aktie ausgegeben wird (vgl. *Merle*, Droit commercial, Rdnr. 277). Er kann höher, aber nicht niedriger als der Nennwert der Aktie sein.

[1349] Allerdings weisen *Germain/Vogel*, in: Ripert/Roblot, Droit commercial, Nr. 1438, zu Recht darauf hin, daß die Terminologie *avec ou sans valeur nominale* ungenau ist. Richtig wäre die

Wie sich aus der jetzigen Formulierung ergibt, stellen nunmehr auch Nennbetrags- und Stückaktien verschiedene Aktiengattungen dar, die in der Satzung als solche bezeichnet und im obigen Sinne zahlenmäßig bestimmt werden müssen[1350]. Zu beachten ist bei Nennwertaktien außerdem, daß mit Gesetz Nr. 88-15 vom 05.01.1988 der früher gesetzlich vorgesehene Mindestnominalwert von 100 FF aufgehoben wurde und seitdem auch Aktien mit nur 1 FF als Nennwert zulässig sind[1351].

(7) Aktienform (forme)

Nach Dekret Nr. 67-236 Art. 55 Nr. 2 muß die Satzung auch Angaben zur Form der Aktien enthalten. Hier ist zu nennen, ob das Gesellschaftskapital ausschließlich in Namensaktien (*actions nominatives*) zerlegt ist oder ob neben diesen auch Inhaberaktien (*actions au porteur*) ausgegeben werden[1352]. Die Zerlegung des Kapitals ausschließlich in Inhaberaktien ist hingegen nicht möglich, wie der Wortlaut der Vorschrift bereits zeigt[1353]. In der Praxis ist die Namensaktie erheblich weiter verbreitet als die Inhaberaktie[1354]. Namensaktien sind zwingend für Aktiengesellschaften vorgeschrieben, die nicht an der Börse plaziert sind (Gesetz Nr. 81-1160 vom 30.12.1981 Art. 94-I), welche

---

Differenzierung zwischen *valeur nominale exprimée ou non exprimée*, also danach, ob der Nennwert genannt ist oder nicht.

1350 Vgl. zu den Aktien ohne Nennwert auch *Bouère*, J.C.P. éd. E. 1998, S. 113, 117 („*actions des deux types*").

1351 Tatsächlich besteht auch ein Interesse seitens der Gesellschaft, Aktien mit einem möglichst geringen Nominalwert auszugeben, um auch Kleinanleger anzuziehen.

1352 Vor dem Gesetz Nr. 81-1160 vom 30.12.1981 über die Dematerialisierung von Wertpapieren (*dématérialisation des valeurs mobilières*) wurden Inhaberaktien in Form einer Urkunde verbrieft (*document matériel, titre-papier*) und nach den Regeln über bewegliche Sachen übertragen, während Namensaktien in einem „Register" der Gesellschaft eingetragen (*inscription sur les registres de la société émettrice*) und nur von Register zu Register übertragen werden konnten. Seit dem Dematerialisierungs-Gesetz werden nun beide Aktienformen auf einem Konto verbucht (*inscription en compte*), das auf den Namen des jeweiligen Aktieneigentümers lautet. Dieses Konto wird geführt von der emittierenden Gesellschaft (*société émettrice*) oder einem Finanzvermittler (*intermédiaire financier*), wie z.B. einer Börsengesellschaft (*société de bourse*), einer Bank oder einem Finanzierungsinstitut (*établissement financier*), vgl. Dekret Nr. 83-359 vom 02.05.1983 Art. 1 Abs. 2. Die Übertragung beider Aktien erfolgt seitdem durch einfache Überweisung (*virement*), Dekret Nr. 83-359 vom 02.05.1983 Art. 2.

1353 Vgl. Dekret Nr. 67-236 Art. 55 Nr. 2: „*La forme, soit exclusivement nominative, soit nominative ou au porteur, des actions*". Auch hat jeder Aktionär ein Recht auf die Vergabe von Namensaktien; *Germain/Vogel* in: Ripert/Roblot, Droit commercial, Nr. 1477.

1354 Anders in Deutschland; vgl. oben 1. Abschnitt E. II. 2. a) aa) (6).

den weitaus größten Teil aller *sociétés anonymes* ausmachen[1355]. Außerdem sieht das Gesetz die Verwendung von Namensaktien vor, wenn die Leistungen auf die Einlagen noch nicht vollständig erbracht worden sind (Art. 270)[1356] oder die Übertragbarkeit der Aktie eingeschränkt ist (*clause d'agrément*, vgl. Art. 274 Abs. 2).

(8) Beschränkung der Aktienübertragung (restriction à la libre négociation)

Wenn die Gesellschaftsgründer die freie Veräußerung oder Abtretung der Aktien beschränken wollen, muß die Satzung nach Dekret Nr. 67-236 Art. 55 Nr. 3 die besonderen Bestimmungen über die Zulassung der Aktienerwerber enthalten[1357]. Üblicherweise sehen die Statuten dann eine Genehmigungsklausel vor (*clause d'agrément*), nach der die Aktienübertragung auf Nichtaktionäre nur mit vorheriger Zustimmung der Hauptversammlung oder des Verwaltungs- bzw. Aufsichtsrats möglich ist[1358].

(9) Wert der Sacheinlagen und Identität der Erbringer (l'évaluation de l'apport en nature et l'identité des apporteurs)

Nach Dekret Nr. 67-236 Art. 55 Nr. 4 müssen für den Fall, daß Sacheinlagen (*apports en nature*) geleistet werden sollen, die Personalien der jeweiligen Erbringer in der Satzung angegeben werden sowie die Anzahl der Aktien, die hierfür als Gegenleistung ausgegeben werden[1359]. Außerdem müssen die Statuten, wie auch Art. 86 Abs. 1 S. 1 vorschreibt, eine Bewertung der jeweili-

---

[1355] Ende 1997 wurden in Frankreich nur 721 französische Aktiengesellschaften gezählt, die börsennotiert waren; vgl. *Merle*, Droit commercial, Rdnr. 247 m.w.N.

[1356] Damit wird erreicht, daß der Schuldner der noch offenen Einlageleistung gegenüber der Gesellschaft namentlich bekannt ist; vgl. *Merle*, Droit commercial, Rdnr. 260.

[1357] Hierbei handelt es sich genaugenommen nicht um einen zwingenden Satzungsbestandteil, da die Gründer bei einem unbeschränkten Aktienhandel nicht gehalten sind, überhaupt Angaben über die Übertragung der Aktien zu machen.

[1358] Vgl. *Germain/Vogel* in: Ripert/Roblot, Droit commercial, Nr. 1522, 1619; *Schmidt/Gramling* in: Lutter, Tochtergesellschaft, S. 210. Vgl. zur *clause d'agrément* auch Artt. 274-277; vgl. auch *Guyon* in: Juris-Classeur, Band 3, Fasc. 97 B.

[1359] Diese Aktien werden dann Apportaktien (*actions d'apport*) genannt, während Aktien gegen Bareinlagen mit *actions de numéraire* bezeichnet werden; vgl. nur *Merle*, Droit commercial, Rdnr. 287.

gen Sacheinlagen enthalten[1360]. Dieser Bewertung liegt ein Bericht zugrunde, der von einem oder mehreren Einlagenprüfern (*commissaires aux apports*)[1361] eigenverantwortlich erstellt wird (vgl. Art. 86 Abs. 1 S. 2). Die Bestellung der Einlagenprüfer erfolgt auf Antrag eines oder mehrerer Gründer durch den Präsidenten des zuständigen Handelsgerichts[1362]. Der von den Prüfern verfaßte Bericht muß eine Beschreibung jeder einzelnen Sacheinlage enthalten sowie die angewandte Berechnungs- und Bewertungsmethode (*mode d'évaluation*) bezeichnen[1363]. Außerdem muß bestätigt werden, daß der Wert der jeweiligen Sacheinlage zumindest dem Wert der für sie ausgegebenen Aktien entspricht[1364]. Mit dieser „externen" Prüfung soll die Egalität unter den Gesellschaftern gewahrt und die zukünftigen Gläubiger der Gesellschaft vor einer Überbewertung der Sacheinlagen und damit vor einer teilweise fiktiven Kapitalbildung geschützt werden[1365]. Der Bericht des Einlagenprüfers ist am vorgesehenen Sitz der Gesellschaft den zukünftigen Aktionären zur Verfügung zu stellen, und zwar mindestens drei Tage vor dem Datum der Unterzeichnung der Satzung durch die Gesellschaftsgründer; so können sich die zukünftigen Aktionäre über seinen Inhalt Kenntnis verschaffen und ihn gegebenenfalls kopieren[1366]. Die endgültige Bewertung der Sacheinlagen ist sodann in die Satzung aufzunehmen, der als Anhang der Bericht des Einlagen-

[1360] Hingegen ist nicht vorgeschrieben, daß die Statuten auch eine Beschreibung der Sacheinlagen enthalten müssen, vgl. Art.86 und Dekret Nr. 67-236 Artt. 55 Nr. 4, 64-1. Vgl. auch *Bougnoux* in: Juris-Classeur, Band 4, Fasc. 113-20, Nr. 79 m.w.N.

[1361] Vgl. Dekret Nr. 67-236 Artt. 72, 64, 64-1 i.V.m. Art. 219.

[1362] Vgl. Artt. 84, 80 Abs. 1, Dekret Nr. 67-236 Artt. 72, 64 Abs. 2. In der Praxis wird dem Präsidenten in aller Regel ein Einlagenprüfer namentlich vorgeschlagen, der von jenen auch entsprechend ernannt wird. Zudem wählt er einen weiteren Einlagenprüfer aus, und zwar entweder aus einer offiziellen Liste mit eingeschriebenen Einlagenprüfern (*liste officielle*, vgl. Art. 219) oder aus einer Liste von Prüfern, die von den Gerichten geführt wird. Mit diesem Verfahren der doppelten Prüferwahl wird einerseits dem Interesse der Gesellschaft Genüge getan, mit einem bekannten oder zumindest gewünschten Einlagenprüfer zusammenzuarbeiten, andererseits aber auch die Objektivität der Prüferauswahl gewahrt; vgl. *Guyon*, Droit des affaires, Nr. 287. Vgl. zur Inkompatibilität des Einlagenprüfers auch Art. 220.

[1363] Vgl. Dekret Nr. 67-236 Artt. 72, 64-1.

[1364] Streitigkeiten über die Bewertung von Sacheinlagen ereignen sich übrigens bei der Gründung einer Gesellschaft viel seltener als bei der Fusion mehrerer Gesellschaften; vgl. *Guyon*, Droit des affaires, Nr. 287.

[1365] Vgl. *Guyon*, Droit des affaires, Nr. 286; *Merle*, Droit commercial, Rdnr. 261.

[1366] Vgl. Dekret Nr. 67-236 Art. 73.

prüfers beigefügt wird[1367]. Erwirbt die Gesellschaft innerhalb von zwei Jahren nach Eintragung in das Handels- und Gesellschaftsregister von einem Aktionär einen Gegenstand, dessen Wert mindestens ein Zehntel des gesamten Gesellschaftskapitals ausmacht, verlangt das Gesetz auch in diesem Fall die Bestellung eines Prüfers, der den Wert des veräußerten Gegenstandes schätzen muß (Art. 157-1). Damit soll die Umgehung der Vorschriften über die Sacheinlagen verhindert werden, wenn ein Aktionär, der bei der Gründung eine Bareinlage übernommen hat, mit der anschließenden Übertragung eines Gegenstands seine geleisteten Bareinlagen zurückerhält[1368].

(10) Personalien der Gesellschafter mit Sondervorteilen (l'identité des bénéficiaires d'avantages particuliers)

Ebenso wie im deutschen Recht ist es bei der Gründung einer *société anonyme* zulässig, daß einzelnen Personen bestimmte Sondervorteile (*avantages particuliers*) gewährt werden[1369]. Hierbei handelt es sich - bei Fehlen einer Legaldefinition - um Rechte, die in der Satzung einem bestimmten Aktionär oder Dritten (vgl. Art. 84 i.V.m. Art. 80 Abs. 1) gewährt werden, in der Regel als finanzielle Gegenleistung für eine arbeitsmäßige Beteiligung des Begünstigten an dem Gründungsvorgang[1370]. Diese Sondervorteile sind häufig in Form von Aktien mit einer erhöhten Dividende verkörpert[1371]. In diesem Fall

[1367] Vgl. Art. 86 Abs. 1 S. 2. Zuweilen wird zwischen dem Einlagenerbringer und den übrigen Gesellschaftsgründern ein gesonderter (Sach-) Einlagenvertrag geschlossen (*traité d'apport*), der die Beschreibung und Bewertung der Sacheinlagen in den Statuten freilich nicht ersetzen kann. Zu dem *traité d'apport* vgl. *Merle*, Droit commercial, Rdnr. 261 Fn. 3 m.w.N.

[1368] Vgl. nur *Germain/Vogel* in: Ripert/Roblot, Droit commercial, Nrn. 1449, 1456. Diese Regelung ist somit vergleichbar mit den Vorschriften über die Sachübernahmen im deutschen Recht. Sie wurde aufgrund der Kapitalrichtlinie 77/91/EWG vom 13.12.1976 in das französische Recht eingeführt.

[1369] „*Les actionnaires sont égaux, mais certains le sont plus que d'autres en raison des avantages qui leur sont reconnus par les statuts.*", vgl. *Cozian/Viandier*, Droit des Sociétés, Nr. 615.

[1370] Vgl. *Guyon*, Droit des affaires, Nr. 286, auch zur Gewährung von Sonderrechten, die außerhalb der Satzung eingeräumt werden (*conventions extrastatutaires*). Die vage Definition der *avantages particuliers* zeigt bereits, wie schwierig es ist, die Sondervorteile begrifflich genau zu erfassen; vgl. hierzu *Cozian/Viandier*, Droit des Sociétés, Nr. 615 m.w.N.; *Germain/Vogel* in: Ripert/Roblot, Droit commercial, Nr. 1471; *Bougnoux* in: Juris-Classeur, Band 4, Fasc. 130-20, Nr. 82.

[1371] Vgl. *Bougnoux* in: Juris-Classeur, Band 4, Fasc. 130-20, Nr. 82; *Guyon*, Droit des affaires, Nr. 286; vgl. auch *Merle*, Droit commercial, Rdnr. 262.

muß die Satzung die Personalien des Begünstigten enthalten sowie die Art der jeweiligen Begünstigung bezeichnen (Dekret Nr. 67-236 Art. 55 Nr. 5)[1372]. Diese Sondervorteile werden zur Bewahrung der Egalität unter den Gesellschaftern[1373] ebenfalls vom Einlagenprüfer beschrieben sowie geschätzt und damit zum Inhalt seines Berichts gemacht (Art. 84 i.V.m. Art. 80 Abs. 1), so daß der oben beschriebene Vorgang über die Sacheinlagen auch für die Sondervorteile gilt (vgl. auch Art. 86 Abs. 2).

(11) Organisation der Gesellschaftsorgane (fonctionnement des organes)

Nach Dekret Nr. 67-236 Art. 55 Nr. 6 muß die Satzung Bestimmungen über die Zusammensetzung (*composition*), die innere Organisation (*fonctionnement*) sowie über die Befugnisse und Zuständigkeiten (*pouvoirs*) der Gesellschaftsorgane enthalten. Hierzu gehört insbesondere die Wahl der Organisationsform. Wie bereits in der Einführung aufgezeigt, stellt das Gesetz insoweit sowohl das Modell Hauptversammlung/Verwaltungsrat mit Präsident (vgl. Artt. 89-117) als auch das dem deutschen Recht entlehnte Modell Hauptversammlung/Aufsichtsrat/Vorstand mit Vorstandsvorsitzenden (vgl. Artt. 118-150) zur Verfügung. Entscheiden sich die Gründer für das traditionelle, erste System, muß in der Satzung insbesondere die Anzahl der Verwaltungsratsmitglieder (vgl. Art. 89 Abs. 1 S. 2), ihre Amtsdauer (vgl. Art. 90 Abs. 1 S. 3), ihre Altersgrenze (vgl. Art. 90-1 Abs. 1) sowie die zulässige Anzahl eigener Aktien (vgl. Art. 95 Abs. 1 S. 1) angegeben werden. Entsprechendes gilt auch bei dem Modell Aufsichtsrat und Vorstand (vgl. Artt. 129 S. 2, 134 Abs. 1 S. 3, 129-1 Abs. 1, 130 Abs. 1 S. 1)[1374]. Darüber hinaus müssen auch für den Vorstand Bestimmungen insbesondere über Vorstandssitzungen (Zeit, Ort, Form, Quorum, Mehrheiten) in der Satzung vorgesehen

[1372] Insoweit gilt das oben Gesagte entsprechend: Wenn die Gesellschaftsgründer überhaupt keine Sondervorteile für bestimmte Personen vorsehen, bedarf es keiner Erwähnung in der Satzung.

[1373] Vgl. *Guyon*, Droit des affaires, Nr. 286.

[1374] Jedoch ist zu beachten, daß nicht alle Angaben obligatorischen Charakter besitzen und streng genommen teilweise zu den fakultativen Satzungsbestandteilen gehören, wie z.B. die Altersgrenze (vgl. Art. 90-1 Abs. 2). Vgl. hierzu unten unter H. II. 2. a) bb).

sein, da das Gesetz insoweit keine Regelungen enthält (vgl. Art. 124 Abs. 4)[1375].

(12) Bestimmungen über Gewinnverteilung, Rücklagenbildung und Verteilung von Liquidationserlösen (dispositions relatives à la répartition du résultat, à la constitution de réserves et à la répartition du boni de liquidation)

Des weiteren ist eine Regelung über die Gewinnverteilung (*répartition du résultat*), über die Bildung von Rücklagen (*constitution de réserves*) und über die Verteilung von Liquidationserlösen (*répartition du boni de liquidation*) im Gesellschaftsvertrag erforderlich (Dekret Nr. 67-236 Art. 55 Nr. 7). Hierbei sind insbesondere die Artt. 345-353 zu beachten, in denen bereits die Gewinnverwendung und Rücklagenbildung eingehend geregelt sind[1376].

(13) Identität der Gründungsmitglieder (identité des fondateurs)

Schließlich muß die Identität der Gründungsmitglieder (*fondateurs*) preisgegeben werden, und zwar unabhängig davon, ob es sich um natürliche oder juristische Personen handelt und ob sie sich bei dem Gründungsakt haben vertreten lassen oder nicht (Dekret Nr. 67-236 Art. 55 Nr. 8). Als Gründungsmitglieder kommen alle diejenigen Personen in Betracht, die die Satzung oder den Satzungsentwurf entweder selbst unterschrieben haben oder in deren Namen die Statuten unterzeichnet wurden (vgl. Dekret Nr. 67-236 Art. 55 Nr. 8).

(14) Erste Organbestellung

Nach Art. 88 muß bei der Gründung einer einfachen *société anonyme* die Bestellung der ersten Verwaltungsratsmitglieder (*administrateurs*) bzw. Aufsichtsratsmitglieder (*membres du conseil de surveillance*) und der ersten

---

[1375] Anders hingegen bei der Hauptversammlung, die im Gesetz recht ausführlich geregelt ist (Artt. 153-177-1).

[1376] Vgl. z.B. Art. 345 Abs. 1, in dem die Bildung einer Rücklage in Höhe von einem Zwanzigstel des Vorjahresgewinns zwingend vorgeschrieben ist (*réserve légale*).

Rechnungsprüfer (*commissaires aux comptes*) in die Satzung mit aufgenommen werden. Dies erklärt sich daraus, daß eine Gründungsversammlung, wie sie bei der *société anonyme avec appel public à l'épargne* vorgesehen ist, hier nicht stattfindet (vgl. Art. 79 i.V.m. Art. 84). Die Satzung muß insoweit die Personalien der vorbezeichneten Personen enthalten, die mit der Unterzeichnung der Satzung ihre Organaufgaben übernehmen[1377].

bb) Fakultativer Inhalt

Neben den vorgenannten zwingenden Satzungsangaben können die Statuten weitere fakultative Angaben enthalten[1378], was in der Praxis regelmäßig der Fall ist. Diese Angaben betreffen häufig die innere Organisation der Gesellschaftsorgane, die das Gesetz weitgehend einer statutarischen Regelung überläßt, und die nachstehend nur exemplarisch angesprochen werden können. So sollte die Satzung z.B. Angaben darüber enthalten, welchen Regeln die Einberufung (*convocation*) und Beschlußfassung (*délibération*) des Verwaltungsrats bzw. Aufsichtsrats und des Vorstands unterworfen sind (Dekret Nr. 67-236 Artt. 83 Abs. 1, 107 Abs. 1). Falls eine solche Regelung fehlen sollte, sieht aber Art. 83 Abs. 2 des vorgenannten Dekrets grundsätzlich die Möglichkeit der Einberufung des Verwaltungsrats durch mindestens ein Drittel seiner Mitglieder unter Angabe einer entsprechenden Tagesordnung vor, wenn seit der letzten Versammlung mindestens zwei Monate vergangen sind. Ähnliches gilt für den Aufsichtsrat (vgl. Dekret Nr. 67-236 Art. 107 Abs. 2)[1379]. Soll die Hauptversammlung an einem anderen Ort als dem Gesellschaftssitz der SA stattfinden, muß auch dieser in den Statuten benannt werden (vgl. Art. 158 Abs. 5). Gleiches gilt für die Bestimmung der Altersgrenzen der Organmitglieder, wenn insoweit von den gesetzlichen Vorgaben

---

[1377] Vgl. *Bureau* in: Juris-Classeur, Band 4, Fasc. 130-10, Nr. 28; *Schmidt/Gramling* in: Lutter, Tochtergesellschaft, S. 210.

[1378] Vgl. nur *Bougnoux* in: Juris-Classeur, Band 4, Fasc. 130-20, Nrn. 110 ff.

[1379] Hiernach hat der Aufsichtsratsvorsitzende auf begründeten Antrag mindestens eines Vorstandsmitglieds oder eines Drittels der Aufsichtsratsmitglieder innerhalb von höchstens 14 Tagen den Aufsichtsrat einzuberufen.

abgewichen werden soll[1380]. Einer Aufnahme in die Satzung bedarf es auch dann, wenn die Hauptversammlung berechtigt sein soll, jedem Aktionär bei der Ausschüttung von Dividenden die Wahl zwischen Auszahlung in Geld oder durch Aktien zu lassen (vgl. Art. 351 Abs. 1)[1381]. Schließlich kann die Satzung auch eine Regelung derjenigen Geschäfte vorsehen, die bereits vor der Eintragung der Gesellschaft in das Handels- und Gesellschaftsregister vorgenommen wurden. Inwieweit die dadurch entstandenen Verbindlichkeiten solche der *société anonyme* selbst werden, steht zur Disposition der zukünftigen Gesellschafter (Dekret Nr. 67-236 Art. 74 Abs. 1). Zu diesem Zweck sieht Dekret Nr. 67-236 Art. 74 Abs. 2 die Möglichkeit vor, eine Liste mit sämtlichen getätigten Geschäften den Statuten als Anhang beizufügen, damit die daraus resultierenden Verbindlichkeiten durch Unterzeichnung der Statuten und anschließender Eintragung der Gesellschaft in das Handels- und Gesellschaftsregister auf die nun mit eigener Rechtspersönlichkeit ausgestattete *société anonyme* übertragen werden. Auch kann in der Satzung einzelnen Aktionären das Mandat erteilt werden, für Rechnung der Gesellschaft weitere Geschäfte vorzunehmen. Diese werden dann mit Registereintragung auf die gegründete *société anonyme* ebenfalls übertragen (Dekret Nr. 67-236 Art. 74 Abs. 3).

b) Anforderungen an die Form der Satzung

Ebenso wie bei der SARL muß die Satzung der SA zumindest in privatschriftlicher Form verfaßt werden[1382], eine öffentliche Beurkundung ist nur ausnahmsweise erforderlich, wenn z.B. eine Immobilie oder ein Mietvertrag mit einer Laufzeit von mehr als 12 Jahren eingebracht werden soll[1383]. Die zu-

---

[1380] Vgl. Art. 90-1 Abs. 1, 2: Verwaltungsratsmitglied 70 Jahre, Art. 110-1 Abs. 1: Verwaltungsratspräsident 65 Jahre, Art. 129-1 Abs. 1, 2: Aufsichtsratsmitglied 70 Jahre und schließlich Art. 120-1 Abs. 1: Vorstandsmitglied und *directeur général unique* 65 Jahre.

[1381] Vgl. hierzu auch *Bougnoux* in: Juris-Classeur, Band 4, Fasc. 130-20, Nr. 110 auch m.w.Bsp.

[1382] Vgl. *Bougnoux* in: Juris-Classeur, Band 4, Fasc. 130-20, Nr. 25. Selbst wenn sich das Schriftformerfordernis nicht ausdrücklich aus dem Gesetz ergibt, muß die Satzung schon deshalb schriftlich vorliegen, damit die Gesellschaft in das Handels- und Gesellschaftsregister eingetragen werden kann. Außerdem kann man dieses Formerfordernis auch aus Art. 1835 S. 1 C. civ. herleiten, der nach Art. 1834 C. civ. auch für die SA Anwendung findet.

[1383] Vgl. Dekret Nr. 55-22 vom 04.01.1955 Artt. 4, 28. In der Praxis kommt die öffentliche Beurkundung recht häufig vor; vgl. *Bougnoux* in: Juris-Classeur, Band 4, Fasc. 130-20, Nr. 29.

künftigen Gesellschafter müssen sämtlich[1384] die Satzung unterschreiben; eine Vertretung durch eine entsprechend bevollmächtigte Person (*mandataire justifiant d'un pouvoir spécial*) ist allerdings zulässig, Art. 87[1385].

c) Anforderungen an die Person des Gesellschaftsgründers

Für die Gründung einer *société anonyme* bedarf es mindestens sieben Aktionäre (Art. 73 S. 2), eine nachvollziehbare Rechtfertigung für genau diese Zahl ist aber nicht erkennbar[1386]. Weitere Anforderungen an die Person des Gesellschaftsgründers selbst (*fondateur*)[1387] stellt das Gesetz nicht auf. Insbesondere gilt bei der Gründung einer einfachen SA ohne öffentlichen Zeichnungsaufruf nicht die Vorschrift des Art. 74 Abs. 4 (vgl. Art. 84), nach der Personen dann nicht als Gründer auftreten können, wenn ihnen das Recht, eine Gesellschaft zu verwalten oder zu leiten, aberkannt oder die Ausübung dieser Ämter untersagt wurde. Es kommen juristische und natürliche Personen gleichermaßen in Betracht[1388], allerdings muß mindestens ein Gesellschaftsgründer eine natürliche Person sein[1389]. Auch können Minderjährige an der Gründung einer SA teilnehmen, wenn sie wirksam vertreten werden[1390].

1384 Vgl. nur *Germain/Vogel* in: Ripert/Roblot, Droit commercial, Nr. 1488.

1385 Vgl. im übrigen die Ausführungen unter B. II. 2. b).

1386 Kritisch auch *Venandet* in: Juris-Classeur, Band 4, Fasc. 115, Nr. 13; *Guyon*, Droit des affaires, Nr. 283; *Merle*, Droit commercial, Rdnr. 252. Die Zahl sieben ist bei der Abfassung des Gesetzes von 1867 in Anlehnung an das englische Recht gewählt worden; vgl. *Cozian/Viandier*, Droit des Sociétés, Nr. 606 Fn. 2; *Germain/Vogel* in: Ripert/Roblot, Droit commercial, Nr. 1416. Zu den Reformbestrebungen vgl. *Merle*, Droit commercial, Rdnr. 252 m.w.N. Vgl. auch unten zur SASU H. IV.

1387 Obgleich weder das Gesetz von 1966 noch das Dekret Nr. 67-236 den Begriff des *fondateur* auch bei der SA ohne öffentlichen Aufruf zur Zeichnung verwendet, kann denjenigen Personen, die die Initiative zur Gründung der Gesellschaft ergreifen, diese Qualität zugesprochen werden; vgl. *Bézard*, Société Anonyme, Nr. 120; *Merle*, Droit commercial, Rdnr. 257 Fn. 2 m.w.N.; *Germain/Vogel* in: Ripert/Roblot, Droit commercial, Nr. 1402.

1388 Vgl. nur *Germain/Vogel* in: Ripert/Roblot, Droit commercial, Nr. 1402.

1389 Diese Notwendigkeit ergibt sich nur indirekt aus dem Gesetz: Wählen die Gründer das traditionelle Organisationsmodell mit einem *président du conseil d'administration*, muß dieser sowohl natürliche Person (vgl. Art. 110 Abs. 1 S. 1) als auch zwingend Aktionär und damit Gesellschafter der SA sein (vgl. Art. 95 Abs. 1 S. 1). Wählen die Gründer das dem deutschen Recht entlehnte Modell mit einem Vorstand und einem Aufsichtsrat, müssen sowohl der Aufsichtsratsvorsitzende als auch sein Vertreter natürliche Personen (vgl. Art. 138 Abs. 2 S. 1) sowie Aktionäre der Gesellschaft sein (vgl. Art. 138 Abs. 1 S. 1 i.V.m. Art. 130 Abs. 1 S. 1). Daraus folgt, daß bei der Gründung einer SA mit dem traditionellen Organisationsmodell mindestens ein,

d) *Beizufügende Unterlagen (documents annexes aux statuts)*

Wenn die Bestellung eines Sacheinlagenprüfers (*commissaire aux apports*) erforderlich ist, muß im Anhang der Satzung dessen Bericht enthalten sein (vgl. Art. 86 Abs. 1 S. 2). Des weiteren ist den Aktionären spätestens drei Tage vor Unterzeichnung der Satzung eine Liste vorzulegen, aus der sich alle Rechtsgeschäfte ergeben, die im Gründungsstadium wirksam eingegangen worden sind (Dekret Nr. 67-236 Art. 74 Abs. 1 i.V.m. Art. 73). Auch diese Liste ist der Satzung als Anhang beizufügen (Dekret Nr. 67-236 Art. 74 Abs. 2).

3. Zeichnung des Gesellschaftskapitals (*souscription du capital*)

Gemäß Artt. 84 i.V.m. 75 Abs. 1 muß sodann das Gesellschaftskapital, das nach Art. 73 in Aktien zerlegt sein muß[1391], vollständig gezeichnet werden[1392]. Das bedeutet, daß sämtliche Aktien, gleich ob dafür Bar- oder Sacheinlagen geleistet werden[1393], einen Erwerber finden müssen. Im Unterschied zu der Publikumsaktiengesellschaft (*société anonyme avec appel public à l'épargne*) erfolgt hier jedoch keine öffentliche Aufforderung zur Zeichnung der Aktien auf dem Kapitalmarkt, sondern vielmehr übernehmen die Gesellschaftsgründer sämtliche ausgegebenen Aktien. Bei dem Zeichnungsvorgang selbst verpflichtet sich jeder Gesellschafter bzw. Zeichner unwiderruflich zur Erbringung einer Leistung entweder in bar oder in Form von Sacheinlagen in

---

bei der Gründung einer SA mit dem dem deutschen Recht entlehnten Modell sogar mindestens zwei Gesellschafter natürliche Personen sein müssen.

[1390] Vgl. *Guyon*, Droit des affaires, Nr. 283; *Cozian/Viandier*, Droit des Sociétés, Nrn. 606, 145; vgl. auch *Dereu* in: Juris-Classeur, Band 1, Fasc. 8-2, Nrn. 25 f.

[1391] Für die Aktien ist seit dem Gesetz Nr. 88-15 vom 05.01.1988 kein gesetzlicher Mindestnennbetrag mehr vorgesehen. Der Nennbetrag kann vielmehr in den Statuten frei bestimmt werden (Art. 268).

[1392] Mit der zwingend vorgeschriebenen vollständigen Zeichnung ist nicht nur ein Schutz der Gesellschaftsgläubiger bezweckt, für die das Gesellschaftskapital als Sicherung ihrer Ansprüche natürlich wesentlich ist. Auch die Mitaktionäre werden sich nur dann zur Erbringung ihrer Einlage verpflichten wollen, wenn erkennbar ist, daß das angestrebte Gesellschaftskapital zur Führung des beabsichtigten Unternehmens auch ausreichen wird; vgl. auch *Venandet* in: Juris-Classeur, Band 4, Fasc. 115, Nr. 21.

[1393] Vgl. nur *Venandet* in: Juris-Classeur, Band 4, Fasc. 115, Nr. 2.

Höhe bzw. im Wert des von ihm gezeichneten Aktienbetrags[1394]. Diese Verpflichtung wird mit Unterzeichnung der Statuten begründet[1395], weshalb das Gesetz bei der einfachen SA auch auf die Verwendung eines Zeichnungsscheins verzichtet hat. In der Praxis ist ein vereinfachter Zeichnungsschein (*bulletin de souscription simplifié*) dennoch üblich, insbesondere wenn z.B. im Falle der Erbringung einer Sacheinlage der Gründungsvorgang eine gewisse Zeit in Anspruch nimmt[1396].

4. Leistungen auf die Einlagen (*libération des actions*)

Als nächstes müssen zur tatsächlichen Bildung des Gesellschaftskapitals die Leistungen auf die Einlagen erbracht werden (vgl. Artt. 84 i.V.m. 75 Abs. 2, Dekret Nr. 67-236 Artt. 72 i.V.m. 62)[1397]. Dies kann zeitlich nicht vor der vollständigen Zeichnung des Gesellschaftskapitals erfolgen, da nur dann klar ist, welcher Gesellschafter wieviel und welche Art von Leistung zu erbringen hat[1398]. Die Leistungen können bei der *société anonyme* in Form von Bareinlagen und Sacheinlagen bestehen; Einlagen in Form von Dienst- oder Arbeitsleistungen sind hingegen nicht zulässig (vgl. Artt. 84, 75 Abs. 4). Jeder Gesellschafter ist zur Leistung einer Einlage verpflichtet (Artt. 1832 Abs. 1, 1834 C. civ.)[1399].

[1394] Vgl. *Germain/Vogel* in: Ripert/Roblot, Droit commercial, Nr. 1415; *Venandet* in: Juris-Classeur, Band 4, Fasc. 115, Nr. 1.

[1395] Vgl. nur *Merle*, Droit commercial, Rdnr. 258.

[1396] Vgl. *Germain/Vogel* in: Ripert/Roblot, Droit commercial, Nr. 1486; *Venandet* in: Juris-Classeur, Band 4, Fasc. 115, Nr. 54. Der vereinfachte Zeichnungsschein enthält einige wesentliche Satzungsbestandteile und eventuell eine Mandatserteilung für die Unterzeichnung des Gesellschaftsvertrages, vgl. *Merle*, Droit commercial, Rdnr. 258.

[1397] Neben der Bildung des Gesellschaftskapitals ist mit der sofortigen Einlageleistung auch eine gewisse Warnfunktion bezweckt, damit sich der Aktienerwerber nicht vorschnell und unüberlegt zur Zeichnung von Aktien verpflichtet; vgl. auch *Bougnoux* in: Juris-Classeur, Band 4, Fasc. 117-10, Nr. 1.

[1398] Vgl. auch den Wortlaut in Art. 75 Abs. 2: „... *lors de la souscription*, ...".

[1399] Allerdings nicht zwingend persönlich. Zulässig ist es auch, wenn ein Dritter die Einlageverpflichtung des Gesellschafters erfüllt; vgl. *Bougnoux* in: Juris-Classeur, Band 4, Fasc. 117-10, Nr. 14.

a) Leistung der Bareinlagen

Bei Bareinlagen schreibt das Gesetz eine Mindestgeldzahlung in Höhe der Hälfte des Nennwerts der jeweils gezeichneten Aktien vor (Artt. 84, 75 Abs. 2 S. 1)[1400], also bei der Gründung einer einfachen SA mindestens 125.000 FF[1401]. Ist für die Aktie ein Agio vorgesehen (*prime d'émission*), verlangt das Gesetz nicht, daß dieses vollständig geleistet werden muß[1402]. Als Zahlungsmittel kommen neben der Bank- oder Postüberweisung (*virement bancaire ou postal*) auch Bargeld (*espèces*) oder Schecks (*chèques*) in Betracht[1403]. Ausgeschlossen sind hingegen Wechsel (*lettre de change*), Leistungen an Zahlungs Statt (*dation en paiement*) oder auch die Aufrechnung (*compensation*)[1404]. Die gezahlten Beträge müssen von denjenigen Personen, die sie entgegengenommen haben, für Rechnung der Gesellschaft in Gründung innerhalb von acht Tagen nach Erhalt hinterlegt werden (Artt. 84, 77 Abs. 1 i.V.m. Dekret Nr. 67-236 Artt. 72, 62 Abs. 1 und 2)[1405]. Die Hinterlegung kann erfolgen bei der *Caisse des dépôts et consignations*, einem Notar, einer

---

1400 Art. 75 Abs. 2 S. 1: „*Les actions de numéraire sont libérées ..*". Die Aktien werden vom Aktionär insoweit also „befreit". Derjenige Anteil des Kapitals, der bei der Errichtung der Gesellschaft noch nicht eingebracht wurde, ist spätestens nach Beschluß des Verwaltungsrats (*conseil d'administration*) oder des Vorstands (*directoire*) in einer Summe oder in mehreren Raten einzubringen, und zwar innerhalb von 5 Jahren nach Eintragung der Gesellschaft in das Handels- und Gesellschaftsregister (Art. 75 Abs. 2 S. 2). Diese Regelung trägt dem Umstand Rechnung, daß die Gesellschaft für gewöhnlich in ihrer Anfangsphase nicht ihr gesamtes gezeichnetes Kapital benötigt und den Aktionären sodann die Möglichkeit bleibt, ihr Kapital in den ersten fünf Jahren effektiver zu nutzen; vgl. *Guyon*, Droit des affaires, Nr. 283; *Bougnoux* in: Juris-Classeur, Band 4, Fasc. 117-10, Nr. 1.

1401 Zu beachten ist aber, daß auf jede einzelne Aktie mindestens die Hälfte des jeweiligen Nennwerts gezahlt werden muß, eine globale Zahlung der wenn auch ausreichenden Summe reicht insoweit nicht; vgl. Crim., 04.05.1933, Gaz. Pal. 1933, 2, S. 344; *Germain/Vogel* in: Ripert/Roblot, Droit commercial, Nr. 1442 m.w.N.; *Bougnoux* in: Juris-Classeur, Band 4, Fasc. 117-10, Nr. 8 m.w.N.

1402 Anders die deutsche Regelung, vgl. § 36 a Abs. 1 AktG. Kritisch zur französischen Regelung *Bougnoux* in: Juris-Classeur, Band 4, Fasc. 117-10, Nr. 9.

1403 Vgl. *Merle*, Droit commercial, Rdnr. 260; vgl. auch *Germain/Vogel* in: Ripert/Roblot, Droit commercial, Nr. 1443. Zu den Bareinlagen siehe auch oben unter B. II. 2. a) aa) (7) und G. II. 4. a).

1404 Vgl. eingehend *Bougnoux* in: Juris-Classeur, Band 4, Fasc. 117-10, Nr. 28-30 m.w.N.

1405 Die Beträge können entweder den Gesellschaftsgründern oder aber auch direkt dem Verwahrer übergeben werden, wenngleich letzteres der sicherste Weg sein dürfte; vgl. hierzu *Cozian/Viandier*, Droit des Sociétés, Nr. 608; *Merle*, Droit commercial, Rdnr. 260; eingehend auch *Bougnoux* in: Juris-Classeur, Band 4, Fasc. 117-10, Nrn. 18-22. Die zwingende Hinterlegung

Bank oder bei einer speziellen Investmentgesellschaft (*entreprise d'investissement habilitée pour exercer l'activité de conservation et d'administration d'instruments financiers*). Obgleich es bei der Gründung einer Gesellschaft ohne öffentlichen Aufruf zur Zeichnung, wie bereits gezeigt, nicht notwendig ist, wird bei der Bareinlage üblicherweise ein vereinfachter Zeichnungsschein (*bulletin de souscription simplifié*) ausgestellt, der vom Aktionär unterzeichnet werden muß und aus dem sich die jeweilige Höhe der Bareinlage ergibt[1406]. Den hinterlegten Beträgen muß zudem eine Liste beigefügt sein, die den Namen, Vornamen, Wohnsitz und den jeweils geleisteten Betrag sämtlicher Zeichner zu enthalten hat (Artt. 84, 77 Abs. 1 i.V.m. Dekret Nr. 67-236 Artt. 72, 62 Abs. 1). Der Verwahrer ist verpflichtet, jedem Zeichner, der seine Zeichnung nachweisen kann, die Liste zur Kenntnisnahme zur Verfügung zu stellen und gegen Übernahme der Kosten eine Kopie derselben auszuhändigen (Artt. 84, 77 Abs. 1 i.V.m. Dekret Nr. 67-236 Artt. 72, 62 Abs. 3). Insbesondere muß er bei Vorlage der vorgenannten Liste eine für die Gründung wesentliche Hinterlegungsbescheinigung (*certificat du dépositaire*) ausgeben, für die Privatschriftform genügt[1407] und aus welcher sich die Höhe der jeweiligen Einzahlung (*sommes versées par chacun d'eux*) ergibt (Art. 85).

Nach Artt. 84, 83 Abs. 1 können die Gelder nicht vor der Eintragung der *société anonyme* in das Handels- und Gesellschaftsregister zurückgenommen werden (vgl. auch Dekret Nr. 67-236 Artt. 72, 70) und sind insoweit blockiert. Wenn die Gesellschaft nicht innerhalb von sechs Monaten nach Hinterlegung des Statutenentwurfs bei der Geschäftsstelle des Handelsgerichts errichtet wird[1408], kann jeder Zeichner gerichtlich die Bestellung eines Bevollmächtigten verlangen, der dann die gezahlten Beträge zurückziehen und an die Zeichner zurückerstatten muß (Artt. 84, 83 Abs. 2, Dekret Nr. 67-236 Art. 76).

---

soll eine mißbräuchliche Verwendung des gesammelten Kapitals durch die Gesellschaftsgründer verhindern; vgl. *Guyon*, Droit des affaires, Nr. 283; *Merle*, Droit commercial, Rdnr. 260.

1406 S.o. H. II. 3. Vgl. auch *Guyon*, Droit des affaires, Nr. 283.

1407 Vgl. *Bougnoux* in: Juris-Classeur, Band 4, Fasc. 117-10, Nr. 35.

1408 Die Gesellschaft ist errichtet, sobald die Satzung unterzeichnet wurde; vgl. nur *Goudet* in: Juris-Classeur, Band 4, Fasc. 113-10, Nr. 28. Siehe auch oben H. II. 1.

b) Leistung der Sacheinlagen

Sacheinlagen wie z.B. Immobilien (*immeubles*), Maschinen (*machines*), Verträge (*contrats*), Marken (*brevets*) oder Wertpapiere (*valeurs mobilières*)[1409] müssen im Zeitpunkt der Gesellschaftsgründung vollständig erbracht sein (Artt. 84, 75 Abs. 3)[1410]. Die Gegenstände müssen also entweder zu Eigentum (*apport en propriété*) oder zur tatsächlichen Nutzung (*apport en jouissance*) auf die Gesellschaft übertragen werden[1411]. Die Sacheinlagen müssen zuvor von einem eigens dafür bestellten Einlagenprüfer (*commissaire aux apports*) beschrieben und bewertet werden[1412].

5. Unterzeichnung der Statuten (*signature des statuts*)

Nach der Ausstellung der Hinterlegungsbescheinigung durch den Verwahrer und ggfs. nach der fristgerechten Auslage des Berichts des Einlagenprüfers sind die Statuten durch sämtliche[1413] Aktionäre zu unterzeichnen (Art. 87)[1414]. Hierbei ist jede Seite der Satzung mit dem Handzeichen eines jeden Gesellschaftsgründers (*paraphe*) zu versehen; der früher verwendete Zusatz „*lu et approuvé*" (gelesen und genehmigt) zur Unterschrift am Ende der Satzung gilt heute allerdings als überholt[1415]. Die Gründer können die Unterschrift entweder selbst vornehmen oder sich hierbei vertreten lassen, wobei dann eine Bevollmächtigung namentlich zur Gründung der Gesellschaft erforderlich ist (*justifiant d'un pouvoir spécial*, Art. 87).

[1409] Vgl. nur *Germain/Vogel* in: Ripert/Roblot, Droit commercial, Nr. 1448.

[1410] In praxi würde sich die Einbringung einer Immobilie, eines Unternehmens oder einer Marke jeweils zur Hälfte auch schwierig gestalten; vgl. auch *Cozian/Viandier*, Droit des Sociétés, Nr. 609.

[1411] Vgl. nur *Merle*, Droit commercial, Rdnr. 261. Vgl. zu den Sacheinlagen auch oben unter B. II. 2. a) aa) (7) und G. II. 4. b).

[1412] Vgl. hierzu oben unter H. II. 2. a) aa) (9).

[1413] Vgl. *Merle*, Droit commercial, Rdnr. 263; *Bougnoux* in: Juris-Classeur, Band 4, Fasc. 113-20, Nrn. 20, 21.

[1414] Mit der Unterzeichnung wird die Gesellschaft errichtet (vgl. *Merle*, Droit commercial, Rdnrn. 263, 59 und oben unter H. II. 1.), mit der Eintragung in das Handels- und Gesellschaftsregister wird sie zu einer juristischen Person, vgl. Art. 5 Abs. 1 S. 1.

[1415] Vgl. *Bougnoux* in: Juris-Classeur, Band 4, Fasc. 113-20, Nr. 21 m.w.N.

6. Zweite Organbestellung

Nach der Unterzeichnung der Statuten wählen die designierten Verwaltungsratsmitglieder (*administrateurs*) ihren Verwaltungsratsvorsitzenden (*président du conseil d'administration* oder auch *président directeur général* (PDG) genannt) und gegebenenfalls seinen Vertreter, den Generaldirektor (*directeur général*), vgl. Dekret Nr. 67-236 Artt. 72, 68 Abs. 1. Haben sich die Gründer hingegen für das dem deutschen Recht entlehnte Organisationsmodell entschieden, wählen die designierten Mitglieder des Aufsichtsrats (*membres du conseil de surveillance*) die Mitglieder des Vorstands (*membres du directoire*) oder ggfs. den *directeur général unique*, Dekret Nr. 67-236 Artt. 72, 68 Abs. 2.

7. Publizität

a) Allgemeines

Die *société anonyme* muß zur Erlangung eigener Rechtspersönlichkeit wie alle anderen Gesellschaften auch in das Handels- und Gesellschaftsregister eingetragen werden (Art. 5 Abs. 1 S. 1). Das hierfür zu beachtende Verfahren weist allerdings nur geringfügige Unterschiede zu dem bereits dargestellten Eintragungsvorgang auf[1416]. Daher beschränken sich die nachstehenden Ausführungen auf die zusätzlichen Besonderheiten, die bei der Eintragung einer *société anonyme* zu beachten sind.

b) Anzeige der materiellen Gesellschaftsgründung

Die Anzeige der materiellen Gesellschaftsgründung in einem *journal d'annonces légales* (JAL) muß zusätzlich zu dem bereits dargestellten Inhalt nach Dekret Nr. 67-236 Art. 285 noch die Bedingungen bezeichnen, die für die Teilnahme an den Hauptversammlungen der *société anonyme* gelten sollen. Falls nach dem Inhalt der Satzung die Übertragung von Aktien zustimmungspflichtig sein soll, muß auch diese Klausel genannt und das jeweilige Gesell-

---

[1416] Vgl. oben B. II. 4.

schaftsorgan in der Anzeige bezeichnet werden, welches für die Entscheidung über die Zustimmung zuständig ist (vgl. Dekret Nr. 67-236 Art. 285 Abs. 4 Nrn. 6 und 7).

c) Hinterlegung der Gründungsdokumente

Bei der Geschäftsstelle des Handelsgerichts muß nach Dekret Nr. 84-406 Art. 48 Abs. 1 S. 2 hinterlegt werden: die Statuten (Nr. 1 a)), die Urkunde über die Bestellung der Mitglieder des Verwaltungsrats (*conseil d'administration*) bzw. des Aufsichtsrats (*conseil de surveillance*) sowie des Rechnungsprüfers (*commissaire aux comptes*) (Nr. 1 b)), die Hinterlegungsbescheinigung (*certificat du dépositaire*) und die Liste der Zeichner (Nr. 2 c)), ggfs. der Bericht des Einlagenprüfers (*commissaire aux apports*) (Nr. 2 b)) sowie schließlich im Falle der Gründung einer *société avec appel public à l'épargne* das Protokoll der Gründungsversammlung (Nr. 2 d)). Sämtliche Dokumente müssen auch hier in zweifacher Ausführung vorgelegt werden (vgl. Dekret Nr. 84-406 Art. 48 Abs. 1 S. 2 Nrn. 1 und 2).

d) Inhalt der Eintragung in das Handels- und Gesellschaftsregister und Bekanntmachung

Der Antrag auf Eintragung der Gesellschaft in das Handels- und Gesellschaftsregister sowie die anschließende Anzeige zur Bekanntmachung im BODACC müssen über den bereits dargestellten Inhalt hinaus[1417] noch Angaben zur Identität der Mitglieder des Verwaltungsrats bzw. des Vorstands und Aufsichtsrats sowie der Abschlußprüfer enthalten (vgl. Dekret Nr. 84-406 Art. 15 A Nr. 10 b) und Art. 73 Abs. 2 B Nr. 6).

[1417] S.o. B. II. 4., C. II. 4. und G. II. 5.

III. Voraussetzungen für die Gründung einer SA mit öffentlicher Aufforderung zur Zeichnung

1. Allgemeines

Anstatt der zuvor dargestellten Möglichkeit zur Gründung einer SA kann diese Gesellschaftsform auch mit öffentlicher Aufforderung zur Zeichnung ins Leben gerufen werden (*société anonyme avec appel public à l'épargne*). Hierbei stellt sich der Gründungsvorgang etwas umfangreicher dar, nicht zuletzt deshalb, weil es sich naturgemäß um eine Vielzahl von Aktionären handelt, die sich untereinander nicht kennen[1418]. Aufgrund der Komplexität dieses Gründungsverfahrens wird diese Variante in der Praxis selten gewählt. Eine überwiegende Mehrzahl der SA wird zunächst im kleinen Kreis gegründet, während die Aktien erst später öffentlich untergebracht werden[1419]. Wann eine Gesellschaft öffentlich zur Zeichnung auffordert (*appel public à l'épargne*) und wann nicht, legt Ordonnance Nr. 67-833 vom 28.09.1967 Art. 6 i.V.m. Gesetz Nr. 96-597 vom 02.07.1996 Art. 1 fest. Hiernach liegt eine *société anonyme avec appel public à l'épargne* vor, wenn ihr Finanzierungsmittel (*instrument financier*) zum Handel am geregelten Markt zugelassen ist (*admission aux négociations sur un marché réglementé*)[1420] oder wenn man sich bei der Ausgabe von Aktien entweder durch Werbung oder durch die Einschaltung von Banken oder anderen Dienstleistern im Anlagegeschäft an die Öffentlichkeit wendet. Bestehen Zweifel, können die Gesellschaftsgründer bei der *Commission des opérations de bourse* (COB) anfragen, ob sie die Formalitäten zur Gründung einer *société anonyme avec appel public à l'épargne* einhalten müssen oder nicht[1421].

[1418] Vgl. auch *Guyon*, Droit des affaires, Nr. 284.

[1419] Beispielsweise wurden in den Jahren 1970 bis 1979 nur 10 und in den Jahren 1991 bis 1997 insgesamt nur sieben neue *sociétés anonymes* mit öffentlicher Zeichnungsaufforderung gezählt; vgl. *Merle*, Droit commercial, Rdnr. 266 m.w.N. Siehe auch oben unter H. II. 1. m.w.N.

[1420] Wie dies insbesondere bei Aktien oder Obligationen der Fall ist, die an der Börse gehandelt werden; vgl. *Germain/Vogel* in: Ripert/Roblot, Droit commercial, Nr. 1398.

[1421] Vgl. *Guyon*, Droit des affaires, Nr. 282.

2. Unterschiede zur Gründung einer SA ohne öffentliche Aufforderung zur Zeichnung

Im Falle der Gründung einer *société anonyme avec appel public à l'épargne* wird die Gesellschaft als errichtet angesehen, wenn die ersten Mitglieder der Gesellschaftsorgane in der Gründungsversammlung bestellt werden (vgl. Dekret Nr. 67-236 Art. 71 Abs. 1 i.V.m. (Gesetz Nr. 66-537) Art. 79 Abs. 2), während die Gesellschaft auch hier erst mit Eintragung in das Handels- und Gesellschaftsregister eine eigene Rechtspersönlichkeit erlangt (Art. 5 Abs. 1 S. 1).

a) Abfassung des Satzungsentwurfs (statuts)

Bei der Gründung einer *société anonyme avec appel public à l'épargne* sieht das Gesetz als ersten Schritt die Abfassung eines Satzungsentwurfs vor (Art. 74 Abs. 1). Er muß den von Art. 2 und Dekret Nr. 67-236 Art. 55 geforderten Mindestinhalt aufweisen, von einem oder mehreren Gesellschaftsgründern unterzeichnet sein (Art. 74 Abs. 1)[1422] und grundsätzlich nur der Schriftform genügen (vgl. Dekret Nr. 67-236 Art. 54). Hinsichtlich des Satzungsinhalts kann nach oben verwiesen werden[1423]. Gründer einer *société anonyme avec appel public à l'épargne* können ebenso wie bei einer einfachen *société anonyme* natürliche wie juristische Personen sein[1424], wobei mindestens ein Gesellschafter eine natürliche Person sein muß[1425]. Für die Person des Gesellschaftsgründers (*fondateur*) schreibt Art. 74 Abs. 4 hier allerdings vor, daß Gründer nicht sein kann, wer das Recht zur Leitung bzw. Verwaltung einer

---

[1422] Während sich Art. 74 Abs. 1 nur mit der Unterschrift auch nur eines Gesellschafters begnügt („...*signé par un ou plusieurs fondateurs*...") und Dekret Nr. 67-236 Art. 58 S. 1 die Unterzeichnung der (!) Gründer verlangt („...*signature des fondateurs.*"), hat die Gesetzesregelung in Art. 74 Vorrang vor der Dekretsvorschrift; vgl. auch *Bougnoux* in: Juris-Classeur, Band 4, Fasc. 113-20, Nr. 5.

[1423] S.o. H. II. 2. a).

[1424] Tatsächlich handelt es sich bei den Gründern einer *société anonyme avec appel public à l'épargne* häufig um juristische Personen, zumeist Banken, deren Mithilfe z.B. bei der öffentlichen Zeichnungsaufforderung unverzichtbar ist. Schließen sich mehrere Banken zur Gründung einer *société anonyme avec appel public à l'épargne* zusammen, gründen sie zu diesem Zweck häufig eine *société en participation*, die dann als *syndicat d'émission* bezeichnet wird; vgl. *Germain/Vogel* in: Ripert/Roblot, Droit commercial, Nr. 1407.

Gesellschaft entweder verwirkt hat oder wem die Wahrnehmung dieser Funktionen vom Gesetz verboten wird.

b) Hinterlegung des Satzungsentwurfs beim Handelsgericht

Ein Exemplar des Satzungsentwurfs muß anschließend bei der Geschäftsstelle des Handelsgerichts hinterlegt werden, in dessen Bezirk die zu gründende *société anonyme* ihren Sitz hat (Art. 74 Abs. 1, Dekret Nr. 67-236 Art. 58 S. 1). Die Hinterlegung muß vor der öffentlichen Aufforderung zur Aktienzeichnung erfolgen (vgl. Art. 74 Abs. 3) und dient der Unterrichtung der zukünftigen Zeichner über den rechtlichen Status der Gesellschaft[1426]. Außerdem bezweckt die Hinterlegung den Schutz vor überraschenden Änderungen des Satzungsentwurfs während des Gründungsvorgangs[1427]. Nach Dekret Nr. 67-236 Art. 58 S. 2 ist jedem Antragsteller der Satzungsentwurf zur Einsichtnahme zu übergeben oder auf dessen Kosten eine Kopie des Exemplars auszuhändigen. Der zu hinterlegende Satzungsentwurf muß mit der Unterschrift der Gesellschaftsgründer versehen sein (Art. 74 Abs. 1 i.V.m. Dekret Nr. 67-236 Art. 58 S. 1)[1428] und kann unter Verwendung einfachen, ungestempelten Papiers (*papier libre*) beim Handelsgericht eingereicht werden (Dekret Nr. 67-236 Art. 58 S. 1).

c) Publikation im BALO

Des weiteren müssen die Gesellschaftsgründer vor der öffentlichen Aufforderung zur Zeichnung eine sog. Notiz (*notice*) im Amtsblatt für gesetzlich vorgeschriebene Veröffentlichungen (*Bulletin des annonces légales obligatoires*, BALO) aufgeben (Art. 74 Abs. 2 und 3). Nach Dekret Nr. 67-236

[1425] S.o. H. II. 2. c).

[1426] Vgl. *Bougnoux* in: Juris-Classeur, Band 4, Fasc. 113-20, Nr. 5; *Bastian/Germain*, 30.10 S. 3. In der Praxis wird von dieser Möglichkeit aber kaum Gebrauch gemacht; vgl. *Germain/Vogel* in: Ripert/Roblot, Droit commercial, Nr. 1410.

[1427] Vgl. *Guyon*, Droit des affaires, Nr. 285; *Bougnoux* in: Juris-Classeur, Band 4, Fasc. 113-20, Nr. 5. Schließlich beginnt mit der Hinterlegung die Frist gemäß Art. 83 Abs. 2 zu laufen, s.o. unter H. II. 4. a) a.E.

[1428] Mit dieser Unterschrift wird die jeweilige Person zum Gesellschaftsgründer; vgl. *Guyon*, Droit des affaires, Nr. 285.

Art. 59 Abs. 2 muß die Notiz folgenden Inhalt haben: die Firma der Gesellschaft, ggfs. eine Abkürzung hiervon (Nr. 1), die Gesellschaftsform (Nr. 2), die Höhe des zu zeichnenden Kapitals (Nr. 3), die vorgesehene Adresse des Gesellschaftssitzes (Nr. 4), der Gesellschaftsgegenstand in Kurzfassung (Nr. 5), die vorgesehene Gesellschaftsdauer (Nr. 6), Ort und Datum der Niederlegung des Satzungsentwurfs (Nr. 7)[1429], die Anzahl der gegen Geld zu zeichnenden Aktien und die Höhe der sofort fälligen Leistungen auf die Einlagen einschließlich eines eventuellen Agios (Nr. 8), der Nennwert der auszugebenden Aktien unter Bezeichnung der ggfs. vorhandenen verschiedenen Aktienarten *(catégories)* sowie ein Hinweis, ob der Nennwert auch in die Statuten mit aufgenommen ist (Nr. 9), die summarische Beschreibung der Sacheinlagen, ihr vorläufiger und als solcher bezeichnete Gesamtwert sowie die vorläufige und als solche bezeichnete Art der Vergütung (Nr. 10), sämtliche in dem Statutenentwurf vorgesehene Sondervorteile (Nr. 11), die Bedingungen, die für die Teilnahme an den Hauptversammlungen gelten sollen sowie Angaben zur Ausübung des Stimmrechts (Nr. 12), ggfs. die Klauseln über die Zulassung von Aktienerwerbern (Nr. 13), die Bestimmungen über die Gewinnverteilung, über die Bildung von Rücklagen und über die Verteilung der Liquidationsboni (Nr. 14), der Name und Wohnsitz des Notars oder die Firma und der Gesellschaftssitz der Bank, der bzw. die für die Entgegennahme der Einlageleistungen zuständig ist sowie ggfs. die Angabe, daß die Einlageleistungen bei der *Caisse des dépôts et consignations* hinterlegt werden (Nr. 15), die Zeichnungsfrist sowie ein Hinweis darauf, daß diese im Falle der vollständigen Zeichnung der ausgegebenen Aktien vorzeitig ablaufen kann (Nr. 16) und schließlich der Ort und die Modalitäten der Einberufung der Gründungsversammlung (Nr. 17). Die Notiz ist von den Gesellschaftsgründern zu unterzeichnen unter Angabe ihres Namens, Vornamens, Wohnsitzes und ihrer Nationalität bzw. ihrer Firma, Gesellschaftsform, ihres Gesellschaftssitzes und der Höhe ihres Gesellschaftskapitals (Dekret Nr. 67-236 Art. 59 Abs. 3).

[1429] Dies dient vor allem als Hinweis für diejenigen Personen, denen die Notiz selbst nicht ausreicht; vgl. *Bastian/Germain*, 30.10 S. 4.

Nach Art. 6 III. der Ordonnance Nr. 67-833 vom 28.09.1967 muß am Gesellschaftssitz der zu gründenden Gesellschaft[1430] noch eine Informationsbroschüre ausgelegt werden, aus der sich die Öffentlichkeit ebenfalls über die Gesellschaft informieren kann. Sie muß Angaben über die Organisation, die finanzielle Situation und das Betätigungsfeld der Gesellschaft enthalten und besteht bei börsennotierten Gesellschaften aus einem üblichen Prospekt (*prospectus*), anderenfalls aus einem vereinfachten Prospekt (*prospectus simplifié*)[1431]. Dieses Dokument unterliegt nach Art. 7 der vorgenannten Ordonnance der Kontrolle der *Commission des opérations de bourse* (COB) und muß mit einem entsprechenden Sichtvermerk (*visa*) der COB versehen sein.

d) Übernahme der Aktien nach öffentlicher Aufforderung zur Zeichnung

Als nächstes müssen sämtliche Aktien gezeichnet werden (Art. 75 Abs. 1). Dies erfolgt bei der *société anonyme avec appel public à l'épargne* (Publikumsaktiengesellschaft) nach einer öffentlichen Aufforderung zur Zeichnung der Aktien auf dem Kapitalmarkt. Hierbei kommen allerdings nur Aktien gegen Bareinlagen in Betracht, da Aktien gegen Sacheinlagen nur demjenigen zugeteilt werden können, der die entsprechende Sacheinlage zu erbringen hat[1432]. Zulässige Maßnahmen zur öffentlichen Werbung um Zeichner zählt das Dekret Nr. 67-236 in Art. 60 auf. Hierzu zählen Prospekte (*prospectus*), Anschläge (*affiches*), (Zeitungs-) Anzeigen (*annonces*) oder Rundschreiben (*circulaires*). Aber auch Fernsehen, Radio, Minitel oder Kino kommen als weitere Medien in Frage[1433] wie sicherlich auch das Internet. Sämtliche Werbemaßnahmen müssen den Inhalt der Notiz, zumindest einen Auszug hiervon, wiederholen und auf die Fundstelle im BALO hinweisen (vgl. Dekret Nr. 67-236 Art. 60 Abs. 1 und 2).

1430 Vgl. *Venandet* in: Juris-Classeur, Band 4, Fasc. 115, Nr. 6.

1431 *Germain/Vogel* in: Ripert/Roblot, Droit commercial, Nr. 1412; *Goudet* in: Juris-Classeur, Band 4, Fasc. 113-10, Nr. 32.

1432 Vgl. *Bastian/Germain*, 30.10 S. 4. Damit sind Aktien gegen Sacheinlagen bei der SA mit öffentlicher Zeichnungsaufforderung aber nicht grundsätzlich ausgeschlossen. Zu ihrer Zeichnung darf lediglich nicht aufgefordert werden.

1433 Vgl. *Guyon*, Droit des affaires, Nr. 282.

Bei dem Zeichnungsvorgang selbst verpflichtet sich jeder Zeichner unwiderruflich zur Zahlung des von ihm gezeichneten Aktienbetrags[1434]. Diese Verpflichtung wird bei Aktien gegen Bareinlage durch die Unterzeichnung des bereits erwähnten Zeichnungsscheins (*bulletin de souscription*) begründet[1435]. Dieser Zeichnungsschein muß gewisse gesetzlich vorgegebene Angaben enthalten, um dem Zeichner die Tragweite seines Engagements deutlich zu machen[1436], und von diesem selbst oder seinem Stellvertreter unter Angabe des Datums unterschrieben werden (vgl. Art. 76 und Dekret Nr. 67-236 Art. 61 Abs. 1 S. 1, Abs. 2 Nr. 1-12). Während das Original bei der Gesellschaft verbleibt[1437], wird dem Zeichner anschließend eine Kopie des Zeichnungsscheins ausgehändigt (Dekret Nr. 67-236 Art. 61 Abs. 1 S. 2). Aktien dürfen nicht unter ihrem Nennwert (*montant nominal*), also unter pari, ausgegeben werden, demgegenüber ist die Ausgabe über dem Nennwert (über pari) möglich[1438]. Die Differenz zwischen Nennwert und Ausgabebetrag, also das Agio, bezeichnet man dann als *prime d'émission* (Emissionsprämie).

e) Leistung der Beiträge und Hinterlegung

Sodann müssen die gesetzlich geforderten Mindestleistungen auf die Einlagen erfolgen (Art. 75)[1439]. Bei Bareinlagen ist insoweit die Einzahlung der Hälfte des Nennwerts der jeweils gezeichneten Aktien ausreichend und erforderlich (Art. 75 Abs. 2 S. 1), bei der *société anonyme avec appel public à l'épargne* somit mindestens 750.000 FF. Zu dem Zugang der Einzahlung und Hinterlegung kann auf die Ausführungen nach oben verwiesen werden[1440]. Nach Art. 78 muß vom Verwahrer bei Vorlage aller Zeichnungsschei-

---

[1434] S.o. H. II. 3. m.w.N.

[1435] Vgl. *Germain/Vogel* in: Ripert/Roblot, Droit commercial, Nr. 1420; *Merle*, Droit commercial, Rdnr. 265. Bei der Erbringung einer Sacheinlage sieht das Gesetz hingegen nicht die Unterzeichnung eines solchen Zeichnungsscheins vor.

[1436] Vgl. *Guyon*, Droit des affaires, Nr. 285.

[1437] Vgl. *Guyon*, Droit des affaires, Nr. 285.

[1438] Vgl. nur *Germain/Vogel* in: Ripert/Roblot, Droit commercial, Nrn. 1439, 1440.

[1439] Vgl. Art. 75 Abs. 2 und 3: „*Les actions .. sont .. libérées ..*". Die Aktien werden vom Aktionär also „befreit".

[1440] Vgl. bei der Gründung einer einfachen *société anonyme* unter H. II. 4. a).

ne auch hier eine Hinterlegungsbescheinigung ausgegeben werden (*certificat du dépositaire*), in der die Zeichnung (*souscription*) und die Einzahlung (*versement*) auf die gezeichneten Aktien bestätigt werden. Sacheinlagen müssen hingegen sofort vollständig erbracht (vgl. Art. 75 Abs. 3) und auf die Gesellschaft übertragen werden[1441]. Auch hier ist eine vorherige Bestellung eines Einlagenprüfers (*commissaire aux apports*) erforderlich. Nach Dekret Nr. 67-236 Art. 64 Abs. 2 wird er auf Antrag durch den Präsidenten des zuständigen Handelsgerichts gewählt[1442].

f) Gründungsversammlung (assemblée générale constitutive)

Nach der Ausgabe der Hinterlegungsbescheinigung (*certificat du dépositaire*) durch den Verwahrer berufen die Gesellschaftsgründer eine Gründungsversammlung ein (*assemblée générale constitutive*), Art. 79 Abs. 1. Die Versammlung findet an dem in der Notiz angegebenen Ort statt (Art. 79 Abs. 1 i.V.m. Dekret Nr. 67-236 Artt. 66 Abs. 1, 59 Abs. 2 Nr. 17). Die Anzeige der Einberufung muß mindestens acht Tage vor der geplanten Versammlung sowohl im BALO als auch in einem *journal habilité à recevoir les annonces légales* des Departements, in dem der Gesellschaftssitz belegen ist, inseriert werden (Dekret Nr. 67-236 Art. 66 Abs. 3). Sie muß die Firma, die Gesellschaftsform, die vorgesehene Adresse des Gesellschaftssitzes, die Höhe des Gesellschaftskapitals, den Tag, die Uhrzeit, den Ort sowie die Tagesordnung der Versammlung enthalten (Dekret Nr. 67-236 Art. 66 Abs. 2). Der Versammlung gehören alle Personen an, die mindestens eine Aktie gezeichnet haben, gleich, ob sie darauf Bar- oder Sacheinlagen geleistet haben[1443]. Eine Pflicht zum Erscheinen besteht nicht; auch können sich die Aktionäre vertreten lassen (vgl. Art. 81 Abs. 1 i.V.m. Artt. 161, 163 und 166). Erscheinen nicht alle Aktionäre zur Versammlung, reicht die Präsenz eines Drittels des Kapitals aus (Quorum), andernfalls in einer zweiten Versammlung sogar nur

---

[1441] Vgl. hierzu oben unter H. II. 4. b).

[1442] Nach Art. 80 gelten für den Einlagenprüfer die gleichen Kompatibilitätsvoraussetzungen wie für den Abschlußprüfer, vgl. Art. 80 Abs. 1 S. 2 i.V.m. Art. 220. Vgl. zur Bestellung des Sacheinlagenprüfers im übrigen die Darstellung oben unter H.II. 2. a) aa) (9) m.w.N.

[1443] Vgl. Art. 79 Abs. 1. Siehe auch *Goudet* in: Juris-Classeur, Band 4, Fasc. 113-10, Nr. 36; *Bastian/Germain*, 30.10 S. 6.

ein Viertel (vgl. Art. 81 Abs. 2 i.V.m. Art. 153 Abs. 2)[1444]. Die Gründungsversammlung entscheidet mit einer Mehrheit von zwei Dritteln der abgegebenen Stimmen anwesender oder vertretener Aktionäre (Art. 81 Abs. 2 i.V.m. 153 Abs. 3). Sie stellt zunächst die vollständige Zeichnung des Gesellschaftskapitals und die Zahlung der fälligen Gelder fest (Art. 79 Abs. 2 S. 1) und bestätigt die Annahme der Satzung in der hinterlegten Form, die nur durch einen einstimmigen Beschluß sämtlicher (nicht nur anwesender) Zeichner geändert werden kann[1445], ernennt die ersten Mitglieder des Verwaltungsrats bzw. des Aufsichtsrats[1446] und bestellt einen oder mehrere Abschlußprüfer (Art. 79 Abs. 2 S. 2). Nehmen die vorgenannten Organe noch in der Versammlung ihr Amt an, wird dies in dem Versammlungsprotokoll festgehalten (vgl. Art. 79 Abs. 2 S. 3). Ab der Annahme der Ämter gilt die Gesellschaft als errichtet[1447]. Die designierten Organmitglieder wählen sodann, allerdings nicht zwingend in der Gründungsversammlung, den Präsidenten des Verwaltungsrats (*président du conseil d'administration* oder *président directeur général*) bzw. die Mitglieder des Vorstands (*membres du directoire*), Dekret Nr. 67-236 Art. 68 Abs. 1 und 2[1448]. Weiterhin genehmigt die Versammlung diejenigen Rechtsgeschäfte, die bereits für Rechnung der in Gründung begriffenen Gesellschaft abgeschlossen wurden; diese gelten dann ab Eintra-

---

[1444] Früher sah Art. 153 Abs. 2 noch die Hälfte des Kapitals vor. Mit Gesetz Nr. 94-679 vom 08.08.1994 wurde die Schwelle aber auf ein Drittel herabgesetzt. Im übrigen wird das Quorum in aller Regel auch erreicht, da der Zeichnungsschein (*bulletin de souscription*) für gewöhnlich eine Ermächtigungsklausel enthält, nach der die Gründer den jeweiligen Zeichner im Falle seiner Abwesenheit bei der Gründungsversammlung vertreten dürfen (*pouvoir en blanc*), vgl. *Guyon*, Droit des affaires, Nr. 285; *Merle*, Droit commercial, Rdnr. 265; *Germain/Vogel* in: Ripert/Roblot, Droit commercial, Nr. 1465.

[1445] Vgl. auch *Guyon*, Droit des affaires, Nr. 285. Deshalb ist es im Falle einer erforderlichen Satzungsänderung eher geboten, die Satzung in der jeweiligen Fassung zu beschließen, um anschließend in einer außerordentlichen Hauptversammlung (*assemblée générale extraordinaire*) die Änderung herbeizuführen.

[1446] Bei der Gründung einer *société anonyme avec appel public à l'épargne* ist die Bestellung der Mitglieder des Verwaltungsrats bzw. des Aufsichtsrats durch einen Versammlungsbeschluß auch dann erforderlich, wenn diese Mitglieder in der Satzung bereits namentlich genannt wurden (s.o.) und die Satzung per Beschluß angenommen wurde; vgl. Art. 90 S. 1 und 2.

[1447] Rechtsfähig ist sie dennoch erst, wenn sie in das Handels- und Gesellschaftsregister eingetragen wird, vgl. Art. 5 Abs. 1 S. 1.

[1448] Diese Bestellung ist für den Verlauf der Gründung deswegen von Bedeutung, weil der anschließende Antrag auf Eintragung in das Handels- und Gesellschaftsregister sowie die Anzeige im BODACC unter Bezeichnung eben dieser Personen zu erfolgen hat (Dekret Nr. 84-406 Art. 15-A Nr. 10).

gung der Gesellschaft in das Handels- und Gesellschaftsregister als solche der nun gegründeten *société anonyme* (Dekret Nr. 67-236 Art. 67 Abs. 1 und 4 S. 2). Schließlich muß bei der Erbringung von Sacheinlagen oder Gewährung von Sondervorteilen (*avantages particuliers*)[1449] die Versammlung auch noch über den Wert der Sacheinlagen sowie über die Bestätigung der Sondervorteile entscheiden (Art. 80 Abs. 3 S. 1)[1450]. Hierbei kann sie sich auf den Bericht des oder der Einlagenprüfer (*commissaires aux apports*) stützen, die zu diesem Zweck zuvor vom Präsidenten des Handelsgerichts auf Antrag eines oder mehrerer Gründer bestellt werden (Art. 80 Abs. 1, Dekret Nr. 67-236 Art. 64). Dessen Bericht über die Bewertung der Sacheinlagen (vgl. Art. 80 Abs. 2 S. 1 und Dekret Nr. 67-236 Art. 64-1) sowie über die Beurteilung der Sondervorteile (vgl. Art. 80 Abs. 1 S. 1) wird mindestens acht Tage vor dem Versammlungstag an der in der Notiz genannten Adresse der Gesellschaft sowie in der Geschäftsstelle des zuständigen Handelsgerichts niedergelegt (Dekret Nr. 67-236 Art. 65 Abs. 1), so daß die Zeichner Gelegenheit zur Einsichtnahme haben (vgl. Dekret Nr. 67-236 Art. 65 Abs. 2). Weigert sich die Versammlung, die Sacheinlagen oder Sondervorteile zu bestätigen, und wird dies im Gründungsprotokoll aufgenommen, dann ist die Gesellschaft nicht errichtet (Art. 80 Abs. 4)[1451].

g) Publizität

Im Hinblick auf die Publizität der Gesellschaft ist auf die Ausführungen zur einfachen *société anonyme* zu verweisen[1452].

[1449] Hierunter sind Vorteile zu verstehen, die nur bestimmten Aktionären oder Dritten als Lohn für geleistete Dienste zustehen sollen. Vgl. hierzu oben unter H. II. 2. a) aa) (10).

[1450] Nicht mitstimmen dürfen hierbei allerdings die Personen einschließlich ihrer Vertreter, die die Sacheinlagen einbringen oder denen Sondervorteile gewährt werden, Art. 82 Abs. 2 und 3.

[1451] Eine Herabsetzung der Sacheinlagenbewertung ist nur einstimmig möglich (Art. 80 Abs. 3 S. 2).

[1452] S.o. H. II. 7. m.w.N.

IV. Besonderheiten bei der Gründung einer *société par actions simplifiée unipersonnelle* (SASU)

Mit Inkrafttreten des Gesetzes Nr. 99-587 vom 12.07.1999[1453] ist nun auch in Frankreich die Gründung einer Aktiengesellschaft mit nur einem Gesellschafter möglich. Hierbei handelt es sich um die vereinfachte Aktiengesellschaft *société par actions simplifiée* (SAS), die nach der Neufassung des Art. 262-1 Abs. 1 mit auch nur einem Gesellschafter gegründet werden kann (*société par actions simplifiée unipersonelle*, SASU). Mit der Einführung der SASU beabsichtigte der Gesetzgeber einen erleichterten Zugang zur *société anonyme* für kleine und mittelständische Unternehmen[1454], während die SAS bisher im wesentlichen als Holdinggesellschaft gedacht war[1455]. Rechtsgrundlage der SASU bilden zunächst die Artt. 262-1 bis 262-13 (vgl. Art. 262-21) sowie ergänzend die allgemeinen Bestimmungen über die *société par actions* (vgl. Art. 262-1 Abs. 3), jedoch nur insoweit, als sie die *société anonyme sans appel public à l'épargne* betreffen, da der öffentliche Aufruf der SAS im allgemeinen und der SASU im besonderen verwehrt ist (vgl. Art. 262-3)[1456]. Für die Gründung einer SASU gilt zunächst das oben Gesagte zur einfachen SA entsprechend; lediglich die nachfolgenden Besonderheiten sind zudem zu beachten.

Das Mindestgrundkapital bei der Gründung einer SASU beträgt 250.000 FF. Es muß vollständig gezeichnet sein und bei Bareinlagen nur zur Hälfte, bei Sacheinlagen vollständig aufgebracht sein[1457]. Der Gesellschafter kann sowohl eine natürliche als auch juristische Person sein (vgl. Art. 262-8),

---

[1453] *Loi n° 99-587 du 12 juillet 1999, sur l'innovation et la recherche.*

[1454] Vgl. *Klein*, RIW 1999, S. 750; *Le Cannu*, Bull. Joly 1999, S. 841 ff. Nr. 21.

[1455] Vgl. *Gramling/Niggemann*, Vereinfachte Aktiengesellschaft, S. 6; *Beltz*, RIW 1994, S. 548; vgl. auch *Sarrut*, Dictionnaire Permanent, S. 4289: „*une société de sociétés*".

[1456] Insoweit gelten dann die Artt. 70 bis 72-1, 75, 77, 78, 80 Abs. 1, 83-88 und Dekret Nr. 67-236 Artt. 54-57, 62, 64, 64-1, 68, 70, 72-76.

[1457] Vgl. Artt. 262-3, 262-1 Abs. 3 i.V.m. Artt. 84, 75 Abs. 1 bis 3. Somit gilt für die SASU die gleiche Regelung wie für die einfache SA. Bemerkenswert ist dieser Umstand gleichwohl. Denn vor der Gesetzesänderung durften Aktionäre einer SAS nur Handelsgesellschaften sein, welche ihrerseits über ein Grundkapital von 1,5 Mio. FF verfügten (vgl. Art. 262-1 a.F.), und sie mußten bei der Gründung das Mindestkapital der SAS von 250.000 FF vollständig eingezahlt haben, vgl. Art. 262-2 a.F. Vgl. auch *Conac*, Bull. Joly 1999, S. 607, 608 f.

einschließlich eines *groupement d'intérêt économique* (GIE)[1458]. Kaufmannseigenschaft ist nicht erforderlich[1459]. Die Geschäftsführung obliegt einem Präsidenten (vgl. Art. 262-7 Abs. 1 S. 1), der entweder der Alleingesellschafter selbst oder eine andere, natürliche oder juristische Person sein kann[1460]. Der Präsident vertritt die Gesellschaft nach außen und ist in seiner Handlungsvollmacht nicht auf den Gesellschaftsgegenstand beschränkt (vgl. Art. 262-7 Abs. 2). Das Innenverhältnis der Gesellschaft kann in der Satzung frei bestimmt werden (Art. 262-6). Das Gesetz weist insoweit mehr Gestaltungsspielraum für die SASU auf als bei einer herkömmlichen *société anonyme*. Die Aktien einer SASU dürfen allerdings weder vinkuliert (Art. 262-21 schließt Artt. 262-14 und 262-15 ausdrücklich aus) noch an der Börse gehandelt werden (Art. 262-3).

V. Gründungsmängel

Ein Gründungsmangel führt nach Art. 360 Abs. 1 S. 1 nur in gesetzlich vorgesehenen Fällen zur Nichtigkeit der Gesellschaft (*nullité*). Allerdings sieht keine Vorschrift des Gesetzes von 1966 die Rechtsfolge der Nichtigkeit ausdrücklich vor. Lediglich Art. 80 Abs. 4, der nur für die *société anonyme avec appel à l'épargne* gilt (vgl. Art. 84), bestimmt als Rechtsfolge, daß die Gesellschaft als nicht errichtet gilt („*la société n'est pas constituée*"). Dies soll dann der Fall sein, wenn die Gründungsversammlung die Minderung des Wertes einer Sacheinlage oder eines Sondervorteils einstimmig beschließt, während der Erbringer der Einlage bzw. der Begünstigte des Sondervorteils seine ausdrückliche Zustimmung verweigert. Zur Nichtigkeit der Gesellschaft können somit nur Mängel führen, die nach dem allgemeinen Vertragsrecht auch die Nichtigkeit eines Vertrags zur Folge hätten, mit Ausnahme derjenigen Fälle, die in Art. 360 Abs. 1 S. 2 ausdrücklich hiervon ausgenommen sind[1461]. Soweit es die Rechtsfolgen der Nichtigkeit angeht, gilt das zuvor zur SARL Gesagte entsprechend[1462].

[1458] Vgl. *Le Cannu*, Bull. Joly 1999, S. 841 ff. Nr. 12; *Sarrut*, Dictionnaire Permanent, S. 4291.

[1459] Vgl. nur *Sarrut*, Dictionnaire Permanent, S. 4290.

[1460] Vgl. *Le Cannu*, Bull. Joly 1999, S. 841 ff. Nr. 31.

[1461] Vgl. insoweit die Darstellung oben unter G. III.

[1462] Vgl. auch hierzu die Ausführungen oben unter G. III.

Schließlich entsprechen auch die Regelungen zur Gründerhaftung der SARL grundsätzlich denen der SA: Neben der allgemeinen Regelung in Art. 7, wonach alle Gründer gesamtschuldnerisch gegenüber den Gesellschaftern und Dritten haften, die infolge des Fehlens einer notwendigen Satzungsbestimmung oder der Nichtbeachtung von Gründungsformalitäten einen Schaden erlitten haben, bestimmt Art. 242 darüber hinaus noch eine Haftung der Gründer und ersten Leitungsorgane einer SARL gegenüber Gesellschaftern und Dritten, die infolge der Nichtigkeit der Gesellschaft einen Schaden erlitten haben.

3. Abschnitt: Die Gründung von Gesellschaften in Großbritannien

A. Allgemeines

Untersucht man die Gründung von Gesellschaften im Vereinigten Königreich Großbritannien, stößt man schnell auf gewisse Besonderheiten, die gerade dem Kontinentaleuropäer auf den ersten Blick recht fremd vorkommen. Sie resultieren im wesentlichen aus dem traditionellen *case law* des angloamerikanischen Rechtskreises, bei dem das geltende Recht, früher stärker als heute, vornehmlich durch Gerichtsentscheidungen bestimmt wird. So gibt es zunächst kein einheitliches, alle Personenvereinigungen umfassendes „Gesellschaftsrecht". *Company law* behandelt nur das Recht der Kapitalgesellschaften (*companies*), nicht aber auch das Recht der Personengesellschaften (*partnerships*); dieses wird vielmehr als eigenes Rechtsgebiet angesehen[1463]. Des weiteren gibt es keine geschlossene Kodifikation der vorhandenen britischen Gesellschaftsformen[1464]. Die bestehenden Gesetzesregelungen[1465] sind insoweit lückenhaft und werden durch eine Vielzahl von Präzedenzentscheidungen britischer Gerichte ergänzt[1466]. Schließlich existiert auch kein einheitliches räumliches Rechtsgebiet, so daß je nachdem, wo auf den britischen Inseln eine Gesellschaft gegründet wird, auch unterschiedliches Recht zur

[1463] Vgl. *Gower's* Principles, S. 3; *Bernstorff*, Einführung, S. 153; *Hohloch/Papenheim* in: Hohloch, EU-Handbuch, Rdnr. 1; *Triebel*, EHWR Rdnr. 554.

[1464] Vgl. *Charlesworth & Morse*, Company Law, S. 11; *Triebel*, EHWR Rdnrn. 35, 558.

[1465] Der Verfasser übernimmt grundsätzlich die britische Zitierweise von Gesetzen, z.B.: Partnership Act 1890 (= das Gesetz in Kurzbezeichnung), s. 1 (= *section one*, zu deutsch Paragraph eins), (1) (= *subsection one*, zu deutsch Absatz eins); oder Business Names (Northern Ireland) Order 1986 (= die Order in Kurzbezeichnung), art. 1 (= *article one*, zu deutsch Paragraph eins), (1) (= *paragraph one*, zu deutsch Absatz eins). Eine Ausnahme stellt die Companies (Northern Ireland) Order 1986 dar. Sie wird aus Gründen der Übersicht abgekürzt mit „C.(NI)O.1986, art. ..." zitiert.

[1466] Trotz der Lückenhaftigkeit der Gesetze sollte man aber dennoch nicht von einer Rechtsquelle zweiten Ranges sprechen; so aber *Hohloch/Papenheim* in: Hohloch, EU-Handbuch, Rdnr. 1. Zwar ist das Präzedenzfallsystem des *common law* weitaus umfangreicher als das geschriebene Recht. Soweit es aber die Rechtsquellenhierarchie angeht, zeigt z.B. Partnership Act 1890, s. 46, daß im Konfliktfall das geschriebene Recht Vorrang genießt: „*The rules of equity and of common law applicable to partnership shall continue in force except so far as they are inconsistent with the express provisions of this Act.*".

Anwendung kommen kann. Das „Vereinigte Königreich von Großbritannien und Nordirland“ (kurz Großbritannien) umfaßt England, Wales, Schottland sowie den Nordosten der Insel Irland (Nordirland). Die britischen Inseln Guernsey, Jersey, Alderney und Sark (die sog. Normannischen Inseln, Kanalinseln oder *Channel Islands*) sowie die Insel Man (*Isle of Man*) gehören zwar der britischen Krone, sie nehmen aber sowohl innerhalb Großbritanniens als auch in der Europäischen Union einen verfassungsrechtlichen Sonderstatus ein[1467]. Ihr Recht lehnt sich eng an das britische Recht an[1468], ebenso wie das Recht der Republik Irland, die auf dem übrigen Gebiet der Insel Irland belegen ist. Gegenstand der nachstehenden Untersuchung wird mit Blick auf den Umfang der Arbeit nur das Recht des „Vereinigten Königreichs Großbritannien und Nordirland“ sein.

I. Systematischer Überblick

Auch das britische Recht unterscheidet zunächst zwischen Personengesellschaften und Kapitalgesellschaften. Diese Differenzierung stellt sich aber weitaus deutlicher dar als bei den bisher dargestellten Rechtssystemen. Zu den Personengesellschaften gehören alle *partnerships*[1469], die klar getrennt werden von den britischen Kapitalgesellschaften, den sog. *companies*, denn das Recht beider Gesellschaftsformen wird nicht unter einem gemeinsamen „Gesellschaftsrecht“ zusammengefaßt, sondern vielmehr als zwei eigenständige Rechtsgebiete behandelt[1470]. Innerhalb der Personengesellschaften

[1467] Die Normannischen Inseln sind nicht dem britischen Parlament unterstellt, sondern verfügen über eine autonome Gesetzgebungsbefugnis, über eine eigene Gerichtsbarkeit sowie über eine eigene Zoll- und Steuerhoheit. Gleiches gilt für die Insel Man. Britische Gesetze gelten hier nur dann, wenn dies ausdrücklich bestimmt wird. Vgl. hierzu auch Interpretation Act 1978, s. 5 i.V.m. Sch.1 bzw. Interpretation Act (Northern Ireland), 1954, s. 43(1): Hiernach umfaßt der Begriff *United Kingdom* (Vereinigtes Königreich) *Great Britain* (Großbritannien) und *Northern Ireland* (Nordirland). Zu *Great Britain* gehören *England*, *Scotland* und *Wales*; vgl. Halsbury's Statutes, Interpretation Act, S. 920. Weder die *Channel Islands* noch die *Isle of Man* werden somit zum *United Kingdom* gezählt.

[1468] Vgl. *Behrens*, Die GmbH, Rdnr. GB/NI/EI 2. Vgl. zum geltenden Recht bei der Gründung von Gesellschaften auf diesen Inseln Halsbury's Laws, Companies, para 1784.

[1469] Vgl. Baird's case (1870) LR 5 Ch App 725 (at 733): „*Ordinary partnerships are by the law assumed and presumed to be based on the mutual trust and confidence of each partner in the skill, knowledge, and integrity of every other partner.*“.

[1470] Vgl. *Bernstorff*, Einführung, S. 153; *Hohloch/Papenheim* in: Hohloch, EU-Handbuch, Rdnr. 1; *Triebel*, EHWR Rdnr. 554.

unterscheidet man die einfache oder *general partnership*, die nur in Schottland, aber nicht im übrigen Großbritannien eine eigene Rechtspersönlichkeit besitzt[1471], und die *limited partnership*, die ebenso wie die deutsche KG oder französische SCS über zwei verschiedene Arten von Gesellschaftern verfügt[1472]. Demgegenüber handelt es sich bei Kapitalgesellschaften (*companies*) immer um juristische Personen (*corporations*), die Träger von Rechten und Pflichten sind[1473]. Bei ihnen wird grundsätzlich differenziert zwischen *public companies*, die sich über den öffentlichen Kapitalmarkt finanzieren können und über ein Mindestgrundkapital von £ 50.000 verfügen müssen, und *private companies*, Kapitalgesellschaften mit einem geschlossenen, kleineren Gesellschafterkreis, deren Aktien nicht zur öffentlichen Zeichnung angeboten werden dürfen[1474]. Zu beachten ist aber, daß es sich bei beiden *companies* um ein und dieselbe Gesellschaftsform[1475], oder genauer, um Typen im Sinne von Abwandlungen ein und derselben Gesellschaftsform handelt[1476]. Anders als die bisher dargestellten Kapitalgesellschaften in Deutschland und Frankreich sieht das britische Recht somit nicht den typischen, kontinentaleuropäischen Dualismus von Kapitalgesellschaften in Form einer GmbH und AG bzw. SARL und SA vor, sondern folgt dem Prinzip der einheitlichen Kapitalgesellschaftsform[1477]. Hierbei ist aber zu beobachten, daß sich der Gesetzgeber in jüngster Zeit zunehmend um eine über die funktionelle Unterscheidung hinausgehende materiellrechtliche Differenzierung von *public companies* und *private companies* bemüht[1478]. Für *private companies*[1479] stellt das britische

[1471] Vgl. Partnership Act 1890, s. 4(2).

[1472] Vgl. Limited Partnerships Act 1907, s. 4(2). Vgl. zur KG und SCS oben unter 1. Abschnitt D. und 2. Abschnitt D.

[1473] Seit dem Urteil Salomon v. A. Salomon & Co. Ltd. [1897] AC 22; vgl. auch Companies Act 1985, s. 13(3); C.(NI)O.1986, art. 24(4).

[1474] Vgl. Financial Services Act 1986, s. 143(3).

[1475] Vgl. *Farrar's* Company Law, S. 42; *Triebel*, EHWR Rdnr. 575.

[1476] So *Behrens*, Die GmbH, Rdnr. GB/NI/EI 14. Vgl. auch *Farrar's* Company Law, S. 42: „*a species of the genus*".

[1477] So sind beide, *private* und *public companies*, in ein und demselben Gesetz (Companies Act 1985 bzw. Companies (Northern Ireland) Order 1986) geregelt. Beide *companies* verfügen über ein *share capital* (Gesellschaftskapital), in beiden Fällen werden die Gesellschafter *member* oder *shareholder* (Anteilseigner) genannt. Die Existenz einer universellen, flexibel einsetzbaren *company* hat z.B. zur Folge, daß im britischen Recht kaum Mischformen wie z.B. die deutsche GmbH & Co. KG vorzufinden sind.

[1478] Soweit es im wesentlichen die Gesellschaftsgründung angeht, kann neuerdings z.B. nur eine *private company*, nicht aber auch eine *public company* durch nur eine Person gegründet werden

Recht drei unterschiedliche Haftungsvarianten zur Verfügung[1480]: Während bei der mit Abstand am meisten verbreiteten[1481] *company limited by shares* die Haftung sämtlicher Gesellschafter auf die Höhe ihrer Gesellschaftsanteile beschränkt ist[1482], verpflichten sich die Gesellschafter einer *company limited by guarantee*, im Falle der Auflösung der Gesellschaft (*winding up*) in Höhe eines bestimmten Kapitalbetrages vollständig zu haften[1483]. Seltener sind schließlich die *unlimited companies* vorzufinden, bei denen die Haftung sämtlicher Gesellschafter unbeschränkt ist[1484].

Die weitere übliche Differenzierung zwischen bürgerlich-rechtlichen oder zivilen Gesellschaften und Handelsgesellschaften ist dem britischen Recht nicht bekannt[1485]. Dies erklärt sich daraus, daß es in Großbritannien kein Sonderrecht für Kaufleute[1486] gibt. Somit spielt es keine Rolle, ob der Zweck einer Gesellschaft auf den Betrieb eines Handelsgewerbes gerichtet ist oder nicht. Britische *partnerships* müssen zwingend auf Gewinnerzielung gerichtet sein (*with the view of profit*), *companies* können sogar zu jedem beliebigen Zweck gegründet werden, solange dieser erlaubt ist (*lawful purpose*)[1487].

Neben *partnerships* und *companies* existieren in Großbritannien noch eine Reihe weiterer Personenvereinigungen, die als Sonderformen einem spe-

---

(vgl. Companies Act 1985, s. 1(3A), eingefügt durch die Companies (Single Member Private Limited Companies) Regulations 1992 (SI 1992/1699)), die Bestellung eines Abschlußprüfers (*auditor*) ist nur bei der *public company*, nicht aber auch bei der *private company* zwingend erforderlich, vgl. Companies Act 1985, ss. 388A i.V.m. 249A, 249B(1)(a); vgl. auch C.(NI)O.1986, art. 394 n.F. Auch sind sog. *elective resolutions* nur bei der *private company* möglich; Companies Act 1985, s. 379A(4); C.(NI)O.1986, art. 387A(4). Vgl. weitere Unterschiede bei Halsbury's Laws, Companies, para 106; *Farrar's* Company Law, S. 43 f.

1479 *Public companies* können seit dem 22.12.1980 nur in der Form der *public company limited by shares* originär gegründet werden. Vgl. hierzu unten unter E. In Nordirland gilt der 01.07.1983 als Stichtag.

1480 Vgl. Companies Act 1985, s. 1(2)(a)-(c); C.(NI)O.1986, art. 12(2)(a)-(c).

1481 Vgl. *Farrar's* Company Law, S. 42; *Palmer/Schmitthoff*, Company Law, Rdnr. 1-01.

1482 Vgl. Companies Act 1985, s. 1(2)(a); C.(NI)O.1986, art. 12(a).

1483 Vgl. Companies Act 1985, ss. 1(2)(b), 2(4); C.(NI)O.1986, art. 12(2)(b), 13(3). Dieser Gesellschaftstyp ist z.B. bei Sportvereinen, Versicherungen oder nicht gewinnorientierten Konzernen anzutreffen; vgl. *Triebel*, EHWR Rdnr. 572; *Bernstorff*, Einführung, S. 154.

1484 Vgl. Companies Act 1985, s. 1(2)(c); C.(NI)O.1986, art. 12(2)(c).

1485 Vgl. *Güthoff*, Gesellschaftsrecht, S. 1.

1486 Wie z.B. in Frankreich das Gesetz Nr. 66-537 vom 24.07.1966 über die Handelsgesellschaften oder das Handelsgesetzbuch in Deutschland.

1487 Vgl. Partnership Act 1890, s. 1(1); Companies Act 1985, s. 1(1); C.(NI)O.1986, art. 12(1).

ziellen Zweck zu dienen bestimmt sind. Hierzu zählen zunächst die Vereinigungen von Arbeitnehmern (*trade unions*) und Arbeitgebern (*employers associations*), die im Trade Union and Labour Relations (Consolidation) Act 1992[1488] geregelt und mit einer gewissen Teilrechtsfähigkeit ausgestattet sind[1489]. Daneben gibt es die sog. *building societies*[1490], *insurance companies*[1491], *friendly societies*[1492] sowie die *industrial and provident societies*[1493] die alle einen speziellen Einsatzbereich aufweisen und über keine eigene Rechtspersönlichkeit verfügen. *Unincorporated associations* sind mit den deutschen nichtrechtsfähigen Vereinen vergleichbar[1494]. Sie sind in den Bereichen des Sports oder der Freizeit vorzufinden und werden häufig von *clubs* verwendet. Schließlich gibt es noch den sog. *trust*. Hierbei handelt es sich um eine originäre Rechtsschöpfung des englischen Billigkeitsrechts (*equity*), bei dem der sog. *trustee* (Treuhänder) das Vermögen des *beneficiary* (Begünstigten) verwaltet. Auch bei der Bildung eines *trust* entsteht keine eigenständige Rechtsperson[1495].

1488 Trade Union and Labour Relations (Consolidation) Act 1992 (1992 c 52), Kurztitel: Trade Union and Labour Relations (Consolidation) Act 1992; vgl. s. 303 des Acts.

1489 Vgl. Trade Union and Labour Relations (Consolidation) Act 1992, ss. 10, 127. Eine besondere Form der Gewerkschaft stellen die *stannaries* dar. Hierbei handelt es sich um die bergrechtlichen Gewerkschaften im Zinnbergbaugebiet der englischen Herzogtümer Cornwall und Devon. Sie sind in den Stannaries Acts 1869 (32 & 33 Vict c 19) und 1887 (50 & 51 Vict c 43) geregelt und werden auch im Partnership Act 1890 erwähnt, vgl. unten unter B. II. 2. a) aa) (1).

1490 Sie sind im Building Societies Act 1986 (1986 c 53), Kurztitel: Building Societies Act 1986; vgl. s. 125 des Acts, geregelt und können mit den deutschen Bausparkassen verglichen werden; vgl. *Hohloch/Papenheim* in: Hohloch, EU-Handbuch, Rdnr. 20.

1491 Sie sind im Insurance Companies Act 1982 (1982 c 50), Kurztitel: Insurance Companies Act 1982; vgl. s. 100(1) des Acts, geregelt und stellen keinen eigenen Gesellschaftstyp dar.

1492 Sie sind im Friendly Societies Act 1992 (1992 c)), Kurztitel: Friendly Societies Act 1992; vgl. s. 126, geregelt und dienen der gegenseitigen Fürsorge der Mitglieder im Geburts- und Todesfall oder bei Arbeitslosigkeit. Sie sind mit den VVaGs vergleichbar; vgl. *Hohloch/Papenheim* in: Hohloch, EU-Handbuch, Rdnr. 20.

1493 Sie sind in den Industrial and Provident Societies Acts 1965-1978 geregelt und kommen sowohl als Erwerbs- und Wirtschaftsgenossenschaften als auch als Konsumgenossenschaften oder Verbrauchervereine vor.

1494 Vgl. *Triebel*, EHWR Rdnr. 574. Demgegenüber sind die sog. *incorporated associations* nicht mit den deutschen rechtsfähigen Vereinen (§§ 21 ff. BGB) zu verwechseln, die es im Recht des Vereinigten Königreichs nicht gibt. *Incorporated associations* ist vielmehr nur der Oberbegriff für alle juristischen Personen; vgl. *Hohloch/Papenheim* in: Hohloch, EU-Handbuch, Rdnr. 114.

1495 Vgl. nur *Triebel*, EHWR Rdnr. 574.

II. Rechtsgrundlagen

Die britischen Rechtsquellen lassen sich in drei Gruppen aufteilen, nämlich in das geschriebene Recht, das *common law* und die *rules of equity*. Soweit es das geschriebene Recht der Personengesellschaften (*partnerships*) angeht, stellen der Partnership Act 1890[1496] und der Limited Partnerships Act 1907[1497] die zentralen Vorschriften insbesondere auch für die Gründung der Gesellschaften dar. Gleiches gilt bei den Kapitalgesellschaften (*companies*) für den Companies Act 1985[1498] in der Fassung des Companies Act 1989[1499]. Diese wichtigen Regelungen werden noch durch eine Vielzahl weiterer einzelner Gesetze ergänzt, wobei im Rahmen der Gesellschaftsgründung insbesondere der Business Names Act 1985[1500], der Interpretation Act 1978[1501], der Company Directors Disqualification Act 1986[1502] sowie der Financial Services Act 1986[1503] von Bedeutung sind. Der Geltungsbereich der vorgenannten Gesetze ist allerdings nicht einheitlich. Zwar erstrecken sich alle Gesetze zumindest grundsätzlich auf England, Schottland und Wales, jedoch nicht immer auch auf Nordirland[1504]. Daher gelten dort noch die Companies (Northern Ireland) Order 1986[1505] in der Fassung der Companies (Northern Ireland) Order

[1496] Partnership Act 1890 (53 & 54 Vic c 39), Kurztitel: Partnership Act 1890; vgl. s. 50 des Acts.

[1497] Limited Partnerships Act 1907 (7 Edw 7 c 24), Kurztitel: Limited Partnerships Act 1907; vgl. s. 1 des Acts.

[1498] Companies Act 1985 (1985 c 6), Kurztitel: Companies Act 1985; vgl. s. 747 des Acts.

[1499] Companies Act 1989 (1989 c 40), Kurztitel: Companies Act 1989; vgl. s. 216 des Acts.

[1500] Business Names Act 1985 (1985 c 7), Kurztitel: Business Names Act 1985; vgl. s. 11 des Acts.

[1501] Interpretation Act 1978 (1978 c 30), Kurztitel: Interpretation Act 1978; vgl. s. 27 des Acts.

[1502] Company Directors Disqualification Act 1986 (1986 c 46), Kurztitel: Company Directors Disqualification Act 1986; vgl. s. 26 des Acts.

[1503] Financial Services Act 1986 (1986 c 60), Kurztitel: Financial Services Act 1986; vgl. s. 212 des Acts.

[1504] So gelten in Nordirland nicht der Companies Act 1985, vgl. s. 745(2); der Business Names Act 1985, vgl. s. 9 sowie der Companies Directors Disqualification Act, vgl. s. 24(2). Anwendung finden demgegenüber der Partnership Act 1890 (vgl. Halsbury's Statutes, Partnership, S. 783), der Limited Partnerships Act 1907 (vgl. Halsbury's Statutes, Partnership, S. 810), der Financial Services Act 1986, vgl. s. 209(1) sowie teilweise auch der Interpretation Act 1978, vgl. s. 24.

[1505] SI 1986/1032. Entgegen der vorgeschriebenen Zitierweise („Companies (Northern Ireland) Order 1986", vgl. s. 1(1) der Order) wird diese Order - wie bereits erwähnt - abgekürzt zitiert mit „C.(NI)O. 1986".

1989[1506] und 1990[1507] sowie die Business Names (Northern Ireland) Order 1986[1508] und der Interpretation Act (Northern Ireland), 1954[1509]. Die nordirischen Regelungen in den Orders entsprechen allerdings inhaltlich im wesentlichen den Bestimmungen des englischen Rechts und sind praktisch nur unterschiedlich gegliedert[1510]. Neben dem geschriebenen Recht stellen noch immer das sog. *common law* sowie die Regeln des *equity law* weitere zentrale Rechtsquellen des britischen Rechts dar, wenngleich nach dem Vorgenannten bereits erkennbar ist, daß auch in Großbritannien der Trend hin zu einer umfassenden Kodifizierung des Rechts führt[1511]. Unter *common law* versteht man das Fallrecht (*case law*) sowie die aus Einzelfällen gewonnenen Rechtsregeln, welche die alten Gerichte des *common law* bis in das 19. Jahrhundert hinein aussprachen. Sie werden ergänzt durch das sog. *equity law* oder *law of equity*. Hierbei handelt es sich um die Rechtsprechung des Chancery Court, welcher immer dann angerufen wurde, wenn die häufig nur auf formale Zulässigkeitserwägungen gestützten Aussprüche der *common law*-Gerichte zu unbilligen und untragbaren Ergebnissen führten. Mit den Supreme Court of Judicature Acts 1873 (36 & 37 Vict c 66) und 1875 (38 & 39 Vict c 77) wurden die Gerichte des *common law* und der Court of Chancery zu einem einheitlichen System zusammengeführt. Trotz der zunehmenden Anzahl von Gesetzesregelungen, insbesondere zu dem Recht der britischen Gesellschaften, besitzen eine Vielzahl von Entscheidungen der damaligen Zeit noch heute Gültigkeit und werden entsprechend häufig zitiert[1512]. Schließlich unterliegt auch das Recht des Vereinigten Königreichs als Mitgliedstaat der Europäischen Union den Angleichungs- und Koordinierungsbemühungen auf

---

[1506] SI 1989/2404.

[1507] SI 1990/593. Vgl. auch die Companies No. 2 (Northern Order) 1990 (SI 1990/1504).

[1508] SI 1986/1033, ebenso zitiert, vgl. art. 1(1) der Order.

[1509] Interpretation Act (Northern Ireland), 1954 (1954 c. 33 (N.I.)), Kurztitel: Interpretation Act (Northern Ireland), 1954; vgl. s. 51 des Acts.

[1510] Sie werden, soweit vorhanden, jeweils hinter ihrem britischen Äquivalent zitiert.

[1511] So auch *Charlesworth & Morse*, Company Law, S. 11: „*trend from cases to statutes*".

[1512] Auch die Zitierweise britischer Gerichtsentscheidungen erscheint für den Kontinentaleuropäer auf den ersten Blick etwas ungewohnt. Gerade Entscheidungen vor 1865 weisen eine Vielzahl von verschiedenen Fundstellen auf, was darauf zurückzuführen ist, daß Gerichtsentscheidungen aus der damaligen Zeit nur in zahlreichen privaten Sammlungen festgehalten wurden. Wie man englische Gerichtsentscheidungen auffindet und zitiert, wird bei *Blumenwitz*, Einführung, S. 75-82, anschaulich dargestellt.

der Grundlage der Römischen Verträge. Die für die Gründung von Gesellschaften relevanten Richtlinien, nämlich die 1. Richtlinie (Publizitätsrichtlinie) 68/151/EWG vom 09.03.1968, die 2. Richtlinie (Kapitalrichtlinie) 77/91/EWG vom 13.12.1976 und die 12. Richtlinie (Einpersonengesellschaftsrichtlinie) 89/667/EWG vom 21.12.1989, sind alle in britisches Recht umgesetzt worden[1513].

III. Nationale Grundsätze und Besonderheiten

1. Die *ultra vires*-Lehre

Im britischen Recht der Kapitalgesellschaften (*company law*), nicht hingegen auch im Recht der *partnerships*, war lange Zeit die sog. *ultra vires*-Lehre[1514] von zentraler Bedeutung. Sie wurde mit einer Entscheidung des House of Lords aus dem Jahre 1875 ins Leben gerufen und besagt, daß eine *company* keine unbeschränkte Rechtsfähigkeit besitzt, sondern vielmehr nur eine auf solche Rechtsgeschäfte und Rechtshandlungen begrenzte, deren Vornahme im Gesellschaftsgegenstand des *memorandum of association* ausdrücklich vorgesehen ist[1515]. Rechtsgeschäfte der Gesellschaft sind deshalb unwirksam, wenn sie nicht ausdrücklich in der satzungsmäßigen Beschreibung des Gesellschaftsgegenstandes (*object clauses*) aufgeführt sind, also *ultra vires* („über die Befugnisse hinausgehend") vorgenommen wurden[1516]. In einer nachfolgenden Entscheidung schwächte das House of Lords aber diese

---

[1513] Die Umsetzung der 1. Richtlinie erfolgte durch den European Communities Act 1972 (1972 c 68), die der 2. Richtlinie durch den Companies Act 1980 und 1985, und die 12. Richtlinie wurde durch die Companies (Single Member Private Limited Companies) Regulations 1992 umgesetzt.

[1514] „Ultra vires" bedeutet „außerhalb der Befugnisse", „über die Befugnisse hinausgehend".

[1515] So grundlegend Ashbury Railway Carriage and Iron Co. Ltd. v. Riche (1875) LR 7 HL 653 (at 672, 673). In diesem Fall schloß die Ashbury Ltd., deren Gesellschaftsgegenstand auf das Bauen, Kaufen und Mieten von Eisenbahnwaggons gerichtet war, mit Riche einen Vertrag, der die Finanzierung eines Eisenbahnbaus zum Gegenstand hatte. Als Ashbury anschließend Klage erhob, um den Vertrag für unwirksam erklären zu lassen, gab das House of Lords ihr recht. Es begründete seine Entscheidung damit, daß die Finanzierung eines Eisenbahnbaus nicht bei der Beschreibung des Gesellschaftsgegenstands der Ashbury Ltd. ausdrücklich aufgezählt sei und der Vertrag daher ein für die Gesellschaft objektfremdes Rechtsgeschäft (*beyond the objects*) darstellen würde (at 672). Vgl. auch bereits Taylor v. Chichester and Midhurst Railway Co. (1867) LR 2 Exch 356.

[1516] Vgl. Ashbury Railway Carriage and Iron Co. Ltd. v. Riche (1875) LR 7 HL 653 (at 672, 673).

strenge Rechtsauffassung dahingehend ab, daß eine Gesellschaft auch stillschweigende Befugnisse („*implied powers*") zum Abschluß bestimmter Rechtsgeschäfte habe[1517]. Wann nun aber ein Rechtsgeschäft von *implied powers* gedeckt und wann es *ultra vires* war, ließ sich nur schwierig erkennen und führte schließlich zu der bis heute bestehenden Praxis, im *memorandum* alle nur denkbaren, möglichen Geschäftsaktivitäten aufzuzählen, damit diese sicher vom Gesellschaftsgegenstand gedeckt sind[1518].

In jüngster Zeit ist die Relevanz der *ultra vires*-Lehre durch neue Gesetzesänderungen deutlich eingeschränkt worden[1519]. Unter der Überschrift „*A company's capacity not limited by its memorandum*" bestimmt Companies Act 1985, s. 35(1) n.F.[1520], daß die Gültigkeit eines Rechtsgeschäfts der Gesellschaft nicht durch eine Bestimmung im *memorandum* in Frage gestellt werden kann, welche die Befugnis der Gesellschaft zum Abschluß von Rechtsgeschäften betrifft. Außerdem gilt zugunsten gutgläubiger Vertragspartner der Gesellschaft die Vermutung, daß das Direktorium einer *company* uneingeschränkt zum Abschluß von Rechtsgeschäften befugt ist[1521]. Dies gilt sogar dann, wenn der Vertragspartner wußte, daß das Rechtsgeschäft nicht

---

[1517] Vgl. die Entscheidung Attorney General v. Great Eastern Railway Co. (1880) LR 5 App Cas 473. Hiernach ist das Verleihen von Eisenbahnzügen auch dann zulässig, wenn der Gesellschaftsgegenstand nur das Betreiben einer Eisenbahn vorsieht, da das Verleihen der Züge vernünftigerweise erforderlich ist, um den ausdrücklichen Zweck (Betreiben einer Eisenbahn) zu verwirklichen (at 473). Vgl. auch Re Horsley & Weight Ltd. [1982] Ch 442 (at 448).

[1518] Vgl. *Farrar's* Company Law, S. 101; *Pennington*, Company Law, S. 15; *Hess*, RIW 1992, S. 638, 639 m.w.N. Nachdem die Gerichte jedoch auch diese Gegenstandsklauseln restriktiv auslegten und nur einzelne Gegenstände als Hauptgegenstände ansahen und die übrigen nur diesen Hauptgegenständen unterordneten und entsprechend eng auslegten (vgl. Re Haven Gold Mining Co. (1882) LR 20 ChD 151; Stephens v. Mysore Reefs (Kangundy) Mining Co., Ltd. [1902] 1 Ch 745), führte dies zur Praxis, die ohnehin schon langen Ausführungen zum Gesellschaftsgegenstand noch stereotyp dahingehend zu ergänzen, daß alle aufgeführten Gegenstände als Hauptgegenstände anzusehen seien. Vgl. solche Klauseln bei *Pennington*, Company Law, S. 20 ff.

[1519] Zu nennen ist insbesondere der Companies Act 1989, mit dem Companies Act 1985, s. 35 geändert wurde. Aber auch der European Communities Act 1972, durch den die 1. Richtlinie (Publizitätsrichtlinie) der Europäischen Gemeinschaften in nationales Recht umgesetzt wurde, schränkte bereits die *ultra vires*-Doktrin ein.

[1520] Bzw. C.(NI)O.1986, art. 45(1) n.F.

[1521] Vgl. Companies Act 1985, s. 35A(1); C.(NI)O.1986, art. 45A(1).

vom Gesellschaftsgegenstand mit erfaßt ist[1522]. Sein guter Glaube wird so lange angenommen, bis das Gegenteil bewiesen ist[1523].

2. Gründung durch *royal charter* und *act of parliament*

Kapitalgesellschaften können neben der Eintragung in das Gesellschaftsregister auch noch durch Gewährung einer königlichen Gründungsurkunde (*royal charter*) oder durch Parlamentsgesetz (*act of parliament*) entstehen[1524]. Die beiden letzteren Gründungswege kommen in der Praxis heute nur noch sehr selten vor[1525] und werden hier aufgrund der Zielsetzung der Arbeit nicht berücksichtigt.

B. Die Gründung einer *partnership*

Die Gründung einer *partnership* erfordert den Abschluß eines Gesellschaftsvertrages, der den Anforderungen des Partnership Act 1890 genügen muß, und die anschließende Aufnahme der Geschäfte (*commencing trading*). Eine Registereintragung der Gesellschaft ist hingegen weder erforderlich noch möglich. Dieser Weg der Gesellschaftsgründung wird nachstehend näher erläutert[1526].

[1522] Vgl. Companies Act 1985, s. 35A(2)(b); C.(NI)O.1986, art. 45A(2)(b).

[1523] Vgl. Companies Act 1985, s. 35A(2)(c); C.(NI)O.1986, art. 45A(2)(c). Vgl. zur *ultra vires*-Lehre auch *Farrar's* Company Law, S. 98-114.

[1524] Vgl. hierzu z.B. *Gower's* Principles, S. 5 f., 98 f.; *Pennington*, 90.00 S. 10.

[1525] Zu den *companies*, die durch Parlamentsgesetz die Eigenschaft der juristischen Person erhalten haben, zählen z.B. die Gas-, Wasser- und Elektrizitätsunternehmen, die im Zuge der umfangreichen Privatisierungen gegründet wurden, da sie besondere Vollmachten, wie z.B. für etwaige Landenteignungen, benötigten; vgl. *Gower's* Principles, S. 5 f.; *Farrar's* Company Law, S. 59. Royal Charter-Gründungen sind demgegenüber z.B. bei neuen Universitäten anzutreffen; vgl. *Farrar's* Company Law, S. 58; *Gower's* Principles, S. 6 f.

[1526] Mangels Registereintragung enthält der Partnership Act 1890 auch keine Umwandlungsvorschriften im Sinne einer *re-registration* (vgl. hierzu unten unter D.). Zur Umwandlung einer *partnership* in eine *company* vgl. *Palmer/Schmitthoff*, Company Law, Rdnrn. 5-02 ff.

I. Vorstellung der Gesellschaftsform

Bei einer *partnership* handelt es sich nach der Legaldefinition um eine Beziehung zwischen Personen, die gemeinsam mit Gewinnerzielungsabsicht ein Geschäft (*business*) betreiben[1527]. Sie stellt in Abgrenzung zur *company* die britische Form der Personengesellschaft dar und ist im Vergleich zu ihr in der Praxis von geringerer Bedeutung[1528]. Sie setzt das Vorhandensein von mindestens zwei Partnern voraus, eine Einpersonen-*partnership* ist nicht möglich[1529]. Die Gesamtheit aller Gesellschafter bezeichnet das Gesetz zur *partnership* interessanterweise mit dem Begriff „*firm*", der nicht mit der deutschen „Firma" zu verwechseln ist. Für den Namen dieser Gesellschaft verwendet das Gesetz nämlich den Begriff „*the firm-name*"[1530].

1. Rechtsgrundlagen

Zentrale Rechtsgrundlage der *partnership* stellt zunächst der Partnership Act 1890 dar[1531]. Er wird durch den Interpretation Act 1978, den Business Names Act 1985 bzw. die Business Names (Northern Ireland) Order 1986 sowie durch einzelne Vorschriften des Companies Act 1985 bzw. der Companies (Northern Ireland) Order 1986 ergänzt. Schließlich sind auch die Rechtsquellen des *common law*, des *equity law* sowie die Rechtsprechung nach Inkrafttreten des Partnership Act 1890 für die *partnership* von Bedeutung[1532], da es sich beim vorgenannten Act um keine abschließende Kodifikation handelt[1533].

1527 Vgl. Partnership Act 1890, s. 1(1): „*Partnership is the relation which subsists between persons carrying on a business in common with a view of profit.*".

1528 Vgl. nur *Triebel*, EHWR Rdnr. 571.

1529 Vgl. *Burgess/Morse*, Partnership Law, S. 2 f. m.w.N.

1530 Vgl. Partnership Act 1890, s. 4(1): „*Persons who have entered into partnership with one another are for the purposes of this Act called collectively a firm, and the name under which their business is carried on is called the firm-name.*".

1531 Partnership Act 1890 (53 & 54 Vict c 39), Kurztitel „Partnership Act 1890"; vgl. s. 50 dieses Acts.

1532 Vgl. Partnership Act 1890, s. 46.

1533 Vgl. Halsbury's Statutes, Partnership, S. 777; *Lindley & Banks*, On partnership, Rdnr. 1-04.

2. Charakteristische Merkmale

Die *partnership* ist eine Personengesellschaft, deren Zweck auf die Erzielung von Gewinn gerichtet ist[1534]. Somit ist es weder erforderlich noch ausgeschlossen, daß mit der *partnership* auch ein Handelsgeschäft betrieben wird. Allerdings ist zu beachten, daß das Recht in Großbritannien ohnehin kein besonderes Recht für Kaufleute kennt. Die *partnership* muß und darf nicht in ein Register eingetragen werden, wobei in diesem Zusammenhang gewisse Besonderheiten bestehen, die nachstehend dargestellt werden sollen.

a) Außen- und Innengesellschaft

Trotz fehlender Registereintragung kann eine *partnership* nicht als bloße Innengesellschaft geführt werden[1535]. Nach dem Wortlaut des Partnership Act 1890 führt der bloße Abschluß eines Gesellschaftsvertrages noch nicht allein zur Entstehung einer *partnership*. Vielmehr ist erforderlich, daß die Gesellschafter auch mit dem Betreiben von Geschäften begonnen haben[1536]. Daraus folgt, daß eine *partnership* nur als Außengesellschaft, nicht aber auch als bloße Innengesellschaft bestehen kann, weil es sonst noch nicht zu einer Teilnahme am Rechtsverkehr gekommen und die *partnership* noch nicht zur Entstehung gelangt ist.

b) Rechtsfähigkeit

Die Rechtsfähigkeit von *partnerships* ist im Recht von Großbritannien nicht einheitlich geregelt. Während *partnerships*, die in England, Wales und Nord-

---

[1534] Vgl. Partnership Act 1890, s. 1(1).

[1535] So aber *Hohloch/Papenheim* in: Hohloch, EU-Handbuch, Rdnr. 23.

[1536] Vgl. Partnership Act 1890, s. 1(1): „*carrying on a business*". Siehe hierzu auch Halsbury's Laws, Partnership, para 1 note 2: „*Before they commence trading, no partnership exists.*"; *Burgess/Morse*, Partnership Law, S. 2: „*Partnership requires the existence of business operations rather than mere agreements about them.*"; *Lindley & Banks*, On partnership, Rdnr. 2-04: „*... a partnership cannot exist before the business is commenced.*". Vgl. auch Dickinson v. Valphy (1829) 10 B & C 128; Howell v. Brodie (1839) 6 Bing NC 44.

irland gegründet werden, keine juristischen Personen darstellen[1537], sind schottische *partnerships* mit einer eigenen Rechtspersönlichkeit ausgestattet[1538]. Auffallend ist hierbei, daß die Haftung der Gesellschafter schottischer *partnerships* trotz der juristischen Selbständigkeit ihrer Gesellschaft nicht ausgeschlossen ist. Vielmehr haften auch sie persönlich, unmittelbar und gesamtschuldnerisch, allerdings nur subsidiär, d.h. der Schuldner muß zuvor die Gesellschaft verklagt haben[1539]. Andererseits ist nach dem Recht im übrigen Großbritannien auch der Status einer *partnership* ohne eigene Rechtspersönlichkeit in gewisser Hinsicht der Rechtsstellung einer juristischen Person angenähert. So können alle Gesellschafter entweder selbst oder über einen Bevollmächtigten im Namen der Gesellschaft Ansprüche aus Vertrag klageweise geltend machen[1540] oder eine Schadenersatzklage erheben[1541]. Auch können einzelne Gesellschafter im Namen der Gesellschaft gegen einen Mitgesellschafter klagen oder einzelne Gesellschafter aus prozessualen Gründen unter dem Gesellschaftsnamen verklagt werden[1542].

c) Name der partnership (firm-name)

Eine *partnership* darf nach dem Gesetz einen Namen (*firm-name*) führen, obwohl sie grundsätzlich nicht mit einer eigenen Rechtspersönlichkeit ausgestattet ist[1543]. Das Gesetz enthält, gerade für den deutschen Juristen interessant, insoweit eine terminologische Klarstellung. Nach der vorgenannten Norm werden diejenigen Personen, die sich zu einer *partnership* zusammen-

---

[1537] Vgl. Sadler v. Whiteman [1910] 1 KB 868 (at 889); Re Vagliano Anthracite Collieries Lim. [1910] 79 LJ Ch 769; R. v. Holden [1912] 81 LJKB 327 (at 329); Meyer & Co. v. Faber (No. 2) [1923] 2 Ch 421 (at 439). Vgl. auch Halsbury's Statutes, Partnership, S. 784.

[1538] Vgl. zur *partnership* in Schottland Partnership Act 1890, s. 4(2): „*In Scotland a firm is a legal person distinct from the partners of whom it is composed, but an individual partner may be charged on a decree of diligence directed against the firm, and on payment of the debts is entitled to relief pro rata from the firm and its other members.*". Vgl. auch Jardine-Paterson v. Fraser [1974] SLT 93.

[1539] Vgl. Mair v. Wood [1948] SC 83 (at 86); [1948] SLT 326 (at 327): „*Partners are of course liable jointly and severally in a question with a firm creditor for the obligations of the firm, but the theory of Scots law views them as being so liable only* subsidiarie, ...". Vgl. auch Partnership Act 1890, s. 4 (2).

[1540] Vgl. Alexander v. Barker (1831) 2 Cr & J 133.

[1541] Vgl. Longman v. Pole (1828) Mood & M 223.

[1542] Vgl. Meyer & Co. v. Faber (No. 2) [1921] 2 Ch 421 (at 435, 439).

geschlossen haben, gemeinschaftlich als *firm* bezeichnet, während es sich bei dem Namen, unter dem die Gesellschafter nach außen auftreten, um den *firm-name* handelt. Aufgrund der fehlenden Rechtspersönlichkeit einer *partnership* stellt der *firm-name* aber keine Korporationsbezeichnung im Sinne einer deutschen „Firma“ oder einer französischen „*firme*“ dar, sondern vielmehr nur den abgekürzten Namen für die Gemeinschaft aller Gesellschafter[1544]. Hinsichtlich des *firm-name* besteht Wahlfreiheit[1545]. Er kann aus dem Namen aller oder nur einzelner Gesellschafter bestehen, dem Gesellschaftsgegenstand entlehnt sein oder eine reine Phantasiebezeichnung darstellen[1546]. Falls der *firm-name* nicht lediglich aus den Namen sämtlicher Partner (Familiennamen bei natürlichen, Korporationsbezeichnungen bei juristischen Personen) gebildet wird, findet auf den *firm-name* einer *partnership* der Business Names Act 1985 Anwendung[1547]. Hiernach ist für die Verwendung einer Geschäftsbezeichnung (*business name*) eine vorherige schriftliche Erlaubnis des *Secretary of State*[1548] erforderlich, wenn die Bezeichnung voraussichtlich den Eindruck erweckt, mit der britischen Regierung (*Her Majesty's Government*) oder mit einer örtlichen Behörde (*local authority*) im Zusammenhang zu

---

[1543] Vgl. Partnership Act 1890, s. 4(1).

[1544] Vgl. Re Smith, Fleming & Co., ex parte Harding (1879) LR 12 ChD 557 (at 567); Halsbury's Laws, Partnership, para 5. Dies gilt natürlich nicht für schottische *partnerships*.

[1545] Vgl. nur *Underhill/Ivamy*, Principles, S. 32.

[1546] Vgl. *Hohloch/Papenheim* in: Hohloch, EU-Handbuch, Rdnr. 41.

[1547] Vgl. s. 1(1)(a) des Acts. Die Gesellschaftsbezeichnung darf zudem die Vornamen der Gesellschafter sowie Abkürzungen derselben enthalten, ohne daß dies zur Anwendung des Business Names Act 1985 führt. Gleiches gilt für die Verwendung eines „s“ am Ende eines Nachnamens, wenn mehrere Partner den gleichen Nachnamen besitzen; sog. *permitted additions*, vgl. Business Names Act 1985, s. 1(2)(a). Vgl. die entsprechenden Regelungen in Business Names (Northern Ireland) Order 1986, artt. 3(1)(a), 3(2)(a).

[1548] In der Praxis ist dies der *Secretary of State for Trade and Industry*, der seit 1992 auch den Titel *President of the Board of Trade* führt; vgl. Halsbury's Laws, Companies, para 167 note 2 m.w.N.

stehen[1549]. Außerdem müssen auf jeglicher Korrespondenz[1550] die Namen aller Gesellschafter sowie eine Zustellungsadresse angegeben werden[1551].

Wählen die Gesellschafter einen *firm-name*, der mit einem bereits verwendeten *firm-name* einer anderen *partnership* oder *company* identisch oder ähnlich ist, können sich die Gesellschafter gegenüber den Inhabern der bereits verwendeten Firma schadenersatzpflichtig machen[1552]. Außerdem ist ihnen die Verwendung des *firm-name* zu verbieten, wenn beabsichtigt oder wahrscheinlich ist, daß die Öffentlichkeit über die wahre Identität getäuscht wird[1553]. Handelt es sich um eine Personenfirma, muß noch eine betrügerische Absicht der Partner oder Verwechslungsgefahr hinsichtlich bestimmter Waren hinzukommen[1554]. Hat ein Gesellschafter seinen Anteil am *goodwill* der *partnership* an die übrigen Gesellschafter verkauft, kann er sich nicht erfolgreich gegen die fortgesetzte Verwendung seines Namens in dem *firm-name* wenden[1555].

d) Organisation der partnership

Die innere Organisation der *partnership* als Personengesellschaft ist weitestgehend der freien Gestaltung durch ihre Mitglieder überlassen. Partnership Act 1890 ss. 19-31 regeln zwar die Rechte und Pflichten der

---

1549 Vgl. Business Names Act 1985, s. 2(1)(a); Business Names (Northern Ireland) Order 1986, art. 4(1)(a).

1550 Hierzu zählen Geschäftsbriefe (*business letters*), schriftliche Bestellungen (*written orders for goods or services to be supplied to the business*), Rechnungen (*invoices*), Quittungen (*receipts*) oder auch schriftliche Zahlungsaufforderungen (*written demands for payment of debts*), vgl. Business Names Act 1985, s. 4(1)(a); Business Names (Northern Ireland) Order 1986, art. 6(1)(a).

1551 Vgl. Business Names Act 1985, s. 4(1)(a)(i); Business Names (Northern Ireland) Order 1986, art. 6(1)(a)(i). Übersteigt jedoch die Zahl der Gesellschafter einer *partnership* ausnahmsweise die Grenze von zwanzig Partnern, genügt in der Korrespondenz ein Hinweis auf ein Verzeichnis aller Gesellschafter, das am Hauptgeschäftssitz (*principal place of business*) zur freien Einsicht ausgelegt sein muß, vgl. Business Names Act 1985, s. 4(3)(b); Business Names (Northern Ireland) Order 1986, art. 6(3)(b). Zur Anzahl der Gesellschaftsgründer vgl. unten unter B. II. 2. c).

1552 Vgl. Slazenger & Sons v. Spalding & Brothers [1910] 1 Ch 257.

1553 Sog. *passing-off action* (Klage gestützt auf unlauteren Wettbewerb). Vgl. Erven Warnink B.V. v. J. Townend & Sons (Hull) Ltd. [1979] AC 731; Reckitt & Colman Products Ltd. v. Borden Inc. [1990] 1 WLR 491; *Lindley & Banks*, On partnership, Rdnr. 3-18 m.w.N.

1554 Vgl. Croft v. Day (1843) 7 Beav 84; Valentine Meat Juice Co. v. Valentine Extract Co. Ltd. [1900] 83 LT 259; Teofani & Co., Ltd. v. A. Teofani [1913] 2 Ch 545; vgl. auch *Triebel*, EHWR Rdnr. 793.

1555 Vgl. Halsbury's Laws, Partnership, para 5 note 13 m.w.N.

Gesellschafter untereinander (*relations of partners to one another*). Im System des britischen Rechts haben diese Bestimmungen aber nur subsidiäre Bedeutung und können durch Vereinbarung unter den Gesellschaftern frei geändert werden[1556]. Nach dem Gesetz sind alle *partner* in gleicher Höhe am Gesellschaftskapital sowie an den Gewinnen und Verlusten der *partnership* beteiligt[1557]. Ihre Gesellschaftsanteile können ohne Zustimmung der übrigen Gesellschafter frei abgetreten werden, allerdings führt dies weder zu einem Ausscheiden des Zedenten, noch zu einem Gesellschaftereintritt des Zessionars. Vielmehr erhält der Erwerber insoweit nur einen Anspruch auf Gewinnbeteiligung[1558]. Die Aufnahme neuer Gesellschafter ist hingegen nur mit Zustimmung aller übrigen Gesellschafter möglich[1559]. Weiterhin ist jeder *partner* berechtigt, aber nicht verpflichtet, an der Geschäftsführung teilzunehmen[1560], und hat einen uneingeschränkten Anspruch auf Einsicht in die Geschäftsbücher, die am Hauptsitz der *partnership* aufzubewahren sind[1561]. Er verfügt über eine gesetzliche Alleinvertretungsmacht, d.h. er kann grundsätzlich allein Geschäfte im Namen der Gesellschaft vornehmen. Seine Vertretungsmacht ist nur insoweit begrenzt, als die vorgenommenen Handlungen im Rahmen des gewöhnlichen Geschäftsbetriebs liegen müssen[1562], wobei der konkrete Gesellschaftsgegenstand maßgeblich ist[1563]. Beschlüsse, die den gewöhnlichen Geschäftsbetrieb betreffen, werden mit einfacher Mitglieder-

---

1556 Vgl. Partnership Act 1890, s. 19: „*The mutual rights and duties of partners, whether ascertained by agreement or defined by this Act, may be varied by the consent of all the partners, and such consent may be either express or inferred from a course of dealing.*".

1557 Vgl. Partnership Act 1890, s. 24(1).

1558 Der Erwerber wird somit nicht Partner, sondern nimmt nur die Stellung eines *equitable owner* ein. Er ist somit nicht berechtigt, während der Dauer der Gesellschaft in die Geschäftsführung oder in die Organisation der Gesellschaft einzugreifen, Rechnungslegung über Geschäftsvorgänge zu verlangen oder die Geschäftsbücher zu überprüfen, vgl. Partnership Act 1890, s. 31(1).

1559 Vgl. Partnership Act 1890, s. 24(7): „*No person my be introduced as a partner without the consent of all existing partners.*".

1560 Partnership Act 1890, s. 24(5): „*Every partner may take part in the management of the partnership business.*". Zum Ausschluß eines Gesellschafters von der Geschäftsführung vgl. Goodman v. Whitcomb (1820) 1 Jac & W 589; Marshall v. Colman (1820) 2 Jac & W 266.

1561 Vgl. Partnership Act 1890, s. 24(9).

1562 Vgl. Partnership Act 1890, s. 5: „*...any act for carrying on in the usual way business of the kind carried on by the firm ...*".Vgl. hierzu auch Mercantile Credit Co. Ltd. v. Garrod [1962] 3 All ER 1103.

1563 Vgl. *Hohloch/Papenheim* in: Hohloch, EU-Handbuch, Rdnr. 59.

mehrheit gefaßt[1564], wobei jeder Gesellschafter über ein gleiches Stimmrecht verfügt, unabhängig von der Höhe seines Kapitalanteils[1565]. Außergewöhnliche Geschäfte, die Aufnahme und der Ausschluß von Partnern oder Änderungen des Gesellschaftsvertrages bedürfen hingegen eines einstimmigen Beschlusses aller *partner*[1566]. Schließlich statuiert Partnership Act 1890, s. 30 ein Wettbewerbsverbot, das allerdings relativ eng gefaßt ist. Es greift nur dann ein, wenn die getätigten Geschäfte demselben Handelszweig unterfallen und denselben potentiellen Kundenstamm ansprechen[1567]. Die Gesellschafter einer *partnership* haften nach dem Gesetz für die Dauer ihrer Mitgliedschaft grundsätzlich persönlich, unbeschränkt und gesamtschuldnerisch (*jointly*) für die Verbindlichkeiten der Gesellschaft, vgl. Partnership Act 1890, s. 9. Eine Ausnahme sieht das Gesetz für die Gesellschafter einer schottischen *partnership* vor. Sie haften nicht nur gesamtschuldnerisch, sondern darüber hinaus (zivilprozessual) auch noch einzeln (*severally*)[1568].

3. Gesellschaftszweck und Relevanz

Während der Gesellschaftszweck der *partnership* zwingend in der Gewinnerzielung besteht (*with a view of profit*)[1569], sind die Mitglieder in der Erreichung dieses Ziels weitestgehend frei. Sie müssen Geschäfte betreiben, wobei es sich nach der Legaldefinition in Partnership Act 1890, s. 45 hierbei um

---

1564 Vgl. Partnership Act 1890, s. 24(8).

1565 Vgl. *Hohloch/Papenheim* in: Hohloch, EU-Handbuch, Rdnr. 50.

1566 Vgl. Partnership Act 1890, ss. 24(8), 24(7) und 19.

1567 Partnership Act 1890, s. 30: „*If a partner, without the consent of the other partners, carries on any business of the same nature as and competing with that of the firm, he must account for and pay over to the firm all profits made by him in that business.*“. Vgl. statt dessen § 112 Abs. 1 HGB.

1568 Vgl. Partnership Act 1890, s. 9: „*Every partner in a firm is liable jointly with the other partners, and in Scotland severally also, ...*“. Die Einzelhaftung (*several liability*) bedeutet folgendes: Verklagt der Gläubiger die Gesellschafter gemeinschaftlich unter ihrem *firm-name* (s.o.), kann er mit dem erstrittenen Urteil gegen jeden einzelnen Gesellschafter vorgehen. Erstreitet er sich hingegen nur ein Urteil gegen einen einzelnen Gesellschafter, werden die übrigen Gesellschafter auch dann von ihrer Haftung befreit, wenn die Zwangsvollstreckung gegen den beklagten Gesellschafter erfolglos verläuft (vgl. Kendall v. Hamilton (1879) LR 4 App Cas 504; vgl. auch *Hohloch/Papenheim* in: Hohloch, EU-Handbuch, Rdnr. 70; *Triebel*, EHWR Rdnr. 804.). Haften die Gesellschafter allerdings auch *severally*, tritt die Rechtsfolge aus Kendall v. Hamilton nicht ein. Ihre Haftung bleibt also auch dann bestehen, wenn der Gläubiger nur gegen einen von ihnen prozessual vorgeht.

1569 Vgl. Partnership Act 1890, s. 1(1).

jeden Handelsbetrieb, jede Beschäftigung und jeden Beruf handeln kann[1570], sofern er von mehreren ausgeübt wird[1571]. Die *partnership* ist deshalb sehr flexibel einsetzbar. Mit ihr können sowohl zeitlich unbegrenzte Unternehmungen, aber auch vorübergehende oder sogar nur einzelne Geschäfte verfolgt werden (*joint ventures*, Gelegenheitsgesellschaften)[1572]. Sie dient des weiteren denjenigen Personen als Gesellschaftsform, denen die Ausübung ihres Berufs in Form einer Kapitalgesellschaft mit Haftungsbeschränkung (*limited company*) untersagt ist, wie z.B. Ärzten, Architekten, *solicitors* oder teilweise auch Wirtschaftsprüfern[1573]. Eine *partnership* kann schließlich auch aus Gründen der Billigkeit entstehen (*partnership by estoppel*)[1574].

In der Praxis stellt die *partnership* zwar zusammen mit der *company* die wichtigste Form britischer Personenvereinigungen dar, allerdings ist ihr Stellenwert neben der *company* als gering anzusehen. Unter den *partnerships* selbst kommt der *limited partnership* im Prinzip keine praktische Relevanz zu[1575].

II. Voraussetzungen für die Gründung einer *partnership*

1. Allgemeines

Nach dem Gesetz handelt es sich bei einer *partnership* um eine Beziehung zwischen mindestens zwei Personen (*relation which subsists between persons*), die gemeinsam ein Geschäft mit Gewinnerzielungsabsicht betreiben[1576]. Damit sieht der Partnership Act zwar nicht ausdrücklich den Ab-

---

[1570] Vgl. Partnership Act 1890, s. 45: „... *The expression "business" includes every trade, occupation, or profession.*".

[1571] Vgl. Partnership Act 1890, s. 1(1).

[1572] Vgl. Partnership Act 1890, s. 32(b). Hiernach ist eine *partnership* beendet, wenn mit ihr nur ein einziges Geschäft (*single adventure or undertaking*) verfolgt wird und dieses Geschäft abgeschlossen ist. Vgl. auch Re Abenheim [1913] 109 LT 219.

[1573] Vgl. *Burgess/Morse*, Partnership Law, S. 14; *Güthoff*, Gesellschaftsrecht, S. 3, 51.

[1574] Vgl. Waugh v. Carver (1793) 2 Hy Bl 235; vgl. auch *Lindley & Banks*, On partnership, Rdnrn. 5-43 ff.; *Hohloch/Papenheim* in: Hohloch, EU-Handbuch, Rdnr. 44. So haftet nach Partnership Act 1890, s. 14(1) eine Person gegenüber Dritten, wenn sie in zurechenbarer Weise den Eindruck erweckt hat, Partner einer bestimmten *partnership* zu sein, und Dritte sich in diesem Glauben zur Vergabe eines Kredits verleiten lassen.

[1575] Vgl. *Hohloch/Papenheim* in: Hohloch, EU-Handbuch, Rdnr. 32.

[1576] Vgl. Partnership Act 1890, s. 1(1).

schluß eines Gesellschaftsvertrages vor. Dennoch ist es allgemein anerkannt, daß mit *relation* eine vertragliche Vereinbarung gemeint ist[1577]. Neben dieser vertraglichen Vereinbarung setzt die Gründung einer *partnership* des weiteren voraus, daß die Geschäftstätigkeit aufgenommen worden ist (*commencing trading*), da die Gesellschaft erst dann zur Entstehung gelangt.

2. Abschluß eines Gesellschaftsvertrages (*partnership articles*)

a) Anforderungen an den Inhalt des Gesellschaftsvertrages

Die Anforderungen an den Mindestinhalt des Gesellschaftsvertrages zur Gründung einer *partnership* sind gering und ergeben sich aus Partnership Act 1890, s. 1(1). Der Vertrag enthält darüber hinaus aber üblicherweise noch weitere Angaben fakultativer Natur, die nachstehend ebenfalls erörtert werden. Werden in dem Gesellschaftsvertrag Vereinbarungen über Punkte getroffen, die in dem Partnership Act 1890 abweichend geregelt sind, haben die Individualabreden Vorrang[1578].

aa) Mindestinhalt

Aus der Legaldefinition einer *partnership* ergeben sich lediglich zwei Mindestvoraussetzungen, die für das Vorliegen dieser Gesellschaftsform erfüllt sein müssen: Mit der *partnership* muß ein Geschäft gemeinsam betrieben werden (*carrying on a business in common*), und die Mitglieder der *partnership* müssen mit Gewinnerzielungsabsicht tätig werden (*with a view of profit*)[1579].

[1577] Vgl. *Burgess/Morse*, Partnership Law, S. 2; Halsbury's Laws, Partnership, para 1 note 1, para 2 m.w.N.; Halsbury's Statutes, Partnership, S. 779: „*Partnership is the result of contract and the relations between partners are for the most part regulated by the contract they have made which may be varied by agreement.*". Vgl. auch Smith v. Anderson (1880) LR 15 ChD 247 (at 273).

[1578] Vgl. *Hohloch/Papenheim* in: Hohloch, EU-Handbuch, Rdnr. 41.

[1579] Vgl. Partnership Act 1890, s. 1(1).

(1) Gemeinsames Betreiben eines Geschäfts (carrying on a business in common)

Zunächst müssen die Mitglieder der *partnership* ein Geschäft (*business*) gemeinsam betreiben. Unter *business* fällt nach der weiten Definition in Partnership Act 1890, s. 45 jede gewerbliche oder berufliche Tätigkeit sowie jede Art von Beschäftigung[1580]. Alle Aktivitäten kommerzieller oder professioneller Art, einschließlich der Durchführung nur eines einzigen Geschäfts („*one off*“ *trading venture*)[1581] oder der Ausübung freier Berufe, wie z.B. von Ärzten oder Rechtsanwälten[1582], werden somit vom Begriff *business* erfaßt. Da durch diese weite Fassung aber z.B. auch Geschäfte betroffen sind, die, falls diese auf Gewinnerzielung gerichtet sind, von einer *company* betrieben werden, nennt das Gesetz Fallgruppen, bei denen eine *partnership* trotz der weiten Definition nicht vorliegen soll[1583]. So stellt die Beziehung zwischen Mitgliedern einer registrierten *company* oder *association* ebensowenig eine *partnership* im Sinne von Partnership Act 1890, s. 1(1) dar[1584] wie die bergrechtlichen Gewerkschaften in den britischen Zinngrubengebieten (*stannaries*)[1585]. Auch *companies*, die ihre Rechtsfähigkeit durch königliche Verleihungsurkunde (*royal charter*) erhalten haben, können nicht zugleich auch *partnerships* sein[1586]. Weiterhin müssen diese Geschäfte „*in common*“, d.h. gemeinsam betrieben werden. Hieraus folgt, daß jeder Gesellschafter zum gemeinsamen Geschäftsbetrieb etwas beisteuern muß, sei es in Form von Kapital, Sachleistungen, Fähigkeiten, Kenntnissen oder aber auch in Form von Arbeits- oder Dienstleistungen[1587].

1580 Vgl. Partnership Act 1890, s. 45: „*In this Act, unless the contrary intention appears, - ... The expression "business" includes every trade, occupation, or profession.*“.

1581 Vgl. Re Abenheim [1913] 109 LT 219; Mann v. D'Arcy [1968] 1 WLR 893; vgl. auch *Lindley & Banks*, On partnership, Rdnr. 2-02.

1582 Vgl. *Triebel*, EHWR Rdnr. 788; vgl. für die Ausübung der Tätigkeit eines *solicitors* auch Companies Act 1985, s. 716(2)(a).

1583 Vgl. *Lindley & Banks*, On partnership, Rdnr. 2-22.

1584 Vgl. Partnership Act 1890, s. 1(2)(a).

1585 Vgl. Partnership Act 1890, s. 1(2)(c): „*A company engaged in working mines within and subject to the jurisdiction of the Stannaries.*“. Vgl. auch Dunbar v. Harvey [1913] 2 Ch 530.

1586 Vgl. Partnership Act 1890, s. 1(2)(b).

1587 Vgl. *Burgess/Morse*, Partnership Law, S. 4.

(2) In Gewinnerzielungsabsicht (with a view of profit)

Weitere Voraussetzung für das Vorliegen einer *partnership* ist die Gewinnerzielungsabsicht (*with a view of profit*)[1588]; die Verfolgung rein ideeller, religiöser, gemeinnütziger oder anderer Zwecke ist somit ausgeschlossen[1589]. Gleiches gilt für Veranstaltungen ohne *motive of profit*, die ausschließlich dem Vergnügen bzw. der Unterhaltung dienen[1590]. Ausreichend ist insoweit nur die Absicht, Gewinn zu erzielen. Ob die *partnership* tatsächlich Gewinn realisieren kann oder nicht, spielt im Zeitpunkt der Gesellschaftsgründung noch keine Rolle[1591]. Auch genügt die Verfolgung der Gewinnerzielung als bloßer Nebenzweck[1592]. Wann im einzelnen eine Gewinnerzielungsabsicht vorliegt, wird vom Gesetz nicht positiv bestimmt, sondern anhand verschiedener Fallgruppen hauptsächlich negativ eingegrenzt. Nach Partnership Act 1890, s. 2(1) führen zunächst die britischen Formen des Miteigentums (*joint tenancy, tenancy in common, joint property, common property, part ownership*) für sich allein nicht bereits zur Begründung einer *partnership*, und zwar auch dann nicht, wenn sich die Miteigentümer den aus dem Eigentum fließenden Gewinn untereinander teilen[1593]. Gleiches gilt für die Aufteilung von Bruttoeinnahmen (*gross returns*) aus einem Geschäft, selbst wenn die Beteiligten gemeinsame Rechte an den Gegenständen besitzen, mit deren Hilfe die Bruttoeinnahmen realisiert werden[1594]. Demgegenüber sieht Partnership Act 1890, s. 2(3) eine auch dem deutschen Recht bekannte prima-facie-

---

[1588] Vgl. The Queen v. Robson (1885) LR 16 QBD 137 (at 139): „... *the necessary idea of a partnership is that it should have for its object the acquisition and division of gain.*".

[1589] Vgl. Halsbury's Laws, Partnership, para 4; *Burgess/Morse*, Partnership Law, S. 5; gleiches gilt für die Tätigkeit von Gewerkschaften, deren Hauptziel es ist, die Beziehungen zwischen Arbeitnehmern und Arbeitgebern zu regeln; vgl. Trade Union and Labour Relations (Consolidation) Act 1992, ss. 1(a), 122(1)(a); *Pennington*, 90.00 S. 7.

[1590] Vgl. Customs and Excise Comrs v. Lord Fisher [1981] 2 All ER 147 (Fasanenjagd mit einer finanziellen Unterstützung des Veranstalters durch seine Gäste).

[1591] Vgl. *Thole*, Gesellschaftsform, S. 43 m.w.N.

[1592] Vgl. Newstead v. Frost [1980] 1 WLR 135 (at 140); Ensign Tankers (Leasing) Ltd. v. Stokes [1989] 1 WLR 1222 (at 1237 ff.).

[1593] Vgl. Partnership Act 1890, s. 2(1): „... *whether the tenants or owners do or do not share any profits made by the use thereof.*".

[1594] Vgl. Partnership Act 1890, s. 2(2): „... *whether the persons sharing such returns have or have not a joint or common right or interest in any property from which or from the use of which the returns are derived.*".

Regel vor[1595]. Hiernach spricht eine gesetzliche Vermutung für das Bestehen einer *partnership*, wenn der geschäftliche Nettogewinn (*profits*)[1596] unter den Beteiligten aufgeteilt werden soll[1597]. Das Gesetz stellt aber auch klar, daß es sich nur um eine Vermutung handelt. Die Gewinnbeteiligung oder der Erhalt einer Zahlung, deren Höhe je nach Unternehmensgewinn variiert, macht den Empfänger der Zahlung nicht allein dadurch automatisch zum Mitglied einer *partnership*[1598]. Dies gilt insbesondere in den folgenden fünf Fällen, die in Partnership Act 1890, s. 2(3) ausdrücklich aufgezählt sind: Erhalt einer Zahlung zum Zwecke der Erfüllung einer Schuld, sei es in Raten oder auf andere Weise, mittels Geschäftsgewinne (a), Vertrag mit einem Angestellten oder Vertreter, welcher hiernach aus einem Geschäft, an dem er mitgewirkt hat, einen bestimmten Gewinnanteil erhalten soll (b), Zahlung einer jährlichen Rente (*annuity*) an die Witwe oder an ein Kind eines verstorbenen Gesellschafters mittels Geschäftsgewinne (c), Zahlung von Zinsen als Gegenleistung für die Gewährung eines Darlehens, deren Höhe sich nach dem Geschäftsgewinn richtet, oder die direkte Auszahlung eines Teils des Geschäftsgewinns (d)[1599], und schließlich bei Verkauf des *goodwill* eines Unternehmens die Zahlung einer Rente oder eines anderen Betrages als Gegenleistung mittels Geschäftsgewinne (e)[1600].

[1595] Mit dem Unterschied allerdings, daß sich der deutsche prima-facie-Beweis auf tatsächliche Vermutungen stützt und gerade nicht aus einer gesetzlichen Vermutung hergeleitet wird (wie z.B. § 1006 BGB). Vgl. zum prima-facie-Beweis z.B. BGH NJW 1994, S. 945.

[1596] Unter *profits* sind die Gewinne zu verstehen, die dem Unternehmer nach Abzug der Unkosten verbleiben (Nettogewinn); vgl. Sutton and Co. v. Grey [1893] 1 QB 285 (at 291); Re Spanish Prospecting Co., Ltd. [1911] 1 Ch 92 (at 98 ff.). Vgl. auch *Lindley & Banks*, On partnership, Rdnr. 2-05; *Burgess/Morse*, Partnership Law, S. 5: *„The profits ... must be net profits, ...“*.

[1597] Vgl. Partnership Act 1890, s. 2(3): *„The receipt by a person of a share of the profits of a business is* prima facie *evidence that he is a partner in the business, ...“*.

[1598] Vgl. Partnership Act 1890, s. 2(3): *„ ... but receipt of such a share, or of a payment contingent on or varying with the profits of a business, does not of itself make him a partner in the business ...“*. Vgl. auch Davis v. Davis [1894] 1 Ch 393 (at 398); *Underhill/Ivamy*, Principles, S. 10, 11.

[1599] Dem deutschen partiarischen Darlehen vergleichbar; vgl. hierzu nur Palandt/*Putzo* Einf v § 607 Rdnr. 13.

[1600] Unter *goodwill* versteht man den Marktwert der Firma oder des Rufs bzw. der Reputation eines Unternehmens; vgl. z.B. *Lindley & Banks*, On partnership, Rdnr. 10-154 m.w.N.

bb) Fakultativer Inhalt

Der Gesellschaftsvertrag zur Gründung einer *partnership* (*partnership articles*) kann eine Vielzahl von Bestimmungen fakultativer Natur enthalten, die nachstehend nicht alle dargestellt werden können[1601]. Häufig vorzufinden sind aber Klauseln über die Geschäftsführung der Gesellschaft (*management of business*), über ihren Namen (*firm-name*), Gesellschaftssitz (*place of business*), Gesellschaftsgegenstand (*description* oder *nature of business*), ihre Dauer (*duration*), ihr Vermögen bzw. Kapital (*partnership property* und *capital*) sowie über dessen Aufbringung[1602].

(1) Vermögen und Kapital der partnership

Für die Gründung einer *partnership* ist weder die Bildung eines bestimmten Gesellschaftsvermögens, noch die Bildung eines bestimmten Gesellschaftskapitals erforderlich. Angesichts ihrer zentralen Bedeutung[1603] werden aber regelmäßig Bestimmungen hierüber in den Gesellschaftsvertrag mit aufgenommen[1604]. Das Gesellschaftsvermögen der *partnership* (*partnership property* oder *assets*) setzt sich aus dem Eigentum und den sonstigen schuldrechtlichen und dinglichen Rechten zusammen, die entweder im Zeitpunkt der Gründung oder auch später in die Gesellschaft eingebracht werden[1605]. Zulässig sind insoweit alle Gegenstände mit Vermögenswert, aber auch Arbeits- oder Dienstleistungen (*labour*), persönliche Fähigkeiten (*skills*)[1606] oder der *good will* einer *partnership*[1607] kommen als Einlageleistungen in

---

[1601] Vgl. hierzu *Burgess/Morse*, Partnership Law, S. 51-85; *Sacker*, Partnership Agreements, S. 25-144; *Underhill/Ivamy*, Principles, S. 27-44.

[1602] Vgl. Halsbury's Laws, Partnership, para 39; *Pennington*, 90.30 S. 4 ff.

[1603] Vgl. *Oliver/Davey*, partnerships, S. 53: „*There are normally two things about the firm's affairs that attract the immediate attention of partners - the amount and division of profits and the requirement for each of them to put up capital.*".

[1604] Vgl. *Burgess/Morse*, Partnership Law, S. 55-58.

[1605] Vgl. Partnership Act 1890, s. 20(1).

[1606] Vgl. Halsbury's Statutes, Partnership, S. 786. Bringt der Gesellschafter Arbeits- oder Dienstleistungen (*labour*) oder persönliche Fähigkeiten (*skills*) in die Gesellschaft ein, wird er Partner, wenn er am Gewinn der Gesellschaft beteiligt und zur Übernahme der Verluste mitverpflichtet wird; vgl. Moore v. Davis (1879) LR 11 ChD 261; Halsbury's Laws, Partnership, para 2.

[1607] Vgl. Jennings v. Jennings [1898] 1 Ch 378; vgl. auch *Hohloch/Papenheim* in: Hohloch, EU-Handbuch, Rdnr. 63.

Betracht. Die Übertragung des Vermögens erfolgt mangels eigener Rechtspersönlichkeit der *partnership* entweder auf einen Treuhänder (*trustee*), bei dem es sich auch um einen Gesellschafter handeln kann, oder zur gesamten Hand der Gesellschafter oder auf eine zu bildende Bruchteilsgemeinschaft. Bei der Bruchteilsgemeinschaft (*ownership in common* oder *tenancy in common*) verfügt jeder Teilhaber an jedem einzelnen Gegenstand des Gesellschaftsvermögens über einen bestimmten Anteil, der frei vererblich und frei veräußerlich ist. Die Bruchteilsgemeinschaft kommt aus diesem Grunde bei *partnerships* recht selten vor. Bei der Gesamthandsgemeinschaft (*joint tenancy* oder *joint ownership*) verfügt hingegen jeder Teilhaber nur über einen ideellen Anteil am gesamten Gesellschaftsvermögen. Die Verfügung über Anteile an einzelnen Vermögensgegenständen setzt einen Beschluß sämtlicher Gesellschafter voraus, während der Anteil am Ganzen keiner Beschränkung unterliegt. Enthält der Gesellschaftsvertrag gar keine Bestimmungen über das Gesellschaftsvermögen, werden eingesetzte Vermögenswerte von der Rechtsprechung nur dann als dem Gesellschaftsvermögen zugehörig angesehen, wenn dies aufgrund der tatsächlich erfolgten Verwendung unumgänglich ist[1608].

Im Unterschied zum Gesellschaftsvermögen handelt es sich bei dem Gesellschaftskapital (*capital*) um diejenigen Vermögenswerte, die die Gesellschafter zum Zwecke der Aufnahme und Fortführung der Geschäfte aufgebracht haben und die der Erreichung des Gesellschaftszwecks, also der Gewinnerzielung dienen. Das Kapital ist nicht wie das Gesellschaftsvermögen einer täglichen Änderung unterworfen, sondern bleibt als gesellschaftsvertraglich fixierter Betrag immer gleich. Nach dem Gesetz verfügen auch alle Gesellschafter über einen gleichen Anteil am Gesellschaftskapital, sogar selbst dann, wenn die Gesellschafter unterschiedlich viel Vermögen in die Gesellschaft mit eingebracht haben[1609]. Hiervon sieht der Vertrag aber regelmäßig Abweichungen vor[1610].

1608 Vgl. Miles v. Clarke [1953] 1 All ER 779.
1609 Vgl. Partnership Act 1890, s. 24(1).
1610 Vgl. *Burgess/Morse*, Partnership Law, S. 57.

(2) Dauer der partnership

Eine *partnership* kann für nur eine einzige Unternehmung[1611], für eine bestimmte Dauer[1612] oder aber auch für unbestimmte Zeit[1613] gegründet werden. Enthält der Vertrag keine Angabe zur Gesellschaftsdauer, handelt es sich grundsätzlich um eine zeitlich unbegrenzte *partnership*, die jeder Gesellschafter jederzeit durch bloße Mitteilung an die übrigen Gesellschafter beenden kann, nach welcher die *partnership* aufgelöst werden soll[1614]. In diesem Fall handelt es sich um eine sog. *partnership at will* (auf Widerruf)[1615], die nur in seltenen Fällen wirklich gewollt sein dürfte. Aus diesem Grunde wird die Möglichkeit des Widerrufs im Gesellschaftsvertrag häufig ausgeschlossen, der dann für gewöhnlich eine bestimmte Anzahl von Jahren vorsieht, für die die Gesellschaft bestehen soll.

b) Anforderungen an die Form des Gesellschaftsvertrages

Das Gesetz stellt keine Anforderungen an die Form des Gesellschaftsvertrages auf[1616]. Dieser kann somit in Form einer *deed*[1617], in einfacher Schriftform oder auch mündlich geschlossen werden[1618]. Selbst konkludentes Verhalten der Beteiligten reicht insoweit aus, um eine Vereinbarung bzw. Beziehung im Sinne von Partnership Act 1890, s. 1(1) zu bejahen, solange erkennbar ist,

[1611] Vgl. Partnership Act 1890, s. 32(b): „*for a single adventure*".

[1612] Vgl. Partnership Act 1890, s. 32(a): „*fixed term*".

[1613] Vgl. Partnership Act 1890, s. 32(c): „*undefined time*".

[1614] Vgl. Partnership Act 1890, s. 32(c) i.V.m. s. 26(1).

[1615] Vgl. die Überschrift des Partnership Act 1890, s. 26: „*Retirement from partnership at will*".

[1616] Kritisch *Underhill/Ivamy*, Principles, S. 26 f.: „*It is one of the many anomalies of our law ...*".

[1617] Eine *deed* ist eine anspruchsbegründende Urkunde, die als solche bezeichnet zu ihrer Wirksamkeit dem Vertragspartner übergeben werden muß. *Deeds*, die bis zum 31.07.1990 errichtet wurden, mußten zudem noch aus Pergament oder Papier hergestellt sowie mit einem Siegel versehen sein. Heute ist dies aber nicht mehr erforderlich; vgl. Law of Property Act (Miscellaneous Provisions) 1989, s. 1. Für eine *deed* gibt es im deutschen Recht keine Entsprechung, vgl. *Hohloch/Papenheim* in: Hohloch, EU-Handbuch, Rdnr. 43.

[1618] Vgl. Halsbury's Laws, Partnership, para 36, 37; *Pennington*, 90.00 S. 8, 90.30 S. 1. Die britische Rechtspraxis stellt in diesem Zusammenhang weniger (theoretisch) darauf ab, in welcher Form der Gesellschaftsvertrag wirksam ist, sondern vielmehr (praktisch), mit welchen Mitteln die Existenz der Gesellschaft bewiesen werden kann (*evidence of formation*), vgl. Halsbury's Laws, Partnership, aaO.; *Burgess/Morse*, Partnership Law, S. 30 ff.

daß gemeinsam Geschäfte betrieben und Gewinne hieraus geteilt werden sollen[1619]. Dies gilt selbst dann, wenn das Gesellschaftsvermögen (*partnership property*) aus Grund und Boden besteht oder der Gegenstand der *partnership* auf den Handel mit Grund und Boden (*deal with land*) gerichtet ist[1620]. In der Praxis herrscht die Verwendung einer *deed* vor, aber auch mündlich geschlossene Gesellschaftsverträge sind nicht unüblich[1621].

c) *Anforderungen an die Person des Gesellschaftsgründers*

Die Anforderungen an die Person des Gesellschaftsgründers sind relativ gering. In qualitativer Hinsicht kommen insoweit alle Personen in Betracht, die die allgemeine Fähigkeit besitzen, Verträge abzuschließen[1622]. Der Kreis der Gesellschafter kann ausschließlich oder auch nur zum Teil aus Ausländern[1623] (*aliens*)[1624], Minderjährigen (*minors*)[1625], Geschäftsunfähigen (*persons of unsound mind* oder *persons suffering from mental disorder*)[1626] oder Kapi-

---

[1619] Vgl. Halsbury's Laws, Partnership, para 38 (*mode of dealing*); *Pennington*, 90.00 S. 8.

[1620] Vgl. Gray v. Smith (1889) LR 43 ChD 208 (at 211); Re De Nicols. De Nicols v. Curlier [1900] 2 Ch 410 (at 416, 417); Caddick v. Skidmore (1857) 2 De G & J 52; vgl. auch *Underhill/Ivamy*, Principles, S. 27.

[1621] Vgl. *Burgess/Morse*, Partnership Law, S. 31.

[1622] Vgl. *Burgess/Morse*, Partnership Law, S. 32; *Pennington*, 90.30 S. 1.

[1623] Vgl. Halsbury's Statutes, Partnership, S. 784; Halsbury's Laws, Partnership, para 32; *Lindley & Banks*, On partnership, Rdnr. 4-03.

[1624] Vgl. zu dem etwas archaisch klingenden Begriff näher *Lindley & Banks*, On partnership, Rdnr. 4-03 Fn. 8 m.w.N.

[1625] Vgl. Lovell & Christmas v. Beauchamp [1894] AC 607 (at 611). Vgl. auch Halsbury's Laws, Partnership, para 33; Halsbury's Statutes, Partnership, S. 785; *Lindley & Banks*, On partnership, Rdnr. 4-07. Allerdings ist eine Haftung für die Zeit seiner Minderjährigkeit ausgeschlossen (vgl. Harries v. Beauchamp Bros. [1893] 2 QB 534; Lovell & Christmas v. Beauchamp [1894] AC 607 (at 611)). Außerdem kann der Gesellschaftsvertrag, durch den Minderjährigen mit Erreichung des 18. Lebensjahres (vgl. Family Law Reform Act 1969, s. 1(1)) innerhalb einer angemessenen Zeit (*reasonable time*) annuliert werden. Tut er es nicht, haftet er nach Erreichen der Volljährigkeit für diejenigen Verbindlichkeiten, die während seiner Minderjährigkeit eingegangen wurden (vgl. Goode v. Harrison (1821) 5 B & Ald 147).

[1626] Geschäftsunfähige können ebenso am Abschluß eines Gesellschaftsvertrages beteiligt sein. Ist die vertragsschließende Partei gutgläubig und erkennt sie nicht die bestehende Geschäftsunfähigkeit, bleibt der Vertrag wirksam (vgl. Hart v. O'Connor [1985] AC 1000). Allerdings kann ein mit einem Geschäftsunfähigen geschlossener Gesellschaftsvertrag aufgehoben werden, vgl. Mental Health Act 1983 ((1983 c 20) Kurztitel: Mental Health Act 1983, vgl. s. 149(1)), s. 96(1)(g); vgl. hierzu auch *Lindley & Banks*, On partnership, Rdnrn. 4-13.

talgesellschaften (*companies*)[1627] bestehen, die im britischen Recht mit einer eigenen Rechtspersönlichkeit ausgestattet sind. Aber auch andere *partnerships*[1628] und sogar nicht-rechtsfähige Vereine[1629] dürfen Gesellschafter einer *partnership* werden. Ausnahmsweise stellen einige Regelungen im Hinblick auf den Gesellschaftsgegenstand der *partnership* besondere Anforderungen an die Person des Gesellschafters auf, wie z.B. bestimmte berufliche Qualifikationen oder Träger bestimmter Lizenzen[1630]. In quantitativer Hinsicht muß eine *partnership* aus mindestens zwei und darf nach Companies Act 1985, s. 716(1)[1631] aus nicht mehr als zwanzig Gesellschaftern[1632] bestehen[1633], allerdings sieht das Gesetz für bestimmte Berufsgruppen Ausnahmen vor[1634].

[1627] Vgl. Re Rudd & Son Ltd. [1984] 3 All ER 225; Hugh Stevenson & Sons, Ltd. v. Aktiengesellschaft für Cartonagen-Industrie [1918-19] All ER Rep 600 (*partnership* zwischen zwei *companies*, sog. *corporate partnerships*); Newstead v. Frost [1980] 1 All ER 363 (*company* und natürliche Person in einer *partnership*). Vgl. auch Halsbury's Laws, Partnership, para 1 note 3; para 35; Halsbury's Statutes, Partnership, S. 784.

[1628] Sog. *group partnerships*, vgl. Halsbury's Laws, Partnership, para 1 note 3.

[1629] Vgl. Interpretation Act 1978, s. 5(1) i.V.m. Sch.1.

[1630] Dies gilt insbesondere für *professional partnerships,* wie z.B. eine Vereinigung von Ärzten oder Rechtsanwälten. Vgl. die Aufzählung entsprechender Regelungen bei Halsbury's Laws, Partnership, para 25 note 4.

[1631] Bzw. C.(NI)O.1986, art. 665(1).

[1632] Früher durften unter dem Companies Act 1948, s. 429 u.a. auch *partnerships* sogar nicht mehr als 10 Mitglieder haben, wenn sie zur Betreibung von Bankgeschäften gegründet wurden.

[1633] Wird eine *partnership* mit mehr Gesellschaftern gegründet als erlaubt, ist der Gesellschaftsvertrag nichtig und die Gesellschaft somit nicht wirksam zur Entstehung gelangt. Ein gutgläubiger Dritter, der mit der tatsächlich nicht entstandenen Gesellschaft Verträge abgeschlossen hat, kann gegenüber jedem einzelnen Gesellschafter seine Ansprüche geltend machen, die ihm bei einer tatsächlich entstandenen *partnership* zustehen würden; vgl. Re Padstow Total Loss and Collision Assurance Association (1882) LR 20 ChD 137; vgl. auch *Hohloch/Papenheim* in: Hohloch, EU-Handbuch, Rdnr. 42.

[1634] Vgl. Companies Act 1985, s. 716(2); C.(NI)O.1986, art. 665(2). Hierzu zählen zunächst *solicitors* (a), Rechnungsprüfer und Steuerberater (*accountants*) (b), sowie Mitglieder einer anerkannten Wertpapierbörse (*members of a recognised stock exchange*) (c) (nach Companies Act 1985, s. 716(4) fallen hierunter die Internationalen Wertpapierbörsen des Vereinigten Königreichs und der Republik Irland sowie alle anderen Börsen, die vom *Secretary of State* anerkannt sind). Außerdem unterliegen alle diejenigen *partnerships* keiner zahlenmäßigen Begrenzung, deren Betätigung von einer der Partnerships (Unrestricted Size) No.1-No.12 Regulations 1968-1997 berücksichtigt worden ist (die Partnerships (Unrestricted Size) Regulations sind mit weiteren Fundstellennachweisen z.B. aufgezählt bei Halsbury's Laws, Partnership, para 26 note 11 oder bei Butterworths Company Law Handbook im Anschluß an Companies Act 1985, s. 716). Hierzu zählen z.B. Gutachter (*surveyors*), Auktionatoren (*auctioneers*), berufsmäßige Schätzer (*valuers*), Grundstücksmakler und -verwalter (*estate agents* und *estate managers*), Architekten (*building designers*), Schadensregulierer bei Versicherungsfällen (*loss adjusters*), Versicherungsmakler (*insurance brokers*), Stadtplaner (*town planners*), multinationale Anwaltsgesellschaften (*multinational partnerships formed between solicitors and registered foreign lawyers*), technische

3. Publizität

Die *partnership* muß weder angemeldet, noch in einem öffentlichem Register eingetragen werden und unterliegt insoweit keinen Publizitätsvorschriften. Dennoch reicht der bloße Vertragsabschluß nicht aus, um damit eine *partnership* zur Entstehung gelangen zu lassen. Ihre Gründung setzt vielmehr noch die Aufnahme der Geschäfte (*commencing trading*) voraus, wie sich aus dem Partnership Act 1890 ergibt[1635].

III. Gründungsmängel

Weder Gründungsmängel noch die Rechtsfolgen derselben sind im Partnership Act 1890 geregelt[1636]. Demgegenüber enthält Companies Act 1985, s. 716(1) zumindest ein ausdrückliches Verbot (*prohibition*) von *partnerships*, die mehr als 20 Mitglieder umfassen[1637]. Daneben kann eine *partnership* gesetzwidrig (*illegal*) sein, wenn sie auf die Verfolgung eines gesetzwidrigen Zwecks gerichtet ist[1638], dieser Zweck nur mit gesetzwidrigen Mitteln erreicht werden kann oder wenn an die Person des Gesellschafters besondere Anforderungen, wie z.B. eine bestimmte berufliche Qualifikation[1639], gestellt

---

Beratungsunternehmen (*consulting engineers*), Patentanwälte (*patent agents*) sowie Anwälte für eingetragene Warenzeichen (*registered trade mark agents*).

1635 Vgl. Partnership Act 1890, s. 1(1): „*carrying on a business*". Vgl. auch *Lindley & Banks*, On partnership, Rdnr. 2-04: „... *a partnership cannot exist before the business is commenced.*"; Halsbury's Laws, Partnership, para 1 note 2; „*Before they commence trading, no partnership exists.*"; *Burgess/Morse*, Partnership Law, S. 2: „*Partnership requires the existence of business operations rather than mere agreements about them.*". Vgl. auch Dickinson v. Valphy (1829) 10 B & C 128; Howell v. Brodie (1839) 6 Bing NC 44 sowie die Ausführungen oben unter B. I. 2. a).

1636 Vgl. statt dessen Partnership Act 1890, s. 34, der den Fall betrifft, in dem die *partnership* durch ein nachträgliches Ereignis gesetzwidrig wird.

1637 Vgl. die Ausnahmen unter Companies Act 1985, s. 716(2) sowie die entsprechenden Regelungen in C.(NI)O.1986, art. 665(1) und (2).

1638 Z.B. wenn mit einer *partnership* Whisky in ein Land exportiert werden soll, in dem der Import dieser Ware verboten ist; vgl. Foster v. Driscoll [1929] 1 KB 470; [1928] All ER Rep 130. Vgl. zum gesetzwidrigen Zweck auch De Begnis v. Armistead (1833) 10 Bing 107; Armstrong v. Lewis (1834) 2 Cr & M 274; Ewing v. Osbaldiston (1837) 2 My & Cr 53; Jeffrey and Co. v. Bamford [1921] 2 KB 351; vgl. auch Halsbury's Statutes, Partnership, S. 784.

1639 Dies gilt insbesondere für die vorgenannten *professional partnerships*. Vgl. hierzu auch Halsbury's Statutes, Partnership, S. 778. Vgl. auch die bei Halsbury's Laws, Partnership, para 25 note 4, aufgezählten Regelungen, die an die Person bestimmte Anforderungen (wie Qualifikationen, Lizenzen) stellen.

werden, die der Gesellschafter nicht mitbringt oder zwischenzeitlich verliert[1640]. *Prohibited* oder *illegal partnerships* sind grundsätzlich nichtig, unabhängig davon, ob den Gesellschaftern die entsprechenden Gründe bekannt sind oder nicht, und gelangen nicht zur Entstehung (*incapable of creation*)[1641]. Eine Verantwortlichkeit der Gründer für die Richtigkeit und Ordnungsmäßigkeit der Gründung einer *partnership* sieht das Gesetz nicht vor.

C. Die Gründung einer *limited partnership*

Auch die *limited partnership* kann neben dem Abschluß eines Gesellschaftsvertrages durch Umwandlung ins Leben gerufen werden. Sie weist große Ähnlichkeiten mit der zuvor dargestellten *partnership* auf, so daß nachstehend nur die Besonderheiten dargestellt werden, die bei der *limited partnership* zu beachten sind.

I. Vorstellung der Gesellschaftsform

Nach Limited Partnerships Act 1907, s. 4(2) besteht eine *limited partnership* aus einem oder mehreren *general partners*, die unbeschränkt für alle Schulden und Verbindlichkeiten der Gesellschaft haften, und aus einem oder mehreren *limited partners*, bei denen die Haftung auf eine von ihnen zu erbringende Einlage beschränkt ist. Bei dieser Gesellschaftsform handelt es sich nur um eine Variante[1642] der allgemeinen *partnership*, bei der lediglich zwei verschiedene Gesellschaftertypen vorgesehen sind. Sie stellt also insbesondere keine eigene, von der allgemeinen *partnership* abzugrenzende Rechtsform dar, sondern bleibt eine *partnership* mit einer besonderen Ausformung[1643]. Hieraus folgt, daß eine *limited partnership*, die in Schottland

---

1640 Vgl. Halsbury's Statutes, Partnership, S. 778; Halsbury's Laws, Partnership, para 25.

1641 Vgl. Partnership Act 1890, s. 34. Vgl. auch Hudgell Yeates & Co. v. Watson [1978] QB 451, [1978] 2 All ER 363; *Lindley & Banks*, On partnership, Rdnrn. 4-30, 8-48.

1642 Vgl. *Prime/Scanlan*, Private Limited Companies, S. 3: „*Limited partnerships are a specialist form of partnerships.*“; *Burgess/Morse*, Partnership Law, S. 13: „*special class of partnerships*“.

1643 Vgl. *Burgess/Morse*, Partnership Law, S. 13: „ *Although it is a special class of partnership it is nonetheless a partnership.*“.

gegründet wird, über eine eigene Rechtspersönlichkeit verfügt, während dies im übrigen Vereinigten Königreich nicht der Fall ist[1644]. Die *limited partnership* ist in Großbritannien nur selten vorzufinden[1645].

1. Rechtsgrundlagen

Wesentliche Rechtsgrundlage für die *limited partnership* stellt der Limited Partnerships Act 1907 dar, der in der heutigen Fassung nur 14 *sections* enthält und für England, Wales, Schottland und Nordirland gleichermaßen gilt[1646]. Nach s. 7 des Acts finden allerdings sämtliche Vorschriften der einfachen *partnership* Anwendung, soweit im Limited Partnerships Act 1907 nicht ein anderes geregelt ist[1647]. Außerdem finden die Regeln des *common law* sowie des *law of equity* Anwendung, soweit diese nicht in Widerspruch zu den ausdrücklichen Regeln des Partnership Act 1890 stehen[1648].

2. Charakteristische Merkmale

Wesentliches charakteristisches Merkmal der *limited partnership* stellen die beiden unterschiedlichen Gesellschaftertypen dar, die das Gesetz für diese Gesellschaftsform vorgesehen hat. Während der *general partner* für die Verbindlichkeiten der Gesellschaft persönlich und unbeschränkt haftet, ist die Haftung der *limited partner* nur auf die Höhe ihrer zu erbringenden Einlage beschränkt[1649]. Die Einlageleistung muß der *limited partner* sofort erbringen

---

[1644] Da die *limited partnership* nur eine Variante der allgemeinen *partnership* ist, gilt für sie auch der Partnership Act 1890, soweit der Limited Partnerships Act 1907 (7 Edw 7 c 24) (Kurztitel: Limited Partnerships Act 1907; vgl. s. 1 dieses Acts) keine abweichende Regelung enthält (vgl. s. 7). Da das zuletzt genannte Gesetz aber zur Rechtspersönlichkeit von *limited partnerships* schweigt, gilt die allgemeine Regel des Partnership Act 1890, s. 4. Vgl. hierzu auch Re Barnard. Martin's Bank v. Trustee [1932] 1 Ch 269 (at 272); [1931] All ER Rep 642; *Burgess/Morse*, Partnership Law, S. 13.

[1645] Vgl. *Triebel*, EHWR Rdnr. 809.

[1646] Vgl. für Nordirland Halsbury's Statutes, Partnership, S. 810.

[1647] Diese Generalverweisung entspricht insoweit der deutschen Regelung in § 161 Abs. 2 HGB zur KG sowie in Frankreich dem Art. 24 bzw. Dekret Nr. 67-236 Art. 17 zur SCS.

[1648] Vgl. Limited Partnerships Act 1907, s. 7.

[1649] Vgl. Limited Partnerships Act 1907, s. 4(2). Die beschränkte Haftung des *limited partner* gilt aber nur im Außenverhältnis. Gegenüber seinen Mitgesellschaftern ist seine Haftung nicht beschränkt; vgl. Reed v. Young [1986] 1 WLR 649.

und darf sie während des Bestehens der Gesellschaft auch nicht zurückziehen[1650]. Sie können in Bar- oder aber auch in Sacheinlagen bestehen[1651], Dienstleistungen sind hingegen ausgeschlossen[1652]. Mit Ausnahme der in Schottland gegründeten, verfügen *limited partnerships* ebenso wie *partnerships* nicht über eine eigene Rechtspersönlichkeit, obwohl sie in ein Gesellschaftsregister eingetragen werden. Sie können gleichwohl selbst klagen und verklagt werden[1653]. Die Geschäftsführung obliegt allein dem oder den *general partners*, die die Gesellschaft auch nach außen vertreten[1654]. *Limited partner* haben hingegen (nur) das Recht, entweder selbst oder durch einen Vertreter die Geschäftsbücher einzusehen und sich mit den *general partners* zu beraten[1655]. Schaltet sich ein *limited partner* gleichwohl in die Geschäfte der *limited partnership* ein, haftet er für alle Verbindlichkeiten, die während seiner Teilnahme begründet werden, nicht mehr nur in Höhe seiner Einlage, sondern wie ein *general partner* persönlich und unbeschränkt[1656]. Beschlüsse, die die gewöhnlichen Geschäftsangelegenheiten der *partnership* betreffen, werden mit einfacher Mehrheit der *general partner* gefaßt[1657]. Die Übertragung eines Anteils eines *limited partner* auf einen Dritten erfordert hingegen die Zustimmung aller *general partner*[1658]. Demgegenüber kann ein *limited partner* weder die Aufnahme neuer Gesellschafter verhindern, noch durch bloße Mitteilung an die übrigen Gesellschafter die *limited partnership* aufheben[1659].

1650 Vgl. Limited Partnerships Act 1907, s. 4(2) und (3). Tut er es doch, bleibt seine Haftung in Höhe der Einlagensumme bestehen, ebenda.

1651 Vgl. Limited Partnerships Act 1907, s. 4(2): „*... a sum or sums as capital or property valued at a stated amount, ...*".

1652 Vgl. *Hohloch/Papenheim* in: Hohloch, EU-Handbuch, Rdnr. 109.

1653 Dies ergibt sich daraus, daß die *limited partnership* nur eine Variante der allgemeinen *partnership* darstellt und deren Regeln auch für die *limited partnership* gelten. Vgl. hierzu Re Barnard. Martin's Bank v. Trustee [1932] 1 Ch 269 (at 272); [1931] All ER Rep 642; *Burgess/Morse*, Partnership Law, S. 13.

1654 Vgl. Limited Partnerships Act 1907, s. 6(1) S. 1.

1655 Vgl. Limited Partnerships Act 1907, s. 6(1) S. 1.

1656 Vgl. Limited Partnerships Act 1907, s. 6(1) S. 2.

1657 Vgl. Limited Partnerships Act 1907, s. 6(5)(a).

1658 Vgl. Limited Partnerships Act 1907, s. 6(5)(b). Dies hat zur Folge, daß der Dritte selbst *limited partner* mit allen Rechten wird, die seinem Vorgänger auch zugestanden haben, vgl. ebenda.

1659 Vgl. Limited Partnerships Act 1907, s. 6(5)(d) und (e).

3. Gesellschaftszweck und Relevanz

Die *limited partnership* ist ebenso wie die einfache *partnership* auf Gewinnerzielung gerichtet, allerdings muß sie gewissen Publizitätsanforderungen genügen und beim *registrar of companies* zur Eintragung angemeldet werden. Mit der Einführung der *limited partnership* durch den Limited Partnerships Act 1907 wurde seinerzeit zum ersten Mal eine Gesellschaftsform gesetzlich geregelt, bei der die Haftung einzelner Gesellschafter begrenzt werden konnte[1660]. Die *limited partnership* ist in Großbritannien dennoch nur sehr schwach verbreitet[1661]. Dies ist sicherlich auf die starke Konkurrenz der britischen Kapitalgesellschaft (*company*) zurückzuführen, die als *private company* relativ einfach gegründet und sehr flexibel gehandhabt werden kann. Insbesondere führt die Beteiligung eines in seiner Haftung beschränkten Gesellschafters an der Geschäftsführung bei einer *private company* nicht automatisch zu dessen unbegrenzter und persönlicher Haftung, anders hingegen bei der *limited partnership*[1662]. Aus diesen Gründen wird selbst von kleineren Einzelhandelskaufleuten anstatt einer *limited partnership* eine *private limited company* gewählt. Eine *limited partnership* bietet sich dagegen an, wenn einzelne Gesellschafter sich lediglich kapitalmäßig an einer *partnership* beteiligen wollen[1663], nicht jedoch die volle Haftung für Schulden und Verbindlichkeiten der Gesellschaft übernehmen wollen[1664], oder wenn man die geringeren Publizitätsanforderungen und Gründungskosten einer *limited partnership* nutzen will[1665].

1660 Vgl. Halsbury's Laws, Partnership, para 205.

1661 Vgl. *Pennington*, 90.00 S. 9; *Hohloch/Papenheim* in: Hohloch, EU-Handbuch, Rdnr. 113.

1662 Vgl. Limited Partnerships Act 1907, s. 6(1) S. 2. Nach Halsbury's Laws, Partnership, para 214 note 7, ist das auch der Hauptnachteil einer *limited partnership* im Vergleich zur *company*.

1663 Vgl. *Prime/Scanlan*, Private Limited Companies, S. 4.

1664 Vgl. *Güthoff*, Gesellschaftsrecht, S. 52.

1665 Vgl. *Hohloch/Papenheim* in: Hohloch, EU-Handbuch, Rdnr. 113.

II. Voraussetzungen für die Gründung einer *limited partnership*

1. Anforderungen an den Mindestinhalt des Gesellschaftsvertrages

Zunächst muß der Gesellschaftsvertrag zur Gründung einer *limited partnership* den gleichen Mindestinhalt aufweisen wie bei der einfachen *partnership*[1666]. Es müssen sich also mehrere Personen zusammenschließen, um gemeinsam ein Unternehmen mit Gewinnerzielung zu betreiben. Darüber hinaus ist aber erforderlich, daß sich aus dem Inhalt des Gesellschaftsvertrages noch weitere Regelungen ergeben: Zunächst muß mindestens ein Gesellschafter *general partner* sein, der persönlich und unbeschränkt für Verbindlichkeiten der Gesellschaft haftet, sowie mindestens ein weiterer Gesellschafter *limited partner* sein, der nur in Höhe seiner Einlage haftet[1667]. Des weiteren muß sich aus dem Vertrag ergeben, daß der *limited partner* eine bestimmte Einlageleistung zu erbringen hat, die einen konkreten Betrag ausmachen und bereits im Zeitpunkt seines Eintritts in die Gesellschaft bzw. im Zeitpunkt der Gesellschaftsgründung vollständig vorliegen muß[1668]. Das Gesetz enthält hingegen keine Bestimmungen über eine Mindesteinlageleistung. Vorgeschrieben ist lediglich, daß der *limited partner* seine Einlageleistung während des Bestehens der *limited partnership* nicht, auch nicht nur teilweise, zurücknehmen darf[1669].

2. Anforderungen an die Form des Gesellschaftsvertrages

Auch der Gesellschaftsvertrag zur Gründung einer *limited partnership* kann grundsätzlich formlos geschlossen werden. In der Praxis wird dies aber kaum vorkommen. Zum einen ist es schwierig nachzuvollziehen, welcher Partner als *limited partner* oder als *general partner* welchem Haftungsumfang ausgesetzt ist, wenn hierüber keine schriftliche Vereinbarung getroffen wurde.

[1666] Vgl. Limited Partnerships Act 1907, s. 7 i.V.m. Partnership Act 1890, s. 1.

[1667] Vgl. Limited Partnerships Act 1907, s. 4(2).

[1668] Vgl. Limited Partnerships Act 1907, s. 4(2): „... *limited partners, who shall at the time of entering into such partnership contribute thereto a sum or sums as capital or property valued at a stated amount, ...*".

[1669] Vgl. Limited Partnerships Act 1907, s. 4(3).

Zum anderen muß eine *limited partnership* beim *registrar of companies* zur Eintragung angemeldet werden, und dieser Antrag bedarf zumindest der Schriftform sowie der Unterzeichnung sämtlicher Gesellschafter[1670].

3. Anforderungen an die Person des Gesellschaftsgründers

Nach der Legaldefinition in Partnership Act 1890, s. 4(2) muß bei der *limited partnership* mindestens eine Person *general partner* und mindestens eine weitere Person *limited partner* sein. Hinsichtlich der Person des *general partner* kann grundsätzlich auf die oben gemachten Ausführungen zur Person des Gesellschafters einer einfachen *partnership* verwiesen werden, allerdings mit der Besonderheit, daß der *general partner* zwingend eine natürliche Person sein muß[1671]. Für den *limited partner* sieht das Gesetz hingegen ausdrücklich vor, daß insoweit auch eine juristische Person in Betracht kommt[1672]. Zur Erlangung der Qualität eines *limited partner* ist neben einer entsprechenden Vereinbarung zwischen den Gesellschaftern noch Voraussetzung, daß die erforderliche Registrierung der Gesellschaft vorgenommen wurde. Anderenfalls wird auch der *limited partner* als *general partner* und die *limited partnership* als *general partnership* angesehen[1673]. Schließlich ist die Gesamtzahl der Gesellschafter einer *limited partnership* auf höchstens zwanzig begrenzt[1674], allerdings auch mit den bereits aufgeführten Ausnahmen für bestimmte Berufsgruppen[1675].

[1670] Vgl. Limited Partnerships Act 1907, s. 8. Vgl. zur Form des Antrags auch Limited Partnerships Rules 1907 (SR & O 1907/1020) reg. 4 i.V.m. Appendix Form No LP 5.

[1671] Vgl. *Hohloch/Papenheim* in: Hohloch, EU-Handbuch, Rdnr. 111. Deshalb ist dem britischen Recht auch nicht die deutsche Form der GmbH & Co. KG bekannt.

[1672] Vgl. Limited Partnerships Act 1907, s. 4(4): „*A body corporate may be a limited partner.*".

[1673] Vgl. Limited Partnerships Act 1907, s. 5.

[1674] Vgl. Limited Partnerships Act 1907, s. 4(2).

[1675] Vgl. grundsätzlich die Ausführungen oben unter B. II. 2. c) und Companies Act 1985, s. 717; C.(NI)O.1986, art. 666. Zu beachten ist nur, daß für die *limited partnership* die Limited Partnerships (Unrestricted Size) No 1-No 3 Regulations 1971-1992 gelten; vgl. auch Halsbury's Laws, Partnership, para 206 note 10-12.

4. Publizität

Die *limited partnership* muß beim *registrar of companies* zur Eintragung angemeldet werden[1676]. Erst mit der Eintragung wird die Gesellschaft zu einer *limited partnership*, während anderenfalls nur eine einfache *partnership* vorliegt[1677]. Die Registerstellen (*offices for the registration*) befinden sich in London, Edinburgh und Dublin[1678]; örtlich zuständig ist dasjenige Register im Vereinigten Königreich[1679], in dessen Bezirk der Hauptsitz der Gesellschaft (*principal place of business*)[1680] belegen ist[1681]. Der *registrar of companies* führt in separaten Büchern sowohl ein Register (*register*) als auch ein Namensverzeichnis (*index*) von allen *limited partnerships*[1682]. Nach Erhalt eines Eintragungsantrags, dem der Gesellschaftsvertrag nicht beigefügt sein muß, legt der *registrar* einen entsprechenden Ordner an und sendet nach Eintragung eine Registrierungsbescheinigung (*certificate of registration*) an den Antragsteller zurück[1683]. Der Antrag selbst wird entweder per Post[1684] oder direkt übergeben[1685] und bedarf einer von allen Gesellschaftern unterzeichneten Urkunde[1686], die folgenden Inhalt aufweisen muß[1687]: die Firma der Gesellschaft (*firm name*) (a), die Bezeichnung des Gesellschaftsgegenstands (*general nature of the business*) (b), den Hauptgeschäftssitz (*principal place*

[1676] Vgl. Limited Partnerships Act 1907, s. 15.

[1677] Vgl. Limited Partnerships Act 1907, s. 5.

[1678] Vgl. Limited Partnerships Act 1907, s. 15; vgl. auch Halsbury's Laws, Partnership, para 210 note 6.

[1679] Nach dem Interpretation Act 1978, s. 5 i.V.m. Sch.1 bzw. Interpretation Act (Northern Ireland), 1954, s. 43(1) umfaßt der Begriff *United Kingdom* (Vereinigtes Königreich) *Great Britain* (Großbritannien) und *Northern Ireland* (Nordirland). Zu *Great Britain* gehören *England, Scotland* und *Wales*; vgl. Halsbury's Statutes, Interpretation Act, S. 920.

[1680] Vgl. zum Begriff auch Lord Advocate v. Huron & Erie Loan and Savings Co. [1911] SC 612. Die Frage, welcher Sitz der Gesellschaft als *principal place of business* angesehen werden kann, ist eine Tatfrage (*question of fact*); vgl. De Beers Consolidated Mines, Ltd. v. Howe [1906] AC 445; Egyptian Delta Land and Investment Co., Ltd. v. Todd [1929] AC 1.

[1681] Vgl. Limited Partnerships Act 1907, ss. 15, 8.

[1682] Vgl. Limited Partnerships Act 1907, s. 14. Vgl. zum Namensverzeichnis auch Companies Act 1985, s. 714(1)(d); C.(NI)O.1986, art. 663(1)(d).

[1683] Vgl. Limited Partnerships Act 1907, s. 13.

[1684] Einschreiben oder einfacher Brief, vgl. T. O. Supplies (London), Ltd. v. Jerry Creighton, Ltd. [1951] 2 All ER 992; vgl. auch Halsbury's Statutes, Partnership, S. 813.

[1685] Vgl. Limited Partnerships Act 1907, s. 8.

[1686] Vgl. Limited Partnerships Act 1907, s. 8.

[1687] Vgl. Limited Partnerships Act 1907, s. 8(a)-(g).

of business) (c), den vollen Namen sowie die Adresse[1688] jedes Gesellschafters (*full name of each of the partners*) (d), den Tag der Geschäftsaufnahme und ggfs. die Gesellschaftsdauer (*term, if any, for which the partnership is entered into, and the date of its commencement*) (e), die Erklärung, daß es sich um eine *limited partnership* handelt sowie die Personalien jedes *limited partner* (*statement that the partnership is limited, and the description of every limited partner as such*) (f), und schließlich die Einlage eines jeden *limited partner* unter der Angabe, ob sie in bar oder auf andere Weise geleistet wurde (*sum contributed by each limited partner, and whether paid in cash or how otherwise*) (g).

D. Die Gründung einer *private company*

Eine *private company* wird durch Ausstellung einer Gründungsbescheinigung (*certificate of association*) ins Leben gerufen, der eine zwingende Registeranmeldung durch die Gesellschaftsgründer vorausgeht. Für die Anmeldung ist auffallenderweise nicht der Abschluß nur eines einzigen Gesellschaftsvertrages Voraussetzung, sondern vielmehr die Abfassung und Unterzeichnung von zwei selbständigen Dokumenten, dem sog. *memorandum of association* sowie der *articles of association*. Außerdem ist zu beachten, daß das Gesetz für die *private company* drei verschiedene Haftungsvarianten zur Verfügung stellt[1689]. Hierbei handelt es sich um die *company limited by shares*, die *company limited by guarantee* sowie die *unlimited company*. Aus Gründen der Übersicht wird nachstehend zunächst der praktisch wichtigste Fall, nämlich die Gründung einer *private company limited by shares* ausführlich dargestellt. Die Besonderheiten der übrigen Haftungsvarianten werden anschließend gesondert aufgezeigt. Schließlich ist es in Großbritannien seit 1992 auch möglich, eine *private company* nur durch eine einzige Person zu gründen. Auch hierauf wird in einem eigenen Abschnitt eingegangen. Neben dem nachstehend aufzuzeigenden Weg der originären Gründung einer *private company* kann diese Gesellschaftsform auch durch eine Art Umwandlung

---

[1688] Die Angabe der Adresse ergibt sich nicht aus Limited Partnerships Act 1907, s. 8, sondern aus Limited Partnership Rules 1907, reg. 4 i.V.m. Appendix, Form LP 5.

[1689] Vgl. hierzu die Ausführungen unten unter E.

(*re-registration*) aus einer anderen, bereits bestehenden Gesellschaft hervorgehen. Dies ist jedoch nur dann möglich, wenn es sich bei der umzuwandelnden Gesellschaft selbst bereits um eine *company* handelt[1690].

I. Vorstellung der Gesellschaftsform

Nach der Legaldefinition ist die *private company limited by shares* eine Gesellschaft, bei der die Haftung der Gesellschafter auf die Höhe ihrer Anteile beschränkt ist[1691]. Im System des britischen *company law* handelt es sich bei der *private company* um eine Kapitalgesellschaft[1692], die immer dann vorliegt, wenn in der Gründungsurkunde (*memorandum of association*) die Bezeichnung der Gesellschaft als *public company* nicht enthalten ist[1693]. Von der *public company* unterscheidet sich die *private company* insbesondere dadurch, daß letzterer die öffentliche Aufforderung zur Zeichnung von Gesellschaftsanteilen versagt ist[1694]. Zur Gründung einer *private company limited by shares* ist die Aufbringung eines Mindestgesellschaftskapitals nicht erforderlich. Sie ist daher leicht zu gründen und in Großbritannien die am stärksten verbreitete Gesellschaftsform[1695].

[1690] Vgl. Companies Act 1985, ss. 43 ff.; C.(NI)O.1986, artt. 53 ff. Daher ist das Verfahren der *re-registration* auch nicht gänzlich mit der deutschen Umwandlung oder französischen *transformation* gleichzusetzen, da es sich nicht um verschiedene Gesellschaftsformen, sondern nur um verschiedene Ausformungen ein und derselben Gesellschaftsform handelt, s.o. unter A. I. Die *re-registration* ist z.B. möglich von einer *private company* in eine *public company* (ss. 43 ff.) oder umgekehrt (ss. 53 ff.), aber auch von einer *limited company* in eine *unlimited company* (ss. 49 ff.) oder umgekehrt (ss. 51 ff.). Vgl. die entsprechenden Regelungen in C.(NI)O.1986, artt. 53-65 sowie zur *re-registration* allgemein z.B. *Boyle & Birds'* Company Law, Nrn. 2.10-2.16.

[1691] Das Gesetz formuliert es noch genauer: Die Gesellschafter haften nur in Höhe desjenigen Betrages, den sie von ihrem jeweils gezeichneten Kapital noch nicht an die Gesellschaft geleistet haben; vgl. Companies Act 1985, s. 1(2)(a); C.(NI)O.1986, art. 12(2)(a): „*- a company having the liability of its members limited by the memorandum to the amount, if any, unpaid on the shares respectively held by them ("a company limited by shares")*". Wenn die Gesellschafter auf ihre Anteile sämtliche Leistungen erbracht haben, haften sie somit gar nicht mehr für Verbindlichkeiten der Gesellschaft; vgl. Ooregum Gold Mining Co. of India v. Roper [1892] AC 125 (at 145). Allerdings steht der Gesellschaft dann freilich das geleistete Kapital als Haftungsmasse zur Verfügung.

[1692] Vgl. nur *Güthoff*, Gesellschaftsrecht, S. 3.

[1693] Vgl. Companies Act 1985, s. 1(3); C.(NI)O.1986, art. 12(3)(a): „*A "public company" is a company limited by shares or limited by guarantee and having a share capital, being a company – (a) the memorandum of which states that it is to be a public company, ... and a "private company" is a company that is not a public company.*".

[1694] Vgl. Financial Services Act 1986, s. 143(3).

[1695] Vgl. *Farrar's* Company Law, S. 59.

1. Rechtsgrundlagen

Zentrale Rechtsquelle für *companies* ist der Companies Act 1985 in der Fassung des Companies Act 1989. Im Rahmen der vorliegenden Arbeit ist daneben noch der Business Names Act 1985, der Company Directors Disqualification Act 1986, der Financial Services Act 1986 und der Interpretation Act 1978 von Relevanz. Für Nordirland finden sich entsprechende Regelungen in der Companies (Northern Ireland) Order 1986[1696] (in der Fassung der Companies (Northern Ireland) Order 1989 und 1990)[1697], in der Business Names (Northern Ireland) Order 1986 sowie im Interpretation Act (Northern Ireland), 1954[1698]. Die nordirischen Regelungen entsprechen allerdings inhaltlich weitestgehend den englischen Bestimmungen und sind praktisch nur unterschiedlich gegliedert. Schließlich wird das geschriebene Recht durch die Regeln des *common law* und *equity law* ergänzt.

2. Charakteristische Merkmale

Die *private company limited by shares* ist ebenso wie die *public company* eine juristische Person mit einer eigenen, von den Gesellschaftern unabhängigen Rechtspersönlichkeit[1699]. Sie ist zur Firmenführung berechtigt[1700] und hat

[1696] Sie wird in der vorliegenden Arbeit ausnahmsweise mit „C.(NI)O.1986, art. ...“ zitiert, siehe auch oben unter A.

[1697] Vgl. hierzu oben unter A.II. Früher waren die Companies Acts 1908 bis 1917 auch noch auf Irland anwendbar, vgl. die geschichtliche Entwicklung bei Halsbury's Laws, Companies, para 1779.

[1698] Vgl. zur Gültigkeit englischer Gesetze in Nordirland oben unter A. II.

[1699] Vgl. Companies Act 1985, s. 13(3); C.(NI)O.1986, art. 24(3). Die Anerkennung der eigenen Rechtspersönlichkeit durch die Rechtsprechung erfolgte durch die berühmte Entscheidung Salomon v. A. Salomon and Co., Ltd. [1897] AC 22. In diesem Fall gründete der Lederhändler und Schuhfabrikant Salomon eine *limited company* und übertrug auf diese sein eigenes florierendes Handelsgeschäft. Hauptsächlicher Anteilseigner der *company* war Salomon mit 20.001 von 20.007 Anteilen. Nachdem die Gesellschaft bereits ein Jahr später aufgrund schlechter Geschäftsentwicklung liquidiert werden mußte, reichte das Gesellschaftsvermögen nicht aus, um sämtliche Gläubiger zu befriedigen, welche sodann Salomon persönlich verklagten. Sie begründeten die Klage im wesentlichen damit, daß Salomon die Gesellschaft nur gegründet habe, um sich der persönlichen Haftung zu entziehen. In dritter Instanz entschied das House of Lords, daß Salomon nicht persönlich haften müsse. Die Gesellschaft besitze eine eigene Rechtspersönlichkeit und die Motive zur Gesellschaftsgründung seien unbeachtlich (at 30, 31, 51). Diese Auffassung wurde anschließend in weiteren Entscheidungen bestätigt; vgl. nur Booth v. Helliwell [1914] 3 KB 252.

[1700] Vgl. Companies Act 1985, ss. 2(1)(a), 25 ff.; C.(NI)O.1986, artt. 13(1)(a), 35 ff.

einen eigenen Gesellschaftssitz (*registered office*)[1701]. Die Haftung ihrer Gesellschafter (*members*)[1702] ist auf die Höhe der übernommenen Gesellschaftsanteile beschränkt[1703]. Da sie nicht öffentlich zur Zeichnung ihrer Anteile aufrufen darf, ist der Kreis der Gesellschafter einer *private company limited by shares* regelmäßig recht überschaubar; häufig befinden sich alle Anteile in der Hand von zwei oder drei Personen, die zudem nicht selten miteinander verwandt sind[1704]. Die Übertragung der Gesellschaftsanteile wird üblicherweise durch entsprechende Bestimmungen in den *articles of association* erheblich eingeschränkt[1705]. Die beiden wichtigsten Organe[1706] der *company* sind die Generalversammlung (*general meeting*) und das Direktorium (*board of directors*). Daneben gibt es noch einen Abschlußprüfer (*auditor*) und einen dem deutschen oder französischen Recht fremden Sekretär (*secretary*). Ein Kontrollorgan wie den deutschen Aufsichtsrat sieht das britische Recht hingegen nicht vor. Das Direktorium setzt sich aus einem oder mehreren *directors* zusammen[1707], die nicht zwingend natürliche Personen sein müssen[1708] und in der Regel gemeinsam die Gesellschaft leiten sowie nach außen vertreten[1709]. Demgegenüber stellt die Generalversammlung das oberste Willensbildungsorgan der Gesellschaft dar. Ihr sind alle wichtigen Entscheidungen

---

[1701] Vgl. Companies Act 1985, s. 10(6); C.(NI)O.1986, art. 21(6).

[1702] Vgl. zum Begriff Companies Act 1985, s. 22; C.(NI)O.1986, art. 32. Bei einer *company limited by shares* werden die Gesellschafter auch *shareholders* genannt, vgl. *Charlesworth & Morse*, Company Law, S. 2.

[1703] Vgl. Companies Act 1985, s. 1(2)(a); C.(NI)O.1986, art. 12(2)(a).

[1704] Vgl. *Hohloch/Papenheim* in: Hohloch, EU-Handbuch, Rdnr. 314.

[1705] Üblich sind Klauseln, die entweder ein Mitbestimmungsrecht der Direktoren bei der geplanten Veräußerung von Anteilen vorsehen oder den übrigen Gesellschaftern ein Vorkaufsrecht (*preemption right*) einräumen; in der Praxis kommen beide Klauseln häufig in den *articles of association* vor; vgl. *Hohloch/Papenheim* in: Hohloch, EU-Handbuch, Rdnr. 315.

[1706] Obgleich hier der Begriff des „Organs" verwendet wird, ist dem britischen Recht die organschaftliche bzw. institutionelle Ausgestaltung dieser Einrichtungen fremd; vgl. *Triebel*, EHWR Rdnr. 698; *Michalsky*, DStR 1991, S. 1660, 1661. So ist. z.B. das Direktorium nicht mit originären, gesetzlichen Kompetenzen ausgestattet, sondern vielmehr der individuellen Regelung in den *articles of association* unterlegen (Mandatstheorie); vgl. hierzu eingehend *Behrens*, Die GmbH, Rdnr. GB/NI/EI 22.

[1707] Vgl. aber Companies Act 1985, s. 282(3) i.V.m. (1); C.(NI)O.1986, art. 290(3) i.V.m. (1), die für die *public company* mindestens zwei Direktoren vorschreiben.

[1708] Vgl. *Shearman*, GmbHR 1992, S. 149, 153.

[1709] Als Direktoren sind insoweit diejenigen Personen ausgeschlossen, gegen die eine sog. *Disqualification order* ergangen ist; vgl. Company Directors Disqualification Act 1986, s. 1.

vorbehalten[1710], wie z.B. die Bestellung der Direktoren oder Beschlüsse über Gewinnverwendung. Außerdem entscheidet sie im übrigen über alle Angelegenheiten, die nicht dem Direktorium ausdrücklich zugewiesen sind[1711]. Der Sekretär stellt eine Art Urkundsbeamter der Gesellschaft dar und ist für die formale Gesellschaftsverwaltung verantwortlich[1712]. Er führt z.B. die Bücher der *company*, erstellt Versammlungsprotokolle und reicht publizitätspflichtige Urkunden beim *registrar of companies* ein[1713]. Der Abschlußprüfer schließlich kontrolliert die Finanzen der Gesellschaft, allerdings muß er bei der *private company* nicht zwingend bestellt werden[1714].

3. Gesellschaftszweck und Relevanz

Die *private company limited by shares* kann zu jedem gesetzlich zulässigen Zweck (*lawful purpose*) gegründet werden[1715] und muß nicht, wenn auch in der Praxis üblich, auf Gewinnerzielung (*with the view of profit*) ausgerichtet sein[1716]. Sie bietet gegenüber den *partnerships* den Vorteil, daß die Haftung sämtlicher Gesellschafter auf die Höhe der übernommenen Gesellschaftsanteile beschränkt ist[1717]. Gegenüber den *public companies* zeichnet sie sich dadurch aus, daß für ihre Gründung, genauer gesagt, für die Aufnahme von Geschäften nach der Gründung, kein anfängliches Mindestgesellschaftskapi-

---

[1710] Die Entscheidungen werden in Beschlüssen entweder ordentlicher Versammlungen (*annual general meeting*, AGM) oder außerordentlicher Versammlungen (*extraordinary general meeting*, EGM) getroffen.

[1711] Seit 1989 ist es möglich, daß Beschlüsse der Generalversammlung anstatt bei formalen Treffen auch in schriftlicher Form erlassen werden können (*written resolution*), vgl. Companies Act 1985, s. 381A; C.(NI)O.1986, art. 389A. Dies gilt unabhängig davon, ob es sich um ordentliche oder außerordentliche Beschlüsse handelt, vgl. s. 381A(6) des Acts; s. 389A(6) der Order. Auch kann bei einer *private company* auf eine Jahresgeneralversammlung (AGM) per *elective resolution* verzichtet werden, vgl. Companies Act 1985, s. 366A; C.(NI)O.1986, art. 374A.

[1712] Vgl. auch *Michalsky*, DStR 1991, S. 1660, 1662. Vgl. zum *secretary* auch *Shearman*, GmbHR 1992, S. 149, 154.

[1713] Während der *secretary* einer *private company* keine besondere Qualifikation aufweisen muß, bestehen bei einer *public company* insoweit gewisse formale Anforderungen an seine Person, vgl. Companies Act 1985, s. 286; C.(NI)O.1986, art. 294.

[1714] Vgl. Companies Act 1985, ss. 388A i.V.m. 249A, 249B.

[1715] Vgl. Companies Act 1985, s. 1(1); C.(NI)O.1986, art. 12(1).

[1716] Vgl. demgegenüber Partnership Act 1890, s. 1(1): „*Partnership is the relation which subsists between persons carrying on a business in common with a view of profit.*".

[1717] Vgl. Companies Act 1985, s. 1(2)(a), C.(NI)O.1986, art. 12(2)(a) mit Limited Partnerships Act 1907, s. 4(2).

tal erforderlich ist[1718] und sie auch im übrigen erleichterten Gründungsvoraussetzungen unterliegt[1719]. Die *private company limited by shares* kann für eine Kapitalgesellschaft somit außerordentlich einfach gegründet und zudem flexibel gehandhabt werden und wird in der Praxis von Inhabern kleinerer Läden bis hin zu Großunternehmen als Gesellschaftsform gewählt. Sie ist die mit Abstand am stärksten verbreitete Gesellschaftsform in Großbritannien und ist weit häufiger anzutreffen als die *public company*. So zählte man 1996/97 insgesamt 1.080.200 registrierte *private companies*[1720], dem standen nur 11.700 registrierte *public companies* gegenüber. Die *private company* macht damit fast 99% aller britischen *companies* aus[1721].

II. Voraussetzungen für die Gründung einer *private company limited by shares*

1. Allgemeines

Die Gründung einer *private company limited by shares* vollzieht sich im wesentlichen in drei Schritten. Zunächst muß die gesellschaftsvertragliche Grundlage der *company* abgefaßt werden, dann ist die Gesellschaft beim *registrar of companies* anzumelden, und schließlich ist ihr eine sog. Gründungsbescheinigung (*certificate of incorporation*) zuzustellen. Erst ab dem in dieser Bescheinigung angegebenen Datum gilt die Gesellschaft als gegründet. Die Bildung eines Gesellschaftskapitals sieht das Gesetz auffallenderweise also nicht vor. Eine weitere interessante Besonderheit ist bei der Abfassung der vertraglichen Grundlage zu beobachten: Diese besteht nicht nur aus ei-

---

1718 Vgl. Companies Act 1985, s. 11; C.(NI)O.1986, art. 22.

1719 So ist es nur bei der *private company* möglich, die Gesellschaft durch nur eine Person zu gründen, vgl. Companies Act 1985, s. 1(3A), Sacheinlagen von den Gesellschaftern bewerten zu lassen, vgl. 103(1) des Acts, oder auf die Bestellung eines Abschluß- bzw. Rechnungsprüfers (*auditor*) zu verzichten, vgl. s. 388A des Acts. Vgl. zu den beiden letzteren Erleichterungen auch C.(NI)O.1986, artt. 113(1), 394 n.F.

1720 Hiervon waren nur 3.900 Gesellschaften in der Form von *private unlimited companies* geführt.

1721 Quelle: *Farrar's* Company Law, S. 44, 45. Die Zahl der *private companies* konnte zwischen 1992 und 1997 stetig, wenn auch nur leicht steigen (1992: 948.900 Gesellschaften), während die Verbreitung der *public company* im gleichen Zeitraum eher stagnierte (1992: ebenfalls 11.700 Gesellschaften); vgl. *Farrar's* Company Law, a.a.O.

nem einzigen Gesellschaftsvertrag, sondern vielmehr aus zwei selbständigen Urkunden, nämlich dem sog. *memorandum of association* sowie den *articles of association*[1722]. Das *memorandum* enthält vornehmlich Regelungen zum Außenverhältnis der Gesellschaft[1723] und wird nachstehend mit „Gesellschaftsvertrag" oder „Gründungsurkunde" übersetzt. Demgegenüber betreffen die *articles of association* hauptsächlich das Innenverhältnis der Gesellschafter untereinander bzw. der Gesellschafter gegenüber der Gesellschaft[1724], weshalb für sie der deutsche Begriff der „Gesellschaftssatzung" verwendet wird. Besteht zwischen einzelnen Bestimmungen des *memorandum* und der *articles of association* ein Widerspruch, haben die Regelungen des *memorandum* Vorrang[1725]. Sowohl für das *memorandum* als auch für die *articles* gibt es für jede *company* eine Musterfassung, die in den Companies (Tables A to F) Regulations 1985 enthalten sind[1726]. Während diese die Abfassung eines eigenen *memorandum* durch die Gesellschaftsgründer nicht entbehrlich machen, kann bei der *private company limited by shares* anstatt eigener *articles of association* auf die jeweilige Mustersatzung verwiesen werden. In der

---

[1722] Bei Vorliegen der Voraussetzungen in Companies Act 1985, ss. 680 ff. können das *memorandum* sowie die *articles* einer *company* durch eine sog. *deed of settlement* ersetzt werden (vgl. s. 690). Hierbei handelt es sich aber um *companies*, die nicht unter dem Companies Act gegründet wurden (vgl. s. 680). Sie werden daher in der vorliegenden Arbeit nicht berücksichtigt. Vgl. hierzu Halsbury's Laws, Companies, para 24 ff.

[1723] Vgl. *Charlesworth & Morse*, Company Law, S. 39; *Farrar's* Company Law, S. 63, 93, 116.

[1724] Vgl. Halsbury's Laws, Companies, para 146 m.w.N.; *Farrar's* Company Law, S. 63, 95, 116.

[1725] Vgl. Guinness v. Land Corporation of Ireland (1882) LR 22 ChD 349 (at 376); Ashbury v. Watson (1885) LR 30 ChD 376; Re Duncan Gilmour & Co., Ltd., Duncan Gilmour & Co., Ltd. v. Inman [1952] 2 All ER 871 (at 874).

[1726] (SI 1985/805). Die *regulations* sind vom Minister für Handel und Industrie (*Secretary of State for Trade and Industry*) erlassen; vgl. Companies Act 1985, s. 3(1); *Pennington*, Company Law, S. 3. Sie enthalten in Table A Muster-*articles* für eine *company limited by shares*, in Table B ein Muster-*memorandum* einer *private company limited by shares*, in Table C ein Muster-*memorandum* sowie Muster-*articles* für eine *company limited by guarantee and not having a share capital*, in Table D Part I ein Muster-*memorandum* für eine *public company limited by guarantee and having a share capital*, in Table D Part II ein Muster-*memorandum* für eine *private company limited by guarantee and having a share capital*, in Table D Part III einen Verweis für *private and public companies limited by guarantee and having a share capital* auf die Muster-*articles* in Table A, in Table E ein Muster-*memorandum* sowie Muster-*articles* einer *unlimited company having a share capital* und schließlich in Table F ein Muster-*memorandum* einer *public company limited by shares*. Vgl. auch C.(NI)O.1986, art. 14 (*memorandum*) und art. 19 (*articles of association*).

Praxis übernehmen hierbei die meisten *companies* eine an ihre speziellen Bedürfnisse angepaßte Version der Mustersatzung in Table A[1727].

2. Abfassung einer Gründungsurkunde (*memorandum of association*)

Zunächst muß zur Gründung einer *private limited company* das sogenannte *memorandum of association* abgefaßt werden. Dieses *memorandum* ist die zentrale vertragliche Grundlage der Gesellschaft[1728] und gilt für die Gesellschaft und Gesellschaftsgründer ebenso wie für später in die Gesellschaft eintretende Gesellschafter[1729]. Es muß dem Muster-*memorandum* einer *private company limited by shares* (Table B) so weit wie möglich entsprechen[1730].

a) Anforderungen an den Inhalt des memorandum of association

Im Unterschied zu den *articles of association* schreibt das Gesetz für das *memorandum of association* einen bestimmten Mindestinhalt (*compulsory clauses*) vor, der angesichts des kapitalgesellschaftlichen Charakters der *company* von relativ geringem Umfang ist[1731]. Darüber hinaus kann das *memorandum* auch weitere, fakultative Bestandteile enthalten, die jedoch genauso gut auch in gesonderte Absprachen (*shareholders' agreements*)[1732] oder die *articles of association* aufgenommen werden können[1733].

aa) Mindestinhalt (compulsory clauses)

Das *memorandum* muß als Mindestinhalt neben der sog. Gründungsklausel (*association clause*) Angaben enthalten über die Firma und den Gründungs-

---

[1727] Vgl. *Farrar's* Company Law, S. 63. Auf den Inhalt der Muster wird nachstehend noch näher eingegangen.

[1728] Vgl. *Boyle & Birds'* Company Law, Nrn. 2.3, 3.1.

[1729] Vgl. Companies Act 1985, s. 14(1); C.(NI)O.1986, art. 25(1).

[1730] Vgl. Companies Act 1985, s. 3(1)(c); C.(NI)O.1986, art. 14(c). Gleichwohl bleiben Bestimmungen, die von dem Muster-*memorandum* inhaltlich abweichen, wirksam; vgl. *Pennington*, Company Law, S. 4; Gaiman v. National Association for Mental Health [1971] Ch 317, [1970] 2 All ER 362 (bzgl. *articles*).

[1731] Vgl. Companies Act 1985, s. 2(1)-(5); C.(NI)O.1986, art. 13(1)-(4).

[1732] Vgl. hierzu nur *Farrar's* Company Law, S. 93.

[1733] Vgl. *Pennington*, Company Law, S. 27; *Boyle & Birds'* Company Law, Nr. 2.3.

ort der Gesellschaft, den Gesellschaftsgegenstand, das Gesellschaftskapital und dessen Aufteilung, sowie eine Erklärung, daß die Haftung der Gesellschafter auf die Höhe der übernommenen Anteile beschränkt ist. Nicht erforderlich hingegen ist der ausdrückliche Hinweis, daß die Gesellschaft als *private company* gegründet wird. Nur für die Gründung einer *public company* verlangt das Gesetz, daß in dem *memorandum* die Gesellschaftsform ausdrücklich mit „*public company*" angegeben wird[1734]. Fehlt dieser Hinweis, handelt es sich bei der Gesellschaft automatisch um eine *private company*[1735].

(1) Firma (name of the company)

Zunächst muß in dem *memorandum* die Firma (*name of the company*) der Gesellschaft angegeben werden[1736]. Sie dient der Identifizierung der *company*[1737] und ist im Gesetz vergleichsweise ausführlich geregelt[1738]. Der Firmenkern kann aus den Namen der Gesellschafter gebildet werden, den Gesellschaftsgegenstand beschreiben oder aber auch frei erfunden sein[1739]. Der Rechtsformzusatz einer *private company limited by shares* lautet auf „*limited*"[1740] oder abgekürzt „*ltd.*"[1741], letzteres ist in der Praxis üblicher[1742]. Bei

---

[1734] Vgl. Companies Act 1985, s. 1(3)(a); C.(NI)O.1986, art. 12(3)(a): „*A "public company" is a company limited by shares or limited by guarantee and having a share capital, being a company – the memorandum of which states that it is to be a public company, ...*".

[1735] Vgl. Companies Act 1985, s. 1(3) a.E.; C.(NI)O.1986, art. 12(3)(a) a.E.: „*... and a "private company" is a company that is not a public company.*". Vgl. auch *Pennington/Gansen* in: Lutter, Tochtergesellschaft, S. 287.

[1736] Vgl. Companies Act 1985, s. 2(1)(a); C.(NI)O.1986, art. 13(1)(a). In dem Muster-*memorandum* für eine *private company limited by shares* (Table B) heißt es insoweit: „*1. The company's name is "The South Wales Motor Transport Company cyfyngedig".*".

[1737] Vgl. *Gower's* Principles, S. 100.

[1738] Vgl. Chapter II des Companies Act 1985, ss. 25-34 bzw. des C.(NI)O.1986, artt. 35-44 mit jeweils 10 *sections* bzw. *articles*.

[1739] Vgl. *Pennington*, Company Law, S. 4, 5.

[1740] Vgl. Companies Act 1985, s. 25(2); C.(NI)O.1986, art. 35(2). Aber auch dann, wenn es sich um eine *private company limited by guarantee* handelt, vgl. ebenda. Für diese Haftungsform ist die Verwendung des Wortes „*limited*" aber nicht zwingend, wenn ihr Gesellschaftsgegenstand auf Handel (*commerce*), Kunst (*art*), Wissenschaft (*science*) im weiten Sinne (vgl. Commissioners of Inland Revenue v. Forrest (1890) LR 15 App Cas 334), Ausbildung und Erziehung (*education*), Religion (*religion*) oder Wohltätigkeit (*charity*, vgl. zu diesem Begriff Income Tax Special Purposes Comrs v. Pemsel [1891] AC 531) gerichtet ist und das *memorandum* oder die Satzung der Gesellschaft (*articles of association*) u.a. vorsehen, daß der Gewinn nur zur Erreichung dieser Zwecke verwendet wird sowie die Ausschüttung von Dividenden verboten ist, vgl. Companies Act 1985, s. 30(2) und (3); C.(NI)O.1986, art. 40(2) und (3). In diesem Fall können die Gründer geeiner in Wales gegründeten *private limited company* kann er auch mit „*cyfyngedig*“[1743], oder abgekürzt „*cyf.*“ angegeben werden[1744]. Der Rechtsformzusatz muß zwingend das letzte Wort der Firma bilden, andernfalls wird die *company* nicht eingetragen[1745]. Die Firma unterliegt nicht grundsätzlich der Bewilligung oder Genehmigung einer behördlichen oder staatlichen Stelle, vielmehr gilt im Vereinigten Königreich auch für *companies* das Prinzip der freien Firmenwahl[1746]. Die früher vorgesehene Befugnis des *registrar*, eine vorgeschlagene Firma als unerwünscht (*undesirable*) abzulehnen[1747], wurde mittlerweile abgeschafft[1748]. Nach heutigem Recht ist die Wahl einer Firma den folgenden Einschränkungen unterworfen: Eine Gesellschaft wird nicht unter einer bestimmten Firma eingetragen, wenn diese bereits in gleicher Fassung[1749] im Firmenverzeichnis des *registrar* (*registrar's index of company names*)[1750] enthalten ist[1751], wenn die Verwendung der Firma nach

---

genüber dem *registrar* eine eidesstattliche Erklärung (*statutory declaration*) abgeben, daß die vorgenannten Voraussetzungen erfüllt sind, vgl. Companies Act 1985, s. 30(4) und (5); C.(NI)O.1986, art. 40(4) und (5).

[1741] Vgl. Companies Act 1985, s. 27(1), (4)(a); C.(NI)O.1986, art. 37(1)(4)(a). Fehlt der Rechtsformzusatz in der Firma, haften die Gesellschafter persönlich, vgl. *Behrens*, Die GmbH, Rdnr. GB/NI/EI 16.

[1742] Vgl. *Kisker*, Die Struktur, S. 26.

[1743] Vgl. Companies Act 1985, s. 25(2)(b).

[1744] Vgl. Companies Act 1985, s. 27(1), (4)(c).

[1745] Vgl. Companies Act 1985, s. 26(1)(a)(b); C.(NI)O.1986, art. 36(1)(a)(b).

[1746] Vgl. *Pennington*, Company Law, S. 5.

[1747] Vgl. Companies Act 1948, s. 17.

[1748] Vgl. hierzu näher *Farrar's* Company Law, S. 60.

[1749] Vgl. Companies Act 1985, s. 26(1)(c); C.(NI)O.1986, art. 36(1)(c): „*which is the same as a name appearing in the registrar's index of company names*“. Bei der vorregisterlichen Kontrolle ist also nur entscheidend, ob die Firma gleich (*the same*), nicht aber auch, ob sie ähnlich (*too like*) im Sinne des Companies Act 1985, s. 28(2) bzw. C.(NI)O.1986, art. 38(2) ist, der lediglich bei der nachregisterlichen Kontrolle der Firma Anwendung findet. Dennoch sollte man bei der Eintragung darauf achten, daß die Firma auch keiner bereits vorhandenen Firma oder Gesellschaftsbezeichnung sehr ähnlich ist, um eine eventuelle Aufforderung zur Firmenänderung seitens des *Secretary of State* zu vermeiden, vgl. Companies Act 1985, s. 28(2) a.E.; C.(NI)O.1986, art. 38(2) a.E.

[1750] Welches zu führen der *registrar* nach Companies Act 1985, s. 714 bzw. C.(NI)O.1986, art. 663 verpflichtet ist. Dieses Register kann man entweder selbst einsehen, vgl. Companies Act 1985, s. 709; C.(NI)O.1986, art. 658, oder von professioneller Seite durchschauen lassen, vgl. *Boyle & Birds'* Company Law, Nr. 3.2 m.w.N. Es enthält etwa eine Million Einträge, vgl. *Gower's* Principles, S. 102.

[1751] Bei der Frage, wann die Firma einer anderen entspricht, bleiben geringfügige Abweichungen unberücksichtigt. Nach s. 26(3) des Acts spielt die Verwendung eines bestimmten Artikels (*The*) als erstem Wort der Firma ebensowenig eine Rolle wie die folgenden Wörter oder Begriffe einschließlich ihrer Abkürzungen, wenn sie am Ende der Firma stehen: „*company*“ oder in

Ansicht des *Secretary of State* eine Straftat (*criminal offence*) darstellt[1752] oder wenn die Firma nach seiner Ansicht beleidigend bzw. anstößig (*offensive*) ist[1753]. Gleiches gilt, wenn in der Firma die Wörter „*investment company with variable capital*“ (oder in walisischer Sprache „*cwmni buddsoddi â chyfalaf newidiol*“) enthalten sind[1754]. Darüber hinaus kann die Firma einer *company* in gewissen Fällen ausnahmsweise der Genehmigung (*approval*) des *Secretary of State* unterworfen sein. Dies ist der Fall, wenn der *company name* nach dessen Ansicht voraussichtlich den Eindruck erwecken wird, daß die Gesellschaft in irgendeiner Form mit der Regierung (*Her Majesty's Government*) oder mit einer örtlichen Behörde (*local authority* bzw. *district council*) in Verbindung steht[1755], oder wenn die Firma bestimmte Wörter oder Ausdrücke enthält, die in *Regulations* des *Secretary of State* namentlich erwähnt sind[1756]. Für die Verwendung von bestimmten Begriffen aus dem karitativen Bereich wie z.B. „*Red Cross*“ oder „*Geneva Cross*“ ist eine Genehmigung des *Army Council* erforderlich[1757]. Schließlich ist die Verwendung

---

walisischer Sprache „*cwmni*“, „*and company*“ oder „*a'r cwmni*“, „*company limited*“ oder „*cwmni cyfyngedig*“, „*and company limited*“ oder „*a'r cwmni cyfyngedig*“, „*limited*“ oder „*cyfyngedig*“, „*unlimited*“ oder „*anghyfyngedig*“, „*public limited company*“ oder „*cwmni cyfyngedig cyhoeddus*“ und „*investment company with variable capital*“ oder „*cwmni buddsoddi â chyfalaf newidiol*“. Außerdem sind insoweit Schriftarten, Groß- oder Kleinbuchstaben, Akzent-, Leer- und Satzzeichen oder die Verwendung von „and“ statt „&“ und umgekehrt ohne Bedeutung. Vgl. die entsprechende Regelung in C.(NI)O.1986, art. 36(3).

1752 Vgl. Companies Act 1985, s. 26(1)(d); C.(NI)O.1986, art. 36(1)(d).

1753 Vgl. Companies Act 1985, s. 26(1)(e); C.(NI)O.1986, art. 36(1)(e).

1754 Vgl. Companies Act 1985, s. 26(1)(bb).

1755 Vgl. Companies Act 1985, s. 26(2)(a); C.(NI)O.1986, art. 36(2)(a).

1756 Vgl. C.(NI)O.1986, art. 36(2)(b) i.V.m. art. 39(1)(a); Companies Act 1985, s. 26(2)(b) i.V.m. s. 29(1)(a) i.V.m. Company and Business Names Regulations 1981 (SI 1981/1685). Hierbei handelt es sich zur Zeit um insgesamt 87 Begriffe, darunter z.B. *Apothecary, British, Chamber of Commerce, Duke, European, Federation, King, National, Post Office, Queen, Royal, Stock Exchange, University* oder *Windsor*. Enthält die geplante Firma einen oder mehrere der dort aufgezählten Begriffe und ist zu dem jeweiligen Begriff eine bestimmte Behörde oder Vereinigung genannt, muß einer der Gesellschaftsgründer (ein zukünftiger Direktor oder Sekretär) oder der mit der Gründung beauftragte Anwalt (*solicitor*) schriftlich bei dieser Stelle anfragen (*request*), ob Einwände gegen die Verwendung der geplanten Firma bestehen (vgl. Companies Act 1985, s. 29(2)(a) i.V.m. s. 12(3)), und den *registrar* über die Anfrage und die entsprechende Antwort unterrichten (Companies Act 1985, s. 29(3)). Vgl. auch C.(NI)O.1986, art. 39(2)(a) i.V.m. art. 23(3), art. 39(3).

1757 Vgl. Geneva Conventions Act 1957, s. 6(1)(a). Damit soll verhindert werden, daß sich private Unternehmer den Ruf karitativer Einrichtungen zunutze machen können; vgl. *Pennington*, Company Law, S. 5.

des Wortes *bank* nur genehmigten Geldinstituten[1758] sowie der Begriff *building society* nur anerkannten Sparkassen nach dem Building Societies Act 1986[1759] vorbehalten.

Die Gesellschaft ist verpflichtet, die Firma auffällig und leicht lesbar auf ihrem Siegel (falls vorhanden[1760]) sowie auf allen Geschäftsbriefen, Mitteilungen, Rechnungen, Quittungen, Bestellungen, Wechseln, Schecks oder Akkreditiven anzugeben. Außerdem muß die Firma außerhalb jedes einzelnen Büros der Gesellschaft angebracht sein, und zwar an deutlich sichtbarer Stelle und in einfach lesbaren Buchstaben[1761]. Ist in der Firma das Wort *company* enthalten[1762], ist die Verwendung der Abkürzung „*Co*" zulässig[1763]. Verwendet die Gesellschaft bei Betreiben ihrer Geschäfte eine Geschäftsbezeichnung (*business name*), die nicht ihrem *corporate name* entspricht, findet zudem der Business Names Act 1985[1764] Anwendung[1765]. Schließlich genießt die Firma einer *company* ebenso wie die Firma einer *partnership* auch Namensschutz. Führt eine *company* unter einer Firma Geschäfte, die die Öffentlichkeit einem anderen Unternehmen zuordnet, kann sie auf Unterlassung der

---

[1758] Vgl. Banking Act 1987, s. 67(1).

[1759] Vgl. Building Societies Act 1986, s. 107(1). Vgl. weitere Einzelfälle bei Halsbury's Laws, Companies, para 158 m.w.N. Schließlich wurden vom *registrar of companies* noch zwei Anmerkungen über Firmen und Geschäftsbezeichnungen veröffentlicht, vgl. die *Notes of Guidance on Choosing a Company Name and on Sensitive Words and Expressions and Change of Name*, vgl. *Triebel*, EHWR Rdnr. 607 m.w.N.

[1760] Vgl. Companies Act 1985, s. 36A(3): „*A company need not have a common seal, ...*". Vgl. auch C.(NI)O.1986, artt. 49 ff.

[1761] Vgl. Companies Act 1985, ss. 348-350; C.(NI)O.1986, artt. 356-359; *Pennington*, Company Law, S. 9. Die Mißachtung dieser Regeln ist mit teilweise drakonischen Strafen verbunden. Fehlt z.B. bei der Unterzeichnung von Wechseln, Schecks oder Geldanweisungen der vorgenannte Hinweis auf die Firma, führt dies zur (subsidiären) persönlichen Haftung des Verwenders; vgl. Companies Act 1985, s. 349(4); C.(NI)O.1986, art. 357(4). Vgl. auch Penrose v. Martyr (1858) 120 ER 595.

[1762] Die Verwendung des Wortes *company* in der Firma ist nicht zwingend und heute zugunsten einer möglichst kurzen Firma auch eher unüblich geworden; vgl. *Charlesworth & Morse*, Company Law, S. 40.

[1763] Vgl. Banque de l'Indochine et de Suez SA v. Euroseas Group Finance Co. Ltd. [1981] 3 All ER 198; *Pennington*, Company Law, S. 10.

[1764] Bzw. die Business Names (Northern Ireland) Order 1986.

[1765] Vgl. Business Names Act 1985, s. 1(c): „*This Act applies to any person who has a place of business in Great Britain and who carries on business in Great Britain under a name which – in the case of a company, being a company which is capable of being wound up under the Companies Act 1985, does not consist of its corporate name without any addition other than one so permitted.*". Vgl. die entsprechende Regelung für Nordirland in Business Names (Northern Ireland) Order 1986, art. 3(1)(c) sowie die Ausführungen oben unter B. I. 2. c).

Firmenverwendung verklagt werden, auch wenn die Ähnlichkeit der Firmen unbeabsichtigt war (*passing-off action*)[1766]. Daneben ist es auch möglich, dem *Secretary of State* die Verwendung einer ähnlich lautenden Firma durch einen Dritten anzuzeigen. Der *Secretary of State* ist dann berechtigt, den Usurpator zur Namensänderung anzuhalten[1767].

(2) Gründungsort (domicile)

Weiterhin muß der Gründungsort der Gesellschaft (*domicile*) im *memorandum* aufgeführt werden[1768]. Das Gesetz verlangt insoweit nur die Angabe, ob der Sitz der Gesellschaft (*registered office*) „in England und Wales, oder in Schottland" belegen ist, nicht aber die Angabe des Gesellschaftssitzes selbst[1769]. Liegt der Gesellschaftssitz in Wales, genügt anstatt der Bezeichnung „England und Wales" nur die Angabe des Gründungsorts „Wales"[1770]. Nach dem Vorgenannten ist der Gründungsort der Gesellschaft vom Sitz der Gesellschaft (*registered office*) zu unterscheiden. Das *registered office* wird bei der Anmeldung der Gesellschaft nur gegenüber dem *registrar* unter Angabe der genauen Adresse benannt[1771]. An seinem Ort gehen offizielle Mitteilungen und Zustellungen an die Gesellschaft ein und liegen zu veröffentlichende Unterlagen der Gesellschaft zur Einsichtnahme aus[1772]. Der Ge-

---

1766 Vgl. North Cheshire and Manchester Brewery Co., Ltd. v. Manchester Brewery Co., Ltd. [1899] AC 83; Aerators, Ltd. v. Tollit [1902] 2 Ch 319; Ewing v. Buttercup Margarine Co., Ltd. [1917] 2 Ch 1; Exxon Corpn. v. Exxon Insurance Consultants International Ltd. [1982] Ch 119. Vgl. auch *Farrar's* Company Law, S. 61 f.

1767 Vgl. Companies Act 1985, s. 28(2) sowie die entsprechende Regelung in C.(NI)O.1986, art. 38(2). In 1995-96 hat es z.B. 53 solcher Anordnungen gegeben, vgl. *Gower's* Principles, S. 104.

1768 Vgl. Companies Act 1985, s. 2(1)(b); C.(NI)O.1986, art. 13(1)(b). In dem Muster-*memorandum* für eine *private company limited by shares* (Table B) heißt es insoweit: „ *2. The company's registered office is to be situated in Wales.*".

1769 Vgl. den Wortlaut in Companies Act 1985, s. 2(1)(b): „*The memorandum of every company must state - whether the registered office of the company is to be situated in England and Wales, or in Scotland*". Vgl. auch *Charlesworth & Morse*, Company Law, S. 47. Zur entsprechenden Regelung in Nordirland vgl. C.(NI)O.1986, art. 13(1)(b): „*The memorandum of every company must state - that the registered office of the company is to be situated in Northern Ireland; ...*".

1770 Vgl. Companies Act 1985, s. 2(2).

1771 Vgl. Companies Act 1985, ss. 10(6); 287(2); C.(NI)O.1986, artt. 21(6), 295.

1772 Vgl. Companies Act 1985, ss. 287(1), 725(1), 352 ff.; C.(NI)O.1986, artt. 295(1), 673, 360 ff. Vgl. zu den Unterlagen eingehend *Pennington*, Company Law, S. 14; *Charlesworth & Morse*, Company Law, S. 49 f.

schäftsbetrieb der *company* muß hier jedoch nicht auch notwendig stattfinden, weshalb es sich bei dem *registered office* in der Praxis auch häufig nur um eine Briefkastenadresse handelt, in der Anfangsphase der Gesellschaft nicht selten die Adresse des mit der Gründung betrauten Anwalts. Demgegenüber ist der satzungsmäßig bezeichnete Gründungsort der Gesellschaft maßgeblich zur Bestimmung des anwendbaren Rechts im englischen Internationalen Privatrecht (Gründungstheorie)[1773] sowie der Zuständigkeit der jeweiligen Registerbehörden[1774] in Cardiff (bzw. die Zweigstelle in London), Edinburgh oder Belfast. Der Gründungsort kann nicht geändert werden[1775], eine Verlegung z.B. von Schottland nach Wales oder umgekehrt ist nicht möglich[1776]. Schließlich ist sowohl der Gesellschaftssitz (*registered office*) als auch der Gründungsort (*domicile*) vom Verwaltungssitz der Gesellschaft (*residence*) zu differenzieren. Der Verwaltungssitz wird danach bestimmt, wo der tatsächliche Geschäftsbetrieb der Gesellschaft stattfindet, wo also die Kontrollzentrale und das Management angesiedelt sind[1777]. Er ist z.B. für das Steuerrecht (*revenue law*) von zentraler Bedeutung[1778].

(3) Gegenstand der Gesellschaft (objects of the company)

Des weiteren muß das *memorandum* den Gesellschaftsgegenstand (*objects of the company*) angeben[1779]. Die Beschreibung des Gesellschaftsgegenstands war früher aufgrund der sog. *ultra vires*-Lehre von ungemein zentraler

[1773] Vgl. Gasque v. I.R.C. [1940] 2 KB 80.

[1774] Vgl. *Pennington*, Company Law, S. 12.

[1775] Vgl. Companies Act 1985, s. 2(7); C.(NI)O.1986, art. 13(6). Vgl. auch Gasque v. I.R.C. [1940] 2 KB 80; *Charlesworth & Morse*, Company Law, S. 47. Anders hingegen das *registered office*, vgl. Companies Act 1985, s. 287(3); C.(NI)O.1986, art. 295(3) n.F.

[1776] Vgl. Halsbury's Laws, Companies, para 150.

[1777] Vgl. De Beers Consolidated Mines, Ltd. v. Howe [1906] AC 455; Swedish Central Rly. Co., Ltd. v. Thompson [1925] AC 495; Egyptian Delta Land and Investment Co., Ltd. v. Todd (Inspector of Taxes) [1929] AC 1 (at 14 ff.); Unit Construction Co., Ltd. v. Bullock (Inspector of Taxes) [1959] 3 All ER 831.

[1778] Vgl. die vorgenannten Entscheidungen sowie Halsbury's Laws, Companies, para 94; *Pennington*, Company Law, S. 13.

[1779] Vgl. Companies Act 1985, s. 2(1)(c); C.(NI)O.1986, art. 13(1)(c). In dem Mustermemorandum für eine *private company limited by shares* (Table B) heißt es insoweit: „ *3. The company's objects are the carriage of passengers and goods in motor vehicles between such places as the company may from time to time determine and the doing of all such other things as are incidental or conductive to the attainment of that object.*".

Bedeutung[1780], und zwar in zweifacher Hinsicht: Einerseits waren im Außenverhältnis Rechtsgeschäfte oder allgemein Rechtshandlungen der Gesellschaft, die nicht vom Gesellschaftsgegenstand erfaßt waren, unheilbar nichtig. Andererseits konnten die Gesellschafter im Innenverhältnis gegen eine Überschreitung des Gesellschaftsgegenstands durch die Direktoren der *company* im Wege der Klage vorgehen. Die Lehre führte zu der noch heute anzutreffenden Praxis, im *memorandum* alle nur denkbaren Geschäftsaktivitäten aufzuzählen, damit diese ggfs. vom Gesellschaftsgegenstand gedeckt sind. Seit dem Inkrafttreten des Companies Act 1989 ist die *ultra vires*-Lehre zumindest im Außenverhältnis abgeschafft[1781]. Nun ist es möglich, als Gegenstand der Gesellschaft „das Betreiben von allen Geschäften“ anzugeben, „die bei einer allgemeinen Handelsgesellschaft anfallen“[1782]. In diesem Fall sind die Gesellschaft und damit grundsätzlich auch ihre Direktoren berechtigt, jedweden Handel zu betreiben oder Geschäfte zu schließen (*to carry on any trade or business whatsoever*) sowie alle Handlungen vorzunehmen, die für diese Geschäfte förderlich sind (*conducive*) oder mit diesen im Zusammenhang stehen (*incidental*)[1783]. Nach Companies Act 1985, s. 35(1) kann die Rechtswirksamkeit eines Geschäfts der *company* auch nicht mehr wegen mangelnder Rechtsfähigkeit der Gesellschaft von der *company* oder Dritten angefochten werden[1784]. Überschreitet ein Direktor bei einem Geschäft seine satzungsmäßig bestimmten Befugnisse (*ultra vires*-Geschäft), wird nach Companies Act 1985, s. 35A(1) gleichwohl zugunsten gutgläubiger Dritter angenommen, daß der Vorstand der Gesellschaft (oder eine vom ihm beauftragte Person) zur Vornahme des Geschäfts befugt gewesen sei[1785]. Hierbei wird der gute Glaube des Dritten solange vermutet, bis das Gegenteil

---

1780 Vgl. zur *ultra vires*-Lehre allgemein *Pennington*, Company Law, S. 15 ff. sowie die Ausführungen oben unter A. III. 1.

1781 In Nordirland mit der Companies (No. 2) (Northern Ireland) Order 1990 (SI 1990/1504).

1782 Vgl. Companies Act 1985, s. 3A; C.(NI)O.1986, art. 14A: „*Where the company's memorandum states that the object of the company is to carry on business as a general commercial company* - ...“. Vgl. hierzu auch *Hermann*, RIW 1991, S. 378, 381.

1783 Vgl. Companies Act 1985, s. 3A; C.(NI)O.1986, art. 14A: „... *(a) the object of the company is to carry on any trade or business whatsoever, and (b) the company has power to do all such things as are incidental or conducive to the carrying on of any trade or business by it.*“. Vgl. zu dieser Klausel auch *Pennington*, Company Law, S. 23; *Charlesworth & Morse*, Company Law, S. 51.

1784 Vgl. auch C.(NI)O.1986, art. 45(1) n.F.

bewiesen ist, und nicht einmal dadurch erschüttert, daß der Dritte positive Kenntnis von der Überschreitung der Befugnisse durch den oder die Direktoren hatte[1786]. Zum Innenverhältnis sieht der Companies Act 1985 folgende Bestimmungen vor: Kein Mitglied der Gesellschaft ist trotz der vorgenannten Ausführungen daran gehindert, prozessual gegen den geplanten Abschluß eines Rechtsgeschäfts vorzugehen, sei es unter Berufung auf die mangelnde Rechtsfähigkeit der Gesellschaft zum Abschluß eines solchen Geschäfts[1787], sei es unter Berufung auf eine Überschreitung der Befugnisse der Direktoren[1788]. Diese Rechtsschutzmöglichkeit besteht aber nur so lange wie das Geschäft selbst noch nicht abgeschlossen ist. Die Erfüllung einer bereits bestehenden Verpflichtung kann also nicht mehr erfolgreich angegriffen werden[1789]. Daneben bleibt ein Direktor gegenüber der Gesellschaft auch nach dem Inkrafttreten des Companies Act 1989 schadenersatzpflichtig, wenn er bei einem Rechtsgeschäft die ihm eingeräumten Befugnisse überschreitet[1790]. Ob angesichts dieser Regelungen zum Innenverhältnis der Gesellschaft die angesprochene Praxis aufrechterhalten bleibt, in der Klausel zum Gesellschaftsgegenstand alle erdenklichen Rechtsgeschäfte aufzuzählen, bleibt daher abzuwarten.

(4) Erklärung der Haftungsbeschränkung (liability clause)

Das *memorandum* muß zudem eine ausdrückliche Erklärung der Haftungsbeschränkung seiner Gesellschafter enthalten[1791], obwohl sich die beschränkte

---

1785 Vgl. C.(NI)O.1986, art. 45A(1).

1786 Vgl. Companies Act 1985, s. 35A(2); C.(NI)O.1986, art. 45A(2): „*For this purpose- (b) a person shall not be regarded as acting in bad faith by reason only of his knowing that an act is beyond the powers of the directors under the company's constitution; and (c) a person shall be presumed to have acted in good faith unless the contrary is proved.*".

1787 Vgl. Companies Act 1985, s. 35(2); C.(NI)O.1986, art. 45(2) n.F.

1788 Vgl. Companies Act 1985, s. 35A(4); C.(NI)O.1986, art. 45A(4).

1789 Vgl. Companies Act 1985, ss. 35(2) und 35A(4); C.(NI)O.1986, artt. 45(2) n.F. und 45A(4): „...; *but no such proceedings shall lie in respect of an act to be done in fulfilment of a legal obligation arising from a previous act of the company.*". Vgl. die Kritik am mißglückten Wortlaut der Bestimmung bei *Farrar's* Company Law, S. 113.

1790 Vgl. Companies Act 1985, s. 35A(5); C.(NI)O.1986, art. 45A(5): „*Nor does that subsection affect any liability incurred by the directors, or any other person, by reason of the directors' exceeding their powers.*".

1791 Vgl. Companies Act 1985, s. 2(3); C.(NI)O.1986, art. 13(2).

Leistungspflicht bereits aus dem Firmenzusatz („*limited*") ergibt. Üblich und richtig ist insoweit die Feststellung: „*The liability of the members is limited.*"[1792]. Dem Erfordernis des Gesetzes genügt es hingegen nicht, wenn im *memorandum* lediglich der Umstand angegeben wird, daß die Gesellschaft selbst eine *limited company* ist[1793]. Fehlt der Hinweis bei der Eintragung, erlangt zwar die Gesellschaft gleichwohl volle Rechtsfähigkeit; ihre Gesellschafter haften dann aber unbeschränkt[1794].

(5) Kapital der Gesellschaft (capital clause)

Das *memorandum* muß weiterhin die Höhe des Gesellschaftskapitals (*amount of the share capital*) sowie seine Aufteilung in Gesellschaftsanteile (*division of the share capital into shares*) angeben[1795]. Das Gesellschaftskapital, das neben *share capital* auch *nominal capital* oder *authorised capital* genannt wird[1796], stellt aber kein real existierendes Vermögen der Gesellschaft dar, sondern bezeichnet lediglich den Gesamtbetrag, für den die Gesellschaft Anteile ausgeben darf[1797]. Es ist zu unterscheiden vom gezeichneten Kapital der Gesellschaft (*issued capital*) sowie vom tatsächlich eingezahlten Kapital (*paid up capital*). Beim ersten handelt es sich um die Summe der Nennwerte derjenigen Anteile, die von den Gesellschaftern gezeichnet und übernommen wurden[1798], während vom *paid up capital* gesprochen wird, wenn die Gesellschafter ihre Leistungen auf die übernommenen Anteile an die

---

[1792] Vgl. auch das Muster-*memorandum* zur *private company limited by shares* (Table B) unter Punkt 4.

[1793] Vgl. *Boyle & Birds'* Company Law, Nr. 66.

[1794] Vgl. *Pennington/Gansen* in: Lutter, Tochtergesellschaft, S. 288.

[1795] Vgl. Companies Act 1985, s. 2(5)(a); C.(NI)O.1986, art. 13(4)(a). In dem Muster-*memorandum* für eine *private company limited by shares* (Table B) heißt es insoweit: „ *5. The company's share capital is £50,000 divided into 50,000 shares of £1 each.*".

[1796] Vgl. *Charlesworth & Morse*, Company Law, S. 57; *Farrar's* Company Law, S. 161.

[1797] Vgl. Halsbury's Laws, Companies, para 173; *Pennington*, Company Law, S. 24; *Charlesworth & Morse*, Company Law, S. 57: „*This figure is, however, purely nominal.*".

[1798] Vgl. Halsbury's Laws, Companies, para 174; vgl. auch National Westminster Bank plc v. IRC [1994] 3 All ER 1. Die Gesellschaftsgründer müssen jeweils mindestens einen Anteil am Gesellschaftskapital übernehmen, vgl. Companies Act 1985, s. 2(5)(b); C.(NI)O.1986, art. 13(4)(b): „*no subscriber of the memorandum may take less than one share*". Zum Begriff der Zeichnung (*allotment*) vgl. Companies Act 1985, ss. 744A, 738(1); C.(NI)O.1986, art. 6(1).

Gesellschaft erbracht haben[1799]. In dem *memorandum* muß nur das Gesellschaftskapital (*share capital*), nicht hingegen das *issued* oder *paid up capital* bezeichnet werden. Solange und soweit das Gesellschaftskapital noch nicht gezeichnet ist, stellt das *share capital* keine anfängliche Haftungsmasse der Gesellschaft dar, sondern ist vielmehr mit dem genehmigten Kapital einer deutschen Aktiengesellschaft vergleichbar[1800]. Das Gesetz sieht des weiteren weder für das Gesellschaftskapital, noch für das gezeichnete Kapital, noch für das eingezahlte Kapital einen Mindestbetrag vor, so daß es möglich ist, eine *company* mit einen Grundkapital von £ 100 zu gründen, welches lediglich in Höhe von £ 2 gezeichnet und überhaupt nicht, auch nicht teilweise an die Gesellschaft geleistet wurde[1801]. Ein Höchstbetrag ist für das *share capital* ebenfalls nicht gesetzlich vorgesehen[1802]. Hieraus ergibt sich, daß die Einzahlung auf das Gesellschaftskapital bei der Gesellschaftsgründung nicht nachgewiesen zu werden braucht und daher nicht zum Gründungsvorgang zählt[1803].

[1799] Vgl. Halsbury's Laws, Companies, para 175. Werden die geschuldeten Leistungen nur zu einem Teil erbracht, spricht man vom „*partly paid capital*"; vgl. Halsbury's Laws, Companies, para 174.

[1800] Vgl. *Triebel*, EHWR Rdnr. 634; vgl. auch *Kisker*, Die Struktur, S. 113. Daher unterscheidet sich das *share capital* einer *private company limited by shares* deutlich von dem Stammkapital einer GmbH, für die das Gesetz einen Mindestbetrag von 25.000 Euro vorschreibt (§ 5 Abs. 1 GmbHG), und welcher im Zeitpunkt der Gründung zu einem Viertel, bei Sacheinlagen sogar vollständig erbracht sein muß, § 7 Abs. 2 S. 1, Abs. 3 GmbHG.

[1801] Tatsächlich beträgt das Grundkapital einer *private company limited by shares* in der Praxis häufig nur £ 100; vgl. *Kisker*, Die Struktur, S. 114; *Pennington*, 90.10 S. 12.

[1802] Vgl. auch *Güthoff*, Gesellschaftsrecht, S. 57.

[1803] Die Einzahlung erfolgt vielmehr später auf Aufruf der Direktoren (*calls on shares*), vgl. Ziffern 12 ff. der Muster-*articles* in Table A der Companies (Tables A to F) Regulations 1985. Einlagefähig sind bei der *private company* neben Barleistungen auch Sachleistungen (*money or money's worth*), worunter auch der *goodwill* oder das *know-how* zählt; vgl. Companies Act 1985, s. 99(1); C.(NI)O.1986, art. 109(1). Auch Dienstleistungen sind, zumindest bei der *private company*, zulässig; vgl. Companies Act 1985, s. 99(2); C.(NI)O.1986, art. 109(2). Bei Bareinlagen ist die Aufrechnung mit einer eigenen Forderung gegen die Gesellschaft möglich; vgl. Barangah Oil Refining Co., Re Arnot's Case (1887) LR 36 ChD 702; Re Richmond Hill Hotel Co., Elkington's Case (1867)LR 2 Ch App 511. Werden Sacheinlagen erbracht, werden diese nicht von einer unabhängigen Person oder von einem Gericht bewertet, sondern vielmehr von den Direktoren der Gesellschaft selbst. Wird hierbei die Einlage überbewertet und sind die Direktoren hierbei gutgläubig, gilt der entsprechende Anteil gleichwohl als bezahlt; vgl. Re Wragg, Ltd. [1897] 1 Ch 796. Ein anderes gilt nur dann, wenn die Bewertung illusorisch, unredlich oder offensichtlich falsch ist, vgl. hierzu Tintin Exploration Syndicate, Ltd. v. Sandys [1947] 177 LT 412; Hong Kong and China Gas Co., Ltd. v. Glen [1914] 1 Ch 527; Re Wragg, Ltd. [1897] 1 Ch 796. Die entsprechenden Verträge über Sacheinlagen müssen dem *registrar of companies* zusammen mit der zwingenden Aufstellung der zugeteilten Anteile (*return of allotments*)

Des weiteren muß das *memorandum* den Nennwert der Anteile angeben, in die das Grundkapital zerlegt ist[1804]. Sowohl das Gesellschaftskapital[1805] als auch der Nennwert der Anteile[1806] müssen auf einen festen Geldbetrag lauten (*fixed amount*), der aber auch in einer anderen Währung als britischem Pfund Sterling (£) angegeben werden[1807] und bei den Anteilen unterschiedlich hoch sein kann[1808]. Das Gesellschaftskapital darf gleichzeitig auch aus Beträgen verschiedener Währungen bestehen[1809], während bei dem einzelnen Gesellschaftsanteil nur eine einzige Währung zulässig ist[1810]. Der Euro hat seit seiner Einführung am 01.01.1999 nur beiläufigen Einfluß auf das Vereinigte Königreich, da Großbritannien nicht der ersten Gruppe von 11 Mitgliedstaaten[1811] angehört, die sich zur Einführung dieser gemeinsamen Währung entschlossen haben[1812]. Schließlich verlangt das Gesetz, daß hinter jeder Unterschrift eines Gesellschaftsgründers die Anzahl der von ihm ge-

---

innerhalb eines Monats nach der Zeichnung eingereicht werden, vgl. Companies Act 1985, s. 88(1)(2); C.(NI)O.1986, art. 98(1)(2). Bei Dienst- oder Arbeitsleistungen muß es sich um zukünftige Leistungen handeln, früher erbrachte Arbeiten oder Dienste kommen grundsätzlich nicht in Betracht; vgl. Re Eddystone Marine Insurance Co. [1893] 3 Ch 9.

1804 Vgl. Companies Act 1985, s. 2(5)(a); C.(NI)O.1986, art. 13(4)(a): *„and the division of the share capital into shares of a fixed amount*".

1805 Ausnahmsweise ist es aber auch in Großbritannien möglich, eine Gesellschaft mit variablem Kapital zu führen. Hierbei handelt es sich um die *investment company with variable capital*, die in den Open-Ended Investment Companies (Investment Companies with Variable Capital) Regulations 1996 (SI 1996/2827) geregelt ist. Sie entsteht per *authorisation order* der britischen Börsenkommission (*Securities and Investments Board, SIB*); vgl. reg. 3(1) der Regulations. Vgl. zu dieser speziellen Gesellschaft auch *Charlesworth & Morse*, Company Law, S. 32 m.w.N.

1806 Das britische Recht kennt somit nur *nominal shares* bzw. *par value shares*, die deutschen Nennbetragsaktien vergleichbar sind. Nennwertlose Anteile (*no par value shares*), wie z.B. die deutschen Stückaktien, sind im Vereinigten Königreich nicht zulässig; vgl. *Farrar's* Company Law, S. 163.

1807 Vgl. Re Scandinavian Bank Group plc [1988] Ch 87, [1987] 2 All ER 70; Re Anglo American Insurance Co Ltd [1991] BCLC 564.

1808 Vgl. Halsbury's Laws, Companies, para 178.

1809 Vgl. Re Scandinavian Bank Group plc [1988] Ch 87, [1987] 2 All ER 70.

1810 Vgl. Re Scandinavian Bank Group plc [1988] Ch. 87, [1987] 2 All ER 70 (at 79); *Charlesworth & Morse*, Company Law, S. 57.

1811 Hierzu gehören (mit Währung) Belgien (BEF), Luxemburg (LUF), Deutschland (DEM), Finnland (FIM), Frankreich (FRF), Irland (IEP), Italien (ITL), Niederlande (NLG), Österreich (ATS), Portugal (PTE) und Spanien (ESP).

1812 Vgl. z.B. die vom britischen Handels- und Wirtschaftsministerium (*Department of Trade and Industry*, DTI) herausgegebene Informationsbroschüre *The Euro: redenomination of Share Capital, A Consultative Document* (Januar 1998); vgl. http://www.dti.gov.uk/pip/4comps.htm.

zeichneten Anteile angegeben wird[1813]. Fehlt eine solche Angabe, haftet der Gesellschaftsgründer zumindest in Höhe seines Anteils[1814].

(6) Gründungsklausel (association clause)

Schließlich muß das *memorandum* eine sog. Gründungsklausel (*association clause*) enthalten[1815]. Sie ist die Grundlage des *memorandum*[1816] und besteht aus der Erklärung der Gesellschafter, gemeinsam eine Gesellschaft gründen zu wollen, sowie dem Einverständnis, eine bestimmte Anzahl von Gesellschaftsanteilen zu übernehmen[1817]. Die Gründungsklausel steht in der Regel am Ende des *memorandum*, gefolgt von den Unterschriften der Gesellschaftsgründer sowie der Angabe der von ihnen übernommenen Gesellschaftsanteile[1818].

bb) Fakultativer Inhalt

Neben den vorgenannten zwingenden Bestandteilen ist es möglich, daß im *memorandum* auch fakultative Regelungen enthalten sind, die hier nur kurz und exemplarisch angesprochen werden können. Zu den häufigsten fakultativen Regelungen gehören bestimmte Sonderrechte, die einzelnen Gruppen von Anteilseignern gewährt werden (*special rights of different classes of shareholders*)[1819]. Daneben können die Gesellschaftsgründer auch festlegen, daß die Haftung bestimmter Direktoren oder Manager nicht nur in Höhe ihrer

---

[1813] Vgl. Companies Act 1985, s. 2(5)(c); C.(NI)O.1986, art. 13(4)(c).

[1814] Vgl. Portal v. Emmens (1876) LR 1 CPD 664 (at 667).

[1815] Vgl. Companies Act 1985, s. 3(1)(c) i.V.m. Companies (Tables A to F) Regulations 1985 Table B. Vgl. auch C.(NI)O.1986, art. 14.

[1816] Vgl. *Pennington*, Company Law, S. 27.

[1817] So heißt es im Muster-*memorandum* (Table B) am Ende der Musterfassung: „ *We, the subscribers to this memorandum of association, wish to be formed into a company pursuant to this memorandum; and we agree to take the number of shares shown opposite our respective names.*“. Vgl. auch *Kisker*, Die Struktur, S. 26.

[1818] Vgl. das Muster-*memorandum* (Table B) in Companies (Tables A to F) Regulations 1985.

[1819] Vgl. *Pennington*, Company Law, S. 27; *Charlesworth & Morse*, Company Law, S. 57.

jeweils gezeichneten Gesellschaftsanteile besteht, sondern vielmehr unbegrenzt ist[1820].

b) Anforderungen an die Form des memorandum

Im Unterschied zur Regelung der *articles of association* enthält der Companies Act 1985 bzw. die Companies (Northern Ireland) Order 1986 keine ausdrückliche Bestimmung, wonach das *memorandum* schriftlich abgefaßt sein müßte. Dies ergibt sich vielmehr nur mittelbar aus dem Gesetz, welches die Einreichung (*delivery*) des *memorandum* beim *registrar of companies* vorsieht[1821] sowie die Unterzeichnung des *memorandum* durch jeden Gesellschaftsgründer[1822] in Gegenwart mindestens eines Zeugen verlangt[1823]. Außerdem muß hinter jedem Gesellschafternamen die Anzahl der von ihm übernommenen Anteile angegeben werden[1824] und die Form (*form*) des *memorandum* soweit wie möglich der Table B entsprechen[1825], welche in Druckbuchstaben abgefaßt ist. Eine gerichtliche oder notarielle Beurkundung des *memorandum* sieht das Gesetz nicht vor[1826]. Ist der vorgesehene Sitz der Gesell-

[1820] Vgl. Companies Act 1985, s. 306(1); C.(NI)O.1986, art. 314(1). Vgl. hierzu auch Halsbury's Laws, Companies, para 627. In praxi wird von dieser Möglichkeit nur sehr selten Gebrauch gemacht, vgl. *Gower's* Principles, S. 99 Fn. 5.

[1821] Vgl. Companies Act 1985, s. 10(1); C.(NI)O.1986, art. 21(1).

[1822] Wobei Vertretung möglich ist, vgl. Re Whitely Partners, Ltd. (1886) 32 ChD 337; *Boyle & Birds'* Company Law, Nr. 2.3.

[1823] Vgl. Companies Act 1985, s. 2(6); C.(NI)O.1986, art. 13(5). Das *memorandum* kann zu unterschiedlichen Zeiten an unterschiedlichen Orten und in Gegenwart von unterschiedlichen Personen als Zeugen unterzeichnet sein; vgl. *Boyle & Birds'* Company Law, Nr. 2.3.

[1824] Vgl. Companies Act 1985, s. 2(5)(c); C.(NI)O.1986, art. 13(4)(c). In dem Muster-*memorandum* sind zudem die Adressen der Zeichner sowie des Zeugen angegeben, vgl. Companies (Tables A to F) Regulations 1985, Table B:

Names and Addresses of Subscribers		Number of shares taken by each Subscriber
1. Thomas Jones, 138 Mountfield Street, Tredegar,		1
2. Mary Evans, 19 Merthyr Road, Aberystwyth		1
	Total shares taken	2

Dated ...
Witness to the above signatures,
Anne Brown, "Woodlands", Fieldside Road, Bryn Mawr.

[1825] Vgl. Companies Act 1985, s. 3(1)(c); C.(NI)O.1986, art. 14(c).

[1826] Vgl. auch *Pennington/Gansen* in: Lutter, Tochtergesellschaft, S. 285.

schaft in Wales belegen, kann das *memorandum* auch in walisischer Sprache abgefaßt sein[1827]. In diesem Fall muß bei der Eintragung der Gesellschaft dem *registrar* zudem eine beglaubigte Übersetzung (*certified translation*)[1828] des *memorandum* auf englisch übergeben werden[1829].

c) Anforderungen an die Person des Gesellschaftsgründers

Weder der Companies Act 1985 noch die Companies (Northern Ireland) Order 1986 enthalten Regelungen über die Anforderungen an die Person des Gesellschaftsgründers (*subscriber*)[1830]. Insoweit wird nur bestimmt, daß „*persons*" eine *company* gründen können[1831], ohne näher zu beschreiben, wer genau unter diesen Begriff fällt[1832]. Nach der Rechtsprechung schließt der Begriff *persons* Ausländer (*aliens*)[1833] und juristische Personen (*corporations*)[1834] ebenso ein wie Minderjährige (*minors*)[1835]. Gründer kann hingegen nicht sein, wer als (früherer) Direktor eine sog. *disqualification order* gegen

---

[1827] Vgl. Companies Act 1985, s. 710B(2).

[1828] Vgl. zum Begriff Companies Act 1985, s. 710B(8). Die Beglaubigung kann z.B. durch einen öffentlichen Notar (*notary public*) oder einen Anwalt (*solicitor*) erfolgen, vgl. Companies (Welsh Language Forms and Documents) Regulations 1994 (SI 1994/117) regs. 2 i.V.m. 5.

[1829] Vgl. Companies Act 1985, s. 710B(2). Umgekehrt kann die Gesellschaft alle Dokumente, einschließlich des *memorandum*, in englischer Sprache einreichen und dann beglaubigte Übersetzungen in walisischer Sprache beifügen, vgl. Companies Act 1985, s. 710B(5).

[1830] Zur Terminologie: Jeder, der sich maßgeblich an der Gründung einer *company* beteiligt, heißt Gründer (*promoter*); vgl. Halsbury's Laws, Companies, para 37. Hierzu zählen aber nicht Rechtsanwälte und Berater, die lediglich an der Ausarbeitung der Gesellschaftsverträge beteiligt sind; vgl. Re Great Wheal Polgooth Co. Ltd. (1883) 53 LJ Ch 42. Gründungsgesellschafter (*subscriber*) sind hingegen diejenigen, die auch die Gründungsurkunde (*memorandum of association*) unterschreiben; vgl. hierzu *Triebel*, EHWR Rdnr. 599. Nur die Person des Gesellschaftsgründers (*subscriber*) ist freilich vorliegend gemeint.

[1831] Vgl. Companies Act 1985, s. 1(1); C.(NI)O.1986, art. 12(1).

[1832] Vgl. auch Companies Act 1985, ss. 744, 744A; C.(NI)O.1986, artt. 1-11.

[1833] Vgl. Princess Reuss v. Bos (1871) LR 5 HL 176.

[1834] Vgl. Interpretation Act 1978, s. 5 i.V.m. Sch.1; Companies Act 1985, s. 375; C.(NI)O.1986, art. 383.

[1835] Vgl. Re Nassau Phosphate Co. (1876) LR 2 ChD 610. In dieser Entscheidung stellt das Gericht zum einen darauf ab, daß der *registrar of companies* nur prüfen muß, ob ausreichend viele Personen das *memorandum* unterzeichnet haben, nicht aber, ob einer der Unterzeichner minderjährig ist („*Is not an infant a "person"?*"; at 614). Zum anderen gibt das *certificate of incorporation* schließlich *conclusive evidence*, daß die Anforderungen des Gesetzes an die Gesellschaftsgründung erfüllt sind (at 614, 615). Vgl. auch Re Laxon & Co. (No.2) [1892] 3 Ch 555: „*... his* (the infants') *signature to the memorandum of association of a company is the signature of a "person" ...*". Vgl. auch Halsbury's Laws, Companies, para 83; *Charlesworth & Morse*, Company Law, S. 58; *Boyle & Birds'* Company Law, Nr. 2.3.

sich ergehen lassen mußte[1836], weil z.B. eine *company* aufgrund seines Verschuldens liquidiert werden mußte[1837]. Zahlenmäßig sind mindestens zwei Gesellschafter erforderlich[1838], nach oben ist die Anzahl unbegrenzt[1839]. Seit der Einführung der Companies (Single Member Private Limited Companies) Regulations 1992 ist aber auch die Gründung einer *private limited company* durch nur eine Person möglich[1840].

3. Errichtung einer Gesellschaftssatzung (*articles of association*)

Als nächstes stellen die Gesellschaftsgründer eine Gesellschaftssatzung (*articles of association*) auf. Dieser Schritt ist zur Gründung einer *company limited by shares* allerdings nicht zwingend notwendig[1841], da die Companies (Tables A to F) Regulations 1985[1842] zum Companies Act 1985 eine Mustersatzung enthalten, die als dispositives Recht[1843] die Vereinbarung der Gesellschafter ergänzen soll, aber auch ersetzen kann[1844]. Erstellen die Gründer also

---

1836 Vgl. Company Directors Disqualification Act 1986, s. 1(1)(d).

1837 Vgl. Company Directors Disqualification Act 1986, s. 6(1).

1838 Vgl. Companies Act 1985, s. 1(1); C.(NI)O.1986, art. 12(1).

1839 Früher sah das Gesetz für England, Wales und Schottland noch eine Höchstzahl von 50 Mitgliedern einer *private company* vor, die zudem noch in den *articles of association* ausdrücklich erwähnt werden mußte, vgl. Companies Act 1948, s. 28(1)(c). Seit dem Companies Act 1985 sowie Companies (Northern Ireland) Order 1986, die diese Regelung nicht übernommen haben, kann die *private company* aber unbegrenzt viele Gesellschafter haben, wenn auch die *articles* eine Regelung zur zahlenmäßigen Beschränkung oder über bestimmte persönliche Anforderungen an die Gesellschafter vorsehen können.

1840 Vgl. Companies Act 1985, s. 1(3A). Siehe hierzu die Ausführungen unten unter D. V.

1841 Vgl. Companies Act 1985, s. 7(1); C.(NI)O.1986, art. 18(1): *„There may in the case of a company limited by shares, ..., be registered with the memorandum articles of association signed by the subscribers to the memorandum and prescribing regulations for the company.*".

1842 SI 1985/805.

1843 Vgl. *Farrar's* Company Law, S. 117: *„The statutory forms are directory, not mandatory. They are intended as models, not strait-jackets...*". Vgl. auch Gaiman v. National Association for Mental Health [1971] Ch 317 (at 328).

1844 Vgl. Companies Act 1985, s. 7(1); C.(NI)O.1986, s. 18(1). Einschlägig ist die Mustersatzung Table A *„regulations for management of a company limited by shares*", die für alle *companies limited by shares* gilt, vgl. Companies Act 1985, s. 8(2). Daneben enthalten die Regulations noch Mustersatzungen Table C für *companies limited by guarantee and not having a share capital*, Table D für *companies limited by guarantee and having a share capital* (die nur für *companies* gelten kann, die vor dem 22.12.1980 gegründet wurden. Nach diesem Datum gegründete *companies limited by guarantee* dürfen nicht mehr mit einem Gesellschaftskapital ausgestattet sein, vgl. Companies Act 1985, s. 1(4)) und Table E für *unlimited companies having a share capi-*

keine Satzung oder reichen sie diese nicht zur Eintragung ein, gelten die Muster-*articles*[1845]. Reichen sie zwar eine Satzung ein, die aber nicht sämtliche Punkte betrifft, die hingegen in der Mustersatzung enthalten sind[1846], gilt letztere insoweit ebenfalls ergänzend[1847]. In allen Fällen gilt diejenige Version der Mustersatzung (hier Table A), die zum Zeitpunkt des in der Gründungsbescheinigung angegebenen Datums gerade in Kraft ist[1848]. In der Praxis werden *articles* der Mustersatzung häufig ausdrücklich ausgeschlossen, damit die eigens entworfenen *articles of association* ausschließliche Geltung erlangen[1849]. Die *articles of association* müssen gedruckt (*printed*), in fortlaufend numerierte Absätze (*paragraphs*) unterteilt und von jedem Unterzeichner des *memorandum* in Gegenwart mindestens eines Zeugen unterzeichnet sein[1850]. Inhaltlich wird in den *articles of association* das Innenverhältnis der *company* geregelt. Hierbei wird den Gesellschaftsgründern ein weitreichender Gestaltungsspielraum eingeräumt, insbesondere sieht das Gesetz für die *articles* heute keinen zwingenden Mindestinhalt mehr vor[1851]. Die Mustersatzung regelt, um nur einen exemplarischen Überblick zu geben, folgende Punkte: Erläuterung wichtiger Begriffe (*interpretation*), Regelungen zum Gesellschaftskapital (*share capital*), über Anteilszertifikate (*share certificates*)[1852], Pfand-

---

tal; vgl. Companies Act 1985, s. 8(4)(a)-(c); vgl. die entsprechenden Regelungen in C.(NI)O.1986, artt. 19(2), 12(4) und 19(4)(a)-(c).

1845 Vgl. Companies Act 1985, s. 8(2); C.(NI)O.1986, art. 19(2). In der Praxis kommt das aber selten vor.

1846 Vgl. Companies Act 1985, s. 8(1); C.(NI)O.1986, art. 19(1).

1847 Vgl. Companies Act 1985, s. 8(2); C.(NI)O.1986, art. 19(2): „... *in so far as they do not exclude or modify Table A, ...*".

1848 Vgl. Companies Act 1985, s. 8(2); C.(NI)O.1986, art. 19(2): „... *so far ... as in force at the date of the company's registration ...*".

1849 Vgl. *Triebel*, EHWR Rdnr. 589.

1850 Vgl. Companies Act 1985, s. 7(3)(a)-(c); C.(NI)O.1986, art. 18(3)(a)-(c). Zur Ausführung der *articles of association* in walisischer Sprache vgl. entsprechend die Ausführungen oben unter D. II. 2. b).

1851 Früher war in Companies Act 1948, s. 28 ein bestimmter Mindestinhalt geregelt, unter anderem auch eine Bestimmung, ob und wie die Übertragung von Anteilen Beschränkungen unterworfen ist. Mit Inkrafttreten des Companies Act 1980 sieht das Gesetz jedoch einen solchen gesetzlichen Mindestinhalt nicht mehr vor. Vgl. hierzu auch *Charlesworth & Morse*, Company Law, S. 60.

1852 Nach der Musterklausel über *share certificates* hat jeder Gesellschafter einen Anspruch auf ein kostenloses „Anteilszertifikat" (*share certificate*) für alle Anteile, die er von einer Anteilsgattung besitzt. Jedes Zertifikat soll hierbei insbesondere die Anzahl (*number*) und die Gattung (*class*) namentlich bezeichnen. In Großbritannien sind hierbei Inhaberanteile (*bearer shares*) selten vorzufinden, da ihre Ausgabe nur bei ausdrücklicher Erlaubnis in den *articles* möglich ist und

rechte der Gesellschaft auf ausgegebene und nicht voll eingezahlte Anteile (*lien*), Aufforderung zur Einzahlung auf Anteile sowie deren Einziehung (Kaduzierung) (*calls on shares and forfeiture*), Übertragung und Vererbung von Anteilen (*transfer and transmission of shares*), Änderung des Gesellschaftskapitals (*alteration of share capital*), Erwerb eigener Anteile durch die Gesellschaft (*purchase of own shares*)[1853], Abhaltung und Organisation von Hauptversammlungen sowie Abstimmungen (*general meetings, votes of members*), Regelungen über die Direktoren der *company* (*directors*) wie z.B. Anzahl (*number*), Ernennung (*appointment*)[1854], Befugnisse (*powers*) und Rücktritt (*retirement*), Ausschluß (*disqualification*), Vergütung (*remuneration*) sowie Verfahrensfragen wie z.B. die Wahl des *chairman of the board of directors* (Vorsitzender des Direktoriums) (*proceedings*), Regelungen über die Sekretäre der *company* (*secretaries*), die Anlegung eines Protokollbuchs (*minute book*), Gesellschaftssiegel (*seal*), Gewinnverteilung (*dividends*), Gesellschaftskonten (*accounts*), Gewinnaktivierung (*capitalisation of profits*), Mitteilungen (*notices*), Auflösung der Gesellschaft (*winding up*) und eine Schadloshaltungsklausel (*indemnity*).

4. Organbestellung

Die Bestellung der ersten Direktoren (*directors*) und Sekretäre (*secretaries*) ist nicht ausdrücklich im Gesetz geregelt. Nach Companies Act 1985, s. 10(2)(a) und (b) i.V.m. Sch.1[1855] muß bei der Registereintragung aber eine Erklärung eingereicht werden, die Angaben über die namentliche Bezeichnung des oder der ersten Direktoren sowie des oder der ersten Sekretäre der

---

auch nur gegen volle Bezahlung erfolgt (vgl. Companies Act 1985, s. 188(1); C.(NI)O.1986, art. 198(1); vgl. zur vollen Bezahlung auch § 10 Abs. 1 AktG). Demgegenüber werden die den deutschen Namensaktien vergleichbaren *registered shares* in einem Gesellschafterregister eingetragen, worüber die Gesellschaft das vorgenannte Anteilszertifikat ausstellt, vgl. Companies Act 1985, s. 185(1); C.(NI)O.1986, art. 195(1).

[1853] Vgl. Companies Act 1985, s. 162(1); C.(NI)O.1986, art. 172(1).

[1854] Wird für die Gesellschaft nur ein Direktor bestellt, muß nach einer Entscheidung des Europäischen Gerichtshofs zum Zwecke der Eintragung in der Satzung explizit festgestellt werden, daß dieser Direktor allein auch zur Vertretung der Gesellschaft nach außen befugt ist. Dies gilt selbst dann, wenn sich dies aus dem geschriebenen Recht ergibt, vgl. Case 32/74 Friedrich Haaga GmbH [1975] 1 CMLR 32; Halsbury's Laws, Companies, para 87 note 11.

[1855] Bzw. C.(NI)O.1986, art. 21(2)(a) und (b) i.V.m. Sch.1.

Gesellschaft enthalten muß. Daraus folgt, daß sich die Gesellschaftsgründer bereits vor Eintragung der *company* über die entsprechenden Personen zum Zwecke der Organbestellung geeinigt haben müssen, die um die geforderte Erklärung überhaupt abgeben zu können. Die geforderte Erklärung ist zugleich auch für die Organbestellung ausreichend, da die in dieser Erklärung angegebenen Personen nach Abschluß des Eintragungsvorgangs automatisch als Direktoren bzw. Sekretäre der *company* angesehen werden[1856]. Erfolgt die Bestellung der Gesellschaftsorgane zudem auch in den *articles of association*[1857], entfaltet diese keine Wirkung, wenn die dort bezeichneten Personen nicht mit denjenigen in der Erklärung identisch sind[1858]. Das Direktorium muß von einem oder mehreren *directors* besetzt sein[1859]. Persönliche Anforderungen an die Direktoren stellt das Gesellschaftsrecht selbst nicht auf. Sie können natürliche wie juristische Personen sein und brauchen auch nicht Inhaber von Gesellschaftsanteilen zu sein (Prinzip der Fremdorganschaft). Allerdings sehen die *articles* von *private* wie *public companies* häufig vor, daß ein Direktor innerhalb einer bestimmten Frist eine bestimmte Anzahl von Anteilen erwerben muß (sog. *share qualification*)[1860]. Außerhalb des *company law* ergeben sich aber nach dem Company Directors Disqualification Act 1986 gewisse Zugangsbeschränkungen zum Amt eines Direktors[1861]. Schließlich ist zu beachten, daß der *secretary* nicht personenidentisch mit einem *director* sein darf[1862].

1856 Vgl. Companies Act 1985, s. 13(5); C.(NI)O.1986, art. 24(5).

1857 Die Bestellung in den *articles* ist möglich, aber nicht zwingend, vgl. Companies Act 1985, s. 10(5); C.(NI)O.1986, art. 21(5).

1858 Vgl. Companies Act 1985, s. 10(5); C.(NI)O.1986, art. 21(5).

1859 Vgl. aber Companies Act 1985, s. 282(3) i.V.m. (1); C.(NI)O.1986, art. 290(3) i.V.m. (1), die für die *public company* mindestens zwei Direktoren vorschreiben.

1860 Womit dann in praxi das Prinzip der Selbstorganschaft eingeführt wird, vgl. auch *Triebel*, EHWR Rdnr. 723.

1861 Vgl. auch oben unter D. II. 2. c).

1862 Vgl. Companies Act 1985, s. 283(1)(2); C.(NI)O.1986, art. 291(1)(2).

5. Publizität

Für die *company* sieht das Gesetz nur eine Form der Publizität vor, nämlich die Anmeldung der Gesellschaft beim *registrar of companies* zum Zwecke der Eintragung.

a) *Anmeldung beim registrar of companies*

Auch die *company* muß zur Erlangung eigener Rechtspersönlichkeit bei einer öffentlichen Stelle angemeldet und eingetragen werden (Prinzip der konstitutiven Registereintragung). Mangels gesonderter Regelungen für Kaufleute gibt es im britischen Recht jedoch kein allgemeines Handelsregister, sondern vielmehr einen sog. *registrar of companies*, einen Registrierungsbeamten des britischen Handels- und Wirtschaftsministeriums, der die Anträge zur Eintragung der Gesellschaft entgegennimmt und die *company* amtlich einträgt[1863]. Die *company* wird allerdings nicht mit der Eintragung allein zu einer selbständigen, von ihren Mitgliedern zu trennenden juristischen Person. Insoweit ist zudem noch die Ausstellung einer sog. Gründungsbescheinigung (*certificate of incorporation*) durch den *registrar* erforderlich, denn erst ab dem in dieser Bescheinigung angegebenen Datum gilt die Gesellschaft als endgültig errichtet.

b) *Anforderungen an den Inhalt und die Form der Anmeldung*

Die schriftliche[1864] Anmeldung der Gesellschaft bei dem *registrar* erfordert neben der Leistung von Gebühren[1865] die Einreichung mehrerer, gesetzlich aufgezählter Dokumente[1866]. Hierbei handelt es sich zunächst um das *memo-*

[1863] Der *registrar of companies* führt zudem ein Verzeichnis, in dem die Namen u.a. von allen *companies* im Sinne des Companies Act 1985 bzw. der Companies (Northern Ireland) Order 1986 sowie allen *limited partnerships* nach dem Limited Partnerships Act 1907 aufgeführt sind; vgl. Companies Act 1985, s. 714(1)(a) und (d); C.(NI)O.1986, art. 663(1)(a) und (d).

[1864] Vgl. zur Einführung eines elektronischen Registrierungssystems durch das *Companies House* auch *Vorpeil*, RIW 1998, S. 401, 406.

[1865] Nur £ 20; vgl. Companies (Fees) Regulations 1991 (SI 1991/1206) reg. 4 Sch.1 Fee No. 1 (zuletzt geändert durch SI 1996/1444).

[1866] Vgl. Companies Act 1985, ss. 10 und 12; C.(NI)O.1986, artt. 21 und 23.

randum of association sowie gegebenenfalls um die Gesellschaftssatzung (*articles of association*)[1867]. Diese Unterlagen werden durch eine von den Unterzeichnern des *memorandum* unterschriebene Erklärung (*statement*) ergänzt, die einer bestimmten Form entsprechen muß[1868] und folgende Angaben zu enthalten hat: die namentliche Bezeichnung des oder der ersten Direktoren (*directors*) sowie des oder der ersten Sekretäre (*secretaries*) der Gesellschaft nebst weiterer näherer Angaben zur Person (*requisite particulars*)[1869], die gesondert unterschriebene jeweilige Zustimmung dieser Personen zu ihrer Nennung[1870], im Falle der Übergabe des *memorandum* durch einen Vertreter (*agent*) der Gründer die Angabe dieser Tatsache sowie dessen Namen und Adresse[1871], und die beabsichtigte Adresse[1872] des Gesellschaftssitzes[1873]. Ohne die namentliche Erwähnung in der vorgenannten Erklärung (*statement*) ist die satzungsmäßige Ernennung eines Direktors oder Sekretärs in den *articles of association* nicht wirksam[1874]. Schließlich muß in den Unterlagen die eides-

---

[1867] Vgl. Companies Act 1985, s. 10(1); C.(NI)O.1986, art. 21(1).

[1868] Vgl. C.(NI)O.1986, art. 21(2); Companies Act 1985, s. 10(2) und (3) (*a statement in the prescribed form*) i.V.m. Companies (Forms) Regulations 1985 (SI 1985/854), Sch.3, Form 10. Zur Erklärung in walisischer Sprache vgl. Companies (Welsh Language Forms and Documents) Regulations 1994, Sch., Form 10 CYM.

[1869] Vgl. Companies Act 1985, s. 10(2)(a) und (b) i.V.m. Sch.1; C.(NI)O.1986, art. 21(2)(a) und (b) i.V.m. Sch.1. Zu den *requisite particulars* gehören folgende Angaben: Handelt es sich bei dem oder den Direktoren oder Sekretären um eine oder mehrere natürliche Personen, müssen jeweilig der aktuelle und ggfs. der vorherige Vor- und Zuname sowie die Adresse des gewöhnlichen Wohnsitzes angegeben werden (Sch.1 para 1(a), 3(1)(a), 4(a)). Bei Direktoren bedarf es zusätzlich der Nennung der beruflichen Tätigkeit, der Nationalität sowie ggfs. der Beschreibung weiterer Ämter als Direktor (Sch.1 para 1(a), 2). Handelt es sich hingegen um juristische Personen, müssen jeweilig die Firma sowie der Gesellschaftssitz angegeben werden, und zwar bei Direktoren und Sekretären gleichermaßen (Sch.1 para 1(b), 3(1)(b). Vgl. die entsprechenden Bestimmungen in C.(NI)O.1986, Sch.1.

[1870] Vgl. Companies Act 1985, s. 10(3); C.(NI)O.1986, art. 21(3). Erlangt die Gesellschaft ab dem in der Gründungsbescheinigung angegebenen Datum eigene Rechtspersönlichkeit, werden die vorgenannten Personen als tatsächlich ernannte Direktoren bzw. Sekretäre der Gesellschaft angesehen, vgl. Companies Act 1985, s. 13(5); C.(NI)O.1986, art. 24(5). Vgl. auch die Ausführungen oben unter D. II. 4.

[1871] Vgl. Companies Act 1985, s. 10(4); C.(NI)O.1986, art. 21(4).

[1872] Vgl. *Pennington*, Company Law, S. 32.

[1873] Vgl. Companies Act 1985, s. 10(6); C.(NI)O.1986, art. 21(6): „*...the intended situation of the company's registered office on incorporation.*". Die angegebene Adresse wird bei der Registrierung das *registered office* der Gesellschaft; vgl. Companies Act 1985, s. 287(2); C.(NI)O.1986, art. 295(2) n.F.

[1874] Vgl. Companies Act 1985, s. 10(5); C.(NI)O.1986, art. 21(5).

stattliche Erklärung (*statutory declaration*)[1875] enthalten sein, daß alle Gründungsvoraussetzungen erfüllt sind (*declaration of compliance*)[1876]. Diese Erklärung kann entweder von einem mit der Gesellschaftsgründung befaßten Anwalt (*solicitor*)[1877] oder von einer in der vorgenannten Liste als Direktor oder Sekretär der Gesellschaft ausgegebenen Person[1878] abgegeben werden.

c) *Prüfungsumfang des registrar of companies*

Der *registrar of companies* ist ein Beamter des Handels- und Wirtschaftsministeriums (*Department of Trade and Industry*)[1879]. Seine Aufgabe ist zwar nicht nur auf die Verwaltung des Registers beschränkt[1880], über die weitreichenden Kompetenzen z.B. eines deutschen Registerrichters verfügt er hingegen nicht. Der *registrar* ist befugt zu prüfen, ob der mit der Gesellschaft verfolgte Zweck rechtmäßig ist (*lawful purpose*)[1881] oder ob das *memorandum* den gesetzlichen Anforderungen entspricht, die der Companies Act 1985 bzw. die Companies (Northern Ireland) Order 1986 hinsichtlich der Registrierung aufstellt[1882]. Falls dies seines Erachtens nicht der Fall sein sollte, ist

---

[1875] Vgl. zur Form der eidesstattlichen Erklärung Companies (Forms) Regulations 1994, Sch.3, Form 12. Zur Form der Erklärung in walisischer Sprache vgl. Companies (Welsh Language Forms and Documents) Regulations 1994 Sch., Form 12 CYM.

[1876] Vgl. Companies Act 1985, s. 12(3); C.(NI)O.1986, art. 23(3).

[1877] Vgl. Companies Act 1985, s. 12(3)(a); C.(NI)O.1986, art. 23(3)(a).

[1878] Vgl. Companies Act 1985, s. 12(3)(b); C.(NI)O.1986, art. 23(3)(b).

[1879] Vgl. *Triebel*, EHWR Rdnr. 588. Die Registrierungsstellen heißen „*Companies House*", „*Companies Registry*" oder „*Companies Registration Office*" und befinden sich nicht lokal bei den Gerichten der einzelnen Städte, sondern zentral für England und Wales in Cardiff (mit einer Niederlassung auch in London) sowie für in Schottland zu gründende Gesellschaften in Edinburgh (vgl. *Charlesworth & Morse*, Company Law, S. 13, 14 mit Angabe der Adressen). Das *Companies Registry* für Gesellschaften in Nordirland ist in Belfast belegen; vgl. hierzu *Winterton/Moys*, Information Sources, S. 570, ebenfalls mit Angabe der genauen Adressen (vgl. S. 547, 570, 594).

[1880] „*Not purely ministerial*", vgl. R. v. Registrar of Companies [1912] 3 KB 23 (at 34); Bowman v. Secular Society, Ltd. [1917] AC 406 (at 439, 440): „*quasi-judicial functions / duties*". Vgl. auch Halsbury's Laws, Companies, para 88. Vgl. aber auch *Prime/Scanlan*, Private Limited Companies, S. 45: „*essentially administrative*".

[1881] Im Sinne des Companies Act 1985, s. 1(1); C.(NI)O.1986, art. 12(1); R. v. Registrar of Joint Stock Companies, ex parte More [1931] 2 KB 197. Vgl. zur Prüfungspflicht des *registrar* R. v. Registrar of Companies, ex parte Bowen [1914] 3 KB 1161 (at 1167). Im Fall R v. Registrar of Companies, ex parte Attorney General [1991] BCLC 476 wurde z.B. die Registrierung einer *company* annulliert, deren Zweck auf die Organisation der Dienste einer Prostituierten gerichtet war.

[1882] Vgl. Companies Act 1985, s. 12(1); C.(NI)O.1986, art. 23(1).

er zwar berechtigt, die Eintragung abzulehnen[1883], ein Verfahren zur gerichtlichen Überprüfung der Richtigkeit der angegebenen Daten kann er jedoch nicht einleiten[1884]. Liegen andererseits die Voraussetzungen zur Eintragung vor, muß der *registrar* die Gesellschaft eintragen (Normativsystem)[1885]. Die Entscheidung des *registrar* wird vom Gericht nur dann aufgehoben[1886], wenn dieser von seinem Ermessen überhaupt keinen Gebrauch gemacht hat (*not in fact exercised any discretion*), er einem Ermessensfehler unterlegen war (*exercised it upon some wrong principle of law*) oder sich von sachfremden Erwägungen hat leiten lassen (*influenced by extraneous considerations*)[1887]. Der *registrar* ist befugt, die zu den einzureichenden Unterlagen gehörende, eidesstattliche Erklärung der Gründer, daß alle Gründungsvoraussetzungen erfüllt seien (*statutory declaration of compliance*), grundsätzlich als ausreichenden Beweis für die tatsächliche Ordnungsmäßigkeit der Gesellschaftsgründung anzuerkennen[1888].

d) Ausstellung einer Gründungsbescheinigung (certificate of incorporation)

Anschließend stellt der *registrar* die sog. Gründungsbescheinigung aus (*certificate of incorporation*). Sie enthält die Feststellung, daß die Gesellschaft amtlich eingetragen ist (*incorporated*) und daß es sich um eine *limited company* handelt[1889]. Außerdem enthält sie eine vom *registrar* vergebene Re-

---

[1883] Vgl. Cotman v. Brougham [1918] AC 514 (at 523); R. v. Registar of Companies, ex parte Bowen [1914] 3 KB 1161 (at 1167).

[1884] Vgl. *Farrar's* Company Law, S. 64: „*He has no power to conduct a judicial enquiry.*". Vgl. auch R. v. Registrar of Companies, ex parte Bowen [1914] 3 KB 1161 (at 1167, 1168).

[1885] Vgl. R. v. Registrar of Companies, ex parte Bowen [1914] 3 KB 1161 (at 1167).

[1886] Durch eine sog. *order of mandamus*; vgl. Halsbury's Laws, Companies, para 88.

[1887] Vgl. R. v. Registrar of Companies [1912] 3 KB 23 (at 34); Halsbury's Laws, Companies, para 88.

[1888] Vgl. Companies Act 1985, s. 12(3); C.(NI)O.1986, art. 23(3): „*...and the registrar may accept such a declaration as sufficient evidence of compliance.*".

[1889] Vgl. Companies Act 1985, s. 13(1); C.(NI)O.1986, art. 24(1). Sie hat folgenden Wortlaut:
„*CERTIFICATE OF INCORPORATION*
I HEREBY CERTIFY that ...., Limited, is this day Incorporated under the Companies Act 1985, and that the Company is Limited. Given under my hand at Cardiff this ... day of ...."; vgl. *Charlesworth & Morse*, Company Law, S. 16. Die Bescheinigung ist entweder gesiegelt oder mit der Unterschrift des *registrar* versehen; vgl. Companies Act 1985, s. 13(2), in Nordirland immer unterschrieben, vgl. C.(NI)O.1986, art. 24(2).

gisternummer (*company's registered number*)[1890]. Das *certificate of incorporation* dient dem Schutz des Vertrauens Dritter in die Existenz der Gesellschaft[1891] und gilt als zwingender Beweis (*conclusive evidence*) dafür, daß die Gesellschaft ordnungsgemäß gegründet und eingetragen wurde[1892]. Außerdem erlangt die Gesellschaft ab dem in dieser Urkunde enthaltenen Datum eine eigene Rechtspersönlichkeit[1893]. Entspricht das *memorandum* nicht den gesetzlichen Anforderungen, kann damit die Existenz der *company* ebensowenig widerlegt werden[1894] wie mit einem zweifellos falschen Gründungsdatum im *certificate of incorporation*[1895]. Dagegen kann die Eintragung einer Gesellschaft für nichtig erklärt werden, wenn der Gesellschaftsgegenstand gesetzwidrig ist[1896].

e) Bekanntmachung

Schließlich muß die Ausstellung der Gründungsbescheinigung (*certificate of incorporation*) vom *registrar* bekanntgemacht werden[1897]. Dies erfolgt durch eine entsprechende Anzeige in der *London*, *Edinburgh* oder *Belfast Gazette*, je nachdem, wo die Gesellschaftsgründung stattgefunden hat[1898]. Die Be-

[1890] Vgl. Companies Act 1985, s. 705(1); C.(NI)O.1986, art. 654(1). Die Registernummer ist auf allen Geschäftsbriefen und Bestellformularen anzugeben, vgl. Companies Act 1985, s. 351(1)(a); C.(NI)O.1986, art. 359(1)(a).

[1891] Vgl. *Triebel*, EHWR Rdnr. 594.

[1892] Vgl. Companies Act 1985, s. 13(7)(a); C.(NI)O.1986, art. 24(7)(a).

[1893] Vgl. Companies Act 1985, s. 13(3); C.(NI)O.1986, art. 24(3). Die Gesellschaft gilt vom Beginn des angegebenen Tages an als gegründet; vgl. Official Receiver and Liquidator of Jubilee Cotton Mills, Ltd. v. Lewis [1924] AC 958.

[1894] Vgl. Cotman v. Brougham [1918] AC 514. Damit kennt das britische System auch nicht die Problematik der faktischen oder fehlerhaften Gesellschaft. Ganz gleich, ob die Voraussetzungen zur Gesellschaftsgründung tatsächlich (de facto) gegeben sind oder nicht, die Gesellschaft gilt mit der Ausstellung des *certificate* von Rechts wegen (de jure) als existent; vgl. auch *Pennington*, Company Law, S. 33 Fn. 2: „*Consequently all English companies are corporations de jure.*".

[1895] Vgl. Official Receiver and Liquidator of Jubilee Cotton Mills, Ltd. v. Lewis [1924] AC 958.

[1896] Vgl. Bowman v. Secular Society, Ltd. [1917] AC 406 (at 439, 440): „*cancellation of the certificate of registration*"; vgl. aber auch Cotman v. Brougham [1918] AC 514 (at 519). In R. v. Registrar of Companies, ex parte Attorney General [1991] BCLC 476 wurde die Eintragung einer *company* unter der Firma „Lindi St. Claire (Personal Services) Ltd.", deren Gesellschaftsgegenstand auf die Prostitution gerichtet war, erfolgreich angegriffen.

[1897] Vgl. Companies Act 1985, s. 711(1)(a); C.(NI)O.1986, art. 660(1)(a).

[1898] Für Gesellschaften, die in England und Wales registriert sind, gilt die *London Gazette*, in Schottland registrierte *companies* werden in der *Edinburgh Gazette* veröffentlicht; vgl. Companies

kanntmachung hat nur deklaratorische Bedeutung, da die Gesellschaft bereits ab dem in der Gründungsbescheinigung angegebenen Datum eigene Rechtspersönlichkeit erlangt hat.

III. Besonderheiten bei der Gründung einer *company limited by guarantee*

Bei der *private company limited by guarantee* ist die Haftung der Gesellschafter auf denjenigen satzungsmäßig bestimmten Betrag beschränkt, den sie im Falle der Liquidation der Gesellschaft dem Gesellschaftsvermögen hinzufügen müssen[1899]. Ihre Haftung tritt somit nur dann ein, wenn die Gesellschaft im Zeitpunkt ihrer Auflösung nicht über genügend Gesellschaftsvermögen verfügt, um sämtliche Verbindlichkeiten zu tilgen. Die Bildung eines in Anteile zerlegten Grundkapitals (*share capital*) ist seit 1980 bzw. 1983 nicht mehr möglich[1900], weshalb die *company limited by guarantee* heute nur als *private company* originär gegründet werden kann. Insoweit gilt für die Gründung der *company limited by guarantee* das oben zur *private company limited by shares* Gesagte grundsätzlich entsprechend, mit folgenden Ausnahmen: In dem *memorandum* muß die Höhe des Betrages bezeichnet werden, bis zu dem sich jeder[1901] Gesellschafter bei der Auflösung der Gesellschaft zum Nachschuß verpflichtet, sowie die Feststellung enthalten sein, daß die Nachschußpflicht der Gesellschafter für die Schulden, die während der Mitgliedschaft entstanden sind[1902], nur während der Mitgliedschaft des betreffenden Gesellschafters sowie noch ein Jahr nach seinem

---

Act 1985, s. 744. In Nordirland wird die Aushändigung des *certificate of incorporation* in der *Belfast Gazette* veröffentlicht; vgl. C.(NI)O.1986, art. 660(1)(a).

1899 Vgl. Companies Act 1985, s. 1(2)(b); C.(NI)O.1986, art. 12(2)(b): „*- a company having the liability of its members limited by the memorandum to such amount as the members may respectively thereby undertake to contribute to the assets of the company in the event of its being wound up ("a company limited by guarantee")*".

1900 Vgl. Companies Act 1985, s. 1(4): „*With effect from 22nd December 1980, a company cannot be formed as, or become, a company limited by guarantee with a share capital.*". In Nordirland gilt der 01.07.1983, vgl. C.(NI)O.1986, art. 12(4).

1901 Vgl. Halsbury's Laws, Companies, para 84.

1902 Einschließlich Kosten, Gebühren und sonstiger Belastungen, die durch die Auflösung der Gesellschaft entstehen, vgl. Companies Act 1985, s. 2(4); C.(NI)O.1986, art. 13(3).

Austritt aus der Gesellschaft besteht[1903]. Im übrigen muß im *memorandum* insbesondere auch festgestellt werden, daß die Haftung der Gesellschafter begrenzt ist[1904], während die Möglichkeit der unbegrenzten Haftung bestimmter Direktoren oder Manager auch hier besteht[1905]. Schließlich enthält die Gründungsklausel (*association clause*) mangels Bildung eines Gesellschaftskapitals nicht das vorgenannte Einverständnis der Gesellschafter zur Übernahme einer bestimmten Anzahl von Gesellschaftsanteilen[1906]. Die Abfassung und Unterzeichnung eigener *articles of association* ist bei der *private company limited by guarantee* im Unterschied zur *private company limited by shares* zwingend[1907]. Für die *articles* gelten neben den allgemeinen Formvorschriften[1908] inhaltlich die Muster-*articles* in Table C der Companies (Tables A to F) Regulations 1985[1909]. Von diesem Muster können die Gesellschaftsgründer abweichen, soweit es den Umständen nach erforderlich ist (*as circumstances admit*)[1910]. Die *company limited by guarantee* ist in der Praxis nicht sehr verbreitet[1911]. Vorzufinden ist sie hauptsächlich im Bildungssektor[1912].

1903 Vgl. Companies Act 1985, s. 2(4); C.(NI)O.1986, art. 13(3). Im Muster-*memorandum* (Table C) lautet es z.B.: „*5. Every member of the company undertakes to contribute such amount as may be required (not exceeding £100) to the company's assets if it should be wound up while he is a member or within one year after he ceases to be a member, for payment of the company's debts and liabilities contracted before he ceases to be a member, and of the costs, charges and expenses of winding up, and for the adjustment of the rights of the contributories among themselves.*".

1904 Vgl. Companies Act 1985, s. 2(3); C.(NI)O.1986, art. 13(2).

1905 Vgl. Companies Act 1985, s. 306(1); C.(NI)O.1986, art. 314(1).

1906 So heißt es in dem Muster-*memorandum* (Table C) nur: „*We, the subscribers to this memorandum of association, wish to be formed into a company pursuant to this memorandum.*".

1907 Vgl. Companies Act 1985, s. 7(1); C.(NI)O.1986, art. 18(1).

1908 Vgl. Companies Act 1985, s. 7(3); C.(NI)O.1986, art. 18(3).

1909 SI 1985/805. Vgl. hierzu auch oben D. II. 3.

1910 Vgl. Companies Act 1985, s. 8(4); C.(NI)O.1986, s. 19(4). Vgl. auch Gaiman v. National Association for Mental Health [1971] Ch 317, [1970] 2 All ER 362.

1911 Vgl. *Farrar's* Company Law, S. 42; *Kisker*, Die Struktur, S. 20.

1912 Z.B. wird die London School of Economics oder das College of Law als *company limited by guarantee* geführt; vgl. *Farrar's* Company Law, S. 59. Vgl. aber auch *Charlesworth & Morse*, Company Law, S. 29.

IV. Besonderheiten bei der Gründung einer *unlimited company*

Die *unlimited company* kann nur in der Form der *private company* gegründet werden, nicht aber auch als *public company*[1913]. Sie unterscheidet sich von der dargestellten *company limited by shares* dadurch, daß bei ihr die Haftung der Gesellschafter unbegrenzt ist[1914], weshalb ihre Firma nicht den Zusatz „*limited*" enthalten darf[1915]. Wird in der Firma - was zulässig ist - der Begriff „*unlimited*" (bzw. bei in Wales gegründeten Gesellschaften der Begriff „*anghyfyngedig*") verwendet, muß dieser zwingend am Ende der Firma stehen[1916]. Die *unlimited company* darf über ein eigenes, in Anteile zerlegtes Gesellschaftskapital (*share capital*) verfügen[1917]. In diesem Fall muß im *memorandum* der Gesellschaft zwar weder die Höhe noch die Aufteilung des Kapitals in einzelne Anteile angegeben werden[1918], die Pflicht jedes Gesellschaftsgründers, am Ende des *memorandum* gegenüber seinem Namen die Anzahl der von ihm übernommenen Anteile anzugeben, bleibt aber auch bei der *unlimited company* bestehen[1919]. Demgegenüber muß in den *articles of association*, die bei der Registrierung der *unlimited company* zwingend vorgelegt werden müssen[1920], die Höhe des *share capital* angeben werden, mit dem die Gesellschaft eingetragen werden soll[1921]. Sowohl für das *memorandum* als auch für die *articles of association* bestehen Musterfassungen für *unlimited companies having a share capital* (Table E)[1922]. Auch die *unlimited company* ist in der Praxis selten vorzufinden[1923].

1913 Vgl. Companies Act 1985, s. 1(3); C.(NI)O.1986, art. 12(3).

1914 Vgl. Companies Act 1985, s. 1(2)(c); C.(NI)O.1986, art. 12(2)(c): „*a company not having any limit on the liability of its members ("an unlimited company")*".

1915 Vgl. Companies Act 1985, s. 34; C.(NI)O.1986, art. 44. Im Muster-*memorandum* (Table E) heißt es z.B. insoweit: „ *1. The company's name is "The Woodford Engineering Company".*".

1916 Vgl. Companies Act 1985, s. 26(1)(a); C.(NI)O.1986, art. 36(1)(a).

1917 Vgl. Companies Act 1985, s. 7(2); C.(NI)O.1986, art. 18(2).

1918 Vgl. Companies Act 1985, s. 2(5)(a); C.(NI)O.1986, art. 13(4)(a): „*...unless it is an unlimited company...*".

1919 Vgl. Companies Act 1985, s. 2(5)(b) und (c); C.(NI)O.1986, art. 13(4)(b) und (c). Vgl. auch das Muster-*memorandum* (Table E) in den Companies (Tables A to F) Regulations 1985.

1920 Vgl. Companies Act 1985, s. 7(1); C.(NI)O.1986, art. 18(1).

1921 Vgl. Companies Act 1985, s. 7(2); C.(NI)O.1986, art. 18(2).

1922 Vgl. Companies (Tables A to F) Regulations 1985 (SI 1985/805).

1923 Vgl. *Farrar's* Company Law, S. 42.

V. Besonderheiten bei der Gründung einer *single member private limited company*

Nach Companies Act 1985, s. 1(3A) kann eine *private company* auch wirksam durch eine einzige Person gegründet werden (*single member company*)[1924], allerdings nur dann, wenn sie mit der Haftungsform der *private company limited by shares* oder *limited by guarantee* ausgestaltet ist[1925]. In diesem Fall gelten alle Regelungen über die *private company limited by shares* oder *limited by guarantee* entsprechend auch für die Einpersonengesellschaft, es sei denn, in diesen Vorschriften ist ausdrücklich ein anderes vorgesehen[1926]. Insbesondere ist die *association clause*, in der die Gründungserklärungen der Gesellschaftsgründer sowie ihre jeweiligen Anteilszeichnungen enthalten sind, auch dann in der dargestellten Form zu errichten, wenn nur ein Gesellschafter das *memorandum* unterzeichnet[1927]. Entscheidungen, die dem *general meeting* obliegen, trifft der Alleingesellschafter selbst, allerdings zwingend in schriftlicher Form[1928].

VI. Gründungsmängel

Etwaige Gründungsmängel haben auf die Wirksamkeit der Gesellschaftsgründung keinen Einfluß. Sobald der *registrar* der Gesellschaft die Gründungsbescheinigung (*certificate of incorporation*) ausgestellt hat, gilt zugunsten der Gesellschaft die unwiderlegbare Vermutung, daß alle Gründungsvoraussetzungen erfüllt worden sind[1929]. Einzige Ausnahme stellt die Gesetzwidrigkeit des Gesellschaftsgegenstandes dar. Diese kann die gericht-

---

1924 Vgl. zum Begriff *Charlesworth & Morse*, Company Law, S. 33.

1925 Diese Regelung wurde durch die Companies (Single Member Private Limited Companies) Regulations 1992 (SI 1992/1699) eingefügt, die ihrerseits auf die 12. Richtlinie (Einpersonengesellschaftsrichtlinie) 89/667/EWG vom 21.12.1989 zurückgehen.

1926 Vgl. Companies (Single Member Private Limited Companies) Regulations 1992, reg. 2(1); vgl. auch Halsbury's Laws, Companies, para 81; *Charlesworth & Morse*, Company Law, S. 33.

1927 Vgl. auch *Pennington*, Company Law, S. 27.

1928 Vgl. Companies Act 1985, s. 382B(1).

1929 Vgl. Companies Act 1985, s. 13(7)(a); C.(NI)O.1986, art. 24(7)(a): „*A certificate of incorporation given in respect of an association is conclusive evidence - that the requirements of this Act in respect of registration and of matters precedent and incidental to it have been complied*

liche Auflösung der Gesellschaft begründen[1930]. Eine Verantwortlichkeit der Gründer für die Richtigkeit und Ordnungsmäßigkeit der Gründung einer *company* sieht das Gesetz nicht vor.

E. Die Gründung einer *public limited company* (p.l.c.)

Die *public limited company* kann heute nur in der Form der *public company limited by shares* originär gegründet werden[1931]. Aufgrund der Zielsetzung der Arbeit wird nachstehend nur diese originäre Gründung nach dem Companies Act 1985 dargestellt. In der Praxis ist hingegen häufig zu beobachten, daß eine *public company* aus einer bereits bestehenden *private company* im Wege der Umwandlung (*re-registration*) hervorgeht[1932]. Da es sich bei der *public company* und *private company* grundsätzlich um ein und dieselbe Gesellschaftsform handelt, für die mit dem Companies Act 1985 auch ein und dasselbe Gesetz gilt, wird im folgenden nur auf die Besonderheiten eingegangen, die bei der Gründung einer *public limited company* zu beachten sind.

---

with, and that the association is a company authorised to be registered, and is duly registered, under this Act, ...".

[1930] Vgl. Bowman v. Secular Society, Ltd. [1917] AC 406 (at 439, 440): „*cancellation of the certificate of registration*"; vgl. aber auch Cotman v. Brougham [1918] AC 514 (at 519). In R. v. Registrar of Companies, ex parte Attorney General [1991] BCLC 476 wurde die Eintragung einer *company* unter der Firma „Lindi St. Claire (Personal Services) Ltd.", deren Gesellschaftsgegenstand auf die Prostitution gerichtet war, erfolgreich angegriffen. Vgl. auch *Behrens*, Die GmbH, Rdnr. GB/NI/EI 21.

[1931] Zum einen scheidet eine *unlimited company* bereits aus, da sie nicht in Companies Act 1985, s. 1(3) bzw. C.(NI)O.1986, art. 12(3) aufgezählt ist: „*A "public company" is a company limited by shares or limited by guarantee and having a share capital, ...*". Zum anderen sieht die Legaldefinition der *public company* zwar die Möglichkeit der *public company limited by guarantee* grundsätzlich vor, sie muß dann aber über ein eigenes Gesellschaftskapital verfügen (*having a share capital*). Seit dem 22.12.1980 ist dies aber gerade nicht mehr möglich; vgl. Companies Act 1985, s. 1(4). Alle Gesellschaften, die ab dem 22.12.1980 originär gegründet wurden, müssen demnach *public companies limited by shares* sein. Vgl. die entsprechenden Regelungen für Nordirland in C.(NI)O.1986, art. 12(3) und (4). Hier gilt der 01.07.1983 als Stichtag.

[1932] Vgl. zur Umwandlung Companies Act 1985, ss. 43 ff. ; C.(NI)O.1986, artt. 53 ff. (*Private company becoming public*). So standen 1996/97 3.400 Umwandlungen von *private* in *public companies* nur 1.100 originären Gründungen gegenüber; vgl. die statistischen Angaben bei *Farrar's* Company Law, S. 44. Vgl. hierzu auch *Gower's* Principles, S. 96.

I. Vorstellung der Gesellschaftsform

Bei einer *public limited company* handelt es sich um eine *company limited by shares*[1933], deren *memorandum* die Gesellschaft als *public company* bezeichnet und welche als *public company* eingetragen ist[1934]. Alle Kapitalgesellschaften (*companies*), die diese Voraussetzungen nicht erfüllen, sind automatisch *private companies*[1935]. Nur die *public company*, nicht aber auch die *private company*, ist zum öffentlichen Aufruf zur Zeichnung ihrer Anteile befugt und kann ihre Anteile bzw. Aktien damit beispielsweise an der amtlichen Wertpapierbörse handeln lassen[1936]. Daher wird diese Gesellschaft in der Praxis auch vornehmlich von Großunternehmen gewählt, die auf eine Kapitalbeschaffung über den öffentlichen Markt angewiesen sind[1937]. Die *public limited company* muß im Unterschied zur *private company* über ein Mindestgesellschaftskapital verfügen, das zur Zeit £ 50.000 beträgt. Des weiteren darf die *public company* ihre Geschäftstätigkeit nicht wie die *private company* bereits mit Erhalt der Gründungsbescheinigung (*certificate of incorporation*) aufnehmen, sondern benötigt hierfür zudem noch eine sog. Gewerbebescheinigung (*trading certificate*), deren Aushändigung sie ebenfalls beim *registrar of companies* beantragen muß. Die Gründung gestaltet sich bei ihr daher schwerfälliger als bei der *private company*, weshalb in der Praxis die Umwandlung einer bestehenden *private company* in eine *public company* weitaus häufiger vorkommt als die originäre Gründung einer *public company*. In den Jahren 1996/97 zählte man 11.700 registrierte *public companies*, die damit etwa 1,1% aller gezählten *companies* ausmachten[1938]. Hiervon waren

---

1933 Oder ganz selten um eine *company limited by guarantee* mit einem Gesellschaftskapital (*share capital*), s.o.

1934 Vgl. Companies Act 1985, s. 1(3): „*A "public company" is a company limited by shares or limited by guarantee and having a share capital, being a company – (a) the memorandum of which states that it is to be a public company, and (b) in relation to which the provisions of this Act ... as to the registration ... of a company as a public company have been complied with on or after 22nd December 1980*; ...". Vgl. die entsprechende Regelung in C.(NI)O.1986, art. 12(3).

1935 Vgl. Companies Act 1985, s. 1(3) a.E.; C.(NI)O.1986, art. 12(3) a.E.

1936 Vgl. Financial Services Act 1986, s. 143(3).

1937 Vgl. Vgl. *Hohloch/Papenheim* in: Hohloch, EU-Handbuch, Rdnr. 32.

1938 Quelle: *Farrar's* Company Law, S. 44. Die Zahl der *public companies* blieb in den letzten Jahren (1992-97) relativ konstant (11.500-12.000, was 1,1-1,2% aller gezählten *companies* entspricht); vgl. *Farrar's* Company Law, S. 44.

nur 1.100 *public companies* originär gegründet, während 3.400 Gesellschaften durch Umwandlung aus *private companies* hervorgingen[1939].

II. Besonderheiten bei der Gründung einer *public limited company*

Die Gründung einer *public company* unterscheidet sich von der einer *private company* im wesentlichen durch die angesprochene Gewerbebescheinigung (*trading certificate*) und die mit ihr verbundenen Besonderheiten. Aber auch bei der Abfassung der vertraglichen Grundlage der *public company* sind gewisse Abweichungen festzustellen.

1. Abfassung der vertraglichen Grundlage der *public company*

Das *memorandum of association* einer *public company* muß ebenso wie bei der *private company* die Firma der Gesellschaft (*name of the company*) enthalten. Allerdings lautet der Firmenzusatz auf „*public limited company*" oder abgekürzt „*p.l.c.*"[1940]. Wird die Gesellschaft in Wales gegründet, kann der Zusatz auch mit „*cwmni cyfyngedig cyhoeddus*" oder abgekürzt „*c.c.c.*" angegeben werden[1941]. In jedem Falle muß sich auch der Firmenzusatz einer *public company* am Ende der Firma befinden[1942], anderenfalls wird die Gesellschaft nicht eingetragen[1943]. Als nächstes muß das *memorandum* einen Hinweis darauf enthalten, daß es sich bei der zu gründenden Gesellschaft um eine *public company* handelt. Üblich ist für die Angabe der Gesellschaftsform der Satz „*The company is to be a public company.*"[1944]. Weiterhin ist für die *public limited company* ein Mindestgesellschaftskapital (*minimum authorised*

[1939] Vgl. *Farrar's* Company Law, S. 44.

[1940] Vgl. Companies Act 1985, ss. 25(1), 27(1) und (4)(b); C.(NI)O.1986, artt. 35(1), 37(1) und (4)(b). In dem Muster-*memorandum* (Table F) heißt es insoweit z.B.: „ *1. The company's name is "Western Electronics Public Limited Company".*".

[1941] Vgl. Companies Act 1985, ss. 25(1), 27(1)und (4)(d). In dem Muster-*memorandum* (Table D) heißt es insoweit z.B.: „ *1. The company's name is "Gwestai Glyndwr, cwmni cyfyngedig cyhoeddus".*".

[1942] Vgl. Companies Act 1985, ss. 25(1), 27(1); C.(NI)O.1986, artt. 35(1), 37(1).

[1943] Vgl. Companies Act 1985, s. 26(1)(a) und (b); C.(NI)O.1986, art. 36(1)(a) und (b).

[1944] Vgl. Companies (Tables A to F) Regulations 1985, Table F Zif. 2.

capital) gesetzlich vorgesehen[1945]. Daher muß die Angabe des Gesellschaftskapitals (*share capital*) im *memorandum* mindestens auf £ 50.000[1946] lauten[1947]. In Höhe dieses Betrages ist sowohl für das Mindestgesellschaftskapital als auch für dessen Zerlegung in einzelne Anteile (*shares*) die Nennung einer anderen Währung als britische Pfund Sterling (£) nicht zulässig, wenngleich es den Gesellschaftsgründern darüber hinaus freisteht, das *share capital* auch aus Beträgen in anderer Währung zusammenzusetzen[1948]. Bei der Zerlegung des Kapitals in Anteile (*shares*) bestehen keine Unterschiede zur dargestellten *private company limited by shares*; insbesondere gibt es auch hier keine Mindestnennwerte[1949]. Schließlich muß sich aus der Gründungsklausel (*association clause*) ergeben, daß die Gesellschaft von mindestens zwei Gesellschaftern gegründet wird[1950]. Das britische Recht hat die Möglichkeit der Einpersonengesellschaft nur für die *private company*, nicht aber auch für die *public company* geschaffen[1951]. Bei der Abfassung von *articles of association* für eine *public company* sind keine zwingenden Abweichungen zu beobachten. Insbesondere sehen die Muster-*articles* in den Companies (Tables A to F) Regulations 1985 für die *private* und *public company limited by shares* ein und dieselbe Mustersatzung vor[1952]. So ist auch bei der Anmeldung einer *public company limited by shares* die Einreichung eigener *articles*

[1945] Vgl. Companies Act 1985, s. 11; C.(NI)O.1986, art. 22. Die 2. Richtlinie (Kapitalrichtlinie) 77/91/EWG vom 13.12.1976 richtet sich u.a. auf die Gründung von *public limited liability companies* und die Kapitalerhaltung zur Sicherung eines Mindestschutzes für *shareholders* und Gläubiger der Gesellschaft. Nach Art. 6 dieser Richtlinie muß das Mindestgesellschaftskapital 25.000 ECU betragen. Sie wurde im Vereinigten Königreich durch die Companies Acts 1980 und 1985 umgesetzt. Vgl. hierzu auch *Farrar's* Company Law, S. 161.

[1946] Der Umrechnungskurs des britischen Pfunds zur DM beträgt zur Zeit etwa 1:3,4. Somit entsprechen £ 50.000 ungefähr 170.000 DM.

[1947] Vgl. Companies Act 1985, s. 118(1); C.(NI)O.1986, art. 128(1). Eine Höchstgrenze für das Gesellschaftskapital gibt es auch hier nicht; vgl. nur *Güthoff*, Gesellschaftsrecht, S. 57.

[1948] Vgl. Re Scandinavian Bank Group plc [1987] 2 All ER 70; [1988] Ch 87; vgl. auch *Pennington*, Company Law, S. 25.

[1949] In der Praxis lassen sich selten Anteile mit einem Nennwert von mehr als £ 1 finden. Anteile in Höhe von 50, 25 oder fünf Pence sind nicht unüblich; vgl. auch *Pennington*, Company Law, S. 25.

[1950] Vgl. Companies Act 1985, s. 1(1); C.(NI)O.1986, art. 12(1). Früher waren noch sieben Gesellschafter gesetzlich vorgesehen. Seit dem Companies Act 1980 sind aber auch für die *public company* zwei Gesellschafter ausreichend.

[1951] Vgl. Companies Act 1985, s. 1(3A).

[1952] Vgl. Companies (Tables A to F) Regulations 1985, Table A „*Regulations for management of a company limited by shares*".

keine Eintragungsvoraussetzung[1953], wenngleich in der Praxis freilich jede *public company* über ihre eigene Satzung verfügen dürfte[1954]. Erhält die *public company* vom *registrar* das *certificate of incorporation*, muß die Bescheinigung bei einer *public company* über den bereits dargestellten Inhalt hinaus noch die Feststellung enthalten, daß die Gesellschaft eine „*public company*" ist[1955].

2. Ausstellung einer Gewerbebescheinigung (*trading certificate*)

Ebenso wie die *private company* erhält auch die *public company* ab dem in der Gründungsbescheinigung angegebenen Datum eine eigene Rechtspersönlichkeit und damit den Status einer juristischen Person[1956]. Obwohl sie somit volle Rechtsfähigkeit besitzt und der Gründungsvorgang damit eigentlich abgeschlossen ist, darf eine *public company* nach britischem Recht noch nicht ihre Geschäfte (*business*), insbesondere keine Darlehen aufnehmen (*exercise any borrowing powers*)[1957]. Hierfür benötigt sie noch eine weitere Bescheinigung, das Zertifikat zur Aufnahme der Geschäfte (*certificate of entitlement to do business*) oder kurz die Gewerbebescheinigung (*trading certificate*)[1958]. Diese zweite Bescheinigung erhält die Gesellschaft auf Antrag (*application*) ebenfalls vom *registrar of companies*[1959]. Dem Antrag muß eine eidesstattliche Erklärung (*statutory declaration*) beigefügt sein, die entweder von einem Direktor oder von einem Sekretär der Gesellschaft unterzeichnet sein[1960] und einem gesetzlichen Mindestinhalt genügen muß[1961]. Hierzu gehört zunächst die Angabe, daß der Nennwert aller gezeichneten Aktien nicht nie-

[1953] Vgl. Companies Act 1985, s. 7(1); C.(NI)O.1986, art. 18(1).

[1954] Vgl. auch *Pennington*, Company Law, S. 27, 28 Fn. 1.

[1955] Vgl. Companies Act 1985, s. 13(6); C.(NI)O.1986, art. 24(6). Die Beweisfunktion des *certificate* erstreckt sich dann auch auf diese Feststellung; vgl. Companies Act 1985, s.13(7)(b); C.(NI)O.1986, art. 24(7)(b).

[1956] Vgl. Companies Act 1985, s. 13(3); C.(NI)O.1986, art. 24(3).

[1957] Vgl. Companies Act 1985, s. 13(4) i.V.m. s. 117(1); C.(NI)O.1986, art. 24(4) i.V.m. art. 127(1).

[1958] Vgl. Companies Act 1985, s. 117(1); C.(NI)O.1986, art. 127(1). Vgl. zur namentlichen Bezeichnung des *certificate* auch *Pennington*, Company Law, S. 36.

[1959] Vgl. Companies Act 1985, s. 117(2), (1); C.(NI)O.1986, art. 127(2), (1).

[1960] Vgl. Companies Act 1985, s. 117(3); C.(NI)O.1986, art. 127(3). Vgl. zu weiteren Formerfordernissen Companies (Forms) Regulations 1985, Sch.3, Form 117.

[1961] Vgl. Companies Act 1985, s. 117(3)(a)-(d); C.(NI)O.1986, art. 127(3)(a)-(d).

driger ist als das Mindestgesellschaftskapital (*authorised minimum*), also mindestens £ 50.000 beträgt[1962]. Weiterhin muß die Höhe des Wertes der bereits geleisteten Einlagen auf die Anteile genannt werden[1963], welcher mindestens ein Viertel des Nennwerts der gezeichneten Anteile betragen muß und im Falle einer Überpariemission auch den vollen Überpariwert (*premium*)[1964]. Schließlich müssen die voraussichtlichen Kosten der Gesellschaftsgründung

---

[1962] Vgl. Companies Act 1985, ss. 11, 117(3)(a) i.V.m. 118(1); C.(NI)O.1986, artt. 127(3)(a) i.V.m. 128(1). Die Zeichnung von Aktien unter pari ist unzulässig, vgl. Companies Act 1985, s. 100(1); C.(NI)O.1986, art. 110(1): „*A company's shares shall not be alloted at a discount.*". Die Ausgabe von Aktien über pari ist hingegen erlaubt. Das Agio bezeichnet das Gesetz mit *premium*; es muß auf ein sog. *share premium account* der Gesellschaft als Kapitalrücklage gutgeschrieben werden, vgl. Companies Act 1985, s. 130(1); C.(NI)O.1986, art. 140(1). Die *public company* darf im Unterschied zur *private company* öffentlich zur Zeichnung (*application*) ihrer Gesellschaftsanteile bzw. Aktien (*shares*) aufrufen. Hier bietet sich z.B. eine Börsenplazierung (*public placing* oder *Stock Exchange placing*) oder der Verkauf von Aktien über eine Hausbank an (*offer for sale*-Verfahren).

[1963] Vgl. Companies Act 1985, s. 117(3)(b); C.(NI)O.1986, art. 127(3)(b). Die Leistungen auf die Aktien können in bar (*paid up in money*) oder auf jede andere geldwerte Weise (*or money's worth*), unter anderem auch durch immaterielle Vermögenswerte wie *goodwill* oder *know-how*, erfolgen, Companies Act 1985, s. 99(1); C.(NI)O.1986, art. 109(1). Zulässig sind auch Lizenzen, Patente oder Urheberrechte, vgl. *Pennington/Gansen* in: Lutter, Tochtergesellschaft, S. 292. Nur für diejenigen Anteile, die bereits im *memorandum* von den Gesellschaftsgründern übernommen wurden, in der Praxis sind dies allerdings immer nur einige wenige, müssen Barleistungen (*paid up in cash*) erbracht werden, vgl. Companies Act 1985, s. 106; C.(NI)O.1986, art. 116. Bei Barleistung ist die Zahlung in ausländischer Währung sowie die Begebung von Schecks zulässig, vgl. Companies Act 1985, s. 738(4)(2); C.(NI)O.1986, art. 6(4)(2). Sogar Aufrechnung ist möglich, vgl. Barangah Oil Refining Co., Re Arnot's Case (1887) LR 36 ChD 702; Re Richmond Hill Hotel Co., Elkington's Case (1867) LR 2 Ch App 511. Dienstleistungen sind bei der *public company* jedoch ausgeschlossen, vgl. Companies Act 1985, s. 99(2) bzw. C.(NI)O.1986, art. 109(2), bei der *private company* hingegen zulässig, vgl. Gardner v. Iredale [1912] 1 Ch 700. Wird der Gesellschaft eine nicht-bare Leistung für die Zukunft versprochen, darf sie das Versprechen nur annehmen, wenn es innerhalb von fünf Jahren nach der Zeichnung realisiert werden soll, vgl. Companies Act 1985, s. 102(1); C.(NI)O.1986, art. 112(1). Werden Sacheinlagen wie z.B. ein Handelsbetrieb eingebracht, muß bei der *public company* diese Einlage vor der Zeichnung entsprechender Aktien von einem unabhängigen Wirtschafts- bzw. Abschlußprüfer (*auditor*) geschätzt werden, vgl. Companies Act 1985, ss. 103(1)(a), 108(1); C.(NI)O.1986, artt. 113(1)(a), 118(1). Sein Bericht muß innerhalb von sechs Monaten vor der Zeichnung angefertigt und dem Einlageleistenden (*allottee*) in Kopie übergeben werden, vgl. Companies Act 1985, s. 103(1)(b)(c); C.(NI)O.1986, art. 113(1)(b)(c). Bei *private companies* reicht es aus, wenn die Direktoren die Sacheinlage schätzen. Eine unabhängige Prüfung durch ein Gericht oder einen Sachverständigen findet hier nicht statt, vgl. Re Wragg, Ltd. [1897] 1 Ch 796; Re Theatrical Trust, Ltd. Chapman's Case [1895] 1 Ch 771.

[1964] Vgl. Companies Act 1985, s. 101(1); C.(NI)O.1986, art. 111(1): „*A public company shall not allot a share except as paid up at least as to one-quarter of its nominal value and the whole of any premium on it.*". Beispiel: Beträgt das gezeichnete Kapital £ 50.000, zerlegt in Anteile von jeweils £ 1, und der Überpariwert (*premium*) 5 Pence pro Anteil, muß der Wert der Einlageleistungen insgesamt mindestens £ 15.000 betragen (£ 12.500 (ein Viertel von £ 50.000) + £ 2.500 (5 Pence x 50.000 Anteile)).

geschätzt und die Personen genannt werden, die für die Kosten aufgekommen sind bzw. aufkommen werden; auch die Vergütung der sog. *promoter* muß bezeichnet werden[1965]. Der Registerbeamte ist grundsätzlich befugt, die eidesstattliche Versicherung als ausreichenden Beweis (*sufficient evidence*) dafür anzusehen, daß die erforderlichen Angaben über die Gesellschaft auch der Richtigkeit entsprechen[1966]. Mit Ausstellung des *trading certificate* kann die *public company* schließlich ihre Geschäfte aufnehmen[1967].

[1965] Vgl. Companies Act 1985, s. 117(3)(c) und (d); C.(NI)O.1986, art. 127(3)(c) und (d). Vgl. zum Begriff des *promoter* auch oben unter D. II. 2. c).

[1966] Vgl. Companies Act 1985, s. 117(5); C.(NI)O.1986, art. 127(5).

[1967] Vgl. Companies Act 1985, s. 117(6); C.(NI)O.1986, art. 127(6). Nimmt die Gesellschaft vor dem Erhalt des *trading certificate* ihre Geschäfte auf, bleibt zwar davon die Wirksamkeit der jeweiligen Rechtsgeschäfte unberührt (vgl. Companies Act 1985, s. 117(8); C.(NI)O.1986, art. 127(8)), die Gesellschaft sowie die Personen, die in ihrem Namen tätig geworden sind (z.B. die Direktoren), machen sich dann aber strafbar, vgl. Companies Act 1985, s. 117(7); C.(NI)O.1986, art. 127(7).

4. Abschnitt: Die rechtsvergleichende Analyse

A. Einleitung

In den vorstehenden Länderberichten wurde die Gründung der aus systematischer Sicht zentralen Gesellschaften in Deutschland, Frankreich sowie in Großbritannien eingehend dargestellt. Diese Untersuchungen erfolgten jeweils nur im Hinblick auf die einzelstaatliche Regelung und kaum mit „Blick über die Grenze“, d.h. weitgehend unabhängig davon, wie sich die Gründung einer systematisch vergleichbaren Gesellschaft in einer anderen Rechtsordnung vollzieht. Nachstehend soll nun der Versuch unternommen werden, die gemeinsamen grenzüberschreitenden Strukturen und Prinzipien der Gesellschaftsgründung herauszuarbeiten und näher zu erläutern.

B. Gemeinsame Strukturen und Prinzipien bei der Gründung einer Gesellschaft

In allen untersuchten Rechtsordnungen läßt sich eine gewisse Grundstruktur der Gesellschaftsgründung beobachten. Erste und unabdingbare Voraussetzung ist der Abschluß eines privatrechtlichen Rechtsgeschäfts, das seinem Inhalt nach auf die Gründung einer Gesellschaft gerichtet ist. Ohne den Abschluß eines solchen privatrechtlichen „Gründungsgeschäfts“ ist die Entstehung einer Gesellschaft grundsätzlich nicht möglich. Als zweites Grundelement der Gesellschaftsgründung ist regelmäßig die Benennung von Personen erforderlich, die befugt sind, für die Gesellschaft zu handeln. Hierbei ist einheitlich eine von der Rechtsform abhängige organschaftliche Verselbständigung der Gesellschaftsleitung zu beobachten. Drittes Gründungselement stellt die Bildung eines Gesellschaftskapitals dar, um die Gesellschaft mit einem gewissen Anfangsvermögen auszustatten und damit das Betreiben von Geschäften zu ermöglichen. Bei dem vierten und letzten Element handelt es sich schließlich um die Publizität. Die Publizität erfüllt den Zweck, die Existenz der Gesellschaft für den Rechtsverkehr erkennbar zu machen und diesen über die Gesellschaftsgründung zu informieren.

Je mehr sich die zu gründende Gesellschaft ihrer Rechtsform nach einer körperschaftlich organisierten Gesellschaft (Kapitalgesellschaft) annähert, desto umfangreicher werden die Anforderungen an die einzelnen Gründungselemente. Beispielsweise genügt es für die Bildung des Gesellschaftskapitals bei einer einfach strukturierten Personengesellschaft bereits, daß sich die Gesellschafter nur abstrakt dazu verpflichten, den Gesellschaftszweck in irgendeiner Form zu fördern und damit einen Beitrag zu leisten, der zur Bildung des Gesellschaftskapitals verwendet werden kann. Diese Förderpflicht braucht im Zeitpunkt der Gründung weder konkret bezeichnet, noch tatsächlich erfüllt zu sein. Bei einer Kapitalgesellschaft mit der Möglichkeit der Finanzierung über den öffentlichen Kapitalmarkt reicht dies hingegen nicht. Hier muß ein gewisses Mindestgesellschaftskapital unter strengen Gesetzesregelungen bereits im Zeitpunkt der Gründung tatsächlich aufgebracht sein, sonst ist die Gründung der Gesellschaft nicht möglich.

Die Annäherung an eine körperschaftlich organisierte Gesellschaftsform erfolgt grundsätzlich in drei Schritten. Hierbei handelt es sich um (i) die Eintragung der Gesellschaft in ein Register zum Zwecke der Erlangung einer eigenen Rechtspersönlichkeit, (ii) die Beschränkung der Haftung auf das Gesellschaftskapital sowie (iii) die Möglichkeit der Finanzierung der Gesellschaft über den öffentlichen Kapitalmarkt.

Welche Gesellschaftsform am besten zu der beabsichtigten Tätigkeit paßt, entscheiden allein die Gesellschaftsgründer. In allen untersuchten Rechtsordnungen gilt daher das Prinzip der freien Rechtsformwahl. Je nachdem, ob die Person des Gesellschafters („intuitus personae") oder nur die kapitalmäßige Beteiligung größere Bedeutung haben soll, werden die Gründer entsprechend eine eher personalistisch oder eher körperschaftlich organisierte Gesellschaftsform wählen. Nur in Ausnahmefällen wird die Wahl einer bestimmten, häufig dann körperschaftlich organisierten Gesellschaftsform vorgeschrieben (Rechtsformzwang)[1968].

[1968] In Deutschland dürfen z.B. bestimmte Versicherungen nur in Form der AG oder VVaG betrieben werden (§ 7 Abs. 2 VAG). Ähnliches gilt für einige Arten von Sparkassen und Banken, vgl. Baumbach/*Hopt* Einl v § 105 Rdnr. 5 m.w.N. In Frankreich beispielsweise dürfen gemäß Art. 490 Versicherungs-, Finanzierungs-, Sparkassen- und Bankgeschäfte nicht Gesellschaftsgegenstand einer SARL sein, weil das gesetzliche Mindestkapital von nur 50.000 FF ein zu großes Risiko darstellt. Dagegen ist der Betrieb einer Apotheke neben einer SEL nur als SARL oder SNC möglich (vgl. Art. L. 575 C. santé pub.). Aus Art. L. 310-2 Abs. 1 und 2 C. ass. ergibt sich schließ-

Nachstehend sollen zunächst die einzelnen Elemente der Gesellschaftsgründung sowie anschließend die Gründungsmängel näher vorgestellt werden.

I. Abschluß eines Gründungsgeschäfts

In allen untersuchten Rechtsordnungen setzt die Gesellschaftsgründung zunächst den Abschluß eines Gründungsgeschäfts voraus. Hierunter versteht man ein auf die Gründung einer Gesellschaft gerichtetes, privatrechtliches Rechtsgeschäft. Ohne den Abschluß eines solchen privatrechtlichen Rechtsgeschäfts kann eine Gesellschaft grundsätzlich nicht entstehen[1969]. Qualitativ kann es sich bei diesem Gründungsgeschäft um einen Gesellschaftsvertrag handeln, zwingend ist dies jedoch nicht. Je weiter sich die zu gründende Gesellschaft von einer personalistischen Struktur entfernt und je mehr sie sich einer körperschaftlichen Organisation annähert, um so weniger trifft die Bezeichnung Gesellschafts-„Vertrag“ noch zu. Statt dessen bietet es sich an, von einem „Organisationsstatut“ mit Verfassungscharakter zu sprechen, welches gemeinhin von den Gründern als Satzung oder Statuten „festgestellt“ wird[1970]. Besonders deutlich wird diese Differenzierung bei den Einpersonen-Gesellschaften, die in jeder untersuchten Rechtsordnung anzutreffen sind. Hier wäre es ungenau, von einem Vertrag zu sprechen, da es keine Vereinba-

---

lich, daß Versicherungen und Rückversicherungen im wesentlichen nur als SA geführt werden können. Vgl. eine Aufzählung bei *Guyon*, Les sociétés, Nr. 21; *Sonnenberger*, FrHWR Rdnr. III 26. Im britischen Recht schließlich kann z.B. nur eine *private company*, nicht aber auch eine *public company* durch nur einen Gesellschafter gegründet werden, vgl. Companies Act 1985, s. 1(3A), eingefügt durch die Companies (Single Member Private Limited Companies) Regulations 1992 (SI 1992/1699).

[1969] Von diesem Grundsatz gibt es eine Ausnahme: In Großbritannien ist die Gesellschaftsgründung auf anderem Wege möglich, nämlich durch Gewährung einer königlichen Gründungsurkunde (*royal charter*) oder durch ein Parlamentsgesetz (*act of parliament*). Diese beiden Möglichkeiten zur Gesellschaftsgründung, die es in den anderen untersuchten Rechtsordnungen nicht gibt, wurden in der Vergangenheit z.B. bei der Privatisierung von Gas-, Wasser- und Elektrizitätsunternehmen oder zur Gründung einer Universität genutzt. Heutzutage ist die Gesellschaftsgründung durch *royal charter* oder *act of parliament* nur noch sehr selten anzutreffen; statt dessen wird praktisch nur noch der privatgeschäftliche Weg gewählt.

[1970] Die terminologische Unterscheidung zwischen einem einfachen „Gesellschaftsvertrag“ (vgl. 1. Abschnitt B. II. 2.), „*contrat de société*“ (vgl. 2. Abschnitt B. II. 2.) oder „*partnership articles*“ (vgl. 3. Abschnitt B. II. 2.) und einer „Satzung“ (vgl. 1. Abschnitt F. II. 2.), „*statuts*“ (vgl. 2. Abschnitt H. II. 2.)oder „*memorandum of association*“ (vgl. 3. Abschnitt D. II. 2.) ist in allen untersuchten Rechtsordnungen anzutreffen.

rung zwischen zwei Parteien gibt. Demgegenüber können Gesellschaftssatzungen oder Gesellschaftsstatuten ohne weiteres von nur einem Gesellschafter „aufgestellt" bzw. „festgestellt" werden.

Die Differenzierung zwischen einem Gesellschaftsvertrag und einer Satzung geht aber auch über die bloße terminologische Bedeutung hinaus. Während es sich bei einem Gesellschaftsvertrag lediglich um eine vertragliche Beziehung zwischen den beteiligten Parteien handelt, weist die Satzung auf das Vorhandensein einer selbständigen juristischen Einheit hin. Je nachdem, ob ein Gründungsgeschäft als Gesellschaftsvertrag oder als Satzung zu bewerten ist, wird deshalb das Gründungsgeschäft (in Gestalt eines Gesellschaftsvertrags) eher subjektiv oder (in Gestalt einer Satzung) eher objektiv ausgelegt. Gleiches gilt beispielsweise auch für die Normenkontrolle, die bei einem Gesellschaftsvertrag eher schwächer und bei einer Satzung eher stärker ausgeprägt ist.

Nachstehend soll zunächst auf die Parteien eines Gründungsgeschäfts und sodann auf den Inhalt und die Form des Gründungsgeschäfts eingegangen werden.

1. Parteien des Gründungsgeschäfts

Soweit es die Parteien eines Gründungsgeschäfts angeht, gilt zunächst ein einfaches, allgemeines Prinzip: Die Parteien des Gründungsgeschäfts müssen klar erkennbar sein, unabhängig davon, welche Qualität das Gründungsgeschäft besitzt. Dies gilt vor allem auch für die Gründer einer Gesellschaft, die sich über den öffentlichen Kapitalmarkt finanzieren kann. Die Anteilsinhaber (Aktionäre) und damit Gesellschafter dieser Gesellschaftsform können der Gesellschaft selbst zwar durchaus unbekannt sein, weshalb zum Beispiel das französische Recht diese Gesellschaftsform treffender Weise auch als *société anonyme*, also als „anonyme Gesellschaft" bezeichnet[1971]. Im Zeitpunkt der Gründung der Gesellschaft müssen aber die ersten Gesellschafter und Gründer der Gesellschaft immer offengelegt werden. Die namentliche Bezeichnung der Gründer ergibt sich häufig bereits aus dem Inhalt des Gesellschaftsvertrages oder der Satzung der Gesellschaft. Falls die Gesellschaft

---

[1971] Vgl. 2. Abschnitt H.

zur Eintragung in ein Register angemeldet werden muß, kann es aber auch möglich sein, daß die Namen der Gesellschafter erst in einem weiteren einzureichenden Dokument aufzuführen sind.

Die Anforderungen an die Person des Gesellschaftsgründers kann man in quantitative und qualitative Anforderungen unterteilen. Dabei ist in den untersuchten Rechtsordnungen die Gemeinsamkeit zu beobachten, daß sich die quantitativen Anforderungen, also kurzgesagt die Zahl der Gesellschaftsgründer, üblicherweise aus dem Gesetz ergeben, während qualitative Anforderungen nur selten in gesellschaftsrechtlichen Gesetzesregelungen vorzufinden sind.

a) Quantitative Anforderungen

Grundsätzlich bedarf es mindestens zweier Personen zur Gesellschaftsgründung, ganz gleich, um welche Gesellschaftsform es sich dabei handelt[1972]. Eine Ausnahme hiervon stellt jedoch die in allen untersuchten Rechtsordnungen anzutreffende Möglichkeit dar, eine Gesellschaft mit nur einem einzigen Gesellschafter zu gründen. Hierbei handelt es sich immer um eine Kapitalgesellschaft ohne Möglichkeit der Finanzierung über den öffentlichen Kapitalmarkt[1973], während die Gründung einer „Einmann-Personengesellschaft" in allen untersuchten Rechtsordnungen ausgeschlossen ist.

Eine gesetzliche Höchstzahl ist heute nur noch selten anzutreffen. So darf in Frankreich die *société à responsabilité limitée* (SARL) maximal 50

[1972] Eine Ausnahme hiervon bildet die französische *société anonyme*, bei der das Gesetz zur Gründung mindestens sieben Gesellschafter verlangt; vgl. Art. 73 S. 2. Allerdings ist eine nachvollziehbare Begründung für genau diese Zahl heute nicht erkennbar. Die Mindestzahl der Gesellschaftsgründer wird aus diesem Grunde in der französischen Literatur auch zu Recht kritisiert; vgl. oben 2. Abschnitt H. II. 2. c).

[1973] In Deutschland ist zunächst die Gründung einer sog. Einpersonen-GmbH möglich, in Frankreich die Gründung eines *entreprise unipersonnelle à responsabilité limitée* (EURL) und in Großbritannien schließlich die Gründung einer *single member private limited company*. Außerdem besteht in Deutschland seit 1994 und in Frankreich seit 1999 auch die Möglichkeit, eine Aktiengesellschaft nur durch eine Person zu gründen. Hierbei handelt es sich um die deutsche Einpersonen-Aktiengesellschaft bzw. in Frankreich um die vereinfachte Einpersonen-Aktiengesellschaft *société par actions simplifiée unipersonnelle* (SASU). Im Vereinigten Königreich ist die Einführung einer „*single member public limited company*" hingegen noch nicht erfolgt. Zu beachten ist, daß das französische Recht ausdrücklich erwähnt, daß der SASU der Aufruf zur öffentlichen Zeichnung verwehrt ist.

Gesellschafter zählen[1974], und im Vereinigten Königreich ist die zulässige Zahl von Gesellschaftern einer *partnership*[1975] bzw. *limited partnership* auf 20 beschränkt[1976]. Die praktische Relevanz dieser Höchstzahlbegrenzung ist jedoch in beiden Fällen gering. Die SARL einerseits müßte über zwei Jahre die Höchstzahl überschreiten, um in eine *société anonyme* umgewandelt zu werden[1977]. Für die *partnership* bzw. *limited partnership* andererseits sieht das geschriebene Recht eine Vielzahl praktisch bedeutsamer Ausnahmefälle vor, wie z.B. für die Berufsgruppe der *solicitors*, Steuerberater und Rechnungsprüfer[1978]. Vor diesem Hintergrund stellt sich die Frage, ob eine Höchstzahlbegrenzung heute überhaupt noch sinnvoll bzw. förderlich ist, da die personalistische Struktur einer Gesellschaft in der Regel zugleich eine kleinere Anzahl von Gesellschaftern bedingt[1979] und bei körperschaftlich organisierten Gesellschaften die Aufnahme einer größeren Zahl von Gesellschaftern gerade intendiert sein kann[1980]. Interessanterweise sah früher auch das Gesetz für England, Wales und Schottland für die *private company* eine Höchstzahlbegrenzung von 50 Gesellschaftern vor. Diese Regelung wurde durch den Companies Act 1985 jedoch nicht übernommen, mit der Folge, daß auch *private companies* heute unbegrenzt viele Gesellschafter aufnehmen können[1981].

b) Qualitative Anforderungen

In allen untersuchten Rechtsordnungen können natürliche Personen ebenso Gründer einer Gesellschaft sein wie rechtlich verselbständigte Gesellschaften selbst[1982]. Zu den letzteren zählen zunächst natürlich alle juristischen Perso-

---

[1974] Vgl. Art. 36 S. 1.

[1975] Vgl. Companies Act 1985, s. 716(1); C.(NI)O.1986, art. 665(1).

[1976] Vgl. Limited Partnerships Act 1907, s. 4(2).

[1977] Vgl. Art. 36 S. 2.

[1978] Vgl. Companies Act 1985, s. 716(2); C.(NI)O.1986, art. 665(2) sowie oben 3. Abschnitt B. II. 2. c).

[1979] Vgl. im deutschen und französischen Recht im 1. bzw. 2. Abschnitt jeweils unter B. II. 2. c).

[1980] Vgl. im deutschen Recht 1. Abschnitt F. I. 3., im französischen Recht 2. Abschnitt H. I. 3. und im britischen Recht 3. Abschnitt E. I.

[1981] Vgl. oben 3. Abschnitt D. II. 2. c).

[1982] Vgl. im deutschen Recht zur GbR 1. Abschnitt B. II. 2. c), zur OHG 1. Abschnitt C. II. 2. c), zur KG 1. Abschnitt D. II. 4., zur GmbH 1. Abschnitt E. II. 2. c), zur AG 1. Abschnitt F. II. 2. c); im französischen Recht zur *société civile* 2. Abschnitt B. II. 2. c), zur SNC 2. Abschnitt C. II. 2. c), zur SCS 2. Abschnitt D. II. 1. b), zur *société en participation* 2. Abschnitt E. II. 2. c) i.V.m.

nen, aber auch die nur im deutschen Recht anzutreffenden rechtsfähigen Personengesellschaften ohne Status einer juristischen Person[1983]. Beschränkungen für Eheleute sind heute in keiner Rechtsordnung mehr anzutreffen, auch Minderjährige und Geschäftsunfähige kommen in allen Rechtsordnungen jedenfalls grundsätzlich als Gesellschaftsgründer in Betracht, sofern sie wirksam vertreten sind. Einzige Ausnahme kann dann bestehen, wenn die Gesellschafter mit Eintritt in die Gesellschaft die Kaufmannseigenschaft erlangen[1984].

2. Allgemeine Anforderungen an den Inhalt

Ist ein privatrechtliches Rechtsgeschäft auf die Gründung einer Gesellschaft gerichtet, muß sein Inhalt zwei konstitutive Grundelemente aufweisen. Erst diese erlauben es, das Rechtsgeschäft qualitativ als gesellschaftsrechtliches Gründungsgeschäft in Form eines Gesellschaftsvertrages oder einer Satzung einzuordnen und es damit von anderen verwandten Rechtsverhältnissen, wie z.B. reinen Austauschverhältnissen oder partiarischen Darlehen, abzugrenzen. Bei diesen konstitutiven Grundelementen handelt es sich um die Verfol-

---

B. II. 2. c), zum GIE 2. Abschnitt F. II. 2. c), zur SARL 2. Abschnitt G. II. 2. c), zur SA 2. Abschnitt H. II. 2. c); im britischen Recht schließlich zur *partnership* 3. Abschnitt B. II. 2. c), zur *limited partnership* 3. Abschnitt C. II. 3. (Allerdings mit der Besonderheit, daß der *general partner* zwingend eine natürliche Person sein muß; eine dem deutschen Recht vergleichbare „GmbH & Co. KG gibt es also im britischen Recht nicht.), zur *private company* 3. Abschnitt D. II. 2. c) und zur *public company* 3. Abschnitt E. i.V.m. D. II. 2. c).

1983 Hierzu zählen die OHG, die KG und nach neuester Rechtsprechung auch die GbR. Das deutsche Recht sieht also als mögliche Rechtsträger neben natürlichen und juristischen Personen noch die sog. Gesamthandsgemeinschaften vor; vgl. hierzu 1. Abschnitt C. I. 2. b). Im Vereinigten Königreich kann interessanterweise eine *partnership*, also eine rechtlich nicht verselbständigte Gesellschaftsrechtsform, auch Gesellschaftsgründerin einer weiteren *partnership* sein; vgl. 3. Abschnitt B. II. 2. c).

1984 Dies ist bei den französischen Personenhandelsgesellschaften *société en nom collectif* (SNC), *société en commandite simple* (SCS) und, falls sie den Betrieb eines Handelsgewerbes zum Gegenstand hat, bei der *société en participation* der Fall. Bei sämtlichen vorgenannten Gesellschaftsformen besitzen die Gesellschafter mit Ausnahme des *associé commanditaire* (französischer Kommanditist) die Kaufmannseigenschaft, deren Erlangung Minderjährigen und Geschäftsunfähigen jedoch nach allgemeinem Recht in Frankreich versagt ist. Interessanterweise handelt es sich in Deutschland bei Gesellschaftern einer OHG und Komplementären einer KG zwar ebenfalls um Kaufleute, allerdings berührt dieser Umstand in Deutschland nicht die grundsätzliche Fähigkeit auch minderjähriger und geschäftsunfähiger Personen, Gesellschaftsgründer einer OHG bzw. KG zu werden. Im Vereinigten Königreich ist diese Problematik mangels Sonderrechts für Kaufleute gar nicht bekannt.

gung eines gemeinsamen Zwecks sowie um die abstrakte Förderpflicht sämtlicher Gesellschafter.

a) *Verfolgung eines gemeinsamen Zwecks*

Die Gründung einer Gesellschaft setzt zunächst die Verfolgung eines gemeinsamen Zwecks voraus[1985]. Ohne die Verfolgung eines bestimmten Zwecks ist die Gesellschaftsgründung nicht möglich. Der Zweck einer Gesellschaft ist in der Regel wirtschaftlicher Natur und auf Gewinnerzielung oder zumindest auf Kostenersparnis gerichtet[1986]. Von entscheidender Bedeu-

[1985] Die Gründung einer deutschen GbR setzt zunächst die Einigung über die „Verfolgung eines gemeinsamen Zwecks" voraus; vgl. 1. Abschnitt B. II. 2. a) aa) (1). In Frankreich muß die *société en participation* im Rahmen einer „partnerschaftlichen Zusammenarbeit", die im französischen Rechtssystem treffend mit dem Begriff „affectio societatis" umschrieben wird, zur „Verfolgung eines wirtschaftlichen Zwecks" wie Gewinnerzielung oder Kostenersparnis gegründet werden; vgl. 2. Abschnitt E. II. 2. a). Im britischen Recht schließlich müssen die Gesellschafter einer *partnership* „gemeinsam" (*in common*) Geschäfte zum „Zwecke der Gewinnerzielung" betreiben; vgl. 3. Abschnitt B. II. 2. a) aa) (1) und (2). Aus systematischer Sicht stellt die GbR in Deutschland den Grundtyp aller Gesellschaften dar. Der gesetzlich verlangte Mindestinhalt an den Gesellschaftsvertrag der GbR ist nicht nur für die Entstehung dieser Gesellschaftsform erforderlich, sondern muß sich zugleich auch in den Verträgen aller anderen Gesellschaftsformen wiederfinden und stellt gleichermaßen die konstitutiven Grundelemente eines Gesellschaftsvertrages dar. In Frankreich gilt Entsprechendes für die *société en participation*. Die Anforderungen, die das Gesetz hier an den Inhalt des Gesellschaftsvertrages stellt, müssen ebenfalls bei allen anderen Gesellschaftsformen erfüllt sein, sofern diese ihrer Natur nach als *société* anerkannt sind. Im Vereinigten Königreich weist die *partnership* die entsprechenden Vertragselemente auf, allerdings gilt hier die Besonderheit, daß das Recht der Personengesellschaften (*partnerships*) neben dem Recht der Kapitalgesellschaften (*companies*) als eigenes Rechtsgebiet angesehen wird. Wenngleich die *partnership* somit nicht als Grundtyp aller vorhandenen britischen Personenvereinigungen gelten kann, handelt es sich bei ihr aber um die einfachste Form britischer Personenvereinigungen, und sie kann als solche strukturell mit den vorgenannten Gesellschaftsformen der GbR und *société en participation* gleichgesetzt werden.

[1986] Wenngleich die Regelungen hierzu in den untersuchten Rechtsordnungen teilweise voneinander abweichen. In Frankreich kann eine Gesellschaft (*société*) nur „*à but lucratif*", also zum Zwecke der Verfolgung eines wirtschaftlichen Zwecks wie Gewinnerzielung oder Kostenersparnis gegründet werden. Auch im Vereinigten Königreich können Gesellschafter einer *partnership* nur Geschäfte „*with a view of profit*", also zum Zwecke der Gewinnerzielung betreiben, während überraschenderweise *companies* zu jedem gesetzlich zulässigen Zweck („*lawful purpose*") gegründet werden können und gerade nicht zwingend auf Gewinnerzielung gerichtet sein müssen. In Deutschland muß mit der GbR nicht zwingend ein wirtschaftlicher Zweck verfolgt werden, sondern jeder beliebige Zweck einschließlich ideeller Art reicht aus. Die praktische Relevanz der abweichenden deutschen Regelung von den übrigen untersuchten Gesetzesbestimmungen ist aber ebenso gering wie die gesetzlich inkongruente Behandlung der *partnership* und der *company* innerhalb des britischen Rechts, da die weit überwiegende Zahl von Gesellschaften in allen untersuchten Rechtsordnungen zumindest auch einen wirtschaftlichen Zweck verfolgt, und sei es auch nur in der Form der Kostenersparnis.

tung ist, daß es sich um einen „gemeinsamen“ Zweck handelt. Während bei üblichen Austauschverträgen, wie zum Beispiel einem Kaufvertrag, das Interesse der Parteien sich bereits darin erschöpft, die Gegenleistung der jeweils anderen Vertragspartei zu erhalten, verfolgen die Gründer einer Gesellschaft nicht jeder für sich allein ein eigenes, individuelles Ziel, sondern alle zusammen einen gemeinsamen Zweck. Dieses Element der gemeinsamen Zweckverfolgung grenzt den Gesellschaftsvertrag von anderen ähnlichen Rechtsgeschäften wie zum Beispiel dem partiarischen Darlehen ab. Interessanterweise zählt der britische Partnership Act 1890 in s. 2(3) ausdrücklich fünf Fälle auf, in denen trotz Zahlung von Geschäftsgewinnen an einen Dritten dieser - mangels Verfolgung eines gemeinsamen Zwecks - nicht zum Partner einer *partnership* werden soll[1987]. In den übrigen untersuchten Rechtsordnungen ist eine klare Regelung wie diese nicht anzutreffen. Das französische Recht bedient sich schließlich zur Umschreibung der partnerschaftlichen Zusammenarbeit der Gesellschafter als Element der Gemeinsamkeit sehr treffend des Begriffs „affectio societatis“[1988], wenngleich dieser Terminus nur selten ausdrücklichen Niederschlag im Gründungsgeschäft findet.

Dogmatisch ist der Zweck der Gesellschaft von dem Gesellschaftsgegenstand zu unterscheiden[1989]. Während der Gesellschaftszweck das Ziel

---

[1987] Vgl. 3. Abschnitt B. II. 2. a) aa) (2). Hierbei handelt es sich um: Erhalt einer Zahlung zum Zwecke der Erfüllung einer Schuld, sei es in Raten oder auf andere Weise, mittels Geschäftsgewinne (a), Vertrag mit einem Angestellten oder Vertreter, welcher hiernach aus einem Geschäft, an dem er mitgewirkt hat, einen bestimmten Gewinnanteil erhalten soll (b), Zahlung einer jährlichen Rente (*annuity*) an die Witwe oder an ein Kind eines verstorbenen Gesellschafters mittels Geschäftsgewinne (c), Zahlung von Zinsen als Gegenleistung für die Gewährung eines Darlehens, deren Höhe sich nach dem Geschäftsgewinn richtet, oder die direkte Auszahlung eines Teils des Geschäftsgewinns (dem deutschen partiarischen Darlehen sehr ähnlich) (d), und schließlich bei Verkauf des *goodwill* eines Unternehmens die Zahlung einer Rente oder eines anderen Betrages als Gegenleistung mittels Geschäftsgewinne (e).

[1988] Der Begriff umschreibt die Absicht der Gesellschafter, im gemeinsamen Interesse aktiv und partnerschaftlich zusammenzuarbeiten. Damit wird der Gesellschaftsvertrag z.B. von einem Arbeitsvertrag mit Gewinnbeteiligung abgegrenzt. Vgl. zu dem Begriff eingehend *Jeantin*, Droit des sociétés, Nr. 35 ff.

[1989] Vgl. zum deutschen Recht die Ausführungen unter 1. Abschnitt E. II. 2. a) aa) (3) und 1. Abschnitt F. I. 3 sowie zum französischen Recht die Ausführungen unter 2. Abschnitt B. II. 2. a) aa) (2). Im britischen Recht schließlich besteht der Gesellschaftszweck einer *partnership* zwingend in der Gewinnerzielung (*with a view of profit*; vgl. Partnership Act 1890, s. 1(1)). Die *private company* kann zu jedem gesetzlich zulässigen Zweck (*lawful purpose*) gegründet werden (vgl. Companies Act 1985, s. 1(1); C.(NI)O.1986, art. 12(1)), und sie muß nicht zwingend auf Gewinnerzielung (*in the view of profit*) ausgerichtet sein, wenngleich dies in der Praxis üblich ist. Der Gesellschaftsgegenstand umschreibt hingegen, wie der Gesellschaftszweck erreicht wereiner Gesellschaft bzw. einer Gesellschaftsgründung darstellt (in der Regel wirtschaftlicher Natur, wie Gewinnerzielung oder Kostenersparnis), handelt es sich bei dem Gesellschaftsgegenstand vielmehr um das Mittel, mit dem das Ziel erreicht werden soll (z.B. Handel mit Waren oder Erbringung von Dienstleistungen). Diese Differenzierung ist wichtig, weil häufig nur der Gesellschaftsgegenstand, nicht aber auch der Gesellschaftszweck ausdrücklich im Gründungsgeschäft geregelt ist und im Falle einer Änderung des Gesellschaftszwecks damit das unter Umständen aufwendige Verfahren zur Änderung des Gesellschaftsvertrages oder der Satzung nicht beschritten zu werden braucht.

b) Förderpflicht sämtlicher Gesellschafter

Das zweite konstitutive Element des Rechtsgeschäfts zur Gründung einer Gesellschaft ist die abstrakte Verpflichtung jedes einzelnen Gesellschafters zur Förderung der Gesellschaft[1990]. Nicht möglich ist es daher, daß ein oder mehrere Gesellschafter ausdrücklich nicht zur Erbringung einer Förderleistung verpflichtet sein sollen. Andererseits genügt es, wenn nur eine abstrakte, grundsätzliche Verpflichtung zur Förderung festgestellt werden kann. Die konkrete Art und Weise der Förderung muß also nicht in das Gründungsgeschäft aufgenommen oder näher umschrieben werden. Ob ein Gesellschafter Kapital, Sachleistungen, Dienstleistungen, Unterlassung von Wettbewerb, Fähigkeiten oder Kenntnisse in die Gesellschaft einzubringen gedenkt, spielt insoweit keine Rolle, sondern berührt eher die Frage, welche bestimmte Beitragspflicht einen Gesellschafter trifft. Diese bestimmte Bei-

---

den soll. Das Gesetz zur *partnership* erlaubt insoweit jeden Handelsbetrieb, jede Beschäftigung und jeden Beruf (vgl. Partnership Act 1890, s. 45: „... *The expression "business" includes every trade, occupation, or profession.*"), sofern er von mehreren ausgeübt wird (vgl. Partnership Act 1890, s. 1(1)). Im Recht der *companies* muß der Gesellschaftsgegenstand (*objects of the company*), der früher im Zusammenhang mit der *ultra vires*-Lehre von zentraler Bedeutung war, im *memorandum of association* angegeben werden; vgl. Companies Act 1985, s. 2(1)(c); C.(NI)O.1986, art. 13(1)(c).

[1990] Das deutsche Recht verlangt von jedem GbR-Gesellschafter die „Förderung des gemeinsamen Zwecks" (1. Abschnitt B. II. 2. a) aa) (2)), bei der französischen *société en participation* muß jeder Gesellschafter „Einlagen wie Güter oder Dienste" erbringen (2. Abschnitt E. II. 2. a)), und bei der britischen *partnership* wird aus dem Betreiben der Geschäfte „*in common*" gefolgert, daß auch hier jeder Gesellschafter zum gemeinsamen Betrieb etwas beisteuern muß (3. Abschnitt B. II. 2. a) aa) (1)).

tragspflicht könnte man systematisch als Konkretisierung der abstrakten Förderpflicht bezeichnen; sie wird nachstehend bei den besonderen rechtsformspezifischen Anforderungen an die Gesellschaftsgründung näher erläutert.

3. Besondere rechtsformspezifische Anforderungen an den Inhalt

Neben den zuvor dargestellten, konstitutiven Gründungselementen gibt es in jeder untersuchten Rechtsordnung besondere rechtsformspezifische Anforderungen an den Inhalt des Gründungsgeschäfts. Rechtsformspezifisch bedeutet, daß die besonderen Anforderungen an den Vertragsinhalt davon abhängig sind, welche Rechtsform die zu gründende Gesellschaft haben soll.

Das allgemeine Prinzip, daß sich der Aufwand zur Gründung einer Gesellschaft in gleicher Weise erhöht, wie sich die Gesellschaft einer körperschaftlich organisierten Struktur annähert, gilt insbesondere für den Inhalt des Gründungsgeschäfts. Einen Schritt in die Richtung einer körperschaftlich organisierten Form stellt die rechtliche Verselbständigung der Gesellschaft infolge einer Registereintragung dar. Die mit diesem Schritt verbundenen besonderen Anforderungen an den Inhalt des Gesellschaftsvertrages sollen nachstehend zunächst erörtert werden. Sodann folgen die Erläuterungen zu den weiteren Schritten, nämlich zur Haftungsbeschränkung auf das Gesellschaftsvermögen sowie zur Möglichkeit der Finanzierung über den öffentlichen Kapitalmarkt.

a) Rechtlich verselbständigte Gesellschaften infolge Registereintragung

In jeder untersuchten Rechtsordnung besteht die Möglichkeit, Gesellschaften zum Zwecke ihrer rechtlichen Verselbständigung in ein Register eintragen zu lassen. Diese rechtliche Verselbständigung geht üblicherweise einher mit der Entstehung einer eigenen, von der Gesamtheit der Gesellschafter zu unterscheidenden Rechtspersönlichkeit, nämlich der juristischen Person[1991]. Eine

[1991] Mit der Registereintragung werden die deutsche GmbH und AG, die französische *société civile*, SNC, SCS, das GIE, die SARL und SA und die britische *private* und *public company* zur juristischen Person; die beiden letzteren allerdings erst ab dem in der Gründungsbescheinigung (*certificate of incorporation*) genannten Datum; vgl. hierzu 3. Abschnitt D. II. 5. d).

Ausnahme von diesem Prinzip sieht anscheinend das deutsche Gesellschaftsrecht vor. Hier hat die Registereintragung der OHG und KG zwar die rechtliche Verselbständigung der jeweiligen Gesellschaft zu einer rechtsfähigen Einheit zur Folge[1992], der Status einer juristischen Person im strengen Sinne wird ihnen jedoch nicht zuerkannt[1993]. Die Differenzierung zwischen rechtsfähigen Gesellschaften und juristischen Personen dürfte allerdings nur von theoretischer Bedeutung sein.

Die Registereintragung von Gesellschaften ist in allen untersuchten Rechtsordnungen der einzige Weg, einer Gesellschaft den Status einer juristischen Person zu verleihen. Eine andere Möglichkeit gibt es nicht. Erlangt die Gesellschaft mit Eintragung in das Register den Status einer juristischen Person, ergeben sich über die konstitutiven Grundelemente des Gründungsrechtsgeschäfts hinaus vier weitere Angaben im Gründungsgeschäft. Hierbei handelt es sich um die Angabe der Rechtsform der Gesellschaft, des Gesellschaftsnamens, des Gesellschaftssitzes bzw. Gründungsortes sowie des Gesellschaftsgegenstandes.

aa) Gesellschaftsform

Zunächst muß die Rechtsform der Gesellschaft in dem Gründungsgeschäft bezeichnet werden[1994]. Die ausdrückliche Angabe der Rechtsform dient zum einen der Identifikation der Gesellschaft im Rechtsverkehr und gibt zum anderen zu erkennen, wie die Gesellschaft organisiert ist und nach welchen Regeln sich die einzelnen Rechte und Pflichten der Gesellschafter richten.

[1992] Nach neuester Rechtsprechung wird auch der GbR eine eigene Rechtsfähigkeit zuerkannt, vgl. 1. Abschnitt B. I. 2. b). Die Möglichkeit der Eintragung der Gesellschaft in das Handelsregister ist jedoch (noch) nicht vorgesehen.

[1993] Vgl. 1. Abschnitt C. I. 2. b) und D. i.V.m. C. I. 2. b).

[1994] Die Angabe der Gesellschaftsrechtsform im Gründungsgeschäft ist namentlich in Frankreich bei allen Gesellschaften vorgesehen, die zum Zwecke der Erlangung einer eigenen Rechtspersönlichkeit in ein Register eingetragen werden sollen. In Großbritannien ist bei der Gründung einer *private company* der ausdrückliche Hinweis auf die Rechtsform nicht erforderlich, bei der *public company* hingegen schon. Fehlt der ausdrückliche Hinweis auf eine *public company*, handelt es sich bei der zu gründenden Gesellschaft immer um eine *private company*. Im deutschen Recht wird bei der Anmeldung der Gesellschaft zum Handelsregister spätestens die Rechtsform der Gesellschaft ausdrücklich angegeben, während sich im Gesellschaftsvertrag bzw. in der Satzung die Gesellschaftsform zumindest aus dem Rechtsformzusatz in der Firma der Gesellschaft ergibt.

bb) Gesellschaftsname

In allen untersuchten Rechtsordnungen ist jede Gesellschaft zur Führung eines Gesellschaftsnamens berechtigt[1995]. Der Gesellschaftsname gibt dem Rechtsverkehr Aufschluß darüber, daß zwischen der Gesellschaft selbst und der Summe ihrer Gesellschafter unterschieden werden soll. Führt die Eintragung der Gesellschaft in ein Register zur Entstehung einer juristischen Person, handelt es sich bei dem Namen dieser neu geschaffenen Person um die Firma der Gesellschaft. In allen untersuchten Rechtsordnungen sind nur juristische Personen zur Führung einer „Firma“ im Sinne einer Korporationsbezeichnung berechtigt und verpflichtet[1996], und zwar zur Führung derjenigen Firma, die sie sich nach dem Inhalt des Gründungsgeschäfts gegeben haben[1997]. Der Gesellschaftsname soll die genaue Identifizierung des Namensträgers ermöglichen und ist insbesondere bei einem neu geschaffenen Rechtssubjekt unbedingt notwendig, da es eine namenlose Gesellschaft nicht

[1995] Vgl. im deutschen Recht zur GbR 1. Abschnitt B. I. 2. c), zur OHG 1. Abschnitt C. I. 2. c), zur KG 1. Abschnitt D. II. 1., zur GmbH 1. Abschnitt E. II. 2. a) aa) (1), zur AG 1. Abschnitt F. II. 2. a) aa) (1); im französischen Recht zur *société civile* 2. Abschnitt B. II. 2. a) aa) (3), zur SNC 2. Abschnitt C. II. 2. a) aa) (2), zur SCS 2. Abschnitt D. II. 1. a), zur *société en participation* 2. Abschnitt E. I. 2. b), zum GIE 2. Abschnitt F. II. 2. a) aa) (1), zur SARL 2. Abschnitt G. II. 2. a) aa) (2), zur SA 2. Abschnitt H. II. 2. a) aa) (2); im britischen Recht zur *partnership* 3. Abschnitt B. I. 2. c), zur *limited partnership* 3. Abschnitt C. i.V.m. B. I. 2. c), zur *private company* 3. Abschnitt D. II. 2. a) aa) (1) und zur *public company* 3. Abschnitt E. II. 1.

[1996] Eine Ausnahme hiervon sieht das deutsche Recht vor. Hier knüpft das Recht zur Führung einer Firma an die Kaufmannseigenschaft der Gesellschaft an. Die OHG, KG, GmbH und AG sind daher gleichermaßen als „Formkaufleute“ zur Firmenführung berechtigt, obwohl nur die beiden letzten Gesellschaftsformen zugleich auch juristische Personen im eigentlichen Sinne sind. Konsequenterweise ist das Firmenrecht in Deutschland auch im Handelsgesetzbuch (HGB) geregelt. In den übrigen untersuchten Rechtsordnungen hängt das Recht zur Firmenführung allein davon ab, ob es sich bei dem Träger um eine juristische Person handelt. Die praktischen Auswirkungen dieser Differenzierung sind aber begrenzt. Der OHG und KG wird zwar nicht der Status einer juristischen Person im strengen Sinne, so doch aber eigene Rechtsfähigkeit zuerkannt, vgl. oben unter 4. Abschnitt B. I. 3. a).

[1997] In Deutschland wird die „Firma“ im allgemeinen Sprachgebrauch fälschlicherweise häufig als Synonym für die Gesellschaft bzw. das Unternehmen selbst verwendet („X ist an dem Erwerb der Firma Y interessiert.“). Das britische Recht der *partnerships* sieht insoweit eine interessante terminologische Klarstellung vor: Nach Partnership Act 1890, s. 4(1) werden diejenigen Personen, die sich zu einer *partnership* zusammengeschlossen haben, gemeinschaftlich als *firm* bezeichnet, während es sich bei dem Namen, unter dem die Gesellschafter nach außen auftreten, um den *firm-name* handelt. Aufgrund der fehlenden Rechtspersönlichkeit einer *partnership* stellt der *firm-name* aber keine Korporationsbezeichnung im Sinne einer „Firma“ oder „*firme*“ dar, sondern vielmehr nur den abgekürzten Namen für die Gemeinschaft aller Gesellschafter.

geben kann[1998]. Der Gesellschaftsname muß daher in allen untersuchten Rechtsordnungen zwingend in dem Gründungsgeschäft angegeben werden, wenn die Eintragung der Gesellschaft zur Entstehung einer juristischen Person führt. Der Gesellschaftsname kann grundsätzlich frei gewählt werden, unterliegt keiner zwingenden vorherigen behördlichen Einwilligung und besteht grundsätzlich aus einem Namens- oder Firmenkern sowie aus einem Rechtsformzusatz. Beim Namens- oder Firmenkern differenziert man üblicherweise zwischen einer Personenbezeichnung, einer Sachbezeichnung und einer Misch- oder Phantasiebezeichnung, je nachdem, woraus der Gesellschaftsname gebildet wird. Alle Rechtsordnungen sehen zwingend einen Rechtsformzusatz in dem Gesellschaftsnamen vor, der dem Rechtsverkehr Aufschluß über die Gesellschaftsform des Trägers gibt. Der Rechtsformzusatz kann in allen Ordnungen - soweit allgemein verständlich - auch abgekürzt werden[1999].

cc) Gesellschaftssitz

Führt die Eintragung der Gesellschaft zur Entstehung einer juristischen Person, muß sie einen Gesellschaftssitz bzw. einen Gründungsort angeben[2000]. Die Angabe des Gesellschaftssitzes bzw. des Gründungsortes im Gesellschaftsvertrag dient in allen untersuchten Rechtsordnungen dem Zweck, die örtlich zuständige Registerbehörde bzw. das örtlich zuständige Registerge-

---

[1998] Dies gilt auch im Falle der französischen *société anonyme*. Hier ist nicht die Gesellschaft selbst namenlos bzw. anonym, sondern nur deren Gesellschafter (Aktionäre).

[1999] Vgl. zum Vorgenannten im deutschen Recht zur GbR 1. Abschnitt B. I. 2. c), zur OHG 1. Abschnitt C. I. 2. c), zur KG 1. Abschnitt D. i.V.m. C. I. 2. c), zur GmbH 1. Abschnitt E. II. 2. a) aa) (1), zur AG 1. Abschnitt F. II. 2. a) aa) (1); im französischen Recht zur *société civile* 2. Abschnitt B. II. 2. a) aa) (3), zur SNC 2. Abschnitt C. II. 2. a) aa) (2), zur SCS 2. Abschnitt D. II. 1. a), zur *société en participation* 2. Abschnitt E. I. 2. b), zum GIE 2. Abschnitt F. II. 2. a) aa) (1), zur SARL 2. Abschnitt G. II. 2. a) aa) (2), zur SA 2. Abschnitt H. II. 2. a) aa) (2); im britischen Recht zur *partnership* 3. Abschnitt B. I. 2. c), zur *limited partnership* 3. Abschnitt C. i.V.m. B. I. 2. c), zur *private company* 3. Abschnitt D. II. 2. a) aa) (1) und zur *public company* 3. Abschnitt E. II. 1.

[2000] Vgl. im deutschen Recht zur GmbH 1. Abschnitt E. II. 2. a) aa) (2), zur AG 1. Abschnitt F. II. 2. a) aa) (2); im französischen Recht zur *société civile* 2. Abschnitt B. II. 2. a) aa) (4), zur SNC 2. Abschnitt C. II. 2. a) aa) (3), zur SCS 2. Abschnitt D. i.V.m. C. II. 2. a) aa) (3), zum GIE 2. Abschnitt F. II. 2. a) aa) (5), zur SARL 2. Abschnitt G. II. 2. a) aa) (3), zur SA 2. Abschnitt H. II. 2. a) aa) (3); im britischen Recht zur *private company* 3. Abschnitt D. II. 2. a) aa) (2) und zur *public company* 3. Abschnitt E. i.V.m. D. II. 2. a) aa) (2).

richt bestimmen zu können, bei der bzw. dem die Gesellschaft zur Eintragung anzumelden ist[2001]. Die Wahl des Gesellschaftssitzes bzw. des Gründungsorts ist grundsätzlich frei und bedarf keiner vorherigen behördlichen Einwilligung.

dd) Gesellschaftsgegenstand

Alle Rechtsordnungen sehen die Angabe des Gesellschaftsgegenstandes im Gründungsgeschäft vor, wenn die Eintragung der Gesellschaft zur Entstehung einer juristischen Person führt[2002]. Die Angabe des Gesellschaftsgegenstandes erfüllt im Innenverhältnis der Gesellschaft eine gewisse Schutzfunktion zugunsten der Gesellschafter, da sich der Umfang und die Grenzen der Vertretungsbefugnis des geschäftsführenden Organs nach dem Gesellschaftsgegenstand richten. Dieser Schutzfunktion kommt um so mehr Bedeutung zu, je mehr sich die zu gründende Gesellschaft einer körperschaftlichen Struktur annähert, da dies, wie noch zu zeigen sein wird, mit dem Prinzip der Fremd- bzw. Drittorganschaft einhergeht und die Führung der Geschäfte damit nicht mehr zwingend den Gesellschaftern gemeinsam oder zumindest einzelnen Gesellschaftern obliegt, sondern einem Dritten übertragen werden kann. Im Außenverhältnis der Gesellschaft spielt der Gesellschaftsgegenstand heute einheitlich aber keine besondere Rolle mehr. Er informiert den Rechtsverkehr lediglich über die beabsichtigte Tätigkeit der Gesellschaft und führt jedenfalls nicht mehr grundsätzlich zur Beschränkung der Wirksamkeit abgeschlossener Rechtsgeschäfte im Falle eines „*ultra vires*"-Geschäfts[2003]. Soweit eine Rechtsordnung ein Sonderrecht für Kauf-

[2001] In Großbritannien und in Frankreich kann der Gründungsort bzw. der Gesellschaftssitz zudem zur Bestimmung des anwendbaren Rechts herangezogen werden. Dies ist in Deutschland nach der noch herrschenden Sitztheorie nicht möglich; vgl. hierzu 1. Abschnitt F. II. 2. a) aa) (2).

[2002] Vgl. im deutschen Recht zur GmbH 1. Abschnitt E. II. 2. a) aa) (3), zur AG 1. Abschnitt F. II. 2. a) aa) (3); im französischen Recht zur *société civile* 2. Abschnitt B. II. 2. a) aa) (2), zur SNC 2. Abschnitt C. II. 2. a) aa) (4), zur SCS 2. Abschnitt D. i.V.m. C. II. 2. a) aa) (4), zum GIE 2. Abschnitt F. II. 2. a) aa) (4), zur SARL 2. Abschnitt G. II. 2. a) aa) (4), zur SA 2. Abschnitt H. II. 2. a) aa) (4); im britischen Recht zur *private company* 3. Abschnitt D. II. 2. a) aa) (3) und zur *public company* 3. Abschnitt E. i.V.m. D. II. 2. a) aa) (3).

[2003] Nach der aus dem britischen Recht stammenden, früher sehr bedeutsamen *ultra vires*-Lehre verfügte eine *company* nicht über eine uneingeschränkte, sondern nur über eine auf solche Rechtsgeschäfte begrenzte Rechtsfähigkeit, deren Vornahme in der Bezeichnung des Gesellschaftsgegenstandes ausdrücklich vorgesehen war. Infolgedessen waren Rechtsgeschäfte im Außenverhältnis

leute (Handelsrecht oder *droit de commerce*) vorsieht, ist der Gesellschaftsgegenstand schließlich maßgeblich für die Frage, ob der Betrieb einer Gesellschaft auf ein kaufmännisches Handelsgewerbe gerichtet ist oder nicht, es sei denn, die Gesellschaft nimmt bereits allein aufgrund ihrer Rechtsform den Status einer Handelsgesellschaft ein[2004].

b) Gesellschaften mit Haftungsbeschränkung auf das Gesellschaftsvermögen

Neben der Eintragung der Gesellschaft zum Zwecke der Erlangung einer eigenen Rechtspersönlichkeit kann auch die Haftungsbeschränkung auf das Gesellschaftsvermögen dazu führen, daß sich die Anforderungen an den Inhalt des Gründungsgeschäfts erhöhen. In allen untersuchten Rechtsordnungen kann bei bestimmen Gesellschaftsformen die Haftung der Gesellschafter gegenüber den Gesellschaftsgläubigern beschränkt werden. Innerhalb dieser Gruppe von Gesellschaften ist zu unterscheiden, ob sämtliche Gesellschafter in ihrer persönlichen Haftung beschränkt sein sollen oder aber nur einzelne Gesellschafter, während die übrigen weiterhin der persönlich unbeschränkten Haftung unterworfen sind.

Ist bei einer Gesellschaftsform nur ein Teil der Gesellschafter in seiner persönlichen Haftung beschränkt, führt dies zunächst zur Existenz von zwei

---

unheilbar nichtig, wenn sie *ultra vires*, also „über die Befugnisse hinausgehend" vorgenommen wurden. Heute kann in Großbritannien nach einer Reihe von Gesetzesänderungen nicht mehr ernsthaft von der Existenz der *ultra vires*-Lehre im Außenverhältnis der Gesellschaft gesprochen werden. Insbesondere seit Inkrafttreten des Companies Act 1989 wird die Gültigkeit eines Rechtsgeschäfts der Gesellschaft nicht mehr durch eine Bestimmung im Gesellschaftsvertrag in Frage gestellt, die die Befugnis der Gesellschaft zum Abschluß von Rechtsgeschäften betrifft. Ähnlich stellt sich die Rechtslage in Frankreich dar. Nach dem Prinzip der *spécialité statutaire* kann hier zwar eine juristische Person keine Rechte erwerben und Verbindlichkeiten begründen, die außerhalb des konkreten satzungsmäßigen Unternehmensgegenstandes liegen. Heute gilt aber auch dieses Prinzip nur noch eingeschränkt, unter anderem weil das Gesetz es lediglich für die Personengesellschaften *société civile*, SNC und SCS aufrechterhält, nicht aber für die Kapitalgesellschaften SARL und SA.

[2004] Ein Sonderrecht für Kaufleute existiert in den untersuchten Rechtsordnungen nur in Deutschland und Frankreich, nicht hingegen in Großbritannien. In Deutschland kann nicht die GbR, sondern nur die OHG, KG, GmbH und AG ein Handelsgewerbe ausüben. Letztere sind zugleich auch Formkaufleute, d.h. sie sind Kaufleute allein aufgrung ihrer Rechtsform. In Frankreich gilt Gleiches für die SNC, SCS, SARL und SA, während es bei der *société en participation* darauf ankommt, worauf ihr Gesellschaftsgegenstand gerichtet ist.

verschiedenen Arten von Gesellschaftern[2005]. Während die eine Gruppe von Gesellschaftern weiterhin persönlich unbeschränkt für Verbindlichkeiten der Gesellschaft haftet, ist bei der anderen Gruppe von Gesellschaftern die persönliche Haftung auf eine bestimmte Einlage oder auf einen bestimmten Wert einer Einlage beschränkt[2006]. Soweit der beschränkt haftende Gesellschafter seine Einlagepflicht vollständig erfüllt hat, haftet er persönlich überhaupt nicht mehr für Verbindlichkeiten der Gesellschaft[2007].

In jeder untersuchten Rechtsordnung gibt es aber auch Gesellschaftsformen, deren sämtliche Gesellschafter beschränkt haften[2008]. Hier kommen die Gesellschafter gegenüber Gesellschaftsgläubigern überhaupt nicht mehr als persönlich haftende Gesellschafter in Frage. Der Gläubiger kann sich nur noch an die Gesellschaft halten und zwar auch dann, wenn der Gesellschafter seine Einlagepflicht nicht vollständig erfüllt hat[2009]. Die Gesellschaft verfügt dann entweder über den eingezahlten Teil der Einlage oder über die Restforderung gegen den Gesellschafter, die auf der Aktivseite ihrer Bilanz ausgewiesen ist, als Haftungsmasse.

[2005] Bei dieser Gesellschaftsform handelt es sich in Deutschland um die Kommanditgesellschaft (KG), in Frankreich um die *société en commandite simple* (SCS) und im Vereinigten Königreich um die *limited partnership*.

[2006] Bei dem unbeschränkt haftenden Gesellschafter handelt es sich um den Komplementär, *associé commandité* bzw. *general partner*, der beschränkt haftende Gesellschafter wird als Kommanditist, *associé commanditaire* bzw. *limited partner* bezeichnet.

[2007] Vgl. zum Kommanditisten 1. Abschnitt D. i.V.m. C. I. 2., zum *associé commanditaire* 2. Abschnitt D. I. 2. und zum zur *limited partner* 3. Abschnitt C. I. 2.

[2008] Hierbei handelt es sich in Deutschland um die Gesellschaft mit beschränkter Haftung (GmbH), in Frankreich um die *société à responsabilité limitée* (SARL) und im Vereinigten Königreich um die *private company limited by shares* (Ltd.). Die Möglichkeit der Haftungsbeschränkung für sämtliche Gesellschafter besteht zudem zwar auch bei der deutschen Aktiengesellschaft (AG), bei der französischen *société anonyme* (SA) und bei der britischen *public limited company* (p.l.c.). Diese beiden Gruppen von Gesellschaftsformen lassen sich in allen Rechtsordnungen systematisch aber dadurch voneinander unterscheiden, daß nur die letztgenannte Gruppe die Möglichkeit der Finanzierung über den öffentlichen Kapitalmarkt besitzt, nicht aber die GmbH, SARL und die Ltd.

[2009] Dies gilt natürlich nur dann, wenn eine Eintragung der Gesellschaft ohne vollständige Erfüllung der Einlagepflicht überhaupt möglich ist. So setzt die Eintragung einer französischen SARL die Erfüllung sämtlicher Einlageverpflichtungen voraus. Das vorgenannte Prinzip gilt auch im britischen Recht. Zwar haften dort die Mitglieder einer *private company* summenmäßig beschränkt auf die noch fehlende Einlageleistung (vgl. 3. Abschnitt D. I.). Hiermit ist aber, trotz mißverständlicher Gesetzesformulierung, nur die interne Haftung der Gesellschafter gegenüber der Gesellschaft für die Erbringung ihrer Einlage gemeint. Die Außenhaftung der Gesellschafter ist also auch dann ausgeschlossen, wenn im Innenverhältnis die Einlagenverpflichtung nicht vollständig erfüllt worden sind.

Die unterschiedliche Behandlung der beiden dargestellten Gruppen von beschränkt haftenden Gesellschaftern könnte auf die strukturell unterschiedliche Ausgestaltung der jeweiligen Gesellschaftsform zurückzuführen sein. Diejenige Gesellschaftsform, deren Gesellschafter sämtlich beschränkt haften, ist in allen Rechtsordnungen als juristische Person anerkannt, während dies für die Gesellschaftsform mit zwei unterschiedlichen Gesellschaftertypen nicht gilt[2010]. Man könnte daher sagen, daß die Gesellschaft mit einem sämtlich beschränkt haftenden Gesellschafterbestand einen weiteren Schritt in die Richtung einer körperschaftlich organisierten Gesellschaft (Kapitalgesellschaft) durchgeführt und ihre Gesellschafter aus ihrer Rolle als persönlich Haftende ein weiteres Stück befreit hat.

aa) Angaben zum Haftungsregime der Gesellschaft

Ist die Haftung bei einer Gesellschaft auf das Gesellschaftsvermögen beschränkt, muß sich dies inhaltlich in dem Gründungsgeschäft niederschlagen. Grundsätzlich gilt das Prinzip, daß das Haftungsregime einer Gesellschaft aus der Rechtsform derselben folgt. Ergibt sich also aus der Angabe der Gesellschaftsform im Gründungsgeschäft, daß es sich um eine Gesellschaft mit beschränkter Haftung handeln soll, läßt sich daraus zugleich das Haftungsregime der Gesellschaft ableiten[2011]. Das britische Recht verlangt insoweit eine gesonderte, ausdrückliche Erklärung der Haftungsbeschränkung (*liability clause*) im Gründungsgeschäft, obwohl sich die beschränkte Haftung bereits aus dem Rechtsformzusatz in der Firma ergibt[2012]. Sinnvoll ist allerdings ein entsprechender ausdrücklicher Hinweis, wenn es in der Gesellschaft zwei verschiedene Gesellschaftertypen mit einem unterschiedlichen Haftungsumfang gibt. Zumindest sollte derjenige Gesellschaftstyp, dessen Haftung auf ei-

---

2010 So besitzen die GmbH, die AG, die SARL, die SA, die *private company* und die *public company* allesamt den Status einer juristischen Person, während dies für die KG und die *limited partnership* nicht gilt. Lediglich die SCS verfügt trotz der beschränkten Haftung nur eines Teils der Gesellschafter über eine eigene Rechtspersönlichkeit im Sinne einer juristischen Person. Dieser Umstand läßt sich aber damit erklären, daß in Frankreich alle Gesellschaften (mit Ausnahme der *société en participation*) mit Registereintragung zu einer juristischen Person werden.

2011 Vgl. die deutsche Gesellschaft „mit beschränkter Haftung", die französische *société „à responsabilité limitée*" und die britische *private company „limited by shares*".

2012 Die ausdrückliche Erklärung im *memorandum* lautet üblicherweise: *„The liability of the members is limited.*"; vgl. 3. Abschnitt D. II. 2. a) aa) (4).

ne bestimmte Hafteinlage beschränkt ist („Kommanditist", „*associé commanditaire*", „*limited partner*"), im Gründungsgeschäft ausdrücklich als solcher bezeichnet werden[2013]. Darüber hinaus ist in allen Rechtsordnungen einheitlich die Regelung anzutreffen, daß die Höhe der Einlage des beschränkt haftenden Gesellschafters anzugeben ist, da der Rechtsverkehr sonst nicht erkennen kann, auf welche Höhe die Haftung des Gesellschafters beschränkt ist[2014].

bb) Angaben zum Gesellschaftskapital und zu dessen Zerlegung

Im Falle der Haftungsbeschränkung sämtlicher Gesellschafter steht nur noch das Gesellschaftsvermögen als Haftungsmasse zur Verfügung. In dem Gründungsgeschäft ist dann die ausdrückliche Nennung des Gesellschaftskapitals erforderlich[2015]. Das anzugebende Gesellschaftskapital ist zwar nicht mit einem tatsächlichen, real existierenden Gesellschaftsvermögen gleichzusetzen. Es gibt aber Auskunft darüber, welches Gesellschaftsvermögen durch die Einlagen der Gesellschafter bei oder nach der Gründung aufgebracht werden soll. Das anzugebende Gesellschaftskapital lautet grundsätzlich auf einen festen Betrag[2016] und kann nicht als variables Kapital angegeben werden; eine Angabe wie „Das Gesellschaftskapital beträgt zwischen 50.000 und 250.000 Euro." ist also nicht zulässig[2017]. In keiner Rechtsordnung ist eine grundsätzliche Anpassung des satzungsmäßigen Gesellschaftskapitalbetrags an das

---

2013 So muß in Deutschland bei der Kommanditgesellschaft (KG), in Frankreich bei der *société en commandite simple* (SCS) und im Vereinigten Königreich bei der *limited partnership* der jeweilige Gesellschaftsvertrag einen Hinweis auf die Existenz dieser beiden verschiedenen Gesellschaftertypen enthalten; vgl. 1. Abschnitt D. II. 1., 2. Abschnitt D. II. 1. a) und 3. Abschnitt C. II. 1.

2014 So wird in den untersuchten Rechtsordnungen die Höhe der Einlage des Kommanditisten / *associé commanditaire / limited partner* im Gründungsgeschäft angegeben; vgl. 1. Abschnitt D. II. 1., 2. Abschnitt D. II. 1. a) und 3. Abschnitt C. II. 1.

2015 Vgl. zur GmbH 1. Abschnitt E. II. 2. a) aa) (4), zur AG 1. Abschnitt F. II. 2. a) aa) (4), zur SARL 2. Abschnitt G. II. 2. a) aa) (5), zur SA 2. Abschnitt H. II. 2. a) aa) (5), zur *private company* 3. Abschnitt D. II. 2. a) aa) (5) und zur *public company* 3. Abschnitt E. II. 1.

2016 Im Zuge der Europäischen Währungsunion kann der Betrag in Deutschland und in Frankreich bis Ende 2001 in Landeswährung oder in Euro, ab 2002 nur noch in Euro angegeben werden. In Großbritannien ist die Angabe des Gesellschaftskapitals in beliebiger Währung möglich. Eine Bindung an den Euro erfolgt hier nicht, da das Vereinigte Königreich nicht zu der ersten Gruppe von 11 Mitgliedstaaten gehört, die sich zur Einführung der gemeinsamen Währung entschlossen haben.

2017 Eine Ausnahme von diesem Grundsatz sieht das französische Recht vor. Hier ist es aufgrund eines Gesetzes aus dem Jahre 1867 möglich, eine Gesellschaft mit einem variablen Kapital zu gründen; vgl. 2. Abschnitt A. III. 3. und G. II. 2. a) aa) (5).

unternehmerische Vorhaben der Gesellschaft vorgesehen[2018]. Daraus folgt, daß eine angemessene Kapitalisierung der Gesellschaft keine Voraussetzung für deren Gründung ist. Des weiteren gibt es in keiner untersuchten Rechtsordnung eine gesetzliche Höchstgrenze des Gesellschaftskapitals, während mit Ausnahme des britischen Rechts immer ein gesetzlicher Mindestwert vorgegeben ist[2019]. Die jeweilige Höhe des Mindestwerts variiert zwar in den einzelnen untersuchten Rechtsordnungen. Dies erklärt sich aber häufig aus dem jeweiligen Regelungszusammenhang[2020].

Neben dem gesamten Gesellschaftskapital müssen außerdem die einzelnen Anteile des Gesellschaftskapitals Eingang in den Inhalt des Gründungsgeschäfts finden[2021]. Die Gesellschafts- oder Geschäftsanteile müssen vollständig aufgezählt sein und grundsätzlich auf einen bestimmten Nennbetrag lauten[2022]. Der Nennbetrag der Anteile muß entweder in einheimischer

---

[2018] Vgl. zur GmbH 1. Abschnitt E. II. 2. a) aa) (4), zur AG 1. Abschnitt F. II. 2. a) aa) (4), zur SARL 2. Abschnitt G. II. 2. a) aa) (5), zur SA 2. Abschnitt H. II. 2. a) aa) (5), zur *private company* 3. Abschnitt D. II. 2. a) aa) (5), bei der überhaupt kein Mindestkapital vorgesehen ist, und zur *public company* 3. Abschnitt E. II. 1.

[2019] Vgl. die Verweise in der vorhergehenden Fußnote.

[2020] Für die Gründung einer deutschen GmbH muß das satzungsmäßige Kapital auf mindestens 25.000 Euro lauten, während in Frankreich bei der SARL insoweit lediglich 50.000 FF genügen, umgerechnet etwa 7.600 Euro. Im Vereinigten Königreich ist demgegenüber überhaupt kein Mindestbetrag für die *private company limited by shares* vorgeschrieben. Hier ist z.B. die Angabe von nur £ 1 zulässig; häufig handelt es sich um £ 100. In praxi wiegen diese unterschiedlichen Regelungen jedoch nicht so schwer, wie es auf den ersten Blick erscheint, da das satzungsmäßig bestimmte Gesellschaftskapital in seiner Gläubigerschutzfunktion im Vereinigten Königreich überhaupt nicht, in Deutschland und in Frankreich sicherlich von abnehmender Bedeutung ist. So ist namentlich in Frankreich die interessante Praxis zu beobachten, daß Kreditgeber wie Banken und Sparkassen von den Geschäftsführern und wichtigsten Gesellschaftern häufig persönliche Sicherheiten wie Bürgschaften verlangen, wenn sie einer SARL ein Darlehen gewähren. Dadurch geht zum einen ein wesentliches Charakteristikum der SARL, nämlich die beschränkte Haftung der Gesellschafter auf die Höhe ihrer Einlage, verloren. Zum anderen rückt die Relevanz des Mindestgesellschaftskapitals mehr und mehr in den Hintergrund. Gerade mit Blick auf die Regelung im Vereinigten Königreich stellt sich daher die Frage, inwieweit es überhaupt einer gesetzlichen Regelung über ein Mindestgesellschaftskapital bedarf, zumal dieses nur eine beschränkte Aussage über den tatsächlichen wirtschaftlichen Status einer Gesellschaft enthält.

[2021] Vgl. zur GmbH 1. Abschnitt E. II. 2. a) aa) (5), zur AG 1. Abschnitt F. II. 2. a) aa) (5), zur SARL 2. Abschnitt G. II. 2. a) aa) (6), zur SA 2. Abschnitt H. II. 2. a) aa) (6), zur *private company* 3. Abschnitt D. II. 2. a) aa) (5) und zur *public company* 3. Abschnitt E. II. 1.

[2022] Vgl. im deutschen Recht zur GmbH 1. Abschnitt E. II. 2. a) aa) (5), zur AG 1. Abschnitt F. II. 2. a) aa) (5), im französischen Recht zur SARL 2. Abschnitt G. II. 2. a) aa) (6), zur SA 2. Abschnitt H. II. 2. a) aa) (6) und im britischen Recht zur *private company* 3. Abschnitt D. II. 2. a) aa) (5) und zur *public company* 3. Abschnitt E. II. 1. Eine Ausnahme von diesem Grundsatz gilt dann, wenn in einer Rechtsordnung Stückaktien erlaubt sind: In diesem Fall sehen die Anteile keinen bestimmten Nennbetrag vor; vielmehr ergibt sich dieser rechnerisch aus der An-

Währung oder in Euro genannt werden[2023]. Einen gesetzlichen Höchstwert pro Gesellschaftsanteil sieht keine untersuchte Staatenregelung vor, und mit einer Ausnahme im deutschen Recht wird auch kein nennenswerter gesetzlicher Mindestwert des Anteils vorgeschrieben[2024].

cc) Angaben zu Sacheinlagen

Ist die Haftung sämtlicher Gesellschafter beschränkt und werden die Leistungen auf die Einlagen nicht nur in bar, sondern zumindest teilweise in Form von Sacheinlagen erbracht, muß das Gründungsgeschäft auch hierüber nähere Angaben enthalten. Die Angaben dienen dem Schutz der Gläubiger der Gesellschaft vor unzureichender Kapitalaufbringung. Anzutreffende Angaben sind insoweit die genaue gegenständliche Bezeichnung der einzelnen Sach-

---

zahl der Anteile, in die das Gesellschaftskapital zerlegt ist. Stückaktien sind im deutschen Recht (vgl. 1. Abschnitt F. II. 2. a) aa) (5)) und im französischen Recht (*actions sans valeur nominale*) (2. Abschnitt H. II. 2. a) aa) (6)) positiv geregelt, nicht aber im britischen Recht.

[2023] Vgl. im deutschen Recht zur GmbH 1. Abschnitt E. II. 2. a) aa) (5), zur AG 1. Abschnitt F. II. 2. a) aa) (5), im französischen Recht zur SARL 2. Abschnitt G. II. 2. a) aa) (5) und (6), zur SA 2. Abschnitt H. II. 2. a) aa) (5) und (6) und im britischen Recht zur *private company* 3. Abschnitt D. II. 2. a) aa) (5) und zur *public company* 3. Abschnitt E. i.V.m. D. II. 2. a) aa) (5).

[2024] Der Mindestnennbetrag der Aktie einer deutschen Aktiengesellschaft beträgt 1 Euro; vgl. 1. Abschnitt F. II. 2. a) aa) (5). Für die SARL und SA ist überhaupt kein Mindestnennbetrag erforderlich, vgl. 2. Abschnitt G. und H. jeweils II. 2. a) aa) (6); in praxi genügt jeweils 1 FF. Gleiches gilt im britischen Recht für die Anteile einer *private* oder *public company*, vgl. 3. Abschnitt D. II. 2. a) aa) (5) und E. II. 1. Hier sind Anteile mit einem Nennwert von mehr als £ 1 selten anzutreffen. Der Mindestnennbetrag eines GmbH-Geschäftsanteils darf jedoch nicht unter 100 Euro liegen und muß durch 50 teilbar sein (vgl. 1. Abschnitt E. II. 2. a) aa) (5)). Diese aus rechtsvergleichender Sicht besondere Behandlung hängt jedoch mit der jeweiligen Umsetzung der Kapitalzerlegung in den untersuchten Rechtsordnungen zusammen: In Deutschland wird das Gesellschafts- (bzw. Stamm-) kapital einer GmbH in einzelne Stammeinlagen zerlegt. Eine Stammeinlage stellt den von jedem Gesellschafter auf das Stammkapital einzulegenden Wert dar. Je nach Stammeinlage bemißt sich dann auch der jeweilige Geschäftsanteil des Gesellschafters. Bei der Gründung einer GmbH darf jeder Gesellschafter, anders als in den übrigen untersuchten Rechtsordnungen, nur über eine einzige Stammeinlage verfügen. Soll beispielsweise eine GmbH durch drei Gesellschafter gegründet werden, deren Gesellschaftskapital 50.000 Euro beträgt und an der sich die drei Gesellschafter jeweils zu ½, ¼ und ¼ beteiligen wollen, wird das Gesellschaftskapital in drei Stammeinlagen zu jeweils 25.000 Euro, 12.500 Euro und 12.500 Euro zerlegt. Mit Übernahme dieser Stammeinlagen verfügen die Gesellschafter dann jeweils über einen ihrem Wunsch entsprechenden Geschäftsanteil. Handelte es sich bei dieser Gesellschaft hingegen um eine SARL oder um eine Ltd., würde das zuvor beschriebene Ziel erreicht, indem das Gesellschaftskapital von 50.000 Euro in 50.000 Anteile von je 1 Euro zerlegt wird und die drei Gesellschafter jeweils 25.000, 12.500 und 12.500 Gesellschaftsanteile (*parts sociales* bzw. *shares*) zu je 1 Euro übernehmen. Damit kommen alle untersuchten Rechtsordnungen insoweit zum gleichen Ergebnis, wenn auch auf unterschiedlichen Wegen.

einlagen, die namentliche Bezeichnung der Person des Leistenden sowie die Anzahl bzw. der Betrag der entsprechend gewährten Gesellschaftsanteile[2025].

c) Gesellschaften mit Finanzierungsmöglichkeit über den öffentlichen Kapitalmarkt

In allen untersuchten Rechtsordnungen gibt es eine Rechtsform, die sich über den öffentlichen Kapitalmarkt finanzieren kann[2026]. Die Finanzierung über den Kapitalmarkt erfolgt durch einen öffentlichen Aufruf zum Erwerb von Gesellschaftsanteilen, an dem sich jede beliebige Person beteiligen kann und bei dem diese mit Anteilserwerb zugleich Gesellschafterin wird[2027]. Daraus folgt ein wesentlicher Unterschied zu personalistisch strukturierten Gesellschaftsformen: Während bei diesen die Person des Gesellschafters in der Regel eine bedeutende Rolle spielt (intuitus personae), kommt es bei der Gesellschaftsform mit Möglichkeit der Finanzierung über den öffentlichen Kapitalmarkt nicht mehr auf die persönlichen Eigenschaften des Gesellschafters an, sondern nur noch auf dessen kapitalmäßige Beteiligung an der Gesellschaft. Während bei personalistisch strukturierten Gesellschaftsformen die Aufnahme weiterer Gesellschafter von der Entscheidung der bisherigen Gesellschafter abhängig ist, kann bei der hier vorgestellten Gesellschaftsform jede beliebige Person Gesellschafter werden, indem sie dem öffentlichen Aufruf zum Erwerb von Gesellschaftsanteilen Folge leistet. Diesen Erwerbsvorgang bezeichnet man üblicherweise nicht als Kauf, sondern einheitlich als Zeichnung, *souscription* bzw. *application* von Gesellschaftsanteilen.

Die Anonymisierung der Person des Gesellschafters verändert auch die Qualität des Gründungsgeschäfts. Während man bei personalistisch strukturierten Gesellschaftsformen (Personengesellschaften) noch von einem

---

[2025] Vgl. im deutschen Recht zur GmbH 1. Abschnitt E. III., zur AG 1. Abschnitt F. III. 2. und 3. und im französischen Recht zur SARL 2. Abschnitt G. II. 2. a) aa) (8) (b) sowie zur SA 2. Abschnitt H. II. 2. a) aa) (9). Im britischen Recht ist die Bildung eines Mindestgesellschaftskapitals im Zeitpunkt der Gründung nicht erforderlich, weshalb insoweit auch keine weiteren notwendigen Satzungsangaben anzutreffen sind; vgl. zur *private company* 3. Abschnitt D. II. 1.

[2026] Hierbei handelt es sich um die deutsche Aktiengesellschaft (AG), um die französische *société anonyme* (SA) und um die britische *public limited company* (p.l.c.); vgl. 1. Abschnitt F., 2. Abschnitt H. und 3. Abschnitt E.

[2027] Der öffentliche Aufruf zum Erwerb von Gesellschaftsanteilen gehört allerdings nicht zum Gründungsvorgang als solchem.

„Vertrag" zwischen den Gründungsgesellschaftern sprechen kann, der grundsätzlich nur für diese ersten und einzigen Gesellschafter gilt, handelt es sich bei dem Gründungsgeschäft einer körperschaftlich organisierten Gesellschaft (Kapitalgesellschaft) eher um eine verobjektivierte, allgemeingültige Regelung, die für den jeweiligen, variablen Gesellschafterbestand gleichermaßen Geltung besitzt und entsprechend mehr Regelungen zur internen Organisation der Gesellschaft aufweist[2028].

Die Gründung einer Gesellschaft mit Möglichkeit der Finanzierung über den öffentlichen Kapitalmarkt ist aber vor allem mit besonderen Anforderungen an die Bildung und Zerlegung des Gesellschaftskapitals verbunden. So ist in allen Rechtsordnungen der allgemeine Grundsatz zu erkennen, daß bei der Gründung einer Gesellschaft mit Möglichkeit der Finanzierung über den öffentlichen Kapitalmarkt das meiste Gesellschaftskapital aufgebracht werden muß. Wenngleich der genaue Betrag des gesetzlich verlangten Mindestbetrags in den einzelnen Rechtsordnungen unterschiedlich hoch ist[2029], läßt sich dennoch das allgemeine Prinzip erkennen, daß der satzungsmäßig anzugebende Mindestbetrag des Gesellschaftskapitals dieser Gesellschafts-

---

[2028] Vor allem im französischen Recht sind diese Regelungen recht umfangreich: Angaben über die Personalien der Gesellschafter mit Sondervorteilen, die Organisation der Gesellschaftsorgane sowie Bestimmungen über die Gewinnverteilung sowie Rücklagenbildung und Verteilung von Liquidationserlösen gehören zum zwingenden Mindestinhalt der *statuts* einer *société anonyme*; vgl. 2. Abschnitt H. II. 2. a) aa) (10) bis (12). Im deutschen Recht genügen die Zahl der Vorstandsmitglieder, die Form der Bekanntmachung und der Gründungsaufwand sowie Sondervorteile, vgl. 1. Abschnitt F. II. 2. a) aa) (7) bis (9). Das britische Recht weist insoweit eine interessante Besonderheit auf. Bei der Abfassung der vertraglichen Grundlage der Gesellschaftsgründung bedarf es nicht nur eines einzigen Gesellschaftsvertrages, sondern vielmehr zweier selbständiger Urkunden, nämlich des sog. *memorandum of association* sowie der *articles of association*. Während das *memorandum* vornehmlich Regelungen zum Außenverhältnis der Gesellschaft enthält, betreffen die *articles of association* hauptsächlich das Innenverhältnis der Gesellschafter untereinander bzw. der Gesellschafter gegenüber der Gesellschaft. Besteht zwischen einzelnen Bestimmungen des *memorandum* und der *articles of association* ein Widerspruch, haben die Regelungen des *memorandum* Vorrang. Sowohl für das *memorandum* als auch für die *articles* gibt es für jede *company* eine Musterfassung, die in den Companies (Tables A to F) Regulations 1985 enthalten sind. Während diese die Abfassung eines eigenen *memorandum* durch die Gesellschaftsgründer nicht entbehrlich machen, kann anstatt eigener *articles of association* auf die jeweilige Mustersatzung verwiesen werden; letzteres dürfte in der Praxis bei einer *public company* aber nur selten vorkommen; vgl. zu dieser britischen Besonderheit insgesamt 3. Abschnitt D. und E. II. 1.

[2029] Das Mindestgesellschaftskapital einer deutschen AG beträgt 50.000 Euro, in Frankreich 250.000 FF (etwa 38.000 Euro) für die einfache und 1,5 Mio. FF (knapp 229.000 Euro) für die Publikums-SA und im Vereinigten Königreich £ 50.000 (etwa 87.000 Euro) für die *public company*; vgl. 1. Abschnitt F. II. 2. a) aa) (4), 2. Abschnitt H. II. 2. a) aa) (5) und 3. Abschnitt E. II. 1.

form immer über demjenigen sämtlicher anderer Gesellschaftsformen in der jeweiligen Rechtsordnung liegt. Ein Höchstwert des Gesellschaftskapitals ist allerdings auch für diese Gesellschaftsrechtsform in keiner untersuchten Rechtsordnung vorgesehen. Außerdem ist zu beobachten, daß ebenfalls keine generelle Pflicht zur Anpassung des Gesellschaftskapitals an die beabsichtigte Unternehmenstätigkeit besteht. Die Angemessenheit der Kapitalisierung gehört also nicht grundsätzlich zum Bestandteil der Gründungskontrolle, wenngleich hier vermehrt Ausnahmen anzutreffen sind[2030].

Damit sich die Öffentlichkeit kapitalmäßig an der Gesellschaft beteiligen kann, ist die Zerlegung des Gesellschaftskapitals in einzelne Anteile erforderlich. Die Art und Weise der Zerlegung findet daher immer Eingang in den Inhalt des Gründungsgeschäfts. Soll eine Gesellschaft ihre Anteile am öffentlichen Kapitalmarkt anbieten können, setzt dies die freie Handelbarkeit bzw. Fungibilität ihrer Anteile an diesem Markt voraus. Aus diesem Grund handelt es sich bei den Anteilen dieser Gesellschaftsform grundsätzlich um Aktien, *actions* bzw. *shares*, die am Kapitalmarkt frei handelbar sind[2031]. Üblicherweise wird hierbei zwischen Namensaktien und Inhaberaktien differenziert[2032].

4. Besondere rechtsformspezifische Anforderungen an die Form

In allen untersuchten Rechtsordnungen unterscheidet man grundsätzlich zwischen formfreien Gesellschaftsverträgen, die nach Belieben schriftlich, mündlich, stillschweigend oder konkludent geschlossen werden können, und formgebundenen, zumeist schriftlichen Verträgen. Hierbei gilt zunächst das allgemeine Prinzip, daß der Gesellschaftsvertrag immer dann formfrei ist, wenn eine Gesellschaft nach ihrem jeweiligen Recht überhaupt nicht eintra-

[2030] In Frankreich beispielsweise erhöhen sich die gesetzlichen Vorgaben an das Mindestgesellschaftskapital im Falle der Gründung einer Versicherungsgesellschaft (mindestens 10 Mio. FF) oder einer Bankgesellschaft (mindestens 15 Mio. FF).

[2031] Vgl. im deutschen Recht zur AG 1. Abschnitt F. I. 2., im französischen Recht zur SA 2. Abschnitt H. I. 2. und im britischen Recht zur *public company* 3. Abschnitt E. I.

[2032] Im Vereinigten Königreich heißen Inhaberanteile „*bearer shares*" und die häufiger vorzufindenden registrierten (Namens-) Anteile „*registered shares*"; vgl. 3. Abschnitt E. i.V.m. D. II. 3. In Frankreich heißen Inhaberaktien „*actions au porteur*" und die weit verbreiteten Namensaktien „*actions nominatives*"; 2. Abschnitt H. II. 2. a) aa) (7). Zum deutschen Recht vgl. schließlich 1. Abschnitt F. II. 2. a) aa) (6).

gungsfähig ist[2033]. Des weiteren ist der Abschluß des Gründungsgeschäfts grundsätzlich formungebunden, wenn die Gesellschaft zwar eintragungsfähig ist, die Eintragung der Gesellschaft aber nicht die Entstehung einer juristischen Person zur Folge hat[2034]. Erst wenn die Eintragung der Gesellschaft zur Entstehung einer juristischen Person führt, muß das Gründungsgeschäft zumindest der Schriftform genügen[2035], wenngleich sich das Schriftformerfordernis nicht immer ausdrücklich aus dem Gesetz ergibt[2036]. Durch das Schriftformerfordernis ist gewährleistet, daß bei der Registereintragung die Urkunde über das Gründungsgeschäft mit eingereicht werden kann.

Eine Ausnahme vom bloßem Schriftformerfordernis sieht das deutsche Recht vor. Hier ist nicht nur die schriftliche Abfassung der Satzung einer GmbH bzw. einer AG erforderlich. Der Gesetzgeber verlangt darüber hinaus zwingend noch die notarielle Beurkundung der Satzung bzw. der Satzungsfeststellung[2037]. Damit stellt das deutsche Recht die höchsten Anforderungen

---

[2033] Dies ist bei der deutschen GbR, der französischen *société en participation* und der britischen *partnership* der Fall; vgl. 1. Abschnitt B. II. 2. b), 2. Abschnitt E. II. 2. b) und 3. Abschnitt B. II. 2. b).

[2034] Dies gilt in Deutschland für die OHG und für die KG, die zwar in das deutsche Handelsregister eingetragen werden (müssen), dadurch aber nicht den Status einer juristischen Person erlangen: vgl. 1. Abschnitt C. II. 2. b) und D. II. 3. Ähnlich liegt der Fall im Vereinigten Königreich bei der *limited partnership*. Auch hier ist die Registereintragung zur Gründung dieser Gesellschaftsform zwar zwingend vorgesehen; die Entstehung einer juristischen Person ist damit aber nicht verbunden; vgl. 3. Abschnitt C. II. 2.

[2035] Vgl. im deutschen Recht zur GmbH 1. Abschnitt E. II. 2. b), zur AG 1. Abschnitt F. II. 2. b); im französischen Recht zur *société civile* 2. Abschnitt B. II. 2. b), zur SNC 2. Abschnitt C. II. 2. b), zur SCS 2. Abschnitt D. i.V.m. C. II. 2. b), zum GIE 2. Abschnitt F. II. 2. b), zur SARL 2. Abschnitt G. II. 2. b), zur SA 2. Abschnitt H. II. 2. b); im britischen Recht zur *private company* 3. Abschnitt D. II. 2. b) und zur *public company* 3. Abschnitt E. i.V.m. D. II. 2. b).

[2036] Dies ist insbesondere in Großbritannien der Fall. Hier ergibt sich nur mittelbar aus dem Gesetz, daß das Gründungsgeschäft, das *memorandum of association*, auch schriftlich abgefaßt sein muß, indem es vorsieht, daß die Gesellschafter das *memorandum* „unterzeichnen" und dem *registrar* „einreichen" müssen, was natürlich nur möglich ist, wenn die Einigung über die Gesellschaftsgründung in eine körperliche Urkunde gefaßt ist; vgl. hierzu 3. Abschnitt D. II. 2. b). Möglicherweise hat der Gesetzgeber dieses Erfordernis für so selbstverständlich gehalten, daß er es deshalb nicht in das geschriebene Recht aufgenommen hat.

[2037] Vgl. zur GmbH 1. Abschnitt E. II. 2. b) und zur AG 1. Abschnitt F. II. 2. b). In Frankreich besteht demgegenüber grundsätzlich ein Wahlrecht zwischen privatschriftlicher Form (*sous seing privé*) und öffentlicher Beurkundung (*acte authentique*). Nur in Ausnahmefällen ist die öffentliche Beurkundung zwingend, beispielsweise wenn die Sacheinlage aus einem Grundstück besteht; vgl. hierzu 2. Abschnitt B. II. 2. b). Das britische Recht sieht überhaupt keine öffentliche Beurkundung für das *memorandum of association* vor; vgl. 3. Abschnitt D. II. 2. b).

an die Form des Gründungsgeschäfts auf, wenn mit Eintragung der Gesellschaft eine juristische Person entstehen soll[2038].

II. Organisationsstatut

Neben dem Abschluß eines privatrechtlichen Gründungsgeschäfts ist als weiteres Gründungselement regelmäßig die Benennung von Personen erforderlich, die befugt sind, für die Gesellschaft zu handeln. Die Anforderung an dieses Gründungselement hängt davon ab, welche Rechtsform die zu gründende Gesellschaft erlangen soll.

Prinzipiell wird bei Gesellschaften, die nicht durch Eintragung in ein Register den Status einer juristischen Person erlangen und bei denen nicht die Möglichkeit der Haftungsbeschränkung für ihre Gesellschafter besteht, die Geschäftsführung von sämtlichen Gesellschaftern übernommen[2039]. Bei diesen Gesellschaften handelt es sich um Personengesellschaften, das heißt, die Person des Gesellschafters ist für die übrigen Gesellschafter von einiger Bedeutung (intuitus personae). Aus diesem Grunde überträgt das Gesetz auch die Führung der Geschäfte der Gesellschaft allen Gesellschaftern, so daß die gesonderte Benennung einer oder mehrerer Personen zu Geschäftsführern

[2038] Gerade ein Vergleich mit den übrigen untersuchten Rechtsordnungen wirft hier allerdings die Frage auf, inwieweit diese hohen Anforderungen tatsächlich gerechtfertigt sind. Die notarielle Beurkundung wird zunächst mit einer materiellen Richtigkeitsgewähr begründet, da der Notar zur Prüfung des zu beurkundenden Gesellschaftsvertrages gesetzlich verpflichtet ist. Die Notwendigkeit dieser Prüfung scheint aber deshalb fraglich zu sein, weil bei der Eintragung der Gesellschaft in das Handelsregister der prüfende Registerrichter, verglichen mit den übrigen untersuchten Rechtsordnungen, über die umfangreichste Prüfungskompetenz verfügt. Der Sinn einer vorgeschalteten, zusätzlichen materiellen Prüfung durch einen Notar drängt sich daher nicht gerade auf. Die notarielle Beurkundung wird zum anderen mit der Beweissicherungsfunktion sowie der Schutz- und Warnfunktion der Beurkundung gegenüber den Vertragsparteien begründet. Soweit es die Beweissicherung angeht, wird diesem Bedürfnis durch die bloße Schriftform des Gesellschaftsvertrages sicherlich auch Genüge getan. Und wenn man schließlich die „Schutz- und Warnfunktion“ bei der Gründung einer Kapitalgesellschaft (!) überhaupt als erforderlich anzusehen vermag, wird diese in der Praxis bereits dadurch erfüllt, daß der Entwurf eines Gesellschaftsvertrages praktisch nie ohne Mitwirkung von Rechtsanwälten erfolgt und die Gesellschaftsgründer insoweit ohnehin auf qualifizierten Sachverstand zurückgreifen. Die notarielle Beurkundung empfindet man daher häufig nur als einen übertriebenen und im übrigen auch kostspieligen Formalismus, dessen Daseinsberechtigung bei einem Vergleich mit anderen Rechtsordnungen aus diesem Grunde hier in Frage gestellt wird.

[2039] Zu dieser Gruppe von Gesellschaften gehören die deutsche GbR (1. Abschnitt B.) und die OHG (1. Abschnitt C.), in Frankreich die *société en participation* (2. Abschnitt E.) und im Vereinigten Königreich die *partnership* (3. Abschnitt B.).

zwar möglich, für die Gesellschaftsgründung aber nicht zwingend erforderlich ist[2040]. Die Wahl einzelner Geschäftsführer ist in dieser Gruppe vom Prinzip der Selbstorganschaft bestimmt. Geschäftsführer kann also nur werden, wer zugleich auch Gesellschafter der Gesellschaft ist (keine Trennung von Leitungsfunktion und Mitgliedschaft)[2041].

Des weiteren ist zu beobachten, daß bei Gesellschaften, bei denen die Möglichkeit der Haftungsbeschränkung für einzelne Gesellschafter besteht, nur die unbeschränkt haftenden Gesellschafter zu Geschäftsführern ernannt werden können, während die beschränkt haftenden Gesellschafter grundsätzlich von der Geschäftsführung ausgeschlossen sind oder im Falle ihrer Beteiligung an der Geschäftsführung ihren Status als beschränkt haftender Gesellschafter verlieren[2042].

Wird schließlich die Gesellschaft in ein Register eingetragen und führt die Eintragung zur Entstehung einer juristischen Person, hat dies eine organschaftliche Verselbständigung der geschäftsführenden Personen zur Folge, die zwingend vor der Registeranmeldung bestellt werden müssen (Prinzip der zwingenden vorherigen Organbestellung)[2043]. Die Notwendigkeit der vorherigen Organbestellung ergibt sich aus dem Umstand, daß juristische Personen zum Zwecke ihrer Handlungsfähigkeit Organe benötigen, denen insbesondere auch die Besorgung der Registereintragung übertragen ist. Wenn die Eintragung zur Entstehung einer juristischen Person führt, gilt nicht mehr das Prinzip der Selbstorganschaft, sondern das Prinzip der Dritt- oder Fremdorgan-

---

[2040] Vgl. im deutschen Recht zur GbR 1. Abschnitt B. I. 2. und zur OHG 1. Abschnitt C. I. 2., im französischen Recht zur *société en participation* 2. Abschnitt E. I. 2. a) und im britischen Recht zur *partnership* 3. Abschnitt B. I. 2. d).

[2041] Vgl. die Verweise in der vorhergehenden Fußnote.

[2042] Vgl. im deutschen Recht zur KG 1. Abschnitt D. I. 2., im französischen Recht zur SCS 2. Abschnitt D. I. 2. und im britischen Recht zur *limited partnership* 3. Abschnitt C. I. 2.

[2043] Vgl. im deutschen Recht zur GmbH 1. Abschnitt E. I. 2., E. II. 3., zur AG 1. Abschnitt F. I. 2., F. II. 4.; im französischen Recht zur *société civile* 2. Abschnitt B. I. 2., B. II. 3., zum GIE 2. Abschnitt F. I. 2, F. II. 3., zur SARL 2. Abschnitt G. I. 2., G. II. 3., zur SA (zumindest beim *directoire*, also bei dem dem deutschen Recht entlehnten Organisationsmodell) 2. Abschnitt H. I. 2.; im britischen Recht zur *private company* 3. Abschnitt D. I. 2., D. II. 4. und zur *public company* 3. Abschnitt E. i.V.m. D. I. 2., D. II. 4. Bei der französischen SNC und SCS überträgt das Gesetz hingegen, gewissermaßen inkongruenterweise, die Geschäftsführung grundsätzlich sämtlichen Gesellschaftern, erlaubt aber die Bestellung einzelner Geschäftsführer, wovon in der Praxis wohl auch üblicherweise Gebrauch gemacht wird; vgl. zur SNC 2. Abschnitt C. I. 2., C. II. 3. und zur SCS 2. Abschnitt D. I. 2, D. II. 2.

schaft[2044]. In diesem Fall können auch gesellschaftsfremde Personen zu Geschäftsführern bestellt werden[2045].

Erhöht sich bei Gesellschaften mit der Möglichkeit der Finanzierung über den öffentlichen Kapitalmarkt die Anzahl der zwingend einzurichtenden Gesellschaftsorgane, müssen zur Gesellschaftsgründung auch diese Organe bestellt werden[2046].

III. Kapitalbildung

Die Bildung eines Gesellschaftskapitals oder zumindest die Vorbereitung derselben ist in allen untersuchten Rechtsordnungen bei allen Gesellschaftsformen als weiteres Gründungselement vorzufinden. Je nach Gesellschaftsform ist dieses Element ebenfalls unterschiedlich stark ausgeprägt. Zu beobachten ist auch hier, daß die Bedeutung des Gesellschaftskapitals sowie die Anforderungen an seine Bildung zunehmen, je mehr sich die Gesellschaftsrechtsform einer körperschaftlich organisierten Struktur annähert.

2044 Vgl. sämtliche Verweise in der vorhergehenden Fußnote.

2045 Interessanterweise wird dieses Prinzip in Frankreich auch für französische Personengesellschaften wie die *société civile* oder die SNC aufrechterhalten, obwohl man bei ihnen aufgrund ihrer personalistisch organisierten Gesellschaftsform eher eine Selbstorganschaft vermuten würde; vgl. zur *société civile* 2. Abschnitt B. I. 2., B. II. 3. und zur SNC 2. Abschnitt C. I. 2., C. II. 3. Daraus folgt, daß in allen Rechtsordnungen die Frage der Dritt- oder Selbstorganschaft nicht daran anknüpft, ob es sich um eine Kapital- oder Personengesellschaft handelt, sondern vielmehr an den Umstand der Entstehung einer juristischen Person.

2046 So erfolgt in Deutschland die Bestellung des ersten Aufsichtsrates einer AG in der Regel zusammen mit der notariell beurkundeten Satzungsfeststellung, und im Anschluß daran die schriftliche Bestellung des Vorstandes durch den Aufsichtsrat sowie die Bestellung eines Abschlußprüfers, vgl. 1. Abschnitt F. I. 2., F. II. 4. In Frankreich, wo das Gesetz für die SA zwei verschiedene Organisationsmodelle zur Wahl stellt, erfolgt die Bestellung der ersten Organe ähnlich. Zunächst werden in der Satzung die ersten Aufsichtsratsmitglieder bzw. Verwaltungsratsmitglieder sowie der Rechnungsprüfer bestellt, und dann wählen die Aufsichtsrats- bzw. Verwaltungsratsmitglieder nach Unterzeichnung der Satzung den Vorstand bzw. den *président du conseil d'administration* oder *président directeur général* (PDG), vgl. 2. Abschnitt H. I. 2. Das Recht des Vereinigten Königreiches kennt hingegen für die *company* kein dem Aufsichtsrat des deutschen und französischen Rechts vergleichbares Organ, so daß sich insoweit keine weiteren zwingenden Gründungserfordernisse ergeben, vgl. hierzu 3. Abschnitt E. i.V.m. D. I. 2., D. II. 4.

1. Gesellschaften mit unbeschränkt haftenden Gesellschaftern

Bei der Gründung einer Gesellschaft, deren sämtliche Gesellschafter unbeschränkt persönlich haften, findet eine tatsächliche Bildung des Gesellschaftskapitals im Zeitpunkt der Gründung grundsätzlich noch nicht statt, sondern wird nur vorbereitet. Hierfür genügt das bloße Versprechen bzw. die bloße Verpflichtung der Gesellschafter zur Leistung eines vermögenswerten Beitrages an die Gesellschaft, ohne daß die versprochenen Einlagen im Zeitpunkt der Gründung bereits tatsächlich geleistet sein müssen[2047]. Solange also alle Gesellschafter als persönlich Haftende zur Verfügung stehen, spielt die tatsächliche Bildung des Gesellschaftskapitals keine Rolle.

2. Gesellschaften mit Haftungsbeschränkung auf das Gesellschaftsvermögen

Soweit in einer Gesellschaft die persönliche Haftung der Gesellschafter beschränkt werden kann und als Haftungsmasse allein das Gesellschaftsvermögen zur Verfügung steht, erhöhen sich die Anforderungen an die Bildung des Gesellschaftskapitals. Hierbei ist das allgemeine Prinzip beobachten, daß die Beschränkung der Haftung auf das Gesellschaftsvermögen nicht möglich ist, ohne daß das Gesellschaftsvermögen zumindest bis zu einem gewissen Grad auch tatsächlich aufgebracht ist[2048]. Zwar kann man außerdem beobachten, daß es sich bei den Gesellschaften mit Haftungsbeschränkung auf das Gesellschaftsvermögen immer zugleich auch um juristische Personen handelt. Jedoch führt nicht die bloße Existenz einer weiteren, von der Gesamtheit der Gesellschafter unterscheidbaren Person dazu, daß ein Gesellschaftskapital gebildet werden muß, sondern nur der Umstand, daß kein Gesellschafter mehr

[2047] Vgl. im deutschen Recht zur GbR 1. Abschnitt B. II. 2. a) aa) (2) und zur OHG 1. Abschnitt C. II. 2. a) aa) (2); im französischen Recht zur *société civile* 2. Abschnitt B. II. 2. a) aa) (7), zur SNC 2. Abschnitt C. II. 2. a) aa) i.V.m. C. II. 2. a) aa) (6), zur *société en participation* 2. Abschnitt E. II. 2. a) und zum GIE 2. Abschnitt F. I.; im britischen Recht schließlich zur *partnership* 3. Abschnitt B. II. 2. a) aa) (1).

[2048] Vgl. im deutschen Recht zur GmbH 1. Abschnitt E. II. 4. und zur AG 1. Abschnitt F. II. 5.; im französischen Recht zur SARL 2. Abschnitt G. II. 4. und zur SA 2. Abschnitt H. II. 4.

persönlich zur Haftung herangezogen werden kann[2049]. Dann genügt nicht mehr die bloße Verpflichtung der Gesellschafter zur Erbringung einer konkreten Einlage, sondern nur noch die zumindest teilweise tatsächlich erbrachte Einlageleistung selbst.

Bei der Einlageleistung der Gesellschafter handelt es sich um die Erfüllung ihrer rechtsgeschäftlich begründeten Einlageverpflichtung. Die Einlageleistung kann nur durch Bar- oder Sacheinlagen, grundsätzlich aber nicht auch durch Dienstleistungen der Gesellschafter erfolgen[2050]. Grundsätzlich müssen Sacheinlagen wertmäßig geschätzt[2051] und vollständig geleistet werden[2052], während Bareinlagen zumindest zu einem Teil erbracht sein müssen[2053]. Eine Ausnahme zu den vorgenannten Prinzipien sieht allerdings das britische Recht vor[2054].

2049 In Frankreich existieren eine Reihe von Gesellschaften bzw. Personenvereinigungen, die zwar ab Registereintragung zu einer selbständigen juristischen Person werden, deren Gesellschafter bzw. Mitglieder aber gleichwohl alle weiterhin persönlich für Verbindlichkeiten der Gesellschaft haften. Dies ist bei der *société civile*, der SNC und dem GIE der Fall; vgl. 2. Abschnitt B. I. 2., C. I. 2. und F. I. 2. Aufgrund der persönlichen Haftung der Gesellschafter rückt die Bedeutung des Gesellschaftskapitals sowie seiner Bildung in den Hintergrund. Konsequenterweise verlangt das Gesetz für keine dieser Gesellschaftsformen im Zeitpunkt der Gründung die Bildung eines Mindestgesellschaftskapitals, sondern begnügt sich mit der Angabe des Gesellschaftskapitals im Gesellschaftsvertrag sowie mit der Bezeichnung der konkreten Einlageverpflichtung der Gesellschafter; beim GIE ist sogar keine der vorgenannten Bezeichnungen erforderlich; vgl. ebenda.

2050 Vgl. im deutschen Recht zur GmbH 1. Abschnitt E. II. 4. und E. III. 1., zur AG 1. Abschnitt F. II. 5. und F. III. 2.; im französischen Recht zur SARL 2. Abschnitt G. II. 4. und G. II. 2. a) aa) (5) und (8) (c) (hiernach sind Dienstleistungen nur in Ausnahmefällen zulässig, werden aber bei der Bildung des Gesellschaftskapitals nicht berücksichtigt) sowie schließlich zur SA 2. Abschnitt H. II. 4.

2051 Vgl. im deutschen Recht zur GmbH 1. Abschnitt E. III. 2., zur AG 1. Abschnitt F. III. 2.; im französischen Recht zur SARL 2. Abschnitt G. II. 2. a) aa) (8) (b) und zur SA 2. Abschnitt H. II. 4. b) i.V.m. H. II. 2. a) aa) (9).

2052 Vgl. im deutschen Recht zur GmbH 1. Abschnitt E. III. 2., zur AG 1. Abschnitt F. III. 1.; im französischen Recht zur SARL 2. Abschnitt G. II. 4. b) i.V.m. G. II. 2. a) aa) (8) (a) und zur SA 2. Abschnitt H. II. 4. b).

2053 Bei der GmbH muß ein Viertel von 25.000 Euro, insgesamt aber mindestens 12.500 Euro erbracht sein, vgl. 1. Abschnitt E. II. 4. a). Bei der AG handelt es sich um ein Viertel von 50.000 Euro, vgl. 1. Abschnitt F. II. 5.). Bei der französischen SARL müssen 50.000 FF bzw. umgerechnet etwa 7.600 Euro vollständig erbracht sein, vgl. 2. Abschnitt G. II. 4. i.V.m. G. II. 2. a) aa) (8) (a). Bei der SA schließlich schreibt das Gesetz die Hälfte von 250.000 FF bzw. von umgerechnet etwa 38.000 Euro vor, vgl. hierzu 2. Abschnitt H. II. 4. a).

2054 Die Gründung einer britischen *private company* hat zwar ebenso wie die der deutschen GmbH und der französischen SARL die Entstehung einer juristischen Person zur Folge, deren Gesellschafter sämtlich nur noch in Höhe ihrer Einlagen haften und darüber hinaus nicht persönlich für Gesellschaftsverbindlichkeiten einstehen müssen. Trotzdem verlangt das Gesetz nicht die tatsächliche Bildung eines Mindestgesellschaftskapitals, sondern läßt die bloße Ver-

3. Gesellschaften mit Finanzierungsmöglichkeit über den öffentlichen Kapitalmarkt

Besteht für die zu gründende Gesellschaft die Möglichkeit der Finanzierung über den öffentlichen Kapitalmarkt, setzt dies weitergehende Sicherungen im Hinblick auf das Gesellschaftskapital voraus. Zum einen erhöht sich das gesetzlich vorgeschriebene Mindestkapital[2055], zum anderen wird dessen Aufbringung gesetzlich strenger gehandhabt als bei einfachen Kapitalgesellschaften ohne Finanzierungsmöglichkeit über den öffentlichen Kapitalmarkt. So sind Dienstleistungen in keiner Rechtsordnung mehr einlagefähig[2056]. Außerdem sind geleistete Einlagen bis zur Eintragung der Gesellschaft blockiert, damit sie nicht nur im Zeitpunkt der Anmeldung, sondern auch im Zeitpunkt der Eintragung noch vollständig vorliegen[2057].

---

pflichtung der Gesellschafter zur Übernahme einer bestimmten Anzahl von Gesellschaftsanteilen genügen; vgl. 3. Abschnitt D. II. 1. i.V.m. D. II. 2. a) aa) (5). Diese sicherlich markanteste Besonderheit des britischen Rechts ist auf den Umstand zurückzuführen, daß im Vereinigten Königreich die tatsächliche Kapitalaufbringung nicht zum Gründungsvorgang einer Gesellschaft, auch nicht zu dem einer *company* zählt. Vielmehr bleibt es den Leitungsorganen der Gesellschaft überlassen, nach der Gesellschaftsgründung zum Zwecke der tatsächlichen Kapitalbildung durch einen sog. (bei der *private company* nichtöffentlichen) Aufruf zur Leistung versprochener Einlagen zu sorgen (*call on shares*). Einlagefähig sind dann Bar- und Sacheinlagen, im Unterschied zur GmbH und SARL aber auch Dienstleistungen. Sacheinlagen können von den Direktoren geschätzt werden, eine unabhängige Prüfung durch ein Gericht oder einen Sachverständigen findet hier nicht statt; vgl. 3. Abschnitt D. II. 2. a) aa) (5). Soweit es die *public company* angeht, gilt im Prinzip das gleiche: Für die bloße Gründung der Gesellschaft, also für die Ausstellung der Gründungsbescheinigung (*certificate of incorporation*), ist eine vorherige Leistung auf die übernommenen Einlagen nicht erforderlich. Allerdings bedarf diese Gesellschaftsform zur Aufnahme der Geschäfte einer Gewerbebescheinigung (*trading certificate*), die sie nur erhält, wenn auch ein Viertel des Mindestgesellschaftskapitals in Höhe von £ 50.000 eingezahlt worden ist; vgl. 3. Abschnitt E. II. 2. Insoweit sind nur Bar- und Sacheinlagen zulässig, Dienstleistungen sind ausgeschlossen. Schließlich werden Sacheinlagen ähnlich wie in den übrigen untersuchten Rechtsordnungen von einer unabhängigen dritten Person (*auditor*) geschätzt; vgl. hierzu insgesamt 3. Abschnitt E. II. 2.

[2055] Vgl. zur AG 1. Abschnitt F. II. 2. a) aa) (4) (mindestens 50.000 Euro gegenüber 25.000 Euro bei einer GmbH), zur SA 2. Abschnitt H. II. 2. a) aa) (5) (mindestens 250.000 FF gegenüber 50.000 FF bei einer SARL) und zur *public limited company* 3. Abschnitt E. II. 1. (mindestens £ 50.000 gegenüber überhaupt keinem Mindestgesellschaftskapital bei der *limited company*).

[2056] Vgl. zur AG 1. Abschnitt F. III. 2., zur SA 2. Abschnitt H. II. 4. im Vergleich zu der Regelung zur SARL 2. Abschnitt G. II. 2. a) aa) (5) und (8) und zur *public company* 3. Abschnitt E. II. 2. im Vergleich zu der Regelung zur *limited company* 3. Abschnitt D. II. 2. a) aa) (5).

[2057] Vgl. zur AG 1. Abschnitt F. II. 8. b), zur SA 2. Abschnitt H. II. 4. a) und zur *public company* 3. Abschnitt E. II. 2. Bei der *public company* ergibt sich die „Sperre“ aus dem Umstand, daß die Mindesteinlageleistung nach Ausstellung der Gründungsbescheinigung (*certificate of incorporation*), also nach Gründung der Gesellschaft nachzuweisen ist, nämlich im Zeitpunkt der Beantragung der Gewerbebescheinigung (*trading certificate*).

IV. Publizität

In allen untersuchten Rechtsordnungen gehört schließlich das Element der Publizität zum Gründungsvorgang einer Gesellschaft. Ebenso wie bei den zuvor erörterten Gründungschritten ist auch bei der Publizität zunächst folgende Gemeinsamkeit zu beobachten: Die Anforderungen an das Element, hier also das Auftreten der Gesellschaft nach außen, erhöhen sich stetig, je mehr sich die zu gründende Gesellschaft ihrer Rechtsnatur nach einer körperschaftlichen Ausgestaltung annähert. Ausgehend von einfach strukturierten Personengesellschaften ohne Beschränkung der persönlichen Haftung einzelner Gesellschafter reichen die Anforderungen bei körperschaftlich organisierten Kapitalgesellschaften bis zur zwingenden Beschreitung eines umfangreichen Eintragungsverfahrens[2058]. Als weitere Gemeinsamkeit ist zu erkennen, daß eine Gesellschaft den Status einer juristischen Person nur dann erhalten kann, wenn sie zuvor in ein Register eingetragen wird[2059].

1. Aufnahme der Geschäfte

In allen untersuchten Rechtsordnungen gibt es Gesellschaftsformen, für die das jeweilige Recht nicht die Möglichkeit der Registereintragung vorsieht[2060].

[2058] In Frankreich ist allerdings die Besonderheit zu beachten, daß hier alle Gesellschaften mit Ausnahme der *société en participation* in das französische Handels- und Gesellschaftsregister eingetragen werden müssen und demzufolge alle Gesellschaften auch das umfangreiche Eintragungsverfahren zu durchschreiten haben. Daher gilt der vorgenannte Grundsatz der stetigen Steigerung der Publizitätsanforderungen hier nur eingeschränkt.

[2059] Vgl. im deutschen Recht zur GmbH 1. Abschnitt E. II. 5. a), zur AG 1. Abschnitt F. II. 8. a); im französischen Recht zur *société civile* 2. Abschnitt B. II. 4., zur SNC 2. Abschnitt C. II. 4., zur SCS 2. Abschnitt D. II. 3., zum GIE 2. Abschnitt F. I. 2. i.V.m. F. II. 4., zur SARL 2. Abschnitt G. II. 5., zur SA 2. Abschnitt H. II. 7. a); im britischen Recht zur *private company* 3. Abschnitt D. II. 5. a) und zur *public company* 3. Abschnitt E. i.V.m. D. II. 5. Bei den britischen *companies* ist über die Eintragung in ein Register hinaus noch die Ausstellung einer Gründungsbescheinigung (*certificate of incorporation*) erforderlich. Erst ab dem in dieser Bescheinigung angegebenen Datum gilt die *company* als selbständige juristische Person, vgl. 3. Abschnitt D. II. 5. a).

[2060] Die deutsche GbR, die französische *société en participation* sowie die britische *partnership* können weder zum Zwecke der konstitutiven Gründung, noch zum Zwecke der deklaratorischen Kundgabe der Gesellschaftsgründung in ein Register eingetragen werden; vgl. 1. Abschnitt B. II. 3., 2. Abschnitt E. I. 2. und 3. Abschnitt B. II. 3. Für die OHG, die sich von der GbR nur insoweit unterscheidet, als daß ihr Gesellschaftsgegenstand auf den Betrieb eines Handelsgewerbes gerichtet ist, sieht das deutsche Recht zwei Publizitätsmittel vor. Einerseits kann sie in das Handelsregister eingetragen werden, wozu die Gesellschafter auch prinzipiell verpflichtet sind. Für

Diesen Gesellschaftsformen steht als Publizitätsmittel nur die Aufnahme der Geschäfte zur Verfügung[2061]. „Aufnahme der Geschäfte" bedeutet, daß ein oder mehrere Gesellschafter als solche bzw. im Namen der Gesellschaft auftreten müssen. Rechtsgeschäfte, die zwar zugunsten der Gesellschaft, aber lediglich im eigenen Namen und ohne Hinweis auf das Vorhandensein der Gesellschaft abgeschlossen werden, genügen insoweit nicht[2062]. Für das Auftreten „im Namen der Gesellschaft" ist allerdings Voraussetzung, daß die Gesellschaft überhaupt über einen Namen verfügt. Soweit die Verwendung einer Firma im Sinne einer Korporationsbezeichnung mangels Registereintragung oder Kaufmannseigenschaft ausscheidet[2063], ist in allen untersuchten Rechtsordnungen die Teilnahme am Rechtsverkehr unter einem „Gesellschaftsnamen" möglich, welcher zwar nicht mit einer Firma im vorgenannten Sinne

---

ihre Gründung reicht aber auch das bloße Hervortreten der Gesellschafter nach außen aus, also die reine Aufnahme der Geschäfte der Gesellschaft. Diese Wahl zwischen mehreren Kundgebungsmöglichkeiten besteht bei keiner weiteren der untersuchten Gesellschaftsformen, allerdings läßt sich eine interessante funktionale Parallele im französischen Recht erkennen. Hier sind alle Gesellschaften, mit Ausnahme der *société en participation*, in das französische Handels- und Gesellschaftsregister einzutragen. Ein anderes Publizitätsmittel besteht für diese Gesellschaften somit nicht. Daher kann auch die SNC, eine Personengesellschaft zum Zwecke des Betriebs eines Handelsgewerbes, nur durch Registereintragung, nicht aber wie die deutsche OHG auch durch bloße Aufnahme der Geschäfte ins Leben gerufen werden. Dennoch ist die Gründung einer Gesellschaft zum Zwecke des Betriebs eines Handelsgewerbes durch bloße Aufnahme der Geschäfte der Gesellschaft in Frankreich nicht ausgeschlossen. Denn die *société en participation*, die weder in das Register eingetragen werden muß noch kann, darf in Frankreich auch zulässigerweise zum Zwecke des Betriebs eines Handelsgewerbes gewählt werden, was einer deutschen GbR hingegen verwehrt ist. Insoweit übernimmt die *société en participation* dann die Funktion einer OHG, die durch bloße Aufnahme der Geschäfte gegründet werden kann, während die SNC funktional der OHG entspricht, wenn diese durch Registereintragung gegründet werden soll. Daraus folgt, daß beide Rechtsordnungen das gleiche Ziel nur auf unterschiedlichem Wege erreichen. Im britischen Recht stellt sich die aufgeworfene Problematik von vornherein nicht, da es dort kein Sonderrecht für Kaufleute gibt.

2061 Vgl. zur GbR 1. Abschnitt B. II. 3., zur *société en participation* 2. Abschnitt E. I. 2. a) und zur *partnership* 3. Abschnitt B. II. 3. Die deutsche GbR und die französische *société en participation* können sogar als bloße Innengesellschaft geführt werden, d.h. ein Auftreten nach außen muß bei ihnen überhaupt nicht stattfinden; vgl. 1. Abschnitt B. I. 2. a) und 2. Abschnitt E. I. 2. a).

2062 Vgl. zur GbR 1. Abschnitt B. II. 3., zur *société en participation* 2. Abschnitt E. I. 2. a) und zur *partnership* 3. Abschnitt B. II. 3. i.V.m. B. I. 2. a).

2063 Der deutschen GbR ist das Recht zur Führung einer Firma im Sinne einer Korporationsbezeichnung versagt, da ihr Gesellschaftsgegenstand, worauf das deutsche Recht abstellt, nicht auf den Betrieb eines Handelsgewerbes gerichtet sein darf und sie somit keine Kaufmannseigenschaft besitzen kann, vgl. 1. Abschnitt B. I. 2. c). Die *société en participation* und die *partnership* dürfen ebenfalls keine Firma im Sinne einer Korporationsbezeichnung führen, und zwar, worauf das

gleichzusetzen ist, aber immerhin eine Unterscheidung der Gesellschaft von ihren einzelnen Mitgliedern erlaubt. Dieser Gesellschaftsname kann grundsätzlich frei gewählt werden, unterliegt also keiner vorherigen behördlichen Einwilligung, und kann in Anlehnung an das Firmenrecht der untersuchten Rechtsordnungen in Form von Personen-, Sach- sowie Phantasiebezeichnungen geführt werden[2064].

2. Eintragung in ein Gesellschaftsregister

In allen untersuchten Rechtsordnungen gibt es Gesellschaftsformen, für die das Gesetz die Eintragung in ein Register vorsieht. Dieses Register könnte man allgemein als „Gesellschaftsregister" bezeichnen[2065]. Die Registereintragung ist unabdingbare Voraussetzung für die Beschränkung der Haftung auf das Gesellschaftsvermögen[2066] und vor allem für die Entstehung einer juristischen Person[2067]. Das Publizitätsverfahren zum Zwecke der Entstehung einer

---

französische und britische Recht abstellt, mangels eigener Rechtspersönlichkeit, vgl. 2. Abschnitt E. I. 2. b) und 3. Abschnitt B. I. 2. c).

[2064] Vgl. zur GbR 1. Abschnitt B. I. 2. c), zur *société en participation* 2. Abschnitt E. I. 2. b) und zur *partnership* 3. Abschnitt B. I. 2. c). Wird der Name einer *partnership* (*firm-name*) nicht ausschließlich aus den Namen sämtlicher Partner gebildet, ist eine vorherige schriftliche Erlaubnis des *Secretary of State* erforderlich, wenn die Bezeichnung voraussichtlich den Eindruck erweckt, mit der britischen Regierung (*Her Majesty's Government*) oder mit einer örtlichen Behörde (*local authority*) im Zusammenhang zu stehen; vgl. 3. Abschnitt B. I. 2. c).

[2065] Im deutschen Recht wird das Register als „Handelsregister" bezeichnet, vgl. 1. Abschnitt C. II. 3. a). Im französischen Recht hieß das Register früher ebenfalls nur „*Registre du commerce*". Erst seitdem das Gesetz auch für die *société civile*, die ihrer Rechtsnatur nach keine Handelsgesellschaft ist, die Eintragung in das Register vorsieht, wird dieses nun „*Registre du commerce et des sociétés*" bezeichnet; vgl. 2. Abschnitt B. II. 4. Mangels gesonderter Regelungen für Kaufleute im britischen Recht gibt es dort kein allgemeines Handelsregister, sondern vielmehr einen sog. *Registrar of companies*, einen Registrierungsbeamten des britischen Handels- und Wirtschaftsministeriums, der die Anträge zur Eintragung der Gesellschaft entgegennimmt und die anzumeldende *company* amtlich einträgt; vgl. 3. Abschnitt D. II. 5. a).

[2066] Ohne Registereintragung ist also eine Haftungsbeschränkung nicht möglich, vgl. zur KG 1. Abschnitt D. II. 5., zur GmbH 1. Abschnitt E. II. 5., zur AG 1. Abschnitt F. II. 8., zur SCS 2. Abschnitt D. II. 3. i.V.m. D. I. 2., zur SARL 2. Abschnitt G. II. 5., zur SA 2. Abschnitt H. II. 7., zur *limited partnership* 3. Abschnitt C. II. 4., zur *private company* 3. Abschnitt D. II. 5. und zur *public company* 3. Abschnitt E. i.V.m. D. II. 5.

[2067] Vgl. oben 4. Abschnitt B. IV. Juristische Personen und damit eintragungspflichtig sind in Deutschland und Großbritannien zunächst die Kapitalgesellschaftsformen GmbH und AG sowie die *private* und *public company*. In Frankreich zählen neben den Kapitalgesellschaften SARL und SA auch die besondere Personenvereinigung GIE sowie die Personengesellschaften SNC, SCS und *société civile* zu den eintragungspflichtigen Gesellschaften, die mit Registereintragung den Status einer juristischen Person einnehmen. Im französischen Recht zeigt sich auch, daß die Eintragung

juristischen Person weist, wenn auch mit Unterschieden im einzelnen, in allen Rechtsordnungen die gleiche wesentliche Struktur auf: Zunächst bedarf es eines Antrags auf Eintragung der Gesellschaft, eine Zwangseintragung ist in keiner untersuchten Rechtsordnung vorzufinden. Nach einer Prüfung des Antrags durch die zuständige Stelle erfolgt die grundsätzlich konstitutive Eintragung der Gesellschaft in ein Register und anschließend eine deklaratorische Bekanntmachung der Eintragung[2068].

a) *Antrag auf Eintragung*

Grundsätzlich setzt die Eintragung einer Gesellschaft in ein entsprechendes Register eine vorherige schriftliche Anmeldung voraus. Eine Zwangseintragung existiert insoweit in keiner der untersuchten Rechtsordnungen[2069]. Führt die Eintragung der Gesellschaft zur Entstehung einer juristischen Person,

---

der Gesellschaft mit Entstehung einer juristischen Person nicht immer zugleich auch mit einer Haftungsbeschränkung auf das Gesellschaftsvermögen einhergehen muß: Neben den Kapitalgesellschaften SARL und SA zählen auch die besondere Personenvereinigung GIE sowie die Personengesellschaften SNC, SCS und *société civile* zu den eintragungspflichtigen Gesellschaften, die mit Registereintragung den Status einer juristischen Person einnehmen. Gleichwohl bleibt die persönliche Haftung der Gesellschafter bei den Personengesellschaften ohne Haftungsbeschränkung, also bei der *société civile*, der SNC und dem GIE, weiterhin vollständig erhalten; vgl. 2. Abschnitt B. I. 2., C. I. 2. und F. I. 2. Nur die Eintragung der SCS führt zur beschränkten Haftung der Kommanditisten, wie dies aber auch bei der deutschen KG und der britischen *limited partnership* der Fall ist; vgl. zur SCS 2. Abschnitt D. I. 2., zur KG 1. Abschnitt D. I. 2. i.V.m. D. II. 5. und zur *limited partnership* 3. Abschnitt C. I. 2.

[2068] Die aufgezeigte Grundstruktur des Publizitätsverfahrens gilt auch dann, wenn die Eintragung nicht zur Entstehung einer juristischen Person führt. Allerdings sind die Anforderungen an die Registereintragung insgesamt geringer. Ausreichend ist z.B. ein schriftlicher Antrag zur Anmeldung, der nur wenige Angaben enthalten muß. Hierzu zählen im wesentlichen Angaben über die Identität der Gesellschafter, die Firma, den Sitz, den Zeitpunkt der Geschäftsaufnahme sowie vor allem die Benennung der beschränkt haftenden Gesellschafter sowie die Bestimmung der jeweiligen Einlagen, vgl. zur KG 1. Abschnitt D. II. 5. i.V.m. C. II. 3. a) aa) und zur *limited partnership* 3. Abschnitt C. II. 4. Die Einreichung des Gründungsgeschäfts bzw. Gesellschaftsvertrages ist nicht erforderlich, weshalb dieser auch formlos geschlossen werden kann, vgl. 1. Abschnitt D. II. 3. und 3. Abschnitt C. II. 2. In der Praxis dürfte dies aber dennoch selten vorkommen.

[2069] Vgl. im deutschen Recht zur GmbH 1. Abschnitt E. II. 5. a), zur AG 1. Abschnitt F. II. 8. b); im französischen Recht zur *société civile* 2. Abschnitt B. II. 4. d) aa), zur SNC 2. Abschnitt C. II. 4. i.V.m. B. II. 4. d) aa), zur SCS 2. Abschnitt D. II. 3. i.V.m. C. II. 4. i.V.m. B. II. 4. d) aa), zum GIE 2. Abschnitt F. II. 4. i.V.m. B. II. 4. d) aa), zur SARL 2. Abschnitt G. II. 5. i.V.m. B. II. 4. d) aa), zur SA 2. Abschnitt H. II. 7. i.V.m. B. II. 4. d) aa); im britischen Recht zur *private company* 3. Abschnitt D. II. 5. und zur *public company* 3. Abschnitt E. i.V.m. D. II. 5.

spricht man insoweit vom Prinzip der konstitutiven Registereintragung[2070]. Zu den einzureichenden Unterlagen gehört in jeder Rechtsordnung das Gründungsgeschäft, um die wesentlichen Informationen über die Gesellschaft zu erfahren; es bedarf außerdem in jeder Ordnung einer Legitimation des Geschäftsführungs- bzw. Geschäftsleitungsorgans, um die Handlungsfähigkeit der Gesellschaft unter Beweis zu stellen[2071]. Wenn und soweit das Gesellschaftskapital eine Haftungsrolle in der Gesellschaft übernimmt, müssen zudem noch die Beträge der Bareinlagen sowie der Wert der Sacheinlagen ausdrücklich benannt werden[2072].

b) Prüfung des Antrags durch die zuständige Stelle

Als weiteren Schritt im Publizitätsverfahren bedarf es einer Prüfung des Eintragungsantrags durch die zuständige Stelle. Bei der Untersuchung dieses Publizitätsschrittes stößt man zunächst auf die erste strukturelle Gemeinsamkeit, daß sich die örtliche Zuständigkeit der Registerstelle in allen untersuchten Rechtsordnungen nach dem Sitz bzw. Gründungsort der einzutragenden Gesellschaft richtet[2073]. Sachlich zuständig für die Prüfung des Antrags ist

[2070] Vgl. im deutschen Recht zur GmbH 1. Abschnitt E. II. 5. a), zur AG 1. Abschnitt F. II. 8. d); im französischen Recht zur *société civile* 2. Abschnitt B. II. 4., zur SNC 2. Abschnitt C. II. 4. i.V.m. B. II. 4., zur SCS 2. Abschnitt D. II. 3. i.V.m. C. II. 4. i.V.m. B. II. 4., zum GIE 2. Abschnitt F. II. 4. i.V.m. B. II. 4., zur SARL 2. Abschnitt G. II. 5. i.V.m. B. II. 4., zur SA 2. Abschnitt H. II. 7. i.V.m. B. II. 4.; im britischen Recht zur *private company* 3. Abschnitt D. II. 5. a) und zur *public company* 3. Abschnitt E. i.V.m. D. II. 5. a).

[2071] Vgl. im deutschen Recht zur GmbH 1. Abschnitt E. II. 5. b), zur AG 1. Abschnitt F. II. 8. b); im französischen Recht zur *société civile* 2. Abschnitt B. II. 4. d) bb) i.V.m. B. II. 4. c), zur SNC 2. Abschnitt C. II. 4. i.V.m. B. II. 4. d) bb) i.V.m. B. II. 4. c), zur SCS 2. Abschnitt D. II. 3. i.V.m. C. II. 4. i.V.m. B. II. 4. d) bb) i.V.m. B. II. 4. c), zum GIE 2. Abschnitt F. II. 4. i.V.m. B. II. 4. d) bb) i.V.m. B. II. 4. c), zur SARL 2. Abschnitt G. II. 5. i.V.m. B. II. 4. d) bb) i.V.m. B. II. 4. c), zur SA 2. Abschnitt H. II. 7. i.V.m. B. II. 4. d) bb) i.V.m. B. II. 4. c); im britischen Recht zur *private company* 3. Abschnitt D. II. 5. b) und zur *public company* 3. Abschnitt E. i.V.m. D. II. 5. b).

[2072] Vgl. im deutschen Recht zur GmbH 1. Abschnitt E. II. 5. b), zur AG 1. Abschnitt F. II. 8. b) und F. III. 4.; im französischen Recht zur SARL 2. Abschnitt G. II. 5., zur SA 2. Abschnitt H. II. 7. c); im britischen Recht zur *public company* 3. Abschnitt E. II. 2.

[2073] Vgl. im deutschen Recht zur GmbH 1. Abschnitt E. II. 5. c), zur AG 1. Abschnitt F. II. 8. b); im französischen Recht zur *société* allgemein 2. Abschnitt B. II. 4. d) aa); im britischen Recht zur *company* allgemein 3. Abschnitt D. II. 5. c). Unterschiede finden sich hingegen bei der Belegenheit der Registerstelle. Diese befinden sich in Deutschland und in Frankreich lokal bei den Amtsgerichten bzw. Handelsgerichten, während die Registerstellen im Vereinigten Königreich zentral

eine mit staatlichen Befugnissen ausgestattete Prüfungsstelle, die zumindest eine formelle Prüfungskompetenz besitzt[2074]. Sobald die gesetzlichen Voraussetzungen für eine Eintragung vorliegen, hat diese auch zu erfolgen (Normativsystem); eine Zweckmäßigkeitskontrolle findet beim Eintragungsverfahren also nicht statt[2075].

c) *Eintragung und Bekanntmachung*

In allen Rechtsordnungen werden die zu gründenden Gesellschaften nach der Prüfung durch die zuständige Stelle in ein Register eingetragen[2076]. Anschließend wird der konstitutive Gründungsakt in den nationalen Amtsblättern bekanntgemacht[2077].

---

anzutreffen sind, nämlich für England und Wales in Cardiff, für Schottland in Edinburgh und für Nordirland in Belfast.

[2074] Vgl. im deutschen Recht zur GmbH 1. Abschnitt E. II. 5. c), zur AG 1. Abschnitt F. II. 8. c); im französischen Recht zur *société* allgemein 2. Abschnitt B. II. 4. d) aa) i.V.m. cc); im britischen Recht zur *company* allgemein 3. Abschnitt D. II. 5. c). Bei diesem Punkt sind im einzelnen ebenfalls einige deutliche Unterschiede zu beobachten. Während in Frankreich und im Vereinigten Königreich die Prüfung des Eintragungsantrags einem Beamten („*greffier*“ bzw. „*registrar of companies*“) obliegt, ist in Deutschland hierfür ein Registerrichter zuständig. Entsprechend unterschiedlich gestaltet sich dann auch der Prüfungsumfang der prüfenden Person. Während der französische *greffier* und der britische *registrar of companies* im Prinzip nur eine formelle, nicht aber auch eine materielle Prüfungskompetenz besitzen, darf der deutsche Registerrichter über die bloße formelle Prüfung der Ordnungsmäßigkeit des Antrags hinaus auch prüfen, ob die gemachten Angaben selbst materiell richtig sind. Damit reicht die Prüfungskompetenz des deutschen Registerrichters deutlich weiter als die des französischen *greffier* und britischen des *registrar of companies*.

[2075] Vgl. im deutschen Recht zur GmbH 1. Abschnitt E. II. 5. c) und d), zur AG 1. Abschnitt F. II. 8. c) und d); im französischen Recht zur *société* allgemein 2. Abschnitt B. II. 4. d) cc); im britischen Recht zur *company* allgemein 3. Abschnitt D. II. 5. c).

[2076] In Deutschland und in Frankreich erfolgt die Eintragung in das Handelsregister bzw. in ein alphabetisches Verzeichnis (*fichier alphabétique*); vgl. 1. Abschnitt E. II. 5. d) und 2. Abschnitt B. II. 4. d) dd). Im Vereinigten Königreich gibt es zwar auch eine amtliche Registereintragung einschließlich der Verleihung einer Registernummer (*company's registered number*); vgl. 3. Abschnitt D. II. 5. c) und d). Diese Eintragung findet aber weitaus weniger Beachtung als die vorerwähnte Eintragung einer Gesellschaft in Frankreich und in Deutschland. Dies liegt daran, daß in Deutschland und Frankreich die Gesellschaft mit der Registereintragung den Status einer selbständigen juristischen Person erlangt, während im Vereinigten Königreich für eine *company* noch eine Gründungsbescheinigung (*certificate of incorporation*) ausgestellt wird. Erst ab dem in dieser Bescheinigung genannten Datum erhält die *company* den Status einer juristischen Person; vgl. 3. Abschnitt D. II. 5. d). Deshalb ist dort das Augenmerk eher auf diese Gründungsbescheinigung gerichtet, welche dem deutschen und französischen Recht in dieser Form fremd ist.

[2077] In Deutschland erfolgt die Bekanntmachung im Bundesanzeiger (1. Abschnitt E. II. 5. d)), in Frankreich im Amtsblatt für zivil- und handelsrechtliche Anzeigen (*Bulletin officiel des annonces*

V. Gründungsmängel

In jeder untersuchten Rechtsordnung lassen sich Regelungen darüber finden, was geschehen soll, wenn die Gründung einer Gesellschaft mit einem Mangel behaftet ist. Grundsätzlich gilt das allgemeine Prinzip, daß eine rückwirkende Beseitigung der Gesellschaft ausgeschlossen ist. Kommt es also infolge eines Gründungsmangels zur gerichtlichen Auflösung der Gesellschaft, entfaltet diese grundsätzlich nur Wirkung für die Zukunft und wirkt nicht zurück in die Vergangenheit (ex nunc-Wirkung)[2078]. Die Geltendmachung eines oder mehrerer bestimmter Fehler ist möglich, soweit diese nicht tatsächlich geheilt sind oder als solche angesehen werden[2079]. Allerdings läßt sich auch erkennen, daß für die Geltendmachung auch nur bestimmte, gravierende Mängel in Frage kommen[2080].

VI. Gründerhaftung

Grundsätzlich haften die Gründer einer Gesellschaft gesamtschuldnerisch für die schuldhafte Verletzung von Gründungsvorschriften[2081]. Allerdings sind in

---

civiles et commerciales, BODACC) (2. Abschnitt B. II. 4. d) dd)) und im Vereinigten Königreich in der *London, Edinburgh* bzw. *Belfast Gazette* (3. Abschnitt D. II. 5. e)). Für Gesellschaften, die in England und Wales registriert sind, gilt die *London Gazette*, für in Schottland registrierte *companies* die *Edinburgh Gazette* und für in Nordirland registrierte Gesellschaften die *Belfast Gazette*.

2078 Vgl. im deutschen Recht zur GbR 1. Abschnitt B. III., zur OHG 1. Abschnitt C. III., zur KG 1. Abschnitt D. i.V.m. C. III., zur GmbH 1. Abschnitt E. V., zur AG 1. Abschnitt F. V.; im französischen Recht zur *société civile* 2. Abschnitt B. III., zur SNC 2. Abschnitt C. III., zur SCS 2. Abschnitt D. i.V.m. C. III., zur *société en participation* 2. Abschnitt E. III., zum GIE 2. Abschnitt F. III., zur SARL 2. Abschnitt G. III., zur SA 2. Abschnitt H. III. i.V.m. G. III.; im britischen Recht zur *partnership* 3. Abschnitt B. III. (hier sind *prohibited* oder *illegal partnerships* grundsätzlich nichtig, unabhängig davon, ob den Gesellschaftern die entsprechenden Gründe bekannt sind oder nicht, und gelangen nicht zur Entstehung (*incapable of creation*)), zur *limited partnership* 3. Abschnitt C. i.V.m. B. III., zur *private company* 3. Abschnitt D. VI. und zur *public company* 3. Abschnitt E. i.V.m. D. VI.

2079 Im englischen Recht zum Beispiel gilt grundsätzlich die unwiderlegbare (!) Vermutung, daß mit Ausstellung des *certificate of incorporation* die Gründungsvoraussetzungen vorgelegen haben. Sollten Gründungsmängel bestanden haben, gelten diese als geheilt; vgl. *Fischer-Zernin*, Erste EWG-Richtlinie, S. 167. Vgl. im übrigen die Verweise in der vorherigen Fußnote.

2080 Vgl. die Verweise in den beiden vorherigen Fußnoten sowie zu den Beschränkungen der Nichtigkeitsgründe im einzelnen *Fischer-Zernin*, Erste EWG-Richtlinie, S. 159 ff.

2081 Vgl. im deutschen Recht zur GmbH 1. Abschnitt E. V., zur AG 1. Abschnitt F. V.; im französischen Recht zur *société civile* 2. Abschnitt B. III., zur SNC 2. Abschnitt C. III., zur SCS

den untersuchten Rechtsordnungen nur dann Regelungen zur Gründerhaftung vorzufinden, wenn das Gesetz für die Gesellschaft die Eintragung in ein Register zum Zwecke der Entstehung einer juristischen Person vorsieht, und zwar unabhängig davon, ob die Gesellschafter unbeschränkt oder beschränkt persönlich haften[2082].

---

2. Abschnitt D. i.V.m. C. III., zur SARL 2. Abschnitt G. III., zur SA 2. Abschnitt H. III. i.V.m. G. III.

[2082] Vgl. im deutschen Recht zur GmbH 1. Abschnitt E. V., zur AG 1. Abschnitt F. V.; im französischen Recht zur *société civile* 2. Abschnitt B. III., zur SNC 2. Abschnitt C. III., zur SCS 2. Abschnitt D. i.V.m. C. III., zum GIE 2. Abschnitt F. III., zur SARL 2. Abschnitt G. III., zur SA 2. Abschnitt H. III. i.V.m. G. III. Eine Ausnahme hiervon sieht das britische Recht vor, in dem Regelungen zur Haftung der Gründer für die ordnungsgemäße Gesellschaftsgründung überhaupt nicht anzutreffen sind; vgl. zur *private company* 3. Abschnitt D. VI. und zur *public company* 3. Abschnitt E. i.V.m. D. VI. Dies mag daran liegen, daß nach dem britischen Recht mit Ausstellung des *certificate of incorporation* eine unwiderlegbare Vermutung dafür begründet wird, daß alle Gründungsvoraussetzungen vorgelegen haben. Daher bleibt natürlich entsprechend wenig Raum für eine Schadensersatzpflicht.

5. Abschnitt: Ergebnis - Gemeineuropäische Prinzipien für die Gründung von Gesellschaften

Die vorliegende Arbeit zeigt, daß in den untersuchten Rechtsordnungen viele strukturelle Gemeinsamkeiten existieren, die die Basis für ein einheitliches Gesellschaftsrecht in Europa bilden. Nachstehend soll nun der Versuch unternommen werden, die Ergebnisse der rechtsvergleichenden Analyse in Form gemeineuropäischer Prinzipien zusammenzufassen, die die allgemeingültige Essenz der verglichenen Gründungsregeln für Gesellschaften ausmachen.

Die Gründung einer Gesellschaft

§ 1 Gründungsgeschäft

(1) Zur Gründung einer Gesellschaft ist ein privatrechtliches Rechtsgeschäft (Gründungsgeschäft) erforderlich.

(2) Das Gründungsgeschäft hat grundsätzlich den Charakter eines Gesellschaftsvertrags, bei Gesellschaften mit eigener Rechtspersönlichkeit den einer Satzung.

§ 2 Inhalt des Gründungsgeschäfts

(1) Mit Abschluß des Gründungsgeschäfts verpflichtet sich jeder Gesellschafter zur Verfolgung eines gemeinsamen Zwecks sowie zur Erbringung einer Förderleistung.

(2) Ist die Gesellschaft auf die Erlangung einer eigenen Rechtspersönlichkeit angelegt, so muß das Gründungsgeschäft (Satzung) enthalten:

1. die Rechtsform der Gesellschaft,
2. den Gesellschaftsnamen,
3. den Gesellschaftssitz oder Gründungsort,
4. den Gesellschaftsgegenstand.

(3) Ist bei der Gesellschaft die Haftung auf das Gesellschaftsvermögen beschränkt, so muß im Gründungsgeschäft (Satzung) zusätzlich angegeben werden:

1. das Haftungsregime der Gesellschaft,
2. der Betrag des Gesellschaftskapitals,
3. der jeweilige Nennbetrag der von den Gesellschaftern übernommenen Gesellschaftsanteile.

Sollen die zur Aufbringung des Gesellschaftskapitals zu leistenden Einlagen auch in Form von Sacheinlagen erbracht werden, ist jede Sacheinlage unter namentlicher Nennung der Person des Leistenden gegenständlich zu beschreiben sowie die Anzahl oder der Wert der hierfür gewährten Gesellschaftsanteile anzugeben.

(4) Das Gründungsgeschäft einer Gesellschaft mit der Möglichkeit der Finanzierung über den öffentlichen Kapitalmarkt (Satzung) muß außerdem die rechtliche Ausgestaltung der Kapitalanteile (Aktien) enthalten.

§ 3 Form des Gründungsgeschäfts

(1) Das Gründungsgeschäft ist grundsätzlich formfrei.

(2) Ist die Gesellschaft auf die Erlangung einer eigenen Rechtspersönlichkeit angelegt, so bedarf das Gründungsgeschäft (Satzung) mindestens der Schriftform.

§ 4 Gründer

(1) An der Gründung einer Gesellschaft müssen sich grundsätzlich mindestens zwei Personen beteiligen.

(2) Eine Kapitalgesellschaft kann grundsätzlich auch durch eine einzige Person gegründet werden.

(3) Gründer einer Gesellschaft kann jede natürliche und juristische Person sein, soweit sich aus dem Gesetz nicht ein anderes ergibt.

§ 5 Bestellung der Geschäftsführer

(1) Die Führung der Geschäfte der Gesellschaft obliegt grundsätzlich allen Gesellschaftern gemeinsam, soweit dafür nicht ein besonderes Leitungsorgan vorgesehen ist.

(2) Bei der Gründung einer Personengesellschaft ist die Bestellung eines oder mehrerer Geschäftsführer aus der Mitte der Gesellschafter zulässig.

(3) Ist in einer Gesellschaft die Haftung nur einiger Gesellschafter auf ihre Einlage beschränkt, so können die beschränkt haftenden Gesellschafter nicht zu Geschäftsführern der Gesellschaft bestellt werden.

(4) Ist die Gesellschaft auf die Erlangung einer eigenen Rechtspersönlichkeit angelegt, so hat vor der Anmeldung der Gesellschaft zum Gesellschaftsregister die Bestellung des Mitglieds oder der Mitglieder des geschäftsführungsberechtigten Leitungsorgans zu erfolgen. Die Mitglieder des Leitungsorgans müssen nicht zwingend auch Gesellschafter sein.

§ 6 Gesellschaftskapital und Einlagen

(1) Der Bildung des Gesellschaftskapitals liegt grundsätzlich die schuldrechtliche Verpflichtung der Gesellschafter zur Leistung eines vermögenswerten Beitrags an die Gesellschaft zugrunde.

(2) Die Gründung einer Gesellschaft mit Haftungsbeschränkung auf das Gesellschaftsvermögen setzt die tatsächliche Aufbringung des Gesellschaftskapitals in bestimmter Höhe vor Anmeldung der Gesellschaft zum Gesellschaftsregister voraus. Das Gesellschaftskapital kann durch Leistung von Bareinlagen oder Sacheinlagen, nicht aber durch Erbringung von Dienstleistungen aufgebracht werden. Bareinlagen sind mindestens zu einem Viertel der übernommenen Einlage zu zahlen. Sacheinlagen sind vor der Anmeldung vollständig zu erbringen.

(3) Im Falle der Gründung einer Gesellschaft mit der Möglichkeit der Finanzierung über den öffentlichen Kapitalmarkt müssen die vor Anmeldung der Gesellschaft geleisteten Einlagen auch noch im Zeitpunkt der Eintragung in das Gesellschaftsregister vollständig vorhanden sein.

§ 7 Wirksamkeit im Außenverhältnis

(1) Beginnt eine Gesellschaft ihre Geschäfte bereits vor der Eintragung in das Gesellschaftsregister, so tritt die Wirksamkeit der Gesellschaft im Verhältnis zu Dritten grundsätzlich mit dem Zeitpunkt des Geschäftsbeginns ein. Zur Geschäftsaufnahme ist insoweit ein Auftreten mindestens eines Gesellschafters als solchem oder im Namen der Gesellschaft erforderlich.

(2) Ist die Gesellschaft auf die Erlangung einer eigenen Rechtspersönlichkeit angelegt, so hängt die Wirksamkeit im Außenverhältnis von der Einhaltung der Vorschriften über die Publizität ab.

§ 8 Publizität

(1) Die Eintragung in das Gesellschaftsregister setzt eine schriftliche Anmeldung der Gesellschaft beim Gesellschaftsregister am Sitz oder Gründungsort der anzumeldenden Gesellschaft voraus, dem folgende Unterlagen beigefügt sein müssen:

1. das Gründungsgeschäft,
2. ein Nachweis der Bestellung der Gesellschaftsführer bzw. des Mitglieds oder der Mitglieder des Leitungsorgans, sofern sich die Bestellung nicht bereits aus dem Gründungsgeschäft ergibt,
3. ein Nachweis über die Erbringung der Mindestleistungen auf die Bareinlagen sowie der vollständigen Leistung der Sacheinlagen, soweit bei der anzumeldenden Gesellschaft die Haftung auf das Gesellschaftsvermögen beschränkt ist.

(2) Die Eintragung ist in den nationalen Amtsblättern bekanntzumachen.

§ 9 Gründungsmängel

Ist die Gründung einer Gesellschaft mit einem Mangel behaftet, so kann die Gesellschaft mit Wirkung für die Zukunft gerichtlich aufgelöst werden, es sei denn, der Mangel ist von geringer Bedeutung, wird nachträglich behoben oder gilt als geheilt.

§ 10 Gründerhaftung

Wurde der Gründungsmangel durch ein schuldhaftes Verhalten einer der an der Gründung beteiligten Personen verursacht, so haften diese gesamtschuldnerisch für den sich daraus ergebenden Schaden.

* * *

Literaturverzeichnis

Ammon, Ludwig, Die Sachfirma der Kapitalgesellschaft, DStR 1994, S. 325-329

Balser, Heinrich / Bokelmann, Gunther / Piorreck, Karl Friedrich, Die Aktiengesellschaft, 3. Auflage, Freiburg u.a.

Banks, R.C. I'Anson, Lindley & Banks On partnership, 17. Auflage, London 1995

Barbieri, Jean-François, Droit des sociétés et des groupement d'affaires, Paris u.a. 1988

Bärwaldt, Roman / Schabacker, Joachim, Der vorsorgliche Formwechsel in eine OHG beim Formwechsel einer Kapitalgesellschaft in eine GbR, NJW 1999, S. 623-625

Bastian, Daniel / Germain, Michel, Jura Europae, Das Recht der Länder der Europäischen Gemeinschaft, Gesellschaftsrecht, Band II, Heft 30 Frankreich, Stand: Oktober 1994 (Ersch. eingestellt), München Paris 1994

Baumann, Wolfgang, Die Einmann-Personengesellschaft, BB 1998, S. 225-227

Baumbach, Adolf / Hopt, Klaus J., Handelsgesetzbuch, 30. Auflage, München 2000

Baumbach, Adolf / Hueck, Alfred, GmbH-Gesetz, 16. Auflage, München 1996

Behrens, Peter (Hrsg.), Die Gesellschaft mit beschränkter Haftung im internationalen und europäischen Recht, 2. Auflage, Berlin u.a. 1997

Bellargent, G., L'unification des sociétés civiles et des sociétés commerciales: les règles de constitution des sociétés civiles et des sociétés commerciales, Rev. trim. dr. com. 1983, S. 189-208

Beltz, Karl-Heinrich, Die neue Gesellschaftsform in Frankreich: Die „Société par actions simplifiée"; RIW 1994, S. 548-550

Berndt, Joachim / Boin, Kai T., Zur Rechtsnatur der Gesellschaft bürgerlichen Rechts, NJW 1998, S. 2854-2861

Bernstorff Graf von, Christoph, Einführung in das englische Recht, München 1996

Bézard, Pierre, La Société Anonyme, Paris 1986

Bézard, Pierre, Sociétés civiles, Paris 1978

Birds, John / Ferran, Eilís / Villiers, Charlotte / Boyle, A.J., Boyle & Birds' Company Law, 3. Auflage, Bristol 1995

Blumenwitz, Dieter, Einführung in das anglo-amerikanische Recht, 5.Auflage, München 1994

Bokelmann, Gunther, Das Recht der Firmen und Geschäftsbezeichnungen, 5. Auflage, Freiburg u.a. 2000

Bouère, Jean-Pierre, De l'euro aux actions sans mention de valeur nominale, J.C.P. éd. E. 1998, S. 113-121

Brodersen, Kilian, Die Beteiligung der BGB-Gesellschaft an den Personenhandelsgesellschaften, Köln u.a. 1988

Burgess, Robert / Morse, Geoffrey, Partnership Law and Practice in England and Scotland, London 1980

Chaput, Yves, Droit des sociétés, Paris 1993

Chaussade-Klein, Bernadette, Gesellschaftsrecht in Frankreich: Eine Einführung mit vergleichenden Tabellen, München 1993

Conac, Pierre-Henri, Quelques réflexions sur un avant-projet de loi créant une société par actions simplifiée unipersonnelle (SASU), Bull. Joly 1999, S. 607-618

Cozian, Maurice / Viandier, Alain, Droit des Sociétés, 10. Auflage, Paris 1997

Davies, Paul L. / Prentice, D.D., Gower's Principles of Modern Company Law, 6. Auflage, London 1997

Ensthaler, Jürgen / Achilles, Wilhelm-Albrecht, Gemeinschaftskommentar zum Handelsgesetzbuch, 6. Auflage, Neuwied u.a. 1999

Erman, Walter / Westermann, Harm Peter (Hrsg.), Bürgerliches Gesetzbuch, Handkommentar, 10. Auflage, Köln 2000

Farrar, John H / Hannigan, Brenda /Furey, Nigel E / Wylie, Philip, Farrar's Company Law, 4. Auflage, London u.a. 1998

Ferid, Murad / Sonnenberger, Hans Jürgen, Das Französische Zivilrecht, Band 1/1 Erster Teil: Allgemeine Lehren des Französischen Zivilrechts: Einführung und Allgemeiner Teil des Zivilrechts, 2. Auflage, Heidelberg 1994, Band 2 Schuldrecht: Die einzelnen Schuldverhältnisse, Sachenrecht, 2. Auflage, Heidelberg 1986, Band 4/1 1. Teil Ergänzungen, 2. Auflage, Heidelberg 1993

Ferid, Murad, Zur Reform der Gesellschaft des Bürgerlichen Rechts in Frankreich, RIW 1983, S. 233-242

Fischer-Zernin, Cornelius, Der Rechtsangleichungserfolg der Ersten gesellschaftsrechtlichen Richtlinie der EWG, Tübingen 1986

Flume, Werner, Gesellschaft und Gesamthand, in: Zeitschrift für das gesamte Handelsrecht und Wirtschaftsrecht (ZHR), Band 136 (1972), S. 177-207

French, Derek, Blackstone's Statutes on Company Law, 2. Auflage, London 1998

Fritz, Christian, Die Gesellschaft mit beschränkter Haftung in der EU Ein praktischer Leitfaden für die Gründung und Verwaltung in allen Mitgliedstaaten der EU, Wien 1996

Germain, Michel / Senacqn, Stéphane, Euro et capital social: les premiers principes, J.C.P. éd. E. 1999, S. 721-724

Geßler, Ernst / Hefermehl, Wolfgang / Eckardt, Ulrich / Kropff, Bruno, Aktiengesetz-Kommentar, Band I §§ 1-75, München 1984

Geßler, Jörg H., Aktiengesetzkommentar, Loseblattsammlung, 29. Ergänzungslieferung, Neuwied u.a., Stand Dezember 1999

Glanegger, Peter / Güroff, Georg / Kusterer, Stefan / Niedner, Jochen / Peuker, Monika / Ruß, Werner / Selder, Johannes / Stuhlfelner, Ulrich, Heidelberger Kommentar zum Handelsgesetzbuch, 5. Auflage, Heidelberg 1999

Gramling, Philippe / Niggemann, Friedrich, Internationales und ausländisches Wirtschafts- und Steuerrecht, Frankreich, Vereinfachte Aktiengesellschaft, Köln u.a. 1995

Gravenstein, Viky, Französisches Gesellschaftsrecht, Band 4 in: Ausländische Aktiengesetze, herausg. von der Gesellschaft für Rechtsvergleichung, 3. Auflage, Frankfurt a.M. 1988

Grunewald, Barbara, Gesellschaftsrecht, 3. Auflage, Tübingen 1999

Guimezanes, Nicole, Introduction au droit français, Baden-Baden 1995

Güthoff, Julia, Gesellschaftsrecht in Großbritannien: Eine Einführung mit vergleichenden Tabellen, München 1993

Guyon, Yves, Droit des affaires, Band 1, Droit commercial général et Sociétés, 9. Auflage, Paris 1996

Guyon, Yves, Traité des Contrats, Les sociétés, 3. Auflage, Paris 1997

Haas, Gerhard, Personengesellschafter in Frankreich, RIW 1981, S. 766-767

Hachenburg, Max / Ulmer, Peter, Gesetz betreffend die Gesellschaften mit beschränkter Haftung (GmbHG), Großkommentar, Erster Band, Allgemeine Einleitung; §§ 1-34, 8. Auflage, Berlin u.a. 1992 Dritter Band, §§ 53-85; Register, 8. Auflage, Berlin u.a. 1997

Halsbury's Laws of England, Band 35, Partnership, 4. Auflage, London 1994

Halsbury's Laws of England, Band 7(1) und 7(2), Companies, 4. Auflage, London 1996

Halsbury's Statutes of England and Wales, Band 32 Partnership, Band 41 Interpretation Act, 4. Auflage, London 1996

Hansen, Herbert, Die GmbH als weiterhin umsatzstärkste Unternehmensgruppe, GmbHR 1999, S. 24-26

Henn, Günter, Handbuch des Aktienrechts, 6. Auflage, Heidelberg 1998

Henssler, Martin, Partnerschaftsgesellschaftengesetz-Kommentar, München 1997

Henze, Hartwig, Höchstrichterliche Rechtsprechung zum Aktienrecht, 3. Auflage, Köln 1997

Herms, Volkmar, Die Aktie und ihre Übertragung im französischen Recht, Köln u.a. 1972

Herrmann, Marcus, Der Companies Act 1989 in Großbritannien, RIW 1991, S. 378-383

Hess, Klaus-Peter, Der „ultra-vires"-Grundsatz im britischen Gesellschaftsrecht, RIW 1992, S. 638-639

Heymann, Ernst (Begr.) / *Horn, Norbert* (Hrsg.), Handelsgesetzbuch, Band 2 Zweites Buch §§ 105-237, 2. Auflage, Berlin u.a. 1996

Hohloch, Gerhard (Hrsg.), EU-Handbuch Gesellschaftsrecht, Loseblattsammlung, Herne u.a. 1997

Hopt, Klaus J. / Hehl, Günter / Vollrath, Hans-Joachim, Handels- und Gesellschaftsrecht, Band II. Gesellschaftsrecht, München 1996

Hopt, Klaus J. / Wiedemann, Herbert (beide Hrsg.), AktG Großkommentar, 1. Lieferung: Einleitung A-D, 4. Auflage, Berlin u.a. 1997, 2. Lieferung: §§ 1-14, 4. Auflage, Berlin u.a. 1992, 7. Lieferung: §§ 23-40, 4. Auflage, Berlin u.a. 1997

Hübner, Ulrich / Constantinesco, Vlad, Einführung in das französische Recht, 3. Auflage, München 1994

Hueck, Götz, Gesellschaftsrecht, 19. Auflage, München 1991

Hüffer, Uwe, Aktiengesetzkommentar, 4. Auflage, München 1999

Hurstel, Daniel / Süß, Gisela, Typische Probleme bei der Gründung von Kapitalgesellschaften in Frankreich, EuZW 1992, S. 143-147

Jeantin, Michel, Droit des sociétés, 2. Auflage, Paris 1992

Juglart, Michel de / Ippolito, Benjamin, Traité de droit commercial, Band 1, 4. Auflage, Paris 1988

Juris-Classeur, Traité des Sociétés, Bände 1 bis 6, Paris Stand Mai 2000

Kirchner, Hildebert, Abkürzungsverzeichnis der Rechtssprache, 4. Auflage, Berlin u.a. 1993

Kisker, Arnd, Die Struktur der deutschen GmbH im Vergleich zur Struktur der englischen Private Limited Company, Münster 1992

Klamroth, Sabine, Beteiligung einer BGB-Gesellschaft an einer Personenhandelsgesellschaft, BB 1983, S. 796-803

Klein, Christian, Änderung des französischen Gesellschaftsrechts: die vereinfachte Aktiengesellschaft (SAS) als Einmanngesellschaft, RIW 1999, S. 750-752

Koberg, Peter, Die Entstehung der GmbH in Deutschland und Frankreich: unter Berücksichtigung der Entwicklungen des deutschen und französischen Gesellschaftsrechts, Köln 1992

Koller, Ingo / Roth, Wulf-Henning / Morck, Winfried, Handelsgesetzbuch-Kommentar, 2. Auflage, München 1999

Kort, Michael, Zum Begriff des Kaufmanns im deutschen und französischen Handelsrecht, in: AcP 193 (1993), S. 453-480

Kropff, Bruno, Aktiengesetz, Textausgabe mit Begründung des Regierungsentwurfs, Düsseldorf 1965

Kübler, Friedrich, Gesellschaftsrecht, 5. Auflage, Heidelberg 1999

Le Cannu, Paul, La SAS pour tous (L. n°99-587, 12 juillet 1999, art. 3), Bull. Joly 1999, S. 841-852

Legeais, Dominique, Droit commercial, 11. Auflage, Paris 1997

Lemeunier, Francis, Société anonyme, constitution-gestion, 16. Auflage, Paris 1994

Lüke, Wolfgang, Prozeßführung bei Streitigkeiten im Innenverhältnis der BGB-Gesellschaft, ZGR 1994, S. 266-290

Luther, Martin, § 23 Abs. (5) AktG im Spannungsfeld von Gesetz, Satzung und Einzelentscheidungen der Organe der Aktiengesellschaft, in: Freudesausgabe für Hans Hengeler, Berlin u.a. 1972

Lutter, Marcus (Hrsg.), Die Gründung einer Tochtergesellschaft im Ausland, 3. Auflage, Berlin u.a. 1995

Lutter, Marcus (Hrsg.), Umwandlungsgesetz, Band I §§ 1-151, Band II §§ 152-325, 2. Auflage, Köln 2000

Lutter, Marcus / Hommelhoff, Peter, GmbH-Gesetz Kommentar, 15. Auflage, Köln 2000

Lutter, Marcus / Welp, Marcus, Das neue Firmenrecht der Kapitalgesellschaften, ZIP 1999, S. 1073-1083

Maier, Arno, Die GmbH im französischen Recht, GmbHR 1990, S. 379-384

Maier-Bridou, Arno, Die GmbH in Frankreich, in: Die GmbH-Rechte in den EG-Staaten; hrsg. von der Centrale für GmbH Dr. Otto Schmidt, Köln 1993

Maul, Silja, Die Gründung einer SARL; RIW 1997, S. 911-920

Merle, Philippe, Droit commercial, Sociétés commerciales, 6. Auflage, Paris 1998

Michalsky, Udo, Vergleichender Überblick über das Recht der Kapitalgesellschaften in Frankreich, DStR 1991, S. 1563-1568

Michalsky, Udo, Vergleichender Überblick über das Recht der Kapitalgesellschaften in Großbritannien, DStR 1991, S. 1660-1664

Morse, Geoffrey / Marshall, Enid A. / Morris, Richard / Crabb, Letitia, Charlesworth & Morse Company Law, 16. Auflage, London 1999

Mülbert, Peter O., Die rechtsfähige Personengesellschaft, in: Archiv für die civilistische Praxis (AcP), 199. Band 1999, S. 38-103

Müller-Gugenberger, Christian, Zweite Etappe der Gesellschaftsreform in Frankreich, ZHR 142 (1978), S. 589-616

Münchener Handbuch des Gesellschaftsrechts, Band 1, BGB-Gesellschaft Offene Handelsgesellschaft, Partnerschaftsgesellschaft, Partenreederei, EWIV, München 1995, Band 2, Kommanditgesellschaft, Stille Gesellschaft, München 1991, Band 3, Gesellschaft mit beschränkter Haftung, München 1996, Band 4, Aktiengesellschaft, 2. Auflage, München 1999

Münchener Kommentar zum Aktiengesetz, Band 1 §§ 1-53, 2. Auflage von Geßler/Hefermehl/Eckardt/Kropff, Aktiengesetz, München 2000

Münchener Kommentar zum Bürgerlichen Gesetzbuch, Band 3, Schuldrecht Besonderer Teil, §§ 705-853, 3. Auflage, München 1997

Müther, Peter-Hendrik, Die BGB-Gesellschaft im Zivilprozeß, MDR 1998, S. 625-629

Nirk, Rudolf / Reuter, Hans-Peter / Bächle, Hans-Ulrich, Gesellschaftsrecht, Handbuch der Aktiengesellschaft, Band I, Loseblattausgabe, 3. Auflage, Köln u.a. 1994

Odet, Jean-Claude, La pratique des sociétés, Paris Stand 1998

Oliver, Peter James / Davey, Nigel T., The business of partnerships, 2. Auflage, London 1990

Palandt, Otto / Bassenge, Peter, Kommentar zum Bürgerlichen Gesetzbuch, 59. Auflage, München 2000

Peltzer, Martin / Hickinbotham, Antony G., Aktiengesetz und Mitbestimmungsgesetz, Deutsch-englische Textausgabe mit einer englischen Einleitung, Köln 1999

Pennington, Robert R, Company Law, 7. Auflage, London u.a. 1995

Pennington, Robert R., Jura Europae, Das Recht der Länder der Europäischen Gemeinschaft, Gesellschaftsrecht, Band IV, Heft 90 Vereinigtes Königreich, Stand: Oktober 1994 (Ersch. eingestellt), München Paris 1994

Potonnier, Georges Ed., Brigitte, Wörterbuch für Wirtschaft Recht und Handel, Band II, Französisch-Deutsch, 2. Auflage, Wiesbaden 1990

Priester, Hans-Joachim, Nichtkorporative Satzungsbestimmungen bei Kapitalgesellschaften, DB 1979, S. 681-687

Prime, Terence / Scanlan, Gary / Martindale, Richard, The Law of Private Limited Companies, London u.a. 1996

Quick, Reiner / Renault, Hélène, Die zivilrechtliche Haftung des französischen Abschlußprüfers; RIW 1993, S. 305-309

Ripert, G. / Roblot, R., Traité de Droit commercial, Band 1, 17. Auflage, Paris 1998

Ripert, George, Aspects juridiques du capitalisme moderne, 2.Auflage, Paris 1951

Roth, Günter H. / Altmeppen, Holger, Gesetz betreffend die Gesellschaften mit beschränkter Haftung, 3. Auflage, München 1997

Rowedder, Heinz, Gesetz betreffend die Gesellschaften mit beschränkter Haftung (GmbHG), Kommentar, 3. Auflage, München 1997

Sacker, Tony, Practical Partnership Agreements, Bristol 1995

Sarrut, Jean (Hrsg.), Dictionnaire Permanent, Droit des Affaires, 1re partie O à Z, Loseblattsammlung, Paris 1971 ff., Stand Februar 2000

Schlegelberger, Franz (Begr.) / *Geßler, Ernst*, Handelsgesetzbuch-Kommentar, Band III/1. Halbband §§ 105-160, 5. Auflage, München 1992, Band III/2. Halbband §§ 161-177a, §§ 335-342, 5. Auflage, München 1986

Schmidt, Karsten, Das Handelsrechtsreformgesetz, NJW 1998, S. 2161-2169

Schmidt, Karsten, Die BGB-Außengesellschaft: rechts- und parteifähig, NJW 2001, S. 993-1003

Schmidt, Karsten, Gesellschaftsrecht, 3. Auflage, Köln u.a. 1997

Schmitthoff, Clive M., Palmer's Company Law, 24. Auflage, London 1987

Schmitz, Frank Norman, Organisationsprinzipien im Recht der Personenvereinigungen Deutschlands, Frankreichs und Italiens, Frankfurt a.M. 1995

Scholz, Franz, Kommentar zum GmbH-Gesetz, I. Band §§ 1-44 Anh. Konzernrecht, 9. Auflage, Köln 2000

Shearman, Jennifer, die Gesellschaft mit beschränkter Haftung in England und Wales, GmbHR 1992, 149-157

Sonnenberger, Hans Jürgen / Autexier, Christian, Einführung in das französische Recht, 1. Auflage, Darmstadt 1972, 3. Auflage, Heidelberg 2000

Sonnenberger, Hans Jürgen, Französisches Handels- und Wirtschaftsrecht, 2. Auflage, Heidelberg 1991

Sonnenberger, Hans Jürgen, Zur Reform der Gesellschaft des Bürgerlichen Rechts in Frankreich, RIW 1983, S. 233-242

Staub, Hermann, HGB Großkommentar, 12. Lieferung: §§ 105-113, 4. Auflage, Berlin u.a. 1989 17. Lieferung: §§ 123-130 b, 4. Auflage, Berlin u.a. 1997

Steding, Rolf, Gesellschaftsrecht, Baden-Baden 1997

Thole, Bernhard, Die geeignete Gesellschaftsform für kleine Unternehmen und Familienbetriebe in England, Berlin 2000

Thomas, Heinz / Putzo, Hans, Zivilprozeßordnung, 22. Auflage, München 1999

Timm, Wolfram, Die Rechtsfähigkeit der Gesellschaft bürgerlichen Rechts und ihre Haftungsverfassung, NJW 1995, S. 3209-3218

Triebel, Volker / Hodgson, Stephen / Kellenter, Wolfgang / Müller, Georg, Englisches Handels- und Wirtschaftsrecht, 2. Auflage, Heidelberg 1995

Trousset, Jean-Louis, De l'utilisation de la société à capital variable, J.C.P. éd. E. 1999, S. 16-17

Ulmer, Peter, Gesellschaft bürgerlichen Rechts und Partnerschaftsgesellschaft, Systematischer Kommentar, 3. Auflage, München 1997

Underhill, Arthur / Ivamy, Hardy E.R., Principles of the law of partnerships, 10. Auflage, London 1975

Vidal, Dominique, Controverse sur le capital social de la S.A.R.L. à capital variable libéré à hauteur de 5 000 Francs, Dr. soc. févr. 1997, S. 3

Vorpeil, Klaus, Neuere Entwicklungen im englischen Handels- und Wirtschaftsrecht, RIW 1998, S. 401-406

Walmsley, Keith, Butterworths Company Law Handbook, 12. Auflage, London u.a. 1998

Weyand, Stefan, Zur Einführung der Einmann-GmbH in Frankreich, RIW 1986, S. 418-423

Wiedemann, Herbert, Der Gesellschaftsvertrag der Personengesellschaften, WM Sonderbeilage 8/1990, S. 1-30

Winterton, Jules / Moys, Elizabeth M., Information Sources in Law, 2. Auflage, London u.a. 1997

Zöllner, Wolfgang (Hrsg.), Kölner Kommentar zum Aktiengesetz, Band 1 §§ 1-75 AktG, 2. Auflage, Köln u.a. 1988

Abkürzungsverzeichnis*

A.	Auflage
A.A.	Andere Ansicht
a.E.	am Ende
a.F.	alte Fassung
aaO.	am angegebenen Ort
Abs.	Absatz
AcP	Archiv für die civilistische Praxis
ADHGB	Allgemeines Deutsches Handelsgesetzbuch
ADP	actions à dividende prioritaire sans droit de vote
AG	Aktiengesellschaft
AG	Die Aktiengesellschaft (Zeitschrift)
AktG	Aktiengesetz
Allg.	Allgemeine
Alt	Alternative
Anh	Anhang
Arge	Arbeitsgemeinschaft
art.	article
Art.	Artikel
artt.	articles
Artt.	Artikel (Plural)
BAG	Bundesarbeitsgericht
BALO	Bulletin des annonces légales obligatoires
BayObLG	Bayerisches Oberstes Landesgericht
BayObLGZ	Entscheidungen des Bayerischen Obersten Landesgerichts in Zivilsachen
BB	Der Betriebs-Berater (seit 1946)
BegrRegE	Begründung des Regierungsentwurfs
BetrVG	Betriebsverfassungsgesetz
BetrVG	Betriebsverfassungsgesetz
BeurkG	Beurkundungsgesetz
BFH	Bundesfinanzhof
BGB	Bürgerliches Gesetzbuch
BGBl.	Bundesgesetzblatt
BGH	Bundesgerichtshof
BGHZ	Entscheidungen des Bundesgerichtshofs in Zivilsachen
BODACC	Bulletin officiel des annonces civiles et commerciales
BR-Drucks.	Drucksachen des Bundesrates
Bsp.	Beispiel
bspw.	beispielsweise
BT-Drucks.	Drucksachen des Deutschen Bundestages
Bull. civ.	Bulletin des arrêts de la Cour de Cassation (chambres civiles)
BZRG	Bundeszentralregistergesetz
C. ass.	Code des assurances
C. civ.	Code civil

* Aus Gründen der Vielzahl werden Abkürzungen, die bei der Zitierung britischer Gerichtsentscheidungen verwendet wurden, nicht aufgeführt. Vgl. zu diesen *Blumenwitz*, Einführung, S. 77 f., 79 f.

C. com.	Code de commerce
C. propr. intell.	Code de la propriété intellectuelle
C. santé pub.	Code de la santé publique
c.	chapter (Nummer eines articles)
Cass. 1er civ.	Cour de cassation, Arrêt de la chambre civile, première section
Cass. 2e civ.	Cour de cassation, Arrêt de la chambre civile, deuxième section
Cass. 3e civ.	Cour de cassation, Arrêt de la chambre civile, troisième section
Cass. civ.	Cour de cassation, Arrêt de la chambre civile
Cass. crim.	Cour de cassation, Arrêt de la chambre criminelle
Cass. com.	Cour de cassation, Arrêt de la chambre civile, section commerciale et financière
Cass. Req.	Cour de cassation, Arrêt de la chambre des requêtes
CFE	Centre de formalités des entreprises
CGI	Code général des impôts
Co.	Company
COB	Commission des opérations de bourse
comm.	commentaire
D.	Recueil de jurisprudence Dalloz
d.h.	das heißt
DB	Der Betrieb
DM	Deutsche Mark
Dr. soc.	Droit des sociétés (Bulletin du juris-classeur des sociétés)
DStR	Deutsches Steuerrecht
EARL	exploitation agricole à responsabilité limitée
eG	eingetragene Genossenschaft
EG	Europäische Gemeinschaften
EGAktG	Einführungsgesetz zum Aktiengesetz
EGBGB	Einführungsgesetz zum Bürgerlichen Gesetzbuche
Einf	Einführung
Einl	Einleitung
Ersch.	Erscheinung
et Cie	et compagnie
EU	Europäische Union
EURL	entreprise unipersonnelle à responsabilité limitée
EuroEG	Euro-Einführungsgesetz
EWG	Europäische Wirtschaftsgemeinschaft
EWIV	Europäische Wirtschaftliche Interessenvereinigung
f.	folgend
Fasc.	Fascicule
févr.	février
FF	Französische Francs
ff.	fortfolgend
FGG	Gesetz über die Angelegenheiten der freiwilligen Gerichtsbarkeit
Fn.	Fußnote
FrHWR	Französisches Handels- und Wirtschaftsrecht
Gaz. Pal.	Gazette du Palais
GBO	Grundbuchordnung
GbR	Gesellschaft bürgerlichen Rechts
GEAC	groupements agricoles d'exploitation en commun
GFA	groupements fonciers agricoles
ggfs.	gegebenenfalls

grds.	grundsätzlich
GIE	groupement d'intérêt économique
GmbH	Gesellschaft mit beschränkter Haftung
GmbHaA	Gesellschaft mit beschränkter Haftung auf Aktien
GmbHG	Gesetz betreffend die Gesellschaften mit beschränkter Haftung
herausg.	herausgegeben
GmbHR	Rundschau für die GmbH
GWB	Gesetz gegen Wettbewerbsbeschränkungen
H.M.	Herrschende Meinung
HessVGH	Hessischer Verwaltungsgerichtshof
HGB	Handelsgesetzbuch
HRefG	Handelsrechtsreformgesetz
HRV	Handelsregisterverfügung
Hs.	Halbsatz
i.S.d.	im Sinne des
i.V.m.	in Verbindung mit
INPI	Institut national de la propriété industrielle
INSEE	Institut national de la statistique et des études économiques
InsO	Insolvenzordnung
J. Soc.	Journal des Sociétés (aufgegangen in Revue des Sociétés)
J.C.P. éd. E.	Jurisclasseur périodique (La Semaine Juridique) édition entreprise
J.C.P.	Jurisclasseur périodique (La Semaine Juridique)
J.O.	Journal officiel, édition des lois et décrets
JAL	Journal d'annonces légales
JZ	Juristenzeitung
KAGG	Gesetz über Kapitalanlagegesellschaften
KG	Kammergericht Berlin
KG	Kommanditgesellschaft
KGaA	Kommanditgesellschaft auf Aktien
KGJ	Jahrbuch für Entscheidungen des Kammergerichts in Sachen der freiwilligen Gerichtsbarkeit, in Kosten-, Stempel- und Strafsachen
KlAGG	Gesetz für kleine Aktiengesellschaften und zur Deregulierung des Aktienrechts
KoordG	Gesetz zur Durchführung der Ersten Richtlinie des Rates der Europäischen Gemeinschaften zur Koordinierung des Gesellschaftsrechts
KWG	Gesetz über das Kreditwesen
L.	Loi
LG	Landgericht
li Sp	linke Spalte
lit.	litera
Ltd.	Limited
Ltd.	Limited
m.w.Bsp.	mit weiteren Beispielen
m.w.N.	mit weiteren Nachweisen
MarkenG	Markengesetz
MDR	Monatsschrift für deutsches Recht
Mio.	Millionen
MitbestG	Mitbestimmungsgesetz
N.C. pén.	Nouveau Code pénal
n.F.	neue Fassung

N.I.	Northern Ireland
n°	numéro
NCPC	Nouveau Code de Procédure Civil
NJW	Neue Juristische Wochenschrift
NJW-RR	NJW-Rechtsprechungs-Report Zivilsachen
No.	number
Nr.	Nummer
Nrn.	Nummern
OHG	Offene Handelsgesellschaft
OLG	Oberlandesgericht
OLGZ	Entscheidungen der Oberlandesgerichte in Zivilsachen einschließlich der freiwilligen Gerichtsbarkeit
Ord.	Ordonnance
p.l.c.	public limited company
pan.	panorama
para	paragraph
PartGG	Partnerschaftsgesellschaftsgesetz
PDG	président directeur général
RabelsZ	Rabels Zeitschrift für ausländisches und internationales Privatrecht
RCS	Registre du commerce et des sociétés
Rdnr.	Randnummer
Rdnrn.	Randnummern
re Sp	rechte Spalte
reg.	regulation
RegBegr	Regierungsbegründung
BegrRegE	Begründung des Regierungsentwurfs
regs.	regulations
Rép. Min.	Réponse de ministre
Rev. Soc.	Revue des Sociétés
Rev. trim. dr. com.	Revue trimestrielle de droit commercial et de droit économique
RGZ	Entscheidungen des Reichsgerichts in Zivilsachen
RIW	Recht der internationalen Wirtschaft
RJA	Entscheidungen in Angelegenheiten der freiwilligen Gerichtsbarkeit und des Grundbuchrechts, zusammen gestellt im Reichsjustizamt
Rspr.	Rechtsprechung
s.	section
S.	Seite
s.o.	siehe oben
s.u.	siehe unten
SA	société anonyme
SARL	société à responsabilité limitée
SAS	société par actions simplifiée
SASU	société par actions simplifiée unipersonnelle
SCA	société en commandite par actions
Sch.	Schedule
SCS	société en commandite simple
SEL	société d'exercice libéral
SI	Statutory Instruments published by authority
SICAV	société d'investissement à capital variable
SIRENE	système informatique pour le répertoire des entreprises et des établissements
SNC	société en nom collectif

sog.	sogenannte (r) (s)
somm.	sommaires
SR & O	Statutory Rules and Orders published by authority
ss.	sections
St.	Sankt
StGB	Strafgesetzbuch
u.a.	und andere
UmwG	Umwandlungsgesetz
v	vor
VAG	Versicherungsaufsichtsgesetz
Vgl.	Vergleiche
Vorbem	Vorbemerkung
VVaG	Versicherungsverein auf Gegenseitigkeit
VwGO	Verwaltungsgerichtsordnung
WM	Wertpapier-Mitteilungen
WPO	Wirtschaftsprüferordnung
WRP	Wettbewerb in Recht und Praxis
Z.B.	Zum Beispiel
ZGR	Zeitschrift für Unternehmens- und Gesellschaftsrecht
ZHR	Zeitschrift für das gesamte Handelsrecht und Wirtschafts recht
Zif.	Ziffer
ZIP	Zeitschrift für Wirtschaftsrecht
ZPO	Zivilprozeßordnung

Europäische Integration
und internationale Wirtschaftsbeziehungen
Rechtswissenschaftliche Studien

Herausgegeben von Peter Behrens

Band 1 Hella Kinder: Die Außenindustriepolitik der Europäischen Gemeinschaft dargestellt am Beispiel von Antidumpingmaßnahmen. 1996.

Band 2 Stefan Flach: Rechtsbindung einer industriepolitischen Instrumentalisierung öffentlicher Aufträge. 1996.

Band 3 Nicolas Baron von Behr: Multinationale Unternehmen und Exportkontrollen. Völkerrechtliche Zulässigkeit und Grenzen extraterritorialer Ausfuhrbeschränkungen. With an English Summary. 1996.

Band 4 Andreas Pense: Die personalistische Eurokapitalgesellschaft als Instrument der Unternehmenskooperation in der EU. Ein Entwurf auf rechtsvergleichender Grundlage. 1997.

Band 5 Marcus Mackensen: Institutionelle Anleger im Unternehmensrecht Deutschlands und der USA. 2000.

Band 6 André Schwanna: Die Gründung von Gesellschaften in Deutschland, Frankreich und Großbritannien. Gemeineuropäische Prinzipien des Gesellschaftsrechts. 2002.

Kolibri 360 GmbH
Ferdinand-Jühlke-Straße 7
99095 Erfurt, Deutschland
produktsicherheit@kolibri360.de

Druck:
CPI Druckdienstleistungen GmbH
im Auftrag der
Kolibri 360 GmbH
Ferdinand-Jühlke-Str. 7
99095 Erfurt